LA QUERELLE
DES FUTURS CONTINGENTS

DU MÊME AUTEUR

Fragments inconnus de G. d'Occam : Le Tractatus de principiis theologiae (Extrait des *Comptes rendus de l'Académie des inscriptions et belles lettres*. Paris, Picard, 1927).

La lettre de G. d'Occam au chapitre d'Assise (Extrait de la *Revue d'histoire franciscaine*, avril-juin 1926).

Wibert de Tournai (Extrait de la *Revue d'histoire franciscaine*, janvier-juin 1928).

Petit traité de logique formelle. Paris, Vrin, 1929.

La théorie occamiste de la relation (Extrait des *Archives d'histoire doctrinale et littéraire du moyen âge*. Paris, Vrin, 1934).

En lisant Jean le Chanoine (Extrait des *Archives d'histoire doctrinale et littéraire du moyen âge*. Paris, Vrin, 1934).

Les rapports de G. d'Occam et de W. Burleigh (Extrait des *Archives d'histoire doctrinale et littéraire du moyen âge*. Paris, Vrin, 1934).

Sur trois manuscrits occamistes (Extrait des *Archives d'histoire doctrinale et littéraire du moyen âge*. Paris, Vrin, 1935-1936).

Le Tractatus de principiis theologiae, attribué à Guill. d'Occam. Édition critique. Paris, Vrin, 1936.

Guillelmi de Occam Breviloquium de potestate papae. Édition critique. Paris, Vrin, 1937.

A propos de Guillaume d'Occam et de Wiclef (Extrait des *Archives d'histoire doctrinale et littéraire du moyen âge*. Paris, Vrin, 1939)

Le Philosophe et le Politique dans G. d'Occam (Extrait des *Archives d'histoire doctrinale et littéraire du moyen âge*. Paris, Vrin, 1939).

La prescience divine chez Saint Anselme (Extrait des *Archives d'histoire doctrinale et littéraire du moyen âge*. Paris, Vrin, 1942).

ÉTUDES DE PHILOSOPHIE MÉDIÉVALE
Directeur : ÉTIENNE GILSON
de l'Académie Française
XXXVIII

LA QUERELLE
DES
FUTURS CONTINGENTS

(Louvain 1465-1475)

TEXTES INÉDITS

PAR
LÉON BAUDRY

PARIS
LIBRAIRIE PHILOSOPHIQUE J. VRIN
6, PLACE DE LA SORBONNE (Ve)
1950

NIHIL OBSTAT :

Y. CONGAR,

Le Saulchoir, mai 1948.

IMPRIMATUR :

Lutetiæ Parisiorum, die 27^a mai 1948.

Pierre BROT, *v. g.*

A LA MÉMOIRE DE MES PARENTS

INTRODUCTION

Albert le Grand ne se proposait pas une tâche facile quand il entreprenait de rendre Aristote « intelligible aux Latins ». Par sa conception d'un Dieu qui produit les choses par nécessité de nature (1), qui ne pense que soi et ignore tout de l'univers, par sa théorie de l'âme tenant sa personnalité de la matière et la perdant quand le corps se dissout, la philosophie péripatéticienne entrait en contradiction manifeste avec le dogme. Les admirateurs du Philosophe le savaient, comme le savaient, autour d'eux, ceux qui se refusaient à baptiser le païen. Mais ils estimaient possible de reconstruire sa doctrine et de la dépasser tout en restant fidèles à ses principes. Un plus grand nombre encore étaient convaincus de pouvoir utiliser sans danger ses œuvres de physique et ses écrits de logique, attendu qu'en ces matières, comme Guillaume d'Occam en fera la remarque (2), le dogme laisse chacun libre de dire ce qui lui plaît. C'était peut-être oublier que le système d'Aristote est un système fortement charpenté, qu'en outre on n'élabore pas aisément une physique ni même une logique sans y mêler un peu, pour ne pas dire beaucoup, de philosophie, et qu'enfin Aristote pénètre de la sienne tout ce dont il discute. Étant ainsi comme chargés de toute sa pensée, les moindres textes du Philosophe pouvaient donner lieu à de sérieuses difficultés. Le problème de la connaissance des futurs contingents en fournit un exemple.

Le problème. En différents passages de ses œuvres, spécialement dans les Catégories, dans le Perhierménéias et en divers chapitres de sa Métaphysique (3), Aristote avait élaboré une doctrine de la

(1) Il s'agit ici de l'Aristote des Latins. Sauf indication contraire, on renvoie à l'édition Firmin Didot, Paris, 1848-1857.

(2) *Dialogus*, pars I, lib. II, c. 22; éd. GOLDAST (M.). *Monarchia sancti romani imperii. Francofordiæ*, 1616-1621, t. III, pp. 426-427.

(3) *De praedicamentis*, c. de substantia, circa finem; éd. cit. I, p. 6; c. de priori, in fine, p. 22. *De Interpretatione* c. 9, pp .28-30. *Metaphysic.* III, c. 7, éd. cit. II, p. 512; IV, c. 29, p. 532; VIII, c. 10, pp. 572-573. *De anima*, éd. cit., III, p. 468.

vérité dont il semble que l'on puisse résumer ainsi les grandes lignes. Il y a correspondance entre les choses et la pensée. Les nécessités logiques sont aussi des nécessités de l'être (1). D'autre part la vérité ne réside pas dans le concept, elle réside dans le jugement et dans la proposition par laquelle on l'exprime (2). Une proposition est vraie quand, affirmative, elle dit ce qui est ou quand, négative, elle dit ce qui n'est pas (3). Dès lors les propositions relatives aux choses présentes et passées sont nécessairement vraies ou fausses puisqu'elles trouvent toujours dans ce qui est ou ce qui fut une réalité à laquelle elles sont ou ne sont pas conformes (4). Mais si des propositions ne rencontrent rien dans le réel qui les confirme ou leur inflige démenti, elles ne sont ni vraies ni fausses, elles sont indéterminées; comme on dira plus tard, elles sont « neutres ». Tel est les cas des propositions relatives aux futurs contingents, c'est-à-dire aux événements qui ne sont pas prédéterminés dans leurs causes (5). Ne possédant aucune sorte d'existence ces événements ne possèdent pas non plus de vérité, puisque le vrai c'est l'être considéré dans son rapport à la pensée. Certes, loi fondamentale de la raison, le principe de contradiction leur est applicable en ce sens qu'il est nécessairement vrai que, par exemple, demain il y aura ou il n'y aura pas de bataille navale. Mais si l'on considère à part l'une de l'autre les deux propositions dont cette proposition disjonctive est formée, on ne saurait à leur propos parler de vérité. L'une n'est pas plus vraie que l'autre (6). En effet, supposons que l'une d'entre elles, par exemple l'affirmative, soit vraie. Vraie aujourd'hui elle l'était hier, elle l'était il y a dix mille ans, elle le fut de tout temps. Et comme il n'est au pouvoir de personne de faire que ce qui fut n'ait pas été (7), comme d'autre part de la vérité d'une proposition on conclut par voie de conséquence nécessaire à la réalité de ce que par elle on affirme (8), il devient manifeste que la bataille navale ne pourra pas ne pas se produire. En d'autres termes, si je dis vrai en affirmant qu'un objet est blanc,

(1) *De interpretatione*, c. 9 Boetii translatio, éd. Meiser, Lipsiae, Teubner, 1877, p. 9, l. 25. Didot, I, p. 28, n. 2. *De praedicamentis*, c. de priori, in fine.

(2) *De interpretatione*. Meiser, p. 1, l. 16. Didot, I, p. 24, n. 4. *Metaphysic.* IV, c. 29; V, c. 4; VIII, c. 10; éd. cit. II, p. 532, n. 1; 537, n. 1; 572, n. 1. *De anima*, III, c. 6; éd. cit. III, p. 469, n. 2.

(3) *De praedicamentis*, c. de substantia, circa finem; c. de priori, in fine. *Metaphysic.* III, c. 7; éd. cit. II, p. 512, n. 1.

(4) *De interpretatione*, c. 9, in principio.

(5) *Loc. cit.* c. 9.

(6) *Loc. cit.* Meiser, p. 12, l. 10-30; Didot I, p. 30, n. 12, 13.

(7) *Ethica nicom.* VI, c. 2; éd. cit. II, p. 67, n. 6.

(8) *De praedicamentis*, c. de priori in fine.

nécessairement l'objet est blanc. De même, si je dis vrai en affirmant que tel événement se produira, nécessairement il se produira, autrement je serais dans l'erreur (1). Attribuer une vérité aux futurs contingents c'est donc se contredire soi-même puisque c'est d'une part supposer l'existence de ce qui n'existe ni en soi ni dans sa cause, et de l'autre rendre impossible une contingence que par ailleurs on affirme (2).

Une telle théorie n'entraînait peut-être pas de difficultés graves dans une philosophie d'après laquelle Dieu ignore tout de l'univers. Il n'en allait plus de même dans une philosophie de croyant. Celui-ci, en effet, trouve dans les Écritures des prophéties et dans le symbole des articles relatifs à des futurs contingents et il tient articles et prophéties pour indubitablement vrais. Dès lors, il lui faut ou renoncer à la théorie péripatéticienne du vrai ou trouver un moyen de l'accommoder avec le dogme. Ici comme partout le *nisi credideritis non intelligetis* devait produire ses effets. Le besoin de comprendre leur foi allait amener les penseurs chrétiens, non seulement à discuter les grands problèmes de la prescience et de la prévolition divines, mais à approfondir les notions éminemment philosophiques de nécessité, de contingence et de vérité (3).

Le contexte historique. La difficulté de concilier la prescience divine avec la contingence des choses était trop manifeste pour échapper à des intelligences averties. Aussi voit-on déjà les Pères la soulever et s'efforcer de la résoudre. S. Augustin la discute avec sa profondeur coutumière dans plusieurs de ses écrits (4). Dans son admirable *De consolatione philosophiae*, Boèce lui consacre des pages pénétrantes auxquelles les penseurs postérieurs ne manqueront pas de se reporter. Après avoir fait observer que la difficulté vient de notre impuissance à comprendre la simplicité infinie de la prescience divine (5), il montre que Dieu a moins une prévision de l'avenir qu'une vision simple et actuelle de toutes choses présentes à son éternité. Pour expliquer que cette vision divine n'abolit pas la contingence des

(1) *De interpretatione*, c. 9. MEISER, pp. 10-11. DIDOT I, p. 29, n. 6-11.

(2) Sur cette théorie d'Aristote consulter CHEVALIER (J.), *La notion du nécessaire chez Aristote et ses prédécesseurs*. Lyon, Rey, 1914, pp. 272-274 et 283-284. HAMELIN (O.), *Le système d'Aristote*, p. 167.

(3) Suivre l'évolution de ces trois idées à travers les penseurs du Moyen Age serait probablement d'un vif intérêt. A ma connaissance, il n'existe pas d'ouvrage consacré spécialement à la question.

(4) *De libero arbitrio*, III, 2, 3. *De civitate Dei*, V, 9, 10. *De praedestinatione*, etc.

(5) Lib. V, prosa 4, éd. PEIPER, Lipsiae, Teubner, 1881, p. 131.

choses il distingue une nécessité absolue, comme tous les hommes mourront, et une nécessité conditionnelle, comme cet homme se promène, car je le vois se promener. Mais si nécessairement ce que je vois existe, il ne s'ensuit pas que cela existe par nécessité. De même nécessairement ce que Dieu prévoit arrivera, mais cela n'arrivera pas, de ce seul chef, par nécessité. Les futurs contingents sont nécessaires conditionnellement, eu égard à la connaissance que Dieu en a; ils restent contingents en eux-mêmes, eu égard à leurs causes (1). Cette distinction, tous les penseurs du Moyen Age la rappelleront le plus souvent pour se l'approprier. Elle deviendra chez S. Anselme la distinction entre la nécessité antécédente et la nécessité subséquente (2), et, plus tard, la *necessitas consequentiæ* et la *necessitas consequentis*.

Imprégnées de sa conception de Dieu, de sa théorie de la vérité et de sa théorie de la liberté, les pages au cours desquelles S. Anselme montre l'accord de la prescience divine avec la liberté, sont certes profondes et vigoureuses (3). Mais c'est surtout à partir du milieu du XIIIe siècle, quand se produisit ce qu'on a appelé la « crue de l'Aristotélisme », quand la constitution des grandes synthèses doctrinales amena les penseurs chrétiens à mieux saisir les rapports des questions les unes avec les autres, que le problème prit peu à peu plus de précision, d'ampleur et d'acuité. Il ne saurait être question de rappeler ici, et moins encore d'esquisser, ne fut-ce qu'à grands traits, les théories élaborées pour le résoudre. Ces doctrines touchent à trop de problèmes théologiques et philosophiques; en dépit de travaux déjà nombreux l'histoire en est encore trop mal connue pour qu'il soit possible d'en faire en quelques pages la synthèse. Bornons-nous à deux remarques utiles, indispensables peut-être, pour situer la querelle de Louvain et mieux comprendre les documents qui permettent de la faire revivre.

Le premier fait auquel il convient de s'arrêter est l'apparition, au début du XIVe siècle, de ce qu'on a appelé « la logique à trois valeurs » (4). Jusque vers le milieu du XIIIe siècle, tous les penseurs

---

(1) *Loc. cit.* prosa VI, éd. cit. p. 143 ss.

(2) *Cur Deus Homo*, II, c. 18, P. L., t. 158, c. 424. *De concordia...* I, c. 2, *loc. cit.*, c. 510.

(3) *De concordia...* q. 1, *Cur Deus homo*, c. 17 et 18, *De casu diaboli*, c. 21.

(4) Sur cette théorie logique dont les origines remontent à l'antiquité grecque et qui semble s'être introduite dans le Moyen Age par l'intermédiaire de Boèce et du *De Fato* de Cicéron, on trouvera des indications précieuses dans 1° MICHALSKI (C.), *Le problème de la volonté à Oxford et à Paris au XIVe siècle*. Extrait de *Commentariorum societatis philosophicae polonorum* vol. II. *Studia philosophica*. Leopoldi, 1937, pp. 286 ss. 2° CICÉRON, *Le destin*, (A. YON), éd. Guillaume Budé Paris, 1933, pp. XIII-XXVIII.

chrétiens, du moins les plus connus, s'accordent à reconnaître que les propositions concernant les futurs contingents sont susceptibles de vérité, que celles qui seront vraies au présent quand l'événement se produira le sont au futur avant qu'il ne se produise. C'est l'opinion de S. Anselme (1). C'est celle de S. Bonaventure. Dans son *Commentaire des Sentences*, il déclare que la vérité exprimée par une proposition quelconque est éternelle (2), que ce qui est vrai aujourd'hui au présent l'est au futur éternellement (3), que les jugements concernant les futurs contingents en tant que tels sont vrais avant que la chose soit et l'ont toujours été (4). Il paraît assimiler la négation de cette vérité à la négation de la prescience divine et englober l'une et l'autre dans une même réprobation (5). Enfin les raisons par lesquelles Aristote a prétendu prouver que ces sortes de jugements n'ont pas de vérité et n'en sauraient avoir lui paraissent tout simplement sophistiques (6).

3° Bréhier, *Chrysippe*, Paris, Alcan, 1910, pp. 172 ss., surtout 187-193. 4° Fonsegrive, *Essai sur le libre arbitre*. Paris, 1887, I, pp. 30-31; 42; 73-74.

(1) *De veritate*, c. 10. Schmitt (J. S.), *Anselmi Opera*. T. I, Seccovii, 1938, pp. 177, 178, 186, 190. *De concordia...*, c. 2 et 3. *Cur Deus homo*, II, c. 17 et 18, *Monologium*, c. 18, éd. cit. p. 33.

(2) « Veritas significata per aliquam complexionem est aeterna sicut veritas hujus : mundum esse futurum ». *I Sent.*, d. 41, a. 2, q. 1, ad 3.

(3) « Omne quod modo verum est de presenti ab aeterno verum fuit de futuro ». *I Sent.*, d. 46, q. 4, ad 4 fund.

(4) *I Sent.*, d. 40, a. 2, q. 1; éd. Quaracchi I, fol. 708-709; d. 38, a. 2, q. 2, ad 6.

(5) *I Sent.*, d. 38, a. 2, q. 1, éd. cit. I, fol. 675*a*.

(6) *Ibid.* 675*b*. La question de la vérité des futurs contingents est, chez les penseurs dont il va être question, intimement liée à celle de la prescience divine. D'après S. Bonaventure, Dieu connaît les futurs contingents, comme tout ce qui n'est pas soi, dans les raisons éternelles. La connaissance qu'il en a n'est pas comme la nôtre sujette à se tromper parce qu'elle ne se déroule pas dans le temps et parce qu'elle est indépendante de son objet. Dieu connaît tous les exemplaires des choses futures et il les connaît pleinement parce qu'il est à la fois intelligence suprême et suprême intelligible. Et comme les choses tiennent de ces archétypes tout ce qu'elles ont d'être, Dieu connaît nécessairement toutes choses dans leur entière réalité. Enfin la connaissance de Dieu se produit dans un présent absolument simple qui englobe toute la durée. Ces trois raisons réunies font que Dieu connaît les événements à venir comme s'ils lui étaient présent. « *Deus omnium ideas habet praesentes et simul, per quas cognoscit res futuras ita certitudinaliter sicut essent praesentes. Et iterum super omnes illas simul et praesenter se convertit et ita simul et praesenter cognoscit. Et iterum praesens suae cognitionis est praesens simplicissimum quod circumplectitur omnia tempora. Ex his tribus rationibus simul junctis dicitur Deus omnia praesenter cognoscere* ». (*I Sent.* d. 39, a. 2, q. 3, fol. 696*b*). Cette prescience, ou plutôt cette vision, car la connaissance divine ne mérite pas le nom de prescience en raison de sa nature mais seulement en raison de ce qu'elle connote, cette prescience ne nuit en rien à la contingence des choses. Et c'est précisément sa perfection qui permet de le comprendre. Connaissant les choses dans leurs exemplaires auxquels elles sont conformes de tout point, Dieu connaît par le fait même ce qui arrivera comme il arrivera. Il connaît comme néces-

S. Thomas traite le Stagirite avec plus de ménagement. Si l'on en croit un de ses commentateurs, Zigliara (1), S. Thomas admet que les propositions relatives aux futurs contingents ne sont pas déterminément vraies. Leur indétermination ne serait pas seulement relative à nous. Elle ne signifierait pas seulement que les futurs contingents ne peuvent pas être objet de science pour une pensée qui se produit dans le temps et à laquelle toute certitude est par là même refusée là où il n'y a pas de liaison nécessaire entre la cause et son effet. Elle leur serait inhérente; elle tiendrait à leur nature. Pour employer une expression du Père Sertillanges, qui se rallie à l'interprétation de Zigliara, d'après S. Thomas, la vérité des futurs contingents ne ferait pas « retour au passé » (2). Dans quelle mesure est-ce là l'opinion de S. Thomas ? Pour en décider il faudrait se livrer à une analyse minutieuse et complète des textes; il faudrait rechercher si, tout en paraissant suivre l'opinion d'Aristote, il ne l'a pas ici reconstruite comme il l'a reconstruite tant de fois; il faudrait enfin se souvenir que S. Thomas attribue une vérité aux propositions prophétiques, que donc, s'il a suivi l'opinion d'Aristote, il avait trouvé le moyen de la mettre d'accord avec la vérité des prophéties; il faudrait préciser de quelle manière il l'a fait et voir si, en le faisant, il n'a pas transformé plus ou moins la théorie du Stagirite. Aussi longtemps qu'on n'aura pas résolu ces problèmes, il ne sera pas possible de voir en lui même un simple annonciateur de la logique à trois valeurs (3).

Duns Scot lui prépare davantage le chemin. Le Docteur Subtil

---

saires les effets qui seront produits nécessairement par leurs causes; il connaît comme contingents ceux qui seront l'œuvre du hasard ou du libre arbitre (*I Sent.* d. 38, a. 2, q. 1; d. 40, a. 0, q. 1, ad 1, 2, 3). Sans doute ce que Dieu prévoit ne saurait manquer d'arriver, mais cette nécessité est une nécessité de conséquence; elle n'entraîne pas plus la nécessité du conséquent que la vision de l'homme ne rend nécessaire l'événement contingent qu'il perçoit (*I Sent.*, d. 38, a. 1, q. 2, p. 672*b*; d. 38, a. 2, q. 1, p. 675*b*; d. 47, q. 1, p. 840*b*). Sans doute encore Dieu est cause immédiate de tout ce qui arrive dans le monde, mais comme il cause tout l'être, il donne à sa créature, en même temps que son être, son mode d'action, nécessaire ou contingent, selon qu'il le veut. (*I Sent.*, d. 45, a. 0, q. 2).

(1) *In librum primum Perihermeneias*, éd. Léon. Romae, 1872, I, p. 74.

(2) *Saint Thomas d'Aquin*. Paris, Alcan, 1910. T. I, pp. 232-233; II, pp. 71-72. S. Thomas « reprend » la décision d'Aristote « pour son compte à plusieurs reprises. Elle exprime en effet très nettement sa position aussi bien quant à la métaphysique du vrai que relativement à la constitution de la nature ».

(3) D'après S. Thomas les raisons éternelles ne suffisent pas à rendre compte de la prescience divine. On donne aujourd'hui deux interprétations de sa pensée. Les uns s'autorisent d'un passage de la Somme théologique (I, q. 13, a. 14) qui reparaît d'ailleurs fréquemment sous la plume du docteur angélique : « *Omnia quae sunt in tempore sunt Deo ab aeterno praesentia, non solum ea ratione quia habet rationes rerum apud se praesentes, ut quidam dicunt, sed quia intuitus ejus fertur super omnia ab aeterno*

distingue deux attitudes de l'intelligence divine à l'égard des futurs contingents et spécialement des futurs libres. Antérieurement à la détermination de sa volonté, Dieu se représente simplement les termes dont la proposition contingente sera faite ou, s'il se représente la proposition, il se la représente comme « neutre ». C'est seulement quand sa volonté a pris parti que l'acte libre et la proposition qui l'exprime deviennent vrais pour l'intelligence divine. Auparavant la proposition n'était ni vraie ni fausse, elle était indifférente, elle était « neutre » (1). Mais Duns Scot ne fait aucunement mention

prout sunt in sua praesentialitate. Ideo infallibiliter a Deo cognoscuntur in quantum subduntur divino conspectui in sua praesentialitate; et sunt futura, in suis causis comparata ». Selon S. Thomas, remarquent-ils, les futurs contingents ont une vérité et même une vérité en un sens nécessaire, au moment de leur réalisation. Dieu les perçoit intuitvement parce qu'il est éternel et que chaque moment du temps, sans en excepter l'avenir, coexiste à son éternité. Cette interprétation qui fut celle des anciens thomistes a été reprise par Schwamm. A son avis la théorie qui fait des décrets prédéterminants le moyen de la prescience divine, loin de se rencontrer même à l'état d'ébauche, chez S. Thomas serait en contradiction avec sa pensée. Dans leurs comptes rendus de ses ouvrages les dominicains ont reproché à l'auteur de n'avoir tenu compte que d'un petit nombre de textes. Il y a quelque chose de fondé dans leurs critiques. Les expressions dont S. Thomas se sert avec une complaisance marquée ne doivent pas être prises à la lettre. Ce serait, comme Olivi en faisait la remarque, mettre la connaissance divine sous la dépendance des choses. Il faut se souvenir que d'après S. Thomas Dieu connaît tout dans son essence. Cette précision, que les anciens thomistes n'ont pas manqué de faire, ne saurait être omise. D'autres soutiennent que la connaissance que Dieu a des futurs contingents est intimement liée à sa précausalité. Les textes qu'ils apportent ne manquent pas d'intérêt. Dans une note insérée dans l'ouvrage du Père Garrigou-Lagrange, *La prédestination des Saints et la grâce*, Paris s. d., pp. 413 ss., J. Goblicki annonçait un travail sur la question. J'ignore si l'ouvrage a paru. On trouvera dans Et. GILSON, *Le Thomisme*, 4e éd., Paris, Vrin, 1942, pp. 162-163, un exposé bref mais nuancé.

(1) « Intellectus divinus aut offert simplicia quorum unio est contingens in re, aut, si offert complexionem, offert eam sicut neutram, et voluntas eligens unam partem, scilicet conjunctionem istorum pro aliquo nunc, in re facit illud determinate esse verum : hoc erit pro A... Tunc autem non sunt vera contingentia quia nihil est tunc per quod habeant veritatem determinatam. Posita autem determinatione voluntatis divine, jam sunt vera, videlicet pro illo instanti ». *Opus oxoniense*, I, d. 39, Venitiis 1521, fol. 135v. Cf. *Reportatio major.*, *I Sent.*, d. 38.. SCHWAMM. *Op. cit.*, p. 25. Duns Scot rejette l'explication de la prescience divine proposée par S. Bonaventure. Les idées éternelles, remarque-t-il, représentent les choses à l'état de purs possibles. Elles ne peuvent donc pas expliquer la connaissance de vérités contingentes, attendu que de telles vérités ne sont pas évidentes ex terminis. Il rejette également l'explication de S. Thomas. Les moments futurs de la durée n'existent pas encore; il ne peut donc pas y avoir entre eux et l'éternité divine de coexistence effective, attendu que ce qui n'existe pas ne saurait servir de fondement à une relation réelle. Cf. SCHAWMM. *Op. cit.*, pp. 8-14. La théorie des propositions neutres semble avoir eu des partisans à Oxford avant Duns Scot, car en 1277, Robert Kilwardby condamnait la proposition suivante : : *Quod omnis propositio de futuro vera est etiam necessaria*. ARGENTRÉ, I, p. 185. Cf. BRADWARDINE (T.), *De causa Dei*, lib. III, c. 17, Londini, 1618, p. 692, et c. 29, p. 742

d'Aristote au cours de son exposé. D'autre part, Auriol oppose sa doctrine à celle du Stagirite; enfin les partisans du Docteur Subtil s'autoriseront plus tard de son nom pour affirmer la vérité des futurs contingents. A mon humble avis on ne tient pas encore en lui un représentant indubitablement authentique de la logique à trois valeurs.

C'est avec Pierre Auriol que, semble-t-il, elle prend, pour la première fois, une forme nette, précise. Dans son *Commentaire des Sentences*, Auriol la développe plus largement que nul ne le fera au cours du XIVe siècle. Son exposé occupe treize colonnes de texte dans l'édition de 1596. Après avoir rappelé et critiqué les doctrines élaborées par S. Thomas, Henri de Gand, Duns Scot et S. Bonaventure pour expliquer la prescience divine, après avoir donné sa conception personnelle, il se demande, dans un troisième article, si la proposition énonçant un futur contingent peut être déterminément vraie. Il résume l'opinion de Scot, lui oppose celle d'Aristote (1) et conclut en trois propositions. En voici l'essentiel. La solution d'Aristote est appuyée sur des preuves rigoureusement démonstratives (2). Celui qui refuse de la suivre s'accule à nier contingence et libre arbitre, car, quoique l'homme décide, ce qui est déterminé se fera (3). Certes l'actualité du contingent le détermine. Mais si la détermination qu'elle lui confère vaut pour le présent, si elle vaut pour le temps qui va suivre, de telle sorte qu'il sera désormais déterminément vrai de dire que la chose a été, elle ne fait nullement retour au passé parce qu'elle n'empêche pas le contingent de rester, dans le passé, en la puissance de ses causes qui peuvent le produire ou ne pas le produire (4). Sans doute Dieu connaît l'actualité des futurs contingents, mais la connaissance qu'il en a ne confère aucune sorte de vérité aux propositions par lesquelles nous les exprimons (5). Elle ne leur en confère pas plus que la proposition : je lis, n'en confère pour les siècles passés à ce jugement : je lirai (6). Bref, ces sortes de propositions ne sont ni vraies ni fausses, elles sont indifférentes.

On retrouve une doctrine analogue chez Guillaume d'Occam qui,

---

(1) « Fuit mens vero Aristotelis opposita ». *Commentarium in primum librum sententiarum.* Romae, d. 38, a. 3, 1596, fol. 883, 2 B.

(2) « Sententia philosophi est penitus conclusio demonstrata, ita quod nulla propositio singularis potest formari de futuro contingenti de qua concedi possit quod sit vera et ejus opposita falsa vel e converso, sed quaelibet est nec vera nec falsa ». *Loc. cit.*, 2 D.

(3) *Loc. cit.*, fol. 883-885.

(4) *Loc. cit.*, fol. 885.

(5) *Loc. cit.*, fol. 886, 1 B.

(6) *Loc. cit.*, fol. 889, 1 D.

lui aussi, se réfère à Aristote. Dans son *Commentaire* du *De interpretatione*, il commence par affirmer que les propositions concernant les futurs contingents ne sont ni vraies ni fausses en raison de l'indétermination de leur objet, qu'elles sont indéterminées, qu'elles sont neutres. Puis, remarquant que le philosophe en refuserait la connaissance à Dieu, il se borne à déclarer qu'il appartient au théologien de dire, s'il a en le pouvoir, comment Dieu peut la posséder (1). On retrouve la même conception dans le *De praedestinatione* (2) mais avec trois additions importantes. Guillaume fait allusion à Duns Scot : il résume sa doctrine et formule contre elle deux objections dont voici la substance. Ou bien la détermination de la volonté divine entraîne celle de la volonté créée et celle-ci agit par nécessité à la façon du feu; mérite et démérite s'évanouissent. Ou bien la volonté créée garde le pouvoir de se déterminer elle-même. Dans ce cas, il ne suffit pas que Dieu connaisse sa propre détermination pour connaître celle que la créature prendra; la certitude de la prescience s'évanouit (3). Ensuite, après avoir noté qu'il est impossible d'expliquer clairement comment Dieu connaît les futurs contingents, Guillaume propose sa conception propre. Enfin, il soulève et résoud une difficulté sur laquelle nous allons revenir (4). Dans son *Commentaire des Sentences*, il garde la même attitude, sans changer grand'chose à son exposé (5). L'idée d'une logique à trois valeurs serait donc chose indiscutable pour lui. Le théologien n'aurait pas à la nier, mais à montrer comment elle se concilie avec les données de la foi. Toutefois deux remarques s'imposent. Nulle part Guillaume ne déclare, à la

(1) « Intentio philosophi est dicere quod in talibus futuris contingentibus neutra pars contradictionis est vera vel falsa determinate, sicut res non determinatur magis ad fore quam ad non fore; et ideo diceret quod Deus non plus scit unam partem contradictionis esse veram quam aliam; imo neutra scitur a Deo, quia, ex quo neutra pars est vera, sicut hic determinat philosophus et secundum eum i° posteriorum nihil scitur nisi verum, sequitur quod neutra pars est scita. Tamen secundum veritatem et theologos aliter est dicendum quod Deus determinate scit alteram. Quare autem hoc sit in theologia habet declarari ». *Expositio aurea*, Bononiae, 1496, fol. 108rb.

(2) « Quinta suppositio est quod, secundum intentionem philosophi, non solum in futuris contingentibus, imo etiam in illis de presenti et preterito que equivalent illis de futuro, Deus non scit plus unam partem contradictionis quam aliam... Sed in illis non est veritas determinata, quia, secundum eum, nulla ratio potest assignari quare magis una pars quam alia. Et ita vel utraque pars erit vera, vel neutra; sed non est possibile quod utraque sit vera; ergo neutra; et ita neutra scitur ». *Nat. ms. lat. 14715*, fol. 83va.

(3) *Ibid.* Sexta suppositio. On trouve également le texte du *De praedestinatione* dans *Expositio aurea*, éd. cit. fol. 109-112^{v}.

(4) *Ms. cit.*, fol. 83vb.

(5) *I Sent.*, d. 38, q. 1, Lugduni, 1495, L.

façon d'Auriol, la théorie d'Aristote rigoureusement démontrée; nulle part il n'affirme, de façon aussi explicite, que la connaissance divine ne rend pas les futurs contingents déterminément vrais. Ensuite, dans son *Commentaire des Sentences*, il commence par formuler cette objection : ce qui n'est pas vrai en soi ne l'est pour personne, pas même pour Dieu. Et il répond, comme dans le *De praedestinatione*, la partie de la contradictoire qui sera réalisée peut être dite déterminément vraie en ce sens qu'elle n'est pas fausse, mais elle reste vraie de façon contingente en ce sens qu'elle peut être fausse et peut n'avoir jamais été vraie (1). Si l'on remarque que cette distinction sera reprise, avec plus de clarté, par Pierre d'Ailly (2), si l'on observe que Pierre d'Ailly rejette l'idée de propositions neutres et qu'il semble admettre que Guillaume l'a fait aussi, on en vient à se demander s'il n'y aurait pas quelque flottement dans la pensée du *Venerabilis Inceptor* ou si cette pensée n'aurait pas quelque peu évolué du *Commentaire sur le Perihermenias* au *Commentaire des Sentences*. En tout cas, Guillaume semble être un partisan moins résolu que P. Auriol de la théorie des propositions neutres (3).

Cette théorie devait évidemment rencontrer des adversaires. Elle en rencontra un dans la personne de Grégoire de Rimini. Selon Grégoire, suivre Aristote, c'est nier le principe du tiers exclu (4).

(1) « Illud quod non est in se verum nulli est determinate verum; sed futurum contingens non est determinate verum in se et per consequens non determinate verum Deo... Potest dici quod altera pars contradictionis est determinate vera ita quod non est falsa, et tamen ita est contingenter vera quod potest esse falsa et potest nunquam fuisse vera ». *Loc. cit.* A. P.

(2) *Questiones in I Sententiarum*, q. 11, art. 1, éd. Jean Petit, s. d., fol. 157v.

(3) Pour préciser sur ce point, comme sur tant d'autres, la pensée de Guillaume d'Occam, il faudrait, à mon avis, distinguer deux attitudes. On peut penser en philosophe, c'est-à-dire en s'aidant des seules lumières de la raison. On peut penser en théologien, c'est-à-dire en s'éclairant aussi des lumières de la foi. Le philosophe, comme on a dit, possède quelquefois la preuve sans posséder la vérité. Le théologien possède la vérité sans être toujours capable de fournir la preuve. Pour celui qui s'en tient aux seules lumières de la raison les futurs contingents n'ont pas de vérité déterminée. Mais quand on est éclairé par la foi on sait qu'ils en ont une, puisque Dieu les connaît de science certaine et qu'il n'y a de science que du vrai. Et du même coup on sait que les preuves du philosophe ne sont des preuves qu'en apparence. Bref pour saisir la pensée de Guillaume d'Occam sur la question des propositions neutres il faut se souvenir du passage du *quodl.* II, q. 3, où il remarque que la lumière de la foi nous avertit que certains arguments en apparence concluants ne le sont pas en réalité. (Cf. L. Baudry, *Le tractatus de principiis theologiae*, Paris, 1936, p. 34). Pensant en théologien, Guillaume n'aurait pas admis en définitive l'existence de propositions neutres. Dès lors on comprendrait qu'il n'en parle pas dans sa *Somme de logique*, et l'on comprendrait aussi que les nominalistes du xve siècle aient combattu cette théorie en croyant rester fidèles à la pensée de leur chef.

(4) *Lectura super libros Sententiarum*, Venetiis, 1503, I, d. 38; q. 1, a. 2, fol. 131rb.

Elle en rencontra un autre en Pierre d'Ailly. Les penseurs, remarque-t-il, ont adopté trois attitudes à l'égard des propositions neutres. Les uns, et il cite Grégoire de Rimini, ont refusé de suivre Aristote. Les autres, faisant violence au texte, ont pensé, tel Boèce, que le Philosophe admettait une vérité indéterminée. Un autre, et c'est d'Auriol qu'il s'agit, a cru pouvoir concilier le Philosophe avec la foi (1). Pierre d'Ailly distingue ensuite deux sens du mot contingent et deux sens de l'expression « determinate verum » (2). Enfin, formulant sa réponse, il énonce douze propositions ou plutôt douze suppositions car, observe-t-il, elles peuvent plutôt s'énoncer que se prouver. La deuxième nous fait suffisamment connaître, sinon les nuances, du moins le principal de sa pensée : « La proposition par laquelle on dit qu'un possible qui sera, sera, est déterminément vraie ». Et il en donne cette raison non moins significative : « De même qu'une proposition au présent est vraie quand elle dit que ce qui est, est, ainsi une proposition au futur est vraie, quand elle dit que ce qui sera, sera » (3). Mais Grégoire et Pierre d'Ailly subissent l'influence de la doctrine qu'ils rejettent. La structure même de leur exposé du problème de la prescience le montre. Alors qu'avant eux la question de la vérité des futurs contingents s'introduisait en quelque sorte incidemment dans la discussion, c'est au contraire par ce problème qu'ils commencent. L'un et l'autre examinent plus ou moins longuement la théorie d'Aristote et les interprétations qu'on en a données avant de traiter de la prescience et de sa compatibilité avec la contingence des choses (4). L'idée qu'il existe des propositions neutres trouve également des partisans au cours du XIVe siècle. Citons, parce que Pierre de Rivo s'en fera comme une sorte de paravent, Pierre de Candie, devenu pape sous le nom d'Alexandre V (5), et Pierre de Nogent

Grégoire adresse le même reproche à Duns Scot : « Impossibile est quod pro aliquo instanti talis complexio de futuro sit neutra; alias tunc daretur medium in contradictione ». Q. 2, a. 2, fol. 135vb.

(1) *Loc. cit.*, fol. 157^rv^.

(2) *Loc. cit.*, fol. 157vb.

(3). « Si aliqua propositio enunciat aliquod possibile, quod erit, fore, ipsa est determinate vera; et si enunciat ipsum non fore quod erit, ipsa est determinate falsa... Patet quia, sicut ab eo quod res est vel non est dicitur oratio de presenti vera vel falsa, sic ab eo quod res erit vel non erit dicitur oratio de futuro vera vel falsa ». Fol. 158ra.

(4) Si notre exposé est conforme à la réalité historique, le besoin de comprendre leur foi aurait amené les penseurs chrétiens à poser le problème de la vérité des futurs contingents comme il avait été posé par Aristote. Nous aurions ici un exemple remarquable de philosophie chrétienne.

(5) Cf. p. 79.

qui enseignait à Paris aux environs de 1404 (1). Dans quelle mesure continue-t-elle de se répandre et de faire son chemin dans les esprits? Dans quelle mesure ses partisans lui apportent-ils ou non des adoucissements? L'état actuel des recherches ne permet pas de le dire. Mais elle est en question dans la querelle de Louvain; bien plus, comme cela ressort, entre autres, d'un passage de son *Tractatus tertius de anno, die et feria dominicae passionis...* dans lequel, pour répondre à une attaque de Paul de Middelburgh, Pierre de Rivo résume la position qu'il avait prise (2), elle est au cœur du débat. Il n'était donc pas inutile d'en donner un rapide aperçu.

Les tentatives faites par S. Anselme, S. Bonaventure, S. Thomas, Duns Scot et les autres pour expliquer la prescience divine et son accord avec la contingence des choses se rattachaient à une doctrine philosophique. Pour quiconque n'admettait pas la doctrine elles étaient nécessairement non avenues. Aussi le problème continue-t-il, au cours du XIVe siècle, d'occuper les esprits. Cependant qu'impressionnés peut-être par cette diversité de doctrines et les critiques que leurs partisans s'adressent à l'envi, d'aucuns, surtout les nominalistes, en viennent à penser que la question pourrait bien dépasser les forces de la raison, d'autres continuent à vouloir éclaircir le mystère. Jean de Ripa, sur lequel les travaux de mon ami l'abbé A. Combes (3) et du Père Schwamm (4) ont déjà projeté quelque clarté, Thomas Bradwardine (5), dont on reconnaîtra bien un jour et le pénétration d'esprit et l'influence, Fitz Ralph, évêque d'Armagh et maints autres (6) le discutent. Wiclef ne l'a vraisemblablement pas ignoré. Mais, en dépit de remarques parfois un peu vives, la discussion ne quitte pas les hauteurs de la sérénité philosophique. Il faut attendre la fin du XVe siècle pour le voir donner lieu à un débat tumultueux. Seulement — et c'est le deuxième fait sur lequel il convient d'attirer l'attention — dans l'espace d'une centaine d'années des événements peuvent se produire qui influent sur la marche des idées, qui font que, tout en

(1) Cf. VILIERS c. de *Bibliotheca carmelitana*, Aurelianis, 1762, II, 592.

(2) *Tractatus tertius de anno, die et feria dominice passionis...* Lovanii, G. de Westfalia, 1492, c. 1, fol. A 4rv. Cf. p. 464-465

(3) COMBES (A.), *Jean de Ripa...* dans *Archives d'histoire doctrinale et littéraire du moyen âge*, t. XII, *Jean Gerson, commentateur dyonisien*, Paris, Vrin, 1940, appendice XVII.

(4) Cf. SCHWAMM (H.). *Magistri Joannis de Ripa, o. f. m. doctrina de prœscientia divina*. Anal. grégor. I, Romae, 1930.

(5) *De causa Dei...* Lib. III, c. 12 ss. Londini, 1618, pp. 688 ss.

(6) Cf. SCHWAMM (H.), *Das göttliche Vorherwissen bei Duns Scot u. seinen ersten Anhängern*. Innsbruch, 1934.

remuant les mêmes problèmes, on ne les aborde pas tout à fait de la même manière, qui font tout au moins que la préoccupation avec laquelle on les aborde tourne plus aisément à la passion. Ainsi en était-il arrivé. La fin du XIVe siècle est marquée par l'apparition d'un penseur dont l'influence ne doit pas être sous-estimée : Jean Wiclef. Rédigés dans une langue plus simple, moins technique que ceux des scolastiques, ses écrits eurent vite passé le détroit, gagné le continent et pénétré jusque dans les universités de l'Europe Centrale (1). Condamnée à diverses reprises en Angleterre, puis à Prague, à Paris, à Louvain et finalement au concile de Constance, sa doctrine apparaissait à beaucoup comme l'hérésie du jour, comme l'hérésie envahissante et dont il fallait à tout prix se garder. Or Wiclef avait enseigné que tout arrive par nécessité. Ce fait, joint à la diffusion de la nouvelle logique, allait faire passer le problème de la vérité des futurs contingents et des propositions les concernant de plus en plus au premier plan. Et les penseurs allaient se répartir de plus en plus nettement, si l'on peut dire, en deux camps. Les uns, exclusivement philosophes ou philosophes avant d'être théologiens, affirmeraient d'abord la contingence, quitte à expliquer ensuite ou à laisser à d'autres le soin d'expliquer que Dieu puisse avoir du contingent une connaissance certaine, et de même les hommes, dans la mesure où Dieu le leur révèle. Les autres, théologiens en quelque sorte avant d'être philosophes, commenceraient par affirmer que Dieu connaît tout d'une connaissance infaillible pour s'efforcer ensuite de montrer qu'il ne résulte pas de là que tout arrive par nécessité (2). Ceux-ci reprocheraient aux premiers de nier la prescience divine et la vérité des prophéties. Les premiers reprocheraient aux seconds de chasser de l'univers contingence et libre arbitre. Si des penseurs ont déjà du mal à s'entendre quand ils prennent un problème par le même biais, il est inévitable qu'en le traitant avec des préoccupations différentes ils aient peine non seulement à s'accorder, mais à se comprendre. Et pour peu que les circonstances et le tempérament des hommes s'y prêtent, il faut s'attendre à voir le débat abandonner le ton de la sérénité philosophique. C'est ce qui advint quand la question

---

(1) D'après D'IRSAY (S.). *Histoire des universités françaises et étrangères*. I, p. 187, les théories de Wiclef auraient été importées d'Oxford par Jérôme de Prague.

(2) La première attitude semble être celle de Pierre de Rivo; la seconde, celle de Henri de Zomeren. Je n'entends pas dire que le problème qui mit ces deux penseurs aux prises n'ait pas été discuté auparavant. T. Bradwardine au début du chapitre 22 de l'ouvrage mentionné ci-dessus l'appelle « questionem famosissimam ». Je veux simplement dire qu'il prit à Louvain toute son acuité.

mit aux prises deux penseurs de l'université de Louvain : Pierre van den Beken (1), qui se faisait appeler Pierre de Rivo, professeur de rhétorique à la faculté des arts, et Henri van Echerbroech (2), connu sous le nom de Henri de Zomeren, professeur « ordinaire » à la faculté de théologie.

Le premier était né à Assche, près d'Alost, vers 1420 (3). En 1437, il se faisait inscrire à l'université de Louvain (4). Bachelier le 14 février 1441, puis maître ès-arts en 1442 (5), il était nommé, l'année suivante, professeur de philosophie au collège du Faucon et entre-temps commençait ses études de théologie (6). En 1460, il succédait à Hugues de Harlem comme professeur de rhétorique (7). Cette fonction allait lui permettre d'élargir le cercle de son influence. Le cours de rhétorique était ouvert à tous les étudiants de la faculté des arts et ils y venaient nombreux quand le titulaire, tel Pierre de Rivo, ne manquait pas de talent. Le talent de Pierre était fait d'éloquence naturelle, de souplesse et de vivacité d'esprit, d'aisance et de clarté. D'un tempérament qui ne manquait pas de fougue, mais ayant appris sur les conseils de son maître, Jean Warenacker, à en tempérer les ardeurs (8), il savait conduire une discussion de façon courtoise et

---

(1) FOPPENS (J. F.), *Fasti doctorales universitatis lovaniensis*. Paris. nat. ms. lat 10.172, fol. 38v.

(2) MOLANUS. *Historiae rerum lovaniensium libri XIV*, éd. P.F.X. de Ram (Collection des chroniques belges inédites n. 9). Bruxelles, 1861, t. II, p. 1354.

(3) VALERIUS ANDREAS. *Fasti academici studii generalis lovaniensis*. Lovanii, 1650, p. 93. MOLANUS, *op. cit.*, I, p. 507. FOPPENS (J. F.), *Fasti doctorales*, ms. cit. fol. 38v. *Bibliotheca belgica*, Bruxelles, 1739, II, p. 1004.

(4) REUSENS, *Matricule de l'université de Louvain*, I, Bruxelles, 1903, p. 214.

(5) *Loc. cit.* REUSENS, *Promotions de la faculté des arts de l'université de Louvain*. Louvain, 1869, p. 49. FOPPENS. *Bibliotheca Belgica*, loc. cit.

(6) FOPPENS. *Fasti doctorales*, *loc. cit. Bibl. belg. loc. cit.* VALERIUS ANDREAS, *Fasti academici*, p. 93. D'après le cardinal Ehrle, Pierre de Rivo aurait commencé ses études de théologie après 1460 (*Der Sentenzenkommentar Peters von Candia Munster in Westf.* 1925, p. 127). C'est une erreur. Dans le rotulus de 1449, il est dit : *Petrus de Rivo, artium magister et in theologia bacallarius, legens sententias, qui rexit sex annis in artibus* (Analectes pour servir à l'histoire ecclésiastique de la Belgique, t. XXVI, Louvain, 1896, p. 298). Je cite cet ouvrage, qu'il ne m'a pas été possible de me procurer, d'après REUSSENS *Matricule...*, p. 214, n. 35. En outre, Pierre était bachelier formé en théologie en 1457. (MOLANUS, *op. cit.*, p. 474). Il avait donc commencé ses études théologiques avant la date donnée par Ehrle.

(7) VALERIUS ANDREAS, *op.cit.* p. 93. Il résulte du procès-verbal de la séance générale de l'université tenue le 18 juillet 1453 qu'à la mort de Jean Block, Hugues de Harlem sollicita le poste de professeur de rhétorique (VAN HOVE, *Actes*, II, Bruxelles, 1917, p. 284). Valerius Andreas nous apprend qu'il l'obtint. BAX (*Historia universitatis lovaniensis*, t. VIII, p. 1032, Bibliothèque royale de Belgique, ms. n. 22.172) rapporte que la faculté des arts avait alors présenté la candidature de Pierre de Rivo. Je puise ce renseignement dans VAN HOVE, *loc. cit.*, n. 1.

(8) « Libet insuper et michi optima jam occasione data... quamdam confiteri

cependant vivante. Ce n'était peut-être pas un esprit profond, mais c'était un charmeur : l'affabilité de ses manières lui valut l'estime de ses collègues à l'exception de quelques théologiens. A Rome même, ses juges n'y seront pas insensibles : tout en condamnant sa doctrine, ils donneront à sa personne des marques de sympathie. Malheureusement son caractère n'était pas à la hauteur de son esprit : comme il en fera plus tard l'aveu, le désir de briller le portait à s'écarter des opinions communément reçues (1), les attitudes louvoyantes auxquelles on le verra recourir pour se tirer d'embarras paraissent peu compatibles avec les exigences d'une parfaite loyauté.

Tout autre était Henri de Zomeren. Né à Zomeren, petit village du Brabant (2), il se faisait immatriculer à Louvain en 1434 (3). Promu bachelier le 14 mars 1436, puis maître ès-arts en 1437 (4), il commença d'enseigner au plus tard en 1440. En 1446, on le trouve mêlé à un incident dont il va être bientôt question. Élu « dictateur », c'est-à-dire chargé de la correspondance de l'université, le 5 mars 1448 (5), il abandonnait cette charge le 20 août, désigné pour porter à Rome un *rotulus*, c'est-à-dire une liste de membres de l'université sollicitant des privilèges et des bénéfices. Il était alors bachelier formé en théologie (6). Sa mission terminée, il rentrait à Louvain entre

levitatem quam incidi, dum junior essem, idque quod tunc persuasum credideram reformare, ut quidem illa fert etas aucupari, cupiens aliquid inanis gloriae in quodlibetis facultatis artium hanc novitatem asserere presumpsi : a nemine sustineri posse christum VIII kal. aprilis... crucifixum esse... Ea tempestate me michique similes, in novis adinventionibus gloriantes, corripere consuevit preclarissimus sacre theologie professor meus et preceptor et praecessor, m. Johannes Varenacker, dicens nos ordinem ratiocinandi pervertere. Quisque namque nostrum tacite sic apud se ratiocinatus est : hoc adinventum per me sufficienter persuasum teneo adversatur autem doctrine communi; illam ergo consequens est veram non esse. Monuit potius sic ratiocinandum esse : verisimile est doctrinam communem veram esse; adversatur autem adinvento per me; consequens est igitur ipsum sufficienter persuasum non esse ». *Opus magistri Petri de Rivo, sacre theologie professoris, legentis in universitate lovaniensi responsivum ad epistolam apologeticam m. Pauli de Middelburgo de anno, die et feria divine passionis*. Lovanii MCCCCLXXXVII. Prologus fol. a[2] recto.

(1) Cf. note précédente.

(2) Foppens, *Bibl. belg.* p. 467.

(3) Reusens, *Matricule* I, p. 74.

(4) *Loc. cit. Promotions*, p. 37.

(5) *Actes*, II, p. 113.

(6) *Loc. cit.* p. 128. Dans le rotulus de 1449 il est dit : *Henricus de Zomeren, portator hujus rotuli, artium magister et in theologia baccalarius formatus, qui per octo annis rexit in artibus*. Anal ctes... t. XXVI, p. 305. Je cite d'après Reusens, *Matricule*, I, p. 74. Henri est également donné comme bachelier en théologie dans le procès-verbal de la séance du 20 août 1448. *Actes*, II, p. 128.

le 20 mai et le 20 juillet 1449 (1) et demandait à l'université d'obtenir de la faculté de théologie qu'elle voulût bien lui tenir compte, pour l'obtention de la licence, de deux « disputes » qu'il avait soutenues à Rome et d'une troisième qu'il se proposait de soutenir pendant la période des vacances (2). Refusa-t-on d'accéder à son désir ? On ne sait. Toujours est-il que bientôt il gagnait Paris pour y prendre à nouveau le grade de bachelier en théologie en septembre 1451, puis celui de licencié le 4 mars 1456 (3) et enfin conquérir celui de docteur le 19 octobre 1462 (4). En 1460, il obtenait à Louvain la prébende et la chaire de professeur ordinaire à la faculté de théologie, laissées vacantes par la mort de Éymeric de Campo (5). Henri n'avait pas le brillant de Pierre de Rivo, mais il possédait un savoir plus solide et plus vaste. C'était un esprit ardent à la dispute, un tempérament toujours prêt à prendre feu (6). Digne pendant de son contemporain, Pierre de Middelbourg (7), il n'hésitait pas à assaisonner ses argu-

(1) Le 20 mai (*Actes*, II, p. 139), l'université lui écrit pour le remercier de la façon dont il a soutenu ses intérêts. Le 21 juillet (p. 151), elle désigne sur sa demande des délégués pour l'entendre rendre compte de sa mission. Cette mission excita plus tard la malignité de ses adversaires. Une note inscrite en marge du procès-verbal de la séance du 20 octobre 1448, au cours de laquelle Henri prêta serment de remplir fidèlement sa mission, lui reproche de n'avoir pas rendu compte de l'emploi des sommes qui lui avaient été allouées et de remettre cette reddition de comptes « *in secula seculorum* ». Une seconde note réplique : *Immo reddidit computum, ut videre est infra, XXV mensis julii anno d. 1449*. Une troisième, faisant sans doute allusion au caractère d'Henri prompt à prendre la mouche, ajoute : *Non est prudentis cineres mortui suscitare. Actes*, II, p. 134.

(2) *Actes*, II, p. 157.

(3) Denifle et Chatelain, *Chartularium*, IV, p. 707, n. 2678. Paris, *Nat. ms. lat. 5657 A*, fol. 22.

(4) *Paris Nat. ms. lat. 5657 A, fol.* 22. Henri aurait donc obtenu le titre de docteur après son retour à Louvain.

(5) Molanus, *op. cit.*, p. 506. Valerius Andreas, *Fasti academici*, éd. cit. p. 84. Foppens, *Fasti doctorales*, fol. 7r.

(6) En tête du procès-verbal de la séance du 25 juin 1470, un annotateur anonyme, dont, il est vrai, l'impartialité n'est peut-être pas absolue, souligne en ces termes le caractère fougueux de Henri de Zomeren : « Notandumque desobedientiam, rebellionem, presumptionem, stultitiam et petulanciam Henrici de Zomeren » (Fredericq, P., *L'hérésie à Louvain vers 1470*. Bulletin de l'Académie royale de Belgique. Classe des lettres, 1905, p. 25).

(7) Sur les libertés que ce personnage prenait avec ses adversaires on trouvera des textes intéressants dans H. de Jongh (*L'ancienne faculté de théologie de Louvain au premier siècle de son existence*, Louvain, 1911, pp. 85-86, n. 9). Pierre de Rivo ne fut pas seul à subir les atteintes de sa verve mordante. Dans le prologue de son *Opus responsivum*, Pierre déclare qu'il n'usera pas envers Paul des termes acrimonieux dont celui-ci s'est servi à l'égard d'un vénérable prêtre que le seul souci de défendre l'opinion traditionnelle a poussé à discuter sa théorie. Le prêtre en question est vraisemblablement Cyprien Beneti, docteur de Paris, qui, à la demande du pape, écrivit deux traités sur la question de la Pâque, et que Paul traite en effet sans beaucoup

ments d'injures, d'ironies et de sarcasmes. Sa verve plus empreinte d'acrimonie que tempérée de douceur évangélique, ce dont François de la Rovère lui fera délicatement reproche (1), n'épargnait ni morts, ni vivants; ni simples particuliers, ni personnages constitués en dignité. Il qualifiait d'âneries les passages de S. Thomas qui choquaient son sentiment (2); il abreuvait d'insultes non seulement son antagoniste, mais le pauvre Nicolas de Mera, recteur de l'université, et Pierre Bode, son promoteur et syndic. Engagé entre de tels hommes dans ce milieu de Louvain où les têtes s'échauffaient aisément (3), le débat était voué à tourner à la querelle. Pour mieux en suivre les péripéties il n'est pas inutile de reprendre les choses d'un peu haut.

Fondée en 1425, l'université de Louvain manquait de traditions solides. Ses professeurs, venus les uns de Cologne, les autres de Paris, ne formaient pas un corps suffisamment uni. En outre, restée, jusqu'en 1432, sans faculté de théologie (4), elle était plus ou moins sous la dépendance de la faculté des arts, déjà si influente dans les universités du Moyen Age. Tout cela l'exposait à des tiraillements et la garantissait mal contre les doctrines nouvelles qui réussissaient à s'infiltrer dans des milieux autrement mieux défendus (5). Certes, elle était orientée nettement dans la voie du réalisme (6). Dès le

---

de ménagement. Voir *Compendium correctionis calendarii pro recta pasche celebratione*, Romae, 1516. Le volume que nous avons eu entre les mains n'est pas un ouvrage de Paul. C'est un recueil contenant divers traités et plusieurs brefs pontificaux. Parmi les traités figurent deux *Compendiums* de Paul de Middelbourg et sa *Parabola christi de correctione calendarii* où il parle en ces termes de Cyprien : *Supervenit inimicus in habitu doctoris parisiensis, volens impedire et corrumpere hoc semen bonum, et super seminavit zizania in medio tritici*. p. A 3. Le volume contient également deux traités de Cyprien sur la question de la Pâque. Il n'est paginé que de façon très incomplète.

(1) Cf. p. 120.

(2) Cf. p. 332-333.

(3) Un auteur dont je regrette d'avoir oublié le nom et égaré le texte présente les étudiants de Louvain comme des gens de sens rassis. Ce n'est pas l'impression qui se dégage du document publié plus loin (p. 433) ni des textes cités par Van der Essen (*Une institution d'enseignement supérieur sous l'ancien régime*, Bruxelles, Paris, 1921, pp. 83-88).

(4) Le cas de Louvain n'était pas une exception. Sur 46 universités fondées avant 1400, 28 n'avaient pas à l'origine de faculté de théologie. Sur 18 instituées par les papes d'Avignon, 9 en étaient, au début, également dépourvues. (Denifle, *Die Universitaten des Mittelalters bis 1400*, t. I. Berlin, pp. 703 et 705).

(5) Les rédacteurs du rapport d'où sortit le décret de 1447 semblent s'en être rendu compte. La jeunesse de leur université est une des raisons qu'ils allèguent pour inviter la faculté des arts à édicter ce statut : *Attento statu nostre universitatis novelle*. (Laminne, *La controverse sur les futurs contingents à l'université de Louvain au XVe siècle*. Bulletin de l'Académie royale de Belgique, 1906, p. 429).

(6) Molanus, *op. cit.*, I, pp. 582-583. Il convient toutefois de noter que les *Sum-*

2 juin 1427, le conseil décidait que nul ne serait admis à la régence s'il ne s'engageait par serment à ne jamais enseigner les doctrines de Jean de Buridan, de Marsile, d'Occam ou de leurs partisans (1). Cependant des incidents se produisirent de bonne heure (2). Le premier qu'il convient de signaler, parce qu'il met les deux futurs antagonistes en présence, surgit en l'année 1446.

Le samedi 5 novembre, dans une séance de la faculté des arts, son promoteur Jean Block, dénonçait des maîtres coupables « d'enseigner depuis quelque temps des propositions malsonnantes, contraires à l'opinion commune des docteurs et des philosophes, préjudiciables à l'honneur de la faculté et même de l'université ». Se sentant visés, Henri de Zomeren, Nicolas Fabri, d'Utrecht, Gilles Bailleul et Léonard de Bruxelles demandaient un délai pour se consulter et préparer en commun leur réponse (3). A leur demande et sur convocation du doyen, Jean Petitpas, la faculté se réunit de nouveau vers trois heures. Henri fit alors observer que les propositions incriminées étaient fondées sur la doctrine de Scot « qu'il n'appartenait pas à la faculté de condamner », et il se déclara prêt à les soutenir dans une discussion publique sous peine d'infamie. Ses collègues se solidarisèrent avec lui. Ne voulant pas frapper une doctrine qui n'avait pas été censurée par l'Église, la faculté invita Henri de Zomeren à mettre les propositions et ses arguments par écrit et elle nomma une commission de cinq membres pour les examiner et consulter, au besoin, la faculté de théologie (4). Le 29 novembre, les délégués

---

mulae de Pierre d'Espagne et ses autres œuvres de logique figuraient parmi les manuels en usage. MOLANUS, *op. cit.*, I, p. 588.

(1) MOLANUS, *op. cit.*, I, p. 582.

(2) Dès le 8 juin 1435, Jean Block, au nom de quelques-uns de ses collègues, signalait que des dissensions se produisaient ou menaçaient de se produire à la faculté des arts si l'université n'y pourvoyait et il proposait de prendre certaines mesures. Le procès-verbal ne nous renseigne pas sur la nature de ce conflit. Mais il devait avoir une certaine gravité, car le recteur Jean Aurifabri se vit empêché de rien décider « propter diversitatem et contrarietatem quatuor facultatum ». *Actes*, I, p. 186.

(3) MOLANUS, *op. cit.* pp. 582-583. *Actes*, II, p. 58. Nicolas Fabri est appelé dans le document Nicolas de Trajecto. Laminne (*op. cit.*, p. 384) l'identifie avec Nicolas de Mera dont il sera bientôt question. Il est bien difficile de souscrire à ce jugement. Sans doute Nicolas de Mera était lui aussi d'Utrecht (FREDERICQ, *op. cit.*, pp. 60, 71), mais on sait par Valerius Andreas (*op. cit.* p. 160) qu'il s'appelait van der Meeren. D'autre part, Pierre de Rivo, qui était manifestement bien informé, désigne Nicolas de Trajecto sous le nom de Nicolas Fabri (FREDERICQ, *op. cit.* p. 69.) De même, le rotulus de 1449 (DE JONGH, *op. cit.* p. 75, n. 3). Il n'est donc pas possible de le confondre avec Nicolas de Mera.

(4) *Actes*, II, p. 58. La commission se composait de Henri de Dinghen, Godefroy Gompel, Pierre Desplecin, Jean Block et Jacques Brugis.

chargeaient le nouveau doyen, Gilles Divitis, et Pierre de Rivo d'étudier les passages des docteurs où l'on disait que les propositions étaient contenues. Pierre de Rivo recevait en outre mission de reproduire en deux cahiers distincts les propositions d'ordre théologique et les propositions d'ordre philosophique. Le lendemain, les délégués se rencontraient, dans la maison d'Eymeric de Campo, avec les membres de la faculté de théologie auxquels Gilles Divitis s'était adressé et demandaient leur avis. Mais les théologiens avaient conscience de leur dignité. Ils déclarèrent ne pouvoir répondre avant que les articles ne fussent déférés par la faculté des arts à la faculté de théologie comme à une faculté supérieure (1). Il fallut s'incliner. En attendant on décida qu'Henri et ses partisans ne seraient pas inquiétés (2). Le 20 décembre, à la requête de son promoteur, Jean Randt, qui dénonçait à son tour les semeurs de propositions malsonnantes, l'université intervenait dans le débat; elle chargeait la faculté de théologie d'examiner les doctrines suspectes en accord avec les délégués que les autres facultés voudraient bien désigner (3). Le 8 février, la nouvelle commission présentait son rapport. La faculté des arts était invitée à prendre un décret interdisant de discuter les dites propositions (4). Le rapport n'absolvait pas Henri et ses partisans, mais il proposait d'attendre pour sévir que l'on put se rendre compte si leur soumission serait sincère ou seulement feinte et dictée par la crainte du châtiment (5). L'université se rangeait à leur avis et interdisait dès maintenant toute discussion sur la matière à la faculté des arts pendant trois ans (6). Le 4 mars, à la demande du recteur, la faculté des arts se décidait à faire un règlement et sollicitait le concours de l'université pour le rédiger (7). Le texte qui sortit de ces nouvelles délibérations fut définitivement arrêté et approuvé une première fois le 24 mai (8); il reproduisait à peu de chose près le rapport de la commission précédente, sauf la finale. On l'approuva une deuxième fois à la séance du 14 juin où Nicolas Fabri fit observer que les articles retenus ne reproduisaient pas fidèlement les propo-

(1) *Actes*, II, p. 59.
(2) *Actes*, II, p. 59. MOLANUS, *op. cit.*, I, pp. 582-583.
(3) *Actes*, II, pp. 56-58. LAMINNE, *op. cit.* p. 427. La commission comprenait un canoniste, Raoul de Beringen, un professeur de droit civil, Gerlac Bont, deux membres de la faculté de médecine, Wesalia et Stockelpot.
(4) *Actes*, II, p. 63. LAMINE, *op. cit.*, p. 429.
(5) *Actes*, II, p. 64. LAMINNE, *op. cit.*, p. 430.
(6) *Actes*, II, p. 62. LAMINNE, *op. cit.*, p. 428.
(7) *Actes*, II, p. 63, n. 1. LAMINNE, *op. cit.*, p. 431.
(8) *Actes*, II, p. 63, n. 1. LAMINNE, *op. cit.*, p. 432.

sitions qu'il avait émises (1). Il fut confirmé et rendu définitif le 22 juin (2). Défense était faite d'enseigner certaines des propositions et de discuter les autres autrement qu'entre maîtres et par mode d'exercice. Une de ces propositions concernait la vérité de futurs contingents (3). Avait-elle été soutenue par Henri de Zomeren? Laminne l'affirme (4). Mais ce n'est pas certain. Dans une séance de l'université en date du 11 août 1472, Gilles Bailleul reconnaîtra, sur la sommation de Pierre de Rivo, avoir professé des doctrines censurées en 1447; il niera avoir touché à la question des futurs contingents (5).

Quoiqu'il en soit, le décret n'était pas peut-être de nature à clore toute discussion. Avec des textes et des interdictions on ne jugule pas les esprits. Ensuite il était facile d'inviter les maîtres qui enseignaient à la faculté des arts à se cantonner strictement dans leur domaine; il l'était moins de tracer une démarcation nette entre ce qui est purement philosophique et ce qui ne l'est pas. Enfin, dans sa précision apparente, la contradictoire de la proposition censurée pouvait prêter à équivoque. Elle pouvait signifier que les propositions énonçant un futur contingent ne sont d'aucune façon déterminément

---

(1) *Actes*, II, p. 83, n. 2.

(2) *Actes* II,, p. 83. MOLANUS, *op. cit.*, p. 583. LAMINNE, p. 432. D'après ce dernier (p. 388), la faculté de théologie n'aurait pas condamné les propositions à l'unanimité. Dans un de ses traités (p. 87-88), remarque-t-il, Pierre de Rivo déclare que les propositions furent censurées par Eymeric de Campo, Jean de Wininghen, Pierre Welle, André de Capella et Jean Warenacker. Or, il y avait à la faculté de théologie deux maîtres de Paris, Nicolas de Midy et Antoine Recanato. Ceux-ci auraient voté contre la censure ou se seraient abstenus. Ici encore l'information de l'auteur semble en défaut. En effet, Nicolas de Midy n'enseigna plus à Louvain à partir du 17 novembre 1434. Le 14 juin de cette même année, la ville cessait de lui payer son traitement de professeur (DE JONGH, *op. cit.*, pp. 36-37). En 1434, il fut frappé de la lèpre. Le 3 février 1436, il obtenait du pape, Eugène IV, l'autorisation de résigner son canonicat en se réservant une pension parce que sa maladie ne lui permettait plus de se produire en public. (DENIFLE et CHATELAIN, *Chartularium*, t. IV, p. 522, n. 5 et p. 533). Quant à Recanato, il enseigna à Louvain du 31 mai 1436 à novembre 1541 (DE JONGH, p. 37). Ni l'un ni l'autre n'a donc pu prendre part aux délibérations de 1446-1447. Ainsi Ehrle a raison quand il écrit qu'il ne se produisit pas alors de fissure dans la faculté de théologie (pp. 159-160). Remarquons en passant que les propositions se rattachent à divers courants de pensée. Les unes sont à tendance nominaliste v. g. *quod verum ens positum extra animam est nihil*. Une autre est d'inspiration averroïste : *quod absolute loquendo possibile est unam animam intellectivam numero omnia corpora humana informare, stante multitudine hominum ut nunc.*

(3) « Quod determinate altera pars contradictionis in futuris contingentibus est vera et altera falsa sicut in presentibus et preteritis, unde etiam oppositum hujus conclusionis non stat cum fide ».

(4) *Op. cit.* p. 385. Cf. *Tractatus responsalis*, p. 386.

(5) FRÉDÉRICQ, *op. cit.*, p. 69.

vraies. Elle pouvait signifier aussi que la vérité de ces propositions, tout en étant déterminée, ne l'est pas de la même manière que celle des propositions concernant les choses présentes et passées. La distinction avait été faite par Pierre d'Ailly qui la réputait vraie; elle se trouvait chez Pierre Auriol qui la rejetait. On aurait pu la reprendre. Si on ne le fit pas, du moins immédiatement, les circonstances en furent peut-être la cause. En 1448, Henri de Zomeren se rendait à Rome, chargé de mission par l'université. Pendant son séjour dans la ville des papes, il était témoin des controverses qui s'y livraient sur la date de la Pâque. Revenu à Louvain, il en informa Pierre de Rivo avec lequel il entretenait alors des rapports d'amitié. L'attention de ce dernier se tourna vers les problèmes astronomiques (1). D'autre part, Henri de Zomeren quittait bientôt Louvain pour Paris où il devait rester jusque vers 1460. Grâce peut-être à cet heureux concours de circonstances, le silence se fit; le calme revint à l'université (2).

La querelle. L'agitation devait reprendre en 1465. Elle surgit à propos d'une discussion quodlibétique soutenue par Pierre de Rivo. L'université de Louvain, spécialement la faculté des arts, paraît avoir eu une prédilection marquée pour ce genre d'exercice. Afin d'y attirer les étudiants en plus grand nombre, elle n'interdisait pas d'y mêler des plaisanteries, à condition qu'elles ne fussent pas diffamatoires ou contraires aux convenances (3). En l'année 1434, Henri de Loen, élu doyen de la faculté des arts, rencontrait des difficultés parce qu'il n'avait pas suivi ces discussions avec assez d'assiduité (4). A Louvain, les discussions quodlibétiques s'ouvraient le jour de la fête de S. Lucie, c'est-à-dire, le 13 décembre (5). La question à

(1) « Ante annos quidem circiter XXX magister Henricus de Zomeren, qui tunc ex Urbe redierat, nobis retulit quod cuidam ibidem astronomo, defendere volenti in disputatione publica Christum crucifixum esse tertio nonas aprilis, impositum erat silentium, suis, ut ait, rationibus non solutis... Ex tunc igitur in me crevit animus et fervor quidam, ut indagarem diligentius de tempore quo dominus passus est ». *Tractatus tertius de anno, die et feria dominice passionis... per magistrum Petrum de Rivo editus*. Lovanii, J. de Westfalia, 1492, fol. E 8.

(2) Il ne faut donc pas écrire, comme le font DE JONGH (p. 81) et après lui VAN DER ESSEN (pp. 15-16) que la querelle des futurs contingents, éveillée en 1446, allait troubler l'université pendant près de trente ans. FRÉDÉRICQ, *loc. cit.*, p. 15, écrit dans le même sens que « H. van Zoemeren et Pierre de Rivo s'étaient déclaré la guerre en 1465 ».

(3) « Permittuntur misceri jocosa seriis, sed nec impia, nec diffamatiora aut bonos mores offendentia ». VALERIUS ANDREAS. *Fasti academici, éd. cit.* pp. 249-250.

(4) MOLANUS, *op. cit.*, p. 587.

(5) VALER. ANDREAS, *loc. cit.*

laquelle Pierre de Rivo avait à répondre était la suivante : Après que le Christ eut dit à S. Pierre : cette nuit, avant que le coq chante, tu m'auras renié trois fois, était-il au pouvoir de l'apôtre de ne pas renier son maître ? Cette question n'était pas nouvelle, mais elle était en étroite connexion avec les problèmes qui occupaient alors les esprits. Les étudiants vinrent donc nombreux assister à la dispute. Henri de Zomeren, dont le témoignage ici n'est pas suspect, nous apprend qu'ils n'étaient pas moins de cinq cents (1). Se conformant à l'usage (2), Pierre de Rivo divisa vraisemblablement sa réponse en trois conclusions et trois corollaires. Quelle en était exactement la teneur ? Il n'est pas facile de le dire, pas plus qu'il n'est facile de reconstituer la querelle qui s'ensuivit. En effet, quatre sources principales sont actuellement à notre disposition : les procès-verbaux des séances de l'université, les œuvres de Pierre de Rivo, celles de Henri de Zomeren, la sentence rendue en 1470 par le recteur alors en exercice, Nicolas van der Meeren ou de Mera. Or les premiers traités de Pierre de Rivo ont été rédigés quatre ou cinq ans après l'événement : d'après Henri de Zomeren aucun ne serait antérieur à l'Épiphanie 1470 (3). La mémoire de l'auteur a pu, lui-même en convient (4), se trouver en défaut. D'autre part, Pierre a écrit ces traités afin de se justifier. N'a-t-il pas, comme Henri de Zomeren l'en accuse (5), volontairement atténué et peut-être profondément modifié les déclarations qu'il avait faites dans ses réponses quodlibétiques de 1465 et 1466 ? Enfin, et ceci renforce la raison précédente, Pierre a remanié certains passages de ses écrits. La note mise en tête de deux fragments reproduits ci-dessous en apporte la preuve (6). Il n'est donc pas possible de lui faire complètement crédit. Serons-nous plus heureux avec Nicolas de Mera ? Certes, il était en mesure de se bien informer et il affirme l'avoir fait (7). Mais Henri de Zomeren le blâme de n'avoir pas poussé son enquête assez loin et de l'avoir conduite avec partialité (8). Cette hypothèse n'a rien d'invraisemblable, étant donné que des questions de personnes et d'intérêt se mêlèrent continuellement aux discussions doctrinales. La même raison nous invite à nous défier des procès-verbaux des séances de l'université. Enfin on ne peut pas accorder à Henri de Zomeren une foi sans réserve. Les remarques qu'il a mises en marge de la sentence du recteur témoignent de trop de passion pour qu'on puisse voir en lui un observateur non prévenu

(1) Cf. p. 261.
(2) Valer. Andreas, *loc. cit.*
(3) Cf. p. 259.
(4) Cf. p. 78.
(5) Cf. p. 259-260.
(6) Cf. p. 89, 90.
(7) Cf. p. 219-220.
(8) Cf. p. 216, n. 4; 219, n. 5 et n. 7.

et un narrateur objectif. Néanmoins en utilisant toutes ces sources et quelques autres, en les confrontant les unes avec les autres, il n'est pas impossible de reconstituer les faits dans leurs grandes lignes.

C'est entre le 13 et le 21 décembre que Pierre de Rivo soutint son premier quodlibet. Sa réponse s'inspirait surtout de la doctrine de Pierre Auriol (1). Après avoir admis comme évident qu'il y a de la contingence dans le monde, il soulevait contre elle trois objections : une d'ordre logique, tirée de la vérité des propositions concernant les futurs contingents; une d'ordre physique, tirée de la disposition des causes naturelles à produire leurs effets; une d'ordre métaphysique, tirée de la prescience divine. Il les déclarait toutes trois sans valeur; la première, parce que les propositions relatives aux futurs contingents n'ont pas de vérité déterminée; la seconde, parce que les causes naturelles peuvent être empêchées de produire leurs effets; la troisième, parce que la prescience divine ne précède pas les choses dans le temps (2). Dans sa réponse à la première objection, il rappelait les théories de Chrysippe et d'Aristote sur la vérité des futurs contingents, et, parce que la première lui paraissait conduire au déterminisme universel, il se ralliait à la seconde, et donnait, conformément à celle-ci, sa réponse à la question posée. Jusque-là il avait parlé en philosophe, comme il convenait de faire à la faculté des arts. Alors il craignit que quelques-uns de ses auditeurs ne fussent troublés dans leur foi en l'entendant affirmer que les futurs contingents n'ont pas de vérité déterminée. Il entreprit donc de montrer comment il était possible de concilier cette opinion d'Aristote avec la vérité des prophéties. A cette fin, il présenta deux remarques. La connaissance que Dieu a des futurs contingents ne peut être proprement exprimée par aucune proposition; c'est à tel point que, pour la signifier, les prophètes n'ont pas craint de parler au passé. Ce n'est donc pas à leur nature mais à l'intention du prophète que les propositions prophétiques doivent de signifier la connaissance divine. Dès lors elles ne sont pas vraies selon la rigueur logique, au sens d'Aristote, d'une vérité qui leur soit propre, d'une vérité qui leur soit inhérente. Elles sont vraies de la vérité incréée que le prophète leur fait signifier; elles

(1) Dans son *Tractatus tertius*, c. 1, éd. cit. fol. A 4^r, Pierre de Rivo caractérise ainsi son attitude et celle de H. de Zomeren : «*Ipse quidem, opinionem Gregorii secutus, asseruit eamdem sententiam (sc. Aristotelis) hereticam esse. At contra nisus sum, cum domino Petro Aureoli, eamdem tueri sententiam, dicens eam demonstratam esse et oppositum illius heresim continere* ».

(2) Toute l'argumentation de Pierre de Rivo reposait sur le principe suivant : Rien ne peut précéder dans le temps un futur contingent d'où il puisse se déduire par voie de conséquence nécessaire.

sont vraies encore de la vérité créée qu'elles ont dans l'âme du fidèle qui en attend la vérification (1).

Dès 1465, Pierre de Rivo s'entendit opposer divers passages de l'Écriture (2). L'année suivante, quand reprirent les discussions quodlibétiques, il rencontra un contradicteur dans la personne d'un bachelier en théologie. C'était, nous dit-il, un élève de Henri de Zomeren (3). Ce bachelier avait-il été envoyé à la faculté des arts par le faculté de théologie, émue de voir qu'on empiétait sur ses attributions ? On ne sait. Toujours est-il que, d'après Pierre de Rivo, il présenta six objections (4). L'une de ces objections, nous tenons ce renseignement de Henri de Zomeren, était tirée d'un passage classique de l'Apocalypse, une autre, d'un texte du *De predestinatione* de S. Augustin, disant que la vérité ne fait jamais défaut aux écrits prophétiques (5). Après avoir conclu que l'opinion d'Aristote au sujet de propositions soi-disant neutres est incompatible avec la foi, le bachelier, lançant une sorte de défi, s'était écrié : « Voilà mes arguments, les résolve qui pourra ». A la nouvelle qu'un étranger s'était introduit dans leurs écoles et, au mépris des statuts, y avait mal parlé d'Aristote, les professeurs de la faculté des arts crièrent au scandale. Plusieurs intervinrent auprès de leur collègue, le pressant de reprendre l'argumentation de l'intrus et de la réduire à néant. La rispote de Pierre de Rivo ne se fit pas attendre. Le surlendemain, au cours d'une nouvelle réponse quodlibétique, il réfuta les six raisons produites par le bachelier (6). Ces discussions quodlibétiques de 1466 fournirent plus tard la matière d'un traité qui comprenait dix chapitres (7). Ce traité n'a pas été jusqu'ici retrouvé. On peut néanmoins se faire quelque idée de la doctrine qu'il contenait par les citations que fait Henri de Zomeren et par les propositions qu'il nous dit en avoir extraites. Ce premier incident ne fut guère qu'une escarmouche. Les deux futurs antagonistes s'accordent à reconnaître que pendant les années 1467 et 1468, le problème de la vérité des futurs contingents ne fut pas débattu (8). En outre, dans la liste des questions à poser aux témoins dans l'enquête de 1470, il n'est questions que des années 1465, 1466 et 1469 (9).

La vraie querelle s'ouvrit en 1469. Cette fois ce fut Henri de Zomeren qui déclencha la dispute. Depuis longtemps il attendait

(1) Cf. p. 76 ss, surtout 78.
(2) Cf. p. 294.
(3) Cf. p. 367.
(4) Cf. p. 367.
(5) Cf. p. 294.
(6) Cf. p. 294, 367.
(7) Cf. p. 260, 250, 244-245.
(8) Cf. p. 294, 367.
(9) Cf. p. 209.

l'occasion de prendre publiquement parti contre les doctrines de Pierre de Rivo (1). Cette occasion s'offrit le 14 novembre. Ce jour-là, deux de ses élèves devaient être promus à la licence et, d'après l'usage, Henri devait prendre la parole. Amené dans sa harangue à faire l'éloge de la chaire de théologie à laquelle les nouveaux promus se voyaient ouvrir l'accès, il s'écria : « Cette chaire est la chaire de foi et de vérité; elle déteste les présomptueux qui osent nier la vérité des propositions révélées énonçant des futurs contingents; elle voit dans cette doctrine une hérésie manifeste ». Pour appuyer son opinion, il citait trois passages de l'Écriture, deux de S. Augustin, et produisait enfin deux arguments dont celui-ci : le fidèle est obligé de croire certaines propositions concernant les futurs contingents sous peine de n'être pas sauvé; ces propositions sont donc vraies, car on ne doit croire fermement que le vrai (2). Le 18 décembre, Pierre de Rivo répondait à une question quodlibétique. Craignant que les paroles prononcées par Henri de Zomeren ne jetassent sur lui le discrédit, il répliqua en modérant, nous dit-il, le plus possible ses paroles (3), mais, si l'on en croit Henri de Zomeren, sur le ton d'une violente invective (4). Pierre déclarait en substance : « Je crois tous les articles du Symbole, y compris ceux qui ont un futur contingent pour objet; mais je ne puis admettre que ces articles soient vrais au sens d'Aristote. Les raisons apportées par Henri de Zomeren sont concluantes si on adopte l'opinion de Chrysippe, d'après laquelle la vérité et l'erreur ne comportent pas de milieu; elles ne le sont plus si on accorde, à la suite d'Épicure, l'existence de propositions indifférentes, car il est alors possible de parler d'une vérité des articles de foi en tant que ces articles sont vrais de la vérité increéée ou en tant qu'ils se vérifieront. Et c'est seulement de l'une ou l'autre de ces deux vérités qu'il est question dans les textes scripturaires ». Tout le débat se réduisait donc, pensait Pierre de Rivo à un problème de logique; sa réputation était sauve; celle de son collègue n'avait pas à souffrir (5). Mais, au cours de sa réponse, Pierre avait accusé son adversaire de parjure, il lui avait reproché d'avoir, en déclarant hérétique une opinion d'Aristote, violé le serment qu'il avait fait de suivre sa doctrine (6). Le surlendemain, 20 décembre, Henri était à la faculté des arts pour y donner sa réponse à une question quodlibétique. Afin qu'on pût entendre plus distinctement ses paroles, mettant les usages de côté,

(1) Cf. p. 294.
(2) Cf. p. 294-295.
(3) Cf. p. 367.
(4) Cf. p. 296.
(5) Cf. p. 367-368; 295-297.
(6) Cf. p. 296.

il monta en chaire, ce qui n'était permis qu'au recteur, et, contrairement à ce qui s'était vu jusqu'à ce jour, il lut sa réponse. En des termes que Pierre de Rivo nous dit avoir été pleins d'acrimonie (1), il qualifia d'hérésie non seulement la théorie d'Aristote, mais l'interprétation que Pierre en donnait, ajoutant que le Philosophe était en contradiction avec soi-même et qu'il en ferait un jour la preuve. Les propositions de foi, remarquait-il, sont absolument vraies, car selon la définition de l'hérésie donnée par les saints, leurs contradictoires sont fausses absolument. Soutenir que leur vérité consiste en ce qu'elles se vérifieront est une erreur exécrable (2). Le lendemain, Pierre de Rivo crut trouver un moyen d'apaiser la querelle. Henri avait déclaré donner au mot vérité le sens que lui donnent les gens du peuple. Or, remarquait Pierre, Aristote ne parle pas à la façon du populaire; il parle comme parle un philosophe. On peut donc distinguer une vérité populaire, c'est-à-dire une vérité qui n'est pas encore, mais qui sera, et une vérité philosophique, présente, actuelle. Henri avait parlé de la première; il parlait de la seconde. Il était donc possible de s'entendre (3). Mais, loin de s'apaiser, le débat allait se dérouler sur le ton d'une violence accrue. Le 21 décembre, prenant officiellement parti pour Pierre de Rivo, la faculté des arts demandait à l'université réunie en séance plénière de bien vouloir rappeler Henri de Zomeren au respect de ses statuts (4). Le 30, l'Université invitait les deux parties à cesser toute polémique dans les écoles et ailleurs jusqu'à ce qu'une commission, nommée par elle, eut pris les mesures qu'elle jugerait opportunes (5). Henri de Zomeren n'était pas homme à s'incliner devant pareille décision. Dans la semaine qui suivit l'Épiphanie, entre le 8 et le 13 janvier 1470, il s'élevait de nouveau contre les arguties de son adversaire. Au cours de quatre leçons magistrales données à la faculté de théologie, il s'efforçait de montrer que l'on profère une absurdité en disant que les articles de foi ne sont pas vrais absolument, mais qu'ils se vérifieront; qu'on en profère une autre en disant qu'ils se vérifieront quand l'événement se produira, qu'enfin, avoir la prétention de les croire fermement tout en affirmant qu'ils ne sont pas absolument vrais, ce n'est rien moins que mentir. Au lieu de faire violence aux textes scripturaires et de les interpréter à travers Aristote, Pierre de Rivo eut mieux fait de s'en servir pour corriger Aristote (6). Pierre de Rivo avait assisté à ces leçons. Mais, bien qu'il eût écouté avec l'attention la plus sou-

(1) Cf. p. 367-368.
(2) Cf. p. 296.
(3) Cf. p. 368.
(4) Cf. p. 368.
(5) Frédéricq (P.), *op. cit.*, pp. 20-21.
(6) Cf. p. 297-298.

tenue l'exposé de son collègue, il ne put se souvenir du sens précis de ses remarques. Il lui fit donc demander, puis il lui demanda personnellement, de bien vouloir lui en communiquer la teneur. Henri le promit, mais, s'étant ravisé, il opposa un refus catégorique (1). Le débat tournait de plus en plus à l'aigre-doux. Une autre raison devait achever de l'envenimer. Voyant Pierre de Rivo s'abriter derrière le statut de 1447, voyant la faculté des arts s'autoriser de ce statut pour prendre fait et cause pour son adversaire, Henri de Zomeren n'avait pas hésité à dire, dans un avant-propos à sa première leçon, ce qu'il pensait de cette décision. En 1447, la faculté des arts avait eu raison d'inviter ses membres à taire une proposition à la fin de laquelle il était dit que sa contradictoire est incompatible avec la foi, parce qu'elle se trouvait, du fait même de cette finale, ressortir à la faculté de théologie; mais du moment que Pierre de Rivo s'en servait comme de paravent, le statut n'avait plus de raison d'être; il fallait l'abroger, comme Moïse avait fait enlever de l'arche d'alliance le serpent d'airain devenu pour le peuple une occasion d'idolâtrie (2). De plus en plus irritée, la faculté des arts chargea Pierre de Rivo de défendre et ses doctrines et ses statuts. Pierre s'acquitta de ce mandat le dimanche 14 janvier (3). Si l'on en croit Henri de Zomeren, ne trouvant rien à répondre aux arguments produits par lui au cours de ses leçons, afin d'exciter encore la colère de la faculté des arts et de s'en faire une alliée, il concentra tous ses efforts sur la défense du statut de 1447 (4). Le traité dans lequel Pierre de Rivo a consigné les déclarations qu'il fit en cette circonstance n'a pas été retrouvé. On n'en possède que deux fragments, mais ces deux fragments suffisent à montrer que Pierre n'abandonnait pas complètement le terrain doctrinal (5).

Quoiqu'il en soit, les esprits étaient montés à un tel point qu'un étudiant, Jean Beyaert, injuriait Pierre de Rivo en plein cours et était traduit de ce chef, le 17 janvier 1470, devant le tribunal universitaire (6). Les partisans des deux antagonistes menaçaient d'en venir aux mains (7). Ce que voyant, l'université fit une nouvelle tentative d'apaisement. Le 17 janvier, elle confiait l'affaire aux théologiens, les priant de donner rapidement leur avis. Elle imposait silence aux deux

(1) Cf. p. 268. (2) Cf. p. 298.
(3) Cf. p. 368. (4) Cf. p.299.
(5) Cf. p. 82-92. On trouvera également des citations de ce traité disparu dans le traité de H. de Zomeren.
(6) Frédéricq, *op. cit.* pp. 21 et 23.
(7) Cf. p. 434.

parties, cependant que les quatre facultés supérieures invitaient celle des arts à traiter Henri de Zomeren avec douceur et courtoisie (1). Vains efforts. Pierre de Rivo prenait, peut-être avait-il déjà pris, à son tour une attitude agressive. Dans un opuscule, dont il est bien difficile de préciser la date, il déclarait : « Attribuer une vérité aux futurs contingents c'est tomber dans l'hérésie exécrable de Wiclef, condamnée par le pape Martin V au concile de Constance. Car, si une proposition énonçant un futur contingent est vraie aujourd'hui, elle l'a toujours été, et, comme il n'est au pouvoir de personne de faire que ce qui fut n'ait pas existé, la vérité d'une telle proposition devient une vérité absolument nécessaire. Or de l'absolument nécessaire, c'est l'absolument nécessaire qui se déduit. Tout arrive donc par nécessité. Cette conséquence n'avait pas échappé, en 1447, aux membres de la faculté de théologie. C'est pourquoi ils avaient rédigé, pour que la faculté des arts l'inscrivit au nombre de ses statuts, un décret contenant défense d'enseigner la doctrine professée maintenant par Henri de Zomeren (2). La manœuvre était habile. Un des rédacteurs du statut de 1447, Jean Varenacker, était encore vivant. Allait-il se déjuger ? Les membres de la faculté de théologie allaient-ils entrer en contradiction avec leurs devanciers ? Les théologiens allaient se trouver divisés, s'ils ne l'étaient déjà, et mis dans l'incapacité de prendre une décision. Convaincu qu'à Louvain il n'aboutirait à rien, Henri de Zomeren eut recours aux grands moyens. Il prévint la cour de Bourgogne; il fit alerter le Saint-Siège (3).

Pendant sa mission de 1449, il avait dû se faire des relations à Rome. En tout cas il était depuis un certain temps en rapports d'amitié avec le cardinal Bessarion : c'est à sa demande qu'il avait composé son *Epitome* de la première partie du *Dialogue* de Guillaume d'Occam (4); vers le mois de septembre 1470, le cardinal lui adressera de Rome un exemplaire de son *Defensorium Platonis* (5). Henri lui écrivit donc pour lui faire connaître les théories de Pierre de Rivo et les soumettre à son jugement. Bessarion était trop avisé pour ne pas soupçonner la gravité et les difficultés du problème. Il résolut de prendre conseil. Or, il avait à ses côtés un homme dont il faisait

(1) Frédéricq, *op. cit.* pp. 21-22 : « Placuit quatuor superioribus facultatibus annuere supplicationibus dictorum nobilium et rogare facultatem artium quod in Henricum Zoemeren mite et gratiose se velit habere »
(2) Cf. p. 85-88.
(3) Cf. p. 94, 217, 434.
(4) Molanus, *op. cit.* I, p. 506.
(5) *Op. cit.* II, p. 862.

le plus grand cas, qu'il estimait au point de ne vouloir rien publier sans le lui avoir soumis, le cardinal François de la Rovère, qui allait bientôt devenir pape sous le nom de Sixte IV (1). Il lui transmit la lettre de Henri de Zomeren (2). François en dégagea cinq points principaux. Dans sa réponse, sans donner en tout raison à Henri de Zomeren, il se prononçait nettement contre Pierre de Rivo (3). Bessarion consulta encore un autre personnage dont on ignore le nom (4). D'autres intervenaient dans le débat. Et d'abord le célèbre Fernand de Cordoue, dont on disait la science si étendue qu'il ne pouvait l'avoir acquise par des moyens naturels (5), et qui était alors sous-diacre apostolique (6). Fernand dut composer deux traités (7); un seul nous est parvenu. Intervenait ensuite un penseur qui se donne comme appartenant au milieu parisien (8). La date de ces divers travaux est difficile à préciser. Les deux premiers sont vraisemblablement antérieurs au 5 mai 1470, date à laquelle le pape Paul II donna à l'évêque de Tournai l'ordre d'enquêter sur les événements qui se déroulaient à Louvain. Celui de Fernand de Cordoue témoigne d'une connaissance des théories de Pierre de Rivo trop étendue pour que la lettre de Henri de Zomeren suffise à l'expliquer. Il doit appartenir à une époque postérieure. Peut-être fut-il composé après que Pierre de Rivo eut envoyé à Rome son traité en cinq parties, c'est à-dire vers la fin de 1470. Le quatrième a dû précéder l'avis donné le 12 novembre 1470 par la faculté de théologie de Paris, car il n'y fait aucune allusion (9).

La nouvelle que Henri de Zomeren en avait appelé au duc de Bourgogne et au Siège Apostolique ne tarda pas à se répandre à Louvain. Elle semble y avoir été connue dès le 28 février. Elle l'était certaine-

---

(1) Pastor (L.), *Histoire des papes...* traduit de l'allemand par F. Raynaud, T. IV, Paris, 1892, p. 190.

(2) Cf. p. 113.

(3) Cf. p. 120-122.

(4) Cf. p. 126.

(5) Havet (J.), *Maître Fernand de Cordoue et l'université de Paris au XVe siècle*, Paris, 1883 (Extrait de *Mémoires de soc. hist. de Paris*, 1882. Morel Fatio, A., *Fernand de Cordoue et les humanistes italiens* dans *Mélanges*. Julien Havet, 1895, pp. 521-533.

(6) Argentre (d'), *Collectio judiciorum*. Lutetiae parisiorum, I, 2, p. 279.

(7) Cf. p. 170.

(8) Cf. p. 178.

(9) A Rome d'autres penseurs s'intéressèrent au problème. Le ms. vat. lat. 1056 contient un *De libertate* et *immutabilitate Dei* de Georges Benigni, où il était certainement discuté. Autant que j'en puis juger par la description de Mgr Pelzer, (*Bibliothecae apost. vatic.... cod. lat.* T. II, pars rpior, p. 602) Fernand, de Cordoue serait intervenu le 1er juin 1470. Seraient intervenus également le cardinal Jean Gatti et un Jean l'Anglais.

ment le 9 mars, car, réunie chez les Augustins, l'université sommait Henri de Zomeren de remettre au recteur la liste des propositions qu'il avait dénoncées « à diverses personnes à Rome et à la cour de Bourgogne comme suspectes d'hérésie ». S'il n'obtempérait pas dans les trois jours, il serait, après admonestations du recteur et du bedeau, Adrien de Condewne, considéré comme parjure (1). D'autre part, dès le 28 février, Pierre de Rivo avait demandé la nomination d'une commission d'enquête devant laquelle il pût se justifier et produire ses témoins (2). Il avait, semble-t-il, renouvelé cette demande quelques jours plus tard dans une adresse au recteur, adresse à laquelle était jointe une liste de propositions résumant ce qu'il avait enseigné en 1470 et dans les années précédentes (3). L'université accédait à sa demande. Elle nommait des délégués auxquels ceux des théologiens qui le voudraient étaient invités à se joindre. La commission devait s'en tenir à la question de fait, c'est-à-dire rechercher si Pierre avait ou n'avait pas enseigné les propositions qui lui étaient imputées. La faculté de théologie déciderait ensuite si l'enseignement de Pierre de Rivo était ou non conforme à la foi catholique. La faculté de médecine insistait particulièrement sur ce point (4).

Henri de Zomeren dut obéir sans tarder à la sommation qui lui était faite : le 14 mars, après le repas de midi, Regnier Rotarius arrivait chez le recteur apportant des réponses écrites de Pierre de Rivo aux vingt-cinq griefs articulés contre lui par Henri de Zomeren. En présence de Robert du Lac et d'un autre témoin dont le nom n'est pas facile à lire, Henri Bantis (?), Regnier demandait que l'on procédât à l'audition des témoins (5). A la fin de son écrit Pierre de Rivo présentait la même requête. Il proposait en outre qu'une fois la lumière faite, Henri de Zomeren, Jacques Schelwaert, dont, si je ne me trompe, le nom apparaît pour la première fois dans les sources, et leurs complices fussent astreints à un silence définitif sur la vérité des futurs contingents (6). Le lendemain, 15 mars, Henri faisait déposer par Nicolas Helles une deuxième liste de propositions avec indication de l'époque à laquelle Pierre de Rivo les avait soutenues (7).

Rien de tout cela n'apaisait la dispute. Dans une « vespérie », qui eut lieu aux environs du 25 juin, enfreignant la défense portée le 17 janvier, Henri consacrait toute une partie de son discours au

(1) Frédéricq, *op. cit.*, p. 24.
(2) *Ibid.* p. 23.
(3) Cf. p.93.
(4) Frédéricq, *op. cit.*, p. 25.
(5) Cf. p. 60-61.
(6) Cf. p. 105-106.
(7) Cf. p. 112, n. 8.

problème des futurs contingents. Le recteur était présent. Par respect pour la faculté de théologie, afin de ne pas troubler la solennité de cet acte académique, par égard enfin pour la personne de Henri de Zomeren il se retint de l'interrompre. Mais, par après, il lui fit signifier, par le notaire de l'université et en présence de deux témoins, d'avoir à donner dans les trois jours copie authentique de ses déclarations. Henri réclama un ordre écrit. Puis voyant l'université approuver le recteur, il s'inclina (1). Pendant ce temps l'enquête suivait son cours. Trente-six témoins, personnages en vue à Louvain, déposaient devant la commission (2). Pierre s'expliquait devant elle, oralement cette fois, sur chacun des articles dont on lui faisait grief (3). Le 10 juillet, le recteur rendait son jugement : les propositions présentées par Henri de Zomeren n'étaient pas conformes aux propositions effectivement enseignées par Pierre de Rivo. Celles-ci seraient déférées à la faculté de théologie qui jugerait de leur orthodoxie (4).

Henri de Zomeren n'assistait pas au prononçé de la sentence. Il était absent de Louvain (5). Au plus tard vers le début de septembre il était de retour. S'il avait eu besoin d'être encouragé pour reprendre la lutte, les circonstances y auraient certes suffi. Depuis sa lettre au cardinal Bessarion l'affaire des futurs contingents faisait du bruit dans la ville éternelle. Le 5 mai 1470, dans un bref à Guillaume Fillastre, évêque de Tournai, Paul II disait avoir appris avec le plus grand déplaisir que « depuis quatre ans, à Louvain et dans les environs, des fils d'iniquité soutenaient, dans les écoles et devant un public nombreux, des propositions fausses, contraires à la foi catholique, erronées, scandaleuses et malsonnantes ». Dessaisissant l'inquisiteur de Cologne et l'évêque de Liége, il chargeait Guillaume d'enquêter avec soin. Si les coupables refusaient de se rétracter, il fallait les déclarer hérétiques et leur appliquer le châtiment mérité (6). Guillaume semble avoir tardé quelque peu à s'acquitter de sa mission. Le 10 juillet, il n'avait pas encore évoqué l'affaire à son tribunal (7). C'est seulement vers le mois d'août qu'il paraît avoir invité l'université à se mettre en rapport avec lui. Celle-ci lui délégua Robert du Lac qu'elle allait bientôt charger d'une mission semblable auprès

---

(1) Frédéricq, *op. cit.*, pp. 25-27. (2) Cf. p. 237.
(3) Cf. p. 220-236. (4) Cf. p. 238-239.
(5) Cf. p. 434. (6) Frédéricq, *op. cit.*, pp. 16-20.
(7) La sentence de Nicolas de Méra, en date de ce jour, fut rendue avant que l'évêque de Tournai ne fut intervenu, d'après un document anonyme publié plus loin, p. 434.

du duc de Bourgogne (1). Le 10 septembre, Robert rendait compte des résultats de ses démarches (2). Du compte rendu de la séance tenue ce jour-là il appert que Guillaume avait désigné des commissaires et défendu de rien innover (3). Les commissaires, Conrad de Liége et Gabriel Hans (4), se mirent au travail vers le début d'octobre. Ils trouvaient les esprits en pleine ébullition. Un mois plus tôt, le 7 septembre, Nicolas de Mera, venu au terme de son rectorat, sollicitait, comme c'était la coutume, l'approbation de l'université. Se séparant des autres facultés, la faculté de théologie se déclarait insuffisamment informée et l'on décidait que, le 10, on se réunirait de nouveau pour entendre Henri de Zomeren et Jacques Schelwaert présenter leurs observations (5). La séance fut orageuse. Henri de Zomeren ne se contenta pas de déclarer la sentence de l'ancien recteur, dont il avait fait appel devant le Saint-Siège, nulle, injuste et diffamatoire, il usa à l'égard de Nicolas de termes injurieux, le traitant « de factieux, de suspect d'hérésie, l'accusant de collusion et de fraude », le comparant à Caïphe (6). Le syndic Pierre Bode demandait immédiatement que Henri et son collègue ne fussent plus admis à prendre part aux délibérations de la faculté de théologie sur les futurs contingents (7). La tension allait s'accentuer encore par la suite. Lasse d'attendre des théologiens un avis qu'ils n'en finissaient pas de donner, l'université dépêchait un de ses membres, Walther de Rupelmonde, à Cologne pour y consulter la faculté de théologie sur le statut de 1447, sur l'opinion d'Aristote et sur les enseignements de Pierre de Rivo qui avait réuni ses divers opuscules en un traité unique contenant cinq parties (8). Le 11 octobre, les théologiens de Cologne donnaient à l'unanimité une réponse favorable (9). Pendant ce temps Henri de Zomeren et Jacques Schelwaert, qui avaient pris l'un et l'autre leurs grades à Paris (10), y faisaient consulter la faculté de théologie. Le 12 novembre, après mûr examen de la question posée : Pouvait-on attribuer une vérité aux futurs contingents sans tomber dans l'erreur de Wiclef, la faculté apportait sa réponse. Elle était catégorique : « Toutes les propositions contenues dans le symbole, y compris celles qui énoncent un futur contingent, sont très vraies, très certaines,

---

(1) Frédéricq, *op. cit.*, pp. 28-28. Cf. p. 000.

(2) Frédéricq, *op. cit.*, p. 29.

(3) *Ibid.*, p. 30.

(4) *Ibid.*, p. 29.

(5) *Ibid.*, pp. 28-29.

(6) *Ibid.*, p. 32.

(7) Frédéricq, *op. cit.*, p. 29.

(8) *Ibid.*, p. 32.

(9) Cf. p. 240.

(10) J. Schelwart ou Stalvart fut licencié le 22 avril et maître le 16 juin 1470. *Nat. ms. lat. 5657 A*, fol. 22. Cf. Foppens, *Fasti doctrinales*, fol. 7[v].

irréfutables; elles doivent être crues par tout catholique; ceux qui les croient, les enseignent ou les défendent ne tombent ni dans l'erreur de Wiclef ni dans une erreur quelconque » (1). L'université eut-elle vent de ces démarches ? On l'ignore. Toujours est-il qu'elle délégua Walther de Rupelmonde à Paris (2). Cette mission n'eut pas le succès de la première. Vingt-quatre professeurs dont les signatures s'échelonnent entre le 16 mai et le 13 novembre 1471 remirent bien à Walther un rapport favorable à Pierre de Rivo; la faculté de théologie ne lui accorda pas la décision officielle qu'il était venu chercher (3). Entre-temps, à Louvain, six théologiens s'étaient enfin décidés à donner leur avis (4). Leur décision conforme à celle de Cologne, n'est pas antérieure au 28 février 1471, puisque, ce jour-là, le syndic, Pierre Bode, demandait encore à la faculté de théologie de se prononcer (5). D'autre part, elle est vraisemblablement antérieure au 29 novembre, car au début de sa réponse, l'un des signataires, Jean de Bomalie, décline tous ses titres avec une complaisance visible; il ne fait pas mention de sa qualité d'inquisiteur dont, à cette date, il venait d'être pourvu (6).

La décision de Cologne causa une grande joie à Louvain : quand, le 19 octobre 1470, l'université en eut entendu la lecture, elle chargea les commissaires de la porter à la connaissance de l'évêque de Tournai. Fort de ce premier succès, Pierre de Rivo déposa son traité afin que chacun put le voir et l'examiner. Il déclara s'en rapporter au jugement du Saint-Siège et de toutes personnes compétentes, mais il récusa celui de Henri de Zomeren et de Jacques Schelwaert (7). Quelques jours plus tard, le 3 novembre, Pierre Bode se joignait à lui pour demander que Henri et ses familiers ne fussent plus admis à délibérer avec la faculté de théologie sur l'affaire des futurs contingents. Enfin, comme Henri l'avait insulté dans l'exercice de ses fonctions de syndic, il réclamait contre lui la peine d'exclusion (8). Après des incidents divers, dont quelques-uns frisent le comique (9), sans égard à la récusation portée contre la faculté des arts et diverses personnes par

---

(1) *Paris nat. ms. n. a. lat. 1826*, fol. 103v. La question posée par les théologiens de Louvain à ceux de Paris présente une parenté manifeste avec le début du traité de Pierre de Rivo qui a pour incipit : *Ponentes in propositionibus*. C'est donc une raison de plus de penser que ce traité est antérieur à novembre 1470.

(2) Frédéricq, *op. cit.*, pp. 55-56.

(3) Cf. p. 249[88].

(4) Cf. p. 243.

(5) Frédéricq, *lop. cit.*, p. 48.

(6) *Ibid.* p. 55, cf. p. 246-246.

(7) Frédéricq, *op. cit.*, p. 33. Il remit un exemplaire de son traité aux deux commissaires ainsi que nous l'apprend un document en date du jour même et signé d'Adrien de londewne, notaire de l'université. Cf. p. 56, 261.

(8) Frédéricq, *op. cit.*, p. 34.

(9) *Ibid.*, pp. 39-40.

Henri de Zomeren, passant outre à son appel au Saint-Siège (1), l'université finit, le 26 novembre, par décider que, s'il ne s'agenouillait pas pour demander pardon, l'exclusion serait immédiatement prononcée (2). Pareille menace n'était pas de nature à intimider un si rude jouteur. Au reste, Henri comptait des partisans résolus au sein de l'université (3). L'évêque de Tournai et le duc de Bourgogne semblaient se montrer favorables (4). Quelques semaines auparavant, il avait reçu en hommage le *Defensorium Platonis* du cardinal Bessarion (5). Tout cela lui donnait à penser qu'en dehors de Louvain toutes les sympathies n'allaient pas à Pierre de Rivo. Il refusa donc de se soumettre et en appela immédiatement au Pape (6). L'université s'entendait assigner un délai de trois mois pour comparaître devant la cour pontificale (7). A la séance suivante Henri renouvela son appel, puis sans se soucier de l'exclusion dont il avait été frappé, il gagna sa place, s'y assit, comme de coutume, et ne consentit à se retirer que sur l'injonction formelle du vice-recteur qui présidait ce jour-là (8). Henri n'avait plus qu'une ressource : partir pour Rome. Il le fit sans tarder (9).

Quand il y arriva, une certaine confusion, à ce qu'il semble, régnait dans les esprits. Sur le conseil de Régnier Rotarius, Pierre de Rivo avait secrètement envoyé son traité à diverses personnes parmi lesquelles le cardinal Bessarion (10). Selon toute vraisemblance les représentants de l'université menaient campagne en sa faveur. Aussi l'accusation portée contre lui par Henri de Zomeren rencontrait-elle quelques sceptiques dans les milieux romains. Les uns se refusaient à croire qu'un maître ès-arts, réputé pour sa science, eût soutenu les propositions déférées au Saint-Siège. Les autres allaient jusqu'à prétendre qu'il avait enseigné expressément le contraire (11). Afin de les mieux informer Henri de Zomeren rédigea un traité auquel il adjoignit une nouvelle liste de propositions avec indication des passages d'où il les avait extraites (12). Ce traité fut composé en 1471 (13).

---

(1) *Ibid.*, p. 37.
(2) *Ibid.*, p. 42.
(3) *Ibid.*, pp. 43, 48, 49, etc.
(4) *Ibid.*, pp. 39, 48.
(5) Molanus, *op. cit.* II, p. 862.
(6) Frédéricq, *op. cit.*, p. 42.
(7) *Ibid.*, p. 46.
(8) *Ibid.*, p. 44.
(9) On ignore la date de son départ. Mais à partir du 29 novembre les procès-verbaux ne signalent plus sa présence à Louvain.
(10) Cf. p. 261.
(11) Je crois pouvoir interpréter de cette façon le début du traité de H. de Zomeren. Cf. p. 259.
(12) C'est du moins ce que nous apprend Pierre de Rivo. Cf. p. 381.
(13) Cela résulte des déclarations de Henri de Zomeren; il déclare qu'il avait

En 1472, Pierre de Rivo l'avait entre les mains. Il y répondit par son *Tractatus responsalis*. Cet opuscule est antérieur au 14 août, car divers passages donnent à entendre que Henri est encore vivant (1). Dans le dernier chapitre de cet ouvrage, Pierre de Rivo avait présenté des remarques rapides sur quelques-unes des propositions nouvellement recueillies par Henri de Zomeren. Il en fit un examen plus complet et plus détaillé dans un deuxième travail. On possède deux rédactions de cet écrit. La plus longue paraît la plus ancienne. L'une et l'autre ont dû être composées après le 14 août, car rien n'y laisse supposer qu'Henri soit encore en vie (2). Elles ont vraisemblablement précédé le départ de Pierre de Rivo pour la cour pontificale.

Le départ de Henri de Zomeren n'avait pas ramené le calme à Louvain. C'est en vain que l'évêque de Tournai prêchait à tous la modération (3). Gilles Bailleul suppléait son collègue absent dans ses cours et le promoteur, Pierre Bode, le rappelait énergiquement au respect des statuts (4). D'autre part, les poursuites engagées contre Henri de Zomeren, les voyages à Cologne, à Paris, à Tournai, à la cour de Bourgogne avaient entraîné de grosses dépenses. Sous la conduite de Thierry de Tuldel, premier abbé mîtré de l'abbaye du Parc, les amis de Henri de Zomeren refusaient de verser leur quote-part (5). Quelques-uns correspondaient avec lui pour le renseigner sur ce qui se passait à Louvain. Le promoteur les accusait de desservir les intérêts de l'université; il faisait décider que les coupables : Jacques Schelwaert, Nicolas Helles, Jean Steenbrugghe, Jean de Grimberghe et Guillaume Ketelere, n'assisteraient plus aux séances quand les facultés auraient à délibérer sur les affaires pendantes entre elle et Henri de Zomeren (6).

Dès le 29 novembre 1470, l'université avait nommé des procureurs pour suivre ces affaires en cours de Rome (7). Plus tard, elle confiait à quelques-uns de ses membres le soin de leur transmettre tous les renseignements dont ils pourraient avoir besoin (8). Deux de ces documents nous sont parvenus. Le premier a été rédigé après le 31 décembre 1471 : il parle de la décision de Paris (9), décision qui

---

déféré les propositions de Pierre de Rivo au Saint-Siège « l'année précédente » (p. 259). Pierre de Rivo nous dit de son côté que l'ouvrage avait été composé à Rome (p. 334).

(1) Cf. p. 389.
(2) Cf. p. 417; 432.
(3) Frédéricq, *op. cit.*, p. 48.
(4) *Ibid.*, p. 49.
(5) *Ibid.*, p. 50.
(6) *Ibid.*, pp. 52, 53, 54, 55.
(7) *Ibid.*, p. 45. Parmi ces procureurs figurait Jean Steenwinckel.
(8) *Ibid.*, p. 55.
(9) Cf. p. 437.

ne fut connue qu'à cette date à Louvain (1). Le deuxième se place vraisemblablement lui aussi dans le premier semestre de l'année 1472 (2).

Quand on lit les procès-verbaux de ses séances, on a l'impression que l'université était beaucoup plus attentive à ses dissensions intérieures qu'à ce qui se passait à Rome. L'avis favorable qu'elle avait reçu de Cologne, celui qui, un an plus tard, lui vint de Paris, l'avaient sans doute si fortement convaincue de son bon droit qu'elle ne voyait pas le danger. Des faits se produisaient pourtant qui auraient pu la mettre sur ses gardes, si elle avait jugé des choses avec moins de passion. Dès le 31 janvier 1471, Guillaume Fillastre l'invitait à suspendre les poursuites engagées contre Jacques Schelwaert et Jean Beyaert (3). Le premier octobre suivant, Thierry de Tuldel prenait ouvertement parti pour Henri de Zomeren et faisait part des graves nouvelles qui lui arrivaient de Rome. Il avait appris par diverses voies que des lettres, manifestant de la sympathie pour les doctrines de Pierre de Rivo, avaient été envoyées de Louvain à divers cardinaux. Ces lettres avaient tellement « mécontenté le Saint-Père que, si de bons amis n'étaient intervenus, Sa Sainteté aurait déclaré l'université toute entière hérétique ». En outre, d'après ce qu'on lui rapportait, les signatures apposées au bas de la décision de Cologne étaient fausses. Mais, prenant immédiatement la parole, Pierre de Rivo réussit à rassurer ses collègues. Le pape régnant, déclarait-t-il, avait composé un traité sur les futurs contingents. Il en portait sur lui une analyse rapide dont il donnait lecture. Or, dans son traité, Sixte IV ne désapprouvait pas les écrits de Pierre Auriol et c'était précisément de ces écrits qu'il avait lui-même tiré toute sa doctrine. Les propos rapportés par l'abbé du Parc étaient des inventions dues à la malveillance. Le prélat ferait bien d'être plus prudent dans l'avenir et de ne plus, comme il en avait pris l'habitude, le discréditer en public (4). L'université ne songea pas à se demander si l'analyse de Pierre de Rivo reproduisait fidèlement la pensée de Sixte IV : le 3 novembre, elle somma Thierry de Tuldel de produire les lettres dont il avait parlé (5); elle ne demanda pas communication du traité que Pierre avait entre les mains.

Les événements allaient bientôt lui montrer qu'elle faisait fausse

---

(1) Frédéricq, *op. cit.* p. 55. Toutefois d'après l'attestation signée par Adrien de Condewne la décision de Paris aurait été lue à Louvain le 23 décembre. Cf. p. 52. On a retenu la date donnée par le procès-verbal de la séance.

(2) Cf. p 438[88].

(3) Frédéricq, *op. cit.*, pp. 47-48.

(4) *Ibid.*, pp. 50-51.

(5) *Ibid.*, p. 54.

route. Le 24 avril 1472, à la requête de Henri de Zomeren, Jean Warenacker, Pierre Bode, Nicolas de Mera et Adrien de Condewne étaient cités à comparaître en personne devant la cour romaine (1); Nicolas de Mera et Pierre Bode, pour avoir usurpé la juridiction du Siège Apostolique dans l'enquête de 1470; Jean Warenacker, comme responsable de l'exclusion prononcée contre Henri de Zomeren; Adrien, pour l'avoir affichée aux portes des églises (2). Un mois plus tard, le 23 mai, l'université tenait séance pour entendre l'official de Liége qui lui donnait lecture d'un bref pontifical, transmis par le nonce (3). Ce document, dont on ignore le contenu, dut faire une impression profonde. Quelques jours plus tard, tout en protestant que l'université avait toujours été et entendait rester soumise aux directives du Saint-Siège, le recteur faisait observer que le bref ne relatait pas les faits exactement. On décidait d'écrire à Rome pour rétablir la vérité (4). La réponse est datée du 2 juin; elle est très révélatrice de l'émotion causée par le bref (5). Cette fois l'université commença à se rendre compte de l'influence néfaste exercée sur elle par la faculté des arts; elle comprit, mais trop tard, qu'il fallait user de prudence : à la fin de la séance même où le bref fut remis, Pierre de Rivo sollicita des lettres de recommandation auprès du Pape, des cardinaux, du duc de Bourgogne et de l'évêque de Liége; on fit droit à sa requête; mais on eut soin de stipuler que, dans ces lettres, on ne pencherait pas plus en faveur d'un parti que de l'autre. La faculté de médecine rappela que, dès le début, elle avait déclaré et elle déclara de nouveau ne pas vouloir s'immiscer dans l'affaire des futurs contingents, mais s'occuper exclusivement des questions d'ordre disciplinaire (6).

Ces événements donnaient une hardiesse accrue aux partisans de Henri de Zomeren. Durant deux semaines Jacques Schelwaert traitait à son cours des futurs contingents. Il y attaquait nommément Pierre de Rivo, l'accusant d'hérésie et de contradiction (7). Ceci se passait aux environs du 11 août 1472. Plus tard, à la demande de Pierre Bode, l'université chargeait le doyen de la faculté de théologie de faire en sorte que Jacques s'abstînt de tous propos diffamatoires et injurieux afin que la paix se rétablît (8).

---

(1) *Ibid.*, p. 60.

(2) *Ibid.*, pp. 62 et 72. Pierre de Rivo était également cité à comparaître en cour de Rome. *Ibid.*, pp. 63-64.

(3) *Ibid.*, p. 63.

(4) *Ibid.*, pp. 63, 64 et 65.

(5) Cf. p. 446-448.

(6) Frédéricq, *op. cit.*, pp. 63-64.

(7) *Ibid.*, p. 68.

(8) *Ibid.*, pp. 71-72.

Entre-temps, Henri de Zomeren était rentré à Louvain. Il rapportait de Rome deux décisions pontificales ayant trait l'une à sa révocation, l'autre à la question de foi. Il les porta immédiatement à la connaissance du Recteur et de l'université par deux lettres compulsoires que remit son procureur, Henri Valgatte, à la séance du 11 août. Il se présenta ensuite personnellement, accompagné de deux notaires (1). Henri ne devait pas voir la fin de la lutte qu'il avait menée avec une si fougueuse activité. D'après Valère André, il mourut le 14 août (2), rapidement emporté puisqu'il était présent à la séance du 11 (3).

Au début de septembre, Pierre de Rivo prit la route de Rome. Il était accompagné d'Antoine Perkenbergh, maître ès-arts et licencié en droit canonique, à qui, dans une séance tenue le 31 août, l'université avait confié la défense de ses intérêts. Antoine devait en outre excuser Nicolas de Mera et Pierre Bode de ne pas comparaître en personne (4).

La commission chargée d'instruire l'affaire de Pierre de Rivo était présidée par l'évêque de Brescia, Dominique Dominici, vicaire de Rome. Elle comprenait, entre autres théologiens, François de Tolède, dataire du Pape, et Fernand de Cordoue. Elle demanda à Pierre s'il se soumettait au jugement du Siège Apostolique. Sur réponse affirmative, elle lui présenta une liste de cinq propositions extraites de ses œuvres en lui enjoignant de les rétracter. Pierre demanda que les propositions fussent tirées textuellement de ses traités et qu'on voulut bien les lui remettre par écrit. On lui donna satisfaction. Après de longues conversations au cours desquelles Dominique Dominici lui fit voir que les dites propositions déniaient toute vérité aux futurs contingents, Pierre de Rivo reconnut avoir professé « des opinions malsonnantes, scandaleuses et offensantes pour des oreilles chrétiennes » et, le jeudi 19 mars 1473, signa une rétractation (5).

Le 9 mai, il était de retour à Louvain. Antoine de Perkenbergh informa l'université qu'en dépit de ses efforts le juge apostolique avait cassé la sentence de Nicolas de Mera et condamné Nicolas, Pierre de Rivo et Pierre Bode aux dépends. Prenant à son tour la parole, Pierre de Rivo lut une déclaration rédigée en termes très habiles (6). Il commença par relater, sans doute à sa façon, ce qui

(1) *Ibid.*, p. 66.

(2) *Fasti academici*, p. 347.

(3) Ehrle (*op. cit.*, p. 133, n. 7) a contesté qu'Henri fut présent à cette séance. Le procès-verbal est cependant formel : *Postmodum in eadem congregatione comparuit dictus Henricus cum duobus notariis*.

(4) Frédéricq, *op. cit.*, p. 71.

(5) Argentré (d'). *Collectio judiciorum*, I, 2, pp. 278-281.

(6) Frédéricq, *op. cit.*, p. 73. Le procès-verbal de la séance ne fait pas allusion

s'était passé entre lui, Dominique Dominici et François de Tolède. Puis, tout en reconnaissant que les propositions qu'il avait du rétracter étaient contenues dans ses écrits, il affirma qu'elles n'y avaient pas le sens que ses juges leur avaient donné, en les détachant de leur contexte. Et il conclut : « Je n'ai pas osé et je n'ose pas encore dire que les propositions énonçant un futur contingent sont vraies de la vérité dont Aristote a parlé, parce que cette vérité exige que leur objet arrive nécessairement » (1). Cette déclaration souleva de violentes interruptions contre lesquelles Pierre Bode se crut obligé de protester à la séance suivante, tenue le 22 mai (2).

Pierre de Rivo reprenait, en fin de compte, la doctrine qu'il n'avait cessé de développer. Sans doute croyait-il pouvoir le faire sans danger. Grâce à l'affabilité de ses manières, par la docilité dont il avait fait preuve envers ses juges, il s'était acquis des sympathies dans les milieux romains. Le 9 avril, Sixte IV avait signé un bref qui le déclarait « innocent de toute obstination » et le recommandait à la bienveillance de l'université. Ce bref, transmis par Étienne Bronwere, doyen de Haltert, fut lu à la séance du 31 mai (3). Pierre de Rivo en profita pour demander que, malgré la défense, renouvelée le 22, de parler des futurs contingents, il lui fut permis de s'expliquer afin de rétablir sa réputation. On le lui accorda (4). Bientôt il s'enhardit jusqu'à prétendre que la décision de Rome ne portait nullement atteinte à sa façon de concilier la doctrine d'Aristote avec le dogme. Informé de cette volte-face, Sixte IV intervint sans tarder. Le 15 janvier 1474, il envoya un bulle aux prévôts des églises Saint-Géry à Cambrai et de Soignies ainsi qu'à l'official de Cambrai. Il leur donnait mission de s'assurer que Pierre de Rivo avait bien enseigné publiquement ses anciennes erreurs et que ses partisans les avaient bien soutenues en plein conseil de Brabant, à Louvain. Si l'enquête prouvait l'exactitude des faits qu'on lui rapportait, ils devaient exiger une prompte rétractation. Pierre serait privé, pendant dix ans, du droit d'enseigner la théologie, d'y prendre de nouveaux grades et de prêcher. Quiconque refuserait de se soumettre serait excommunié (5).

L'enquête dura longtemps : elle n'était pas achevée à la fin de

---

à la déclaration de Pierre de Rivo. Celle-ci se trouve dans D'ARGENTRÉ (*loc. cit.*, pp. 280-281). Au début de cette déclaration Pierre rappelait fort habilement qu'il avait eu l'approbation de près de 40 professeurs de théologie (*loc. cit.*, p. 280).

(1) *Loc. cit.*, p. 281.
(2) FRÉDÉRICQ, *op. cit.*, p. 74.
(3) *Ibid.*, p. 75. Cf. p. 452.
(4) FRÉDÉRICQ, *op. cit.*, p. 75.
(5) D'ARGENTRÉ. *Loc. cit.*, pp. 281-283.

l'année 1476. Après des incidents qu'il est inutile de rapporter ici et dont on trouvera le récit dans l'article de Laminne, Pierre de Rivo signa, en septembre 1476, une nouvelle rétractation, rédigée par la faculté de théologie dont Jacques Schelwaert était alors doyen (1). Le 14 mars 1477, on donnait lecture d'une lettre de François de Tolède faisant savoir que le Saint-Siège levait l'interdiction portée par lui contre Pierre de Rivo. Pierre mourut en 1499, d'après Laminne, en 1500 selon Willems (2), doyen de Saint-Pierre à Louvain. Il léguait la maison qu'il habitait au collège du Château. Une clause de son testament laisse planer un doute sur la sincérité de sa deuxième rétractation : les bénéficiaires de son legs devraient se conformer dans leur enseignement « au statut rédigé par la faculté de théologie à la requête de la faculté des arts » (3).

Telles sont les péripéties de cette controverse théologique qui finit par opposer la faculté des arts et la plus grande partie de l'université à une partie de la faculté de théologie. On l'a interprétée de façons différentes. La plupart y voient un épisode de la lutte entre réalistes et nominalistes. C'est l'opinion de de Jongh (4), de Laminne (5) et, avec certaines réserves, du cardinal Erhle (6). En faveur de cette opinion les raisons ne font certes pas défaut. L'un des signataires de la décision de Paris, Guillaume Castrofort, nous apprend qu'autour de lui l'opinion d'Aristote sur la vérité des futurs contingents était celle de tous les docteurs réalistes (7). Dans leur supplique au roi Louis XI, les nominalistes se feront honneur d'avoir au contraire combattu cette opinion et ils rangeront leurs adversaires parmi les réalistes (8). Mais quand on vient à serrer les choses d'un peu près, les difficultés surgissent. Et d'abord il n'est pas certain que Henri de Zomeren ait appartenu au courant nominaliste. En 1447, c'est de Duns Scot qu'il semble se réclamer. Et c'est dans le sens du Scotisme

---

(1) On trouvera le texte de cette deuxième rétraction dans ARGENTRÉ, *op. cit.*, p. 283.

(2) D'après Laminne (p. 421) qui se réfère à Valère André, Pierre de Rivo mourut, chanoine de Saint-Rombaut de Malines. Selon WILLEMS (*Bibliographie nationale de Belgique*. T. XIX, p. 395), il avait dès 1480 renoncé à ce canonicat en faveur de Jean Picot. Willems ne donne pas sa source.

(3) MOLANUS, *op. cit.*, I, p. 506. « Per testamentum domum suam Castro vicinam... castrensi poedagogio donavit, cum conditione ut omnes bursales et commensales doctrinentur juxta statutum, quod facultas theologica fecit de futuris contingentibus ad requisitionem facultatis artium ».

(4) *Op. cit.*, p. 84.

(5) *Op. cit.*, pp. 378-381.

(6) *Op. cit.*, p. 136-137.

(7) Cf. p. 252.

(8) ARGENTRÉ, I, 2, p. 287.

que paraît avoir été conçu son *Commentaire des Sentences* (1). Pour décider des tendances de sa pensée, il faudrait retrouver ce *Commentaire* ou bien encore le traité dans lequel, au dire de Pierre de Rivo, il annotait certains passages de S. Thomas en termes peu courtois. D'autre part, de Jongh (2) fait de Pierre de Rivo le champion du nominalisme, ce qui est certainement se tromper. Laminne voit au contraire dans la thèse des propositions neutres une thèse qui se rattache doctrinalement au réalisme et que la doctrine nominaliste ne pouvait pas s'incorporer (3). Ehrle (4), sans faire de Pierre de Rivo un nominaliste, croit sentir un relent de nominalisme dans les propositions qu'il soutenait. Ces divergences d'interprétation montrent la difficulté du problème. Michalski (5) écrivait naguère qu'il est impossible de comprendre le problème du rapport entre le libre arbitre et la volonté divine au XIVe siècle, si on néglige le point de vue logique. Ainsi en est-il de la controverse de Louvain. On n'en pourra bien saisir toute la signification historique que le jour où l'on pourra suivre de façon précise l'évolution de l'idée d'une logique à trois valeurs à travers le XIVe et le XVe siècle.

Cette controverse a été jugée de façons bien diverses. D'aucuns l'ont traitée avec dédain. Frédéricq (6) n'a pas craint de l'appeler « une tempête dans un verre d'eau bénite ». Il s'est étonné qu'elle ait pu avoir un tel retentissement. Mais quand on réfléchit à l'importance du problème, quand on se rend compte qu'il ne s'agissait de rien moins que de la prescience et de la providence divines et du libre arbitre de l'homme, quand on remarque qu'on y discutait des notions philosophiques d'une importance extrême, celles de nécessité, de contingence et de vérité, on ne s'étonne plus qu'elle ait occupé des penseurs de Louvain, de Cologne, de Rome et de Paris et provoqué une intervention du Saint-Siège.

Cette querelle n'a pas seulement un intérêt doctrinal. Elle a un intérêt historique. Elle nous fait assister aux incidents d'un procès en matière d'hérésie à la fin du XVe siècle. Elle nous renseigne sur l'état des esprits dans les trois centres universitaires si importants de Louvain, de Cologne et de Paris. Elle est probablement l'abou-

(1) Multiplices questiones super quartum sententiarum ex diversis doctoribus, scilicet Scoto et aliis doctoribus subtilibus per manus magistri H. de Zomeren. J. Van den Gheyn, *Catalogue des ms. de la bibliothèque royale de Belgique*, ms. 1724 (21.191).

(2) *Op. cit.*, p. 84.

(3) *Op. cit.*, p. 379.

(4) *Op. cit.*, pp. 127 et 128.

(5) *Op. cit.*, pp. 285-286.

(6) *Op. cit.*, p. 16.

tissement de la théorie de propositions neutres qui se développe à partir de Pierre Auriol (1). Enfin, elle se trouve comme au confluent de la pensée moderne et de la pensée médiévale. On y entend les derniers accents de la philosophie scolastique expirante. En certains endroits des écrits de Pierre de Rivo, on croit apercevoir des indices, sinon d'une nouvelle manière de philosopher, du moins d'une façon nouvelle de présenter sa pensée. Peut-être n'était-il pas inutile d'extraire les documents qui permettent de la reconstituer des manuscrits poussiéreux où ils dormaient tranquillement leur sommeil.

---

(1) L'idée d'une logique à trois valeurs avait certainement pénétré dans le milieu universitaire de Louvain et ses partisans y devaient être nombreux. Dans un de ses traités, Pierre de Rivo considère l'opinion contraire comme relativement récente et semble tenir la théorie d'Aristote pour communément admise : *Aliqui... dudum contra sententiam Aristotelis putaverunt in futuris contingentibus esse determinatam veritatem* (cf. p. 000). Quels sont ces « quelques » penseurs auxquels Pierre de Rivo fait allusion ? Probablement ceux qui en 1447 soutenaient cette opinion, censurée à cette date par la faculté des arts. Si l'on remarque que parmi les propositions censurées quelques-unes étaient d'inspiration occamiste, on est conduit à supposer que ce sont aussi des nominalistes qui attribuaient une vérité déterminée aux propositions concernant les futurs contingents. D'autre part, on ne relève, parmi les partisans de Pierre de Rivo à Louvain, le nom d'aucun nominaliste. A Paris, ce sont des réalistes qui se prononcent en sa faveur. Enfin dans sa *Somme de Logique*, Guillaume d'Occam ne fait, sauf erreur de ma part, aucune allusion à l'existence de propositions neutres. Ainsi on est amené à se demander, comme je l'ai déjà fait remarquer ci-dessus, si c'est bien parmi les nominalistes que la nouvelle théorie logique s'est développée. Les idées émises à ce sujet par C. Michalski (*op. cit.*, pp. 296 ss.) me paraissent exiger un surcroît d'information.

LES MANUSCRITS

Les manuscrits utilisés pour la publication des documents qui vont suivre appartiennent au fond latin de la bibliothèque nationale; ils sont au nombre de quatre. En voici la description, sans toutefois entrer toujours dans le détail.

I. — PARIS NATION. LAT. 3169. Ce manuscrit est un papier du XVe siècle ayant appartenu successivement au fonds Colbert et au fonds du roi, comme en témoignent les cotes Cod. Colb. 624 et Regius 4286, 3. Il compte 123 feuillets, plus trois feuillets de garde. Les feuillets mesurent en règle générale 28 centimètres sur 22. L'écriture est à pleine page. Elle est de plusieurs mains.

Quand on tient compte de cette particularité, quand en outre on est attentif au foliotage, on s'aperçoit que ce manuscrit est un recueil de cahiers et même de pages de provenances diverses. Voici, à ce sujet, quelques indications.

Les feuillets 1-25 portent un foliotage ancien; l'écriture y est d'une même main. Ils forment un premier cahier. Les feuillets 26-33 sont d'une main différente; ils ont un foliotage moderne. Voilà un deuxième cahier. Les deux feuillets suivants sont l'œuvre d'un troisième copiste; ils portent un foliotage ancien. Ce sont des feuilles indépendantes. Les feuillets 36-56 renferment deux traités séparés par un feuillet et demi qui n'a pas été utilisé. Ces feuillets ont ceci de particulier que le copiste les a rayés avant de faire son travail de transcription. On peut donc les considérer comme formant un cahier unique, bien que le deuxième traité n'ait pas été transcrit par le même copiste. Les feuillets 56-61 constituent certainement un cahier nouveau : ils sont de dimension plus réduite, mesurant seulement 22/15. La même remarque vaut pour les feuillets 113-117. Au feuillet 62, on retrouve l'ancien format avec une nouvelle écriture jusqu'au feuillet 65. Avec les feuillets 66-86 l'écriture change une fois de plus; en outre, ces feuillets portent un foliotage ancien allant de 1-20. Ils forment, à leur tour, un cahier. Les feuillets 86-94, d'une écriture différente, ont été foliotés seulement par une main moderne. Ceux qui suivent (96-104), séparés par un feuillet inutilisé, portent des caractères différents; une note inscrite au recto du feuillet 96 donne à penser qu'ils constituent une pièce officielle. Nous avons donc encore deux cahiers. Arrêtons-là une énumération qui pourrait devenir fastidieuse. La différence des filigrammes, qui varient avec chacun des cahiers, confirme ces observations.

Le contenu de ce manuscrit a été inventorié par les auteurs du catalogue (1), mais d'une façon qui appelle des compléments et des correctifs. On y trouve :

Fol. 1-3^{r}. *Francisci, cardinalis sancti Petri ad vincula, postea Sixti IV, tractatus de futuris contingentibus.*

Fol. 3^{v}-5^{r}. *Anonymi tractatus de eodem argumento.* Incipit : *Nonnulli sophisticis.*

Fol. 5^{v}-15^{r}. *Anonymi tractatus alius de eodem argumento contra Petrum de Rivo.* Incipit : *Presens tractatus.* Aucun de ces titres ne figure dans le manuscrit.

Fol. 16-25. *Tractatus magistri Fernandi de Corduba* [*de futuris contingentibus*].

Fol. 26-33. Un document, appelé par le catalogue : *Sententia universitatis lovaniensis adversus Petrum de Rivo.* Ce titre, que d'ailleurs nous abrégeons, contient deux erreurs. Et d'abord il ne s'agit pas d'une décision de l'université de Louvain, mais d'un jugement rendu par le recteur. Ensuite ce jugement n'est pas contre Pierre de Rivo; il est en sa faveur. En marge, et parfois dans l'interligne ou en surcharge, figurent de nombreuses annotations, dont une note, placée en haut et à droite du fol. 26, nous apprend qu'elles sont de Henri de Zomeren. Elles sont probablement de sa main. Le feuillet 33 contient seulement une ligne de texte.

Fol. 34-35. Ces feuillets portent deux fragments dont le catalogue ne fait pas mention. Nous les publions plus loin sous le titre : *Petri de Rivo fragmenta.* Le verso du feuillet 35 n'a pas été utilisé; en le retournant on y lit : *Steenvinkel Rome.* Les deux feuillets ont été pliés comme s'ils avaient du faire l'objet d'un envoi, de sorte que la subscription pourrait bien représenter le nom et l'adresse du personnage à qui ils étaient destinés.

---

(1) *Catalogus manuscriptorum bibliothecae regiae.* T. III, pp. 380-381.

Fol. 36-52. *Tractatus Petri de Rivo responsalis ad opusculum quoddam magistri Henrici de Zomeren.* Ce titre ne figure pas dans le manuscrit, mais il est suggéré par l'explicit. Au début de chaque chapitre, dont le titre n'est pas reproduit, la première lettre a été omise et le copiste a laissé la place nécessaire pour tracer une grande majuscule, que peut-être il se proposait d'enluminer. Le verso du feuillet 52 et le feuillet 53 sont restés en blanc, mais ils ont été, comme les précédents, rayés par le copiste.

Fol. 54-55. *De prescientia dei respectu futurorum contingentium secundum sanctum thomam de Aquino.* Incipit : *Sanctus Thomas in prima parte, q. XIII, articulo 13, dicit in corpore q. quod aliquod contingens potest dupliciter considerari.* Explicit : *Possibile est autem ex conjectura hominem fidelem falsum existimare; sed quod ex fide falsum existimet, hoc est impossibile.* Un tiers environ du feuillet 55 recto est resté vierge. Au verso on ne trouve que sept lignes de texte.

Fol. 56-60v. *Petri de Rivo solutiones ad objecta de futuris contingentibus.* Pas de titre dans le manuscrit.

Fol. 62-63v. *Questio quodlibetica disputata anno LXV° lovanii per petrum de Rivo.* Les mots per petrum, etc., sont d'une autre main que le début du titre et le texte.

Fol. 63v-65v. Le manuscrit reproduit ensuite trois documents que le catalogue rassemble sous la désignation suivante : *Varia ejusdem Petri de Rivo ad illud argumentum spectantia.* Ces trois pièces ne sont autres que trois traités publiés ci-dessous, savoir : 1° *Sicut Tullius testatur*, fol. 63v-64v; 2v *Ponentes in propositionibus*, fol. 64°-65; 3° *A quolibet catholico*, fol. 65v. Le premier et le dernier de ces traités sont précédés d'un titre qui sera reproduit dans l'édition.

Fol. 66-83v. *Magistri Henrici de Zomeren tractatus adversus sententiam Petri de Rivo de futuris contingentibus.* Le catalogue, auquel nous empruntons ce titre en substituant au mot *anonymi* les mots *magistri H. de Zomeren*, donne ce traité comme l'œuvre d'un auteur anonyme; le texte prouve clairement qu'il est dû à Henri de Zomeren. Les marges contiennent des annotations qui sont certainement de Pierre de Rivo. On verra plus loin qu'il y a des raisons de penser qu'elles sont de sa propre main.

Fol. 84-85. *Sequuntur deinceps propositiones alie ex tractatibus predictis collecte.* Ce document, dont le catalogue ne fait pas mention, est une liste de propositions extraites par Henri de Zomeren des œuvres de Pierre de Rivo. Ces propositions vont reparaître en tête des chapitres de l'ouvrage suivant.

Fol. 86-94. *Propositiones per magistrum Henricum de Zomeren ex tractatibus Petri de Rivo et confessatis ab eodem collecte* [cum responsionibus ejusdem Petri]. Il s'agit d'un traité de Pierre de Rivo dont le manuscrit 4152 donne une rédaction plus étendue.

Fol. 96-104. *Determinationes theologorum catholicorum universitatum parisiensis, coloniensis et lovaniensis circa materiam propositionum de futuris contingentibus.* Au-dessus de ce titre on lit : *Vicarius judex.* Au-dessous : *Die veneris sexta marcii Jo. Steynvinkel monitus dedit* (?) *in judicio. Rome 1472. Arnoldus de Borley, notarius* (1). Notes et signatures sont de la même main. Les quatre décisions sont reproduites à partir du feuillet 97. Elles sont suivies de l'attestation que voici : *Collationnata est presens copia, octo folia cum presenti continens, per me, Adrianum Petri de Condewne, sacra apostolica et imperiali auctoritatibus ac alme universitatis studii lovaniensis, notarium juratum, et primo ad XXIIII originales determinationes magistrorum nostrorum, sacre theologie professorum parisiensium, ac in congregatione dicte universitatis lovaniensis per me, notarium predictum, publicatas et lectas anno LXXI mensis decembris die XXIII;* 2° *ad originalem conclusionem facultatis sacre theologie alme universitatis studii coloniensis ac publicatam et lectam per me, notarium, in congregatione dicte universitatis lovaniensis ac in presentia duorum commissariorum R. in christo patris et domini Tornacensis, anno LXX mensis octobris die XIX;* 3° *ad sex originales determinationes magistrorum nostrorum lovaniensium, cum subscriptionibus et subsignatione predictorum magistrorum parisiensium, coloniensium et lovaniensium ad quamlibet determinationem positis.* 4° *ad quoddam statutum originale in libro statutorum facultatis artium dicti studii lovaniensis descriptum. Et quia presentem copiam in premissis omnibus concordare inveni, ideo eam, facta collatione diligenti, manu et signo meis solitis et consuetis subscripsi et signavi anno a nativitate domino millesimo quadringentesimo septuagesimo secundo, mensis januarii*

---

(1) Cette note paraît assez obscure. Un document reproduit en grande partie dans D'ARGENTRÉ (*op. cit.*, I, 2, pp. 280-281 et en totalité dans VALÈRE ANDRÉ (*Fasti academici*, éd. cit., pp. 346-347) nous apprend que Borley était secrétaire de Dominique Dominici dans le procès engagé contre Pierre de Rivo. Dans ce document, Dominique est, tour à tour, désigné comme vicaire pour la ville de Rome et comme juge apostolique. Dès lors l'annotation devient claire. Steenwinckel remit les décisions de Cologne, de Louvain et de Paris le 6 mars 1472 pour être communiquées à Dominique Dominici.

die decima. Adrianus petri de Condewne. Attestation, signature et documents sont ici de la même main.

Fol. 105-107. *Brevis informatio pro defensione sententie privationis per universitatem studii lovaniensis late contra magistrum Henricum de Zomeren...* Au bas du fol. 107, on lit : *Prima appellatio Zomeren fol. CII; 2ª appellatio fol. CIX; 3ª est in carta.*

Fol. 108-109. Un document passé sous silence par le catalogue. Incipit : *Videtur michi.*

Fol. 110-111. *Epistola universitatis lovaniensis ad Sixtum quartum*, sous le titre suivant : *Ad sanctissimum dominum nostrum Papam.*

Fol. 113. Deux documents dont le catalogue ne parle pas. Le premier a pour incipit : *Utrum cum certissima et infallibili veritate propositionum fidei de futuro contingenti a catholico sustineri possit sententia Aristotelis...* Le second, intitulé *impertinencia*, renferme cinq propositions. Les quatre premières on trait à la date de la Pâque. La cinquième est ainsi conçue : *Licet quasdam particulas in tractatibus per me editis optimo jure retractaverim, velut in precedentibus retracto, ob id tamen non oportet reprehensibiles judicari preclarissimos illos sacre theologie professores parisienses, colonienses et lovanienses qui pro eisdem tractatibus subsignarunt.*

Fol. 113-117. Extraits de Commentaires sur les sentences, savoir : 1°, sous le titre : *d. 39*, un premier fragment ayant pour incipit : *Ad primum pro illa questione dico quod non est similis veritas in illis de futuro sicut in illis de presenti et preterito.* Explicit : *Dum tamen reliqua possit evenire, non prohibet negociationem et consiliationem* (1); 2° un autre fragment sous le titre : *d. 40.* Incipit : *Ad primum argumentum dico quod procedit ex falsa ymaginatione, cujus ymaginationis intellectus juvat ad intelligendum veritatem proposite questionis.* Explicit : *Ad secundum dico quod voluntas creata non potest impedire ordinem voluntatis divine, nam impedire non esset nisi staret propositum voluntatis divine et oppositum eveniret per voluntatem aliam. Hoc autem impossibile est*, etc. (2). 3° sous ce titre : *d. 39* : *Potest aliter poni quod intellectus divinus aut offert simplicia...* Explicit : *Et hoc est naturaliter quantum est ex parte essentie* (3). 4° Vient ensuite sous ce titre : *Franciscus in 4ᵗᵒ d. 27*, un fragment relatif à l'indissolubilité du mariage.

---

(1) Fragment de Duns Scot, *I Sent.*, d. 39. Antverpiae. T. I, p. 421.
(2) Duns Scot, *I Sent.*, d. 40, éd. cit., I, p. 426.
(3) Duns Scot, *I Sent.*, d. 39, éd. cit., I, p. 420, fol. 137ra. Je n'ai pas pu identifier le fragment suivant.

Incipit : *Queritur de indissolublitate illius matrimonii quod solum est*. Explicit : *Simile habetur I ad Cor. mulier alligata est viro*. Les auteurs du catalogue n'ont pas signalé l'existence de ces fragments, qui attirent cependant l'attention puisqu'ils sont reproduits sur des feuillets à format plus réduit.

Fol. 119-123. *Johannis de Turrecremata, sabinensis cardinalis sancti Sixti, questiones de evangeliis dominicarum et festorum principalium totius anni*. Sans titre dans le manuscrit. La fin manque.

II. — PARIS NATION. LAT. 4152. Ce manuscrit est un papier, et non un parchemin, du XVe siècle. Il comprend 105 feuillets plus 3 feuillets de garde, mesurant 29 sur 21. En tête du premier fol. se trouvent deux cotes qui témoignent de sa provenance : cod. Colb. 2671, Regius 4232 E. Si nous laissons de côté les 39 premiers feuillets, qui ne contiennent aucun des documents publiés et dont le catalogue fait connaître assez exactement le contenu, pour nous occuper de la seule partie qui nous intéresse, nous trouvons ici encore un certain nombre de cahiers. Le premier est formé par les feuillets 40-63 : même filigramme; pages, les seules dans le manuscrit, rayées par le copiste. Peut-être les fol. 56-61 forment-ils un cahier distinct; l'écriture est différente et aussi la façon de rayer : pour marquer le début et la fin des lignes le copiste a tracé des lignes verticales, ce qui n'a pas été fait pour les feuillets 40-56. En outre, leur contenu n'a aucun rapport avec celui des feuillets précédents. En tout cas, on trouve un nouveau cahier avec les feuillets 62-69 : nouvelle écriture, nouveau filigramme. Ces deux raisons valent pour les fol. 71-88 et 89-96. Enfin les feuillets 98 et 99, où l'écriture et le filigramme changent une fois de plus, forment des feuilles indépendantes : ils reproduisent la décision de Cologne et le statut de 1447 que le copiste précédent avait déjà transcrits; particularité inexplicable, semble-t-il, si ces feuillets avaient fait originellement partie du même document que les feuillets antérieurs.

Le contenu du manuscrit est constitué, en ce qui nous intéresse, par les documents suivants :

Fol. 40-55^v^. *Tractatus Petri de Rivo responsabilis ad opusculum quoddam magistri Henrici de Zomeren*. Desinit : *quatenus victoria*. Finis desideratur.

Fol. 56-62. Fragments d'un traité sur les futurs contingents. Ces fragments débutent au feuillet 56 aussitôt après les mots : *quatenus victoria*, qui terminent le feuillet 55, de sorte qu'on a tout d'abord l'impression d'avoir sous les yeux la suite du traité de Pierre de Rivo. Incipit : *Ibidem ad 6am rationem dicit quod, sicut scientia nostra non potest esse de futuris contingentibus, ita nec scientia dei.* Explicit : *Ideo patet quod de illa scilicet* (?) *quod possit esse de dicto vel de re bona est.* Ce fragment remplit un feuillet et demi environ. Puis, on trouve en titre, disposé comme s'il s'agissait d'un titre de chapitre : *De veritate futurorum contingentium.* Incipit : *In prima parte, qu. 16, articulo 7mo, ad 3um argumentum in oppositum quo sic arguitur : illud quod est verum in presenti semper fuit verum esse futurum.* Explicit : *Respondendo dicit quod veritas propositionis sequitur condicionem rei, quando scientia veritatem proponentis ex rebus oritur; sic autem non est in proposito.* Au fol. 61, nouveau titre disposé de la même manière et ainsi conçu : *De voluntate dei in respectu ad creaturas producendas.* Incipit : *Sanctus thomas, prima parte, q. 19, articulo 7o, in corpore questionis, dicit quod voluntas dei est omnino immutabilis; sed circa hoc considerandum est quod aliud est voluntatem mutari et aliud est velle ipsarum rerum mutationem.* Explicit : *Non igitur sequitur, si deus vult aliquid, quod illud de necessitate eveniat, sed quod hec conditionalis est vera et necessaria : si deus vult aliquid, illud erit; consequens tamen non oportet esse necessarium.* Ces trois fragments semblent bien faire partie d'un même traité : la méthode de composition est identique, l'auteur se bornant à aligner des citations de S. Thomas d'Aquin. Ces fragments ne sont pas mentionnés par le catalogue.

Fol. 62-69. *Propositiones per magistrum Henricum de Zomeren ex tractatibus petri de Rivo et ex confessatis ab eodem collecte cum responsionibus ejusdem Petri.*

Fol. 71-79. *Anonymi tractatus de veritatibus futurorum contingentium adversus Petrum de Rivo.* Incipit : *Presens tractatus.* Pas de titre dans le manuscrit.

Fol. 80-88. *Magistri Fernandi de Corduba tractatus de futuris contingentibus.* Au recto du fol. 80 on lit seulement : M. Fernandi de Corduba. Le traité commence au fol. 81 sans titre. Des annotations nombreuses se rencontrent dans les marges; elles sont de Pierre de Rivo. Il est probable qu'elles sont de sa main.

Fol. 90-99. *Determinationes theologorum parisiensium, coloniensium et lovaniensium circa materiam futurorum contingentium.* Ce titre se trouve au recto du feuillet 90. Le texte des décisions, précédé du statut de 1447, commence au fol. 91 verso et finit au fol. 96 verso. Le fol. 97 est resté vierge. Au fol. 98 on trouve la décision de Cologne précédée de ce titre tracé avec une autre encre et par une autre main : *4ta XI decembris 1470*. Vient ensuite, écrits par la même main que la décision de Cologne, le statut de 1447, puis une note faisant savoir que le traité de Pierre de Rivo auquel il est fait allusion fut également remis aux commissaires de l'évêque de Tournai et indiquant les incipits des cinq parties de ce traité. Enfin on lit : *Collationata fuit presens copia per me Adrianum petri de Condewne, sacra apostolica et imperiali auctoritatibus ac alme universitatis studii lovaniensis notarium juratum, ad originalem conclusionem facultatis sacre theologie alme universitatis studii coloniensis, necnon ex libro statutorum facultatis artium dicte universitatis studii lovaniensis et ad statutum in eodem libro conscriptum, ac ex tractatu per magistrum Petrum de Rivo in conspectu dicte universitatis studii lovaniensis ac dominorum commissariorum Reverendissimi in christo patris domini Tornacensis cum protestationibus solitis exhibito. Et quia presentem copiam in premissis concordare inveni, ideo eam, facta collatione diligenti, manu et signo meis solitis et consuetis subscripsi et signavi, anno domini M°CCCC° septuagesimo, mensis octobris die decima nona. Adri. petri, quoad copias notarius.* Attestation et signature sont de la même main, mais ne sont pas ici de la même main que les documents transcrits (1). Cette attestation concerne seulement les feuillets 98 et 99, puisque, nous l'avons remarqué, ces feuillets sont indépendants. Le contenu même de l'attestation suffit au reste à nous l'apprendre : elle parle seulement de la décision de Cologne et du statut de 1447. Au dos du feuillet 99 on lit : *Lovanien.* C'est donc de Louvain que sont venus au moins les feuillets 98 et 99.

Fol. 100-101v. *Contra emulos nominalium.* Les auteurs du catalogue ont lu à tort : *contra articulos nominalium.* Il s'agit en réalité de la supplique présentée au roi Louis XI et qui a été reproduite par d'Argentré (T. II, 2, fol. 286-287).

Le reste du contenu ne nous intéresse pas. Il est indiqué par le catalogue. Notons toutefois que celui-ci ne fait pas mention du document suivant : *Sententia Jo. brivericii lata sabbati post sacros cineres.* Fol. 103.

---

(1) Ces deux feuillets constituent un document précieux. En outre ils ont été rédigés le 19 octobre 1470, c'est-à-dire le jour même où Pierre de Rivo présenta son traité à l'Université et en remit un exemplaire aux commissaires désignés par l'évêque de Tournai. Il n'y a donc pas de doute que l'attestation de conformité et la signature soient de Adrien de Condewne.

III. — Paris, nation. lat. 12390. Papier du xve siècle. Il compte 95 feuillets, plus un feuillet de garde, mesurant 28 sur 20. Le feuillet de garde porte au crayon 403, puis à l'encre Res. S. Germ. p. 54, n. 2. Jusqu'au fol. 57, puis du fol. 72 au fol. 78, le texte est reproduit sur deux colonnes mesurant environ sept centimètres et séparées par un intervalle de deux. Dans le reste, il est transcrit à pleine page. L'écriture est de plusieurs mains. En nous fiant toujours aux mêmes indices, nous pouvons distinguer, dans la partie qui nous intéresse, trois cahiers constitués respectivement par les feuillets 79-81, 82-87 et 88-95. Cette remarque a son importance, car ici encore nous allons retrouver une note signée : *Adrian. petri*, et il est essentiel de savoir de quels documents ce notaire certifie la copie conforme aux originaux.

Léopold Delisle (*Inventaire des manuscrits latins de S. Germain-des-Prés. Paris 1868*, p. 48) a dépouillé, mais en partie seulement, ce manuscrit. Voici, avec les correctifs et compléments qui nous ont paru s'imposer, quel en est le contenu.

Fol. 1-30. *Dominici, episcopi Brixiensis, tractatus de sanguine christi.* Cependant il semble bien qu'il faille ici distinguer deux traités; en effet, au fol. 28 recto, un quart de la première colonne est resté vide et la colonne suivante débute ainsi : *Post primum tractatum jussit sanctitas tua.* Une note, placée en tête du fol. 1, fait savoir que le premier traité fut composé par Dominique, alors qu'il était évêque de Torcello, et qu'il l'offrit au pape Pie II en 1463 au début de janvier Cf. Quétif et Echard, *Script. ord. predic.* Lutetiae MDCCXIX. T. I, fol. 825,

Fol. 31-41. *Questio de relacionibus et necessitate fundamenti earum magistri Dominici, episcopi torcellani, contra Guillelmum Varallon britonem dictum Aquilam. a. 1462* (Cf. *Loc. cit.*).

Fol. 42-57. *De contentione divini sanguinis inter minores et predicatores coram Pio II habita.* Incipit : *In dei nomine pii secundi ponthificis maximi, de contentione divini sanguinis.* Deux parties. La première, que précède en guise de titre le mot : *Minor*, est un exposé de la thèse franciscaine. Elle finit au verso du fol. 45; elle est suivie de ces mots : *Explicit pro minoribus.* La deuxième débute au fol. 46 : *In dei nomine. Hic incipit pro predicatoribus fratribus. Predicator.* Elle est suivie d'un premier explicit : *Explicit de sanguine christi inter minores et predicatores contencio coram papa Pio facta.* Un deuxième explicit nous apprend que cette copie fut faite à Rome par Mathurin Espiard, « socius » de maître Martial Auribelli d'Avignon, général de l'ordre des Frères Prêcheurs. Mathurin s'excuse d'avoir transcrit son texte à la hâte : le souci de défendre l'honneur et les libertés de son Ordre lui laissait peu de loisirs et il a eu grand mal à se procurer une copie (Cf. *Op. cit.* fol. 823-824, où l'on trouvera des fragments de ce document et le deuxième explicit).

Fol. 59-70 *Bartholomei Lapaccii de divinitate sanguinis christi.* La table des chapitres se trouve au verso du fol. 58 précédée de ce titre : *Tabula libelli de divinitate sanguinis crucifixi domini nostri.* Au-dessous de la table, vers le milieu de la page on lit : *Bartholomei Lapaccii, quondam coronensis episcopi, de divinitate sanguinis christi libellus incipit feliciter.* Le traité s'achève par cet explicit : *Explicit tractatus de sanguine christi famosissimi doctoris domini Bartholomei Lapaccii de Florentia, ordinis predicatorum, et olim coronensis episcopi dignissimi.* (Cf. *Loc. cit.* fol. 825).

Fol. 72-78. *Tractatus de sanguine christi editus a magistro Gabrielle de Barchinona, inquisitore generali bononiensi, et Jacobo de Brixia, inquisitore brixiensi, ordinis predicatorum, deputatis cum eorum collega, fratre Vercellino de Vercellis, a magistro Conraldo Altensi, generali ejusdem ordinis, coram Pio papa secundo* (Cf. *loc. cit.* 824-825).

Fol. 79. Ici commence la partie qui nous intéresse. Le papier est nouveau, l'écriture aussi. On trouve d'abord fol. 79-81 : *Francisci, cardinalis sancti Petri ad vincula, tractatus brevis contra quosdam nullam propositionum de futuris contingentibus fore veram tenentes.* Une note, placée en tête du traité, indique qu'il fut composé à la demande du cardinal Bessarion, lequel avait reçu et transmis à François une lettre de Henri de Zomeren.

Fol. 82-84. *Questio quodlibetica disputata anno LXV.*

Fol. 85-86. *Petri de Rivo tractatus.* Incipit : *Ponentes in propositionibus.* Léopold Delisle désigne ce traité sous le titre : *Nonnulla de herese Wiclef.* Le manuscrit ne donne pas de titre.

Fol. 87. *Petri de Rivo conclusiones.* Ce titre ne figure pas dans le manuscrit. Nous l'empruntons à Léopolde Delisle. Incipit : *A quolibet catholico.*

Fol. 88-95. *Determinationes theologorum pariensium, coloniensium et lovaniensium cum statuto universitatis lovaniensis anno 1447.* Léopold Delisle intitule tout cela : *Nonnulla ad doctrinam ejusdem petri spectantia.* A la suite de ces documents on trouve une attestation identique, à part quelques variantes sans importance, à celle du manuscrit 3169. Mais ici attestation et signature sont d'une autre main que le texte des décisions et elles sont de la même main que l'attestation et la signature du manuscrit 4152. Nous sommes donc en présence d'une signature autographe.

Fol. 95. *Superscriptio brevis missi universitati lovaniensi in commendationem magistri Petri de Rivo.*

Reportons-nous maintenant à Quétif et Echard. Quétif nous apprend qu'il a eu entre les mains un recueil de la bibliothèque « de l'illustrissime seigneur, Jean d'Estrées, désigné par le roi pour l'archevêché de Cambrai ». Il en donne une description extrêmement précise. Ce manuscrit contenait, en premier lieu, deux traités imprimés. Venaient ensuite et dans le même ordre tous les traités et tous les documents que nous venons de décrire. Parmi ces derniers traités les trois premiers et le cinquième étaient reproduits en colonnes et les autres à longues lignes, comme dans le manuscrit 12390. Quétif indique le nombre de feuillets occupés par chacun de ces traités et documents, les changements d'écriture et leurs caractéristiques, jusque y compris la question quodlibétique de Pierre de Rivo. Or, coïncidence curieuse, tout celà convient exactement au manuscrit 12390. Enfin, à propos du traité de Gabriel de Barchinona et de Jacques de Brescia, Quétif remarque que le titre figurait dans la marge supérieure, tracé en caractères différents, mais presque effacé. Ainsi en est-il encore dans le manuscrit 12390. Dès lors on est en droit de se demander si ce manuscrit ne serait pas le recueil que Quétif a eu entre les mains, moins les trois traités imprimés par lesquels il débutait. Sa provenance se trouverait, dans cette hypothèse, en partie fixée. Ce serait un des nombreux manuscrits dont « l'abbé d'Estrées enrichit l'abbaye de Saint-Germain-des-Prés en 1718 » (Cabinet des manuscrits, Paris, 1874, II, p. 45). Ces conjectures trouvent une confirmation dans un passage de d'Argentré (fol. 275). Il nous apprend que l'abbaye de Saint-Germain-des-Prés possédait un manuscrit venu de la bibliothèque de l'illustrissime abbé d'Estrées, dans lequel se trouvaient divers documents qu'il publie.

IV. — PARIS NATION. NOUV. ACQUIS. LAT. 1179. C'est un papier du XVe siècle. Il comprend 38 feuillets, plus deux de garde, mesurant 29 et demi sur 22. Au bas du fol. 1, on lit : C 6388 et au-dessous 1872. En se reportant, d'après cette indication, au registre des acquisitions, on apprend que ce manuscrit fut cédé à la bibliothèque nationale par M. Claudin pour la somme de 18 francs, le 30 mai 1872. L'écriture est à pleine page; elle est de plusieurs mains. Si l'on tient compte des différences d'écriture, de filigramme, de foliotage et de diverses autres particularités, on peut y distinguer au moins trois cahiers. Le premier, tout entier d'une même plume, comprend les feuillets 1-18. Au bas de ce dernier fol. on lit : *De Viridivalle*. Cette partie du manuscrit aurait donc appartenu à l'abbaye de Val-Vert, autrement dit de Groenendall. Un deuxième cahier est constitué par les feuillets 19-25. Sans doute le premier feuillet n'a pas le même filigramme que les autres, mais l'écriture est unique et unique, le document reproduit. Les feuillets 26-35, dont Léopold Delisle n'a pas signalé le contenu, méritent de retenir l'attention. Ils constituent bien un cahier à part car, en plus du numérotage moderne, ils portent un foliotage ancien, en chiffres romains, allant de I-X. En outre, si les documents qu'ils reproduisent sont multiples et transcrits par plusieurs copistes, les notes qui se lisent dans la marge supérieure au début de chaque pièce sont toutes de la même main. Toutes ces pièces, à part l'avant-dernière, ont été régulièrement enregistrées, comme en fait foi le R habituel inscrit au bas des fol. I recto, IV verso, VII recto et X verso. Elles ont donc une valeur indiscutable.

Le contenu de ce manuscrit a été partiellement inventorié par Léopold Delisle *(Inventaire des manusc. lat. insérés au fonds des nouv. acquis. du 1er août au 1er mars 1874, p. 9)*.

Fol. 1-19. *Laurentius Vallensis de falso credita et ementita Constantini donatione*. Ce document est suivi d'une formule assez inattendue : *Ex precedenti dialogo Cassiodori constat nec Sylvestrem aut ejus successores vigore supradicte donationis unquam dominium aut possessionem rei donate habuisse, sed ipsum Constantinum in possessione illius permansisse.*

Fol. 19-25. *In causa magistri petri Boed, sindici et promotoris universitatis, actoris contra magistrum petrum de Rivo*. Léopold Delisle a supprimé le mot *actoris*. Il ne mentionne aucun des documents qui suivent.

Fol. 26. *Interrogatoria.*

Fol. 27-29. *Petri de Rivo responsiones*. Pas de titre dans le manuscrit. Au haut du feuillet 27 et dans les marges on trouve des notes dont la teneur sera donnée dans l'édition. Le feuillet 30 n'a pas été utilisé. Au verso on lit ce qui suit :

Anno LXX, XIIII martii, post prandium, in domo domini rectoris m. Renerius Rotarius de leodio, nomine procuratoris magistri petri de rivo, dedit has scripturas et responsiones domino rectori ad propositiones per m. henricum de Zomeren exhibitas et petiit, nomine quo supra, ulterius ad examinationem testium procedi, etc. In presentia domini roberti (?) *de lacu et m. henrici bantis* (?). Note précieuse : elle apporte une date.

Fol. 31-32. *Petri de Rivo aliae responsiones*. Ce titre ne figure pas dans le manuscrit. Il y est remplacé par la formule que voici : *Anno LXIX in quodlibetis*. A gauche de ce titre : *Articuli additionales*. Au-dessous : *Nota hic quod isti articuli additionales in ordine* (?) *expediuntur* (?). Tout cela est de la même main que les annotations mises en marge du document précédent. De la même main aussi les notes qu'on lit dans la marge supérieure du feuillet 32, au-dessus de l'article 6 : *Nota hic prius hunc articulum*, et plus bas en face du titre : *Anno LXX°* *in ultima responsione : Nota quod hic sit redeundum ad VII articulum qui est octavus* (?) *articulus*. Le verso du folio 32 n'a pas été utilisé, mais, en retournant le volume, on y lit le commencement d'une supplique adressée au recteur par Pierre de Rivo, Incipit : *Egregie domine Rector ac ceteri omnes*.

Fol. 33. *Articuli exhibiti per magistrum henricum Zoemeren*. Cette liste comprend 21 articles. Les trois premiers son identiques aux trois premiers rapportés dans la sentence du Recteur; ils sont rangés sous le même titre avec toutefois addition des mots : *positarum in sacro canone* et portent les numéros 1,2, 11. Les sept suivants, précédés du titre : *articuli respicientes veritatem propositionum de futuro contingenti in generali*, sont également identiques à ceux qu'on lit dans le document auquel nous venons de renvoyer; seulement ils sont numérotés de 7-10 et de 12-14. Viennent ensuite, dans un troisième paragraphe intitulé *articuli respicientes dei prescentiam*, les articles relatifs à la prescience divine portant ici les numéros 3, 4, 5 et 6 avec en face de ce titre et toujours de la main du même annotateur : *Item articuli additionales*; puis les articles concernant le prévolition divine, numérotés 15-19; enfin, les deux « articuli extraordinarii », numérotés ici 20 et 21. Cette pièce n'a pas été enregistrée. Nous ne la publions pas. Tout son contenu figure dans un des documents que nous reproduisons.

Fol. 34-35. Une liste de propositions extraites des « dits » de Pierre de Rivo au cours des années 1465, 1466, 1469, le jour de la fête Saint-Thomas, et dans sa dernière leçon. Cette liste est précédée de ces mots écrits par la même main que les annotations antérieures : *Cedula designationis temporis*. Elle porte la marque de l'enregistrement. En outre, en retournant le manuscrit, on lit au bas du folio 35 verso : *Designationes temporum pro parte m. henrici de Zomeren per m. Nycolaum*

Hellum exhibite XV martii. Ici encore on croit reconnaître la main du même annotateur.

Fol. 36-37. *Littera ammonitoria d. n. Pauli Juniori duci Gelrie scripta ut liberet patrem*, etc.; suivie de sa traduction en flamand.

Fol. 38. *Juramentum abjurationis prout prestatur in omnibus regionibus Hispanie* (en espagnol).

Nous avons remarqué que le traité de Henri de Zomeren, dans le manuscrit 3169 et celui de Fernand de Cordoue, dans le manuscrit 4152, portent des annotations marginales qui proviennent certainement de Pierre de Rivo. D'autre part, dans le manuscrit 3169, le document qui a pour incipit : *Utrum cum certissima et infaillibili veritate* porte l'annotation marginale que voici : *Contradictorie propositionum per me revocatarum*. Toutes ces annotations semblent avoir été écrites par la même main (1). On serait donc en présence de documents que Pierre de Rivo aurait eus entre les mains.

Ces manuscrits dont les trois premiers ont été signalés par d'Argentré et la totalité par Van Hove (2), n'ont guère retenu l'attention des érudits contemporains. B. Hauréau ne donne, dans son répertoire, l'incipit d'aucun des traités qu'ils contiennent. Léopold Delisle, dans son *Cabinet des manuscrits*, n'y renvoie pas une seule fois.

Bien qu'ils renferment une masse considérable de documents, ils ne fournissent pas tout le dossier de l'affaire Pierre de Rivo. Dans une note signalée ci-dessus le manuscrit 3169 fait allusion à trois appels de Henri de Zomeren; ces appels ne figurent dans aucun des manuscrits. On n'y trouve pas non plus la lettre de ce dernier au cardinal Bessarion. Dans une de ses listes de propositions (3), Henri de Zomeren renvoie à des « *collecta* » de l'université. Ce document n'a pas été retrouvé. Voici deux lacunes plus importantes. Au dire de Pierre de Rivo, Henri de Zomeren avait composé divers opuscules sur la question de futurs contingents (4); un seul nous est parvenu. Enfin, des décisions de Paris et de Louvain, des déclarations de Henri de Zomeren et de Pierre de Rivo, il ressort que ce dernier avait condensé son enseignement sur les futurs contingents dans un ouvrage comprenant cinq parties, parties aisément identifiables puisqu'on nous en donne les *incipits*. Sur ces cinq parties, la seconde et la quatrième nous manquent, et elles étaient vraisemblablement plus étendues que les autres puisqu'elles comprenaient respectivement

---

(1) Le dernier de ces documents paraît être de la même main que l'annotation.

(2) *Actes*, II, p. 57.

(3) Cf. p. 107; 266

(4) Cf. p. 332.

10 et 9 chapitres (1). Retrouvera-t-on ces deux parties dont nous connaissons seulement des fragments par les citations que fait Henri de Zomeren et par le manuscrit 3169. Il ne faut certes pas les chercher à Louvain : la bibliothèque a été incendiée en 1914. On aurait chance de les trouver soit à Cologne (2) dont l'université reçut l'ouvrage de Pierre de Rivo afin de l'examiner, soit à Rome où il fut également envoyé (3).

Les documents que nous publions ne sont pas tous inédits. Quelques-uns ont paru en tout ou en partie ici et là, par exemple dans Valère André (4), dans d'Argentré (5), dans Baluze (6), dans l'ouvrage du Cardinal Ehrle sur Pierre de Candie. Le traité de Sixte IV a été édité à Rome en 1473 et probablement aussi en 1470. On les a quand même reproduits pour trois raisons. Les ouvrages qui les renferment sont rares, difficiles à se procurer. On espère donner un texte amélioré. On a cru utile de rassembler en un seul volume le plus possible de documents.

L'établissement du texte. Il ne pouvait être question de choisir un même manuscrit pour manuscrit de base puisqu'aucun ne renferme la totalité des documents édités. Pour certains de ces documents on n'avait pas le choix : le manuscrit est unique. Dans d'autres cas, un seul manuscrit renferme la totalité du document. Dans d'autres cas encore, un porte des annotations marginales précieuses; il convenait de l'adopter. Pour ce qui concerne le statut de 1447 et les décisions de Cologne, de Louvain et de Paris, on a choisi le manuscrit 12390 parce que l'attestation de conformité de la copie aux originaux est ici de la main d'Adrien de Condewne.

Les documents ont été reproduits dans leur ordre chronologique. On n'a fait que deux exceptions à cette règle. On a rapproché du traité

---

(1) Cf. p. 250. (2) Cf. p. 240-241.

(3) Cf. p. 261. Dans son *De Incarnatione*, *disputatio* 26, *sectio* 6, Lugduni, 1669, pp. 388 ss, De Lugo rapporte qu'il a eu communication par Guillaume Mercier, professeur de théologie à Louvain, d'un écrit contenant : 1° huit propositions de Pierre de Rivo suivies de leur réfutation par un ou plusieurs docteurs, contemporains de Pierre. 2° une décision de la faculté de théologie de Louvain condamnant trois propositions, décision qui, d'après De Lugo, aurait été prise le 21 février 1469. Enfin au dire (Frédéricq, *op. cit.* p. 67), du recteur en exercice pendant le deuxième semestre de l'abnée 1472, la faculté de théologie ou quelques-uns de ses membres, auraient secrètement rédigé, pendant deux ans, leur procès-verbal de toutes les délibérations concernant l'affaire des futurs contingents. Ces documents n'ont pas été retrouvés. Il n'est pas certain qu'ils aient existé.

(4) *Fasti academici*, pp. 340 ss.

(5) *Op. cit.*, I, 2, pp. 260-278.

(6) *Miscellanca*, éd. Mansi, Luccae II (1761), pp. 294-297.

de François de la Rovère celui de Fernand de Cordoue, qui fut peut-être composé un peu plus tard, et celui de l'anonyme parisien qui fut probablement écrit avant le 12 novembre 1470. On a de même rapproché des premiers traités de Pierre de Rivo deux fragments qui ne sont peut-être pas antérieurs à l'année 1471, parce que ces deux fragments représentent une deuxième rédaction d'un traité qui dut paraître vers le début de l'année 1470. Enfin on a rejeté en appendice un traité de Pierre de Rivo auquel rien ne permet d'assigner une date même approximative. On trouvera aussi en appendice un court document qui a paru présenter quelque intérêt.

Je ne veux pas achever cette introduction sans remercier M. Samaran, directeur des Archives de France et M. Van Moé, bibliothécaire au département des manuscrits, qui me sont venus en aide pour quelques lectures particulièrement difficiles. Je remercie également M. Pognon et Mlle d'Alverny qui se sont empressés à me faire communiquer les ouvrages dont j'avais besoin. Je remercie encore Mme Rambaud et Mlle Boulet qui me sont venues en aide pour identifier des références au droit canonique et civil. Enfin je dois à M. Émile Bréhier, professeur à la Sorbonne, et à M. Étienne Gilson, professeur au Collège de France, les loisirs dont je dispose pour les recherches historiques. Depuis de longues années, M. Gilson n'a pas cessé de me prodiguer ses encouragements et ses conseils. Ils voudront bien trouver ici l'expression de ma profonde et respectueuse gratitude.

TEXTES

STATUTUM UNIVERSITATIS LOVANIENSIS ANNO 1447 (1)

Ms lat. 12390

Cupiens, juxta consilium apostoli, venerabilis artium facultas (2) seipsam probabilem exhibere deo, inconfusibilem, recte tractantem verbum veritatis, ne sui alumni (3) doctrinis variis abducantur, statuit et ordinat (4) ea que sequuntur, que de cetero firmiter observari precipit et decernit. In primis quidem ut disputatio de potentia (5) divina et ceteris theologicalibus venerande facultati theologie relinquatur; 2° ex quo sermones exponendi (6) sunt, ut philosophus dicit, secundum materiam subjectam, judicetur in scolis philosophie possibile, impossibile, necessarium vel contingens secundum causas propinquas, nisi quatenus captivandus sit intellectus in obsequium fidei.

3° (7) abstineatur nedum a doctrina falsa sed etiam ab offensiva et suspecta sive in fide, sive in moribus, sive in philosophia. 4° ut propositiones que dicunt quod contingit dari corpus informatum per animam rationabilem, homine non (8) existente; quod absolute loquendo possibile est unam animam intellectivam numero omnia (9) corpora humana informare, stante multitudine hominum ut nunc (10), quod potest unus homo totus esse in anglia, omnibus suis partibus existentibus in roma et non in anglia, poteritque totus moveri ab anglia ad romam, partibus e converso venientibus a roma ad angliam, simul et semel pro eodem tempore; quod relativum potest esse sine correlativo; quod determinate altera pars contradictionis in futuris contingentibus est vera et altera falsa sicut in presentibus et preteritis,

---

(1) Ce titre ne figure dans aucun des manuscrits. Dans *C* le document est précédé de la formule suivante : Tenor statuti de quo supra fit mensio sequitur de verbo ad verbum et est talis. Dans le manuscrit *12390*, on lit : Statutum de quo fit mentio in determinationibus sequitur de verbo ad verbum. Dans les références A = 3169; B, 4152 1° loco; C, 4152 2° loco; E = Ehrle.

(2) super *add. et del. A.*

(3) calumpni *B.*

(4) ordinavit, *vit expunct. B*; ordinavit *add. et del. A.*

(5) de potentia *om. C.*

(6) exponendi *E.*

(7) tercio *B.*

(8) superscr. *C.*

(9) quia *add. et del. A.*

(10) aiunt *E.*

unde etiam oppositum hujus conclusionis non stat cum fide; quod est simpliciter possibile duo contraria, secundum esse eorum intensissimum, esse in eodem subjecto simul; quod idem accidens numero potest simul et semel esse in diversis subjectis (1) non continuis et alicubi (2) ubi nullum suorum subjectorum est, nulla separatione facta ab ipsis; quod in quolibet continuo datur punctum immediatum puncto; quod possibile est intelligere lineam que est unius pedis tantum nec habere initium nec finem; quod contingit dare veram speciem realiter existentem sine genere; quod verum ens positum extra animam est nichil, et similes vel minus opinabiles, pridem per nonnullos disputate vel in posterum disputari possibiles, non debeant doctrinari.

Similes autem vel minus (3) opinabiles intelligantur generaliter omnes (4) que sunt offensive vel contra principia per se nota, aut contra textum aristotelis sane intellectum, in locis in quibus non contradicit fidei. Et ne cuilibet pateat auctoritas pro ejus voluntate ad suam positionem (5) textum trahere repugnantem, statuit eadem facultas ut textui aristotelis fides adhiberi debeat non secundum expositionem Wycklef, Occan, suorumve sequatium vel aliorum suspectorum, sed secundum quod eum exponunt et intelligunt suus commentator Averroys (6), ubi contra fidem non militat, vel dominus Albertus magnus, vel sanctus Thomas de Aquino, vel Egidius de Roma, vel aliquis alter quem placebit facultati concorditer acceptare. Si que tamen propositiones ex prenominatis aut similibus inveniri possint sane doctrine aristotelis vel aliorum approbatorum doctorum non obviantes, illas probabiliter tantum sustineri in disputatione obviativa vel causa exercitii magistrorum inter se, dummodo non doctrinentur (7) inter scolares, non intelligatur interdictum. Propositiones vero que dicunt quod absolute possibile est ut una anima intellectiva numero (fol. 104) omnia corpora humana posset (8) informare, stante multitudine hominum ut nunc, quod totum posset esse in Anglia, omnibus suis partibus existentibus in Roma et non in Anglia, quod in futuris contingentibus determinate altera pars contradictionis est vera et altera falsa sicut in preteritis et presentibus, ita etiam quod oppositum hujus conclusionis non stet cum fide, et similes, hoc est eque offensive vel magis periculose, sileantur omnino.

---

(1) nec *add. et expunct. A.* (2) alienis *E.*

(3) *superscr. A;* mot illisible rayé dans le texte.

(4) *iter. et del. A.* (5) partem *E.*

(6) avarroys *B.* (7) determinetur *E.*

(8) possent *A.*

CE DOCUMENT EST SUIVI DANS LE MANUSCRIT 12390 DE CETTE REMARQUE

Collationata est presens copia, octo folia cum presenti in scriptura continens, per me Adrianum petri de Condeyne, sacra apostolica et imperiali auctoritatibus ac alme universitatis studii lovaniensis notarium juratum, et primo ad XXIIII (1) originales determinationes magistrorum nostrorum sacre theologie professorum pariensium ac in congregatione dicte universitatis lovaniensis per me notarium predictum publicatas et lectas anno lxxi mensis decembris die xxiii, 2° ad originalem conclusionem facultatis sacre theologie alme universitatis studii coloniensis sic publicatam et lectam per me notarium in congregatione dicte universitatis lovaniensis ac in presentia domino1um commissariorum R. in christo patris et domini Tornacensis anno lxx mensis octobris die xix, 3° ad sex originales determinationes magistrorum nostrorum lovaniensium cum subscriptionibus et subsignatione predictorum magistrorum nostrorum pariensium, coloniensium et lovaniensium ad quamlibet determinationem positis. 4° ad quoddam statutum originale in libro statutorum facultatis artium dicti studii lovaniensis descriptum. Et quia presentem copiam in premissis omnibus concordare inveni, ideo eam, facta collatione diligenti, manu et signo meis solitis et consuetis subscripsi et signavi anno a nativitate domini M°CCCC° (2) septuagesimo secundo, mensis januarii die decima.

Adri. petri de condeyvne.

(1) origonales *add. et del. A.*
(2) millesimo quadringentesimo *A*.

QUESTIO QUODLIBETICA DISPUTATA ANNO LXV° LOVANII PER PETRUM DE RIVO (1)

(Ms. lat. 3169 — 12.390)

An in potestate petri fuerit (2) christum non negare postquam christus ei dixerat : ter me negabis ?

Primo probavi rerum contingentiam esse de numero per se manifestorum partim ex theologicis, partim ex (3) philosophicis. Et modum declarans dixi quod, sicut naturam esse est per se manifestum, ut dicitur 2° *phisicorum* (4), ita et contingentiam esse in rebus, quia utrumque statim deducitur quodam syllogismo imperceptibili ex hiis que ad sensum sunt manifesta etc.

Tria videntur impedire contingentiam. Primum est logicale, quia, si in futuris contingentibus sit determinata veritas, nichil contingenter eveniet, sed omnia de necessitate. 2um est phisicale, quia, si dispositiones fatales aut naturales inclinationes imponant rebus necessitatem, res ille non evenirent contingenter. 3um (5) est metaphisicale, quia, si deus omnia futura presciat, sicut omnino credendum est, nullum futurum erit contingens ex quo contingentium non est scientia.

In tota hac determinatione ad hoc procedebat intentio quod nichil precedit per lineam successionis mediam eventum futuri contingentis quod hujusmodi eventum inferre posset penes necessariam consequentiam, quoniam, si contingeret aliquid hoc modo eventum futuri contingentis precessisse, illud tunc esset inimpedibile, ex quo ad preteritum non est potentia; sed ex inimpedibili penes consequentiam necessariam non sequitur (6) nisi inimpedibile; alias ex vero contingeret sequi falsum; quare futurus eventus rei esset inimpedibilis; omnia ergo inimpedibiliter et ex necessitate evenirent, et nulla esset contingentia in rebus. Non video quomodo possim solvere hanc rationem.

Prosequens tria premissa que videntur impedire contingentiam (7),

---

(1) lovanii... Rivo *om.* 12390. *3169 add. alia m.*

(2) fuerat.

(3) philosophisis *add. et del.*

(4) c. 1, éd. cit., T. II, p. 261.

(5) tercium.

(6) infertur.

(7) rerum *add.*

primo primum de veritate propositionum de futuro contingenti declaravi opinionem poetarum ponentium tres deas fatales, que ab eterno fate seu prelocute sunt de qualibet re futura quid circa ejus ortum, quid circa ejus occasum, quid circa ipsius permanentiam tandem eveniet. Et, quia propositionibus illis prelocutis ab eterno putabant inesse veritatem inimpedibilem, idcirco dixerunt omnia ex fato evenire; quare, secundum eos, nulla est in rebus contingentia, sed omnia ex necessitate eveniunt. Deinde tangens opinionem philosophorum ostendi ex *libro tullii de fato* inter eos fuisse problema de veritate et falsitate (1) qualiter opponuntur circa propositionem. Et fuit opinio *crisippi* quod opponuntur immediate. Unde dixit omnem propositionem vel esse veram vel esse (2) falsam. Sed opinio *epicuri* fuit quod opponuntur mediate sic quod esset dare aliquas propositiones veras, et aliquas falsas, et aliquas neutras nec veras nec (3) falsas, et tales dixit esse omnes propositiones de futuro contingenti. *Tullius* adhesit opinioni *crisippi*. Sed *aristoteles*, *primo periarmenias*, magis videtur ymitatus *epicurum*.

Videntur autem ex dicto *libro tullii* due posse colligi rationes quibus confirmatur opinio *crisippi*. Una est quia, si propositio de futuro contingenti non esset vera, tunc aliquid posset esse factum de quo non fuit verum dicere quod esset futurum; quod videtur inconveniens. De quolibet enim quod jam est factum videtur prius verum fuisse quod erit futurum. Alia est, quia propositio de preterito est vera quia pro priori tempore propositio ejus de presenti fuit vera; ergo a simili videtur quod propositio de futuro est vera quia tempore posteriori propositio (4) ejus de presenti erit vera.

Dictas rationes solvi dicendo ad primam quod de eo quod jam est factum non (fol. 82v) fuit prius nec verum nec falsum dicere quod erit futurum. Quod declaravi per simile de catulo (5) qui, licet die determinato a natura sit videns, diebus tamen prioribus nec fuit cecus nec fuit videns. Et putavi, secundum aristotelis opinionem (6), in hoc esse hinc inde similitudinem, quia, sicut ante tempus determinatum a natura non inest (7) subjecto susceptibili nec habitus nec privatio, sic, ante positionem rei in esse, propositioni de futuro contingenti (8) non inest veritas aut falsitas, sed, re posita in esse, inest veritas propositioni, non quidem illi que est de futuro, sed illi de presenti, cujus

(1) falcitate.
(2) *om.*
(3) flasas *add. et del.*
(4) *om.*
(5) 3169 *i. m.*; cathele *in textu.*
(6) opinionem aristotelis.
(7) propositioni de futuro contingenti *add. et del. codd.*
(8) *om.*

veritas succedit illi de futuro tamquam ejus perfectio. In successivis autem, dum aliquid est perfectum, ipsum non est, sicut motus, dum est perfectus, non est; similiter de ludo. Ad aliam dixi quod non est simile de preteritis et futuris quia, ante positionem rei in esse, in potestate cause est illam ponere vel non ponere in esse; sed, post positionem ejus, causa ad ipsam nullam habet potestatem. Postquam ergo res posita est in esse ejus positio est inimpedibilis. Hinc est quod veritas inde causata est inimpedibilis; quare propositioni de preterito convenit inimpedibilis veritas. Sed, priusquam res contingens ponatur in esse, ejus futura positio est impedibilis; quare veritas que inde causaretur esset impedibilis; sed quod est impedibiliter jam non est, ex quo effectus presens est inimpedibilis. Ergo propositioni de futuro non inest presentialis veritas.

Subjunxi duas alias rationes pro opinione *crisippi*. Quarum prima fuit quia enuntiatio diffinitur quod est oratio in qua est verum vel falsum. Si ergo enuntiatio de futuro nec esset vera nec falsa, sibi non conveniret diffinitio enuntiationis. Alia, quia de quolibet est affirmatio vel negatio vera, ut dicit primum principium; cum ergo propositio de futuro contingenti sit affirmatio vel negatio, sequitur quod erit vera vel falsa.

Ad primam dixi quod diffinitio enuntiationis non est intelligenda quasi in enuntiatione verum et falsum formaliter sint, sed sicut in significante aliquid esse verum vel falsum. In omni enim affirmativa hoc modo est verum quia significat compositionem predicati cum subjecto esse veram (1); et in omni negativa est falsum quia significat compositionem predicati cum subjecto esse falsam. Unde, sicut habetur 5to (2) metaphisice (3), est (4) significat quia verum, et non est quia falsum. Sed *aristoteles* et *epicurus* in dicto problemate voluerunt quod enunciatio de futuro contingenti non est formaliter vera vel falsa (5). Ad aliam dixi quod de quolibet est affirmatio vel negatio vera in sensu composito, ita scilicet quod de quolibet subjecto vere dicitur predicatum affirmativum vel ejus negatio. Sic de futuris contingentibus vere dicitur affirmatio vel negatio conjunctim, non divisim, ut de navali bello vere dicitur quod erit vel non erit, sed nec vere (fol. 62ᵛ) dicitur quod erit nec vere quod non erit. Hiis premissis dixi quod qui vellet sustinere opinionem aristotelis de futuris contingentibus necessario ex animo debet amovere opinionem illam qua conceditur (6) commu-

---

(1) falsa *add. et del.*
(2) quinto.
(3) c. 2, éd. cit., T. II, p. 535.
(4) quia *add. et del.*
(5) Sed aristoteles... falsa *om.*
(6) *om.*

niter et (1) creditur omnem propositionem esse veram aut falsam, quoniam qui sic opinatur inhabilis videtur ad eam sustinendam. Qui autem cum aristotele opinatur in futuris contingentibus non esse veritatem determinatam non cogitur propter hujusmodi veritatem negare contingentiam, quia talis veritas non inest propositionibus de futuro contingenti. Et credo satis quod in confirmationem opinionis aristotelis adduxi suas rationes.

Declarato quod veritas propositionum de futuro contingenti non impedit contingentiam, accessi ad 2um, ubi ostendi quod nec dispositiones fatales que inherent corporibus celestibus, nec naturales inclinationes que nobis insunt ex complexione imponant rebus necessitatem. Primum patet quia corpora celestia quoad motus suos per quos eis, secundum aristotelem, convenit (2) causalitas in istis inferioribus, subsunt divine potentie, ut declaravi (fol. 83) de retrogradatione solis facta tempore ezechie et de statione solis et lune tempore iosue et de eclipsi (3) myraculosa tempore passionis christi. Si ergo corpora celestia in motibus suis impediri possunt, etiam impediri possunt in causatione suorum effectuum. Et 2um patet quia naturales inclinationes subsunt potestati nostre. Unde nonnulli qui naturaliter inclinati fuerunt ad maleficia reperiuntur fuisse viri boni, sicut declaravi de socrate etc.

Contra primum occurebat objectio quia astronomia (4) tractat de motibus corporum celestium. Cum ergo scientia sit necessariorum, videtur quod hujusmodi motus sint (5) necessarii et inimpedibiles. Solutio. Secundum aristotelem, motus corporum celestium essent simpliciter necessarii. Sed, secundum fidem, sunt contingentes frequenter. Sed, sicut habetur *primo posteriorum* (6), scientia non tantum est eorum que sunt semper sed frequenter etc.

Ultimo conatus sum ostendere quod prescientia divina non tollat contingentiam rerum. Pro cujus introductione premisi quod omnia presentia, preterita et futura sunt conspectui divino indistantia. Quod quia difficillimum est intellectu, ad id aliquantulum ymaginandum adduxi opinionem platonis de ydeis. Opinabatur enim ydeas esse abstractas ab omni conditione locali. Unde tercio phisicorum de eis dicitur quod nusquam sunt. Nichilominus dicebat eas esse indistantes ab omnibus suis singularibus quantumcumque localiter distantibus. Sic ymaginabimur deum separatum ab omni condicione

(1) *om.*
(2) causa *add. et del.*
(3) metu (?) *add. et del.*
(4) tractatibus *add. et del.*
(5) sunt.
(6) c. 8, éd. cit., T. I., p. 129. *Boetii interpretatio*, c. 7, P. L., t. 64, col. 721.

seu differentia temporali et tamen habentem omnes res a se indistantes, quantumcumque distent a se invicem temporaliter. Quia ergo omnes res que, in cursu temporis sunt preterite, presentes aut future, sunt, quantum ad suas reales existentias, deo indistantes, idcirco essentia divina exemplat quamlibet earum. Sicut enim in speculo sunt exemplaria rerum sibi indistantium, sic et in deo. Intuitus ergo divinus, qui fertur in essentiam suam tanquam in objectum primarium, intuens eam tanquam exemplantem existentias omnium rerum, dicitur omnes res (1) cognoscere, etiam illas que in cursu temporis sunt future, non quidem noticia expectativa, quia respectu dei nulla sunt futura neque aliqua expectantur ut veniant, ymmo talis noticia potius est intuitiva, non sic quod terminetur directe ad res, sed ad essentiam suam res exemplantem. Unde deus intelligendus est quasi speculum in quo omnes res in toto cursu temporis sibi invicem succedentes habent ymagines relucentes, speculum quidem directe seipsum intuens et omnes ymagines in se existentes. Et sic dicitur cognoscere res quarum ymagines intuetur. Et loquimur secundum opinionem populi putantis ymaginem esse aliquid in speculo, cum tamen, secundum perspectivos (2), nihil sit etc.

Et quia res future quoad suas actualitates seu existentias conspectui divino sunt indistantes et ejus noticia respectu talium non est expectativa, ideo hujusmodi noticia dei proprie non dicitur prescientia quo modo noticia nostra respectu eclipsis future dici solet prescientia. Est enim inter noticiam nostram et talem eclipsim linea successionis media (3) que eclipsim facit distare a nostra noticia. Sed omnia futura sunt respectu divine noticie indistantia. Potest tamen divina noticia futurorum aliquo modo dici prescientia, quia, toti cursui temporis presidens, omnia que in eo sunt tanquam conspectui suo indistantia cognoscit. Ex quo ergo divina prescientia non est intelligenda tanquam eventum futurorum per lineam successionis mediam antecedens, idcirco, licet hujusmodi eventum inferat penes necessariam consequentiam tanquam indistantem, non tamen infert ipsum tanquam futurum, et ideo, licet ipsa sit inimpedibilis, non tamen infert rem (4) inimpedibiliter et (5) ex necessitate fore. Et per consequens non tollit contingentiam. Licet enim aliquid inferat rem jam esse (fol. 83v) ex necessitate, non tamen infert rem pro (6) tempore (7) precedente

(1) res *i. m. 3169.*
(2) *i. m. 3169; in textu,* perspectigivos. Perceptissimos *12390.*
(3) *om.*
(4) *3169* = rem *i. m.,* eam *in textu. 12390* esse.
(5) *superscr. codd.*
(6) *superscr. 3169.*
(7) presenti *add. et del.*

ex necessitate fore, sicut visio qua video tuam sessionem pro tempore presenti infert te (1) pro eodem tempore inimpedibiliter sedere, sed non infert te heri (2) inimpedibiliter fuisse (3) sessurum etc.

Patet ex premissis solutio argumenti quo sic solet argui : Omne prescitum de necessitate eveniet; sed omnia que sunt futura sunt prescita saltem a deo; ergo de necessitate evenient. Ad majorem dicitur quod, si prescientia intelligatur antecedere (4) rem prescitam, major est vera quia sic respicit ipsam ut eventuram; sed, si ei res prescita sit penitus indistans, tunc negatur major. Tunc enim prescientia qua res dicitur prescita infert actualitatem rei esse sibi indistantem, sed non infert eam necessario eventuram ex quo non respicit eam ut eventuram.

Sunt (5) qui predictum argumentum aliter solvunt distinguentes majorem penes sensum compositum et divisum, dicentes eam in sensu diviso esse falsam et in sensu composito, veram. Alii distinguunt duplicem necessitatem : absolutam et conditionatam. Jam dicunt majorem esse veram loquendo de necessitate condicionata, non absoluta. Neutra solutionum videtur contentare. Non prima quia propositiones in quibus subjicitur accidens concretum inseparabile, licet possint (6) distingui penes (fol. 63) sensum compositum et divisum, nunquam tamen sunt in uno sensu vere et in alio false, ut, dato quod nichil sit album quam cignus (7), tunc hec : album possibile est esse nigrum in utroque sensu est falsa et hec : album impossibile est esse nigrum in utroque sensu est vera. Quia ergo prescitum est accidens inseparabile ab illa re que ponitur prescita, videtur quod ista major non erit in sensu composito vera et in diviso falsa nisi aliquid aliud addatur. 2ª etiam solutio non contentat quia, si major sit vera loquendo de necessitate consequentie, tunc hec consequentia est necessaria : hoc est prescitum, ergo eveniet. Antecedens est inevitabile. Illud enim quod est prescitum inevitabiliter est prescitum, quia per nullam potentiam est evitabile quin preteritum sit preteritum. Ergo consequens erit inevitabile quia penes consequentiam necessariam ex inevitabili non sequitur evitabile, sicut nec ex necessario contingens. Quod si prescitum inevitabiliter eveniet sequitur quod eveniet necessario necessitate consequentie (8), non quidem necessitate logica sed phisica, qua scilicet aliquid sic est necesarium quod per nullam potentiam naturalem (9) potest impediri.

---

(1) *superscr.*
(2) sed *add. et del.*
(3) *subsc.*
(4) *iter.*
(5) quidem *add. et del.*
(6) posset.
(7) signus.
(8) consequentis *3169*.
(9) naturalem potentiam.

Miratus sum ergo aliquos qui subtilissime scrutantur altissimas causas ut vix apicem circa ipsas non (1) discussum pretereant et tamen cum dictis solutionibus sunt contenti.

Ex premissis intuli conclusionem sub hac aut equivalenti forma verborum. Contingentia est de numero per se manifestorum, que non impeditur nec per veritatem propositionum de futuro contingenti quia eis non inest veritas; nec per dispositiones fatales aut instinctus naturales quia omnes sunt impedibiles; nec per divinam prescientiam quia est indistans et non expectativa rerum futurarum.

Correlarium responsivum. Adhuc fuit in potestate petri christum non negare postquam christus ei dixerat : ter me negabis. Patet, quia nec propositio dicta a christo videtur sibi plus abstulisse potestatem non negandi christum quam hec propositio : cras morieris dicta ab ysaia abstulit Ezechie potestatem non moriendi, aut quam hec propositio dicta a iona : adhuc quadraginta dies et ninive subvertetur (2), potestatem abstulit qua ninive potuisset non subverti. Dictum est enim quod in propositionibus de futuro contingenti non est veritas que tollat contingentiam rerum. Nec etiam calliditas sathane, qui petrum expetiverat, aut fragilitas petri abstulit potestatem non negandi christum, quoniam per liberum arbitrium poterat, cum dei assistentia, utramque causam impedire. Nec 3° (3) prescientia qua christus ratione noticie divine (4) prescrivit negationem petri, quia eam respexit non ut eventuram sed ut indistantem, ut supra dictum est (84).

Hactenus locutus sum philosophice, sicut in scolis artium decet. Quia tamen timui aliquos auditorum ex premissis in fide fortassis perturbari, quia audiverunt me prius enunciantem in futuris contingentibus non esse determinatam veritatem, videbitur forte eis quod propositiones de futuro contingenti, que in scripturis propheticis et in simbolo fidei continentur, ut hec, antichristus nascetur, mortui resurgent, christus judicabit mundum, et similes, non essent determinate vere et per consequens non firmiter credende, quia nichil, ut videtur, firmiter creditur nisi quod putatur determinate verum, ne contingeret pusillos per dictam determinationem meam scandalizari, duo declaravi. Primum fuit quod noticia dei, quam habet de futuris contingentibus, non proprie exprimitur per aliquam propositionem. Et licet magis videretur posse exprimi per propositionem de futuro, quod tamen proprie per eam non exprimitur patet sic,

---

(1) discussus sum *add. et del.*
(2) postestata *add. et del.*
(3) tercio.
(4) divine noticie.

quia talis propositio ex natura sua et ex rigore logice exprimit noticiam expectativam, ut hec propositio : sol eclipsabitur exprimit noticiam eclipsis quam tanquam nobis futuram expectamus. Cum ergo in deo non sit noticia expectativa, ut patuit, sequi videtur quod ejus noticia non est proprie exprimibilis (sic) per propositionem de futuro. Et inde contingit quod prophete, cupientes exprimere noticiam qua deus futura contingentia cognoscit, non tantum eam expresserunt (1) per propositiones de futuro, sed aliquando per propositiones de preterito ut Ysaias (2) nono (3) : parvulus natus est nobis etc. (4) cujus causa fuisse creditur quia nullam propositionem invenerunt per quam proprie noticiam dei de futuris exprimere potuerunt (5).

2[um] (6) fuit quod hujusmodi propositiones que ex sola intentione auctorum sacre scripture et non ex sua natura seu ex suo modo enuntiandi significant divinam noticiam de futuris contingentibus non sunt vere veritate (7) propria (8) et ex rigore logice; nichilominus sunt vere veritate noticie divine, quam per eas prophete et auctores intendebant exprimere, hoc est veritate increata. Et, ut videtur, sufficit eas hoc modo esse veras ut fide credantur, quia veritas increata, secundum doctores catholicos, est objectum formale fidei. Propositiones ergo fide credendas tanquam objecta ejus materialia sufficit esse veras veritate increata seu revelatas ab eadem veritate. De veritate autem creata loquendo non apparet quod oporteat eas, si sint de futuro contingenti, aristotelice et ex suo modo (9) enunciandi esse actu et formaliter veras. Oportet tamen ut a quolibet catholico (10) absque omni hesitatione credantur verificande et quod res per eas significate tandem ponentur in esse. Hoc modo videbitur posse concordari cum fide nostra catholica doctrina aristotelis de futuris contingentibus.

Sicut in deo non admisi aliquam prescientiam expectativam, sic in alia determinatione dixi in deo non esse prevolitionem (11), loquendo de prevolitione (12) expectativa, verbi gratia, in deo non est actus desiderii, quo quis vult aliquid sub ratione futuri, expectans ipsum ut a se distans per lineam successionis mediam, quomodo in lite, quam quis habet cum adversario, desiderando prevult victoriam adhuc a se per tempus medium distantem. Nichil enim deus expectat ut futurum, ymmo omnia sunt ei indistantia, ut patuit. Ergo etc. (63[v]).

---

(1) expresserunt eam.
(2) ysa.
(3) IX, 6.
(4) *om.*
(5) etc. *add.*
(6) secundum.
(7) proprietate *add. et del.*
(8) dicta *add. et del. 3169.*
(9) modo suo.
(10) chatolico.
(11) prevolicionem.
(12) prevolicione.

Item, cum quidam argueret contra sententiam aristotelis de futuris contingentibus per auctoritates sacre scripture, jocose premisi quod non omnes orationes in sacra scriptura contente essent orationes vere, subjungens quod, licet vetule et populares dicere soleant : est ita verum sicut pater noster, in oratione tamen dominica non videntur poni alique orationes vere cum (1) in ea ponuntur tantum octo orationes perfecte, una vocativa scilicet pater noster qui est in celis et septem deprecative (2). Sed secundum omnes logicos nec orationes vocative nec deprecative sunt vere aut false. Si dicatur quod in ea habentur indicative orationes ut : qui est in celis, sicut et nos dimittimus debitoribus nostris, et tales sunt vere vel false; solutio : ille due orationes sunt imperfecte quia prima est sola implicatio que additur illi vocativo : pater, tanquam ejus determinatio, et 2ª additur illi verbo : dimitte tanquam sua determinatio. Sed constat orationes imperfectas non esse veras. Contingit enim propositiones indicativas per additionem terminorum aut synchategoreumatum fieri orationes imperfectas, ut ista oratio : sortes currit est perfecta et indicativa, sed per additionem aliquando fit imperfecta, ut dicendo, si sortes currit, sicut sortes currit, quarum nulla est vera aut falsa. Illo premisso, subjunxi solutionem quod auctoritates dicentes aliquas propositiones de futuro contingenti esse veras volunt eas esse veras veritate increata quam exprimunt, aut veritate dicentis seu revelantis aut veritate fideliter expectata etc.

Premissa, quantum meminisse possum, dixi in scolis artium tempore quodlibetorum et sub ordine prescripto, semper innixus protestationi solite de submittendo me dictamini sancte sedis apostolice et matris mee facultatis theologie.

---

(1) quoniam.

(2) Thomas primo pariarmenias numerat orationem vocativam inter perfectas *i. m. 12390.*

PETRI DE RIVO ALIUS TRACTATUS (1)

(Ms. lat. 3169).

Probatio opinionis aristotelis qua dicit neutram contradictoriarum de futuro contingenti determinate esse veram cum dissolutione duorum argumentorum per quemdam in contrarium factorum (2).

Sicut *Tullius testatur libro de fato*, *Epicurus*, ne omnia fato fieri concedere cogeretur, omnem enunciationem de futuro contingenti aut veram aut falsam esse negavit. Cujus opinionem secutus videtur aristoteles qui *primo periarmenias* (3), loquens de contradictoriis que sunt de futuro contingenti, sic ait : « Nam, si omnis affirmatio vel negatio vera est vel falsa, omne necesse est esse vel non esse ». Qua opinione stante verum et falsum opponuntur mediate circa enunciationem, ita quod sit dare enunciationes nec veras nec falsas, utputa illas de futuro contingenti. Quam sententiam *dominus petrus aureoli, cardinalis*, dixit conclusionem demonstratam (4) et post eum *dominus petrus de Candia* (5), qui, ad culmen dignitatis apostolice sublimatus, dictus est Alexander quintus. Ut autem cum hiis idem sentirem inductus sum rationibus precipue duabus. Prima est ostensiva : quia nichil quod est vel fuit est impedibile ne sit aut fuerit. Sed veritas aut falsitas propositionis de futuro contingenti est impedibilis ne sit aut fuerit; ergo nec est nec fuit. Consequentia tenet in 3° 2°; et major patet quia, si id quod est aut fuit est impedibile ne sit aut fuerit, ad presens et preteritum esset potentia, contra communem animi acceptionem tam a theologis quam a philosophis approbatam. Et minor patet, quia si, veritas propositionis de futuro contingenti esset

(1) Ce titre ne figure pas dans le ms.

(2) Ce titre est d'une autre encre et d'une autre main que le texte. Il a dû être ajouté après coup car les documents de l'époque, décisions de Paris, de Cologne et les écrits de Zoemeren le désignent par l'incipit. Rappelons que le catalogue (T. III, f. 381) réunit ce traité et les deux suivants sous un même titre : *varia ejusdem petri de Rivo ad illud argumentum spectantia.*

(3) *Boetii commentarii in librum Aristotelis Περι Ερμηνειας*, I, 9, éd. Meiser, Lipsiae, 1877, p. 9.

(4) *I Sent.*, d. 38, art. 3, Rome MDXCVI, t. I, fol. 883, 2 B.

(5) *Paris Nat. ms. n. a. lat.* 1467, fol. 116ª.

inimpedibilis, significatum ejus ex necessitate et inimpedibiliter eveniret. Si enim posset non evenire veritas ejus esset impedibilis. Similiter, si falsitas propositionis de futuro contingenti sit inimpedibilis, significatum ejus ex necessitate non eveniret; si enim posset evenire falsitas ejus esset impedibilis.

Deinde arguitur sic : Nichil formaliter denominatur esse aut fuisse tale a forma que nec est nec fuit, ut ab albedine que nec est nec fuit impossibile est corpus denominari esse aut fuisse album; sic enim esset effectus formalis sine sua causa. Sed, ut ostensum est, veritas aut falsitas propositionis de futuro contingenti nec est nec fuit, ergo propositio de futuro contingenti non denominatur formaliter esse aut fuisse vera vel falsa a veritate aut falsitate tanquam a forma que sibi formaliter inheret aut inhesit.

2ª ratio est ducens ad impossibile. Quia omne quod est aut fuit est inimpedibile ne sit aut fuerit; alias ad presens et preteritum esset potentia, ut patuit. Sed si propositio de futuro contingenti est aut fuit formaliter vera aut falsa, veritas aut falsitas a qua talis denominatur est aut fuit; alias aliquid denominaretur esse aut fuisse tale a forma que nec est nec fuit. Ergo hujusmodi veritas aut (1) falsitas est inimpedibilis Consequentia tenet in tercio prime. Sed conclusio est falsa, ut ostensum est in probatione minoris prime rationis. Ergo aliquod assumptorum; et non videtur quod nisi sola illa ypothesis qua assumitur quod propositio de futuro contingenti est formaliter vera aut falsa.

Rationes iste videntur cogere ad concedendum aliquod istorum quatuor, vel quod omnia de necessitate et inimpedibiliter evenient' vel quod ad preteritum est potentia, vel quod dabilis est effectus formalis sine sua causa, vel quod propositio de futuro contingenti non est aut fuit formaliter vera aut falsa veritate aut falsitate sibi formaliter inherente. Tria prima sunt absurda. Ergo quartum est eligendum.

Quamquam contra premissa formari possint quamplura argumenta, duo tamen sunt que ceteris videntur pregnantiora. Primum est philosophicum, quia esse et non esse opponuntur immediate, quia contradictorie. Sed veritas propositionis causatur ab esse rei, et falsitas a non esse ipsius, tanquam a causis adequatis et convertibilibus, ut innuitur in predicamentis; ergo veritas et falsitas immediate opponuntur circa propositionem.

2um argumentum est theologicum, quia multe propositiones de futuro contingenti continentur in biblia ut (fol. 64) : antichristus

(1) veritas aut *i. m.*

nascetur, mortui resurgent, ignis conflagrationis erit, christus judicabit mundum. Sed catholicis non licet, ut videtur, dicere propositiones in biblia contentas non esse veras aut falsas. Ergo etc.

Hec argumenta, salva correctione aliorum, visa sunt michi non esse insolubilia. Unde pro primo consideranda sunt duo. Primum quod indubitanter esse et non esse, sub qualicumque differentia temporis designentur, opponuntur immediate. De quolibet enim neccesse est dici quod fuit aut non fuit, est aut non est, erit aut non erit. Istud tamen non contingit in futuris sicut in presentibus et preteritis. Ex quo enim effectus presens aut preteritus jam positus est extra suam causam in seipso et ita non est ammodo in potestate cause, ideo cuilibet enti ex natura rei determinate convenit fuisse vel non fuisse, esse vel non esse; effectus vero futurus, quia nondum positus est in seipso, ymmo est in potestate cause ut ponatur in esse vel non ponatur, idcirco ex natura rei sibi convenit fore vel non fore conjunctim, sed neutrum ipsorum determinate seu divisim. Hoc innuit aristoteles (1) dicens : « Necesse est futurum esse vel non futurum esse, non tamen dividentem est dicere alterum necessario ». Verbi gratia necesse est navale bellum futurum esse cras vel non futurum esse cras conjunctim, sed an erit, an non erit ex natura rei penitus est indeterminatum, quoniam est in libera potestate cause ut sit vel non sit.

2° considerandum quod quamvis esse rei et non esse, fuisse et non fuisse, causent veritatem aut falsitatem que formaliter inest propositioni, impossibile tamen videtur hujusmodi veritatem aut falsitatem causari a fore rei contingentis aut non fore ipsius. Quod sic ostenditur, quia veritas aut falsitas actu inherens propositioni est inimpedibilis, quoniam quod jam est per nullam potentiam potest impediri quin jam sit et semper postea fuerit : ergo talis veritas aut falsitas non potest causari a causa impedibili. Impossibile est enim alicujus effectus inimpedibilis esse causam impedibilem. Dato enim quod impediatur causa, effectus qui ponitur inimpedibilis erit sine causa; quod est impossibile. Cum ergo tam fore rei contingentis quam non fore ipsius sit impedibile ex quo utrumque est in potestate cause, impossibile videtur dictam veritatem aut falsitatem causari ab hujusmodi fore aut non fore.

Hiis premissis dicendum videtur ad primum argumentum quod, licet esse et non esse sub qualicumque differentia temporis opponantur immediate, non tamen oportet veritatem aut falsitatem immediate opponi circa propositionem, quia aliquod esse et aliquod non esse,

(1) *Periermeneias*, I, 9, éd. cit., p. 12.

utputa fore et non fore, seu esse futurum et non esse futurum, non sunt nata causare veritatem aut falsitatem formaliter et actu propositioni inherentem, sicut jam declaratum est.

Si queratur anne propositio de futuro contingenti dicens aliquid esse futurum sit formaliter vera, si illud eveniat; et apparet quod sic quia tunc est conformis rei; sed propositionem esse veram non est aliud quam eam esse conformem rei. Hic advertendum est quod, sicut aliquid est necessarium vel simpliciter vel ex suppositione, ut grave positum sursum necesse est descendere non simpliciter sed ex hac suppositione : si non impediatur, sic aliquid dupliciter est verum aut simpliciter aut ex suppositione. Propositiones de presenti aut de preterito sunt simpliciter vere aut false. Ille vero que sunt de futuro contingenti non sunt simpliciter vere veritate eis inherente; possunt tamen esse vere ex suppositione; verbi gratia, si causa futuri contingentis inclinata sit ad producendum effectum, propositio dicens illum effectum esse futurum est vera ex suppositione, si scilicet talis causa non impediatur. Quod aristoteles innuens dicit quod contingit magis quidem alteram esse veram, non tamen jam veram aut falsam. Si enim quis laboret egritudine que ex genere est mortalis, propositio dicens : hic morietur, est vera ex suppositione, si causa non impediatur; unde ipsa magis est vera quam sua opposita. Simpliciter tamen non est vera veritate sibi formaliter inherente.

Cum arguitur : talis propositio est conformis rei, si, non impedita causa, talis moriatur, dicitur quod sicut conformis est rei ex suppositione, ita est ex suppositione vera. Quod autem non sit simpliciter et ex natura rei conformis patet quia conformitas est quedam relatio que, si inest alicui, est inimpedibilis quin tunc insit et semper postea infuerit et per consequens requirit terminum inimpedibile. Si enim terminus esset impedibilis, dabilis esset relatio sine termino; quod implicat. Sed (1) terminus dicte conformitatis esset futurum esse contingentis, quod est impedibile, ut clarum est... Non ergo inest propositioni de futuro conformitas qua simpliciter dicatur conformis rei.

Pro 2° argumento similiter consideranda sunt duo. Primum quod noticia quam deus habet de futuris per nullam propositionem proprie potest exprimi, tum quia propositio exprimit noticiam intellectus componentis et dividentis; deus autem nichil intelligit componendo aut dividendo; tum quia maxime exprimeretur per propositionem

(1) Ce passage manque de clarté. On peut supposer qu'une phrase a été omise par le copiste, ou bien remplacer *sed* par *aut*; ce qui suffit à rétablir le mouvement ogique de la pensée.

de futuro. Sed quod proprie per illam non posset exprimi, patet quia propositio de futuro ex sua impositione nata est tantum exprimere notitiam expectativam, sicut propositio de preterito, noticiam memorativam, et de presenti, intuitivam seu presentialem. Sed noticia dei non est expectativa, *Augustino* dicente : « Ea que dicuntur deo preterita non pretereunt nec ea que dicuntur futura, quasi desint, expectantur ut veniant » (1). Cujus causa est quia omnia presentia, preterita et futura sunt eternaliter deo indistantia. Hinc contigisse reor quod prophete, cum nullas invenirent propositiones ydoneas ad exprimendum noticiam dei de futuris et tamen cuperent eam exprimere, aliquando usi sunt propositionibus de preterito, aliquando propositionibus de futuro, ut *ysaias*, cum premississet : Ecce virgo concipiet etc., non longe post subdit : Parvulus natus est nobis (2). Quamquam igitur hujusmodi propositiones ex natura sua non exprimunt divinam noticiam, accipiebantur tamen a prophetis tanquam eam exprimentes.

2° considerandum quod, quia propositiones in sacro canone contente sunt fide credende et nichil creditur nisi verum, necesse est a catholico hujusmodi propositiones dici veras. Sed advertendum quod, sicut ad firmam spem sufficit voluntatem nostram principaliter inniti bonitati increate et certe expectare bonitatem creatam, puta beatitudinem, sic, quia intellectus noster non magis est alligatus tempori presenti quam voluntas, ad firmam fidem articulorum de futuro contingenti videtur sufficere quod inteellctus (64v) principaliter innitatur veritati increate que, *secundum doctorem sanctum* (3), est objectum formale fidei et quod, absque omni hesitatione, expectet veritatem creatam per quam hujusmodi articuli perficientur. Omnes ergo propositiones in biblia contente per quas deus nobis dignatus est per ora prophetarum noticiam suam de futuris revelare, sunt vere tum veritate increata, hoc est veritate divine noticie que per eas nobis a deo verace exprimitur, tum veritate creata absque omni hesitatione fideliter expectata. Nec sunt isti duo modi denominandi apud theologos aut philosophos extranei. Non primus, quia non semper res denominatur a forma sibi inherente. Deus enim dicitur creans a creatione que est in creatura, et color visus a visione que est in vidente. Et, *secundum doctorem sanctum* (4), in prima parte, propositio dicitur vera a veritate non que est in se, sed in intellectu. Non videtur ergo mirandum si propositio, accepta ut significans divinam noticiam

(1) *De Trinitate*, lib. 15, c. 7, n. 13. P. L. t. 42, col. 1066.
(2) VII, 14, IX, 6.
(3) *Summa theolog.*, 2a 2ae, q. 1, art. 1, éd. cit., T. VIII, p. 7.
(4) *Summa theologica*, pars 1a, q. XVI, art. 1, éd. cit., p. 206.

de futuris, dicatur vera non a veritate sibi inherente, sed a veritate illius noticie que est in intellectu divino. 2us etiam modus denominandi non videtur extraneus. Res enim frequenter denominatur a forma, non que habetur in re, sed in sola expectatione. Sic a *psalmista* (1) viatores quibus remissa sunt peccata dicuntur beati non a beatitudine quam habent in re, sed in fideli expectatione. Quid ergo mirandum si propositio de futuro in biblia posita dicatur vera a veritate fideliter expectata per quam suo tempore perficietur ?

Si querat quis quomodo propositio de futuro contingenti, quam nunquam continget formaliter et actu esse veram, perficietur per veritatem, dico quod, sicut fides et spes perficientur per visionem et tencionem que formaliter inerunt non fidei et spei, sed anime, fide et spe evacuatis, sic propositio de futuro perficietur per veritatem non que sibi inerit, sed propositioni que, evacuata futuritione, erit de presenti aut de preterito.

Hiis suppositis, dicendum videtur ad 2um argumentum quod propositiones de futuro contingenti in biblia contente sunt indubitanter vere tum veritate increata, tum veritate fideliter expectata ad modum predictum. Sed non ausus sum confiteri eas esse veras veritate formaliter eis inherente ne cogar, propter rationes prius positas, concedere significata earum ex necessitate et inimpedibiliter evenire aut ad presens et preteritum esse potentiam.

Quid tamen potius credendum sit discretioni melius sentientium relinquo.

---

(1) *Ps. XXI,* 1.

PETRI DE RIVO ALIUS TRACTATUS (1)

(Paris Nat., ms. lat. : 3169 — 12390).

Ponentes in propositionibus de futuro contingenti determinatam veritatem incidere videntur in execrandam quamdam heresim *Johannis wiklef* (2), *per martinum papam* in concilio constantiensi dampnatam, hanc scilicet : omnia de necessitate absoluta eveniunt. Ad quod declarandum alique premittuntur suppositiones.

Prima suppositio (3). *Ex absolute necessario penes consequentiam necessariam non sequitur nisi absolute necessarium.* Si enim sequeretur non necessarium, hoc posset non esse; quare ex vero contingeret sequi falsum. Et hec est ratio *aristotelis primo posteriorum* (4).

2ª (5) *Si propositioni de futuro contingenti jam inest veritas illa semper ei infuit*, ut, si hec : petrus salvabitur jam est vera, semper fuit vera et hoc propter paritatem rationis.

3ª (6) *Ad preteritum non est potentia.* Hec est una communis animi acceptio (7) in quam consentiunt non soli philosophi sed et doctores catholici *Jheronimus*, *Augustinus*, Ancelmus, etc.

4ª (8) *Veritas propositionis penes consequentiam necessariam infert significatum ipsius.* Veritas enim orationis et esse rei per eam significate convertuntur secundum essendi consequentiam, sicut habetur in *predicamentis* (9).

Quibus suppositionibus premissis formatur ratio sic.

Major (10). Si id quod est absolute necessarium eventum futuri contingentis antecedat et ipsum penes necessariam consequentiam inferat, necesse est hujusmodi eventum esse absolute necessarium.

Minor (11). Sed si in singulis contradictoriis de futuro contingenti alteri determinate inest veritas, hujusmodi veritas est absolute neces-

---

(1) Ce titre ne figure pas dans les manuscrits.

(2) Wyklef.

(3) *i. m. 12390 omet* suppositio.

(4) c. 6, éd. cit., T. I, p. 127, n. 8.

(5) *i. m.*

(6) *i. m.*

(7) conceptio.

(8) *i. m.*

(9) *Catég.* c. 9, de priori, éd. cit., T. I, p. 22. P. L. t. 64, col. 285.

(10) *i. m.*

(11) *i. m.*

saria et (1) temporaliter antecedit quemlibet eventum futuri contingentis et ipsum infert penes necessariam consequentiam.

Conclusio (2). Ergo, hac hypothesi stante, necesse est quemlibet eventum (3) futuri contingentis esse absolute necessarium. Quare omnia de absoluta necessitate eveniunt, ut *Wiklef* (4) asseruit.

Major patet ex prima suppositione.

Minor habet tres partes. Prima (5), quod veritas que ponitur inesse propositioni de futuro contingenti est absolute necessaria. Patet, quia ipsa non tantum est sed semper fuit, ut patet ex 2[a] suppositione. Sed quod semper fuit (6) est absolute necessarium. Non enim potest per quamcumque potentiam evitari quin fuerit, ex quo ad preteritum non est potentia, ut videtur ex 3[a] (7) suppositione. Ergo talis veritas est absolute necessaria.

Secunda pars (8) minoris est quod dicta veritas eventum futuri contingentis temporaliter antecedit. Patet, quia non (fol. 65) solum est pro hoc tempore, sed pro toto tempore preterito fuit ex 2[a] suppositione. Sed quod jam est et pro toto tempore preterito fuit temporaliter antecedit eventum futuri contingentis, ut manifestum est. Ergo (9) etc.

Tercia pars minoris est quod dicta veritas, que ponitur inesse propositionibus de futuro contingenti, penes necessariam consequentiam infert eventum futuri contingentis. Patet (fol. 85[v]), quia veritas propositionis penes necessariam consequentiam infert significatum ipsius, ut patet ex 4[ta] suppositione Sed propositio de futuro contingenti significat eventum futuri contingentis aut saltem ipsum includit in suo significato. Ergo etc.

Quare detestanda sit dicta heresis Johannis Wiklef qua dixit omnia de necessitate absoluta evenire clare patet ex plurimis et maximis absurditatibus que ad ipsam sequuntur.

Prima (10) quia deus non esset omnipotens. Non enim posset producere nisi ea que producentur et (11) non opposita eorum, quoniam opposita illorum que ex necessitate absoluta eveniunt per nullam potentiam produci possunt.

2[a] (12) quia deus non esset liber in producendo (13). Necessitaretur

(1) *superscr.*
(2) *i. m.*
(3) *superscr.*
(4) Wyhlef.
(5) est *add.*
(6) *superscr.*
(7) tertia.
(8) *superscr.*
(9) *om.*
(10) *i. m. 3169; om.* 12390.
(11) ea *add. et del.*
(12) *i. m. 3169; om.* 12390.
(13) necesse *add. et del.*

enim ad producendum omnia que sunt eventura, ex quo necessario evenirent.

3ª (1) quia christus frustra incarnatus et passus esset. Dato enim quod nec incarnatus nec passus fuisset, omnes qui salvandi sunt eque salvarentur, ex quo de necessitate salvandi essent.

4ª (2) quia omnes preces essent frustra quia, sive fundamus preces sive non, id quod petimus eque eveniret vel non eveniret, quia quod eventurum est ex necessitate eveniret.

5ª (3) quia de beneficiis a deo susceptis ei non oporteret agere gratias, quia quod non liberaliter sed ex necessitate datur non videtur gratia dignum.

6ª (4) Quia nullum esset liberum arbitrium, quia liberum arbitrium ea respicicit que contingenter et non ex necessitate eveniunt.

7ª (5) quia populo non esset predicandum. Qui enim penitentiam agent aut peccata vitabunt absque omni predicatione id agerent, si omnia de necessitate absoluta evenirent.

8ª (6) Quia nullum esset meritum aut demeritum. Nemo enim ex hiis que necessario facit meretur aut demeretur.

9ª. Quia non oporteret consiliari, negociari, de agendis providere aut (7) de periculis et (8) incommodis vitandis sollicitum esse. Sive enim hec fecerimus sive non, equaliter omnia evenirent.

Et sic de multis aliis absurditatibus.

Sequuntur autem absurditates hujusmodi ad dictam heresim *Johannis Wiklef*, sive locutus fuerit de necessitate logicali sive reali. Dicitur autem aliquid logice necessarium ex necessaria habitudine terminorum; sic dicimus quod absolute necessarium est hominem esse animal aut hominem esse risibilem Sed illud dicitur (9) necessarium realiter, seu reali necessitate, quod per nullam potentiam potest impediri. Sic doctores dicere consueverunt id quod est preteritum simpliciter et absolute esse necessarium quoniam non contingit ipsum per aliquam potentiam impediri. Qui enim dicit omnia de necessitate absoluta evenire, qualitercumque loquatur de absoluta necessitate, necessario cogitur dicere quod que eventura sunt per nullam potentiam possunt impediri.

Ad evitandum heresim *Johannis Wiklef* predictam cum omnibus absurditatibus ad ipsam concomitantibus, existimo famosissimos

(1) *i. m. 3169; om.* 12390.
(2) *i. m. 3169; om.* 12390.
(3) *i. m. 3169; om.* 12390.
(4) *i. m. 3169; om.* 12390.
(5) *i. m. 3169; om.* 12390.
(6) *i. m. 3169; om.* 12390.
(7) et.
(8) aut.
(9) esse *add.*

viros, magistros nostros, heymericum de campo, johannem Winnighem, petrum Welle, Andream de Capella, pie memorie, Johannem Varennacker superstitem, in universitate (fol. 86) studii lovaniensis dudum facultatem theologie representantes concorditer ordinasse quod (1) positio dicens « quod in futuris contingentibus determinate altera pars contradictionis est vera et altera falsa, sicut in presentibus et preteritis, ita etiam quod oppositum istius conclusionis non stet cum fide, et similes, hoc est eque (2), offensive aut magis periculose, sileantur omnino » (3). Ea propter etiam puto dictam universitatem hujusmodi ordinationem unanimiter approbasse et venerabilem facultatem artium ipsam acceptasse necnon in libro suorum statutorum reliquis conclusionibus et ordinationibus suis annotasse.

(1) pro *add. et del. Souligne jusqu'à* omnino.
(2) mot illisible *add. et del.*
(3) Cf. p. 68.

PETRI DE RIVO FRAGMENTA (1)

(Ms. lat. 3169).

Istud ponendum est in fine primi capituli illius partis que continet novem capitula pro argumentorum (?) declaratione et tantum ipsius est omittendum, licet non sit malum, quia istud melius declarat.

Forte dicetur quod dictis rationibus sufficienter probatum est quod in futuris contingentibus non est inimpedibilis veritas sicut in presentibus aut preteritis; propositio autem silenda hoc non dicit, sed quod hinc inde non est similis determinata veritas, quare dicte rationes non videntur hujusmodi posicionem impugnasse nec statutum predictum roborasse. Quod hec evasio in nullo prosit adversariis sic ostenditur quia in propositionibus de preterito sic est determinata veritas quod per nullam potentiam impediri potest quin sint vere, quoniam, ancelmo dicente (2), numquam fieri potest ut res que est preterita fuerit non preterita. In propositionibus etiam de presenti sic est determinate veritas quod per nullam potentiam impediri potest quin jam sint vere, quamquam falsificari possint postea, quia, ut Hugo dicit libro de sacramentis (3) : « In contingenti omne quod est determinatum est, nec potest aliud esse dum est, et, si potest aliud esse, potest aliud esse postea ». Sed veritas que ponitur in propositionibus

---

(1) Ce titre ne figure pas dans le manuscrit. Les deux fragments reproduits ici constituaient les chapitres I et IV du traité de Pierre de Rivo qui avait pour incipit : *Finalis particula*, traité qui avait pour objet de défendre le statut de 1447. Ce traité fut composé en 1470. Les incipits des deux fragments nous avertissent que nous sommes en présence d'une deuxième rédaction. D'autre part la note mise au dos du feuillet 35 : *Steenwinkel, Rome*, donne à supposer, comme nous l'avons fait remarquer en décrivant le manuscrit, que ces feuillets pourraient bien avoir été envoyés à Jean Steenwinkel qui se trouvait à Rome en qualité de procureur de l'université. (Cf. FRÉDÉRICQ, *op. cit.*, p. 45). On sait d'autre part que Pierre de Rivo avait envoyé, vers la fin de l'année 1470, son traité en cinq parties au cardinal Bessarion. S'étant aperçu que certaines parties de ce traité ne rendaient pas sa pensée de façon qui lui donnât satisfaction, Pierre de Rivo aurait composé ces deux fragments rectificatifs et les aurait envoyés à Steenwinkel. Cette deuxième rédaction ne serait donc pas antérieure à 1471. On a reproduit ces deux fragments ici à cause de la date de la discussion dont ils apportent l'écho.

(2) *De concordia praescientiae... cum libero arbitrio*, q. 1, c. 2, P. L., t. 158, col. 510.

(3) HUGONIS A S. VICTORE, *De sacramentis*, lib. I, pars V, c. 22, P. L., t. 176, col. 256.

de futuro contingenti non sic est determinata quin hujusmodi veritas pro toto tempore presenti, preterito et futuro possit impediri, ex quo in libera potestate cause est ut rem futuram nunquam ponat in esse; sed, si contingat eam nunquam poni in esse, propositio de futuro dicens hujusmodi rem fore nunquam fuit, est aut erit vera. Quare, si in affirmativis de futuro contingenti esset determinata veritas sicut in presentibus et preteritis, tunc, sicut supra positionem rei in esse que presens est aut preterita causa nulla habet libertatem, licet ante hujusmodi positionem eam habuerit, sic ad ponendum rem futuram in esse vel non ponendum nullam haberet libertatem, ymmo determinata esset ad ponendum eam in esse, quia non posset eam non ponere in esse, quoniam non ponendo eam in esse destrueret veritatem que prius fuit in propositione affirmativa dicente illam rem fore; faceret eciam veritatem que prius fuisset determinata non fuisse determinatam, quare haberet potentiam ad preteritum. Patet ergo quod dicta propositio asserens sententiam aristotelis de futuris contingentibus non stare cum fide maxime absona est in fide. Queritur enim ab assertoribus hujus positionis an determinata veritas, quam ponunt in futuris contingentibus, possit impediri necne. Si non possit impediri, futura contingentia evenient de necessitate sic quod per nullam potentiam poterunt impediri, quod sapit heresim. Si hujusmodi veritas possit impediri, tunc per aliquam potentiam fieri poterit ut veritas que prefuit non prefuerit, et que fuit determinata non fuerit determinata; quod clare est contra auctoritates sanctorum allegatas, que volunt nullam potentiam esse ad preteritum.

*Istud ponendum est loco 4*ti *capituli ejusdem partis quia similiter magis declarat.*

Capitulum quartum quod non est mirandum si propositio credenda dicatur vera veritate eam dicentis etc.

Ex hiis videtur sufficere ad hoc quod propositio de futuro contingenti sit fide credenda ipsam esse veram veritate increata divine noticie et dei eam dicentis seu revelantis, necnon veritate creata fideliter expectata. Nec mirandum si propositio, que non est formaliter vera, dicatur vera denominatione extrinseca a veritate divine notitie que per eam nobis revelatur, quia, secundum communiorem opinionem, propositio dicitur vera non a veritate que sibi inheret, sed intellectui. Mirandum etiam non videtur si propositio dicatur vera a veritate dicentis, quia opus artificiale dicitur opus humanum ab humanitate non sua, sed artificis qui ipsum facit. Nullus etiam mirari debet si propositio aliqua de futuro, que ex rigore logice et ex vi enunciationis non est formaliter vera, dicatur vera a veritate dicentis seu revelantis, cum propositionem, que ex natura sua seu ex rigore logice videtur esse falsa, contingat esse veram veritate dicentis; verbi gratia hee propositiones, que scribuntur Ysaiae 9° : Parvulus natus est nobis et filius datus est nobis (1), dum prophetabuntur ab Ysaia, ex vi enunciationis apparebant esse false, quia significabant id esse preteritum quod adhuc erat futurum. Nichilominus credebantur ab Ysaia tanquam vere veritate dei revelantis, quia per eas intellexit deum qui veracissimus est, sibi revelasse noticiam quam habebat de nativitate christi tanquam posita in suo conspectu, licet in cursu temporis erat futura, sicut infra plenius videbitur.

Sed contra istud arguunt adversarii, quia, si sit veritas in revelante seu dicente, necesse est (2) esse veritatem in revelato seu dicto. Nisi enim quod est (34v) verum veritate dicentis seu revelantis etiam esset verum veritate dicti seu revelati, non esset correspondentia dicti ad dicentem, nec revelati ad revelantem.

Pro solutione hujus argumenti sciendum quod veritas accipitur dupliciter : uno modo secundum quod a veritate id quod intelligitur dicitur esse verum; alio modo secundum quod a veritate ipse dicens dicitur verus seu verax. Utroque modo reperitur in deo. Noticia enim quam habet deus est vera; sic dictum est propositiones fidei esse veras veritate divine noticie. Ipse etiam est verus, ymmo veracissimus, quia non est deus quasi homo ut mentiatur, Numeris 23 (3). Sic propositiones fidei de futuro contingenti dicuntur vere a veritate dei veracissimi, qui per eas nobis dixit seu revelavit noticiam suam de futuris. Cum dicitur : si propositiones iste sint vere veritate dicentis seu revelantis, ergo et veritate dicti seu revelati, hic advertendum quod, quia dicens per propositiones revelat tam noticiam quam habet de re quam rem ipsam secundum quod subest sue noticie, idcirco per dictum seu revelatum possumus intelligere tria : primo noticiam dicentis que revelatur, 2° rem ipsam que revelatur secundum quod subest noticie dicentis, et 3° ipsam propositionem per quam fit revelatio. Postquam ergo deus dignatus est nobis aliquid revelare de futuris, tunc primum revelatum, utputa noticia ejus de futuris, est verum veritate primo modo dicta; item secundum revelatum, utputa res ipsa futura secundum quod subest noticie divine, est determinate verum, quia hujusmodi res secundum suam actualitatem est conspectui divino eternaliter indistans; quare veritas rei sic accepte etiam est

(1) IX, 6. (2) *subscrip.* (3) XXIII, 19.

deo eternaliter indistans, licet in cursu temporis expectetur ut futura. Hiis ergo duobus modis dicte propositiones sunt vere non tantum veritate dicentis seu revelantis, ymmo etiam veritate dicti seu revelati. Sed propositioni per (1) quam facta est revelatio non inest veritas. Si enim ei inesset veritas, illa per nullam potentiam (2) posset impediri quin jam esset et semper postea fuisset, ut supra patuit. Quare res per hujusmodi propositionem significata etiam esset inimpedibilis; quod non est admittendum a catholico.

Si dicatur : ergo non est correspondentia propositionis revelate ad deum revelantem, dicitur quod pro tanto est correspondentia quia tam deus dicens est verus quam propositio dicta, licet differenter, quia deus dicens est verus denominatione intrinseca a sua veritate, et propositio dicta est vera denominatione extrinseca a veritate dicentis. Nec mirandum est si non sit omnimoda correspondentia, quia noticia dei de futuris, quam nobis dignatus est revelare, ut infra ostendetur, non potest proprie per aliquam propositionem explicari.

Iterum objicitur quia veritas propositionis dicte prior est, saltem quoad nos, veritate dicentis. Non enim constat nobis de dicente an sit verus seu verax nisi prius cognoverimus propositiones aliquas ab eo dictas fuisse veras. Videtur ergo quod prius credimus hujusmodi propositiones esse veras quam dicentem. Quare videntur prius esse vere sua veritate quam veritate dicentis.

Hic sciendum quod secus est de veritate dei et hominum : licet enim deus nichil unquam dixisset aut revelasset, nichilominus constaret eum esse veracem : « deus enim est quo melior cogitari non potest » (3). Sed, si deus non esset in omnibus verax, posset aliquis melior cogitari, qui scilicet in omnibus esset verax et in nullo mendax. Quare deus non esset deus, quod implicat. Sed de homine scire non possumus an sit verax nisi ex veritate propositionum ab eo dictarum. Si enim experti sumus eas semper fuisse veras aut verificatas, tunc credimus alias, quas dicit, formaliter esse veras, si sint de presenti aut de preterito; aut verificandas, si sint de futuro contingenti. Et has credimus esse veras veritate dicentis quam prius in aliis ejus dictis sumus experti. Conceditur ergo quod veritas seu (fol. 35) verificatio propositionis que dicta est ab homine necessario prior est quoad nos veritate dicentis; sed, postquam veritatem hominis sic cognoscimus, credimus alia, que postmodum dicit, esse vera veritate dicentis.

---

(1) quo *add. et del.*
(2) perpetuam *del.* potentiam *i. m.*
(3) S. Anselmus. *Proslogion*, c. 2, P. L., t. 158, cl. col. 227.

PETRI DE RIVO PETITIO

(Ms. na. lat. 1179).

Egregie domine rector ac ceteri omnes, quoniam intelligo nonnullos scriptis suis in diversis locis famasse artistam quemdam lovaniensem asseruisse simpliciter et crude has et similes propositiones : non est verum quod mortui resurgent, non est verum quod generale judicium erit, deus non est prescius futurorum, deus non vult res priusquam producantur, atque hanc famam audio adeo divulgatam esse ut ad aures domini nostri principis et suorum consiliariorum pervenerit in maximum prejudicium non mei solius, qui notari videor, sed totius alme universitatis et precipue venerabilis facultatis theologie, que cum gravi scandalo tam absonas assertiones enunciatas permittere non potuisset, cum et offensive sint et periculose, manifestam heresim continentes; immo, si eas per me dictas esse contigisset, me ipsum, sicut nuper etiam in conspectu universitatis dixi (1), cogerer condempnare. Eapropter honori universitatis et meo, pro mea virili consulere cupiens, ex singulis responsionibus, tam hoc anno quam precedentibus per me factis in materia de futuris contingentibus, quanto fidelius potui sententias meas sub paucis conclusionibus (2) collegi, quatenus pro honore universitatis, si reverentiis vestris consultum videatur, in locis in quibus per hujusmodi injuriosos delatores est infamata, possint publicari. Sed quia fortassis plures vestrum responsionibus meis non interfuerunt aut lapsu temporis ex memoriis vestris decidit quid dixerim, ut in hac materia certiores reddam, supplico per deputatos datos (3) aut de novo dandos fieri quamprimum inquisitionem anne sententias enunciaverim propositionum subscriptarum (4). Et spero me, si opus erit, in prioribus meis responsionibus eas me enunciasse probaturum.

---

(1) Probablement le 28 février 1470. Ce jour-là, Pierre de Rivo lut une demande de constitution de commission et des « conclusions » sur la teneur desquelles le procès-verbal ne donne pas de précisions. Cf. Frédéricq, *op. cit.*, p. 23. Le document publié ici doit avoir été composé vers le 9 mars 1470 puisque c'est seulement à cette date que l'université eut connaissance des démarches de H. de Zomeren à la cour de Bourgogne.

(2) Je pense que le document dont il s'agit est le document qui va suivre.

(3) Des délégués avaient été nommés dans la séance du 28 février (Frédéricq, *loc. cit.*). Ils furent confirmés dans leur mission le 9 mars. Frédéricq, *op. cit.*, p. 25.

(4) Cf. note 2.

PETRI DE RIVO CONCLUSIONES (1)

(Ms: lat. : 3169 — 12390).

Sequuntur conclusiones sententialiter continentes ea que ego, petrus de rivo, dixi in materia de (2) *futuris contingentibus quantum possum meminisse.*

Prima conclusio (3). A quolibet catholico firmissime et ad mortem credende sunt omnes propositiones de futuro contingenti in symbolo (4) fidei contente aut in sacro canone nobis divinitus revelate. Cum qua sincerissima fide sustineri potest sententia *aristotelis* dicentis quod in propositionibus de futuro contingenti non est veritas aut (5) falsitas sicut in illis de preterito aut (6) presenti (7). Quam videtur sic demonstrasse, quia, si hinc inde sit similis veritas, tunc sicut veritas propositionum de presenti aut preterito infert rem ex necessitate esse aut fuisse, ex quo quod jam est aut fuit est inimpedibile quin sit aut fuerit, sic veritas propositionum de futuro inferret rem ex necessitate fore, et sic omnia de necessitate evenirent, et vane essent negociationes et consilia, nec esset (8) meritum aut demeritum; et sic de multis aliis; que essent in fide absurdissima.

2ª *conclusio* (9). Propositiones fidei de futuro contingenti firmissime credende sunt quia sunt vere tum veritate increata, tum veritate revelantis, tum veritate fideliter expectata. Veritate quidem increata quia per eas nobis exprimitur veritas divine noticie quam deus habet de futuris. Et veritate revelantis quia deus, qui veracissimus est et mentiri non potest, per eas nobis revelavit noticiam suam de futuris. Et veritate fideliter expectata, quia quilibet fidelis absque formidine expectat veritatem per quam hujusmodi propositiones perficientur.

3ª *conclusio* (10). Non oportet dictas propositiones fidei esse veras ea veritate quam *aristoteles* negat esse in propositionibus de futuro contingenti. Negat enim eis talem veritatem inesse que ipsis formaliter

---

(1) Pas de titre dans les manuscrits.
(2) fuisse *add. et exp.*
(3) *i. m. codd.*
(4) simbolo.
(5) falsas *add. et del.*
(6) futuro *add. et del.*
(7) *I Perihermeneias, c. 9.*
(8) aliquod *add.*
(9) *i. m. codd.*
(10) *i. m. codd.*

inherens inferre posset rem per eas significatam de necessitate et inevitabiliter esse eventuram. Quod liquide patet ex sua consequentia (1). Si, inquit, in futuris contingentibus sit veritas sicut in presentibus et preteritis, omnia de necessitate evenient (2). Constat autem etiam apud adversarios quod a catholico credendum non est res significatas per propositiones fidei de futuro contingenti ex necessitate et inevitabiliter esse eventuras.

4ª *conclusio* (3). Sicut hec propositio : navale bellum erit cras, secundum *aristotelem* (4), nec vera est nec falsa, sic, fide et revelatione seclusis, esset de istis : antichristus nascetur, mortui resurgent. Jam quia iste sunt fide credende et nobis in sacro canone divinitus revelate (5), dicende sunt vere tam veritate increata, que est objectum formale fidei, quam (6) veritate dei nobis revelantis noticiam suam de futuris. Et sic eas esse veras est eas simpliciter esse veras, quia sic sunt vere veritate divine noticie que, ut statim patebit, est de re sibi indistante, sicut propositio de presenti dicitur simpliciter vera quia significat noticiam nostram, ut est de re nobis indistante.

5ª *conclusio* (7). Ex auctoritatibus *Augustini*, *Ancelmi*, *Boetii*, sancti thome de aquino et plurium aliorum doctorum catholicorum manifeste colligitur quod omnia que successive sunt in cursu temporis, quantumcumque distent ab invicem, sive sint presentia (fol. 87ᵛ). sive preterita, sive futura, sunt conspectui divino eternaliter indistantia ex quo eternitas est tota simul; et ita deo nichil est preteritum aut futurum.

Correlarium (8). Noticia qua deus futura cognoscit non est expectativa quasi deus aliquid sibi futurum expectet. Nec proprie dicitur prescientia quasi rem prescitam per lineam successionis (9) mediam antecedat, quo modo scientia quam nos habemus de eclipsi futura est expectativa et dicitur prescientia, quia talem eclipsim tanquam nobis futuram expectamus et eam temporaliter antecedimus.

Correlarium (10). Similiter volitio qua deus vult res futuras non est expectativa, quasi deus per eam volendo desideret aliquid quod sibi sit futurum, quo modo per spem volumus beatitudinem nobis futuram. Ipsa etiam non dicitur prevolitio, quasi rem prevolitam per lineam successionis mediam antecedat; ymmo deus, cum omnes res temporales sibi sint indistantes quantumcumque distent ab invicem

(1) quam.
(2) *Loc. cit.*, éd. cit., p. 10.
(3) *i. m. codd.*
(4) *Ibid.*
(5) *revelata.*
(6) quoniam *add. et del.*
(7) *i. m. codd.*
(8) *i. m. codd.*
(9) successio *add. et del.*
(10) *i. m. codd.*

in tempore, eas vult eterna volitione, complacendo in eis pro quanto suam bonitatem participant.

6ª *conclusio* (1). Licet noticia qua deus res futuras cognoscit sit intuitiva, ex quo est de re sibi indistante, dici tamen potest prescientia quoniam ipse, toti cursui temporis presidens, omnia que sibi subsunt in tempore, in quacumque ejus parte fuerint, eterna et simultanea noticia cognoscit, quasi ea desuper intueretur; aut deus dicitur res prescire non quia sibi future sunt, sed nobis, ut notetur antecessio temporalis inter nos et res a deo prescitas, non autem inter deum et hujusmodi res.

In premissis nichil esse arbitror quod quovis modo piarum offensivum sit (2) aurium, saltem illorum qui, doctrinam *sancti Thome* et aliorum doctorum antiquorum sequentes, dicunt deum futura cognoscere quia, secundum eorum reales existentias, sibi sunt eternaliter presentia. Nichilominus qui opinantur futura non esse deo presentia aut indistantia, sed putant deum futura cognoscere per determinationem sue voluntatis, si id putent de necessitate salutis credendum, fortassis possent ex premissis scandalizari (3); sed scandalum illud, ut opinor, est tantummodo passum. Super illo tamen et omnibus aliis que in presenti codice continentur aut que prius in responsionibus meis asserui, sicut semper protestatus sum, me submitto determinationi et (4) correctioni sancte sedis apostolice, matris mee facultatis thelogie et omnium aliorum quorum interest, secundum formam protestationis solitam.

---

(1) *i. m.*
(2) offensivum sit *om. codd.*
(3) scandalisari.
(4) arrexio (?) *add. et del.*

PETRI DE RIVO RESPONSIONES (1)

(Nouv. aeq. lat. 1179.)

I. *Articulus zomeren. Non est verum dicere quod mortui resurgent, quod christus judicabit mundum, vel quod judicium finale erit.*

Responsio petri. Non credo me unquam dixisse hunc articulum sub hac (2) forma, sed anno LV, tempore quodlibetorum, postquam declaravi contingentiam rerum non impediri per veritatem propositionum de futuro contingenti, quia, secundum aristotelem, hujusmodi propositiones nec vere sunt nec false etc., timens, si forte ex hac declaratione aliquis audientium in animo suo turbaretur circa articulos fidei qui sunt de futuro contingenti ut : mortui resurgent, christus judicabit etc.; si enim propositiones de futuro contingenti non sunt vere, hujusmodi articuli videbuntur non esse veri, et per consequens nec firmissime credendi; pro hujus objectionis dissolutione declaravi duo. Primum quod per nullam propositionem proprie exprimilis est notitia dei de futuris. Quamobrem prophete (3) eam aliquando expresserunt per propositiones de futuro et aliquando per propositiones de preterito, non potentes invenire aliquam que ex forma enunciandi aut ex rigore logice ydonea esset ad exprimendum hujusmodi notitiam. Secundum quod, licet propositiones sive de futuro sive de preterito non proprie exprimant noticiam dei de futuris,

(1) Pas de titre dans le manuscrit. En tête du premier feuillet on lit : *Pro eadem marteria. Nota quod isti articuli et responsiones sunt in numero mutati, quia quelibet materia pro se est articulata, et ita attestationes testium sunt iterate ad istos articulos et secundum istam mutationem primus (?) processus est fulminatus.* Au verso du feuillet 30, resté vierge, on lit une note que nous avons reproduite ci-dessus (f. p. 60). Les réponses remises au recteur par Regnier Rotarius étaient donc celles qu'on va lire. Cette hypothèse s'harmonise bien avec la finale du document : Pierre de Rivo y demande, comme dans la note que nous venons de rappeler, qu'il soit procédé à l'audition des témoins. Ces réponses ont donc été rédigées entre le 9 et le 14 mars 1470. Les expressions *articulus Zomeren, responsio Petri,* sont dans la marge de droite; les numéros des articles, dans celle de gauche. A partir de l'article troisième une main celle-là même, semble-t-il qui a tracé la note de tête et les notes marginales, a rayé d'un trait de plume les numéros des articles pour leur substituer ceux qu'ils portent dans la sentence du recteur.

(2) h *del,* hac *superscr.*

(3) phi *del,* prophete *i. m.*

eam tamen nobis exprimunt ex intencione scriptorum sacri canonis. Et ita sunt vere veritate increata, utputa veritate divine notitie quam nobis intendebant exprimere. Ut autem fide credantur sufficere videtur eas esse veras hoc modo, quia veritas prima seu increata est objectum formale fidei. Sed, loquendo de veritate creata (1) propositionum, non apparet quod articuli fidei dicendi sunt veri, saltem ea veritate quam aristoteles negat esse in propositionibus de futuro contingenti. Negat enim eis inesse talem veritatem que inferret significatum earum ex necessitate esse eventurum. Sed a catholico credendum non est quod significatum articulorum de futuro contingenti ex necessitate et inevitabiliter eveniet (2). Dixi ergo dictas propositiones fidei *esse veras veritate increata*; et sic dicere eas esse veras est eas simpliciter dicere veras, sicut ostendi anno LXIX°. Item anno LXVI° dixi eas esse veras veritate dicentis seu revelantis; et anno LXIX°, addidi quod sunt vere veritate fideliter expectata. Dixi eciam dictas propositiones fidei non esse veras, non simpliciter et crude, ut aliqui sinistre detulerunt, sed cum aliqua sequentium addicionum, dicendo scilicet quod non sunt *vere aristotelice* vel veritate eis formaliter et actu inherente, vel veritate que significatum earum inferret ex necessitate et inevitabiliter evenire, vel quod non sunt vere ex forma sua vel modo enunciandi, aut ex rigore logice, vel quod, fide et revelatione seclusis, non essent vere (3), sicut nec ista : navale bellum erit cras, aut consimiles.

II. *Articulus zomeren. Non fuit verum quod christus dixit petro : hac nocte ter me negabis.*

Responsio petri. Non credo me dixisse hunc articulum sub hac forma, sed anno LXV°, pro (4) decisione hujus questionis : an in potestate petri fuit christum non negare postquam christus ei dixerat : ter me negabis, premisi, ut dictum est, quod contingentia non impeditur per veritatem propositionum de futuro contingenti, quia eis formaliter et actu non inest veritas; que si eis inesset, nulla esset contingentia, sed omnia de necessitate evenirent, sicut concludit aristoteles. Tandem pro declaratione corrolarii responsivi dixi quod hec propositio : hac nocte ter me negabis, dicta a christo (5), non abstulit petro potestatem non negandi, quia hoc maxime fuisset propter veritatem hujus propositionis; sed, ut ex premissis patuit,

---

(1) increata, in *del.*

(2) Cf. p. 76-77.

(3) anno LXV, LXVI, LXIX *i. m.*

(4) descione *add. et del.*

(5) petro, *del*; christo *i. m.*

propositionibus de futuro contingenti non inest veritas tollens contingentiam rerum (1). Non dixi ergo crude et simpliciter dictam propositionem non fuisse veram; sed cum addicione, quia dixi ei non infuisse veritatem que tolleret contingentiam aut que auferret potestatem petro non negandi, de (2) quali veritate locutus (3) fuit Aristoteles; fuit tamen vera veritate increata, sicut dixi quamlibet propositionem esse veram per quam nobis veritas divine notitie revelatur (fol. 27[v]).

III, xv. *Articulus zomeren. Quod prescientia dei de futuris non necessario infert effectum futurum, quia non precedit* (4).

Responsio petri. Anno LXV, cum declararem contingentiam rerum non impediri per divinam prescienciam, dixi quod omnia temporalia, presencia, preterita et futura sunt eternaliter deo indistantia, sic quod deo nichil est preteritum aut futurum. Unde intuli quod divina prescientia non est intelligenda tanquam antecedens eventum futurorum per lineam successionis mediam, vel quasi expectans hujusmodi eventum tanquam sibi futurum, quomodo prescientia quam nos habemus de eclipsi futura eam antecedit per tempus medium ac eam respicit tanquam nobis futuram. Dixi ergo quod dei prescientia non infert penes necessariam consequentiam eventum rei (5) prescite tanquam sibi futurum; infert tamen ipsum tanquam a se indistantem (6).

IIII, xvi. *Articulus zomeren. Quod scientia dei de futura negatione petri illam negationem non precessit.*

Responsio petri. Eodem anno dixi scienciam dei non precessisse negationem petri tanquam sibi futuram, licet eam precesserit tanquam futuram in tempore (7), seu non precessisse eam per lineam successionis mediam, ex quo eternaliter fuit conspectui divino presens ac indistans (8).

---

(1) Cf. p. 72, 76.
(2) veritate *add. et del.*
(3) loqui *del*; locutus *i. m.*
(4) L'énoncé de cet article est reproduit deux fois; au bas du recto et au haut du verso du fol. 27. Au premier endroit on lit en marge : *Nota quod XI articulus erit tertius.*
(5) tanquam *add. et del.*
(6) Cf. 73-74.
(7) licet eam precesserit tanquam futuram nobis *del*; licet... in tempore, *i. m.*
(8) Cf. p. 74.

V, xvii. *Articulus zomeren. Quod deus non habet prescienciam ut pre notat antecessionem, quia scientia dei non antecedit res nec sciencia in eo proprie dicitur presciencia aut previdencia, sed providencia.*

Responsio petri. Dixi, ut statim, quod deus non habet prescienciam ut pre notat antecessionem quasi antecederet res prescitas tanquam sibi futuras, aut quasi eas antecederet per lineam successionis mediam, quia futura sunt deo eternaliter indistantia; ymmo dixi noticiam dei de futuris dici prescienciam ut per hanc prepositionem pre notatur antecessio temporalis inter nos et res a deo prescitas, non autem inter deum et hujusmodi res; aut ut per eam (1) notatur superioritas quia deus, toti cursui temporis presidens, omnia que sibi subsunt in tempore, quantumcumque distent ab invicem temporaliter, eterna noticia cognoscit quasi ea desuper intueretur. Confiteor eciam me cum anselmo et boetio dixisse quod dei sciencia non proprie dicitur presciencia aut previdencia.

VI, xviii. *Articulus zomeren. Nichil precedit eventum rei quod necessario seu penes necessariam consequentiam illum inferat.*

Responsio petri. Anno LXV, dum conabar salvare contingenciam rerum ad hoc (2) procedebat tota mea intentio (3) quod nichil precedit per lineam successionis mediam futurum eventum contingentis, quod hujusmodi eventum inferre posset penes necessariam consequentiam, quoniam si hoc modo contingeret aliquid precessisse, illud tunc esset inevitabile, ex quo ad preteritum non est potencia; sed ex inevitabili penes necessariam consequenciam non sequitur nisi inevitabile; alias ex vero contingeret sequi falsum. Quare futurus eventus contingentis esset inevitabilis; et sic omnia de necessitate evenirent (4).

VII, 8us *Articulus zomeren. Quod iste propositiones : vere futurum possibile est non fore, rem vere futuram possibile est non evenire, sunt false tam in sensu composito quam diviso.*

VIII, ix. *Articulus zomeren. Et iste : quod est futurum necesse est esse futurum, rem vere futuram non est possibile non fore, vere futurum necessario eveniet, sunt in utroque sensu vere.*

Responsio Petri. Anno eodem, cum solvissem argumentum quo sic

(1) eum.
(2) *superscr.*
(3) quidem *add. et del.*
(4) Cf. p. 70.

solet argui : omne prescitum de necessitate eveniet, sed omnia que sunt futura sunt prescita saltem a deo, ergo de necessitate evenient, tetigi solutionem aliorum distinguentium majorem secundum sensum compositum et divisum, et dicentium (fol. 28) eam esse veram in sensu composito et falsam in sensu diviso, de qua solutione dixi quod non videbatur contentare, quia propositiones in quibus subjicitur accidens concretum inseparabile, licet possint distingui penes sensum compositum et divisum, nunquam tamen sunt in uno sensu vere et in alio false. Quia ergo esse prescitum videtur esse antecedens inseparabile ab illa re que ponitur prescita, videtur quod dicta major non est in uno sensu vera et in alio falsa. Non ergo contentat dicta solutio nisi aliud addatur (1). Hoc puto me dixisse. Sed non memini me aliquid tale dixisse de illis propositionibus que in dictis duobus articulis premittuntur. Sed forte est similis ratio hincinde.

IX, X[us] *Articulus zomeren. Quod est vere futurum est inevitabile et per nullam potentiam potest impediri.*

Responsio petri. Non memini me dixisse hanc propositionem. Credo tamen quod istam dixerim in solutione predicti argumenti (2) : quod est prescitum est inevitabile et per nullam potenciam potest impediri, loquendo de eo quod est prescitum presciencia antecedente rem prescitam tanquam sibi futuram. Ex quo enim talis presciencia ante existenciam rei prescite precessisset, ipsa esset inevitabilis, quia ad preteritum non est potencia, et penes necessariam consequenciam inferret futuram rem prescitam; ergo ipsa eciam esset inevitabilis; non enim contingit ex inevitabili inferre nisi inevitabile. Sic eciam esset de ista : quod est vere futurum est inevitabile, si intelligatur de veritate temporaliter antecedente eventum futuri contingentis.

X, XI[us] *Articulus zomeren. Quod nulla enunciacio contingens de futuro ante posicionem rei in esse est vera vel falsa, sed neutra, sicut nec catulus ante nonum diem est cecus vel videns.*

Responsio petri. Istud scio me dixisse, loquendo de veritate et falsitate proposicionum sicut de eis loquitur aristoteles, quia, secundum aristotelem, sicut se habet res ad esse vel non esse, sic se habet proposicio ad veritatem et falsitatem. Sed futurum contingens ante (3) positionem ejus in esse est indeterminatum ad esse futurum vel non esse futurum, quia in potestate cause (4) est ipsum ponere vel non

---

(1) Cf. p. 75.

(2) quod est, *add. et del.*

(3) *superscr.*

(4) tunc *del*; cause *i. m.*

ponere in esse, et ita futurum contingens expectat tantum esse vel non esse; ergo propositioni de futuro contingenti, aristotelice loquendo, ante posicionem rei in esse nec convenit veritas nec falsitas, sed expectat veritatem aut falsitatem; sicut catulo ante nonum diem nec convenit visus nec cecitas, sed visum aut cecitatem expectat (1).

XI, 3us *articulus Zomeren* (2). *Quod jam non est verum dicere quod antichristus erit aut judicium erit, quia esset inevitabiliter verum.*

Responsio petri. Dixi has propositiones non esse veras aristotelice, veritate eis formaliter inherente, quia ex quo veritas illa jam esset, ymmo fuisset, ipsa esset inevitabilis; inferret ergo significatum dictarum propositionum inevitabiliter et ex necessitate esse futurum. Nichilominus has propositiones et quaslibet fide credendas dixi esse veras veritate increata, ut prius in primo articulo.

XII Articulus zomeren (3). *Si propositio de futuro contingenti esset vera ante positionem rei in esse, ipsa esset inevitabiliter vera et per nullam potenciam posset impediri* (4) *quin esset vera.*

Responsio petri. Istud scio me dixisse loquendo de veritate formaliter et actu inherente propositioni de futuro, quia quod pro hoc instanti est tale per nullam potenciam impediri potest quin pro eodem intanti sit tale, juxta regulam aristotelis : « Omne quod est quando est » etc (5), et auctoritatem hugonis (6) : « In contingenti omne quod est, determinatum est nec potest aliud esse dum est etc ». (fol. 28^{v}).

XIII Articulus zomeren (7). *Aristoteles demonstrat et evidenter ostendit quod hujusmodi propositiones non sunt vere nec false.*

Responsio petri. Si per hujusmodi propositiones intelligantur propositiones de futuro contingenti, fide et revelacione seclusis, aut si loquatur de veritate et falsitate aristotelice, utputa (8) de veritate ac falsitate formaliter et actu inherente proposicioni, non video quin rationes aristotelis sint demonstrative.

---

(1) Cf. p. 71.

(2) Dans la marge de gauche on lit : Nota hic quod iste articulus additionalis erit quartus et ita in ordine reperiuntur (?) et articuli additionales et inseruntur hic.

(3) Dans la marge de gauche : *bene stat.*

(4) quoniam *add. et del.*

(5) *Periermeneias*, c. 9, éd. cit., p. 12.

(6) *De sacramentis*, lib. I, c. 22, P. L., t. 176, col. 256.

(7) Dans la marge de gauche : *bene stat.*

(8) xutp *del.*, utputa *i. m.*

XIIII articulus zomeren (1). *Quod omnis proposicio que est de presenti vera est inevitabiliter vera, et quando ista est vera : paries est albus, per nullam potenciam realem et phisicam potest fieri quod paries non sit albus.*

Responsio petri (2). Scio me dixisse istud, sed cum additione sic : proposicio que est vera est inevitabiliter vera pro illo instanti quo est vera; et quando hec est vera : paries est albus, per nullam potenciam fieri potest ut paries tunc non sit albus. Potest tamen fieri non albus postea.

XV, XIX Articulus zomeren. Quod in deo non est desiderium quia respectu dei nichil est futurum et per consequens in eo non est volitio respectu futuri.

XVI, XX Articulus zomeren. Quod in deo non est nisi complacencia quia omnia sunt ei indistancia et presencia.

Responsio petri. Anno LXVI°, loquens de actibus voluntatis, dixi quod, cum sint plures hujusmodi actus tam voluntatis concupiscibilis quam irascibilis, nullus ipsorum proprie ponitur in deo preter solam complacenciam, quia omnes alii important aliquam imperfectionem. Unde sicut in deo proprie non est ira, ita nec desiderium. Ex quo eciam omnia sunt deo indistancia et nichil est ei futurum; desiderium autem respicit bonum sub racione futuri, idcirco proprie deo non convenit actus desiderii (3).

XVII, XXI Articulus zomeren. Deus non habuit ab eterno aliquem actum productivum alicujus extra se, sed illum tunc solum habet quando actu producit.

Responsio petri. Credo me dixisse quod deus in se non habet aliquem actum productivum ad extra, sed quod denominatur producere tantum denominacione extrinseca a productione que est in re producta.

XVIII, XXII Articulus zomeren. Quod ante productionem rei deus est indeterminatus ad producendum quia in eo non est aliqua volitio precedens (4) *productionem rei qua ab eterno fuerat determinatus ad producendum.*

---

(1) Dans la marge de gauche : *bene stat.*

(2) A gauche de cette réponse on lit : *Nota hic quod per hunc articulum revertitur ad septimum* (?) *et erit XV.*

(3) Cf. p. 77. Concordat *i. m.*

(4) pens *del*; precedens *i. m.*

Responsio petri. Hanc proposicionem non credo me sub hac forma enunciasse; sed memini me dixisse quod sicut voluntas nostra activa elicit volicionem absque hoc quod predeterminetur per aliquod velle intrinsecum, alias enim (1) procederetur in infinitum in volitionibus, sic voluntas divina producit res absque hoc quod predeterminetur per aliquam volicionem intrinsecam qua scilicet concupiscat, optet aut desideret rem producendam, quia hujusmodi actus voluntatis non videntur ponendi in deo. Nec tamen propterea intelligendum est quod voluntas divina usque ad productionem rei steterit indeterminata, et quod tunc primo determinetur quando contingit rem produci, sicut voluntas nostra priusquam eliciat volicionem stat indeterminata et eam eliciendo determinatur. Quod ideo (2) voluntati nostre contingit (fol. 29) quia respicit volicionem quam eliciet tanquam sibi futuram. Voluntas autem divina non respicit productionem rei future (3) tanquam sibi futuram, ymmo tanquam sibi eternaliter (4) indistantem. Eapropter eterna et determinata volicione complacet sibi in tali productione ac eciam in re producta pro quanto participant suam bonitatem (5).

XIX, XXIII Articulus zomeren. Et si esset aliqua talis volicio precedens (6) *productionem rei, omnia necessario evenirent quia illa esset necesse esse, et sic insolubilia essent argumenta philosophorum quibus probant omnia de necessitate evenire.*

Responsio petri. Non memini me dixisse hanc proposicionem. Nichilominus non video quin concludat si ponatur in deo volicio precedens (7) rem volitam tanquam sibi futuram, saltem si talis volicio esset efficax et penes necessariam consequenciam inferens rem prevolitam.

XX, XXIIII Articulus zomeren. Quod ista proposicio : nullus salvandus est dampnatus potest esse falsa et quandoque de facto fuit falsa quia trayanus fuit dampnatus et tamen tunc erat salvandus.

Responsio petri. Anno LXIX°, in festo thome, cum solverem argumentum quo sic arguebatur : nullus salvandus est dampnatus, dyabolus est salvandus, ergo dyabolus non est dampnatus; conclusio est falsa, ergo aliqua premissarum; non major; ergo minor; sed illa est de

(1) produceretur *add. et del.*
(2) volati *add. et del.*
(3) *superscr.*
(4) *i. m.*
(5) Cf. p. 77.
(6) pens *del.* : precedens *superscr.*
(7) pens *del.* : precedens i. *m.*

futuro contingenti, ergo in futuris contingentibus est determinata veritas ; inter cetera dixi quod non constat omniquaque majorem esse veram, quia in speculo hystoriali legitur vox quedam gregorio dixisse quod trayanus precibus ejus a penis infernalibus esset liberatus (1). Ex quibus verbis plane intellectis ut jacent, dixi quod videtur trayanum ad penas infernales dampnatum fuisse et postea salvatum; quo admisso, ante ejus liberationem major fuisset falsa; adjunxi quod, cum aliquorum opinio sit deum posse beatos in infernum detrudere, multo pocius credendum dixi deum per suam misericordiam posse salvare dampnatos; qua potentia ducta ad actum, major iterum esset falsa.

XXI, XXV Articulus zomeren. Quod nulli alteri a papa vel ecclesia licet determinare aliquid esse heresim; et, si qui alii id facerent, eciam episcopi, incurrerent crimen lese majestatis. Si enim quilibet episcopus posset hoc facere, solveretur unitas fidei, quia quod unus predicaret alius hereticaret, et eveniret illud verbum apostoli : Ego quidem sum pauli, etc.

Responsio petri. Eodem die laudavi sentenciam cujusdam notabilis licenciati in jure, qui in decisione quodlibeti sui, judicio meo, optime dixit quod in re (2) dubia, an sit heretica vel non, casus est papalis et de casibus pape reservatis, quia est jurisdictionis non simplicis, sed de maximo gradu imperii meri, quia si hoc liceret prelatis inferioribus forte contingeret quod, uno eorum hereticante aliquem articulum dubium, alius determinaret ipsum non esse hereticum; et sic videretur solvi unitas fidei ex quo non essent iidem articuli apud omnes fideles fide credendi. (fol. 29v).

In singulis meis responsionibus in quibus locutus sum de materiis predictis premisi protestationem solitam de submittendo me determinationi et correctioni sancte sedis apostolice, matris mee facultatis theologie et omnium quorum interest. Cui protestacioni adhuc inhereo.

Quare, venerabilis domine rector, judex competens presentis cause et partium infra scriptarum, cum ex confessione magistri petri de Rivo constat aperte (3) de articulis confessatis et negatis et ex delacione partium ex adverso, *magistri henrici de zomeren et magistri jacobi Schelwaert* ac suorum complicium, satis constat de relatis ac denun-

---

(1) Vincentii Belvacensis, *Speculum historiale*, lib. XXIII, c. 22, Argentinae, 1476; t. III, fol. 127v.

(2) jure, ju *del.*

(3) constat aperte *i. m.*

ciatis per eos, petit, supplicat et requirit dominus (1) petrus de Rivo inquiri sufficienter de veritate premissorum et, dum vobis constiterit, sufficienti inquisitione prehabita, quod magister petrus (2) nullo alio modo dixerit, pronunciaverit aut scripserit quam ipse suis scriptis palam et publice in effectu est confessus, predictas denunciaciones judiciales aut extrajudiciales decerni, declarari, diffiniri atque pronunciari per vestram diffinitivam sententiam fuisse et esse temerarias, injustas, frivolas ac de facto presumptas. Preterea ipsis denunciatoribus et suis complicibus super materia premissa ac ei annexa imponendum fore ac imponi debere sylentium perpetuum.

(1) *superscr.* : procurator et eo nomine magistri *add. et del.*
(2) quod magister petrus *i. m.*

CEDULA DESIGNATIONIS TEMPORUM

(nouv. acq. lat. 1179).

Sequuntur propositiones extracte ex dictis magistri petri de rivo anno sexagesimo quinto.

Item propositio principalis in qua vertebatur tota sua deductio fuit ista quod nichil precedit existentiam futuri contingentis quod hujusmodi existentiam posset inferre penes necessariam consequentiam. Ista propositio non indiget testimonio aliorum, quia ipsam expresse ponit in dictis suis ultimis datis facultati theologie (1).

Item hec propositio : antichristus erit, christus judicabit mundum et similes non sunt vere, quia, si essent vere, semper fuissent vere et sic inevitabiliter essent vere et non possent non esse vere, et ita res significate per eas inevitabiliter evenirent. Ista propositio non indiget multa probatione quia, secundum eum, est judicium indubitatum quod quidquid est verum necesse est esse verum et est inevitabiliter verum, quemadmodum satis patet ex uno argumento quod petiit solvi ab omnibus volentibus contradicere aristoteli in materia de futuris contingentibus; et illud argumentum habetur in recollectis illius quodlibeti, quod dicit fideliter recollectum (2).

Item quod propositiones de futuro contingenti non sunt magis dicende vere quam catulus ante nonum diem dicendus est cecus vel videns. Ista propositio satis patet ex dictis suis ultimis datis facultati (3).

Item nulla propositio de futuro contingenti est vera vel falsa ante positionem rei in esse. Ista propositio patet ex dictis suis ultimis datis facultati (4).

Item, si propositio de futuro esset vera ante positionem rei in esse, esset inevitabiliter vera et per nullam potentiam posset impediri quin esset vera (5).

Item quod ideo non precedit positionem in esse veritas propositionis de futuro, quia ipsam necessitaret seu necessario inferret (6).

---

(1) Cf. p. 70, 98, 100.
(2) Cf. p. 76, 97.
(3) Cf. p. 71, 101.
(4) Cf. p. 71, 101.
(5) Cf. p. 102.
(6) Cf. p. 71.

Item quod illa propositio dicta a domino petro : hac nocte ter me negabis, non necessario inferebat petrum esse negaturum christum, quia illa non fuit vera (1).

Item quod iste propositiones : vere futurum possibile est non fore, rem vere futuram possibile est non evenire, sunt in sensu compositionis et divisionis false (2).

Item iste propositiones : quod est futurum necesse est esse futurum, vere futurum necessario eveniet, sunt in omni sensu vere.

Item quod est vere futurum est inevitabile et per nullam potentiam potest evitari (3).

Item deus non habet prescienciam futurorum ut pre dicit antecessionem, quia sciencia dei non antecedit res, neque ipsa aliquid respicit vel cognoscit sub ratione venturi seu futuri. Ista propositio patet satis ex dictis suis datis facultati (4).

Item scola theologie, ponens prescienciam in deo, non est in isto articulo sufficienter provisa : deus scivit antichristum fore, ergo antichristus erit (5).

Item quod sciencia in deo non dicitur proprie presciencia aut previdentia, sed providentia (6).

Item quod presciencia divina de futuris non necessario infert effectum futurum, quia non precedit (7).

Item quod prescientia dei de futura negacione petri non precessit illam negacionem (8).

(Fol. 34^{v}). *Sequuntur propositiones ejusdem magistri petri anno sexagesimo sexto.*

Item in deo non est desiderium, quia respectu dei nichil est futurum et per consequens non est in eo volitio respectu alicujus futuri (9).

Item in deo non est nisi actus amoris qui est complacentia, quia omnia sunt sibi indistantia et presentia, ideo in omnibus rebus necessario complacet (10).

Item circa istud movebatur dubium quia, cum deus necessario et ab eterno complaceat in omni creatura et non est in deo nisi iste actus complacentie, sequitur quod deus ab eterno et necessario producit creaturam isto actu. Ad istud respondebat quod deus isto actu non producit creaturam, sicut forte aliqui doctores ymaginantur,

(1) Cf. p. 73-76, 98.
(2) Cf. p. 75, 100-101.
(3) Cf. p. 75, 101.
(4) Cf. p. 74, 100.
(5) Cf. p. 74, 100
(6) Cf. p. 74, 95, 101.
(7) Cf. p. 99.
(8) Cf. p. 74, 99.
(9) Cf. p. 77, 95, 103.
(10) Cf. p. 77, 103.

objicientes contra doctorem meum; nam multi improbant eum qui non viderunt eum usque finem, sicut franciscus, Gregorius de Ariminio et ceteri, qui, si usque finem eum perlegissent, invenissent solutionem argumenti sui. Non enim habuit deus ab eterno aliquem actum productivum, nam deus non habet actum productivum nisi quando actu producit (1).

Item circa solutionem istam movebat argumentum tale : si deus non habet aliquem actum productivum antequam producat, igitur deus manet indeterminatus ad producendum; indeterminatio autem dicit imperfectionem, que non est ponenda in deo. Ad istud respondebat quod aliquid dicitur indeterminatum dupliciter : uno modo quia non per seipsum sed per aliud est determinabile, quemadmodum materia dicitur esse indeterminata respectu formarum quas recipit, et sic deus non est indeterminatus quia nullam perfectionem ab aliquo expectat. Alio modo aliquid dicitur indeterminatum quod potest in opposita et per suam potestatem dominii (?) determinat se ad alterum illorum. Hec autem indeterminatio in voluntate creata non dicit imperfectionem et isto modo deus est indeterminatus. Unde deus determinans se non determinatur aliquo intrinseco, puta aliqua volitione, quasi precedente productionem rei, ut deus ab eterno elicuisset volitionem respectu productionis alicujus rei, qua ab eterno fuisset determinatus ad producendum, sed sua potestate dominii (?) producit hoc et posset non producere; nam si poneretur aliqua talis volitio ab eterno, ex quo illa esset necesse esse, res illa necessario produceretur; et sic essent insolubilia argumenta philosophorum quibus probant quod omnia necessario evenirent (2).

Item determinando predictas materias magnificavit doctrinam petri aureoli et ejus opiniones in predictis materiis dixit se fuisse insecutum (3).

Sequuntur propositiones dicte a magistro petro de rivo in quodlibeto suo anno sexagesimo nono.

Item credo omnes articulos positos in simbolo fidei et in simbolo athanasii, non solum qui sunt de presenti vel de preterito, sed etiam qui sunt de futuro; sed dico eos non esse veros (4).

Item adjunxit : dicit athanasius : hec est fides catholica quam nisi quisque firmiter fideliterque crediderit salvus esse non poterit, et ego firmiter et fideliter eam credo; non enim dicit athanasius quam

(1) Cf. p. 103.

(2) Cf. p. 103-104.

(3) Cf. p. 233 ss.

(4) Cf. p. 84, 211, 224.

nisi quisque firmiter fideliterque crediderit esse veram (1).

Item iste propositiones : mortui resurgent, christus veniet ad judicium et similes non sunt vere aut false, sed neutre (2), sed verificande et expectantes suam veritatem (3).

Item movebat dubium tale; quomodo iste propositiones sunt firmiter fideliterque credende, cum dicat aristoteles quod in propositionibus de futuro non est veritas neque falsitas (4).

Item non solum verum creditur, sed etiam quod non est falsum, sed neutrum (5).

(Fol. 35). Item exposuit verbum psalmiste dicentis : Juravit dominus veritatem (6) et, verbum angeli loquentis danyeli et dicentis : annunciabo tibi veritatem, sic (7) : veritatem, non que est, sed que expectatur (8).

Item exposuit auctoritatem illam que habetur in apocalipsi : Hec verba vera sunt et fidelissima (9), quod in sensu composito illa verba sunt vera et fidelissima quia alique propositiones sunt vere et ille sunt fidelissime; alie vero fidelissime, non tamen vere; verba tamen illa non sunt vera et fidelissima in sensu diviso (10).

Item exposuit 2° sic quia per hoc demonstrativum hec potest demonstrari solum ultima propositio que scilicet prolata fuit a sedente in throno, videlicet ista : Ecce nova facio omnia, innuens ibi numerum pluralem pro singulari quemadmodum de vitulo dictum est : ecce dii tui; et de peccato originali : ecce in iniquitatibus conceptus sum (11).

Item exposuit 3° predictam auctoritatem distinguendo de veritate dicti et dicentis, dicens illas propositiones posse dici veras veritate dicentis quia verax est qui eas dixit, non tamen vere veritate dicti (12).

Item 4to exposuit predictam auctoritatem distinguendo de veritate intentionali que est in conceptu et in intentione et de veritate que se tenet ex parte rei, innuens propositiones illas posse dici veras prima veritate, non tamen veritate que se tenet ex parte rei (13).

---

(1) Cf. p. 212, 225.

(2) sed item non sunt vere sed *add. et del.*

(3) Cf. p. 76-77, 94, 212, 225.

(4) Cf. p. 76-77, 97.

(5) Cf. p. 76-77, 97.

(6) juravit dominus veritatem non que est sed que expectatur et consimiliter exposuit *add. et del.*

(7) annunciabo tibi *add. et del.*

(8) Cf. p. 212-213, 295-296.

(9) istis expositionibus sequentibus dicendo *add. et del.*

(10) Cf. p. 214-215.

(11) Cf. p. 296.

(12) Cf. p. 214, 296.

(13) Cf. p. 296.

Item 5to distinxit de veritate in expectatione et de veritate in re et completione, dicens illas propositiones positas in apocalipsi, que sunt de futuro contingenti, esse veras in expectatione, sed non in re et completione (1).

Item illam veritatem in expectatione declaravit per exemplum de filio divitis qui, vivente patre, dicitur dives, non quia sit dives in re, sed quia expectatur talis; sic ille propositiones possunt dici vere (2).

Item dixit istum modum loquendi de veritate in expectacione et non in re esse conformem modo loquendi sacre scripture; dicitur enim in scriptura beate virgini fuisse dictum : Perficientur in te que dicta sunt tibi ab angelo; perfectio autem propositionis est sua veritas; etiam dicit canticum ecclesie : Ysaias que cecinit impleta sunt de virgine; impletio autem propositionis est sua veritas (3).

Item mirabatur quod aliqui tam faciliter contra juramentum suum contradicunt aristoteli, presertim in hoc articulo qui adhuc per ecclesiam aut alium non est determinatus esse contra fidem (4).

Item in toto isto quodlibeto neque in sequenti responsione auditus est dicere propositiones positas in sacro canone esse veras veritate increata (5).

Sequuntur propositiones dicte a magistro petro in responsione quadam facta in festo beati thome.

Item quod aristoteles demonstrat et evidenti deductione ostendit quod propositiones de futuro contingenti non sunt vere neque false. Sequitur enim evidenti deductione : esse rei est causa veritatis propositionis, quia ab eo quod res est vel non est etc. Cum igitur effectus non est magis determinatus quam sua causa, sequitur quod veritas vel falsitas propositionis non est magis determinata quam esse rei vel non esse; sed res futura non est determinata ad esse vel non esse; ergo propositio non est determinata ad veritatem vel falsitatem (6).

Item ista propositio : nullus salvandus est dampnatus potest esse falsa et quandoque de facto fuit falsa : trayanus enim fuit dampnatus et tamen ipse erat salvandus (7).

(Fol. 35^{v}). Item determinare aliquid esse hereticum spectat ad ecclesiam vel ad papam, sicut alias fuit sufficienter declaratum per quemdam licentiatum in jure, et si qui alii id facerent, etiam episcopi,

(1) Cf. p. 296.
(2) Cf. p. 296.
(3) Cf. p. 83-84, 296.
(4) Cf. p. 296.
(5) Cf. p. 296.
(6) Cf. p. 226.
(7) Cf. p. 236, 384-385.

committerent crimen lese majestatis. Si enim quilibet episcopus posset hereticare aliquam propositionem non esset unitas fidei, quia quod unus predicaret alius hereticaret et eveniret illud apostoli : ego quidem sum pauli etc. (1).

Sequuntur alique propositiones dicte in ultima responsione sua.

Item dixit sibi fuisse impositum quod simpliciter enunciasset istam : nulla propositio de futuro contingenti posita in sacro canone est vera vel falsa (2), quam nunquam dixit se asseruisse, quia semper addidit vel veritate revelantis, vel veritate fideliter expectata, vel veritate increata; quod, si simpliciter illam enunciasset, offendisset, etsi (3) forte falsum non dixisset (4).

Item, quia dictum fuit a (5) me quod melius fuisset glossare aristotelem et enunciasse propositiones que sunt in sacro canone esse simpliciter veras quam glosare scripturam et sequi simpliciter aristotelem, respondebat quod, ex quo ipse doctrinavit opinionem aristotelis, auctoritates adductas in contrarium habuit glosare et exponere ad sensum aristotelis, sicut si aliquis in philosophia diceret quod impossibile est accidens separari a suo subjecto et fieret sibi argumentum : albedo existens in sacramento altaris est accidens et ipsa est sine subjecto, responderet quod hoc est per potentiam supernaturalem (6).

Item quod cum fide nostra stat sententia aristotelis in materia de futuris contingentibus (7).

Item iste propositiones : antichristus erit, judicium erit et similes sunt necessario et inevitabiliter vere veritate increata, quia sunt presentialiter vere illa veritate (8).

---

(1) Cf. p. 236.
(2) quam nunquam di *add. et del.*
(3) nota et si forte *i. m.*
(4) Cf. p. 220 ss.
(5) magistro *add. et del.*
(6) Cf. p. 298.
(7) Cf. p. 76 ss.
(8) Cette liste finit au folio 35 verso. En retournant le volume on lit au bas de ce même folio la remarque suivante : *Designationes temporum pro parte magistri henrici de Zomeren per magistrum nycolaum Hellum exbibite (?) XV martii.*

FRANCISCI CARDINALIS SANCTI PETRI AD VINCULA TRACTATUS BREVIS DE FUTURIS CONTINGENTIBUS (1)

(Ms. lat. 3169-12390).

Incipit quidam tractatus brevis contra quosdam nullam proposicionem (2) de futuris contingentibus fore veram tenentes per reverendissimum d. dominum *franciscum*, sacre theologie professorem ordinisque minorum, *cardinalem sancti petri* ad vincula, editus (3).

Reverendissime pater et domine mi (4) unice, premissis (5) que sunt honoris debiti et reverentie. Vidi litteras domni henrici ad quas, si non ita cito ut debueram dedi responsa, michi indulgeat, queso, dominatio vestra reverendissima, causamque attribuat his malis temporibus et humidis in quibus certe passus sum et dolorem capitis et aliquales febriculas, propter que nec valui librum videre neque manum calamo apponere. Ex ipsis autem litteris collegi quinque puncta principalia que petunt ut aliquid ad ea respondeatur.

Primum punctum Zoemeren (6). *Primum punctum tale est.* Dialecticus (7) quidam non veritus est in scolis publicis asserere quod propositiones (8) de futuris contingentibus in sacra scriptura contente, ut puta, deus judicabit mundum, mortui resurgent, antichristus erit, et cetere hujusmodi, sicut neque alique alie de futuris contingentibus non sunt determinate vere neque false.

Contra ejus errorem arguitur multipliciter; primo theologice sic.

---

(1) Ce titre ne figure pas dans les manuscrits. Au haut du manuscrit 3169 on lit : *Istius tractatus meminit Ciaconius, pag. 1255 editionis anni 1630*. Au haut du manuscrit 12390 on lit : *Nota. Primo scribit cardinalis s. petri ad vincula, ordinis minorum s. francisci ad cardinalem grecum, a quo recepit litteram m. henrici Zoemeren continentem ut sibi respondeatur ad V^a puncta per eum proposita.*

(2) proposicionum.

(3) ne souligne pas.

(4) my.

(5) *superscr. 3169.*

(6) *i. m. 3169* Zoemeren *om. 12390.*

(7) dyaleticus.

(8) proposicionum

Primum argumentum (1). Quoniam (2) veritati fidei nostre sacratissime non potest aliquod falsum seu non verum subesse, cum nil subesse possit cuivis potencie vel habitui sive actui nisi mediante objecto potencie illius, aut habitus, sive actus, quemadmodum color subesse non potest visui, aut actui videndi nisi luce mediante, que asseritur communiter primum objectum visive potentie. Constat autem quod primum objectum fidei nostre est veritas prima que deus est, juxta *dionisium* in libro (3) de divinis nominibus dicentem fidem nostram versari circa simplicem et superessentem veritatem (4). Igitur quicquid (5) fide creditur et tenetur, ratione veritatis prime, que deus est, creditur, quia scilicet a deo revelatum est. Cum autem prima veritate non potest nisi verum revelari et inspirari, relinquitur quod omnia contenta in scripturis sacris verissima determinate sint; cujusmodi sunt predicte propositiones (6) de futuris contingentibus, que, sicut articuli et principia fidei nostre, in sacris codicibus continentur.

2um *argumentum* (7). 2° (8) arguitur contra eumdem philosophico (9) quodam argumento. Habet Aristoteles, 6to ethicorum, quod nulla virtus intellectum perficiens versatur circa falsum (10), cum falsum malum sit intellectus. Sed constat quod habitus fidei nostre est intellectum perficiens. Ergo falsum sive non verum, que sunt quedam mala intellectui nostro quodam modo repugnantia, non possunt sibi subesse. Et per consequens propositiones (11) supradicte in fideque nostra contente sunt determinate veritatis.

3um *argumentum* (12). 3° (13) arguitur contra eumdem quoniam Aristoteles 4to methaphysice ponit principium quoddam complexum omnibus

(1) *i. m. codd.*
(2) fidei *add. et del.*
(3) in libro *superscr. 3169.*
(4) D'après S. Thomas (*Questiones de veritate,* q. 14, art. 8, éd. Mandonnet, Paris 1925, p. 398), ce passage se trouverait dans le chapitre VII de Denys. On ne l'y rencontre pas. On y lit simplement ceci : *Hec ratio est simplex et existens existentis veritas circa quam... divina fides est* (Sancti Thomae opuscula omnia, t. II, Paris, 1927, p. 536). Même teneur, à peu de chose près, dans Migne (P. L., t. 122, col. 1156). S. Thomas a dû donner pour une citation de Denys une formule qui condensait sa pensée. Ce détail semble avoir échappé au P. Mandonnet, parce que peut-être il n'a pas confronté les textes. Les auteurs postérieurs à S. Thomas lui auraient emprunté sa formule en l'attribuant à Denys.
(5) quitquid.
(6) proposiones.
(7) *i. m. codd.*
(8) secundo.
(9) philozophico.
(10) c. 2, éd. cit., T. II, p. 67.
(11) propositionum.
(12) *i. m. codd.*
(13) tercio.

notissimum et verissimum, ut puta, de quolibet (1) affirmatio vel negatio verificatur, sed de nullo ambe simul (2). Ex quo colligitur regula quedam famosa in dialectica (3), videlicet quod lex et natura contradictoriorum est ut, si unum sit verum, reliquum est falsum et quod duo contradictoria non possunt esse vera simul (4). Hoc stante arguo sic. Contradictoria dictarum propositionum sunt falsa, quia fidei repugnantia; alioquin affirmans ea tanquam hereticus non corriperetur, cum nullum falsum assereret; relinquitur ergo quod propositiones (5) supradicte sunt vere.

Objectio (6). Et si responderet quod tale primum principium aliter tenet in propositionibus (7) de futuris contingentibus et aliter in aliis, quoniam in aliis semper alterum contradictoriorum est determinate verum, et alterum determinate falsum; in hiis autem de futuro non sic, quoniam nullum eorum est determinate verum aut determinate falsum, etiamsi (8) eorum quodlibet disjunctim sit verum aut (9) falsum.

Argumentum contra (10). Contra hanc responsionem arguo sic. Quecumque aliqua duo removentur determinate ab aliquo tercio, illa et ab eodem disjunctim removentur. Unde quia homo non est determinate lapis neque determinate lignum, ideo falsum est dicere ut sit lapis vel lignum, et verum est dicere eum neque lapidem neque lignum. Si ergo propositio (11) de futuro non est (12) determinate vera neque determinate falsa, relinquitur quod falsum erit dicere sub disjunctione quod sit vera aut falsa.

Et confirmatur quia, juxta dialecticos (13) ad veritatem disjunctive opus est ut una suarum partium (14) sit vera; ergo, si hec propositio, ut hic homo dicit, judicium erit, est vera vel falsa, necesse est ut altera istarum partium (15) sit vera et per consequens aut ista erit determinate vera : hec propositio : futurum judicium erit, est vera et sic habetur propositum ; aut est falsa et sic etiam (16) habetur contra eumdem dicentem tales propositiones non esse determinate falsas. (fol. 1^{v}).

(Fol. 1^{v}). 4um *argumentum* (17). Quarto arguitur sic. Hec conse-

(1) est *add. et del. 3169.*
(2) III, c. 3, éd. cit., T. II, p. 504.
(3) dyaletica.
(4) simul esse vera.
(5) proposiones.
(6) *i. m. codd.*
(7) proposionibus.
(8) et si.
(9) vel.
(10) *i. m. codd.*
(11) proposio.
(12) *om.*
(13) dyaleticos.
(14) parcium.
(15) parcium.
(16) eciam.
(17) *om. 3169; i. m. 12390.*

quentia est bona : Socrates erit episcopus, ergo potest esse episcopus. Constat autem quod consequens hujus consequentie est verum, ergo antecedens aut est determinate verum, aut determinate falsum, cum ex philosopho (1) ex falso possit sequi verum; non enim videtur bene intelligibile consequens sequi ex antecedente neque vero neque falso, cum dicat Aristoteles ex falsis verum, ex vero nil nisi verum. Sed constat quod antecedens consequentie facte est propositio (2) de futuro contingenti, ergo etc.

Quintum argumentum (3). Quinto arguitur sic. Omne determinatum contentum sub aliquo diviso necesse est ut sub altero ipsum dividentium (4) determinate contineatur, quemadmodum quia homo est (5) animal determinate, oportet ut determinate sit (6) aut rationale aut irrationale que dividunt animal. Sed constat quod propositio (7) apud dialecticos (8) sufficienter dividitur in veram aut falsam. Igitur omnis propositio (9) aut est vera determinate aut falsa. Sed propositiones (10) de futuro contingenti sunt propositiones (11). Ergo etc. (12) (fol. 79v).

Multa alia argumenta et quedam apparentia in hac materia possent adduci que brevitatis gratia in presentiarum omittam (13), certo sciens quod vestra Reverendissima dominatio longe (14) meis difficiliora contra predictum pro sua singulari doctrina asseret.

Sed occurrunt quedam dubia per nos solvenda que fuerunt causa deducendi hunc pauperculum virum in hunc errorem.

Primum dubium (15). Aristoteles enim primo periarmenias habet quod de futuris contingentibus non est determinata veritas (16). Quod dictum posset tali (17) ratione corroborari. Quoniam si contingentia essent determinata ad esse, tunc non essent contingentia (18), sed magis necessario evenirent, quoniam contingentia futura ideo sic dicuntur quia sunt indifferencia ad esse et non esse, cum nullum eorum determinetur (19); necessaria vero ideo sic dicuntur quia non sunt indifferenter se habencia sive indeterminata ad esse, ymo deter-

---

(1) philozopho.
(2) proposicio.
(3) *om. 3169; i. m. 12390.*
(4) dividencium.
(5) ail *add. et del.*
(6) opportet ut determinate ut sit animal.
(7) proposicio.
(8) dyaleticos.
(9) proposicio.
(10) proposiciones.
(11) proposiciones.
(12) igitur etc aut sunt vere aut false.
(13) obmittam.
(14) longis *codd.*
(15) *om. 3169, i. m. 12390.*
(16) c. 9, éd. cit., T. I, p. 28.
(17) corro *add. et del.* 3169.
(18) contingencia.
(19) determineat.

minantur ad esse. Patet ergo ex hoc quod, si contingentia futura essent determinata ad esse quemadmodum opporteret (1) si propositiones (2) de futuro contingenti essent determinate veritatis, tunc contingentia (3) talia non essent contingentia (4), sed magis necessaria et necessario evenirent, et ita frustra consultaremus.

Solutio dubii (5). Ad quod argumentum respondemus quod alia est determinatio qua causa necessario agens determinatur ad agere seu causare, et alia qua causa contingenter causans determinatur ad suum causare. Pariformiter alia est determinatio qua effectus, qui necessario producitur, determinatur ad esse, et alia qua effectus, qui producitur contigenter, ad esse determinatur. Determinatio (6) namque qua necessaria causa ad causandum determinatur est illa in qua ita determinatur ad causandum ut nullo modo possit non causare quantum est ex se. Similiter determinatio effectus necessarii ad causari, seu ad esse, est illa secundum quam effectus ita determinat sibi causari, seu esse, quod non potest non causari sive non deduci ad esse. Causa autem contingens sic determinatur ad causare quod potest non causare. Similiter effectus contingens sic determinatur ad causari, seu ad esse, quod potest non causari seu non deduci ad esse. Ex quibus apparet quod, etsi (7) futurum contingens determinetur ad esse sive ad causari, non propterea necesse est ut necessario eveniat seu causetur, cum possit non causari, ut dictum est, sive non evenire. Dictum ergo Aristotelis, si pro reverentia (8) volumus ipsum salvare, intelligendum est de determinatione necessarii, ut dictum est, non autem de alia que convenit contingenti. Et secundum primam determinationem sequerentur inconveniencia que ex Aristotele solent adduci; et certe credimus dictum suum sic intellexisse, salvo tamen semper meliori judicio.

Secundum dubium (9). Secundum motivum tale est. Accipio hoc futurum contingens, ut puta universale judicium futurum. Istud per te est determinatum ad esse tali determinatione, ut dicis, quod potest non esse. Si ergo potest non esse seu non evenire ponatur ergo quod non eveniat, quia posito possibili nullum sequitur inconveniens seu falsum, et sic universale judicium non erit, et sic non fuit determinatum ad esse; cujus oppositum dicebatur.

---

(1) oportere t.
(2) proposiones.
(3) contingencia.
(4) contingencia.
(5) *om. 3169; i. m. 12390.*
(6) determinacio.
(7) et si *codd.*
(8) reverencia.
(9) *om. 3169; i. m. 12390.*

Solutio 2[1] dubii (1). Ad hoc argumentum respondemus quod, stante casu illo, dico quod judicium universale potest non esse de sensu diviso, id est quod illud judicium quod est determinatum ad esse potest non esse, quia potest de eo aliter fieri determinatio. De sensu autem composito, scilicet ut est determinatum ad esse, non potest non evenire, quemadmodum Socrates sedens divisim et prout (2) non includit sessionem potest currere; ut autem includit sessionem et pro illo instanti pro quo sedet, falsum est quod possit currere quia tunc illa possibilitas esset de sensu composito. Necessarius autem effectus ita est determinatus ad esse quod non potest non esse sive in sensu composito (fol. 2) sive diviso (3). Et sic patet solutio (4).

2[um] *punctum* (5). *Secundum punctum tale est quod homo ille affirmat deum non cognoscere futura antequam eveniant* (6). Contra quem adduci possent multe auctoritates sacre scripture, simul et rationes, quarum aliquas tantum et numero paucas in presentiarum, brevitatis causa, adducam.

Prima auctoritas (7). Et prima auctoritas habetur (8) in Daniele (9) : « deus eterne qui absconditorum es (10) conditor, qui omnia nosti antequam fiant ».

Secunda auctoritas (11). 2[a] auctoritas est apostoli ad hebreos dicentis : « Omnia nuda et aperta sunt oculis suis » (12). Ex quibus apparet error ilius hominis.

Primum argumentum contra (13). Arguitur insuper contra eum talibus rationibus. Scientia namque divina adequat totum ens ita quod de quocumque ens predicatur id scitur et cognoscitur a deo; alioquin aliquod ens esse posset divino intellectui ignotum, quod nil aliud esset quam ignorantiam et imperfectionem deo attribuere. Cum autem futura contingentia (14) non subterfugiant rationem entitatis, quia entia (15) futura (fol. 80) nominantur, ergo a deo sunt precognita.

---

(1) *om. 3169; i. m. 12390.*
(2) pro ut *codd.*; tunc *add. et del. 3169 post pro.*
(3) diviso sive composito.
(4) solucio.
(5) *om. 3169; i. m. 12390.*
(6) ne souligne pas, argumentum contra *i. m. 3169.*
(7) *om. 3169; i. m. 12390.*
(8) *om.*
(9) XIII, 42.
(10) est.
(11) *om. 3169; i. m. 12390.*
(12) IV, 13.
(13) *i. m. 12390;* 2° arguitur *i. m. 3169.*
(14) contingencia.
(15) encia.

2um *argumentum contra* (1). 2º arguitur sic. Agens per intellectum et voluntatem sive ex deliberatione precognoscit suum effectum antequam producat ipsum in esse, ut patet de domificatore et aliis artificibus. Sed deus gloriosus est tale agens, ut cuilibet christiano docto notum est. Ergo etc.

3um *punctum* illius littere videtur querere *an homo ille pertinaciter supradicta affirmans sit hereticus censendus* (2). Ad quod respondeo quod sic. Quod probatur auctoritate augustini contra manicheos dicentis (3) : « Qui in ecclesia dei morbidinis aliquid (4) pravumque quid sapiunt, si correcti ut sanum rectumque sapiant, resistunt pertinaciter suaque pestifera et mortifera dogmata emendare nolunt, sed defendendo (5) persistunt, heretici sunt » (6). Sed constat quod dogmata pestifera illa sunt que fidei dogmatibus, cujusmodi sunt articuli fidei, opponuntur; inter quos articulos memorantur propositiones varie de futuro quemadmodum sunt iste : mortui resurgent, christus judicabit vivos et mortuos. Ergo negans pertinaciter hujusmodi propositiones (7) est hereticus censendus.

4um *punctum zomeren* (8). Quartum punctum querit : *An, si homo ille voluerit publice errorem suum retractare seque ecclesie determinationi submittere, sit absolvendus aut, his* (9) *non obstantibus, tanquam hereticus puniendus* (10). Ad quod respondeo (11) quod, si talis non recidivavit in illam abjuratam heresim et correctus resipiscat et revocat humiliter male dicta et affirmata, non est condempnandus, sed magis absolvendus. Quod sic declaro (12), quia (13) circa hereticos sunt duo consideranda. Primo eorum peccatum ratione cujus heretici non modo merentur per excommunicationem ab ecclesia separari spiritualiter, sed eciam per mortem eorum corporalem a mundo deleri; quoniam, si falsificatores monetarum quibus corporalis vita sustentatur merentur occidi, multo magis sacratissime fidei falsificatores qua anima spiritualiter vivit juxta illud apostoli : justus ex fide vivit. Tales autem falsificatores sunt heretici. 2um (14) vero considerandum est ecclesie miseri-

(1) *i. m.* 3º arguitur *i. m. 3169*.
(2) ne souligne pas.
(3) augustini... dicentis *souligné*.
(4) aliquid morbidinis.
(5) deffendendo.
(6) *De Civitate Dei*, lib. 18, c. 51. P. L., t. 41, col. 615.
(7) proposicionis.
(8) i. m. *codd;* Zomeren *om. 12390*.
(9) hiis.
(10) ne souligne pas.
(11) responsio *i. m.* 3169*;* responsio per d. ca. petri ad vincula *i. m.*
(12) declaratio *i. m.*
(13) qua *3169*.
(14) secundo.

cordia quam habet ad errantium (1) conversionem, que eos non illico punit seu (2) condempnat, ut de ipsis hereticis ex ecclesiasticis constitucionibus satis liquet, sed post primam et secundam correctionem, imitata apostoli consilium ad Timotheum II° dicentis : « Oportet (3) servum dei mansuetum esse cum modestia corripientem eos qui resistunt veritati ne quando (4) det illis etc. (5) ». Istud idem satis colligetur ex auctoritate augustini contra manicheos superius adducta.

Argumentum zoemeren (6). Et si forte diceretur : Ecclesia judicat de exterioribus et aliquando per exteriora de interioribus; constat autem quod iste homo, qui asseritur baccalarius (7) in theologia et doctus, non ignorat propositiones illas de futuro, quas dixit non esse veras, contineri in codice sacre scripture, cujus auctoritas major est quam auctoritas pape sive universalis ecclesie. Si ergo vult male dicta sua retractare seque submittere correctioni sive determinationi (8) ecclesie, videtur quod plurifaciat auctoritatem ecclesie quam auctoritatem sacre scripture; quod nullus sane mentis cogitaret virum doctum, ut is asseritur, tale quid sentire. Ergo relinquitur quod sua retractacio (9) ac submissio determinacioni ecclesie magis proveniat metu penarum quam ex interiori contritione de peccato ipsius et per ipsum male dictis, et per consequens tanquam hereticus est condempnandus, non obstante tali revocatione seu determinationi ecclesie ejus submissione (10).

Responsio (11). Respondeo quod argumentum istud infert satis duram et impiam, meo parvo judicio, conclusionem. Et forte is qui primo argumentum istud adinvenit pro tunc non replebatur minori passione contra quemdam quam subtilitate ingenii. Ideo solvam argumentum istud quo melius potero, cum ingenium meum tenuissimum sit respectu illius ingenii clarissimi viri qui hanc rationem primo adinvenit.

(1) errancium.
(2) sed *add. et del.*, seu *superscr. 3169.*
(3) opportet.
(4) nequando.
(5) *II ad Thimotheum*, II, 24-25.
(6) *i. m. 3169;* istud debet esse ipsius Zoemeren et contentum in littera sua, *i. m. 12390.*
(7) bachalarius.
(8) determinacioni.
(9) conclusio ipsius *Zoemeren* I, *i. m. 12390.*
(10) hic tanguntur verba ipsius Zoemeren, *i. m. 12390.*
(11) *i. m.; om. 12390.*

Solutio argumenti zomeren (1). Dico igitur primo (fol. 2[v]) quod argumentum istud concluderet de quocumque heretico revocante et se determinationi ecclesie submittente et sic nullus talis esset absolvendus sed magis condemnandus (2), quod de directo est contra ea que dicta sunt simu et contra consuetudinem ecclesie que tales vult ut recipiantur, etiam si essent in scripturis docti, quos etiam (3) invenimus ecclesiam eciam aliquando absolvisse, ut habetur *de consecratione* di. II, ego berengarius (4). Probatur autem nostra consequentia sic, quoniam hereticus proprie est is qui falsam habet opinionem (5) de aliquo articulo fidei, aut de alio aliquo ex quo sequitur corruptio (6) alicujus articuli fidei. Constat autem quod omnes fere heretici non ignorant fidei articulos, et per consequens optime intelligere possunt si falsum opinentur circa aliquem articulum fidei aut circa aliquid aliud ex quo sequitur corruptio alicujus articuli; cujus condicionis satis rationabiliter possumus existimare fuisse berengarium predictum; et sic videtur, ut dicebatur, quod nullus talis esset absolvendus, cum preferret auctoritatem ecclesie, cui se submittet, auctoritati sacre scripture (7), quod non est estimandum, ut tu dicebas, de viro docto.

2[a] *solucio* (8). 2º dico quod sacra scriptura sive ejus auctoritas potest dupliciter considerari; uno modo in se et absolute et hoc modo auctoritas scripture sacre, que immediate est a deo, major est auctoritate pape et ecclesie, quemadmodum dei auctoritas est his longe major. 2º modo auctoritas sacre scripture considerari oportet (9) in respectu ad nos, seu quoad (10) nos, et hoc modo non incongruit quod auctoritas ecclesie sit major (fol. 80[v]) quoad (11) nos quam auctoritas sacre scripture; ipsa namque sacra scriptura, etsi (12) a deo fuerit, id tamen nobis esset ignotum, nisi ecclesia id determinaret, et per consequens nullius auctoritatis apud nos esset nisi fuisset auctoritas ecclesie. Unde Augustinus ait : « Non crederem evangelio nisi ecclesia approbasset » (13). Propterea habetur in decretis di. XI quod ecclesie auctoritas valet ad fidem faciendam, cum fuerit ab apostolis eorumque sucessoribus approbata (14). Ea propter, si articuli

(1) *om.; i. m. 12390.*
(2) condempnandus.
(3) eciam.
(4) c. 42, dist. II, de consecr.
(5) oppinionem.
(6) corrupcio.
(7) auctoritatem ecclesie auctoritati sacre scripture cui se submittet.
(8) *om. 3169.*
(9) potest.
(10) quo ad *codd.*
(11) quo ad *codd.*
(12) et si *codd.*
(13) *Contra epistolam Manichaei*, c. 5. P. L., t. 42, col. 176. Recte : *Evangelio non crederem nisi me catholicae ecclesiae commoveret auctoritas.*
(14) c. 9, dist. XI.

fidei ceteraque in scriptura contenta apud nos [quid] habent auctoritatis, id profecto habent ab ecclesie auctoritate, que de illis fidem nobis facit quod scilicet a deo data sunt. Ad propositum ergo dico quod staret aliquem errare in aliquo articulo (1) dando ei aliquem sensum non dandum secundum aliquas dialecticas (2) aut phisicas rationes, qui, correctus et monitus ab ecclesia, solutisque rationibus illis quibus ejus intellectus in talem errorem deducebatur, dolet de peccato suo, submittitque se ecclesie determinationi, ad quam spectat tales (3) errantes ad viam veritatis reducere ac rationes illas annichilare, quibus intellectus fidelium per devia nonnunquam deducuntur. Et sic non incongruit quod in hiis se submittant ecclesie determinationi (4); quod cum devote fecerint humiliterque male dicta publice revocaverint misericorditer absolvendi sunt, cum signa exteriora bona sint ex quibus ecclesia rationabiliter judicare potest bonam contricionem sive dolorem. Hec dixerim salvo meliori judicio.

Quintum punctum (5). Quintum punctum petit an homo ille in sua falsitate se excusare possit ex hoc quod affirmare videtur opinionem Aristotelis, cui petrus Aureoli, theologus clarus, assentire videtur. Ad quod, si volumus recte respondere, opus est ut opinionem illius theologi declaremus; ex cujus declaratione apparebit luculenter an sua opinio convenerit (6) in Aristotelis opinionem. Et quia doctor ille, et quidem clarus, satis obscurus fuit in propriis dictis, etsi (7) in alienis clarissimus, idcirco in declaratione sue opinionis (8) per conclusiones procedam, que ex dictis ipsius ejusque defensorum elici possunt. In quibus si propter ejus opinionis obscuritatem deficerem, qui melius me ea intelligunt dignabuntur corrigere et emendare, ac suscipere caritatem meam quam erga illum theologum gero, ob quam opto ut ab omni labe heresis semotus judicetur (9).

Primum notandum aureoli (10). Primum igitur notandum illius doctoris tale est, quod duplex est rerum similitudo. Una quidem reperitur que non abstrahit a simultaneitate temporali cum re significata per eam, ymo, si debeat rem talem vere representare, necesse est ut

---

(1) articulo aliquo.
(2) dyaleticas.
(3) ecclesiam *add et del 3169*.
(4) determinacioni.
(5) *om. 3169; i. m. 12390*.
(6) convenit.
(7) et si *codd.*
(8) declaratio opinonis Aureoli; *i. m.*
(9) ob quam... judicetur *souligné*. Unde nota devocionem quam habet d. R. cardinalis ad Aureolum. *i. m.*
(10) *om. 3169*.

sit indistans tali re representata, que indistancia dicitur (1) positiva, id est ponens sive affirmans simultaneitatem secundum mensuram aliquam, sive secundum tempus, ita quod opporteat ut res representata sit simul secundum mensuram temporis cum similitudine illa; alioquin, si distaret similitudo a re significate secundum mensuram, ita quod non esset simul, sed mensura aut tempore prior vel posterior, non vere sed false representaret rem significatam, ut, verbi gratia, species sive similitudo actu representans me actu scribentem, dum actu scribo, vere me representat actu scribentem quia habet simultaneitatem temporis significato, ab eo quod est indistans positive. Si vero species talis (fol. 3) conservaretur in oculo potsquam cessarem a scriptura, tunc species illa false representaret me actu scribentem quia distaret quadam distancia positiva et temporali a re significata, quia res significata jam preteriit, similitudo autem illa actu existeret. Alia vero est similitudo que in representando abstrahit ab omni mensura cum re significata ita quod in vere representando rem significatam non requirit aliquam simultaneitatem cum ea, neque, quod idem est, aliquam indistantiam positivam, sed semper illam rem representat vere, in cujus representatione non concernit sive coexigit aliquam simultaneitatem (2) cum re significata, et sic non representat eam ut est sibi presens neque prout (3) est prior aut preterita (4) Hujusmodi, ut dixit doctor ille, est divina essencia, que, cum sit infinita et eterna, representat existenciam futuri contingentis, non quidem requirendo ut sit simul cum ea, quia ista simultaneitas non posset esse temporalis, cum essentia non sit in tempore, sed ab omni tempore abstrahat, neque potest esse simultaneitas eternitatis, cum creatura tali mensura non mensuretur, et ad hoc quod aliqua sint simul secundum aliquam mensuram oporteat (5) illam mensuram illis esse communem. Propterea dicit doctor ille quod divina essentia (6) non representat existentiam (7) futurorum aut preteritorum aut actu existentium (8) ut sunt preterita, aut futura, aut actu existentia (9), sed simpliciter et absolute abstrahendo ab omni differencia temporis. Propterea dicit doctor ille quod intellectus divinus per essentiam (10) divinam cognoscit existentiam (11) futurorum cognicione simplici et non cognicione expectativa, ut

(1) dicetur.
(2) simultatem aliquam.
(3) pro ut 3169.
(4) *I Sent.*, dis. 38, art. 1, éd. cit.. I, p. 879.
(5) oportet.
(6) essencia.
(7) existenciam.
(8) existencium.
(9) existencia.
(10) essencia.
(11) existencia.

scilicet cognoscat illa ut futura, sed talis cognitio est indistans in-(fol. 81) distantia (1) quadam negativa quia non requirit simultaneitatem mensure in cognito, sed abstrahit ab omni mensura, ut superius dicebatur (2).

Secundum notandum aureoli (3). 2º notari potest ex opinione illius doctoris et suorum sequacium (4) quod cognicio illa qua deus cognoscit existentiam (5) futurorum, modo quo dictum est, non reddit propositiones de futuro determinate veras aut determinate falsas, sed relinquit eas indeterminatas et indifferentes (6). Patet istud, quia cognicio illa non est expectativa, ut dictum est.

3um *notandum aureoli* (7). 3º notari potest ex eadem opinione quod propositiones (8) de futuro contente in sacra scriptura possunt dupliciter considerari; uno modo secundum propriam formam sive proprium significatum, et, ut sic, sunt neutre. Alio modo et 2º ut intellectus per eas intelligit in deo quamdam infallibilem veritatem sive divinum propositum et ita per eas intelligitur verum (9). Ex quibus, juxta opinionem, possumus (10) ymaginari tria signa. In primo signo divinus intellectus intelligit propositiones de futuro, intellectione non expectativa et indistante indistancia negativa, secundum quam abstrahit ab omni differentia (11) temporis et secundum hanc cognicionem propositiones ille non determinantur, sed simpliciter et indeterminate cognoscuntur. 2um vero signum dicitur esse in quo propositiones ille sunt in proposito infallibili dei; et in isto signo determinantur sive accipiunt determinatam veritatem. 3um vero signum est in quo intellectus prophetarum per revelationes cognovit divinum propositum et per consequens propositiones illas determinatas quas et nos, tanquam a deo nobis traditas per prophetas, tanquam veras admittimus.

Ex quibus apparet doctorem istum non convenire cum Aristotele qui, ut ei imponitur, asseruit propositiones de futuris contingentibus nullo modo esse determinate veritatis; quod doctor iste non concederet, nisi pro primo signo tantum et ut sumuntur secundum propriam formam, non autem ut sumuntur secundum divinum propositum. Et certe doctor iste (12), quamquam loquatur obscure, non

(1) indistancia.
(2) *Loc. cit.*, art. 1, éd. cit., pp. 879-880; art. 2, p. 882.
(3) *om. 3160; i. m. 12390.*
(4) sequantium *3169.*
(5) existenciam.
(6) *Loc. cit.*, art. 3, pp. 883-887.
(7) *om. 3169; i. m. 12390.*
(8) proposicionum.
(9) *Loc. cit.*. p. 887, E, F.
(10) considerare *add. et del. 3169.*
(11) differencia.
(12) hic approbat doctrinam Aureoli. *i. m.*

multum tamen discrepare videtur a sententia doctoris subtilis suorumque sequacium qui ponunt quatuor signa. In quorum primo divina essentia (1) representat intellectui divino simplices terminos propositionum; in 2° vero signo divinus intellectus format propositiones easque ut neutras et indeterminatas representat divine voluntati, ut puta, navale bellum erit, sive possibile est esse, futuro anno. In 3° signo voluntas divina determinat navale bellum futurum et esse (2) debere pro illo tempore. In 4to (3) vero signo intellectus divinus cognoscens intuitive determinationem (4) divine voluntatis intelligit tale bellum pro tali tempore esse debere. Et ita opiniones iste magnam convenienciam habere videntur; et non minorem cum ipsis, opinio sancti Thome, si bene et absque passione consideretur.

Hec igitur, Reverendissime (5) domine, sunt que juxta ingenioli mei parvitatem responderem ad predicta puncta; que omnia vestra Reverendissima dominatio habebit corrigere et emendare. Ejusdem v. d. Reverendissime dominationis humilis servitor, f. cardinalis sancti petri ad vincula (6).

Explicit tractatus.

---

(1) essencia .
(2) futurorum *add. et del.*
(3) quarto.
(4) determinationum.
(5) per.
(6) subscriptio littere cardinalis, *i. m.*

ANONYMI TRACTATUS DE FUTURIS CONTINGENTIBUS (1)

(Ms. lat. 3169).

Nonnulli sophisticis rationibus imbuti, nimis de industria ingenii ac solertia presumentes, opinati sunt et divina et humana cognoscibilia suo proprio posse metiri ingenio; et que fidei sunt non vera consistere asserere conantur; nam confitentur tales propositiones contentas in divina doctrina et sacratissima theologia non esse veras que de contingenti futuro sunt, videlicet quod universalis resurrectio mortuorum erit, et universale judicium erit, et qui bona egerunt ibunt in vitam eternam, qui vero mala egerunt ibunt in supplicium sempiternum; et similiter quando christus predixit petro dicens : antequam gallus cantet ter me negabis. Omnia predicta et quecumque similia de futuro contingenti contenta in theologia et catholica fide assertive non esse vera predicaverunt et enuntiaverunt. Et ratio conducens eos ad sic dicendum, quia omnia evenirent de necessitate, et rationes philosophi quas ponit (2) in libro de interpretatione, si de futuro contingenti esset determinata veritas, concluderent demonstrative, et sic perirent consilium, electio, libertas arbitrii, pena et premium, et omnia evenirent de necessitate. Que omnia (3) sunt absurda et a christiana et orthodoxa fide aliena, et pietati ac christiane religioni (4) non consona, et consuetudini universalis ecclesie pro eruditione populi christiani omni ratione contraria.

Et, ut morem geram, reverendissimo domino meo metuendissimo domino Niceno, episcopo cardinali (5), qui mihi tanquam servulo imposuit ut aliqua notarem in scriptis super hujusmodi (6), quamquam neque me ingeniosum neque sufficientem noverim, tamen propter obedientiam hec pauca notare volui subjiciendo me profundissime sapiencie sue reverendissime dominationis ad omnem emendam et disciplinam paratissimum.

Et primo distinguendum est de contingenti, quia venit contingens

(1) Pas de titre dans le ms.

(2) quas *add. et del.*

(3) saltem *add. et del.*

(4) religione.

(5) Il s'agit du Cardinal Bessarion.

(6) nota *i. m.*

ut terminus multiplex de quo non potest haberi ratio uniformis in ordine ad veritatem et habitudine ad cognoscitivam potentiam, quia que de futuro contingenti dicuntur in habitudine ad unum membrum non commode neque cum veritate possunt trahi ad aliud; et sic procedentes, non declarata multiplicitate, ammittunt equivocationes, ut aperte ostendit Aristoteles in 6to metaphysice (1).

Contingens igitur in prima sui divisione est duplex (2). *Unum* quod ex significato idem est quod possibile; et sic accipitur contingens absolute, non considerando contingens per habitudinem et respectum ad causam suam. *Aliud est contingens* quod est et potest non esse, et non est et potest esse, quod distinguitur a possibili, quia includit habitudinem et respectum ad causam que in producendo (3) potest impediri.

Primum quidem membrum contingentis, quod ut possibile est ex significato, non includit oppositionem aliquam ad necessarium, ymmo consequitur ad necessarium, tanquam inclusum in necessario ex suo significato. Nam quod necesse est esse, possibile est esse, seu contingens esse, quia conveniunt in significato, ut dictum est. Unde, si sequitur, non repugnat; si vero non sequitur ad necessarium, detur oppositum quod necesse est esse, non possibile est esse seu non contingens esse, et tunc, si sic diceretur, sequeretur : quod necesse est esse impossibile est esse, cum non possibile seu non contingens equipolleat ex significato impossibili. Et ideo unum contingens quod non distinguitur a possibili ex significato sequitur ad necessarium ad quod non includit repugnantiam.

Aliud autem membrum contingentis quod ex suo significato est et potest esse, et non est et potest esse, quod accipitur in habitudine et respectu ad suam causam, que potest impediri ne producat, opponitur necessario quia necessarium est quod non potest non esse.

Contingens quidem quod opponitur necessario aliud est naturale, aliud supernaturale. Naturale dividitur, ut ponit Aristoteles libro 2o phisicorum (4); aliud est contingens natum quod est ut in pluribus, ut hominem generari cum duabus manibus et pedibus ut videtur quod tamen interdum, cum procedat hominis generatio a causa que potest impediri, generabitur homo monstruosus et sine pedibus, interdum cum quatuor pedibus etc, prout patet in monstruosis operibus nature.

---

(1) c. 6 et 7. Éd. cit., T. II, pp. 518-520.
(2) nota duplex contingens *i. m.*
(3) procedendo.
(4) Peut-être c. 5, éd. cit., T. II, p. 267.

Aliud contingens naturale est non natum vel non ut in (1) pluribus, et hoc duplex. Aliud est ut raro vel ut in paucioribus per habitudinem et respectum ad causam suam, sicut sunt peccata nature, et casualia (2) et fortuita. Aliud est ad utrumlibet quod eque primo respicit extrema contradictionis, non magis ex se inclinationem (fol. 4) habens ad unam partem contradictionis quam ad alteram.

Aliud contingens est supernaturale, et dividitur quoniam aliud est ex comminatione divina, aliud est ex predestinatione divina. Nam contingens ex comminatione divina non solum accipitur in habitudine ad voluntatem divinam sed etiam in respectu et habitudine ad creaturam cui comminatio facta est, super quo contingenti futuro ex divina comminatione per mutacionem creaturarum deus mutat sententiam, sicut de Ninive, et de rege Achab de quo 3° regum dicitur : « Nonne vidisti Achab humiliatum coram me ? Non inducam illi malum in diebus suis quod cogitaveram facere ei (3) ». Et de rege Ezechia, cui de mandato dei (4) Ysaias dixerat quod disponeret domui sue quia moreretur, qui conversus ad parietem flevit amare; et videns deus lacrimas liberavit a morte et adjecit ad vitam XV annos (5).

Aliud contingens supernaturale est ex predestinatione divina quod accipitur in habitudine ad dei voluntatem solum, super quo deus non mutat sententiam, sed ut predestinavit et promisit per prophetas suos ita erit, et sub tali contingenti futuro continetur futura benedictio gentium quam promisit patriarche Abrahe. Unde dicitur : « In semine tuo benedicentur omnes gentes » (6). Etiam continetur futura resurrectio mortuorum et finale judicium cum preambulis. Unde christus dixit suis discipulis : « Non est vestrum nosse (7) tempora vel momenta que pater posuit in sua potestate » (8). Et omnia miracula que fuerunt pronunciata oraculis prophetarum, cum fienda forent sola potestate divina supra ordinem et cursum rerum naturalium, sub eodem membro contingentis supernaturalis continentur. Unde propter omnem confirmationem futuri contingentis ex divina predestinatione dicitur in psalmo : « Tecum principium in die virtutis tue ex splendoribus sanctorum, ex utero ante luciferum genui te; juravit dominus et non penitebit eum, tu es sacerdos in eternum secundum ordinem melchisedech » (9).

---

(1) *superscr.*
(2) causalia.
(3) III, 21, 29.
(4) Eze *add. et del.*
(5) IV, 20, 1-2.
(6) *Genes.* XXII, 18.
(7) nosce.
(8) *Act. apost.* I, 7.
(9) *Ps.* 103, 3.

Declarata vero distinctione futuri contingentis ad omnia membra sua, videndum est si uniformiter in contingenti quoad (1) omnia membra sua reperiatur veritas. Non enim possumus, stante multiplicitate contingentis ex significato propter distincta membra, exprimere de contingenti uniformiter veritatem quoad (2) omnia membra. Et, si uniformis veritas et modus cognicionis ad veritatem deduceretur, esset quedam equivocacio. Et ideo dicendum est quod contingens quidem, tanquam possibile absolute acceptum quod sequitur necessarium, ut prius dictum est, quia consequens quodcumque formaliter sequens ex antecendente sub simili veritate in ordine cognicionis cognoscitur, est in utroque determinata veritas, quia necessarium, si sit causa, non potest impediri, et ad ipsam de necessitate sequitur (3) aliquid, et si sit effectus, causam sequitur necessario. Et ideo scientie que sunt necessariorum sunt determinate veritatis, et possibilium seu contingentium que sequuntur ad necessarium eodem modo; scientia vero semper est vera etc. quia quod non est non contingit sciri, ut dicit philosophus primo posteriorum.

Contingens autem naturale, quod dicitur contingens natum seu ut in pluribus, etiam futurum, cum pro majori parte sequatur ex causa que, quamvis in producendo possit impediri, tamen impedimentum raro contingit, ut futurum contingens a nobis cognoscitur determinate veritatis, quia in causis suis, cum raro deficiant in producendo, cognoscimus futuros effectus, sicut experti et docti philosophi, cognita dispositione celi... (4) anni et astronomi multo magis sub certitudine prenunciant futuros effectus contingentes ut in pluribus, sicut de dispositione veris et frugibus estatis, autumpnii et hyemis et frigoribus et caloribus; et medicus non minus, si sit doctus, cognita causa egritudinis, ut habet medicina de prenosticis, futuros casus egritudinis quos novit (5) in suis causis, qui futuri sunt, tanquam presentes enunciat (6). Et homo prudens etiam in moralibus et pollitica conversatione, si mores populi et principum novit, conjecturando predicit aliqua vera et futura.

Contingens vero ad utrumlibet et ut in paucioribus, si referatur ad suas causas et quocumque modo ad nostram potenciam cognoscitivam, quoad veritatem omnino indeterminatum est, et de isto

(1) quo ad.
(2) quo ad.
(3) aliud *add. et del.*
(4) espace blanc et trois points dans le ms.
(5) noscunt.
(6) enunciant.

contingenti loquitur Aristoteles quod, si esset determinate veritatis, illa inconvenientia deducta sequerentur videlicet quod non esset consilium, neque electio, neque pena, neque premium, neque arbitrium liberum, sed omnia evenirent ex necessitate; neque esset fortuna neque casus. Et quando philosophus de contingenti ad utrumlibet et quod raro dicitur loquitur, non de omni membro contingentis intelligit. Et ideo non scientifice procedunt quia ponunt propositiones ut plures et non distinguunt ex significato, et tunc propositiones accipiuntur ut une que sunt plures, ut dicit Aristoteles in elenchis (1).

Contingens autem supernaturale quod est ex divina comminatione oraculis prophetarum nunciatum populis, quia non solum, ut pronunciatum fuit, accipitur ut in habitudine solum ad voluntatem dei sed etiam (fol. 4^{v}) in habitudine et respectu ad creaturam cui comminatio facta est, in qua presupponitur transgressio preceptorum divine legis, non est quoad (2) nos determinate veritatis, quia, remota causa transgressionis, deus ipse mutat sententiam, quamvis non mutet voluntatem. Nam pronuntiatio comminationis, etsi (3) facta fuerit absolute, semper conceptam et implicitam habet condicionem, videlicet si a legis transgressione non recesserint.

Contingens denique predestinationis communicatum hominibus oraculis prophetarum, ut est de incarnatione christi, verbi divini, de conceptione et ortu Ysaac, et aliorum de quibus facta fuit promissio in divina scriptura, et de futura ressurectione mortuorum, et de finali judicio, et de antichristo cum suis annexis, prout ex divinis eloquiis aperte ut pronunciata et ventura cognoscuntur, sunt ab hominibus acceptanda ut determinate vera, quia veniunt nobis proposita ut credenda de quibus est fides explicita. Super quo contingente deficiunt regule logicales et sophistice, prout (4) futurum consideratur tale contingens; sed debet accipi a nobis contingenter evenire necessario in ordine consequentie, referendo consequens ad antecedens, ut predestinatum est. Quod si ut necessarium absolute deducitur, non sequitur, quia mutatur significatum propositionis de dicto seu de (5) sensu composito ad sensum divisum, vel de re. Hincque liquet manifeste quod non possumus loqui de veritate contingentium futurorum uniformiter, non presupposita distinctione, propter multiplicem acceptionem contingentis, ut patuit. Et ista de noticia

---

(1) c. 6 et 7, éd. cit. T. I, pp. 283-284.
(2) quo ad.
(3) et si.
(4) pro ut.
(5) significato *add. et del.*

contingentium futurorum quoad (1) veritatem ipsorum dicta sunt in habitudine et respectu ad intellectum humanum.

Si denique loqui volumus de contingenti absolute accepto quoad (2) omnia sua membra indistincte in habitudine ad scientiam dei et suam providenciam, cum nihil respectu divine providencie neque fortuitum neque casuale reperiatur, firmiter asserendum est et sine aliqua hesitatione quod apud divinam scientiam et providenciam est determinate veritatis, et tamen, ut evenire habet, a suis causis producitur contingenter. Pro cujus declaratione notandum est quod in nobis sunt quedam potencie et habitus cognoscitivi in quibus nunquam falsitas esse potest sicut sensus, scientia et intellectus, qui est habitus primorum principiorum, et sapientia, et ars, quibus habitibus homo informatus semper dicit verum, ut dicit Aristoteles libro VI° metaphysice (3), si bene memini (4). Quedam autem sunt in nobis in quibus potest esse falsitas, sicut est ymaginatio, estimatio, opinio, et suspicio, quibus habitibus homo informatus non solum dicit verum, sed falsum. Et ideo istis habitibus homo deceptus in errorem deducitur, quia que sunt ex ymaginatione, aut estimatione, vel opinione, putat esse ex certa scientia, et que sunt opinione cognita putat ex vera demonstratione deducta, que tamen, cum fuerint examinata, non reperiuntur in re prout (5) ex opinione fuerant (6) apprehensa. Nam verum est cognitum, ut dicit Aristoteles, quando cognoscitur esse quod est affirmative, vel negative non esse quod non est; falsum autem opposito modo affirmative quando cognoscitur esse quod non est, et negative quando cognoscitur non esse quod est; quia ab eo quod res est vel non est dicitur oratio vera vel falsa, ut dicit philosophus in predicamentis (7). Et ideo si vis aliqua cognoscitiva est talis condicionis et nature quod in ea est nunquam falsitas, necessarium est quod suum cognoscibile uniformiter sit et numquam deficiat, ab eo quod (8) de ipso vis cognoscitiva apprehendit ipsum cognoscendo etiam sub habitudine ad futurum, quia necessarium non potest impediri quin sit futurum cognitum antequam fiat eo quod cause ipsius sunt immutabiliter ordinate ad ejus productionem. Hincque per habitus cognoscitivos qui semper sunt veri possunt necessaria cognosci, etiam

(1) quo ad.
(2) quo ad.
(3) recte ethicorum.
(4) Recte *Ethi. nicom.* VI, c. 3, éd. cit., T. II, p. 67.
(5) pro ut.
(6) deducta *add. et del.*
(7) c. 9 de priori in fine, éd. cit. T. I, p. 22.
(8) vis *add. et del.*

quando sunt futura, sub ratione futuri quia videntur in causis a quibus producuntur, que a productione non possunt impediri, sicut cognoscit astrologus (1) eclipsim et solis et lune in suis causis, antequam sit, sub ratione futuri, quia videt ex regulari motu celi, intersectionibus circulorum capitis et caude draconis.

Contingens autem futurum, quamvis aliqua ex parte cognosci possit per esse quod habet in potencia in suis causis, sicut medicus cognoscit futuram dispositionem alicujus egritudinis, quia tamen cause contingentis futuri possunt impediri (fol. 5) ne producant, sub certitudine atque determinate ipsius contingentis cognicio in veritate haberi non potest. At ubi vero contingens futurum in esse productum fuerit, tunc secundum veritatem ipsius perfecta cognicio haberi potest, et non potest impediri in esse in quo est productum. Et ideo de contingenti, secundum quod est de presenti, potest esse verum judicium illius potencie vel habitus in quibus nunquam falsitas invenitur; sic enim sensus judicat apprehendens socratem sedere quando sedet. Ex quo patet quod contingens futurum quod est existens in potentia in suis causis, que ne producant possunt impediri, per nullam cognicionem potencie vel habitus, cui falsitas subesse (2) non possit, haberi potest. Nam tunc cognoscitur aliquod contingens, ut futurum est, quando inter cognicionem reique contingentis eventum invenitur ordo preteriti ad futurum; hic autem ordo non potest inveniri inter divinam cognicionem et quamcumque rem contingentem, quia semper ordo divine cognicionis ad rem quamcumque contingentem est sicut ordo presentis ad presens; quoniam instans eternitatis adest toti tempori quoad (3) omnes suas partes et includit omne tempus. Et ideo deus nullum futurum contingens, ut futurum, cognoscere potest. Nam divine scientie nihil est futurum, cum omnia sint presentia et nuda oculis ejus. Unde sequitur quod quidquid in tempore generatur, non ut futurum, sed ut presens videat et intueatur deus. Quod namque a deo visum est futurum est alteri cui succedit in tempore; sed extra tempus est non futurum, sed presens. Nobis autem futura sunt contingentia et videmus futurum ut futurum est, quia visioni nostre futura sunt, cum ipsa visio nostra tempore mensuretur, et intellectus noster, ut dicit philosophus 3° de anima, intelligat cum continuo et tempore; divine autem scientie ac visui, que est extra omne tempus, nullum futurum est.

Ex quibus deducitur evidenter quod singule propositiones de futuro contingenti in divina scriptura que sunt communicate (4)

---

(1) et *add. et del.* (2) sub esse. (3) quo ad. (4) communicata.

mortalibus lumine divino et dictante spiritu sancto, cum in ordine ad dei scientiam et divinam visionem non accipiantur ut future, sed ut presentes, et remanent future nobis, sunt determinate vere, et maxime que directe fidem concernunt cui non potest subesse falsum, cum innitatur prime veritati, cui veritas nulla contraria esse potest. Neque, propter istam determinationem, veritatem futurorum contingentium inconvenientia que ponit Aristoteles sequuntur, quia solum respiciunt ordinationem contingentium ut futuri sunt, et cognicionem ipsorum contingentium in habitudine ad humanum intellectum cui futura esse possunt, et non ad intellectum divinum qui cognoscit, ut dicit apostolus, ea que non sunt tanquam ea que sunt et cui omnia presentia existunt etc.

Explicit tractatus iste.

TRACTATUS M. FERNANDI DE CORDUBA (1)

(Ms. lat. 4152-3169)

Questio (2) Inter eruditissimos viros hodie (3) magna dissensione certatur utrum *propositiones de futuro contingenti vere esse possint vel false* (4).

---

(1) Ce titre manque dans le ms 4152, mais au recto du fol. 80 inutilisé on lit : *M. Fernandi de Corduba*. Ce ms porte de nombreuses annotations marginales. Les unes : *1a pars, 2a pars*, qui se lisent en marge du fol. 86 recto sont dépourvues d'intérêt et paraissent être de la main du copiste. Une autre placée dans la marge de gauche du feuillet 83 recto reproduit une phrase omise par le scribe. Elle mérite de retenir l'attention d'abord parce qu'elle est d'une main différente; ensuite parce qu'elle est de la même main que l'annotation suivante placée dans la marge de gauche du feuillet 86 recto en face du passage où Fernand de Cordoue fait allusion à un traité qu'il a déjà publié : *Hunc tractatum nondum habere potui, sed quamprimum curabo transmittere*. Cette note reparaît dans le ms. 3169, fol. 18 recto. Or elle est de la même main dans les deux manuscrits, de même qu'une autre note marginale du ms *3169*, (fol. 25 recto) reproduisant une phrase omise par le copiste. Ces remarques suggèrent l'hypothèse suivante. Les deux copies du traité de Fernand de Cordoue auraient été revues par quelqu'un qui avait mission de les transmettre à un tiers. Quel était celui-ci ? L'examen d'une troisième catégorie de notes permet de le conjecturer. En marge du ms. 4152 figurent de nombreuses notes critiques. Ces critiques reflètent manifestement la pensée de P. de Rivo, comme on pourra s'en convaincre en les étudiant dans l'appareil critique. Reportons-nous maintenant une fois de plus au ms. 3169, aux feuillets contenant le traité de H. de Zomeren publié plus loin. Ce ms. porte lui aussi des annotations critiques. Et ces annotations émanent certainement de P. de Rivo. Deux d'entre elles qui se lisent, la première au recto du feuillet 76 et la seconde au recto du feuillet 77, suffisent à dissiper tous les doutes : *Distinxi ut in 2o tractatu, capitulo 5o. In ista lectione argumenta ejus solvi*. Or ces annotations critiques sont de la même main que les annotations critiques du ms. 4152. On peut donc supposer que les feuillets contenant, dans le *ms. 4152*, le traité de Fernand de Cordoue et, dans le *ms. 3169*, le traité d'H. de Zomeren ont appartenu à P. de Rivo qui les aurait annotés. Enfin le *ms. 3168* suggère une hypothèse sur la personnalité qui aurait revu et expédié le traité de Fernand de Cordoue. Fernand vécut à Rome sous le pontificat de Sixte IV (NICOLAUS ANTONIUS, *Bibliotheca hispana vetus*, t. II, p. 319). C'est donc à Rome qu'il aurait composé son traité. D'autre part, on rencontre dans le ms. 3169 deux feuillets reproduisant une nouvelle rédaction de la fin du chapitre premier et du chapitre quatrième du quatrième traité de Pierre de Rivo : *Finalis particula*. Ces deux feuillets ont été pliés comme s'ils devaient faire l'objet d'un envoi. Au dos du second en retournant le volume on lit : *Steenwinkel. Rome.* Steenwinkel séjourna en effet à Rome en qualité de procureur de l'université. Dès lors on est amené à se demander si Steenwinkel n'aurait pas fait établir les deux copies du traité de Fernand de Cordoue pour les transmettre à Pierre de Rivo.

(2) Cette manchette, comme d'ailleurs celles qui vont suivre, ne figure pas dans le manuscrit 4152. On les a néanmoins reproduites parce qu'elles permettent de suivrent plus aisément la pensée.

(3) *superscr.*

(4) seul 3169 souligne l'énoncé de la question.

Argumentatur pro parte negativa (1). Et argumentamur pro parte negativa, primo rationibus cujusdam petri de rivo qui nunc istam partem tuetur, deinde rationibus Aureoli.

Primum argumentum (2) petri de rivo : Nullum preteritum potest non evenisse; omnis propositio que est vera de futuro (3) fuit in preteritum vera, ymmo ab eterno vera. Ergo nulla propositio que est vera de futuro potest non evenisse, id est non esse (4) vera et consequenter omnia de necessitate evenirent et nullum esset consilium, nulla consultacio, nulla deliberacio, nulla libertas arbitrii de futuris contingentibus.

2um *argumentum* Omnis propositio immutabiliter vera est necessario vera; sed si propositio de futuro contingenti est vera, illa est immutabiliter vera; ergo propositio de futuro contingenti est necessario vera; non est ergo de futuro contingenti. Quod autem propositio de futuro, si est vera, est immutabiliter vera ita quod ejus veritas a nulla potencia impediri possit probatur. Nam nulla potencia est in (5) preteritum; hoc enim solo privatur deus ut faciat preterita non esse preterita; sed propositio de futuro, si est nunc vera, fuit heri (6) et in omne retro preteritum vera. Ergo per nullam potenciam impediri posset ejus veritas et ita omnia necessario evenirent.

3um *argumentum* petri de rivo, quod dicit esse aristotelis in primo periarmenias. Nam sicut res se habet ad esse et non esse ita propositio ad verum et falsum; futurum autem contingens ante posicionem ejus nec determinatum est ad esse nec ad non esse, alioquin non esset in potestate cause ut ipsum ponat in esse vel in non esse. Ergo propositio de futuro contingenti nec ad verum nec ad falsum determinata est (7).

4rm *argumentum* petri de rivo proficiscitur a quatuor suppositionibus; licet pro mea sententia incidat in superiora argumenta, tamen formandum a nobis est, ut ordine respondeamus. *Prima suppositio* (8) est, que est aristotelis (9) primo priorum et primo posteriorum (10), quod ex absolute necessario in consequentia necessaria non sequitur

---

(1) *i. m.*

(2) seul 3169 souligne le début des quatre premiers articles. En outre, pour les cinq premiers arguments, il porte en marge : primum argumentum, etc.

(3) potest non evenisse *add. et del. codd.*

(4) est *codd.*

(5) *superscr.*

(6) eri.

(7) Cf. p. 101; 228

(8) 4152 ne souligne pas.

(9) in *codd.*

(10) *Anal. prior*, I, 2, éd. cit., T. I, p. 90; *Anal. post.* I, 6, p. 127 et 30, p. 150.

nisi absolute necessarium; alioquin, si non necessarium sequeretur, hoc posset non esse, quare ex vero contingeret sequi falsum. 2ª *suppositio* (1) quod, si propositioni de futuro contingenti jam inest veritas, illa semper ei infuit, ut si hec : petrus salvabitur, jam est vera, illa semper fuit vera. 3ª (2) *suppositio* est quod ad preteritum non est potencia, que est aristotelis primo de celo et VI (3) ethicorum (4). 4ª *suppositio* quod veritas propositionis penes necessariam consequentiam infert significatum ipsius; veritas enim propositionis et esse rei per eam significate convertuntur secundum essendi consequentiam, sicut habetur in predicamentis (5). Quibus suppositis, ita argumentatur. Si id quod est absolute necessarium eventum futuri contingentis temporaliter antecedit et ipsum necessaria consequentia infert, necesse est hujusmodi eventum esse absolute necessarium; sed si in singularibus contradictoriis de futuro contingenti alteri determinate inest veritas, hujusmodi veritas est absolute necessaria et temporaliter antecedit quemlibet eventum futuri contingentis et ipsum infert consequentia necessaria. Ergo, hac (6) ypothesi stante, necesse est quemlibet eventum futuri contingentis esse absolute necessarium. Quare omnia de absoluta (7) necessitate evenient; quo nichil absurdius dici potest. Major clare patet ex prima suppositione. Minor habet tres partes. Prima est quod veritas, que ab adversario ponitur inesse propositionibus de futuro contingenti, est absolute necessaria et hoc appellando absolute necessarium quod simpliciter per nullam potenciam impediri potest ne sit aut fuerit. Patet, quoniam hujusmodi veritas non tantum jam esset sed semper fuisset, ut patet ex 2ª suppositione. 2ª pars minoris est quod hujusmodi veritas temporaliter antecederet quemlibet eventum futuri contingentis; patet, quia quamlibet rem eventuram, secundum sic opinantes, temporaliter antecederet veritas propositionis dicentis talem rem fore, que non solum nunc est sed semper fuisset, ut patet ex 2ª suppositione. 3ª pars minoris est quod hujusmodi veritas inferret, penes consequentiam necessariam, eventum futuri contingentis; patet, quia veritas propositionis penes consequentiam necessariam infert significatum ipsius, ut patet ex (8) 4ᵗᵃ suppositione. Sed propositio de futuro

(1) 4152 ne souligne pas.
(2) Tercia.
(3) sexto.
(4) *Eth. nicom.*, VI, 1, éd. cit. II, p. 67.
(5) *categ.* c. 9 de priori, éd. cit., I, p. 22. P. L. t. 64, col. 285.
(6) hec *4152*.
(7) necessitate absoluta.
(8) quarta.

contingenti significat eventum futuri contingentis aut saltem in significato suo includit. Igitur etc.

V[tum] *argumentum* (1), quod putant esse achillem argumentorum pro negativa parte : Si hec propositio : sol cras orietur jam est vera, ortus solis cras eveniet. Nam si dederis non evenire, infers continuo antecedentis contradictoriam, scilicet quod hec non est vera : sol cras orietur. Tunc argmentatur sic. Antecedens per nullam potenciam impediri potest, ergo nec consequens et fit ut ortus solis crastinus de necessitate eveniat ita ut per divinam potenciam impediri non possit, quod hereticum videtur. Consequentia tenet quoniam ex inevitabili et eo quod per nullam potenciam impediri potest non potest inferri (2) evitabile et quod per aliquam potenciam impediri potest. Unde aristoteles probat in analyticis (3) prioribus ex necessario non posse sequi (4) contingens, alioquin contingeret ex vero sequi falsum (5). Et inevitabilitas antecedentis sic ostenditur (fol. 16[v]), quia quod pro aliquo instanti est tale per nullam potenciam impediri potest quin pro illo instanti sit aut fuerit tale; unde corpus quod nunc est album a nullo potest impediri quin pro eodem nunc sit aut fuerit album, alioquin esset potencia ad presens aut preteritum. Si ergo hec propositio : cras orietur sol, pro (6) hoc instanti est vera, per nullam potenciam vitari aut impediri potest quin pro eodem instanti sit aut semper fuerit vera, et per consequens veritas ejus est inevitabilis.

Ex hac ratione putant se consecutos (7) nullam propositionem de futuro esse veram veritate presenti quia talis veritas esset inevitabilis; hoc modo apud Aristotelem propositio dicitur esse vera, ymmo propositionem veram dixit necessariam, hoc est per nullam potenciam quoad (8) ejus veritatem impedibilem. Unde ita Aristoteles loquitur : « Nam si est verum dicere quoniam est album aut non est album, necesse est album aut non album esse » (9). Sic etiam Aristotelis commentatores habent locum interpretati sic ut dicant in futuris contingentibus non esse determinatam veritatem qualis est in presentibus et preteritis, cum veritas presentium et preteritorum per nullam potenciam impediri possit quin sit aut fuerit, quod minime de futuris dici potest. Ex hac ratione inferunt multa absurda; nam si hec est

---

(1) quintum.
(2) inferre.
(3) analeticis 3169; analetichis 4152.
(4) sequi posse.
(5) *Anal. prior*, I, c. 2, éd. cit., T. I, p. 90, n. 3.
(6) eo *add. et del.*
(7) consequutos 4152.
(8) quo ad *codd.*
(9) *Perihermeneias*, 9, éd. cit., T. I, p. 28, Meiser, p. 9.

vera : antichristus peccabit, ergo de necessitate et inevitabiliter antichristus peccabit; sed peccatum dici non potest quod devitari non potest; ergo, si antichristus inevitabiliter peccabit, nullo modo peccabit. Unde fit ut hii qui questionis affirmativam partem tuentur in varias incidant absurditates.

*VI*tum (1) *argumentum* petri de rivo, quod ex scoti sententia ducere videtur et petri de nongento, quem acutissimi ingenii putat, quos doctores dicit admisisse possibilitatem propositionum neutrarum : aiunt enim deum cognoscere futura contingencia per determinationem sue voluntatis, ymaginantes tria signa, in quorum primo intellectus divinus presentat voluntati propositiones de futuro contingenti, ut puta antichristum fore, antichristum non fore, tanquam indifferentes ad veritatem vel falsitatem; in 2o voluntas vult determinate unam complexionum contradictoriarum; et in 3o intellectus videt determinate voluntatem eam velle. Volunt ergo quod neutra complexionum contradictoriarum est vera ante determinationem divine voluntatis; et, si neutra est vera, neutra est falsa quia, una contradictoriarum existente falsa, necesse est reliquam esse veram.

VII (2) *argumentum* est ejusdem petri de rivo, quod sue opinioni conciliare videtur ex favore sanctissimi thome qui affirmat cum plurimis veteribus doctoribus deum cognoscere futura contingencia, quia secundum eorum realem existenciam ab eterno ponuntur in ejus conspectu, licet nondum sint in cursu temporis, quos doctores constat arbitratos esse propositiones contingentes de futuro non esse determinatas ad veritatem ante posicionem rerum in esse quia, ut sic, adhuc sunt in potestate cause que eas potest ponere in esse aut non ponere. Sed post positionem earum in esse habent determinatam, ymmo necessariam et non impedibilem veritatem. Nichilominus, secundum hos doctores, deus futura contingencia ab eterno certissime cognoscit, quia non tantum sunt presencia divino conspectui ut sunt in futuricione seu in suis causis, sed eciam ut realiter existunt in sua presencialitate.

VIII (3) *argumentum* ejusdem petri de rivo sumitur ex auctoritate Anselmi in libro de concordia (4) prescientie et liberi arbitrii ita dicentis : « Cum dico : si erit, ex necessitate erit, hic sequitur

(1) sextum.
(2) septimum.
(3) octavum.
(4) potencia *add. et del.* presciencie *i. m.*

necessitas rei positionem, non precedit » (1). Ergo arbitratur futuro contingenti nullam convenire necessitatem nisi postquam (fol. 82) positum est in esse et constat eum non locutum de necessitate logica qua (2) aliquid necessarium est ex necessaria terminorum habitudine, quia propositio de contingenti post positionem rei in esse non sic est necessaria; per necessitatem ergo intelligit veritatem que impediri non possit, quam putat Aristoteles requiri ad hoc quod propositio jam sit vera. Intendit ergo Anselmus, juxta interpretacionem petri de rivo, quod futurum contingens non habet hujusmodi necessitatem, id est inevitabilem veritatem ante positionem rei in esse; et cum constet ipsam non habere falsitatem, consequens est ut in quadam sistat neutralitate.

IX (3) *argumentum* petrus de rivo ex sacris litteris colligit. Nam, luce 1° (4), Elisabeth sic loquitur gloriosissime virgini : « Beata que credidisti (5) quoniam perficientur in te que dicta sunt tibi a domino » (6). Unde constat velle illas propositiones esse perficiendas que dicte (7) sunt ab angelo, ut puta : « paries filium, et vocabis nomen ejus ihesum, hic magnus erit » etc. (8). Sed quod est perficiendum nondum habet suam perfectionem, ymmo eam expectat. Veritas autem erit ipsa proposicionis perfectio. Innuere ergo videtur illas propositiones nondum habere veritatem, sed tempore congruo eam expectare. Idem, luce ultimo, scribitur : « Christus post resurrectionem (9) suam dixit discipulis suis : « hec sunt verba que locutus sum ad vos cum adhuc essem vobiscum, quoniam necesse est impleri omnia que scripta sunt in lege moysi et in prophetis et in psalmis de me » (10). Ubi voluit propositiones de futuro que prophetate erant de christo necessario esse implendas. Cum itaque id quod implendum est intelligatur esse vacuum illa perfectione qua natum est postea (11) impleri, perfectio autem (fol. 17) qua propositio impleri potest est ejus veritas, innuere videtur tales propositiones prius ab veritate fuisse vacuas et veritatem in posterum expectasse. Ita ymnus canit : « ysaias que cecinit impleta sunt in (12) virgine » : hec, scilicet, propositiones ab ysaia (13) prophetate : « ecce virgo concipiet et pariet filium », que per posicionem in esse recipiebant suum complementum;

(1) *De concordia praescientiae Dei... cum libero arbitrio*. P. L., t. 158, col. 509.
(2) aliud *add. et del.*
(3) nonum.
(4) primo.
(5) credidistia *4152*.
(6) I, 45.
(7) dicta *4152*.
(8) I, 31-32.
(9) *om.*
(10) XXIV, 44.
(11) postea natum est 4152.
(12) de.
(13) Ysaie.

sed nichil aliud quam veritas videtur esse complementum propositionum. Juxta hanc expositionem videtur posse exponi logice quod dicitur ad hebreos 10 (1). « Umbram habens lex futurorum bonorum et non ipsam ymaginem rerum » (2). Lex quidem futurorum bonorum est lex vetus per propositiones de futuro promittens bona nove legis, que in hujusmodi propositionibus habuit umbram, id est carenciam lucis; sed lux propositionis est ejus veritas. Innuere ergo apostolus videtur propositiones veteris legis que erant de futuro veritate caruisse quam tamen in futura nove legis tempora promiserant. Non habebant etiam ejusmodi propositiones ipsam ymaginem rerum. Quid enim aliud importat ymago quam determinatam conformitatem ad ipsam rem ? Conformitas autem propositionis ad rem significatam videtur ejus veritas. Dicens ergo quod non habebant ymaginem rerum, innuere videtur quod non habebant determinatam veritatem.

X (3) *argumentum* attulit idem petrus de rivo, quo hanc controversie negativam partem tueri putat. Nam hii quidem qui negativam sentiunt (4) multas enunciaciones futuras in sacris litteris salvare possunt et defendere prophetas quosdam, qui cum opinione contraria redargui mendacii fortassis possent; tum illud quod Ezechie ysaias pronunciat 4[to] regum 20 : « cras morieris » (5), tum illud jone : « adhuc 40 (6) dies et ninive subvertetur (7) ». Nam utraque dictarum propositionum fuit nec vera nec falsa. Nec jonas sub hedera sedens contristatus est propter falsitatem sue prophecie, sed quia eam non vidit perfectam seu adimpletam.

XI (8) *argumentum* est quod, cum maxime attingat questionis difficultatem, non satis a petro de rivo explicatum est; et ideo a nobis explicandum aptius atque fortificandum est. Nam deus de potencia sua absoluta nullam in preteritum habet vim, ut sepe dictum est; alioquin efficere posset preterita non preteriisse, id est preterita non esse preterita, quod est apertissima contradictio. Sed, si propositionem dederis que nunc sit vera de futuro, illam eamdem necesse est ut (9) des in preteritum fuisse veram, ymmo non modo in omne retro preteritum sed in omne evum et in omnem eternitatem precedentem; non subest ergo divine potencie quin propositio, que nunc est vera de futuro contingenti, vera non fuerit in eternum retro preteritum;

(1) decimo.
(2) X, 1.
(3) decimum.
(4) senciunt.
(5) XX, 1.
(6) quadraginta.
(7) III, 4.
(8) undecimum.
(9) *om. 4152.*

et quia eadem veritas propositionis est de futuro contingenti que nunc est, et que fuit, et que futura est, ergo propositio que est vera de futuro contingenti non potest per divinam potenciam fieri falsa; potest autem fieri falsa per adversarium; ergo propositio de futuro nec vera est nec unquam vera fuit. Quod demonstrandum accepimus.

(fol. 82v) *XII* (1) *argumentum* et est affirmativum precedentis. Nam, si (2) propositio de futuro contingenti vera est, esset consequens ut nullus unquam vel peccare posset, vel exercere virtutem, vel consultare de futuris, vel promittere quidquam (3), que omnia cum absurdissima sint, tum etiam heretica, probo consequentias; nam, si ista est vera nunc de futuro : antichristus peccabit, ergo prius fuit vera ante nunc, et quia eadem veritas est qua propositio nunc est vera et prius fuit vera, potencia que non potest contra fuisse veritatis (4) propositionis non poterit contra esse veritatis ejus; non ergo poterit antichristus non peccare, si ista est determinate vera : antichristus peccabit. Alioquin posset antichristus in preteritum ut, scilicet, non sit preteritum .Sed non potens non peccare nullo modo peccat neque peccare potest. Antichristus ergo nec peccabit nec peccare poterit; et quia, quicumque peccat, prius fuit verum, secundum adversarium, quod peccabit, nullus ergo peccare potest. Quam sententiam constat subtulisse humani generis redemptionem per christum, omnem pontificis maximi potestatem in ligando et solvendo, que omnia non peccandi (5) potestatem presupponunt modo, sed eciam actuale peccatum. Ex eodem medio efficitur ut neque exercere virtutem quisquam posset (6), vel consultare de futuris, vel promittere quidquam. Quod probandum acceperamus. Ex hoc preterea fieri videtur Aristotelis consequentia : si propositio de futuro contingenti vera esset, omnia de necessitate evenirent.

XIII (7) *argumentum* petri de rivo sumptum a similitudine est. Nam quemadmodum domus dicitur opus humanum non a sibi inherente humanitate sed ab humanitate hominis qui fecit eam, et spes ab Apostolo dicitur beata non a beatitudine jam habita sed ab expectata, cur propositio similiter dici vera non possit, etiam ipsa propositio credenda, a veritate vel dei enunciantis (8) eam vel ab expectata veritate ?

---

(1) duodecimum.

(2) sicut *codd.*

(3) quicquam.

(4) *superscr.*

(5) peccati *4152*.

(6) *om. codd.*

(7) Tertium decimum.

(8) *iter. et del. 4152*.

XIIII (1) *argumentum* ejusdem est quia, ut Aristoteles in topicis loquitur, loquendum est ut plures; sed Aristoteles appellat propositionem veram que necessaria est et minime impedibilis veritatis; ergo illa, que necessaria (fol. 17ᵛ) non est, nec vera habenda est. Cujusmodi est propositio de futuro contingenti. Alioquin non esset de contingenti. Omnes istas pene rationes petrus Aureoli 38 (2) distinctione primi sententiarum in unam colligit, hoc pacto ut sit (3).

XV argumentum. Si propositio de futuro contingenti vera est, illa immutabiliter est vera; que autem est immutabiliter vera et necessario, non est contingenter vera, non ergo est de futuro contingenti; quod est contra ypothesim. Quod autem nnlla propositio de futuro contingenti vera esse possit quin immutabiliter et necessario sit vera ita demonstrare nititur. Nam cum est vera, si mutari posset ne sit vera, aut ergo in instanti illo quo est vera aut in precedenti aut in sequenti usque ad (4) instans (5) quo res fiet. Non potest dici primum quia tunc in eodem instanti esset vera et non esset vera. Nec secundum (6) tum quia in instanti (7) dato est vera; ergo in instanti precedenti fuit vera; ergo si tunc mutari poterat in falsitatem poterat simul esse vera et non vera; tum quia, si in instanti precedenti mutaretur, esset consequens ut ante amitteret veritatem quam haberet; quod ridiculum est. Nec 3um dici potest, nam, si in aliquo instanti utpote cras esset falsa (8), impossibile est quod fuerit heri vera; nam detur oppositum quod fuerit heri vera et hodie falsa, hoc erit propter aliquam mutacionem factam in re; sed hoc est falsum, quia nondum res est nec subest qualicumque potencie in actu, et, cum nichil mutetur circa rem, est consequens ut nichil mutetur circa propositionem. Nec dici quartum potest, scilicet, quod in instanti in (9) quo res fiet mutaretur propositio a sua veritate, tum quia veritas (10) illa transit in preteritum; nam usque ad illud instans verum fuit quod illud erit; quod autem transit in preteritum immutabile est, ut patet 6to ethicorum (11) : « hoc solo privatur deus » etc.; tum quia, si tunc mutetur, aut hoc erit quia

---

(1) 14^m^.
(2) XXXVIII.
(3) *I Sent.*, dist. 38, art. 3, éd. cit., T. I, pp. 883-884.
(4) *om. 4152;* nunc in eodem *add. et del. 3169.*
(5) ad tunc in eodem instanti esset vera, *add. et del.* 4152 esse vera *add. et del.* 3169.
(6) 2um.
(7) in falsitatem poterat esse vera et non vera *add. et del. codd.*
(8) utpote *add. et del.*
(9) *om. 4152.*
(10) erit *add. et del.*
(11) *Eth. nicom.* VI, 2; éd. cit. II, p. 67.

significatum ponetur in esse (1) et sic non mutabitur sed pocius confirmabitur in sua veritate; aut oppositum sui significati ponetur in esse (2), et tunc etiam non mutabitur, quia tunc sequitur quod numquam fuit vera sed semper falsa. Cum igitur talis propositio in nullo instanti possit mutari a veritate in falsitatem, necesse est immutabiliter esse veram, si ipsa est vera. Non est autem immutabiliter vera, alioquin non esset contingens de futuro. Nulla ergo ratione fieri possit ut propositio de futuro singularis, sive in sacris sive extra sacras litteras contenta, sit vera (fol. 83).

XVI argumentum est ejusdem petri Aureoli confirmativum precedentis; cujus hec formula est. Illud quo posito in esse (3) in aliquo instanti ponitur pro semper in esse (4), si pro aliquo instanti ponitur esse, ponitur immutabiliter esse. Hoc patet quia quod sibi determinat sempiternitatem (5) in essendo in nullo tempore mutari potest; sed si propositio de futuro pro (6) aliquo instanti ponitur vera, ponitur pro semper vera; nam, si pro aliquo instanti est vera, pro quolibet instanti precedenti et subsequenti, quamdiu ejus significatum est futurum, est vera, et tunc in instanti quo ponitur transit a futuricione in presentialitatem, et est verum quod illud est, et ante in (7) preteritum et postea erit verum deinceps in eternum quod illud fuit; unde fit ut necesse sit illam veritatem perpetuo permanere. Nulla ergo ratione propositio de futuro ponitur vera quin sit consequens eam esse eternaliter veram. Non est autem eternaliter vera; nullo ergo modo est vera.

XVII argumentum est ejusdem petri Aureoli; nam, ut inquit, idem significare videtur futurum esse et venturum esse. Si ergo aliquid est futurum, illud evenire necesse est; ut, si hec sit vera : Sortes erit, de necessitate hec erit vera : Sortes eveniet et ponetur in esse. Unde fit ut hec consequentia sit necessaria : propositio de futuro est vera, ergo tale futurum ponetur in esse, ergo si antecedens est immutabile et inevitabile, consequens est immutabile et inevitabile. Probatum est autem quod, si propositio de futuro est vera, futurum inevitabiliter ponetur in esse (8), et ita nichil contingenter eveniet. Quod argumentum et inconveniens attulisse arbitrantur Aristotelem in libro periarmenias.

Iste rationes probare videntur contingentes de futuro nec esse

(1) inesse.
(2) inesse.
(3) inesse.
(4) inesse.
(5) semper eternitatem.
(6) in.
(7) *superscr. codd.*
(8) inesse.

veras nec falsas. Istas XVII rationes pro parte istorum, id est negativa, attulisse satis fuerit (fol. 18).

Hic arguitur pro parte affirmativa (1). In contrarium pro parte vera, id est affirmativa, sunt non rationes modo, sed etiam sacrarum litterarum perexpressa testimonia. Rationes quoad presentem tractacionem attinentes sunt numero XX.

Prima (2) est que tantarum est virum ut non solum demonstret affirmativam partem, sed et adversus ipsas contra sentiencium rationes retorqueri possit. Nam ipsi putant nullam de futuro propositionem veram aut falsam esse, sed pocius verificandam vel falsificandam pro tempore quo res eveniet vel non eveniet. Tunc ex sententia et ratione adversarii dilucidissime affirmativam hujus controversie sic demonstrare possumus. Nam si propositio de futuro verificanda est pro tempore quo res per propositionem de futuro significata eventura est, ergo pro tempore eventus rei propositio de futuro erit vera; nichil enim aliud est verificandum nisi quod futurum est verum; quidquid autem futurum est verum pro aliquo instanti vel tempore pro illo erit verum dicere quod est verum, cum omne futurum presupponat (3) presens et relinquat futurum, ut demonstratur primo periarmeneias. Sumas ergo in illo instanti eventus rei quo propositio de futuro est vera, et argumentamur argumento adversarii. Propositio de futuro tunc est vera, ergo nunc est vera, quod negat adversarius. Et probo consequentiam per adversarium. Nam propositio de futuro, si aliquando est vera, in omni instanti preterito fuit vera; sed instans presens est instans preteritum respectu instantis futuri quo propositio est verificanda, id est erit vera. Ergo in instanti presenti proposicio de futuro non solum (4) est verificanda sed jam est vera et semper fuit vera. Ergo ex sua ipsa ratione confusus (5) est adversarius ut affirmare (6) cogatur quod negaverat.

2ª (7) ratio (8) est. Nam propositio numquam est verificanda pro illo instanti quo non potest esse vera; sed propositio de futuro pro illo instanti quo ponitur verificanda non potest esse vera (9), ymmo necesse est esse falsam; ergo propositio de futuro numquam est

(1) *om. 4152.*
(2) prima ratio, *i. m. 3169.*
(3) presupponit *codd.*
(4) *superscr. codd.*
(5) confosus 4152.
(6) affirmative *codd.*
(7) secunda.
(8) 2ª ratio *i. m.*
(9) sed propositio... vera *i. m. codd.* En marge de cette deuxième raison 4152 porte : hec duo argumenta solvuntur quia aliquid dicitur verificandum vel formaliter vel finaliter, seu completum.

verificanda; sed per adversarium vel vera est vel verificanda. Probatum est autem non esse verificandam, ergo est necessario consequens ut sit vera; quod adversarius declinare arbitrabatur. Quod autem propositio de futuro, pro illo instanti quo ponitur verificanda, non possit esse vera probo. Nam assigno hanc propositionem de futuro : antichristus nascetur; perspicuum est quod (1) pro tempore eventus rei quo propositio ponitur de futuro verificanda non potest esse vera. Nam illud tempus eventus rei est quando antichristus est natus. Illo autem tempore non est verum quod antichristus nascetur. Confirmatur racio quia nichil futurum est verum pro illo tempore pro (2), quo non potest esse verum; ut enim ex dyalectica peryarmenias demonstratum est, omnis propositio de futuro infert unam de possibili ut : tu eris cardinalis cras, ergo tu potes esse cardinalis cras; ergo, a contradictorio consequentis, propositio, que non potest esse vera, pro aliquo instanti non erit (83^v) vera, id est, non est verificanda pro illo instanti; sed pro instanti eventus rei propositio non potest esse vera; ergo nec verificanda pro illo instanti.

3^a (3) ratio (4) est : Ponatur fernandum consecuturum beatitudinem. Deinde, hoc admisso et proposito concesso, proponatur : fernandus beatitudinem non consequetur; negandum id est, tanquam repugnans proposito bene admisso; ergo repugnant in hoc quod utrumque non est compatibile alteri vel in veritate vel in falsitate; cum autem repugnantia vel in veritate vel in falsitate fieri non possit nisi alterum sit verum et alterum illi incompatibile sit falsum, ergo alterum istorum : beatitudinem consequetur fernandus et beatitudinem non consequetur fernandus est verum, et alterum est falsum. Sed utraque est propositio de futuro contingenti; ergo propositio aliqua de futuro contingenti est vera et aliqua est falsa. Que sententia subtiliter duci videtur ex logica que ab Aristotele traditur primo thopicorum.

Quarta ratio (5) est per quam evidentissime demonstrari possit non modo posicionem sibi minime consentientem, sed et repugnantiam includere ridiculam; nam si, juxta positionem, propositio de futuro contingenti non vera sed verificanda est pro tempore quo res eventura est, accipio eam ipsam propositionem ab eis concessam de futuro scilicet : propositio de futuro verificanda est, ergo ipsa verificanda est pro tempore quo res eveniet; eventus autem rei significate per hanc

---

(1) *om.*
(2) *om. 4152.*
(3) tercia.
(4) 3^a ratio *i. m.*
(5) 4ta ratio *i. m.* De propositione que est de futuro contingenti nec vere dicitur quod est verificanda nec quod est falsificanda, sed sub disjunctione dicitur quod est verificanda vel falsificanda *i. m. 4152.*

propositionem de futuro verificandam (1), est (2) veritas presens de futuro. Ergo propositio est aliquando vera de futuro. Quod putabant evasisse.

Quinta ratio (3). Nam queramus ab his qui negativam hujus controversie partem tueri (4) videntur cur magis hec repugnent et nulla ratione se compati possint : omne navale bellum erit cras, quoddam navale bellum non (5) erit cras, quam hec : quoddam navale bellum erit cras, quoddam navale (fol. 18[v]) bellum non erit cras. Nam ille ultime subcontrarie non repugnant in veritate quamquam in falsitate repugnent; quamquam enim simul vere esse possint, simul false esse non possunt; sed in primis de futuro contingenti propositionibus, quia contradictorie opponi videntur, tanta inter se repugnancia est (6) ut neque se in veritate nec in falsitate compati possint; fieri igitur potest ut ambe hec subcontrarie sint vere : navale bellum erit cras, navale bellum non erit cras; sed per adversarium propositiones de futuro que vere esse possunt, cum sint inevitabilis veritatis, necesse est eas esse veras; ergo necesse est duas propositiones de futuro contingenti esse veras, cujus contrarium tueri posse arbitrantur. Contradictoria autem de futuro magis repugnant in veritate et falsitate; non autem in (7) veritate qua propositio de futuro non est vera, sed verificanda; nec in falsitate qua propositio de futuro non est falsa, sed falsificanda; nam si non veritas presens sed futura rei eventum expectans (8) faceret incompatibilitatem cum falsa de futuro, que non est falsa, sed falsificari expectans per rei eventum, esset unum ridiculum consequens : has propositiones esse repugnantes (9) et contradictorias : tu audis et ego loquor, nam pro cras altera est falsificanda et pro eodem cras altera verificanda; que omnia cum perabsurda sint, est consequens propositionem de futuro esse alteri de futuro contradictoriam, quod una sit vera et altera incompatibiliter illi (10) falsa, non ob id quod una verificanda sit et altera falsificanda.

Sexta ratio (11). Nam ex posicione adversarii est consequens aliquam particularem esse veram, cujus nulla singularis est vera que sententia omnem demonstrandi artem, omnem sillogizandi (12), omnem convertendi enunciaciones, in quibus tota sillogizandi (13) ars sita est, evertere

(1) verificanda *codd.*
(2) *iter codd.*
(3) V[ta] ratio *i. m.*
(4) contueri.
(5) *superscr.*
(6) *superscr.*
(7) *om.*
(8) ex *superscr.* spectans *4152.*
(9) repugnantes esse.
(10) sit *del*, illi *superscr.*
(11) V ratio, *i. m.*
(12) sylogizandi *4152.*
(13) soligizandi; sylogizandi *4152.*

videtur. Unde fit ut omnis scientia sublata sit que a demonstracione proficiscitur, ut in analeticis (1) posterioribus demonstratum est. Quod autem predicta posicio sit tocius superioris dialectici artificii eversio ita probatur. Nam si non est determinate vera nec falsa propositio de futuro sed, ut aiunt, sub disjunctione est vera vel falsa, hec ergo particularis est vera : altera istarum est vera; quod patet ex natura disjunctionis (2). Si itaque, ut dicit posicio, nec hec demonstrata est vera nec illa, sequitur quod est aliqua particularis vera cujus sunt alique singulares, et tamen nulla singularis est vera. Hoc autem funditus evertit conversionis naturam et repugnat bene demonstratis ab Aristotele primo priorum versus principium, ubi probat conversiones propositionum, et primo quidem universalis negative, et tandem concludit quod, si (3) particularis affirmativa sit vera, oportet predicatum verificari de subjecto pro aliquo singulari demonstrato (fol. 84) (4) et per consequens quod aliqua singularis ejus est vera (5). Verbi gratia convertatur ista : nullum b est a in hanc : nullum a est b; probat Aristoteles ducens (6) ad inconveniens; alioquin da oppositum c quod est : b est a et, per consequens, quoddam b est a, quod est contradictorium prime. Constat autem hanc demonstrationem proficisci ab hoc fundamento : non posse esse aliquam particularem veram nisi probetur per aliquam singularem veram. Si ergo ista est vera disjuncta : propositio de futuro est vera vel falsa, ergo verum est quod altera istarum est vera determinate vel dabis quod neutra sit vera et altera sit vera et tunc dabis duo contradictoria vera; quo nichil absurdius. Et sequuntur omnia inconveniencia que a principio rationis attulimus.

Septima (7) *ratio* est. Nam, si juxta adversarium neutra pars contradictionis de futuro est vera, licet sub disjunctione illa vel illa vera sit, alterum duorum inconveniencium est consequens, vel quod erit aliqua propositio universalis falsa cujus quelibet singularis est vera vel due contradictorie erunt simul vere; et utrumque videtur absurdum.

---

(1) analetichis *4152*.

(2) nec sequitur nec admittitur assumptum *i. m. 4152*.

(3) *om.*

(4) hec : altera contradictoriarum de futuro etc. est vera, ut est admissa, habet unicam singularem veram que est categorica de disjunctivo subjecto, hanc scilicet : hec vel illa erit vera; sed ejus singulares male assignate utpote : hec est vera, puta affirmatio, vel hec, puta negatio est vera, tuerisne ut pars est vera universali existente vera. *i. m. 4152*.

(5) *Analyt. prior.* I, 2; éd. cit., I, p. 40.

(6) *iter. et del.*

(7) vii ratio *i. m.*

Quod secundum sit absurdum patet per primum principium. Sed quod primum sit eque absurdum probatur. Nam per propositionem universalem, si affirmativa est, non denotatur nisi quod predicatum affirmatur vere de quolibet singulari sui subjecti. Quod si universalis negativa sit, denotatur predicatum negari vere a quolibet singulari sui subjecti. Unde fit ut universalis et copulativa composita ex omnibus ejus singularibus semper convertantur, et semper necesse sit ut veritas unius inferat veritatem alterius. Ob quas causas illud in vulgus dialecticorum verum est quod ad veritatem universalis sufficit quamlibet ejus singularem esse veram. Sed consequentiam probo. Nam, demonstratis gratia (fol. 19) exempli a et b, secundum philosophum hec est vera : altera istarum est vera que contradicit prime, scilicet neutra est vera, et sequitur 2ª pars consequentis quod duo contradictoria sunt simul vera. Aut ipsa est falsa, quod dicere oportet, cum ejus contradictoria ponatur vera, et tunc quelibet singularis est vera quia a et b. Ergo est universalis falsa cujus quelibet singularis est vera. Quod erat secundum absurdum (1).

VIII ratio (2). Ex positione est consequens disjunctivam veram esse posse cujus nulla pars sit vera. Quod est absurdum deductum usque ad contradictorium primi principii complexi. Quod vero id quidem ex positione inferri necesse sit ita demonstramus. Nam, ut demonstrat philosophus primo periarmenias, hec copulativa est falsa : nec navale bellum erit cras, nec navale bellum non erit cras, nam ex ipsa sequitur quod due contradictorie sunt simul false. Ad quod inconveniens idem philosophus deducit et boetius severinus (3) exponit quod ex ista de copulato : navale bellum nec erit cras nec non erit cras, sequitur quod due contradictorie sint simul false et eque patenter quia plus sequitur ex ipsa copulativa. Cum igitur ipsa sit falsa sequitur ex lege contradictoriarum quod ejus contradictoria sit vera; ea autem est ejus disjunctiva : navale bellum erit cras vel navale bellum non erit cras; neutra autem pars est vera per te; ergo est aliqua disjunctiva cujus neutra pars est vera (4).

IX ratio (5) que ex principio primo complexo deducitur, de quolibet esse vel non esse, quam vehementer admiramur ab eis doctoribus

(1) sicut hec : altera istarum est vera habet sensum compositum et divisum, ita hec : neutra est vera; si accipiuntur simpliciter contradicunt. *i. m. 4152.*

(2) VII ratio *i. m.*

(3) *Commentarii in librum... Περι ερμηνειας* c. 9, éd. cit., p. 115.

(4) contingit dicere conjunctivam veram cujus neutra pars est vera *i. m. 4152.*

(5) IX ratio *i. m.*

veritatis, qui affirmativam controversie tuentur, esse pretermissam. Demonstracio ejus sit forme. In prioribus analeticis ponitur quod si ex antecedente vero inferas consequens, contradictorium consequentis et falsum est et incompossibile antecedenti vero. Quod aristotelis dictum ita potissime demonstramus : sed, si ante precognicionem quid nominis recte illacionis supposuerimus, que ante omnem demonstrationem quesita est, ut probatur in analeticis posterioribus in principio (1), est autem quid nominis recte illationis et bone consequentie quando impossibile est ita esse quemamodum per antecedens adequate significatum est quin sit ita sicut per consequens adequate significatum est, omnes enim qui rectam consequentiam dicunt nichil aliud concipere videntur quam non posse esse hoc sine hoc, ut ideo recte consequens infers : tu es homo, ergo tu es animal, quia non est possibile te esse hominem quin sis animal que sunt adequata significata antecedentis et consequentis. Ex isto quid nominis precognito bone consequentie est necessario consequens non posse esse bonam consequentiam quin, si antecedens est verum, consequens sit verum. Nam, si antecedens est verum et consequens non est verum, ergo antecedens potest esse verum sine consequente, sicut omne verum potest esse verum sine omni non vero; ergo consequentia quam bonam dederas non est bona, ut patet ex precognicione bone consequentie, quod contra ypothesim est et incidis continuo (2) in contradictorium ut consequentiam, quam bonam dicis, dicas quoque non bonam; hinc est illud (3) aristotelicum : ex veris non est nisi verum, in prioribus analeticis (4). Hiis perspectis, demonstratum videtur quod si ex antecedente vero inferas consequens, contradictorium consequentis et falsum est et incompossibile antecedenti. (fol. 84[v]). Nam sit *a* antecedens inferens *b* consequens, et sit *c* contradictorium consequentis : tunc argumentamur sic : si *c* non est falsum et est compossibile cum *a*, ergo utrumque potest esse verum tam *a* quam *c*. Quod si utrumque esse verum possit, ponatur in esse; nam possibili posito in esse nullum sequitur impossibile; sunt ergo tam *a* quam *c* vera in casu. Si *a* verum est, ergo *b* verum est, nam demonstratum est quod ex veris nichil nisi verum inferri potest; *b* ergo verum est, et *b* est contradictorium *c* per ypothesim, ergo duo contradictoria vera contra primum principium. Es ergo positus in metha contradictionis. Rursus sic : *c* est verum et per ypothesim est contradictorium *b*, ergo *b* est falsum; *b* est falsum et *a* est verum, ergo *a* non infert *b* cujus contradictorium

(1) I, c. 1; éd. cit., t. I, p. 121.

(2) continue — *4152*.

(3) arto *add. et del. 4152*.

(4) c. 2, n. 3; éd. cit., t. I, p. 90.

ex ypothesi concessisti, et ita astrictus es in 2ª (1) metha redargutionis et in tanta angustia positus ut concedas simul quod *a* infert *b* et quod *a* non infert *b*. Preterea *b* est falsum, ergo *a* est falsum. Numquam enim falsum nisi ex falso inferri potest et idem *a* dedisti esse verum, ergo *a* est verum et falsum, id est verum et non verum, ut sis inclusus in 3ª metha redargutionis (2). Est, inquam, demon(fol. 19ᵛ)stratum nullum antecedens verum posse (3) inferre nisi consequens verum, neque ubi antecedens verum sit posse contradictorium consequentis esse verum, sed ita falsum ut sit incompossibile antecedenti vero. Hoc ita demonstrato, formo hanc consequentiam : fernandus calefit, ergo fernandus calefiebat et calefiet; et quamquam hec consequentia ex illa parte dialectice, que calculatoria appellatur, demonstrari possit, tamen quia illa dialectica calculatoria subalternatur illi phisice conclusioni que ab aristotele VIᵗᵒ de phisico auditu (4) demonstrata est, si quod omne quod movetur prius movebatur et posterius movebitur, ut quidquid calefit prius calefiebat et posterius calefiet, quidquid augetur prius augebatur et posterius augebitur, ideo illam demonstro. Nam quodcumque movetur acquirit aliquam dispositionem continuo per illum motum, est enim motus acquisicio partis post partem termini illius ad quem tendit res mota; impossibile est autem rem motam simul totam illam dispositionem acquirere, sive fuerit spatium ut in motu locali, sive quantitas ut in motu augmentacionis, sive qualitas ut (5) in motu alteracionis; ergo prius acquirit primam partem quam totum, et prius medietatem et medietatem medietatis prius, et sic in infinitum, ergo prius movebatur. Quod (6) etiam res que movetur posterius movebitur probatur ex motus ratione que est actus entis in potentia secundum quod in potentia, et quod est acquisicio partis post partem. Nam si aliquod mobile post hoc instans nichil deberet (7) acquirere et non movebitur, ergo nunc non movetur sed quiescit, quod est contra ypothesim. Est ergo consequens ut hec sit necessaria consequentia, fernandus calefacit, ergo fernandus calefiebat prius et posterius calefiet; hujus autem consequentie antecedens est verum, ergo contradictorium consequentis et falsum est et incompossibile (8) veritati antecedentis, et consequens verum est

(1) secunda.
(2) tertia redargutionis metha.
(3) *superscr.* 4152.
(4) VI, c. 6; éd. cit., t. II, pp. 325-326.
(5) et 4152.
(6) quidquid *del.* quod *superscr.*
(7) aq (?) *add. et del.*
(8) *superscr.* 4152.

per regulam primo demonstratam. Consequens autem est propositio contingens de futuro et ejus contradictorium; nam si alterum contradictoriorum est contingens reliquum est contingens, cum contingens contingenti posset in oppositas qualitates 2° periarmeneias et in primo priorum; ergo propositio de futuro contingenti est vera et ejus contradictoria est falsa; quod probandum susceperamus (1).

X ratio (2) ejus est forme. Sicut omne preteritum fuit presens, ita omne futurum quandoque erit presens, alioquin non esset futurum pro aliqua mensura quam tunc esse presens; quando autem erit presens tunc erit illa determinate vera, ergo nunc est determinate vera, nam ad determinationem antecedentis infertur determinatio consequentis (3).

XI ratio (4) que etiam colligi perexpresse potest ex aristotele primo periarmeneias. Nam contradictionis cujuscumque necesse est alteram partem esse veram; navale bellum erit cras, navale bellum non erit cras est contradictio, ut probatur primo periarmeneias; ergo hujus contradictionis altera pars est vera et altera falsa (5). Sunt autem qui arbitrantur solvisse hoc argumentum, si negent in propositionibus de futuro (6) contradictionem esse posse. Sed contra, quia affirmatio et negatio minime sine contradictione intelligi possunt; quod demonstrat aristotele primo periarmenias et nos hic demonstraremus, si per otium liceret, ut magis ad aristotelicam demonstrationem remittendos putem. Unde et illi quidem hac obstricti ratione affirmare coguntur quod prius negarant, in propositionibus scilicet de futuro esse posse contradictionem. Unde id jam aperte concedunt; negant tamen eas esse determinate veras vel falsas. Sed contra est quia altera pars contradictionis vel est vera vel falsa. Sed isti negant in propositionibus contingentibus de futuro hanc contradictionis legem esse veram. Contra est (fol. 85) quia per se nota et prima principia nulli materie applicata negari possunt, quod est demonstratum subtiliter ab aristotele et in posterioribus analethicis (7) et in 4[to] philosophie prime (8). Unde est consequens ut necessario affirmandum sit tanquam

(1) fernandus calefit, ex quo includit unam de futuro, ipsa est determinate vera, etc *i. m. 4152*.

(2) X ratio *i. m.*

(3) non est simile *i. m. 4152*.

(4) *i. m.*

(5) hic contradictionis cujuslibet necesse est alteram partem esse veram *i. m. 4152*.

(6) contingenti *add. et del.*

(7) analeticis. 4152.

(8) *Metaphys.*, III, c. 3; éd. cit., t. II, p. 503.

conclusum ex primo principio complexo, quod altera sit determinate vera, cum de quolibet sit affirmatio vel negatio vera. Putant tamen quidam id argumentacionis genus solvisse dicentes alterutram esse veram, non alteram; sed (fol. 20) id est inepte dictum. Nam, ut demonstratur in dialecticis, quamquam aliquod commune ad utrumlibet contradictoriorum esse possit, non tamen aliquod singulare; hic autem de singulari contingenti de futuro sermo est.

XII ratio (1) est contraversa in opinantem qui affirmat primum principium non tenere in propositionibus de futuro contingenti nisi sub disjunctione ita quod putat (2) hoc contingens : navale bellum erit cras, quod est exemplum aristotelis primo periarmenias, vel antequam gallus cantet ter me negabis, non esse verum nec esse falsum, sed sub disjunctione est verum aut falsum. Demonstro oppositum, convertendo rationem adversus opinantem, simulque demonstrans omnes propositiones de futuro esse determinate veras vel determinate falsas. Nam a quocumque supposito negantur aliqua duo opposita, ab eodem negatur utrumque sub disjunctione; sed in propositionibus de futuro contingenti negatur utrumque oppositum determinate juxta opinantis sententiam; ergo et sub disjunctione, cujus rei contrarium opinaris. Major hujus rationis, quo dilucidius prospici possit, in primis exemplo probanda est, 2° loco (3) argumentatione demonstranda. Exemplo hoc pacto, nam quia homo non est lapis, nec est lignum absolute, ideo homo non est (4) vel lapis vel lignum; unde sicut propositio affirmans ista duo predicata lapidem et lignum de homine absolute falsa est, ita propositio affirmans utrumque istorum sub disjunctione. 2° loco (5) eadem major probari potest ex metaphisice principiis; nam comparationem omnem et relationem presupponere duo extrema necesse est; disjunctio autem quecumque relatio est et comparatio extremorum disjunctorum; veritas ergo enuntiacionis disjunctive veritatem alterius partis presupponit (6); si itaque utraque negatur, neutra vera est; ergo nec vera sub disjunctione neque sub disjunctione concedenda. Nunc convertimus rationem adversus opinantem ostendendo propositam conclusionem a contradictorio consequentis hoc pacto. Cum ergo alterum contradictorium propositionis contingentis, de futuro sit vera sub disjunctione, ergo non neutra vera est sine disjunctione. Est ergo

(1) XII ratio *i. m.*
(2) putant *codd.*
(3) deus *add. et del.*
(4) neque *add. et del.*
(5) argumentacione demonstranda *add. et del.*
(6) Unde valet consequentia *i. m. 4152.*

altera sine disjunctione vera; quod declinare putabant. Unde fit ut, si quispiam annunciet hanc propositionem : cras erit navale bellum, vel dicet verum determinate vel falsum; quod si verum dederis, ergo ita erit, jam ergo est determinatum; quod si non erit, est ergo determinatum in falsitate.

XIII ratio (1) sumitur ex differentiis determinacionis et indeterminacionis sive cause sive effectus, sive futuri contingentis sive futuri necessarii. Quidem ratio ut dilucidior cognita fiat, animadvertenda hec sunt. Primum est duas esse indeterminationis differentias. Nam quedam est indeterminatio de inesse, quedam de possibili; et ista duplex indeterminatio reperitur ex parte cause et ex parte effectus. Indeterminatio de inesse ex parte cause est qua causa est indeterminata ad agere et non agere; sed indeterminatio de possibili ex parte cause est illa qua causa est indeterminata ad posse agere et posse non agere. Et dicitur prima de inesse quia respicit extrema de inesse; 2^a^ de possibili, quia respicit extrema de possibili. Hec autem duplex indeterminatio similiter (2) inveniri potest ex parte effectus contingentis. Unde ex parte effectus illa indeterminatio de inesse est qua effectus est indeterminatus ad produci et non produci; sed indeterminatio de possibili ex parte effectus dicenda est qua effectus est indeterminatus ad posse produci et posse non produci. Unde ista de inesse est prior illa de possibili, sicut agere est posterius ipso posse agere (3). Quibus expositis, dicimus hanc primam conclusionem, quod quilibet effectus contingens antequam ponatur in esse, id est cum futurus est, est determinatus determinatione de inesse ita quod ista est vera : antichristus erit, et quod sua opposita est falsa, licet quenam illa sit nobis ignotum. Et id convenit (4) orthodoxe (fol. 20^v^) fidei et contradictorium erroneum videtur; esset alioquin consequens deum nullam cognicionem habere futurorum contingentium (5). Nam id quod non est determinate verum nec falsum non est ab aliquo intellectu determinate scibile vel cognoscibile; quodlibet autem futurum contingens est determinate a deo cognoscibile; ergo quodlibet futurum contingens est determinate verum vel determinate falsum. Nam, ut in prima philosophia demonstratum est, sicut res ad esse se habet ita et (6) ad cognosci et ad veritatem se habet. Quod ergo est

(1) XIII ratio *i. m.*
(2) simpliciter *add. et del.*
(3) oppositum apparet verius *i. m. 4152.*
(4) ordo *add. et del. 4152.*
(5) negatur consequentia *i. m. 4152.*
(6) *superscr. 4512.*

determinate cognitum est determinate verum; unde illud est quod augustinus dixit super genesim ad litteram : « Deus non novit aliter facta quam (1) fienda » (2). Facta autem cognovit determinate sicut fuerunt; ergo et fienda. Et sicut facta vera sunt esse facta, ita et facienda esse futura. Unde ridicula est illa (3) disjunctio futuri contingentis relata ad divinam cognicionem. Nam (fol. 85ᵛ) isti putant deum futurum contingens scire sub disjunctione, scilicet quod erit vel non erit. Nam si deus futura contingencia non determinate cognosceret, sed sub disjunctione, scilicet quod ego legam vel non legam cras, ego michi divinitatem usurpare possem. Nam ita bene cognoscerem futura contingencia sicut deus, quia ego scio quod antechristus erit vel non erit, et quod antequam gallus cantaret petrus erat negaturus christum vel non negaturus; nec, secundum tuam opinionem, aliter scit deus (4). Nullus ergo in divinando habendus esset supersticiosus, cum non usurpet sibi divinam cognicionem, quod divinatoris et supersticiosi est hominis, sed utitur humana cognicione que juxta deliramenta adversarii est sibi communis cum deo. Confirmatur, nam (5) id quod quispiam agit per actionem prius determinat illud quam ponat in esse (6); illud tale est contingens; futuro ergo contingenti non repugnat quod sit determinatum antequam ponatur in esse (7). Licet ergo effectus contingens sit indeterminatus de possibili ante esse (8) et dum est in fieri, quia scilicet potest esse et non esse, tamen est determinatus de in esse et in fieri et ante fieri, ita quod fieri certum est. Animadvertendum tamen est quod ista determinatio aliquando fit a divina voluntate, puta quantum ad ista que a deo eliguntur, aliquando autem a nobis, puta quantum ad actus qui sunt in potencia nostra; quod ita intelligere debes non quod ego sciam et determinem (9) me ad actum, sed quia deus ab eterno novit causas hujus determinationis ob quas scilicet ego debeo me ad istum actum determinare. Ideo est determinatus et determinatum quia sic erit, et ideo deus

---

(1) fa *add. et del.*

(2) *De civitate Dei*, lib. 10, c. 12; *P. L.*, t. 41, col. 291.

(3) disputatio (?) *add. et del.*

(4) Deus non tantum cognoscit de futuris quod sub disjunctione erunt vel non erunt, sed quod, secundum suam actualitatem, sibi sunt eternaliter indistantia, etc. *i. m. 4152.*

(5) quia *add. et del.*

(6) inesse 4152.

(7) inesse 4152. Contra de voluntate activa, que priusquam producat volitionem non determinat ipsam, etc.

(8) *i. m. 4152*, in esse *codd.* in *exponct 3169.*

(9) sim et terminem *codd.*

determinate novit et cognoscit. Nullus tamen effectus futurus est determinatus determinatione de possibili, patet ex dicis; sed quilibet effectus contingens, ut contingens est, est ejusmodi; quod patet ex ratione contingentie, quia contingens est quod potest esse et non esse. Unde, quoniam voluntas universaliter est determinata de inesse (1), quia ita vult quod non nonvult et tamen potest velle et non velle, cum sit libera, est ergo indeterminata de possibili et non de inesse (2).

XIIII ratio (3) proficiscitur a diffinitione propositionis vere que ponitur ab Aristotele in analethicis prioribus et primo periarmeneias et 4to prime philosophie, ubi dicit : « dicere namque ens non esse, aut hoc scilicet non ens esse, est falsum; ens autem esse et non ens non esse, verum » (4); sicut futurum esse non futurum, falsum; futurum eventurum, verum sicut commentator ibi dicit et avicenna 6to methaphysice (5). Unde colligitur omnem propositionem enunciantem esse quod est, vel fuisse quod fuit, aut futurum esse quod erit, vel non esse quod non est, et non fuisse quod non fuit, aut non fore quod non erit, esse veram (6). Si itaque est possibile aliquam propositionem de futuro contingenti nec esse veram nec falsam, ut hec : antequam gallus cantet ter me negabis, vel hec : antichristus erit, ergo ex quantitate propositionis false : antichristus nec erit nec non erit (7); quod ridiculum est et contra eos qui putant se magnos logicos. Nam si nec antequam gallus cantet ter me negabis nec erit nec non erit, ergo nec erit nec non erit, cum contradictorium copulative, ut in logicis demonstratur, sit disjunctiva quedam ex oppositis partium constituta.

(Fol. 21) *XV ratio* (8). Nam aristoteles primo periarmeneias (9) et 4to methaphisice (10) precise per hoc quod omnis affirmans vel negans necessario verum dicit vel mentitur probat quod nullius

(1) in esse.
(2) in esse.
(3) XIIII ratio *i. m.*
(4) *Perihermeneias* I, 9, éd. cit., t. I, p. 28. — *Metaphys.* III, c. 7, éd. cit., t. II, p. 512; IV, c. 7, p. 521.
(5) *Aristotelis metaphysicorum cum Averrois... in eodem commentariis*, Venitiis, MDLXII, p. 96 verso in fine. Je n'ai pas trouvé le passage d'Avicenne auquel il est fait également allusion.
(6) non est simile de futuris, de presentibus aut preteritis *i. m. 4152*.
(7) negatur consequentia *i. m. 4152*.
(8) XV ratio *i. m.*
(9) *Perihermeneias*, I, 9, éd. cit., t. I, p. 28. Meiser, p. 9.
(10) *Metaphys.*, III, c. 7, éd. cit., t. II, p. 512.

contradictorie est medium; ergo oportet eum consequenter concedere quod omnis enunciatio sit vera vel falsa.

XVI ratio (1). Nam aristoteles primo periarmeneias (2) et 4to methaphisice (3), ubi probat quod nullius contradictionis est medium (4), id quidem facit hac argumentatione : nam si alicujus, ergo cujuslibet. Sed per te est medium per abnegationem in contradictione futuri contingentis ut nec sit verum nec falsum; ergo in omni contradictione (5).

XVII ratio (6). Active productioni necessario respondet passiva productio. Nichil enim producere posset nisi esset id quod produci posset (7); alioquin impossibile produci posset produci ab aliquo producente. Divina autem voluntas, et per adversarium et per methaphisicam, active ista contigencia futura producit in esse (8) volito, quod nichil aliud est quam ea active determinate producere; necessario ergo aliquid productum est; non autem aliquid quod sit in deo formaliter; ergo necessario aliquid quod est in futuro contingenti, scilicet ipsummet futurum productum in esse (9) volito; determinatur ergo futurum contingens; quod est propositum.

XVIII ratio (10). Nam quemadmodum nichil productum est quin prius fuerit (11) producibile, ita nichil determinate productum est quin fuerit prius determinate producibile, et pari ratione, sicut determinatum requirit determinabile, ita determinatum determinativum requirit determinatum determinabile; voluntas igitur divina determinans requirit (12) sibi aliquid esse determinatum; illud non potest esse nisi futurum determinatum; illud autem est futurum contingens. Est igitur futurum contingens determinatum.

XIX ratio (13) que a phisica demonstratione proficiscitur. Nam, ut subtiliter demonstratur in quinto (14) et VIto phisicorum (15), instantia presentia sunt copulantia temporis partes et preteritas et futuras.

(1) XVI ratio *i. m.*
(2) *Perihermeneias*, loc. cit.
(3) *Loc. cit.*
(4) per abnegationem in contradictione futuri contingentis *add. et del.*
(5) non est medium inter quecumque contradictoria *i. m. 4152*.
(6) XVII ratio *i. m.*
(7) posset produci.
(8) inesse, *4152*.
(9) inesse, *4152*.
(10) XVIII ratio *i. m.*
(11) fuit *codd.*
(12) *om. codd.*
(13) XIX ratio *i. m.*
(14) V.
(15) IV, c. 13, éd. cit., t. II, p. 304.

Unde fit ut necesse sit veritates de presentibus, preteritis et futuris connexas esse, ymmo non connexas modo sed essentialiter (fol. 86) ordinatas, ut omne tempus et omne tempore mensuratum prius fuerit futurum quam presens, et prius presens quam preteritum, ordine essentiali. Ex quo preterea philosophie theoreumate necessitas quatuor consequentiarum proficiscitur. Prima est, de omni de quo verum est dicere quod fuit, verum fuit dicere quod est, cum preteritum presupponat presens. 2ª consequentia, de omni de quo verum est dicere quod est, fuit ante verum dicere quod erit, cum presens presupponat futurum sicut preteritum presupponat presens, ut diximus. 3ª consequentia (1) de omni de quo verum fuit dicere quandoque quoniam erit semper fuit verum dicere quod erit, quia eadem ratione qua fuit verum dicere a mille annis et mille millibus et sic in infinitum sicut de uno. Quarta consequentia : de omni de quo fuit verum dicere quod erit, si contingens est, contingenter erit et non necessario. Numquam ergo propositio vel de preterito vel de presenti determinate vera esse potest quin et sit vera contingens de futuro illis essentialiter ordinata.

XX ratio (2) phisica que in superioribus inter dialecticas rationes tacta est. Nam nichil est verum quod calefit quin sit verum quod calefiet; quod est futurum contingens. Et antecedens probatur ex illo demonstrato 6to phisicorum : omne quod movetur prius movebatur et posterius movebitur (3).

Sunt preterea perexpresse de litteris sacris sententie, et ille quidem quamplurime, que apertissime loquuntur propositiones de futuro esse veras et falsas, quas et in alio tractatu (4) diligenter attulimus et in extrema hujus tractatus particula repetemus, in qua confutavimus et aureoli et petri de Rivo eas de sacris litteris interpretationes, quas facere nituntur, minime textui quem interpretantur convenire.

Nunc, quo hec de contingenti futuro controversia (5) dilucidior cognitu fiat, ita tractandum esse censui ut in primis questiones quasdam demonstratas reliquerimus; 2° *loco* absolverimus singulas rationes utriusque petri Aureoli et de Rivo; 3° *loco* (fol. 21v) docuerimus nostras rationes, quas XX numero attulimus, non modo nec

(1) quia *codd.*
(2) XX ratio *i. m. 3169.*
(3) c. 9, éd. cit., t. II, pp. 325-326.
(4) alius tractatus *i. m. 3169.* Istum tractatum nondum habere potui, sed quam primum curabo transmittere *i. m. 4152.* Cette note marginale et la suivante ne sont pas de la même main que les précédentes.
(5) Dividit opus suum in suas partes *4152*

ab eis absolutas esse sed neque ulla ratione absolvi posse (1), tanta rationum vis est, simulque refellemus falsas interpretaciones quibus exponere nituntur nostras de divinis litteris auctoritates, quamquam non omnes quas nos afferimus ipsi attulerunt, sed, quia unica interpretacione et quas afferunt et quas non afferunt dissolvere nituntur, nos illam interpretationem, quoad poterimus, enervare nitemur.

Primam hujus tractacionis particulam absoluturi subjicimus.

Prima conclusio est (2) : omnis propositio de futuro contingenti, sive sacris in litteris sive in prophanis contenta, est determinate vera aut determinate falsa. Hec conclusio probata est viginti superioribus rationibus et in 3[a] operis particula de sacris litteris evidentissime probabitur (3).

2[a] *conclusio est :* omnis propositio vera de eo quod est vere futurum, quandocumque facta fuit, fuit vera et, si semper fuisset, fuisset semper vera. Ista superius probata est. Nam ejus generis propositio semper enunciaret fore quod semper erat futurum.

3[a] *regula :* omnis propositio semel falsa de futuro semper fuit falsa; per idem medium quo proxima probari potest.

4[ta] *regula :* nulla propositio singularis de inesse (4) affirmativa vel negativa de futuro cujus enunciatum sit futurum contingens ad utrumlibet est necessario vel inevitabiliter vera. Demonstro sic : cujuslibet talis singularis contradictoria est possibilis; ergo nulla est necessaria vel inevitabiliter vera. Consequentia necessaria est; alioquin contingere posset et ipsam et contradictoriam esse veram contra primum principium. Antecedens probatur. Nam tale contingens potest fore et potest non fore, et si ponas sic esse possibile, tunc affirmativa erit vera et contradictoria negative erit possibilis; quod si non ponatur in esse (5), tunc negativa erit vera et per consequens contradictoria negative falsa est possibilis.

V[ta] regula : nulla propositio de inesse (6) particularis vel universalis affirmativa (7) enuntians aliquam entitatem contingentem futuram esse futuram (8), est necessaria. Hoc ex precedenti colligi potest.

VI[ta] regula : quelibet talis singularis de futuro contingenti potest numquam fuisse vera, quia quandocumque per talem propositionem

(1) in 1[a], in 2[a], in 3[a] i. m. 4152
(2) prima pars i. m. 4152
(3) probabuntur 4152
(4) in esse.
(5) in esse *4152*.
(6) in esse.
(7) affirmative.
(8) vel universalis affirmative *add. et del.*

enunciatur aliquid esse futurum, potest non esse futurum; ergo propositio enuncians potest non fuisse vera.

VII regula : talis singularis de futuro enuncians pro aliquo determinato tempore in instanti futuro potest successive esse vera et falsa, sic tamen quod affirmativa potest esse falsa postquam fuit vera. Ex eodem fundamento colligi potest.

VIII regula : nulla propositio talis affirmativa vel negativa potest sucessive esse vera et falsa, aut falsa et vera, ante illud instans pro quo enunciat (1) aliquid fore vel non fore. Ista colligi potest ex prima et 2ª et tercia (2) regulis.

Hiis animadversis respondendum est ad rationes utriusque petri. Quod 2º loco pollicemur nos esse facturos (3).

Ad primum argumentum petri de rivo dicimus primam assumptam esse falsam cum assumit : nullum preteritum potest non evenisse. Nam preteritum, cujus pretericio non dependet a futuro, non potest non evenisse, nec in id divina potencia habet (4) vim, sicut quod qui locutus sit non sit locutus et qui ortus est non sit ortus. Potest tamen preteritum non evenisse cujus pretericio dependet a futuro, non modo secundum logicam sed secundum orthodoxam fidem, sicut, licet salvatus non possit non esse salvatus, tamen qui fuit salvandus potuit non salvari et potuit (5) non esse salvandus et per (fol. 86ᵛ) consequens potuit non fuisse salvandus. Ut autem magis ridiculum argumentum perspici possit, formo apertius illud : tu beatificaberis; si est vera, ergo heri fuit vera; sed quod fuit non potest non fuisse, ergo que nunc est vera, si tu beatificaberis, non potest non esse vera et per consequens omnia de necessitate evenient. Dicimus quod hec est vera : tu beatificaberis (6), quia contingenter est vera; alioquin non esset de futuro (fol. 22) contingenti; ideo potest non esse vera, et, licet que modo est vera de futuro fuerit semper vera, tamen potuit non esse vera et semper potuit esse falsa, et divina potencia efficere potest ut sit falsa, que, licet vim non habeat in preteritum absolute sumptum, habet tamen vim in preteritum dependens a futuro; licet enim efficere non possit ut qui fuit beatus non fuerit beatus, efficere tamen potest ut qui fuit beatificandus numquam fuisset beatificandus; alterum enim est simpliciter preteritum, alterum est preteritum ex futuro dependens.

---

(1) enuncia *4152*.
(2) prima, 2ª et 3ª.
(3) 2ª pars *i. m. 4152*.
(4) locum *add. et del.*
(5) petri (?) *del.*; potuit *i. m.*
(6) et *add. et del.*

Ad secundum argumentum dicimus quod veritatem futuri contingentis semper comitatur sua contingentia, alioquin non esset veritas futuri contingentis. Quod ergo assumit : omne quod est immutabiliter verum est necessario verum, concedimus. Sed minor quam subjicis est falsa, scilicet quod propositio de futuro, si est vera, est immutabiliter vera, et cum probare niteris quia que semper fuit vera est immutabiliter vera, sed proposicio de futuro contingenti que semel est vera semper fuit vera, neganda est prima proposicio. Nam propositio que ita semper est vera et fuit semper vera, ut semper contingenter fuerit vera, illa semper fuit mutabiliter vera. Unde ratio convertitur adversus arguentem, ut propositio de futuro contingenti, quia ita semper fuit vera ut semper contingenter sit vera, semper possit esse non vera et numquam sit immutabiliter vera, sed semper contingenter vera.

Ad 3um *argumentum*, quod dicit esse Aristotelis, est dicendum quod minor est falsa que assumitur, id est, quod futurum contingens ante positionem ejus in esse non sit determinatum ad futurum esse; et cum probare nititur, quia alioquin in potestate cause non esset ipsum ponere in esse vel in non esse, dicimus illud non probare futurum contingens non esse determinatum ad futurum esse, que vocatur determinatio de inesse; sed probat non esse determinatum de (1) possibili postquam causa facere possit ipsum esse vel non esse futurum, ut antechristus possit esse vel possit non esse, ut esse antichristi sit indeterminatum de posse, id est, non magis possit esse quam possit non esse, tamen est determinatum de in esse magis ad futurum esse quam ad futurum non esse, et id quidem a divina voluntate determinante futurum ita ad futurum esse ut non determinetur ad oppositum, id est, ad non futurum esse.

Ad quartum argumentum, licet incidat penitus in superiora argumenta et jam ei responsum sit, tamen, gratia forme, concedimus ei pro nunc suppositiones, licet secundum subtilitatem dialectice aliter de eis sentiendum esset. Sed illas suppositiones inepte proposito aptare videtur. Negamus enim propositionem de futuro contingenti, licet ab eterno fuerit vera, (fol. 22^{v}) necessario esse veram, ymmo, quia semper fuit vera, semper contingenter fuit vera, cum contingencia sit inseparabilis (2) sue veritatis. Quod autem semper contingenter fuit verum, semper potuit esse falsum; propositio itaque de futuro contingenti, eo quod ab eterno fuit vera, potuit ab eterno esse falsa et ideo

(1) mot illisible *add. et del.*
(2) su ve *add. et del. 4152.*

non necessario vera; cujus contrarium tamen petrus de Rivo putabat se esse consecutum.

Ad V^tum argumentum, quod putat esse achillem argumentorum, neque achilles argumentorum est neque inter argumenta connumerandum. Neque enim achilles est argumentorum quod est idem omnibus argumentis a se allatis. Neque annumerari (1) inter argumenta potest quod unum est cum omnibus a se formatis argumentis : ut enim probatur in metaphysica, excellencia et posicio in numeris diversa presupponunt. Respondemus itaque ad argumentum recte inferri : hec propositio est vera : sol orietur cras, licet quidam sophiste sine constancia negent consequentiam; sed negamus, quod assumit, antecedens esse non impedibilis veritatis; quin potius est veritas que impediri possit, alioquin non esset contingens veritas, et licet sit sempiterna veritas, ita tamen est sempiterna veritas ut ei annexa sit sempiterna contingencia (fol. 23).

Ad 6^tum argumentum, quod de scoti sententia sumit, dicimus (2) et contraverti posse adversus formantem argumentum, et scotum ipsum, neque in hoc loco qui ab eis allatus est nec alibi, unquam arbitratum esse propositiones de futuro contingenti esse neutras; nam quod in primis scotus dicit intellectum (3) divinum in primo signo presentare voluntati propositiones de futuro contingenti ut antichristum fore et antichristum non fore, ut neutras ante voluntatis determinacionem nichil pro eis facit, et contra eos facit. Pro eis nichil facit, nam non sequitur consequentia a primo signo ad eamdem propositionem sumptam sine signo, alioquin haberemus propositum adversus petrum de Rivo, nam argumentemus ipsa eadem sui argumenti (4) formula : Petrus de Rivo in primo signo non dicit verum nec dicit falsum in materia de futuris contingentibus, ergo petrus de rivo non dicit verum (5) in materia de futuris contingentibus; consequentiam dilucidam facit ipsa ejus arguendi forma et alias probatur quia in primo signo non convenit petro de Rivo nisi ipsa petreitas; unde in illo signo non modo non dicit verum (6) neque falsum, sed nec dicit, nec non dicit; ita etiam recte inferre minime potest : in primo signo ante determinacionem divine voluntatis propositio de futuro

(1) connumerari.

(2) Cette phrase figure d'abord au milieu du feuillet 22 du manuscrit 3169, dont la dernière moitié est restée en blanc; puis elle reparaît au folio 23.

(3) *om.* *4152*.

(4) argumenta *4152*.

(5) nec dicit falsum... non dicit verum *i. m.* *4152*.

(6) *superscr.*

est neutra, id est neque vera neque falsa, ergo propositio de futuro contingenti nec est vera nec est falsa. Unde dicimus quod propositio de futuro contingenti que ab eterno est vera, in primo signo, antequam determinetur ejus veritas, nec est vera neque falsa. Sed et scoti auctoritas facile in asserentem converti potest. Nam que non (1) sunt vera pro primis signis (2) sunt vera pro sequentibus signis, sicut, si homo pro primo signo nec coloratus sit nec non coloratus (fol. 89) tamen pro sequentibus signis ita est coloratus quod non est non coloratus (3). Ab aliquo autem signorum ad propositionem sine signo simpliciter est bona consequentia. Si ergo in primo signo ante determinacionem divine voluntatis propositio futuri contingentis neque est vera nec falsa, est consequens ut post determinacionem voluntatis, id est in sequenti signo, sit vera, et non vera modo, sed determinate vera, cum determinacio divine voluntatis efficiat futura contingencia determinata et propositiones enunciantes illa futura esse faciat determinate veritatis.

Ad septimum argumentum dicendum est sanctum thomam sensisse quidem cum multis intrepretibus sacris deum cognoscere futura contingencia, quia secundum eorum realem existenciam ab eterno posita sunt in ejus conspectu, licet nondum sint in cursu temporis, quamquam ab hac opinione vehementer scotus, 38 distinctione primi, dissentire videatur (4). Sed hoc sancti thome dictum facit adversus asserentem, nam ex hoc infertur talem veritatem habere propositiones de futuro in se qualem habuerunt secundum realem existenciam ab eterno in conspectu divino; tunc autem habuerunt determinatam veritatem in deo; ergo nunc habent determinatam veritatem in se. Ista etiam (5) sententia (6) colligitur ex eodem sancto thoma in commento (7) periarmeneias (8) et primo sententiarum, distinctione 38. (9) An autem ita aristoteles senserit in primo periarmeneias varie opiniones sunt quas preterire duximus tanquam(10)alienas a solucione hujus argumenti.

---

(1) *i. m.*
(2) primo signo.
(3) tamen... coloratus *iter. et del. 4152.*
(4) *In IV libros sententiarum*, d. 39, q. 1, Antverpiae, MDCXX, p. 416, n. 9.
(5) ociam suivi d'un mot illisible rayé.
(6) sententiam *superscr.*
(7) commento *remplacé par deux points 4152.*
(8) I, c. 9, lect. 14, éd. leon., t. I, p. 70, n. 21.
(9) *I Sent.* dis. 38, q. 1, art. 5, éd. Vivès, t. VII, pp. 472-473.
(10) alteras *add. et del.*

Ad octavum argumentum concedimus Anselmi dictum, tamen negamus conclusionem petri de rivo et petri aureoli aptari posse; quin pocius est contra eos. Concedimus enim futurum contingens non habere necessariam et minime impedibilem veritatem ante posicionem rei in esse, habere tamen veritatem contingentem, id est, talem veritatem que impediri posset, alioquin non esset contingens veritas; neque propositio de futuro contingenti, neque futurum contingens post positionem rei in esse habet necessariam veritatem, sed tunc habet nullam veritatem, quia tunc non est futurum et ita nec verum, nec falsum, nec neutrum futurum.

Ad nonum argumentum de luca sumptum : beata que credidisti quoniam perficientur in te que dicta sunt tibi a domino. Est contra eos; nam que eventura sunt tunc perficiuntur in esse cum venerunt; sed non perficiuntur in futuro esse cum venerunt, sed pocius (1) imperficiuntur et desinunt esse : nam tunc non eventura sunt, sed evenerunt. Cum subjicit complecionem (2) propositionis esse ejus veritatem, dicendum est nichil esse ad propositum; non enim loquitur de complecione propositionis, sed de significato futuro quod tunc in esse perficitur cum res evenit; sed tunc inesse futuro perficitur cum res eventura est : imperficitur autem cum res (3) jam evenit et desinit esse futurum (4). Preterea, si per ocium liceret, facile (fol. 23v) ostendere possemus has expositiones, quibus lucam interpretatur, neque orthodoxe fidei nec sacris interpretibus nec divinis litteris convenire. Sed de hiis hactenus, cum hec (5), annuente deo, longiori tractatui reservanda sint. Per idem ad reliquas auctoritates responderi potest.

Ad decimum (6) *argumentum* dicendum quod nec deus, nec jonas spiritu dei vera dixerunt si petri de Rivo et aureoli vera sententia est. Nam, cum dixit deus per ysaiam ezechie regi : Morieris et non vives, non dixit verum, si non est verum quod propositio de futuro contingenti est vera; nec verum jonas dixit cum enunciavit illam propositionem de futuro contingenti : Adhuc modicum et ninive subvertetur.

Ad undecimum argumentum patet solucio ex dictis. Non concedimus deum habere vim in preteritum absolute sumptum, sed bene habet vim in preteritum a futuro dependens, qualis est preterita veritas de contingenti futuro que et presens veritas est et futura.

---

(1) sed potius *iter. et del.*
(2) complectionem.
(3) non *add. et del.*
(4) cum res jam verum *add. et del.*
(5) hic *codd.*
(6) 10.

Ad duodecimum argumentum negamus omnes consequentias quas infert et dicimus quod, quamquam sit verum quod antichristus peccabit, et fuit verum ab eterno, tamen fieri potest ut possit non esse verum, vel divina potencia gratum faciente, gratiam conferente, convicto liberio arbitrio antechristi, ratione cujus consultacioni, exhortacioni antechristi locus esset; et cetera locum habent quorum contradictoria putabant illi petri se intulisse. Et, cum multiplicare se putent argumenta, omnia tamen in unum coincidunt, si illud unum mereatur dici argumentum.

Ad tercium decimum (1) *argumentum* dicimus negandam esse similitudinem. Ideo diversitatis est, nam quod opus dicatur humanum denominacione extrinseca ab agente homine jure (2) id quidem fit, cum opus denominetur (3) ab operante per formam que est in operante. Sed veritas future propositionis dici vera non potest a veritate enunciantis (4) dei quia enunciacio sibi formaliter non inest, sed pocius denominatur deus verax a veritate enunciata que est in ipsa enunciacione, sicut dominus dicitur propter denominationem extrinsecam creature sue (5). Veritas preterea spectata vel est in futuro contingenti et tunc aliquando erit vera propositio de futuro contingenti, vel sua spe frustrabitur; quod si aliquando erit vera, nunc est vera per rationem adversarii, cum in omni instanti preterito sit vera. Instans autem presens est instans preteriti respectu illius instantis quo proposicio de futuro spectat veritatem.

Ad quartum decimum (6) *argumentum* dicimus in arguentem retorqueri posse, nam, si ut plures loquendum est, ut de topicis aristotelis assumit, aristoteles autem et pene omnes methaphisici et dyalectici dicunt propositionem esse veram que contingens est, id est que potest esse falsa, sicut : me scribere verum est, licet possit esse falsum, cum possim non scribere. Propositio ergo de futuro contingenti vera est, licet impediri possit ne sit vera, sive a causa prima, sive a causis secundis.

Ad quintum decimum argumentum petri aureoli dicimus quod primam condicionalem assumit falsam, scilicet, quod si propositio de futuro esset vera, illa immutabiliter esset vera. Est enim, ut sepe diximus, vera, licet mutabiliter (fol. 87^{v}) vera. Ita enim est vera ut possit esse falsa. Cum probat illam condicionalem, nam si, cum est vera, mutari

(1) 13.
(2) in te *del.*; jure *superscr.*
(3) per *add. et del.*
(4) de *add. et del.*
(5) *i. m.*
(6) 14um.

posset ne sit vera, aut ergo in illo instanti quo est vera, aut in precedenti aut in sequenti, dicimus quod in omni instanti potest mutari ne sit vera. Distinguenda tamen illa propositio est : propositio de futuro potest esse falsa in illo instanti quo est vera, licet sub istis terminis apud subtilitatem dialectice non esset distinguenda. Sed ut appareat quam (?) (1) sophistice argumentantur dicimus hanc propositionem : omnis propositio de futuro in instanti quo est vera potest esse falsa esse distinguendam; nam vel habet sensum hypothetice vel cathegorice. Si hypothetice, equivalet huic propositioni; omnis propositio de futuro in aliquo instanti est vera et in illo potest esse falsa et tunc illa propositio est falsa quia est copulativa cujus altera pars est falsa; nec ex isto sensu infert intentum, ut patet. Vel est cathegorica; et tunc vel modalis de composito vel habens sensum modalis de composito, et est falsa; nam sensus ejus est quod hec propositio est possibilis : propositio de futuro, dum est vera, est falsa. Si sit simpliciter de inesse cathegorica tunc distinguenda est, nam vel totum illud : propositio de futuro in eodem instanti quo est vera est subjectum (fol. 24) vel illud dumtaxat : propositio de futuro; primo modo est vera; est enim sensus quod omnis propositio de futuro, dum est vera, ut hoc totum sit subjectum, dum est vera potest esse falsa. Si autem subjiciatur ei propositio, est falsa; significat enim quod propositio de futuro potest esse falsa dum est vera. In sensibus veris concedo eam et ita nichil concludit ejus quod intendit. Sed concedimus quod propositio de futuro in instanti quo est vera potest esse falsa et in instanti precedenti et sequenti, eodem modo quo illa propositio distinguitur : omne quod est, dum est, necesse est esse.

Ad XVI um(2) *argumentum*. Solvimus jam sepe numero hoc argumentum; false ergo sunt omnes propositiones assumpte, nam propositio ab eterno vera potest mutabiliter esse vera et potest esse falsa, si ab eterno fuit contingenter vera, quemadmodum est propositio de futuro contingenti.

Ad XVII (3) *argumentum* negamus quod propositio de futuro, si est vera, est immutabiliter vera, et quod, si (4) res eveniet, necessario eveniet; et, ut verum loquamur, non artificiose argumentantur nec aureolus nec petrus de Rivo, et putant multiplicare argumenta, cum vix sit (5) unum bonum argumentum. Et ita absolutum est quod 2o loco proposueramus (6).

---

(1) jam *add. et del. 4152.*
(2) 16um.
(3) decimum septimum.
(4) sit, t *del.*
(5) *superscr.*
(6) 3o *add. et del.*

Tercio loco refellende sunt atque confutande responsiones quas quibusdam nostrorum argumentorum reddere videntur (1) tum petrus aureoli, tum petrus de Rivo. Nam cum prima ratione convertebamus (2) sententiam petri adversus suam dum dicebat propositionem de futuro contingenti non esse veram, sed verificandam pro tempore eventus rei, et hoc pacto argumentamur (3) : si propositio verificanda de futuro est pro aliquo tempore, ergo pro illo tempore erit vera, ergo in omni instanti preterito retro fuit vera, ergo nunc est vera cum (4) nunc sit instans preteritum respectu eventus rei quo propositio est verificanda, respondet petrus de Rivo animadvertendam esse distinctionem entis (5) in has differencias : permanens et successivum, et, quamquam obscure (6) idem petrus (7) et has entis differentias exponat et proposito applicet, tamen (8) nos exponimus dilucide juxta ejus intencionem et proposito aptamus. Nam permanencia hoc habent perfectionis quod, dum facta sunt, tunc sunt; hoc autem imperfectionis quod, dum fiunt, non sunt. Sed successiva hoc perfectionis habent quod, dum fiunt, sunt; sed hoc imperfectionis quod, dum facta sunt, non sunt; sicut, dum (9) dies fit, tunc est dies; dum facta est dies, tunc nichil est dies. Applicat, inquam, distinctionem proposito quod futurum, dum fit futurum, tunc est futurum; cum autem factum est quod futurum erat, jam non est; ergo futurum (10), dum fit futurum, tunc est futurum; sed dum res futura ponitur in esse, factum est jam futurum, et tunc desinit esse futurum. Propositio ergo de futuro, dum in veritate perficitur, id est in rei eventu, jam non est propositio de futuro. Sed hec responsio seipsam destruit. Nam sicut res ad esse se habet ita et ad veritatem et ad perfectum esse, cum veritas et perfectio esse consequantur, 2° et quinto (11) methaphisice (12); cum ergo factum esse futuri sit non esse futuri, ergo factum esse futuri est non esse verum futuri et imperfectio futuri. Non ergo propositio de futuro (13) ad modum successivorum est vera per adventum rei in esse, sed et tunc est non vera, tunc nichil est, tunc non est completa veritas. Numquam ergo est veritas de futuro nisi quando complendum est futurum; quando jam completum est, tunc nec est, nec verum est,

---

(1) *4152* ne souligne pas.
(2) convertabamur *4152*.
(3) argumentum *del.*, argumentamur *i. m.*
(4) nichil *add. et del.*
(5) mentis *del.*; entis *i. m.*
(6) suboscure.
(7) de *add. et del.*
(8) *i. m.*
(9) *i. m.; superscr. 4152*.
(10) dudum *add. et del.*
(11) 5°.
(12) *Met.* lib. I, c. 1, in fine, Didot, II, p. 486.
(13) ad imperfectio futuri *add. et del. 4152*.

nec in veritate completum est. Neque patrocinatur ei exemplum (1) quod de motu adhibere solet. Licet enim mobile sit in potencia ad fieri et ad esse, sicut calefactibile est in potentia (fol. 27v) ad calefieri et ad calorem et per utrumque actum calefactibile perfici possit, ut subtiliter demonstratur 3° phisicorum (2), tamen aliter (3) perficitur mobile per fieri et aliter per esse, sicut calefactibile aliter peficitur per calefieri et aliter per calidum esse. Nam prima perfectio convenit calefactibili in qua est mobile ad calorem, ut calefieri sit ejus perfectio in qua tale, et calor sit ejus imperfectio sub tali ratione; sed calidum perficit calefactibile non in quantum (4) calefactibile sed in quantum (5) est actu sub calore, id est in quantum jam actu est calidum, non in quantum est in potencia calidum, id est in quantum est calefactibile. Futurum ergo, secundum quod hujusmodi perficitur, (fol. 88) est semper esse in fieri, et imperficitur per jam esse in facto esse, et ubi erat verum in eventu rei efficitur falsum, sicut antichristus nascetur, tunc est verum cum res est in fieri; cum autem res est in facto esse, id est cum antichristus (6) natus est, tunc futurum nec est aliquid; et falsum est, nam tunc falsum est quod antichristus nascetur.

Per idem patet illud 2um argumentum, quod attulimus, demonstrare neque devitari potuisse per responsionem petri cum argumentabatur sic : illa propositio pro illo tempore non est verificanda pro quo falsa est, sed pro eventu rei propositio falsa est de futuro; ergo pro illo non est verificanda.

Per idem patet neque 3° argumento responsum esse, quod neque sompniarunt quid.

Quartum preterea argumentum contradicit, sumptum quidem ex concessione adversarii.

Ad quintum argumentum non respondent.

Ad sextum argumentum quod huic innititur principio quod ad veritatem particularis requiritur veritas alicujus sue singularis, respondet petrus de Rivo quod sub propositione particulari (7) descenditur ad singulares disjunctive, aliquando quidem per propositionem cathegoricam de disjuncto subjecto, et in hujusmodi particularibus regula non habet locum; verbi gratia, demonstratis hiis contrariis que sunt sanum et egrum, hec particularis est vera : alterum istorum

---

(1) extra; 4152 = extra, la syllabe tra *del*, m *superscr.*

(2) III, c. 1, éd. cit., t. II, pp. 273-274.

(3) demo *add. et del.*

(4) *superscr.*

(5) qua *del* in quantum *i. m.*

(6) neus *add. et del.*

(7) desisa *add. et del.*

necessario inest (1) animali, tamen neutra ejus singularis est vera, quia nec hoc contrarium, sanum, necessario inest (2) animali, nec hoc contrarium, egrum. Aliquando sub propositione particulari (3) descenditur per unam ypotheticam (4) disjunctivam, quam, si constet ex particularibus partibus (5) predicto modo repugnantibus, contingit esse veram, nulla ejus parte existente vera. Et in talibus particularibus dicta regula non necessario habet locum, ut, demonstratis hiis propositionibus : petrus salvabitur, vel petrus non salvabitur, hec particularis est vera : altera istarum est vera, et tamen neutra pars est vera; ymmo, ut dicit, pro eodem signo nec una est vera nec altera. Cum ergo, demonstratis affirmacione et negacione de futuro contingenti, formatur hec particularis : altera istarum est vera, sub ea descendendum est, vel per cathegoricam de disjuncto subjecto, vel per ypotheticam disjunctivam constantem ex partibus predicto modo repugnantibus, patet quod ex dicta regula non necessario infertur quod hec, utputa affirmacio, est vera vel hec, puta negacio, est vera. Ista sunt ad verbum responsa petri de rivo ad sextum argumentum (6). Sed non satis admirari possum hominem, in famata (7) universitate versatum (8) et dialecticam profitentem, tam ineptissime errasse in principiis dialectice artis. Nam cum in primis dicit quod sub propositione particulari descenditur ad singulares aliquando per propositionem cathegoricam de disjuncto subjecto, intollerabilis error (9) in dialectica est, tum quia particularis contradictorium est universalis, sive affirmativa sive negativa pro qualitate particularis, ut demonstratur primo (10) priorum et primo periarmeneias (11). Subjectum autem universalis sive affirmative sive negative (fol. 25) cum distributive supponat, descendum est sub eo non cum cathegorica de copulato sed cum ypothetica copulativa. Et quia demonstratum est usque ad per se nota in dialectica arte quod contradictorium copulative ypotetice est una disjunctiva ypothetica facta ex oppositis partium copulative, fit ut semper neccessario descendatur sub subjecto propositionis particularis cum disjunctiva ypothetica et non cum (12) categorica de disjuncto, tum quia particularis pro quolibet supposito et singulo sub subjecto contento verificari potest. Ergo disjunctiva ypotetica composita ex singularibus

(1) et *add. et del.*
(2) ai *add. et del.*
(3) diff. *add. et del.*
(4) diusi *add. et del.*
(5) que *add. et del.*
(6) Peut-être dans un traité disparu.
(7) infamata.
(8) versatam *codd.*
(9) *superscr.*
(10) post *add. et del.*
(11) *Perehemeneias*, I, 7, éd. cit., t. II, p. 27. *Analyt. prior.*, I, c. 2; t. II, p. 40.
(12) *superscr.*

subjecti infert particularem et infertur a particulari. Descenditur ergo semper sub subjecto particularis cum ypotetica disjunctiva, tum quia particularis affirmativa et negativa probantur, juxta aristotelis artem, per sillogismum expositorium cujus medium est hoc aliquid, et ideo necesse est extrema conjungi, quod fieri non posset nisi singulum suppositum non divisim sed divisive sumptum inferret particularem; tum per illam dialecticorum et sophisticorum vulgatam clausulam quod a priori termino resolubili, exponibili vel officiali debet incipere probacio propositionis. Cum ergo primus terminus particularis, sive affirmative sive negative, sit resolubilis, probari necesse est per unam singularem; quelibet autem singularis infert disjunctivam compositam ex ipso singulari inferente et qualibet alia singulari, et quia eadem singularis infert particularem ut (1) quelibet particularis inferat disjunctivam ypoteticam, per illam clausulam ab aristotele demonstratam in prioribus analethicis; quicquid sequitur ad consequens sequitur ad antecedens, et per illam ibi etiam demonstratam : quicquid antecedit ad antecedens antecedit ad consequens. Tum quia dicere non semper esse descendendum sub particularis subjecto cum ypothetica disjunctiva (2) est funditus evertere omnem sillogizandi et demonstrandi artem et convertendi propositiones. Unde est consequens ut omnis scientia sublata sit que a sillogismo apodicon, id est faciente scire, proficiscitur. Nec exemplum quod affert petrus de Rivo (3) de illis oppositis sanum et egrum sibi conferre potest quo illam sententiam tueri possit. Nam cum dicit hanc particularem esse veram : alterum istorum necessario (4) inest animali, demonstrato altero istorum oppositorum, scilicet sano et egro, non recte sentit, nec habet artem discernendi verum a falso quod dyalectica profitetur; nam hec non est vera : alterum istorum necessario inest animali (5), alioquin duo contradictoria essent simul vera. Nam ejus contradictoria est vera : neutrum (fol. 88ᵛ) istorum, demonstrato sano et egro, necessario inest animali; quod perspici potest ex veritate omnium singularium; nam nec hoc, scilicet sanum, non inest animali, nec hoc scilicet egrum; ergo neutrum istorum necessario inest animali (6). Et per te habeo quod hec est vera : alterum istorum necessario inest animali. Duo ergo contradictoria vera. Ex hoc perspici potest quod, si altera istorum est vera : judas dampnabitur, judas non dampnabitur, quod ista est (7) vera : judas dampnabitur et ista est falsa : judas non dampna-

---

(1) sit *codd.*

(2) ypotetica *add. et del.*

(3) *superscr.*

(4) in esse *add.*

(5) con *add. et del.*

(6) quod perspici... animali *i. m.*

(7) falsa *add. et exp. 4152.*

bitur. Propositio ergo de futuro contingenti est vera et proposicio de contingenti est falsa; quod fugere arbitrabatur.

Ex quibus perspici potest octavam quam attuli rationem demonstrare potissime contra petri aureoli et de Rivo sententiam.

Reliquas autem rationes, quas attulimus, non modo insolutas isti, sed intactas, relinquunt.

Quia vero nituntur solvere rationes ex divinis litteris acceptas, jam in alio tractatu ostendimus eos aliter esse interpretatos quam spiritus sanctus efflagitat juxta intentum sacrorum interpretum; quod non modo falsi sed et heretici interpretis est.

Finis (1).

(1) *om.*

ANONYMI TRACTATUS DE VERITATIBUS FUTURORUM CONTINGENTIUM ADVERSUS PETRUM DE RIVO (1)

(Ms. lat. 3169-4152).

Presens tractatus pro tuicione veritatum fidei catholice contra errores cujusdam petri lovaniensis, Epicuri philosophi sequacis, editus de veritatibus futurorum contingentium (2), sex capitulis distinguitur (3). Primum est quod propositiones sue quibus negat enuntiationes (4) de futuro contingenti positas in sacra scriptura esse (5) veras vel falsas sunt heretice. Secundum, quod evasiones sue ad auctoritates sacri canonis contra eum adductas (6) nulle sunt. 3um quod fundamentum cui innititur hec posicio (7) est hereticum. Quartum (8), in quo solvitur ratio fundamentalis sua (9). Quintum, quod iste Epicureus manifeste negat aristotelem et principia ejus communia. Sextum et ultimum, quod opinio aristotelis a nullo catholico, salva fide, sustentari potest.

CAPITULUM PRIMUM

In quo ostenditur quod omnes iste propositiones, quibus hic novus Epicureus negat propositiones de futuro contingenti positas in scriptura sacra esse de rigore logice veras vel falsas, sunt false, erronee et heretice.

Ostensuri propositiones istas quibus dicitur non esse verum (10) dicere secundum logicum quod mortui resurgent, quod christus judicabit mundum et sic de similibus, falsas esse et hereticas, duplex sensus earum inprimis distinguendus venit. Nam et plerique per istas : non est verum dicere quod mortui resurgent, justi ibunt in

---

(1) Le titre manque dans les deux mss.
(2) editus *add.* 3169; tantum *add.* 4152.
(3) dividitur.
(4) propositiones.
(5) esset.
(6) adducte *codd.*
(7) positio.
(8) 4um.
(9) sua fundamentalis.
(10) *superscr.*

vitam eternam etc., intelligunt quod non est neque erit id quod significatur per eas, dato etiam (1) quod nulla propositio unquam fuisset formata de talibus et per consequens nec vera nec falsa; sicut idem intelligerit vel conceperit cum quis dicit : non est verum quod ego sim papa vel rex ac si diceret non sum papa vel rex, eodem enim modo logicus concederet istam : hec est vera : socrates curret cras, sicut istam : socrates curret cras et e contra; et tunc idem esset dictu : non est verum dicere quod (2) mortui resurgent, id est mortui non resurgent. Quem sensum videtur velle Aristoteles expresse in postpredicamentis, capitulo de priori, assignans quintum modum prioris, qui est secundum essencie consequentiam, cum inquit : « Palam est, namque hominem esse convertitur secundum essencie consequentiam ad veram de se orationem; nam si homo est, vera est oratio qua dicitur quia est homo et convertitur quia, si vera est oratio (3) quia homo est, homo est » (4). Et hec est maxima principalis cui innititur pars adversa ad probandum hujusmodi non esse veras. Quarta enim suppositio sua est quod veritas propositionis penes necessariam consequentiam infert significatum ipsius; quam probat ex hoc, quia (5) veritas propositionis et esse rei per eam significate convertuntur secundum essendi consequentiam, sicut habetur in predicamentis (6). Hec sunt verba sua. Et nisi intelligat per esse rei non solum de presenti (7), ymmo etiam de preterito vel futuro non valeret argumentatio sua, quia ex ista convertibilitate arguit quod si talis de futuro esset vera, quod ita erit vel foret; et hanc sic intellexit Aristoteles et non solum in propositionibus veris de presenti, sicut boetius et communiter alii expositores Aristotelis eum sic sensisse dicunt, licet iste, vi argumentorum ductus, coactus sit eam aliquando negare quoad illas de futuro contingenti, ut infra patebit. Que si negabitur per eum, quarta sua suppositio est falsa. Consequentia autem ab uno convertibilium ad aliud, sicut valet affirmative, ita et negative et e contra. Sicut enim

(1) enim (?).

(2) *om.*

(3) ajoute *qua dicitur* dans l'interligne et reproduit en marge le passage suivant : *Quia vero sunt quedam hujusmodi palam est. Esse namque hominem convertitur secundum essentie consequentiam ad veram de se orationem. Nam, si est homo, vera est oratio qua dicitur quia homo est et hec convertitur quia est. Nam, si vera est oratio qua dicitur quia est homo, hominem esse sequitur.* Cf. Aristot *In categorias* c. de priori. *Boetii translatio* P. L., t. 64, col. 285.

(4) Cf. *Categ.* c. 9, de priori; éd. cit., t. I, p. 22. L'auteur cite la traduction de Boèce que l'on trouvera dans P. L., t. 64, col. 285.

(5) veritas propositionis... quia, *om.*

(6) Cf. p. loc. cit.

(7) etiam *add. et del.*

sequitur : homo est, ergo risibile est, ita (fol. 6) sequitur non est homo, ergo non est risibile et e contra. Sequitur ergo secundum istum et (1) veram logicam : non est verum dicere quod (2) mortui resurgent, ergo mortui non resurgent et e contra sequitur : mortui resurgent, ergo verum est dicere quod mortui resurgent, ymmo (fol. 71ᵛ) « nec differt aut refert, ut dicit aristoteles in primo peryarmeneias (3), si aliquis dixerit negationem vel non dixerit; manifestum est enim quoniam sic se habent res, vel si quidam affirmaverit ille vero negaverit; non enim propter negare vel affirmare erit vel non erit (4) ». Ita quod pro eodem habet Aristoteles quoad necessitatem eventus rerum quod enunciabilia vel res sint tales, quod erunt vel non erunt, et quod propositio formetur de illis vel vera vel falsa. Infert enim : « quare, si omni tempore sic se habeat (5) ut unum vere dicatur (6) id est possit (7), necesse erit (8) hoc fieri ». Et hoc quidem dicit iste recitando positionem Aristotelis in principio sui tractatus. « Sicut enim, inquit, res se habet ad esse et non esse, ita propositio ad verum et falsum. Cum ergo futurum contingens ante positionem ejus in esse non sit determinatum nec ad esse nec ad non esse, consequens videtur ut propositio de futuro contingenti etiam (9) non sit determinata ad verum vel (10) falsum (11). » Ex quibus patet quod, secundum eum, omnis propositio de aliquo (12), futuro contingenti dicens ipsum determinate esse vel fore, aut non esse, sit falsa, quia ante positionem ejus in esse non est determinatum ad esse vel non esse. Et iste sensus non solum unam vel duas ymmo pene infinitas hereses continet. Formaliter enim contradicit quasi omnibus que scribuntur in canone biblie, maxime quoad libros prophetales. Scribitur enim Job XIX (13) determinatissime : « Scio quod redemptor meus vivit et in novissimo die de terra (14) surrecturus sum. Et rursus circumdabor pelle mea

(1) secundum *add.*
(2) *om.*
(3) periarmenias.
(4) *Perih.*, 9, éd. cit., I, p. 29. Cf. Bœtii translatio éd. C. Meiser, Lipsiae, 1878, p. 11.
(5) ajoute *habebat* (?) dans l'interligne sans biffer *habeat*
(6) diceretur dans l'interligne sans exponctuer *dicatur*.
(7) id est possit *souligné*. En marge : *Nichil enim prohibet in annum millesimum hunc quidem dicere hoc futurum, hunc vero non dicere; quare ex necessitate erit quodlibet eorum quod verum erat dicere tunc; at vero nec hoc differt si aliqui dixerint negationem vel non dixerint. Manifestum enim quoniam sic se habent res vel si hic quidem affirmaverit, ille vero negaverit; non enim propter affirmare vel negare erit vel non erit.*
(8) ajoute dans l'interligne *esset vel* sans biffer *erit*.
(9) *om.*
(10) ad *add.*
(11) Cf. p. 228.
(12) *om.*
(13) *om.*
(14) scio... terra *souligné*.

et in carne mea videbo deum (1) salvatorem meum » (2). Et marci XII° (3) ubi ihesus, respondens questioni saduceorum negantium resurrectionem, qua querebant cujus esset uxor que septem fratribus nupserat, ita inquit : « Nonne ideo erratis non scientes scripturas neque virtutem dei ? » Et duplicem errorem ibi declarat; primum ibi : « Cum enim a mortuis resurrexerint neque nubent neque nubentur, sed erunt sicut angeli in celis ». Deinde secundum : « De mortuis autem quod resurgant, non legistis in libro moysi super rubrum quomodo dixerit illi deus inquiens : Ego sum deus abraham et deus ysaac et deus jacob et non est deus mortuorum sed vivorum, vos ergo multum erratis » (4). Paulus quoque prima ad corinthios XV° (5) argumentatur hoc modo : « Si autem christus predicatur quod resurexit a mortuis, quomodo quidam dicunt in vobis quod resurrectio mortuorum non est »; Ubi glosa interlinearis addit : futura. « Si autem resurrectio mortuorum non est neque christus resurexit; si autem non resurexit christus, inanis est ergo predicatio nostra. Invenimur autem et falsi testes dei, quoniam testimonium diximus adversus deum qui suscitavit christum, quem non suscitavit, si mortui non resurgunt. Nam si mortui non resurgunt neque christus resurrexit » (6). Et 2ª ad corin. IIII^to : « Propter quod et loquimur scientes quoniam qui suscitavit jhesum et nos cum jhesu suscitabit » (7). Nec necesse arbitror hic plures textus (8) adducere quoniam et notissimi sunt cuicumque in litteris sacris etiam mediocriter docto et tot numero quod tota (9) ferme biblia hic inserenda esset, si singula quibus contradicit recitare vellemus. Qui, si istis non assenserit, nulla nobis ulterius restat via contra eum procedendi per theologiam, quemadmodum testatur beatus dionisius secundo (10) de divinis nominibus : Non assentienti, inquit (fol. 6^v), scripture sacre non potest manuductio (11) fieri per theologiam que revelata est ut credamus, non ut rationibus demonstrativis concludamus (12). Solis ergo hereticorum argumentis, fustibus et igne, compesci tales debent, non sillogismis logicorum (fol. 72).

Alius sensus, quem forte volunt isti, esset non negare illa que

(1) *om. 3169.*
(2) XIX, 25-26.
(3) Marci XII *souligné.*
(4) XII, 24-27. Vos... erratis *souligné.*
(5) XV.
(6) *I Cor.*, XV, 12-16
(7) *II Cor.*, IV, 13-14.
(8) plures *ad. et del. 3169.*
(9) *om. 3169.*
(10) 2°.
(11) manu ductio.
(12) Ce passage ne figure pas à ma connaissance, dans le traité de Denys. Il ne m'a pas été possible de déterminer la source à laquelle il est emprunté.

significantur per tales propositiones de futuro fore, sed precise negare veritatem a propositionibus illa enunciantibus. Sed quod iste sensus easdem hereses contineat sicut et precedens, satis patere potest ex intencione textus Aristotelis et quarta suppositione adversarii superius inducta, quia scilicet veritas propositionis et esse rei per eam significate convertuntur secundum essendi consequentiam, et hoc in illis de futuro sicut in illis de presenti vel preterito; alias per illam suppositionem ex veritate propositionis de futuro nunquam inferret necessitatem rei future. Si ergo tales propositiones negentur esse vere, negabitur consequenter quod sic esset sicut significatur per eas, et sic negabitur quod vita eterna dabitur justis. Quod est formaliter hereticum, cum contradicat aperte scripture sacre. Hoc tamen idem ostendo rationibus theologicis. Primo auctoritate christi jam inducta. Similiter Jheronimi super illo luce XX° : Accesserunt autem quidam saduceorum qui dicunt resurrectionem non esse (1), dicentis (2) duas fuisse hereses apud judeos, unam saduceorum qui negabant resurrectionem esse futuram etc. (3). Hoc ergo dictum (4) : resurrectio non est futura, secundum eum, est heresis. Et similiter est error, ut patet per dictum christi allegatum. Quicumque igitur pertinaci animositate illam defenderet tanquam hereticus deberet condemnari (5). Et per consequens hoc est dogma falsum. Ista enim sic se habent per ordinem falsum, error et heresis quod omnis heresis est error, sed non e contra. Similiter omnis heresis est propositio falsa. Et omnis error similiter est propositio falsa, licet non omnis propositio falsa sit error aut heresis. Hoc tum (?) patet per eumdem jheronimum qui super epistolam ad Galathas inquit : Heresis perversum dogma habet (6), et Augustinum, ut recitatur in decretis XXIIII, q. III (7) ca. hereticus (8) : Hereticus est qui novas aut falsas opiniones gignit vel sequitur (9). Patet etiam per communem diffinitionem heresis que est : dogma falsum contrarium fidei christiane. Ergo propositio contradictoria asserta in scriptura sacra est propositio vera per legem contradictoriarum, quam etiam Aristoteles fatetur tenere in omni materia, quod si una est falsa, reliqua est vera et e

(1) XX, v.
(2) dicentes *codd.*
(3) Cf. *Translatio homiliarum Origenis in Lucam*, hom. XXXIX. P. L., t. 26, col. 304.
(4) perc *ad. et del.*
(5) condempnari.
(6) Recte : *Commentarium in epistolam ad Titum*. c. 3, P. L., t. 26, col. 598.
(7) 3.
(8) c. 28, CXXIV, q. 3.
(9) Augustini, *De utilitate credendi*, c. 1, P. L., t. 42, col. 65.

contra. Eodem modo namque (1) quo iste negat tales scripturas esse veras (2) similiter negat oppositas esse falsas. Clarum est autem quod, si sint heretice, sunt false. Omnes autem contradictorie scripture sacre formaliter sunt heretice, etiam de primo genere heresis, ergo sunt false.

Preterea non solum propositiones de futuro in scriptura sacra, ymmo veritas multarum talium expressissime asseritur, sicut psalmo CXXXI (3) : « Juravit dominus david veritatem, inquit, et non frustrabitur eam, » hanc scilicet : « de fructu ventris tui ponam super sedem tuam (4). Ergo dicens hanc non esse veram per nullam distinctionem potest evadere quin formaliter contradicat scripture sacre; et ita in manifestam heresim incidet, dicens scilicet non esse verum quod spiritus sanctus, nulla usus distinctione, dicit esse verum. Similiter Danielis XI (5), priusquam angelus diceret Danieli has propositiones : tres reges stabunt (fol. 7) in perside (6) et quartus ditabitur, etc., premittitur : « Annunciabo tibi veritatem » (7). Item 3° regum XXII (8), adjuratus Micheas (9) propheta a rege israel iterum atque iterum ut non diceret sibi nisi illud quod verum est, predixit eum casurum in prelio, tribus sermonibus repetitis, hiis verbis ultimo determinatissime sibi dicens : « Si reversus fueris in pace, non est locutus (10) in me dominus ». Et ex adverso, petente domino, quis deciperet Achab, regem israel, ut ascenderet et caderet in Ramoth Galaad, egressus spiritus ait (11) : « Ego decipiam eum et ero spiritus mendax in ore omnium prophetarum » (12). Intendebat ergo propositionem falsam dicere de futuro contingenti. Similiter apocalipsis XXI et XXII (13), post multas propositiones de futuro contingenti, subjungitur : « Et dixit michi : Hec verba fidelissima sunt et vera » (14). Iterum communis diffinicio prophetie negaretur que est : prophetia est divina inspiratio rerum eventus immobili (15) veritate denuntians, quia (16), ut plurimum, prophetie sunt de futuris contingentibus. Item et multi articuli fidei, qui sunt de futuris contingentibus, negarentur esse veri. Et sic fides nostra esset de non veris.

---

(1) nanque.
(2) esse veras *om* 3169.
(3) CXXXI°.
(4) *Ps.* 131, v, 11.
(5) XI°.
(6) parside.
(7) XI, 2.
(8) XXII°.
(9) miscleas *codd.*
(10) locus *codd.*
(11) ayt.
(12) *III Reg.* XXII, 14-28.
(13) XXI° et XXII°.
(14) XXI, 5; XXII, 6.
(15) permobili *codd.* Je restitue *immobili* d'après la définition donnée par Pierre de Poitiers. *Sententiarum libri quinque*. P. L., t. 211, col. 830.
(16) diffinitio prophetiae, *i. m. 3169*.

CAPITULUM SECUNDUM (1)

QUOD EVASIONES AD HUJUSMODI AUCTORITATES NULLE SUNT, SED MAGIS CONVINCANT EUM ESSE HERETICUM.

Hiis atque aliis auctoritatibus (2) quam plurimis permotus et territus cogitur hic novus Epicurus ad quedam latibula et diverticula novarum et inauditarum distinctionum hujus termini veritas confugere, effingens aliam esse (3) veritatem qua quis jurat ita esse vel fore a veritate propositionis que juratur vel asseritur; similiter aliam esse veritatem propositionis de futuro expectatam a veritate actuali propositionis de futuro; similiter aliam enuntiantis (4) propositionem esse veram et propositionis annunciate. Et consimiliter de falsitate haberet dicere. Concederet ergo propositiones contradictorias scripture sacre precise esse falsas quia a falso, puta a diabolo (5) vel ab heretico mendace, dicte, ita quod, si pelagius hanc dixisset : tres sunt persone in divinis eam (fol. 72[v]) dixisset falsam falsitate dicentis, licet non falsitate propositionis; ita quod omne dictum a deo, sive dictio sive enuntiacio falsa, si per possibile vel impossibile diceretur a deo, esset hoc modo vera quia a verace dicta. Per hunc igitur modum captivans intellectum suum in obsequium gentilium, nititur concordare fidem nostram cum dictis impiorum ut utrosque salvet, dicens apud gentilem philosophum sive secundum logicam aut philosophiam tales non esse veras, licet secundum fidem sint vere, et solum vere quia revelans vel annuncians (6) est verus; et hoc sepe dicit in aliis accidere quod per denominationem extrinsecam aliquid scilicet dicatur tale, sicut opus humanum dicitur ab homine (7) qui fecit, quamvis in opere nihil (8) sit humanitatis; per quem modum haberet consequenter dicere istas propositiones posse dici divinas vel deificas, quia deus eas (9) protulit vel dixit. Similiter infinitas; aut etiam angelicas vel diabolicas, quia ab angelo vel diabolo dicte. Vel alio modo, secundum eum, dicuntur vere veritate certissime expectata, quia expectamus et credimus eas firmiter verificandas. Sed quitquid (10) sit de veritate talium expositionum, que tamen sunt false et erronee, ut statim ostendam, nichilominus propositiones supradicte (11) debent condempnari

(1) 2.
(2) per *add.* *3169*.
(3) et fingens esse aliam.
(4) enunciantis.
(5) dyabolo.
(6) enuncians.
(7) humano *add. codd.*
(8) nichil.
(9) ea *codd.*
(10) quicquid.
(11) predicte.

tanquam erronee et heretice. Omnis enim propositio que contradicit formaliter scripture sacre, licet habeat unum sensum verum et catholicum, debet condempnari tanquam heretica. Ista patet per (fol. 7^v) ysidorum VIII° ethymologiarum capitulo XIX (1) ubi, numerans hereses et hereticos (2), dicit istam esse hereticam : deus non creat malum, et colucianos, a quodam colutio (3) dictos, hanc asserentes fuisse hereticos eo quod contradicebant illi (4) scripture : Ego dominus creans malum (5). Similiter et florianos a quodam florio, qui e contra dicebant deum creare mala contra illud scripture : « Et vidit deus cuncta que fecerat et erant valde bona » (6); et manifestum est quod utraque istarum habet aliquem sensum verum et catholicum, sicut patet primo retractationum capitulo 1° (7) qui ex libro contra Academicos hanc revocat, sic dicens : « Sed in eisdem libris meis non mihi (8) placet tociens appellasse fortunam, quamvis non aliquam deam hoc nomine voluerim intelligi sed fortuitum rerum eventum ». Et sequitur paulo post : « Unde et illa verba que nulla religio dicere prohibet : forte, forsan, forsitan, fortasse, fortuitu, quod tamen ad divinam revocandum est providentiam ». Et paucis interpositis, quibus ostendit se ad bonum sensum fortunam nominasse, subdit : « Dixi quidem hoc; verumtamen (9) penitet me sic illic nominasse fortunam, cum videam homines habere in pessima consuetudine ut ubi dici debet (10) : hoc deus voluit, dicant : hoc voluit fortuna » (11). Similiter alique propositiones, de vi sermonis vere, fuerunt alias in nostra universitate parisiensi condempnate, sicut ista : deus non est melior diabolo (12). Hee autem propositiones que nullum habent sensum verum multo (13) magis debent condempnari, et primo quia in simili multe fuerunt similiter condempnate parisius, sicut ista, quod resurrectio futura non debet concedi a philosopho quia impossibile est investigari per rationem, fuit condempnata per dominum Stephanum, episcopum parisiensem, et magistros theologie, et est XVIII (14) articulus (15). Similiter ista quod naturalis philosophus simpliciter debet negare

(1) octavo ethicorum capitulo decimo nono *souligné*.
(2) hereticas.
(3) colucio.
(4) ille.
(5) Recte : VIII, c. 5, n. 49. P. L., t. LXXXII, col 302.
(6) *Ibid.*, n. 50. *Genes.* I, 31.
(7) primo.
(8) michi.
(9) verumptamen.
(10) debeat.
(11) c. 1. P. L., t. 32, col. 585.
(12) J'ignore à quoi on fait allusion.
(13) multum.
(14) decimus octavus.
(15) DENIFLE. CHATELAIN *Chartularium, universitatis parisiensis*, Parisiis, 1898, t. I, p. 544, n. 18.

mundi novitatem, quia innititur causis et rationibus naturalibus; fidelis autem potest negare mundi eternitatem quia innititur causis supernaturalibus, et est articulus octuagesimus nonus (1). Et reprobatio istorum et similium articulorum fundata fuit in hac maxima quod non est dicendum aliquid esse verum secundum phylosophiam (2) aut logicam quod non sit verum secundum theologiam aut e contra, quasi esset veritas veritati repugnans aut adversa. In speciali tamen volo ostendere quod hee expositiones sunt omnino distorte et contra mentem quam spiritus sanctus in omnibus talibus intendit.

Quod enim propositiones scripte in canone biblie non debeant dici vere nisi veritate annunciantis vel jurantis, hoc patet clare esse contra intencionem scripture. Nullus enim compos mentis diceret quod per (3) tales revelationes non intenderet aliud deus vel propheta nisi significare deum esse in se veracem; alias labor ille quo et sacri doctores, ymmo et evangelista (4) et apostolus probant impleta esse et completa que predicta sunt per prophetas de futuris contingentibus, inutilis et supervacaneus fuisset. Hoc enim omnes intendunt astruere quod, ex quo completa sunt, vera predixerant; ymmo et ex illis probant etiam alia, que nondum impleta sunt, esse vera. Item, cum angelus dixit Danieli : « Annunciabo tibi veritatem », si quis eum interrogasset quam veritatem dices : illam, sine dubio pretendisset, quam immediate subjunxit : « tres reges stabunt in perside » (5), etc. Nec tot testimoniis indiguissemus ad ostendendum deum esse in se veracem; hoc enim de propositionibus de presenti vel de preterito, et solis necessariis, manifestandum fuisset.

(fol. 73). Preterea illud in omnibus illis propositionibus annunciatur esse verum quod annunciatur vel enunciatur fore, sed (fol. 8) significatum illarum propositionum de futuro annuntiatur fore, non quod deus sit in se verax; ergo hoc annuntiatur esse verum.

Item revelans intendebat certiorare illos quibus revelationes (6) fiebant per illas propositiones, aut juramento firmatas, aut cum veritate dictas; sed nullo modo fuissent cerciorati (7) de hiis que petebant, nisi veritatem intellexissent vel credidissent inesse (8) propositioni future dicte aut prenunciate, sed solum putassent quod veritas inesset (9) revelanti vel annuncianti. Etsi enim revelans esset tale quod non posset revelare nisi verum, deberemus firmiter tenere non

(1) *Loc. cit.*, p. 548, n. 90.
(2) philosophiam.
(3) *om.*, *superscr.* *3169*.
(4) evangelia, *codd.*
(5) parside.
(6) revelaciones.
(7) certiorati.
(8) in esse *3169*, — in se in esse *4152*.
(9) in esset 3169.

solum quod revelans in se esset verus, sed etiam quod revelatum esset verum, et hoc alia veritate a veritate revelantis.

Item propositio de futuro juratur vera; quod autem deus (1) sit in se verax non exprimitur per propositionem de futuro. Illis ergo propheciis non juratur precise aut annunciatur veritas jurantis; alias beata virgo non convenienter petivisset : « Quomodo fiet istud », cum Gabriel sibi dixit : « Concipies et paries filium » (2), si per illam solum debuisset intelligere quod deus revelans sit in se verus, et non ipsum dictum nisi per denominationem (3) extrinsecam.

Item voces non significative, si a deo formarentur aut mediantibus angelis aut corporibus elementaribus, possent hoc modo dici vere; similiter propositiones false, recitative posite in scriptura, sicut (4) est illud genesis III° (5) : « Nequaquam moriemini sed eritis sicut dii scientes bonum et malum » (6); et illud evangelii : « Reus est mortis » (7); et illud quod dixit dominus yronice eisdem primis parentibus : « Ecce adam factus est quasi unus ex nobis sciens bonum et malum » (8), cum omnes tales sint revelate a deo qui est in se verax.

Preterea labor ille quo doctores sacri eliciunt sensum litteralem quem intendit spiritus sanctus, alium a sensu grammaticali quem sepe faciunt propositiones, esset inutilis, quia in omni sensu tales propositiones possent dici (9) vere veritate increata dicentis, sicut est illud : « Aperuit (10) infernus os suum » (11); et : « Mea doctrina non est mea » (12); et ista de futuro : « Erubescet sol et confundetur luna » (13), que, si intelligantur secundum sensum quem communiter faciunt ille dictiones grammaticales, clarum est quod sunt false, cum (14) erubescere sit actus vel passio anime. Sacri ergo expositores dantes alium sensum clarum est quod intendunt illum esse verum (15). Si autem tales solum dicerentur (16) vere quia a veraci dicte, non magis concluderetur unus sensus verus quam alius.

Item eadem propositio simul et semel posset dici simpliciter (17) vera et falsa, ut puta, si eadem propositio simul revelaretur ab angelo bono et malo, vel simul diceretur a paulo et ab aliquo pseudo propheta.

Item veritas annunciantis vel jurantis hoc evenire infert aut requirit

---

(1) non *add. et exp. codd.*
(2) *Luc*, I, 34-35.
(3) denominacionem.
(4) sicud.
(5) 3°.
(6) III, 4-5.
(7) *Matth.*, XXVI, 67.
(8) *Gen.* III, 23.
(9) possunt esse.
(10) apperuit.
(11) Cf. Isaias, V, 14.
(12) *Joh.* VII, 16.
(13) *Isaias*, XXIV, 23.
(14) *iter. 3169.*
(15) esse verum illum.
(16) esse *add.*
(17) *om.*

necessario quod illa res erit vel non. Si sic; ergo per argumentum suum ex quo est hodie vera et fuit heri (1) vera, non potest esse quin sic erit; de necessitate ergo eveniet; quod vitare (2) intendit. Si non, ergo potest stare quod res que juratur sic fore non erit et tamen quod propositio de sic fore sit vera veritate jurantis per juramentum; ergo nihil certi (3) haberemus; et sicut posset jurare rem fore que non erit, sic rem fuisse que non fuit vel rem esse que non est, que eodem modo dicerentur vere veritate jurantis, licet simpliciter dicende essent false. Implicat ergo concedendo istas assertas in canone biblie esse simpliciter veras, et tamen illas non esse veras veritate propositionis annunciate (fol. 8v), quam dicit esse veritatem logicam que est de sic esse vel fore; per eam enim sic esse, fuisse vel fore est omnino impertinens ad propositionem esse veram veritate jurantis; quod si ad propositionem esse (4) veram veritate jurantis requiratur sic esse vel fore sicut enuntiatur, incidit et habet concedere inconveniens ad (5) quod alios nititur deducere (6). Nec exemplum suum (7) de platone et Aristotele juvat in aliquo. Dicit enim quod si Aristoteli, qui nullam talem concessisset esse veram, fuisset dictum a platone : cras prandebo tecum, ei Aristoteles assensisset tanquam in crastino (8) verificandam et quia ei dictam a platone qui in aliis dictis fuit verax; et hoc modo fuisse veram. Sed illud ultimum consequens quod infert manifestum est esse falsum et contra intentionem textus Aristotelis (fol. 73v) superius allegati. Propositio enim que de se non est vera vel falsa per hoc quod est pronunciata vel dicta (9) ab homine veraci, vel etiam per hoc quod ei aliquis assentit tanquam vere, vel quia expectat eam verificandam, non magis vel minus dicitur vera vel falsa. « Neque enim refert, dicit Aristoteles, an talem quis affirmaverit, ille vero negaverit » (10) et (11) multo minus an ei aliquis assenserit vel expectaverit verificandam; assensus enim vel expectatio non facit propositionem esse veram, nec etiam pronuntiatio ab homine veraci. Datis enim duabus propositionibus equaliter de futuro ad utrumlibet, quarum una fuisset scripta vel asserta aut revelata a deo et a nobis expectata, alia vero nec scripta, nec revelata vel expectata, secundum Aristotelem una non magis diceretur (12) vera quam alia; et cum una

(1) eri.
(2) vitari.
(3) nichil certum.
(4) *om.*
(5) aut; ad *superscr.*
(6) conducere.
(7) prodet *add.*
(8) crastinum.
(9) ve *ad. et del.* 3169.
(10) *Perihermeneias*, c. 9, éd. cit., t. I, p. 29. Boetii translatio, *éd. cit.*, p. 11.
(11) sed.
(12) diceretur magis.

istarum nullo modo diceretur vera quia nec veritate jurantis vel annunciantis nec etiam expectata, similiter nec alia. Omnes enim propositiones de futuro contingenti ad utrumlibet equaliter se habent ad veritatem vel falsitatem. Item nunquam quis expectaret vel crederet eas verificandas nisi crederet eas esse veras. Si enim non crederem quod hec esset vera : resurrectio (1) mortuorum erit, non firmiter expectarem (2) eam (3) verificandam. Non enim quia expectamus eas ideo erunt vere, quia etsi (4) nullus expectaret non minus essent vere; sed ideo expectamus firmiter quia sunt vere de futuro. Falsum est ergo quod sunt vere veritate expectata, ut ablativus iste construatur in ratione cause vel rationis formalis denuntiantis (5).

Preterea. Vel per istam : sunt vere veritate expectata, tu intelligis veritatem de presenti inesse huic propositioni respectu predicati futuri, sicut prima facie videtur, ex quo principalis copula est verbum presentis temporis; et sic concedis quod prius negasti, quia, si sit veritas presentialiter de futuro, ergo fuit heri (6) et per consequens non potest esse quin sit vera; ergo de necessitate erit. Vel intelligis quod precise (7) equivalet uni de futuro et nulli de presenti et tunc est sensus quod nullo modo sunt vere, licet erunt vere; et tunc nihil novi nobis dicis, quia tunc aperte negas eas esse simpliciter veras, licet concedas quod erunt vere. Antequam enim motus (8) incipiat debet simpliciter concedi quod non est motus, licet non quod non erit motus; et de homine, antequam factus sit (fol. 9), debemus concedere simpliciter quod non est homo, licet non quod non erit homo.

Item philosophus eodem modo negaret quod erunt vere, sicut quod sunt vere, quia, secundum eum, ut tumetipse (9) allegas in principio tui tractatus, futurum contingens, ante positionem ejus in esse, non est determinatum ad esse vel ad non esse in futurum, et sic nec ad verum esse in futuro. Si autem concederet quod erunt vere, concederet ipsa determinata ad esse. Item ille que sunt de futuro non contingenti, secundum Aristotelem similiter essent (10) vere veritate expectata et non actuali, quia expectaremus eas firmiter verificandas, et non de presenti jam veras, sed bene fuisse veras.

Et ad auctoritates dicentes eas esse veras similiter responderet eas esse veras veritate preterita. Item (11) iste (12) due soluciones repugnant

---

(1) resurectio
(2) expectaret.
(3) esse *add.*
(4) et si *codd.*
(5) renunciantis.
(6) eri.
(7) prescise.
(8) *iter 3169.*
(9) tu met ipse *3169.*
(10) sint.
(11) *om.*
(12) *iter.*

respectu ejusdem propositionis, quod eadem sit vera veritate jurantis et veritate expectata, quia, secundum petrum aureoli, quem tu sequeris in hac materia, propositionem esse veram veritate jurantis increata, non est (1) propositionem esse veram veritate precedente (2) posicionem rei in esse, aut ejus futuricionem (3), ymmo respiciente actualitatem rei non tanquam sibi futuram sed tanquam a se indistantem, propter quod concludit quod non infert ejus futuricionem (4); sed, si eam precederet, de necessitate illam inferret. Sed veritas expectata, qua (5) illa propositio diceretur vera, respiceret actualitatem rei ut futura est et non tanquam a se indistans, et sic inferret ejus futuricionem (6). Omnis enim veritas que precedit actualitatem rei future infert eam de necessitate fore; et sic eadem propositio simul et semel et pro eodem tempore diceretur vera veritate distante et indistante; similiter et inferret rem de necessitate fore et non de necessitate fore. Sequitur enim : est propositio vera veritate expectata, id est (fol. 74) ea propositio erit vera, ergo ita erit, ita quod impossibile est oppositum consequentis stare cum antecedente, scilicet quod non erit et quod propositio erit vera; ergo propositionem esse veram veritate expectata de necessitate infert ejus futuricionem (7). Hec autem contradicunt.

Item eodem modo petrus aureoli negat deum determinate cognoscere ista futura, quod antichristus erit vel quod aliquid est futurum, sicut negat illas propositiones esse determinate veras de rigore logice, dist. XXXIX (8) primi, articulo primo (9), propositione prima, et articulo 3° propositione 2ª (10). Tales ergo, secundum eum, non dicerentur vere veritate jurantis vel expectata. Ista ergo est nova et periculosa adinvencio in nullo doctore fundata, omnino ficticia.

CAPITULUM TERTIUM

QUOD FUNDAMENTUM, CUI INNITITUR HEC POSITIO (11) NOVA, EST HERETICUM

Ex eodem fonte quo olim antiquorum philosophorum error de providentia et presciencia dei emersit, Epicuri (12) scilicet negantis

(1) esse *cod.*
(2) sibi *ad. et del.*
(3) futuritionem.
(4) futuritionem.
(5) quia *codd.*
(6) futuritionem.
(7) futuritionem.
(8) distinctione XXXIXª.
(9) *I Sent.*, dis. 39, art. 1, éd. cit., p. 892, 1 EF.
(10) éd. cit., p. 901, 1 CD.
(11) posicio.
(12) Epycuri.

providenciam (1) a deo, ut dicit jheroninus super illud ysa. XVIII° (2) « ve terre, cymbalo (3) alarum » (4), et cyceronis et plurium aliorum, similiter negantium prescienciam, quos iste summo studio sequitur, et hec similiter renovata heresis oborta est; quare consequenter habet eas negare, quicquid verbis profiteri videatur. Nam fundamentum omnium negantium prescienciam hoc unum fuit, quia cum presciencia dei certa et infallibili antecedente (5) res futuras non videbant quo pacto staret contingencia (6) rerum, ymmo de necessitate (fol. 9v) evenire, illa posita, necessaria consequentia concludere videbantur. Similiter nec iste videt quomodo cum veritate propositionum de futuro contingenti precedente per multos annos esse talium futurorum et ita transeunte in preteritum possit stare contingentia eorum. Multo tamen tollerabilior illorum error quam istius fuit; tamen ut utrumque concedat oportet; quanto magis necessario videtur inferre presciencia (7) dei eterna et immutabilis rem fore de necessitate quam veritas creata talium, que nullam super hujusmodi habet causalitatem. Sed quia hoc fundamentum jam diu per doctores ecclesiasticos reprobatum est, per Augustinum precipue, de libero arbitrio dicentem : « Sicut memoria tua non cogit facta esse que preterierunt, sic deus non cogit presciencia (8) sua facienda que futura sunt » (9). Et tercio ejusdem : « Attende, inquit, queso, quanta cecitate dicatur : si prescivit deus futuram voluntatem meam, quoniam nihil potest aliter fieri quam prescivit, necesse est quod velim quod ille prescivit. Si autem necesse est, non jam voluntate sed necessitate id me velle fatendum est. O stulticiam singularem! quomodo ergo non potes aliter quam prescivit deus, si voluntas non erit, quam voluntatem futuram prescivit esse ille ? » (10) Idem Vto (11) de civitate dei capitulo IX (12), disputans contra opinionem cyceronis funditus evertit istud fundamentum (13). Que omnia equaliter militant contra istum, ymmo magis quam contra illos antiquos, quia veritas de futuris non magis cogit ea (14) fore quam de preteritis ea fuisse; ymmo minus quam presciencia, ut dictum est. Ideo iste nullo pacto potest, salvis dictis suis, salvare

(1) providentiam.
(2) decimo octavo.
(3) symbalo.
(4) *Comment. in Isaiam prophetam,* lib. VII, c. 18. P. L., t. 24, col. 247.
(5) ante (?).
(6) contingentia.
(7) prescientia.
(8) prescientia.
(9) lib. III, c. 4. P. L., t. 32, col. 1276.
(10) lib. III, c. 3, P. L., t. 32, col. 1275.
(11) quinto.
(12) 9°.
(13) P. L., t. 41, col. 149.
(14) eas *codd.*

prescienciam in deo. Ymmo eam expresse negat respondendo ad hoc argumentum : veritas in scriptura sacra contenta est inimpedibilis et antecedit res futuras; ergo infert eas de necessitate fore. Dicit enim pro solucione hujus mille involuciones que a nullo vix possunt intelligi, ymmo (1) verius sunt inintelligibiles. Primam dicit sic : « Sciendum est ergo quod actualitas rei future intelligi potest vel ut sequens veritatem inimpedibilem per lineam successionis mediam, vel ut ab ea penitus indistans. Primo modo veritas inimpedibilis respicit actualitatem rei futuram tanquam sibi futuram, quare infert ejus futuricionem (2), et hujusmodi veritas infert rem ex necessitate fore et inimpedibiliter. Sed, secundo modo, veritas inimpedibilis respicit actualitatem rei non tanquam sibi futuram, ymmo (3) tanquam a se indistantem, quare non infert ejus futuricionem (4) seu rem fore, sed magis ejus indistanciam, seu rem sibi esse indistantem. Quia ergo dixi deum futura cognoscere non expectative, patet quod (5), secundum opinionem meam, veritas noticie divine qua futura cognoscit, quam constat esse inimpedibilem ex quo est de re sibi presenti, infert non futuricionem (6) rei, sed ipsius indistanciam; infert ergo actualitatem rei non ex necessitate fore sed a se ex necessitate indistantem esse ». Hec ille. Ex hac distinctione ineptissima (fol. 4v) plures ferme sequuntur errores quam sint propositiones in ea. Sequitur enim primo quod omnia, que cognoscit deus ad extra, jam sunt secundum suum proprium esse distinctum a deo, vel veritas noticie divine non est de ipsis prout (7) habent distinctum esse a deo, quia supponit, secundum opinionem suam, quod veritas noticie (fol. 10) divine, qua futura cognoscit, est de re sibi presente. Secundo (8) sequitur ille error dampnatissimus, quem tantopere effugere conatur, quod omnia evenirent vel sunt de necessitate, quia veritatem noticie divine de omnibus illis, quam supponit esse inimpedibilem, dicit necessario inferre illorum indistanciam, per quam intelligit vel jam res omnes esse de necessitate vel nunquam esse, vel si aliquando esse (9) eorum inferat et non presentem existenciam eorum (10), infert de necessitate eorum futuricionem vel existenciam illorum (11) in futuro. Magis enim necessario videntur esse si sunt indistantes, quam si sunt distantes. Supponimus enim quod de istis futuris intelligat de quibus nos

(1) ymo.
(2) futuritionem.
(3) ymo.
(4) futuritionem.
(5) per.
(6) futuritionem.
(7) pro ut 3169.
(8) 2°.
(9) eadem in se *add. et del.*
(10) earum.
(11) illarum.

communiter loquimur, que nondum sunt in re extra; et hec fuit intencio petri aureoli, ex quo istam distinctionem et positionem accepit, quia easdem actualitates eodem modo acceptas comparat ad diversas veritates vel noticias. Dicit enim sic : « Licet noticia futurorum quam deus habet possit dici intuitiva in ordine ad objectum intuitum et terminans aspectum », quod ponit deum vel deitatem et non existenciam futurorum, « in ordine tamen ad objectum denominative cognitum », quod est creatura, « que sunt existencie futurorum, licet non possit proprie dici futuri expectacio, nec simultanea intuicio, dicitur tamen (1) dei presciencia, quia scitum (2) subsequuntur, non quidem scienciam cum sit omnino indistans, sed quia sequitur aliud in proprio genere » (3). Et consequenter dicit quod actualitates istorum futurorum non sunt, ideo non possunt fundare (4) relationem simultatis que est positiva, possunt tamen fundare relationem indistantie que est negativa, que non requirit existenciam terminorum vel extremorum (5). Hec ille. Ponit ergo iste doctor existencias futurorum nullo modo esse eternas, ymmo condistingui a noticia eorum in mente divina vel ab objecto terminante noticiam dei de eis. Verum hic fantasticus, nunquam firmus in uno proposito, semper vacillans secundum quod diversis argumentis pellitur, in eadem solutione post illa sua verba recitata immediate, volens declarare qualiter actualitates futurorum sunt indistantes a veritate inimpedibili increata, deserens proprium magistrum, declarat se solum accepisse futura prout (6) subsunt divine prescientie (7) vel ut terminantia (8) aspectum, quia statim subjungit : « Quamlibet enim rem, in quacumque parte temporis contingit eam existere, necesse est ab eterno divino conspectui esse indistantem ». Quod confirmat per sanctum thomam 2ª 2ᵉ, q. XVII, articulo VI (9) ubi in solucione ultimi argumenti dicit quod consequens hujus condicionalis, si est prophetatum, erit et necessarium, non secundum quod est futurum respectu nostri, sed ut consideratur in suo presenti prout (10) subditur presciencie (11) divine (12). Et sic patet quod non loquitur de actualitatibus futurorum secundum quod sunt in re extra, de quibus procedebat argumentum

(1) prius (?) *add. 3169.*
(2) saltem *codd.*
(3) *I Sent.*, dist. 38, art. 2, éd. cit., p. 882, 2 AB.
(4) fundari.
(5) *I Sent*, dist. 38, art. 2, éd. cit., p. 882, 2 F.
(6) pro ut 3169.
(7) presciencie.
(8) ad *add. et del.*
(9) 6º.
(10) pro ut 3169.
(11) prescientie.
(12) Recte 2ª 2ªᵉ, q. 171, art. 6, ad. 3.

Quitquid (1) sit tamen de futuris hoc modo acceptis, an sint absolute necessaria vel non, vel solum intelligat sanctus thomas necessitatem condicionalem talium sicut alii doctores volunt (2), nichil ad presens, quia est alia specialis difficultas a presenti de qua nunc arguitur, quia futura hoc modo in presciencia (3) dei sicut non sunt futura ipsi deo, nec eciam (4) veritati create, ymmo potius priora. Difficultas ergo (fol. 10[v]) presens solum est de actualitatibus prout (5) sunt in re extra, quas dicit aureolus esse indistantes a veritate increata, licet tamen non sint simul stantes cum ea, et distantes a veritate creata, de quibus procedit argumentum. Ideo, ut videatur enucleacius veritas istius dicti, perquirendus est intellectus istius termini : indistans. Qui potest accipi vel positive vel negative. Primo modo sensus est : actualitates istas futurorum prout (6) sunt in (fol. 75) re extra esse indistantes a veritate increata, id est, simul esse cum illis; et hic sensus falsus est quia jam non essent future (7), ymmo eterne sicut deus, quod est contra illud : « In principio creavit deus celum et terram ». Et istum sensum impugnat petrus aureoli, ymmo expresse dicit (8) quod eternitas jam non coexistit toti tempori, quia alterum extremum non est; quod autem jam non est non potest coexistere eternitati, quia quod non est non coexistit et ad coexistenciam (9) mutua existencia extremorum requiritur (10). Item per hoc non vitaretur necessitas cujuscumque rei quam diximus futuram, ymmo omnia essent de necessitate, quod est majus inconveniens primo; quod tamen videtur velle iste. Alio modo possunt intelligi actualitates iste esse indistantes negative ratione alterius extremi, scilicet ipsarummet (11), quia non sunt vel non existunt; et sic possent dici indistantes, sicut dicimus propositionem negativam habere duas causas veritatis, scilicet quia, dato quod subjectum sit, non inest sibi predicatum, vel quia subjectum non est, ideo de ipso non (12) potest dici predicatum, Sed isto modo non magis concluderetur de ejus indistancia (13) a veritate increata quam a creata, quia diceremus eodem modo illas esse indistantes a veritate creata, quia non sunt; et sic veritas creata non inferret earum futuritionem. Hoc tamen modo videtur exponere precise petrus aureoli quia dicit non esse simultatem

---

(1) quicquid.
(2) in *add. et del.*
(3) prescientia.
(4) etiam.
(5) pro ut 3169.
(6) pro ut 3169.
(7) ymo.
(8) dari (?) *add. et del. 3169.*
(9) coexistentiam.
(10) *I Sent.* dest. 36, art. 1, p. 832, A.B.
(11) ipsarum met.
(12) vult *add. et del. codd.*
(13) indistantia.

sed indistanciam, quia ista non sunt. Quod si dicat quod erunt comparando ad veritatem creatam, non autem comparando ad veritatem increatam, patet hoc esse falsum, quia, si comparando ad veritatem increatam, vere dicit jam quod non sunt, etiam vere potest dici quod erunt.

Nec ille auctoritates quas iste adduxit ad probandum quod nihil est deo futurum sunt ad propositum. Allegat enim Augustinum III de vera religione dicente « nichil preterit in eterno nilque futurum est » (1); et (2) de trinitate : « ea que dicuntur deo preterita non preterierunt, neque ea que dicuntur futura, quasi desint, expectantur ut veniant » (3) et Anselmum de casu diaboli (4) : « dei presciencia non dicitur proprie presciencia : cui enim omnia sunt presentia non futurorum prescienciam sed presentium scienciam habet » (5). Patet enim quod ex falso intellectu (6) istas accipit, si per eas intendat probare quod iste res, quas dicimus futuras, non sunt deo future, sed presentes secundum suum esse reale ad extra. Nec in illo sensu intelligunt isti doctores. Unde hoc modo Augustinus, super gen. ad litteram, eas exponit sic inquiens : « Hec visibilia, antequam fierent, non erant. Non enim quicquam fecit ignarus. Nota ergo fecit, non facta cognovit. Proinde antequam fierent et erant et non erant; erant in scientia dei; non (fol. 11) erant in sua natura (7). » Idem quoque super illud psalmiste : pulcritudo agri mecum est, similiter exponit quia apud eum nichil preteriit et nihil futurum est. Cum illo sunt omnia futura et ei non distrahuntur (8) jam preterita; cum illo sunt omnia, quod exponit, cognicione (9) quadam ineffabilis sapientie dei (10). Et Ambrosius in libro de trinitate : « Ita cognoscit ea que non sunt sicut ea que sunt et hac ratione omnia esse dicuntur in deo vel apud eum, sive ei presentia » (11). Et magister sententiarum dicit omnia esse deo presentia, quia ineffabilis omnium cognicio (12) in eo est et quia eodem modo illa cognoscit ac si essent (13). Per istas ergo auctoritates solum intendunt

(1) Recte c. 49. P. L., t. 34, col. 165.
(2) espace blanc dans les deux manuscrits.
(3) *De Trinitate*, lib. 15, c. 7, n. 13. P. L., t. 42, col. 1066.
(4) dyaboli.
(5) c. 21. P. L., t. 158, col. 353.
(6) intellecto.
(7) *Super genesim ad litteram*, lib. 5, c. 18. P. L., t. 34, col. 334.
(8) distrahantur.
(9) cognitione.
(10) *Enarratio in psalmum XLIX*, 18. P. L., t. 36, col. 577.
(11) Recte *De fide ad Gratianum*, lib. 5, c. 16. P. L., t. 16, col. 689, n. 198.
(12) cognitio.
(13) *I Sent.* dist. 35, c. 9, éd. Quaracchi, 1916, t. I, p. 224 et dist. 36, c. 1, p. 225

isti negare scientiam in deo esse futuram aut aliquam aliam perfectionem que debeat dici in ipso; non autem quod res iste temporales non sint et sibi future, quia eas (1) non esse presentes in sui natura omnes isti expresse volunt; futurum autem nihil aliud est nisi illud quod non est, quod tamen erit, sicut dicit Augustinus de verbis apostoli : « Elegit nos ante mundi constitucionem; eliguntur que non sunt nec errat qui eligit » etc. (2).

Tertio modo posset poni indistans negative ratione alterius extremi, scilicet dei vel sue noticie; et tunc esset sensus quod iste actualitates (3) non sequuntur veritatem directe increatam per lineam successionis mediam, ymmo sunt indistantes quia deus aut ejus noticia tempore successivo non mensurantur quomodo ipse mensurantur vel mensurabuntur (4); sed bene sequerentur isto modo veritatem creatam, quia talis veritas precedens, secundum istum, tempore mensuraretur. Sed nec ista expositio sibi suffragari potest quia, etsi (5) actualitas rei future non sequatur per lineam successionis mediam vel per superficiem ipsam veritatem increatam, sequitur tamen eam secundum durationem eternitatis, sicut temporale sequitur eternum, non solum natura sed eciam (6) duratione; ymmo simpliciter magis precedit eternum illud quod est in aliqua determinata parte temporis quam si esset precise in illa parte priori illius temporis, quia et toti illi tempori coexistit (7) quod precedit ipsam actualitatem futuri et, cum hoc, illud totum tempus precedit. Ergo eque vel magis necessario infert futuricionem (8) rei vel existenciam (9) talis rei pro tali die vel tempore quam veritas creata de illa futuricione (10). Preterea, dato quod veritas propositionis vocalis tempore mensuraretur, et per consequens precederet per lineam successionis mediam esse rei, quod tamen multi non concederent quia non est ibi subjective sed solum sicut in signo, nec est accidens extensum, tamen certum est quod veritas propositionis mentalis tempore successivo non (fol .75v) mensuratur, nec veritas noticie angeli, sive ponendo veritatem esse unum accidens inherens conceptui vel actus intelligendi, sive non. Non igitur precedit futuricionem (11) rei per lineam successionis mediam. De veritate tamen in intellectu angeli clarum est quod nullo modo mensuratur tempore continuo. Illa igitur per te non necessitabit

(1) *superscr.*
(2) *Sermo XXVI*, c. 3. P. L., t. 38, col. 173.
(3) auctoritates *codd.*
(4) mensurabantur.
(5) et si *3169*, si et si, *4152*.
(6) etiam.
(7) quo existit; quo *del*, co *superscr.*
(8) futuritionem.
(9) existentiam.
(10) furturitione.
(11) futuritionem.

rem fore, dato quod intellexit talem rem fore a principio sue creationis, et veritas propositionis vocalis distantis per centum miliaria formate per quartam partem hore ante eventum rei illam necessitabit; quod est omnino fictitium et sine ratione dictum. Item non valet ista consequentia : hoc non sequitur illud per lineam successionis mediam, ergo non sequitur; potest autem ista actualitas, ymmo de facto sequitur ipsam veritatem increatam, licet non tempore mensuretur, ergo illa veritas infert eam fore; vel, si omnino contendas de termino (1), saltem infert eam pro tali die esse sicut ab eterno novit, et hoc de necessitate saltem consequentie, quia nullo pacto potest stare oppositum consequentis cum antecedente. Itemque insania (fol. 11v) est ista dicere quod, si veritas que est ipse deus per impossibile tempore mensuraretur, inferret necessario rem fore, et nunc ipsa que omne tempus precedit non potest rem fore inferre de necessitate; secundum ista processio temporis sola faceret res evenire de necessitate; que omnia sunt absurda.

Ex precedentibus etiam sequitur alius error : quod non sit in deo proprie presciencia ut pre importat antecessionem, quod tamen est directe contra apostolum ad Romanos VIII (2) : « quos pescivit hos eciam (3) predestinavit » (4); et illo modo negaret proprie predestinationem quomodo prescienciam. Hoc est eciam (5) contra magistrum expresse, d. XXXV (6) primi, ubi ponit prescienciam, predestinationem et providenciam (7) et sic de aliis diversa sortiri nomina propter diversos status rerum et diversos effectus, licet unam et eamdem simplicem scientiam vel sapientiam significent, ubi, secundum eum, dicitur presciencia vel providencia ratione futurorum tantum (8). Ideo Alexander de halis, et consequenter alii doctores post eum, pro eodem habent deum prescire hoc et deum scire illud esse futurum, ratione illius prepositionis pre (9) que tantum significat tempus futurum in re(10)scita, non in sciente. Nec unquam fuit aliquis doctor ita grossus qui posuisset deum propter hoc precise (11) non habere prescienciam quia tempore successionis non mensuratur. Ideo Origenes, super epistolam ad Ro., ait « quod non propterea aliquid erit quia id scit deus futurum, sed quia futurum est ideo scitur a deo

(1) terminis.
(2) octavo.
(3) etiam.
(4) Cf. VIII, 29.
(5) etiam.
(6) XXXVa.
(7) providentiam.
(8) *I Sent.* dist. 35, éd. cit., p. 220.
(9) *superscr.*
(10) sita *add. et del.*
(11) prescise *codd.*

antequam fiat » (1). Proprie ergo concedit presscienciam. Quod sic exponit magister : « id est, quoniam futurum est ideo scitur a deo antequam fiat, neque sciretur nisi futurum esset, ut non notetur causa nisi talis sine qua non sit » (2); licet Alexander aliter exponat dicendo res futuras convenienter dici causas presciencie in dicendo (3), hoc est quare dicatur presciencia, licet non possit dici causa ejus quod est presciencia. Unde arguendo quod temporale esset causa eterni committitur fallacia, quia proceditur a dictione ad rem. Res enim temporalis non potest esse causa rei eterne ut sit, sed potest esse causa ut sic nominetur a nobis (4). Propter quod concedit magister d. XXXV[a] (5) quod, si nulla essent futura, non esset in deo presciencia, attendendo hanc causam (6) quod nulla essent subjecta ejus scientie, unde ipsa posset dici prescientia, vel ipse prescius; quod utrumque dicitur propter futura (7). Non tamen propter hoc negatur sciencia que est ipse deus, sicut doctor sanctus concedit in prima parte q. XXIIIJ aliquem posse deleri de libro vite (8), id est de noticia dei que predestinavit ad vitam quos prescivit, ut vult glosa super illud psalmi : deleantur de libro viventium; et hoc quia res in seipsis (9) sunt mutabiles, ideo dicuntur deleri de noticia; et q. XIIIJ[a] (10) concedit quod non quicquid scivit scit quoad enunciabilia, quia jam non scit christum nasciturum, ubi reprobat illos antiquos dicentes idem esse enunciabilium causas (11). Propter quod doctor subtilis (12), licet ponat scientiam in deo esse perfectionem simpliciter, non tamen scientiam hujus (13), id est futuri contingentis, quam vocamus presscienciam, quia potest esse insciencia (14) istius futuri, quando scilicet non est futurum, sicut exponit Alexander dicens quod, licet id quod est presciencia non desinat, tamen ut est in ratione presciencie desinit, et hoc ratione respectus connotati. Similiter dicit quod veritas mundi

(1) *Comment. in epis. ad Rom.* lib. VII, 8. P. G., t. 14, col. 1126.

(2) *I Sent.* dist. 38, éd. cit., p. 242.

(3) indicendo.

(4) *Summa theologica*, pars I, inq. I, tract. V, sect. II, q. 1, c. 3, éd. Quaracchi, MCMXXIV. T. I, p. 269, n. 3.

(5) distinctione XXXV.

(6) scilicet *add.*

(7) *I Sent.* dist. 35, éd. cit., p. 222.

(8) *S. T.* I, q. 24, a. 3, éd. cit., p. 288.

(9) sepsis *3169*.

(10) XIIII.

(11) *S. T.* I, q. 14, a. 15, éd. cit., p. 195.

(12) *Summa theologiae* I, q. 24. Venitiis MDLXXVI, fol. 68[v].

(13) *superscr. 3169*.

(14) inferenscia, feren *exp.*

futuri, que nihil (1) aliud est quam ratio mundi futuri, non desinit esse simpliciter, sed desinit esse futuri. Ita presciencia desinit esse presciencia sine sui mutatione, sicut nummus incipit et desinit esse precium sine sui mutacione (2). Concedunt enim (3) omnes isti prescienciam, etiam proprie loquendo; non tamen intelligunt quod antecessio illa tempore successivo mensuretur, sicut iste fingit. (fol. 12). Cum igitur iste negat prescienciam a deo negat scienciam (4) futurorum a deo (5), quia sunt idem, ut dictum est. Et per consequens negat deum scire omnia, quod est manifeste hereticum, quia contra illud danielis. XIII° (6) : « Deus qui occultorum es cognitor, qui scis omnia antequam fient » (7); et ecclesiastici XXIII° : « Domino enim antequam crearentur omnia sunt cognita sicut et post perfectum respicit omnia » (8). Quod intelligitur non solum de entitatibus incomplexis rerum, ymmo etiam de enunciabilibus et enunciationibus, ut dicit sanctus thomas, prima parte q. XIIII[a] (9) articulo XIIII, quod probat per (fol. 76) illud psalmi : « Dominus scit cogitaciones hominum quoniam vane sunt ». Enunciabilia autem continentur, inquit, in cogitationibus hominum. Et respondendo dicit quod deus cognoscit quitquid est in potestate intellectus nostri et enunciabilia sunt talia, licet non cognoscat ea per modum enunciabilium (10). Errat ergo multum iste negando deum cognoscere enunciabilia et ascribendo hoc dictum sancto thome; quod facit in responsione ad hoc (11) argumentum : si veritas propositionis de futuro non est determinata, ergo nec dei (12) prescientia vel scientia est determinata; negat enim istam condicionalem, quia, ut dicit, non est hic necessaria habitudo termini inferentis ad illatum, et etiam quia noticia dei (13) non exigit propositiones de futuro contingenti, cum representent (14) noticiam intellectus componentis et dividentis, qualis, secundum (15) sanctum thomam, non est intellectus divinus; vel noticiam expectativam rei future; sed deus nihil cognoscit noticia expectativa quasi ei aliquid sit futurum, quia omnia que sunt in quacumque parte temporis deo

(1) nichil.
(2) *Summa theologica*, pars I, inq. I, tract. V, sect. II, q. 1, c. 3, éd. cit. T. I, p. 267, n. 3.
(3) *superscr. 3169*.
(4) a deo *add. et del.*
(5) a deo *superscr.*
(6) 3° decimo.
(7) XIII, 42.
(8) XXIII, 29.
(9) IIII *del* XIIII°.
(10) *S. T.* I, q. 14, a. 14; éd. cit., T. IV, p. 194.
(11) argumento *add. et del.*
(12) de se.
(13) *om.*
(14) representant.
(15) *iter 3169*.

coexistunt aut saltem sunt indistancia (1). Hec ille. Manifestum est enim eum in hac parte negare deum cognoscere enunciabilia de futuro contingenti vel enunciationes. Si enim cognosceret, exigeret tales propositiones de futuro contingenti et hoc vel esse vel fore, cum loquamur hic de scientia visionis et non simplicis intelligentie. Si enim deus cognoscat ab eterno hanc enunciationem : socrates curret cras, oportet quod illa vel sit vel erit, quia dato quod cras non curret, vel quod hec propositio non erit, vel non fuit vel non est, deus nunquam illam cognovit. Est ergo necessaria habitudo termini inferentis ad illatum, supposito quod alia cognoscat. Et hoc expresse volunt auctoritates sanctorum que (2) in materia futurorum contingentium communiter adducuntur, scilicet Augustini III° (3) de libero arbitrio, capitulo IIIJ° (4), quod aliter fieri non potest quam prescivit (5), et VI° (6) super gen. ad litteram : Id quod deus presciebat, necessario futurum erat (7). Et Anselmi, de concordia : Hoc quod deus prescit necesse est esse futurum (8). Que omnes exponuntur de necessitate consequentie vel condicionalis, non consequentis. Sicut dicit boetius, Vto (9) de consolatione : « Due sunt necessitates, una simplex veluti necesse est omnes homines esse mortales; altera condicionalis, ut si quem ambulare scias, necesse est ipsum ambulare. Quod enim quisque novit, id aliter esse quam notum est nequit » (10). Si ergo deus (11) sciat enunciabilia de futuro determinate, ea aliter esse quam sciat esse non possunt. Est ergo necessaria habitudo termini inferentis ad illatum. Non enim intelligit absolute quod scientia dei, non determinando hujus vel illius, non exigit illas propositiones, quia hoc non esset ad propositum suum. Male igitur allegat sanctum thomam pro se ad tuendam suam positionem erroneam et hereticam, quia, licet, secundum eum, intellectus divinus non componat nec dividat, nichilominus tamen cognoscit compositiones et divisiones intellectus nostri, et noticia ejus de talibus necessario illas exigit vel nunc esse vel fore, si illas esse vel fore cognoscat, (fol. 12v) sicut probatum est superius per magistrum, quia, si nulla essent futura, deus non presciret illa. Similiter si nulla essent enunciabilia vel enunciationes (12)

---

(1) indistantia.
(2) qui.
(3) 3°.
(4) 4°.
(5) *De libero arbitrio*, lib. 3, c. 3, n. 8. P. L., t. 32, col. 1275.
(6) sexto.
(7) Cfr. lib. 6, c. 17. P. L., t. 34, col. 350.
(8) *De concordia praescientie... cum libero arbitrio*, q. 1, c. 1. P. L., t. 158, col. 507.
(9) quinto.
(10) Éd. Peiper. Lipsiae, 1871, p. 143.
(11) *superscr.*
(12) enunciaciones.

illas deus non cognosceret. Noticia ergo dei de talibus illas necessario exigit; nec representacio intellectus componentis vel dividentis aliquid facit, quia, quitquid representent vel non representent, tamen cognoscuntur a deo. Si autem (1) cognoscuntur oportet ita esse sicut cognoscuntur. Si ergo determinate hoc enunciabile de futuro cognoscatur oportet determinate ipsum ita esse.

Quamplures alii errores et innumeri possunt ex dictis suis elici quorum impugnatio faciliter patere potest ex impugnatione precedentium. Si enim omnia ad longum prosequi vellemus, nunquam finis libri haberetur.

CAPITULUM IIII (2)

IN QUO SOLVITUR RATIO EJUS FUNDAMENTALIS

Argumentum cui innititur tanquam demonstracioni insolubili fundatur in quatuor suppositionibus per se notis, ut dicit. Prima sua suppositio est quod ex absolute necessario penes consequentiam necessariam non sequitur nisi absolute necessarium; alias ex vero posset sequi falsum. Secunda (3) suppositio quod, si propositioni de futuro contingenti jam inest veritas, illa semper ei (4) infuit. 3[a] (5) suppositio quod ad preteritum non est potencia. Quarta (6) quod veritas propositionis penes necessariam consequenciam (7) infert significatum ipsius; veritas enim propositionis et esse rei per eam significate convertuntur secundum (8) essendi consequentiam, sicut habetur in predicamentis (9).

Ex quibus sic arguit. Veritas propositionis est preterita, quia non tantum jam inest sed semper fuisset; ergo est absolute necessaria; et per consequens infert rem necessario esse et sic omnia de necessitate evenirent; quod est hereticum (10).

Ad istud argumentum, quod fere ab omnibus doctoribus scolasticis in materia presciencie vel predestinacionis factum est, respondent multi varie. Nam Alexander de halis (fol. 76[v]) illud (11) facit sub hac forma ad impugnandum prescienciam dei, etiam contingentem et non necessariam : quia omne dictum de preterito verum est neces-

(1) non *add. et del. codd.*
(2) 4[m].
(3) 2[a].
(4) *om.*
(5) tercia.
(6) 4[a].
(7) consequentiam necessariam.
(8) penes.
(9) Cf. p. 85.
(10) Cf. p. 71, 79-80, 85.
(11) eum *codd.*

sarium; ergo cum (1), demonstrato quolibet futuro contingente, deum prescivisse hoc sit dictum de preterito verum, est necessarium, ergo hoc non potest non presciri a deo (2). Ad quod in corpore articuli dicit, ubi quesiverat an presciencia dei sit eterna et immutabilis, quod in hoc fuit deceptio considerationis (3); quia, cum dicitur deum prescivisse aliquid, duo asseruntur, unum de preterito scilicet scientiam fuisse, et aliud de futuro scilicet scitum futurum esse, et tamen uno dicto utrumque asseritur. Et quia contingentia est ex parte sciti, quamvis non in quantum scitum est, sed in quantum futurum est, deo ipsum dictum contingenter est verum (4). Et solvendo illam rationem dicit : cum dico prescivisse, ratione ipsius verbi consignifico tempus preteritum, et ratione ipsius prepositionis pre consignifico futurum. Unde dictum prescivisse nil aliud est quam scivisse hoc esse futurum. Unde patet quod hoc dictum non est simpliciter de preterito sed est de preterito respectu futuri, et ideo quia futurum est contingens, respectu ipsius scientie que significatur preterite contingens est. Unde, quamvis ipsa scientia sit necessaria (5), tamen quia respectus (6) ad futurum est contingens, ideo dictum de preterito quod dicit ipsum respectu ad futurum contingens erit contingens et non necessarium. Vel aliter solvit et est quasi idem, distingendo istam : deum prescivisse hoc est necessarium, sicut et hec in qua resolvitur (7) : deum scivisse hoc (fol. 12^{v}) (8) esse futurum est necessarium. Nam necessitas potest notari respectu hujus verbi esse, quod intelligitur cum dicitur : necessarium est deum scivisse hoc esse futurum, sive hoc fore, et hoc modo falsa est, quia tunc est sensus : deus scivit hoc necessario esse futurum sive necessario fore; vel respectu istius verbi prescire, et sic est vera et est sensus : scientia dei que est respectu futuri est necessaria (9).

Verum quia hec solucio aliquibus non placet propter illum terminum respectus ad futurum, qui videtur a multis similem necessitatem inferre sicut simpliciter preteritum, tum etiam quia respectus

---

(1) *om.* 3169.

(2) *Summa theologica*, pars I, inq. I, tract. V, sect. II, q. 1, c. 7, éd. cit., T. IV, p. 273.

(3) consideracionis.

(4) *Summa theologica*, pars I, inq. I, tract. V, sect. II, q. 1, c. 7, éd. cit., T. IV, p. 274.

(5) quis (?) *add. et del.*

(6) rectus (?) *del.*; respectus *superscr.*

(7) scilicet hec *add.*

(8) recte 13. Le manuscrit reproduit deux fois le nombre 12 dans la pagination.

(9) *Summa theologica*, pars I, inq. I, tract. V, sect. II, q. 1, c. 7, éd. cit., T. IV p. 275, n. 3.

talis a multis non conceditur, quia nec realis ut statim patebit, nec etiam rationis, quia potest non formari, licet habeat bonum intellectum, aliter tamen solvitur quia propositiones de preterito sunt duplices. Quedam sunt mere de preterito que nullis de futuro equivalent sive quarum veritas ab illis de futuro non dependet, sicut sunt iste : deus creavit mundum, et : deus fuit incarnatus; et ad istas non est potencia ut communiter dicitur, quamvis aliqui doctores de hoc disceptent. Alie sunt propositiones de preterito que equivalent alicui de futuro, sive quarum veritas dependet a veritate quarumdam (1) de futuro, sicut est ista : iste fuit predestinatus ab eterno, que equivalet isti de futuro : iste salvabitur, et a veritate ejus dependet. Ita sicut una potest nunquam fuisse vera, ita possibile est istam nunquam fuisse veram, sicut dicit magister, d. XL primi, distinguens istam : impossibile est quin iste modo sit predestinatus conjunctim vel disjunctim (2); disjunctim enim concedit quod, « sicut potest (3) non esse predestinatus, ita potuit ab eterno non esse predestinatus, et sicut ab eterno deus potuit eum non predestinare (4) ita a quibusdam conceditur quod et modo potest deus eum non predestinasse ab eterno » (5). Hec ille. Et henricus de Gandano, quodlibeto V[to] (6) q. IIIJ[a] (7) dicit quod de eo quod voluit ab eterno habet potestatem de non volendo, et potuit illud ab eterno voluisse vel non voluisse ab eterno, et potest nunc non velle et poterit in eternum (8) nolle, vel non velle in eternum (9) absque sui ulla mutabilitate (10).

Pro intellectu quorum sciendum est quod hoc nomen veritas non significat entitatem unam absolutam vel respectivam inherentem propositioni mentali vocali vel scripte, sed est unum nomen significans plura copulative, scilicet propositionem significantem sic esse vel fore, et quod sic sit vel erit, sicut expresse vult philosophus in predicamentis, capitulo de substantia (11). Probat enim proprium esse substancie secundum sui mutacionem suscipere contraria, quia oratio et opinio, ut dicit, « non mutantur de veritate ad falsitatem; ymmo ipsa omnino immobilia (12) perseverant; cum vero res movetur (13) contrarium circa eam fit; oratio namque permanet eadem,

(1) quarumdem.
(2) didisjunctim 3169, di *del.*
(3) esse *add. et del. 3169.*
(4) predestinasse, sse *del,* re *superscr.*
(5) *I Sent.* dist. 40, éd. cit. p. 251.
(6) quinto.
(7) IIII.
(8) ineternum *3169.*
(9) ineternum codd.
(10) *Quodlibeta* V, q. 4. Paris, 1518, fol. 159 in fine.
(11) philosophus... substantia *souligné.*
(12) ymmobilia.
(13) moventur n *exp.*

eo quod sedet aliquis; cum vero res mota sit, aliquando quidem vera aliquando autem falsa fit (1). Similiter autem et in opinione est ». Et statim post : « Oratio namque et opinio, non in eo quod ipsa aliquid suscipiant, contrariorum susceptibilia esse dicuntur, sed in eo quod circa alterum aliqua passio sit facta. Nam in eo quod res est vel non est, oratio vero vera vel falsa dicitur, non in eo quod ipsa captabilis sit contrariorum. Simpliciter autem a nullo neque oratio movetur neque opinio » (2). Secundum ergo eum, cum oratio dicitur vera vel falsa nulla entitas nova fit vel causatur in ea absoluta vel respectiva; tum etiam quia sequeretur quod propositio (3) que semel esset vera semper esset vera, contra philosophum qui dicit quod hec oratio : socrates sedet, est vera eo sedente, et eadem (fol. 77) oratio falsa est eo surgente. Et patet ratione quia tunc possibile esset quod esset aliqua res quam deus non posset creare scilicet veritas istius : deus nihil (4) creat, et aliqua quam non posset annichillare (5) scilicet veritas istius : deus nihil annichillat (6). Supposito enim quod nihil (7) de novo crearet ista esset vera : deus nihil (8) creat. Item per motum digiti mei possem causare de novo in mente angeli vel anima Christi unam entitatem realem scilicet veritatem istius : digitus meus movetur; et propter istas (fol. 12v) rationes dicunt moderni predestinationem, reprobationem vel prescienciam non dicere rationem realem inherentem creature predestinate vel prescite quia tunc hec esset vera : iste est prescitus, propter talem rem sibi inherentem, sicut ista est vera : sortes est albus, propter albedinem sibi inherentem; et per consequens hec esset postea necessaria : iste est predestinatus vel prescitus, et similiter : iste salvabitur. Ideo doctores scolastici ponunt omnia ista nomina esse (9) cognotativa et significare duo copulative. Totum autem copulativum per interemptionem unius partis interimitur. Ideo omnia ista que significant ista duo, unum eternum et aliud contingens, sive unum de preterito et aliud de futuro, interemptione unius partis interimentur, sicut dicit sanctus thomas in questionibus de veritate, ubi querit an predestinatio habeat certitudinem. Dicit quod si eternum jungatur contingenti. totum est con-

---

(1) *om.*

(2) *De predicamentis*, c. 3 de substantia, in fine, éd. cit., I, p. 6. P. L., t. 64, col. 199-200.

(3) proposicio.

(4) nichil.

(5) anichilare *3169*.

(6) anichilat.

(7) nichil.

(8) nichil.

(9) *om* 3169.

tingens (1), sicut in ista : deus predestinavit istum vel deus prescivit antichristum fore pro tali die, ibi necessarium jungitur (2) contingenti, ergo totum est contingens, scilicet deum non previdisse hoc, ergo potest non previdisse. Hoc quidem dicit dominus Bonaventura (3) d. XXX prima (4) q. 1ª de istis, dominus et creator, que connotant (5) aliquid temporale vel creatum, quod autem implicat in se necessarium et contingens denominatur totum contingens propter naturam totius copulati quod ponit utramquem partem et falsificatur pro utraque vel pro altera parte (6). Et similiter dicit petrus de tharentosa (7), eadem distinctione : Veritas autem est tale nomen significans duo copulative, sicut colligitur ex illa diffinitione communi quam dat sanctus thomas de veritate quod est adequatio rei et intellectus quam (8) trahit ex diffinicionibus datis ab hilario et augustino (9). Et patet etiam ex dictis ipsius arguentis, qui ponit quod ad hoc quod propositio sit vera requiritur ita esse vel fore sicut enunciat. Propter quod concedunt aliqui moderni quod modo est in potestate mea facere aliquem mortuum a centum annis non (10) fuisse prophetam quia ille terminus propheta est terminus connotativus, cujus significatum est aliquid predicens (11) verum, et planum est quod si de me predixit aliquid me facturum quod libere possum facere vel non facere, consequens est quod possum facere ipsum fuisse prophetam quia possum facere quod ipse dixit verum, et non dixit verum. Et ideo post tempus quo aliquis predixit futurum, continue donec illud fuerit impletum, hec est contingens : ille prophetavit, illo demonstrato (12). Unde hec est hodie contingens : job prophetavit de resurrectione (13), sicut ista : job dixit verum de resurrectione (14). Et consequenter dicunt quod, sicut in potestate petri est (15) non peccare tali die et per consequens facere quod istud sit verum : petrus non peccabit tali die, ita potest facere quod deus nunquam prescivit ipsum peccare tali die. Cujus simile dicit Augustinus, d. XV de civitate dei cº Xº (16) ubi

(1) Q. IV, art. 3. Éd. *Maudonnet*, Paris, 1925, p. 158.
(2) conjungitur.
(3) dominus bonaventura *souligné*.
(4) XXXI.
(5) cognotant.
(6) Recte dist. 30, q. 1. Quaracchi, 1882. T. I., p. 522.
(7) petrus de tharentosa *souligné*.
(8) quas *codd.*
(9) Le passage cité ne figure pas dans l'édition Tolosae, MCLII.
(10) *del.*
(11) per (?) *add. et del. 3169*.
(12) demonstrato illo.
(13) resurectione.
(14) resurectione.
(15) *superscr.*
(16) d. xv... x *souligné*.

dicit, quod homo quem deus scivit peccaturum, peccat quidem, sed, si nollit, etiam hoc ille prescivit (1). Et Boetius V^{to} (2) de consolatione dicens : « respondebo : propositum te quidem tuum (3) posse deflectere, sed quoniam et illud te posse, et an facias, quove convertas, presens providencie veritas intuetur, divinam te prescienciam non posse vitare, igitur, etc ». (4). Ex quibus patet quod veritas propositionis de futuro potest nunquam fuisse veritas, sicut potest non esse id quod propositio (5) de futuro dicit fore. Similiter presciencia dei vel predestinatio potest nunquam fuisse prescientia vel predestinatio. Nec tamen sequitur quod predestinatio vel presciencia possit incipere esse predestinatio vel presciencia; sicut nec propositio de futuro vera, licet possit esse non vera (fol. 13), non tamen potest incipere esse vera, quia ad veritatem omnium talium sufficit quod altera propositio sit possibilis scilicet quod hoc erit vel non erit possibiliter, vel hic salvabitur possibiliter. Ad veritatem autem istius : potest incipere esse vera, vel potest incipere esse predestinatus vel prescitus, requiruntur due propositiones scilicet quod hec sit possibilis : hoc erit vel iste salvabitur, et cum hoc quod propositio prius non fuit vera, scilicet quod iste erit, vel quod prius non fuit cognitum a deo quod iste salvabitur, Et sic salvatur immutabilitas divine presciencie vel predestinationis.

QUINTUM (6) CAPITULUM

QUOD ISTE EPICUREUS COACTUS EST NEGARE ARISTOTELEM ET OMNIA PRINCIPIA EJUS

Non solum posiciones istius epicurei fidei nostre contradicunt (7), ymmo etiam doctrine Aristotelis, ex cujus fonte eas hic suscepisse gloriatur. Ponit enim in capitulo primo sui tractatus quod, sicut apud aliquos medicos dicitur non esse necessarium omne corpus esse sanum vel egrum, ymmo est dabile corpus (8) neutrum, nec sanum nec egrum, sic apud logicos epicureos non est necesse omnem enunciationem (9) esse veram vel falsam, ymmo est dabilis aliqua neutra que nec est vera nec falsa.

---

(1) Lib. 5, c. 10. P. L., t. 41, col. 153.
(2) quinto.
(3) propositumque te quidem tuum te *codd.*
(4) Éd. cit., p. 144.
(5) proposicio.
(6) V^{tum} *3169*.
(7) sed *add. et del.*
(8) *om.*
(9) enuntiacionem.

Contradicit enim ista posicio Aristoteli ubicumque locutus est de ista materia. Primo in primo periarmenias, quia ex intencione probat, postquam illis duabus propositionibus (1) nisus est ostendere quod singularium de futuro contingenti nec hec esset determinate vera aut determinate falsa, probat expresse quod non est dabilis neutra, sic dicens : « At vero nec quoniam neutrum verum est contingit dicere ». Quod exemplificat. « Non enim contingit dicere quoniam neque erit neque quoniam non erit ». Quod sic probat. « Primum enim, cum sit affirmatio falsa, erit negatio non vera, et cum hec sit falsa contingit affirmacionem esse non veram » (2). Vult ergo dicere quod, si sit dabilis propositio neutra, quod tunc verum est quod (3) neque significatum talis erit neque non erit. Si (fol. 77[v]) autem verum est quod non erit tunc affirmatio falsa est scilicet quod erit, et si non verum est quod non erit, tunc negatio falsa est, et per consequens, alicujus contradictionis una pars esset falsa et alia non vera et e contra; vel etiam sequeretur quod ambe essent false, quia ex quo esset neutra illa de futuro contingenti, tunc non esset illud quod enuntiat, nec non esset. Si autem non sit illud quod enunciat vel non esset tunc affirmativa falsa esset, et si non esset illud quod negatio non esse predixit tunc negatio falsa est, sicut dicit Boetius (4). Istud autem repugnat primo principio cujus lex est quod si una est falsa reliqua est vera.

Secundam rationem ponit ibi philosophus : « Adhuc si verum est dicere quoniam album est et magnum, oportet utrumque esse. « Et si verum erit cras oportet esse cras. Si autem neque erit neque non erit cras, non erit utrumlibet, ut est navale bellum; oportebit enim neque fieri navale bellum neque non fieri navale bellum (5). Hec autem sequuntur ad propositionem esse neutram secundum eum, quia si ista est neutra : navale bellum erit cras, tunc non est vera, et sic (6) navale bellum non erit cras; neque erit falsa et sic navale bellum non non erit cras (7). Ex istis rationibus concludit Aristoteles in fine istius libri quod horum, scilicet contradictoriorum : navale bellum erit cras, vel navale bellum non erit cras, necesse est alteram partem contradictionis veram esse vel falsam, (fol. 13[v]) licet non hoc vel illud : Quod sic probat Aristoteles in terminis : « Esse quidem

(1) probationibus cujus est *del.*; propositionibus *superscr.*
(2) c. 9. Éd. cit., T. I., p. 29. Éd. Meiser, p. 10.
(3) *subscr.*
(4) Commentarii in... περι ερμηνειας I, c. 9, éd. Meiser, p. 115.
(5) c. 9, éd. cit., T. I, p. 29. Éd. Meiser, p. 10.
(6) et sic *superscr.*
(7) *superscr.*

vel non esse omne necesse est, et futurum esse vel non esse; non tamen dividentem est dicere alterum necessario. Dico autem, exponit (1) se, necesse est quidem (2) futurum esse (3) bellum navale cras vel non futurum esse; sed non futurum esse cras bellum navale necesse est, vel non futurum esse. Futurum autem esse vel non esse necesse est. Quare quoniam omnes orationes similiter vere sunt quemadmodum et res; manifestum, quoniam quecumque sic se habent ut utrumlibet sint et contraria ipsorum contingere queant, necesse est similiter se habere et contradictionem » (4). Et sic concludit quod « necesse est semper alteram partem contradictionis esse veram vel falsam », licet non hanc vel illam determinate. Ubi innuit istam maximam : sicut se habent res ad futuricionem vel non futuricionem sic se habent ad veritatem vel falsitatem. Sed omnes res de necessitate sunt future vel non future : ergo de necessitate sunt vere vel false. Non dat ergo propositionem neutram, ut iste mentitur, Et hoc clare patet ex illa diffinitione enunciationis (5) quam ponit circa principium istius libri, in qua dicit quod est oratio, non omnis, sed in qua verum vel falsum est (6). Quam iste nititur solvere per unam distinctionem ineptissimam et contrariam textui aristotelis. Dicit enim quod verum et falsum sunt in enunciatione (7) dupliciter : uno modo tanquam in enunciante aliquid esse verum aut falsum; alio modo tanquam in eo quod formaliter est verum vel falsum. Primo modo in omni enunciatione (8), si sit afirmativa, est verum, ex quo talis enunciatio (9) enunciat compositionem predicati cum subjecto esse veram, propter copulativam affirmativam; aut, si sit negativa, in ea est falsum ex quo omnis talis enunciat compositionem predicati cum subjecto esse falsam, quia, ut scribitur V[to] (10) methaphysice, est significat quia verum, et, non est, quia falsum (11). Hoc modo intelligendam dicit diffinitionem enunciationis (12) ut sit sensus quod enunciatio (13) est oratio enuncians aliquid esse verum, si sit affirmativa,

(1) sic *add. et del.*
(2) esse *add. et del.*
(3) *superscr.*
(4) c. 9, éd. cit., T. I, p. 30. Éd. Meiser, p. 12.
(5) diffinicione enunciacionis.
(6) c. 4, éd. cit., T. I., p 26. Éd. Meiser, p. 5.
(7) enunciacione.
(8) enunciacione.
(9) enunciacio.
(10) quinto.
(11) IV, 7, éd. cit., T. II, p. 521; cf. I, 1, éd. cit., p. 486.
(12) enunciacionis.
(13) enunciacio.

aut enuncians aliquid esse falsum, si sit negativa, ita quod coincidit in idem cum illa diffinicione primi priorum : propositio est oratio affirmativa vel negativa (1). Sed quis, queso, eciam (2) in logicis mediocriter doctus, non videt hujus hominis cecitatem et pertinaciam obstinatissimam ? Ut enim salvet illud fatuissimum dictum et hereticum contentus est negare omnia principia Aristotelis. Clarum est enim cuicumque legenti textum periarmenias quod philosophus diffinit enuntiacionem (3) ibi de qua loquitur (4) in toto illo libro, quia statim post determinat de oppositione enunciationum, quomodo se habeant ad veritatem et falsitatem, non autem ad affirmationem vel negationem, quia tunc non oporteret ipsum negare in singularibus de futuro contingenti hanc esse determinate (5) veram, illam vero falsam, sicut concedit in illis de presenti vel preterito. Si enim de alia veritate vel falsitate intellexisset in capitulo de oppositione enuntiationum (6) et in diffinitione enuntiacionis (7), non fuisset secutus illum ordinem quem consuevit in aliis tenere. Eodem enim modo accepit unum terminum quando diffinit (8) ipsum et quando dividit, et ipse similiter fundat regulas vel oppositionum vel equipollenciarum de illo. Nec illa diffinicio primi priorum servit suo proposito, ut ipsemet poterit (9) intelligere, si aliquando ad mentem redeat.

Omnia alia argumenta que adducit pro opinione Crisippi equaliter male solvit. Arguit enim 2° Crisippus : De quolibet est affirmatio vel negatio vera. Sed (fol. 14) contradictoria de futuro contingenti sunt affirmatio et negatio; ergo inter eas vel affirmatio aut ejus negatio erit vera. Ad quam ineptius respondet, ymmo non respondet. Dicit enim quod affirmatio et (10) negatio accipiuntur dupliciter : uno modo ut sunt predicata contradictoria affirmabilia aut negabilia de aliquo, quomodo sedere et non sedere dicuntur affirmatio et negatio in predicamentis; alio modo ut sunt enunciationes in quibus aliquid affirmatur vel negatur de aliquo, quomodo accipiuntur in libro periarmenias. Jam primum principium, ut dicit, applicatur proposito quasi intelligeretur de enunciationibus affirmativis et negativis, cum tamen intelligendum sit de predicatis affirmabilibus et negabilibus de aliquo. Sicut enim de quolibet numero vere predicatur passio complexa

(1) *Analyt. prior.* I, 1, éd. cit., T. I, p. 39, n. 2.
(2) etiam.
(3) enunciationem.
(4) de *add. et del.* 3169.
(5) deternimatam, m *del.*
(6) enunciacionum.
(7) diffinicione enunciacionis.
(8) diffinivit; iv *exp. codd.*
(9) potest; ipsemet *om. et remplacé par un espace blanc.*
(10) ut.

numeri que est par vel impar, sic de quolibet ente vere predicatur passio complexa entis que est affirmatio (fol. 78) vel negatio cujuslibet entis, ut de navali bello vere dicitur hoc complexum, erit vel non erit futurum, ubi affirmatio vel negatio sunt esse futurum et non esse futurum. O gloriosum virum! In primo membro sue (1) distinctionis concedit idem quod petimus, et sibi ipsi contradicit, et ad hoc primum membrum infert 2um. Si enim de quolibet est affirmatio vel negatio vera, accipiendo affirmationem et negationem pro predicatis affirmabilibus et negabilibus, ergo de antichristo vere dicitur hoc predicatum affirmabile quod erit, vel negabile quod non erit. Et sic habemus propositum. Vel de socrate quod cras curret vel non curret vere et per consequens omnis enunciatio de futuro est vera vel falsa. Nam si de quolibet subjecto vere dicitur predicatum affirmabile de futuro vel negabile, tunc quelibet enunciatio de futuro est vera vel falsa; quod tamen ipse negat.

Alia argumenta eque male (2) solvit, scilicet argumentum quod fit contra eum, quod ad veritatem disjunctive necesse est unam partem esse veram; similiter quod ad veritatem particularis requiritur veritas alicujus sui singularis. Sed ista disjunctiva est vera : necesse est cras esse futurum navale bellum vel non futurum, et hec particularis est vera, altera pars contradictionis est vera de futuro contingenti, ergo aliqua ejus singularis. Dimitto illam distinctionem quam dat de disjunctiva, quam nec pueri qui prima rudimenta logice didicerunt admitterent, scilicet quod duplices sunt disjunctive : quedam cathegorice de disjuncto extremo, alie ypothetice, quia de disjunctivis ypotheticis adhuc ditinguit per unicum membrum, subticendo aliud, quia dicit quod quedam sunt disjunctive que constant partibus sic repugnantibus quod, si contingat unam verificari, impossibile est alteram simul (3) esse veram, et in hiis, ut dicit, non habet locum illa regula. Iste est primus qui unquam istam maximam apud logicos negavit de disjunctiva ypothetica. Jam non loquimur de cathegorica de disjuncto extremo quia illa non consuevit vocari disjunctiva. Omnes enim logici contradictoriam disjunctive assignare consueverunt per copulativam de partibus contradicentibus; contradictorie ergo erunt simul vere, secundum istum, quia per eum disjunctiva erit vera et nulla pars est vera. Copulativa ergo negans utramque partem est vera et sic contradictorie sunt simul vere. Si enim nec hec pars disjunctive est vera nec illa, ergo verum est nullam partem disjunctive esse veram; que est ejus contradictoria.

(1) sui.
(2) magis.
(3) *superscr.*

Ex solutione etiam (1) quarti argumenti clare patet quod contradicit sibi ipsi quia concedit quod altera (fol. 14^{v}) istarum est vera, demonstratis affirmatione et negatione de futuro contingenti. Non est ergo dabilis propositio neutra de illis, sicut etiam concedit, demonstratis illis contrariis que sunt sanum et egrum, quod alterum necessario inest animali; ergo non dabitur corpus neutrum, secundum eum, quod tamen volunt medici sui.

Item implicat in ista solutione quia dicit istas disjunctivas, in quibus non habet locum ista regula, componi ex partibus sic adinvicem repugnantibus quod, si contingat unam verificari, impossibile est alteram simul esse veram; si autem contingat unam verificari, alia non existente simul vera, tunc una pars disjunctive est vera.

Nec sufficit isti suam turpitudinem allegare contradicendo omnibus principiis (2) logicorum, ymmo tanquam falsarius et corruptor subtilissimorum doctorum mendacissime allegat pro se Scotum et petrum de Nogento (3), imponens quod concesserunt propositiones neutras, ubi tamen disjunctive, secundum eos, erant vere. Dicit enim quod Scotus ponit in primo signo ante determinationem divine voluntatis hanc complexionem disjunctivam : petrus salvabitur vel petrus non salvabitur fuisse veram, ymmo necessariam, et tamen neutram partem fuisse veram; quod est falsissimum. Primo nunquam posuit Scotus quod in primo signo illa disjunctiva fuisset (4) vera, et dato quod dixisset non tamen sequitur : pro primo signo est propositio neutra, ergo secundum eum, est dabilis propositio (5) neutra, sicut non sequitur, secundum eum, homo in primo signo non est risibilis, ergo dabilis est homo qui non sit (6) risibilis; sicut nec sequitur : pater in primo signo non produxit spiritum sanctum, ergo pater non produxit spiritum sanctum. Nullos alios potuit reperire pro (7) se. Nec instancia quam dat est ad propositum. Dat enim istam instanciam quod aliquando particularis est vera et tamen non contingit descendere sub ea per disjunctivam vel per singulares, sicut ista est vera, demonstratis istis contrariis immediatis que sunt sanum et egrum, alterum necessario inest animali, et tamen nec sanum inest necessario animali nec egrum, Magna est enim differentia, secundum logicos, inter illas propositiones in quarum una ponitur modus adverbialis, in alia nominalis. Si enim dicatur, sic demonstratis duabus propositionibus : altera istarum est necessaria, clarum est quod hec est falsa in illis

---

(1) solucione eciam.
(2) logig *add. et del.*
(3) scotum... nogento *souligné.*
(4) esset *del.* fuisset *superscr.*
(5) *om.*
(6) est *3169.*
(7) per *3169.*

de futuro contingenti, quia nec hec nec illa, licet esset (fol. 78^v) vera; secus si poneretur modus adverbialis, altera necessario debet esse. Per ignorantiam ergo logice iste procedit.

Ex istis potest faciliter patere impugnatio omnium aliarum responsionum suarum.

Item contradicit aristoteli in hoc quod concedit alteram istarum esse veram, demonstratis propositionibus contradictoriis, et non hanc vel illam, quia dicit quod nulla est vera veritate actuali, licet bene vera veritate dicentis vel expectata, quia vel intelligit quod, cum dicitur altera istarum non est vera, de veritate actuali vel non. Si sic; ergo aliqua propositio de futuro contingenti est actualiter vera. Si non; ergo solum illo modo est vera quo singularis est vera; ergo male negaret Aristoteles particularem esse veram et non singularem.

Taceo quod iste concedit quod, si angelus tantum per instans duraret, quod in illo instanti libere et (1) contingenter eliceret (2) actum peccati, si vellet, licet in priori signo nature, quia hoc facit pro nobis, quia quitquid concedit in priori signo nature ejusdem instantis hoc concedit pro illo instanti. In illo ergo instanti temporis hec veritas (fol. 15) esset contingens : angelus peccat, quod est contra eum.

CAPITULUM VI (3) ET ULTIMUM

QUOD OPINIO ARISTOTELIS A NULLO CATHOLICO FIDE SALVA, POTEST SUSTENTARI

Antequam ostendamus positionem (4) Aristotelis fidei nostre dogmatibus contradicere, primo sciendum est quod nonnulli varie nisi sunt salvare Aristotelem, quibusdam dicentibus nunquam ipsum negasse singulares de futuro esse determinate veras, sed solummodo a nobis determinate (5) cognitas, ita quod nec (6) hec singularis : hoc eveniet (7) est nobis manifesta aut opposita ejus, licet alteram ipsarum infallibili et certa noticia sciamus. Sed quod hec non fuerit mens ejus argumenta sua clare ostendunt. Id idem enim habuisset (8) dicere de quampluribus de presenti et preterito, quarum que pars sit determinate vera sepissime ignoramus et ad illas sciendas legimus sepe nimio sanctis patribus (9) revelationes factas.

---

(1) liberet *codd.*

(2) illiceret.

(3) 6^{tum}.

(4) posicionem.

(5) determinate a nobis.

(6) ex sin *add. et del.*

(7) veniet.

(8) habuisse *3169*; dans *4159* le *t* a été ajouté.

(9) per *add et del.*

Propter quod fuerunt alii qui eum honestius excusare conantes dixerunt ipsum nequaquam negasse singulares de futuro esse determinate veras vel falsas, sed solummodo illas esse inevitabiliter veras vel falsas vel necessario, inde sumentes argumentum quod, ubicumque philosophus de ista materia loquitur(1), semper addit li necesse. Primum enim, cum per singularia oppositionum diffuse ostendit qualiter propositiones opposite se habeant ad veritatem et falsitatem, in fine concludit hiis (2) verbis dicens : « In (3) hiis (4) ergo que sunt et que facta sunt necesse est afirmationem vel negationem veram vel falsam esse, in universalibus quidem universaliter semper hanc quidem veram, illam vero falsam, et in hiis que sunt singularia quemadmodum ut dictum est (5). In hujusmodi vero, que in universalibus non universaliter dicuntur, non necesse est; dictum autem et de hiis. In singularibus vero et futuris non (6) similiter » (7). Et infra : « Que ergo contingunt inconveniencia hec sunt et hujusmodi alia, si omnis affirmationis et negationis vel in hiis que in universalibus dicuntur universaliter vel in hiis que sunt singularia necesse est oppositarum hanc esse veram, illam vero falsam (8) ». Et in fine hujus libri concludit : « Quare manifestum est, quoniam non est necesse omnis affirmationis vel negationis oppositarum hanc quidem (9) veram illam vero falsam esse » (10). In quibus omnibus solum videtur negare veritatem necessariam ab illis propositionibus, non autem universaliter veritatem que etiam dicitur de contingentibus sicut de necessariis. Et per hunc modum concorditer ad fidem ipsum sensisse arbitrantur.

Sed quia omnibus suis ferme expositoribus, Boetio, Alberto, Thome Angelo, Roberto Butonis, Burleo, Gregorio de Arimino, petro de Alliaco (11), ipsum aliter sensisse placet, mihi quoque et id ipsum videtur. Et sue probationes (12) manifestissime ostendunt. Probat enim omnino duabus rationibus nullam in eis esse veritatem. Prima enim sua ratio est. « Nam, si verum est dicere quoniam album est vel album non est, necesse est album vel non album esse; et si est album vel non est album, verum est (fol. 15v) affirmare vel negare; et, si non

(1) ubicumque loquitur philosophus de ista materia.
(2) *superscr.*
(3) ins.
(4) igitur *add. et del.* *3169*: igitur *4152*.
(5) *om.*
(6) sunt *del.* : non *superscr.*
(7) c. 9, éd. cit., T. I., p 28, éd. Meiser, p. 9.
(8) *loc. cit.*
(9) quidam.
(10) *loc. cit.*, p. 30 et p. 12.
(11) alleaco.
(12) probaciones.

est, mentitur; et, si mentitur, non est; quare necesse est aut affirmationem aut negationem veram esse vel falsam. Nichil ergo fit ad (1) utrumlibet » (2). Probat enim per hoc quod non est veritas, quia necessario esset sicut propositio (3) nunciat, et non supponit quod quelibet propositio (4) vera debeat esse necessaria. Quod patet ex 2ª ratione. Dicit enim sic : « Si enim de eo quod est album nunc, verum erat dicere primo quoniam erit album, quare semper fuit verum dicere quodlibet eorum que facta sunt quoniam erit, quod si semper verum est dicere quoniam est vel erit, non potest hoc non esse vel non futurum esse; nichil ergo ad utrumlibet fit » (5). Per hoc igitur quod negat (6) hanc (fol. 79) non necessario (7) veram, non vult afirmare tales esse veras contingenter. Ymmo utramque negare intendit. Infert enim pro maximo inconvenienti quod nihil esset ad utrumlibet nec a casu. Ad quod probandum, si non intenderet in antecedente negare universaliter veritatem ab aliquo contingenti, non inferret hoc ipsum inconveniens; totus enim mundus bene scit quod veritas de contingenti non est necessaria, sed contingens. Sed quod hoc sit contra fidem satis ostensum est in primo capitulo, quia, secundum eum, sicut una pars contradictionis non est magis vera quam alia, sic nec magis scita a quocumque intellectu quam alia, quia quod non est magis verum non est magis scibile. Et propter hoc Aristoteles non posuisset aliquod futurum contingens esse scitum a deo, cum nullum tale ponit esse verum, et nihil (8) est scitum nisi verum. Secundum fidem autem omnia futura contingencia sunt scita a deo, sicut deus ab eterno scivit (9) istam : petrus est salvandus, sic nunquam scivit istam : petrus est dampnandus. Et propter hoc quod una pars propositionis est scita et non alia, ideo una pars est vera, puta illa que est scita a deo; et alia non est vera, quia non est scita a deo.

Quod autem Aristoteles posuerit deum non cognoscere futura contingencia clare patet ex isto textu, quia etiam XII (10) methaphysice ponit deum non intelligere alia a se (11). Non obstantibus nihilominus hiis posuisset philosophus omne futurum contingens necessario fore, nec tamen hoc vel illud. Quomodo autem possit hoc salvari, quia secundum eum inductio valet que est una species argumen-

(1) ut *codd.*
(2) *loc. cit.*, p. 28 et p. 9.
(3) proposicio.
(4) proposicio.
(5) *loc. cit.*, p. 29 et p. 10.
(6) negant.
(7) necessariam.
(8) nichil.
(9) ab *add. et del.*
(10) duodecimo.
(11) *Metaphys.* lib. XI, c. 9, éd. cit., T. II, pp. 608-609.

tationis ad inferendum universale et affirmative et negative quoad illas de necesse licet non semper ad modales, non est presentis speculationis nec facit ad propositum nostrum, quia nec per hoc salvatur veritas fidei determinata de contingenti (1) futuro quod ita dicimus determinate verum, quia nunquam fuit nec erit falsum, licet non ita determinate quod non possit esse falsum.

Multa sunt in tractatu istius (2) impugnatione (3) digna, que causa brevitatis dimitto quia falsitas eorum satis potest clare deduci ex hiis que dicta sunt. Et ista sufficiant.

---

(1) contingente.
(2) *superscr. codd.*
(3) impugancione.

INTERROGATORIA

(Ms. lat. nouv, acq. 1179).

Interrogetur I (1). Queratur a quolibet teste an interfuerit aliquando (2) responsionibus petri de Rivo. Si sic, quo ac quibus annis : an anno LXV, LXVI aut anno LXIX.

Interrogetur II (3). Si his annis interfuerit, queratur : an ex aliquibus propositionibus per petrum de rivo enunciatis fuerit offensus et (4) an visum ei fuerit aliquas propositiones ab ipso assertas fuisse offensivas aut hereticas.

Si dicatur quod non, legantur ei propositiones prima, 2^{a}, IIII (5), XI^{a}, XVII^{a}, XVIII^{a} et alie placentes dominis (6); et queratur, si illas audisset enunciare, an ne ei vise fuissent offensive.

Si dicat se audivisse aliquas propositiones offensivas, queratur que et quales ille fuerunt.

Si dicat (7) se audivisse petrum de Rivo simpliciter enunciantem quod hec propositiones : mortui resurgent, judicium finale erit, non sunt vere, queratur (8) an petrus de Rivo visus sit eas sic dixisse quasi voluisset negare resurrectionem mortuorum aut futurum judicium.

Si dicat se audivisse petrum de rivo enunciantem simpliciter quod deus non est prescius futurorum, queratur (9) an visus sit ei hoc dixisse quasi deus ab eterno non cognovisset res, sed quod tunc primo incipit cognoscere res quando producuntur.

Si dicat se audivisse (10) petrum de rivo simpliciter enunciasse dictas propositiones, queratur an ne aliquando addiderit aliquas determinationes ac an ne ex precedentibus ac sequentibus quisque de facili potuerit intelligere additiones ut quod hec : mortui resurgent, judicium erit, non sunt vere aristotelice vel ex (11) rigore logice (12),

---

(1) *i. m.*

(2) *superscr.*

(3) *i. m.*

(4) *superscr.*

(5) *superscr.*

(6) placentes dominis *i. m.*

(7) *superscr.*

(8) vel quod *del*; queratur *i. m.*

(9) *i. m.*

(10) *superscr.*

(11) sua n *add. et del.*

(12) Ici le manuscrit porte une abréviation où l'on peut lire soit un *r* soit le signe du chiffre *2* et au-dessus *tus*. Cette abréviation reparaît à la fin de la phrase après *indistantia*.

aut quod deus non est prescius futurorum expectando ea tanquam sibi futura ac ex eo quod sunt ei indistancia.

Premissis suppositis (1) petit rivo quod quilibet articulus per zomeren exhibitus simul cum responsione petri de rivo, quam repetit pro interrogationibus (2), legatur et tunc queratur quid putant enunciatum esse, ut sic melius ad memoriam reduci possit id quod ex loginquitate temporis forte neglectum esset.

Interrogetur III (3). Item petatur an ne rivo semper protestatus est de hoc quod se submisit determinationi sedis apostolice aut facultatis theologie in forma solita, etc.

---

(1) legatur *add. et del.*

(2) quam... interrogationibus *i. m.*

(3) *i. m.;* le manuscrit porte d'abord le numéro IIII barré d'un trait de plume; au-dessous 3um.

PETRI DE RIVO RESPONSIONES (1)

Anno LXIX in quodlibetis (2).
(Nouv. acq. lat. 1179).

1, 4[tus] *Interrogetur* (3). *Item credo omnes articulos positos in simbolo* (4) *fidei et in simbolo athanasii non solum qui sunt de presenti et preterito sed etiam qui sunt de futuro. Sed dico eos non esse veros.*

Responsio Rivo (5). Hunc articulum credo me dixisse preter (6) ultimam particulam, utputa hanc : sed dico eos non esse veros. Et quod tam crude (7) hanc particulam non dixerim apparet ex hoc quod in eadem responsione (8) dixi propositiones fidei plurimis modis esse veras, utputa veritate increata, veritate revelantis seu dicentis (9), veritate fideliter expectata et veritate quam placuit collectoribus nominare intentionalem. Premisi (10) enim quod propositionem esse veram non est aliud quam eam esse conformem suo significato. Cum ergo non tantum significet rem sed etiam conceptum mentis, dixi eam dupliciter posse dici veram (11) quia est conformis aut rei aut conceptui. Hoc secundo modo propositiones fidei sunt vere quia sunt conformes conceptui fideliter credentis; et hanc veritatem vocant intentionalem. Scio tamen me dixisse quod hec consequentia apud aristotelem non valuisset : hee (12) propositiones sunt credende, ergo sunt vere, quia non omne credendum, secundum eum, oportet esse verum, ymmo sufficere videtur quod putetur verificandum : Quod declaravi exemplariter (13), quia, si plato dixisset aristoteli aliquam

---

(1) Ce titre ne figure pas dans le manuscrit.

(2) A gauche de ce titre on lit : *Articuli additionales* et au-dessous : *Nota hic quod isti quatuor articuli in ordine expediuntur* (?). Ces deux annotations sont de la même main. D'autrepart tous les articles portent deux numéros que nous reproduisons. Les articles 1, 2, 3 en portent même un 3e, 22, 23 et 24 qui ont été biffés d'un trait de plume. Les mots *responsio Rivo*, qui figurent en marge de chaque réponse, paraissent d'une main autre que celle de l'annotateur et celle du copiste.

(3) *i. m.*

(4) athanasii *add. et del.*

(5) *i. m.*

(6) so *add. et del.*

(7) cuedo *del.*; crude *superscr.*

(8) *iter. et del.*

(9) et *add. et del.*

(10) dixi *del*; premisi *superscr.*

(11) aut. add.

(12) *i. m.*

(13) si *add. et del.*

propositionem (1) de futuro contingenti existente in sua potestate, utputa : cras tecum prandebo, illam propositionem credidisset aristoteles (2); non tamen putasset eam jam formaliter esse veram, sed die crastino verificandam (3) propter veracitatem platonis (4).

Interrogetur II, Articulus V[us] (5). *Dicit Athanasius : hec est fides catholica quam nisi quisque firmiter fideliterque crediderit salvus esse non poterit; et ego firmiter et fideliter eam credo; non enim dicit Athanasius : quam nisi quisque firmiter fideliterque crediderit esse veram.*

Responsio Rivo (6). Credo me dixisse hunc articulum usque illam particulam : non enim dicit Athanasius quam nisi quisque firmiter fideliterque crediderit esse veram, quam non credo me dixisse. Si tamen dixissem non videtur michi quod errassem quia illud (7) in simbolo Athanasii non invenio. Memini tamen me dixisse quod nisi (8) occurerit aliquod decretum ecclesie aut aliqua scriptura canonica constringens nos ad credendum propositiones scriptas in sacro canone formaliter esse veras veritate eis inherente, aut eas esse veras aristotelice, aut (9) ex forma enunciandi seu rigore logice, etc. indubitanter tamen sunt vere veritate increata, revelantis, etc., ut supra (10).

Interrogetur III, *articulus* VI[us] (11). *Iste propositiones : mortui resurgent, christus veniet ad judicium et similes non sunt vere aut false, sed neutre, sed verificande et expectantes suam veritatem.*

Responsio Rivo (12). Credo satis quod dixerim has propositiones non esse veras aut falsas, sed neutras, non simpliciter et crude, sed cum aliqua (13) additionum positarum in responsione ad primum articulum. (fol. 31[v]).

IIII, 25 (14). Exposuit verbum psalmiste dicentis : Juravit dominus veritatem (15), et verbum angeli loquentis danieli et dicentis : Annuntiabo tibi veritatem (16), sic : veritatem, non que est, sed que expectatur.

(1) aliquam propositionem *iter. et del.*
(2) quia *del*, aristoteles *superscr.*
(3) quia plato *add. et del.*
(4) Cf. p. 109; 225.
(5) *i. m.* item adjunxit *add. et del.*
(6) *i. m.*
(7) hoc *del.*; eam *sperscr. et del.*; illud *i. m.*
(8) *iter.*
(9) *superscr.*
(10) Cf. p. 109; 225.
(11) *i. m.*
(12) *i. m.*
(13) illarum *add. et del.*
(14) *i. m.*
(15) *Psalm.* 131, 11.
(16) XI, 2.

Responsio Rivo (1). De prima auctoritate, sub correctione majoris, dixi quod videtur (2) sic posse exponi : quod propositio illa jurata fuit vera veritate jurantis aut vera veritate expectata tanquam per eam postmodum verificanda. Et ad ostendendum quod (3) sic apte posset intelligi, distinxi de duplici juramento (4) : assertorio quod maxime respicit presens et preteritum et promissorio quod respicit futurum. Et de hoc secundo juramento videtur loqui propheta. Cum ergo juramentum promissorium non requirat rem juratam esse (5) presentem sed sufficit eam esse futuram tempore congruo, forte deus non juravit veritatem presentem, sed futuram per quam suum promissum congruo tempore verificaretur. Pro 2ª auctoritate dixi quia angelus (6) voluit (7) propositiones per se annunciatas esse veras veritate annuntiantis vel veras id est per veritatem expectatam verificandas; et quod sic recte possit intelligi (8) suasi ex hoc quia, dum aliquis aliquid annuntiat, non oportet rem annuniatam simul esse dum annunciatur. Astronomus enim sepe annunciat eclipsim longe postea futuram, etc. (9).

V, 26. *Exposuit auctoritatem illam que habetur in Apocalypsi* (10) *:* « *Hec verba vera sunt et fidelissima* », *quod in sensu composito illa verba sunt vera et fidelissima, quia alique propositiones sunt vere et ille sunt fidelissime; alie vero fidelissime, non tamen vere. Verba tamen illa non sunt vera et fidelissima in sensu diviso.*

Responsio Rivo (11). De hac auctoritate dixi primo quod Johannes videtur audivisse duplicia verba, aliqua prolata a voce egrediente de throno et unum prolatum a sedente in throno. Dubitale videri posset alicui an sedens in throno per verba que dixit esse vera et fidelissima intellexerit utraque an solum suum verbum. Si secundum dici posset tolerabiliter, auctoritas non servit proposito quia verbum suum fuit de presenti scilicet : ecce nova facio omnia (12). Si per verba illa (13)

(1) *i. m.*
(2) quod videtur *superscr.*
(3) app *add. et del.*
(4) promissorio *add. et del.*; quod maxime respicit presens et preteritum *i. m. et del.*
(5) *superscr.*
(6) forte *add. et del.*
(7) illi *add. et del.*
(8) dixi *add. et del.*
(9) Cf. p. 110, 295, 296.
(10) XXI, 5.
(11) *i. m.*
(12) les passages : dubitale... esse vera et : non servit... omnia, sont biffés d'un trait de plume; mais en marge on lit : valet.
(13) *superscr.*

intellexerit utraque verba, dixi quod hec propositio : hec verba fidelissima sunt et vera, videtur secundum veram logicam, posse distingui penes sensum compositum et divisum, sicut ista : isti sunt ceci et videntes, demonstratis duobus cecis et videntibus, que in sensu diviso est falsa et in composito vera, quia sensus divisus (1) est quod isti quatuor sunt ceci et isti quatuor sunt videntes; sed sensus compositus quod isti quatuor sunt quidam ceci et quidam videntes. Subjunxi quod, si liceat dictam propositionem accipi in sensu composito, per eam non posset hereticari opinio aristotelis de futuris contingentibus, quia sensus esset quod verba predicta sunt quedam vera, ut que sunt de presenti et preterito, et quedam fidelissima, id est firmissima fide credenda, tanquam suis temporibus verificanda, que scilicet sunt de futuro contingenti. Quod si oporteat dictam propositionem intelligi in sensu diviso sic quod omnia verba premissa sunt fidelissima et omnia vera, tunc videtur posse dici quod omnia sunt vera (2) primo veritate increata et infallibili veritate ea dicentis, 2° veritate creata, vel eis formaliter inherente, vel indubitanter expectata, etc. (3). Sed non fui ausus confiteri quod omnia essent vera aristotelice, quia non vidi quin sic (4) significata illorum de futuro ex necessitate evenirent. (Fol. 32).

Interrogetur. 7us, VI (5). *In toto illo quodlibeto nec in sequenti responsione auditus est dicere propositiones tales positas in sacro canone esse veras veritate increata* (6).

Responsio (7). Credo me expresse dixisse pluries (8) hujusmodi propositiones esse veras veritate increata. Dixi etiam eas esse veras veritate revelantis, jurantis, annunciantis et dicentis; et, cum per revelantem, jurantem, principalem annunciantem et dicentem intellexi deum, cujus veritas est increata, patet quod dictas propositiones dixi esse veras veritate increata.

Anno LXX° in ultima responsione.

VI, 28 (9). *Dixit sibi fuisse impositum quod simpliciter enunciasset*

(1) compositus *del*; divisus *superscr.*

(2) sunt vera *iter. et del.*

(3) Cf. p. 83-84; 110, 296.

(4) *superscr.*

(5) *i. m.*

(6) au-dessus de cet article, c'est-à-dire en tête du fol. 32, on lit : *Nota hic prius hunc articulum.*

(7) *i. m.*

(8) *superscr.*

(9) *i. m.* avec cette note : *Nota quod hic est redeundum ad VII articulum qui est est primus articulus.*

istam : nulla propositio de futuro contingenti posita in sacro canone est vera vel falsa, quam nunquam dixit se asseruisse, quoniam semper addidit vel veritate revelantis vel veritate fideliter expectata vel veritate increata; quod, si simpliciter illam enunciasset, offendisset, etsi forte falsum non dixisset.

Responsio (1). Nunquam credo me dixisse (2) hanc universalem : Nulla propositio de futuro contingenti posita in sacro canone est vera vel falsa, nec simpliciter, nec cum additione (3). Neque de aliqua propositione contenta in sacro canone dixi quod non esset vera vel falsa cum his additionibus vel veritate revelantis vel veritate fideliter expectata vel veritate increata, sed cum additionibus positis in responsione ad primum articulum dicendo quod non est vera aut falsa aristotelice veritate aut falsitate formaliter inherente, etc. (4). Neque memini me unquam dixisse quod *si dixissem dictam propositionem universalem simpliciter* (5) *forte falsum non dixissem.* Si tamen sola illa propositio (6) possit dici simpliciter (7) vera vel falsa que aristotelice ex sua forma enunciandi et ex rigore logice est vera aut falsa, veritate scilicet aut falsitate sibi formaliter inherente, que inferret significatum propositionis ex necessitate evenire vel non evenire, tunc forte non esset falsum dicere dictam propositionem simpliciter, etc.

Salva semper protestatione solita de submittendo me sedi apostolice etc., ut prius in omnibus.

---

(1) *i. m.*

(2) dixi *del.*; credo me dixisse *superscr.*

(3) sed de aliquibus propositionibus fidei dixi *add. et del.*

(4) sed de qualibus multis talium dixi quod esse veras veritate revelantis, etc. *add. et del.*

(5) *i. m.*

(6) debeat in scolis aristotelis *add. et del.*

(7) *superscr.*

SENTENTIA RECTORIS CONTRA HENRICUM DE ZOMEREN (1)

(Ms. lat. 3169. — Nouv. acq. lat. 1179).

In causa magistri petri Bode (2), sindici et promotoris universitatis, actoris contra magistrum petrum de rivo (3).

Ut nostrum prodeat de vultu dei judicium et oculi nostri videant equitatem, materia jurgiorum inter provectos de medio tollatur, scandala inter pusillos amputentur et veritas, que vesanorum hominum calumpniis fluctuare solet, sed confundi non potest, erigatur, pax et tranquillitas inter scolasticos observetur et studii generalis lovaniensis doctrine sinceritas (4), inanibus apud simplices agitata rumoribus, ab inique loquencium faucibus eripiatur, quod nichil aliud quam quod fidei catholice sacrosancteque romane ecclesie consentaneum existit (5) ullo unquam tempore docuit vel in futurum dogmatizare intendit, infrascripto negocio finem imponere postulati, ex officii nostri debito procedere curavimus (6). Sane cum inter venerabiles et discretos viros, magistrum henricum de zomeren, artium

(1) Ce titre ne figure pas dans les manuscrits. On l'a adopté afin de mieux indiquer l'objet du document.

(2) Boed.

(3) Annotationes marginales addite sunt a m. h. Zomeren *i. m. 3169*. Le mot qui a suggéré l'annotation est souvent souligné dans le texte et parfois répété au début de la note marginale.

(4) *sinceritas*. Ergo inquirendum fuit de fama propalata lovanii et in locis vicinis que, quia facta non creditur, aperta est presumptio de collusione. *i. m. 3169*.

(5) *Existit*. Quanta temeritas hoc asserere de L annis aut circa! Longe alia major de intentione et pro toto tempore futuro! *i. m. 3169*.

(6) Hoc censendo convinceris diffinire que, in fine sententie, te dicis theologiis relinquere. *i. m. 3169. Au bas du fol. on lit cette annotation* : Quis non rideat ubi viderit somniatorem istum universitatem lovaniensem non solum nichil hactenus docuisse dissonum veritati orthodoxe, sed etiam nichil tale unquam in posterum docere intendere? Ubi quis non miretur unde factus sit ipse judex preteritorum isporum, sed ut vates de intentionibus animorum etiam in futurum, nisi forte, sicut aliquando indigno datus est spiritus prophetie propter pontificalis dignitatis preeminentiam, ut de caypho legitur quod, cum esset pontifex anni illius, prophetavit, ita verisimiliter credendum sit rectorali dignitati nostri studii lovaniensis aliquem divinandi vel vaticinandi aut secreta cordium videndi spiritum divina dispositione hac vice fuisse singulari privilegio concessum.

magistrum et sacre theologie professorem dicti studii, ex una, et magistrum petrum de Rivo, artium magistrum et sacre theologie baccalarium (1) formatum, supposita ex altera partibus, dicti studii magistros et in suis respective facultatibus legentes, gravissima et non sine maximo predicti studii scandalo a quatuor vel quinque annis citra et ultra discordia et contencionis materia fuisset suscitata, occasione certarum propositionum de futuro contingenti in sacro canone positarum ac dei presciencia et prevolicione, quas in certis actibus et disputationibus scolasticis, non solum cum piarum aurium offensione sed eciam contra catholice veritatis doctrinam, et tanquam hereticas idem magister henricus asseruit a predicto magistro petro (2) fuisse publice (3) et pluries prolatas, enunciatas et dogmatizatas, eodem magistro petro contrarium asserente sed constanter astruente quod nichil unquam enunciavit, protulit vel dogmatizavit aut voluit (4) enunciare, proferre, publice vel occulte dogmatizare quod piarum aurium esset vel fuisset offensivum aut catholice fidei contrarium. Cujus inter prefatos magistros contentionem periculis et scandalis plenam diucius cum deo (5) et cum (6) conscientia tranquilla conniventibus oculis perferre non valentes nec debentes, dicti studii universitatis solempniter in loco ad hoc consueto per nos congregatione generali publice (7) intimata et celebrata, predicte contencionis et (8) discordie necnon turbacionum et scandalorum inde subsecutorum (9) periculorumque inde proventurorum seriem, cum, omnibus quibus melius hoc facere potuimus circumstanciis, exposuimus instantissime, requirentes super premissis ad dicti studii honorem, qui apud exteros tam in romana curia quam eciam in illustrissimi principis domini ducis burgondie (10) aula necnon aliis circumvicinis partibus quamplurimum fuisset mutilatus, fore providendum; in eadem eciam congregacione dicti magistri henricus et petrus extitissent presentes, ac precedens magister petrus in medium voce querula proposuisset esse a prefato magistro henrico contra veritatem et justiciam injuriatum, ac in romana curia et alibi scriptis vel epistolis diffamatum, protestans publice et in scriptis se firmiter credere et tenere omnes articulos fidei qui sunt de futuro contingenti esse firmiter credendos

(1) bacallarium.
(2) a magistro petro dicto.
(3) publicas.
(4) enunciaverit, protulerit vel dogmatizaverit aut voluerit.
(5) cum deo *superscr.*
(6) *om.*
(7) *superscr.* *3169.*
(8) *superscr.*
(9) subsequutorum.
(10) burgundie.

et veros omnino esse, *subjungens* (fol. 19[v]) *distinctiones* (1) seu declarationes quibus idem magister petrus eos esse veros alias expressisset (fol. 26[v]), propositiones etiam illas necnon earumdem quibus usus fuerat in suis disputacionibus et aliis actibus scolasticis declaraciones romane ecclesie vel dicte facultati thelogie per omnia submittens, in eademque congregatione idem magister henricus post hec et alia in conspectu suo proposita contra prefatum magistrum petrum sese partem facere non velle, prout alias pluries extra dictam congregationem protestatum se dixerat, dixit et declaravit, licet zelo fidei, ut asseruit, certas propositiones a dicto magistro petro enunciatas tanquam insanas et falsas necnon fidei catholice contrarias amplius dissimulare non valens detexisset et cavendas asseruisset, atque eas in suis scolasticis actibus et exercitiis confutasse dixisset, ac de illis ad romanam curiam et alibi scripsisse non negasset, quod ille (2) idem magister petrus ad animum revocans et repetens, post sue protestationis premissionem, affirmavit se illas propositiones quas idem magister henricus sibi falso imposuisset nullatenus *sicut jacent* (3) et sub illis verborum tenoribus enunciasse, profitens sponte quod, si ita et ut sibi falso imponebatur, illas propositiones enunciasset utique (4), tanquam erroneus, quod absit, esset censendus; et ob id prefatum magistrum henricum *perperam* (5) fecisse quod ipsum in suis scolasticis *exercitiis* (6) et per suas litteras in romana curia aut alibi diffamasset et scandalizasset contra justicie debitum, fraterne caritatis obsequium et dicti studii lovaniensis *honorem* (7); adjiciens idem magister petrus dictum magistrum henricum nunquam (8) eumdem magistrum petrum in scolis vel alibi tales, ut profertur, propositiones (9) enunciantem audivisse aut in scriptis tradidisse, nec ipsum ante tante diffamacionis injuriam fraterna inter se et ipsum caritate, juxta salvatoris doctrinam, commonuisse; petens et requirens idem magister

---

(1) ergo non omnino *i. m. 3169.*

(2) *om.*

(3) ergo negat eas dixisse in effectu *i. m. 3169.*

(4) erroneas *add. et del. 3169.*

(5) hoc non concludis quia non assumis de illis vel de similibus in effectu et quibus tamen non minus diffamandus esses quam ex formalibus.

(6) in illis semper presens fuisti et tamen nunquam conquestus es me aliquid tibi imposuisse false, nisi semel quidem (?) dum videbat sine tamen designatione persone de negatione prescientiae. *i. m. 3169.*

(7) Honoris dicti studii esset fideliter inquirere et quid compertum esset ingenue damnare sine respectu personarum, non contemplatione persone hereses publice assertas supprimere.

(8) *superscr. 3169.*

(9) hoc non est verum *superscr. 3169.*

petrus super veritatem negocii diligenter inquiri, offerens in medium proferre (1) in scriptis quidquid unquam in predicta materia enunciasset vel dogmatizasset, offerens etiam (2) in medium proferre libros seu volumina in quibus ille doctorum catholicorum sententie continentur quas, non ex propria inventione, sed scolastica insecucione, imitatus se dixit disputasse, et sese, si opus foret, juxta canonicas sanctiones, purgare et innocentem contra falsos criminatores suos exhibere. Nobis quia ex tunc in dicta generali congregacione fuit injunctum ut de premissis omnibus et singulis eorumque dependentiis et circumstanciis, ne diutius inter falsos rumores facti veritas fluctuaret, et ipsius negocii et facti veritate ex officio inquiremus, inquisitioneque expleta, si que propositiones suspecte prolate, enunciate vel dogmatizate a quoquam reperirentur earumdem judicium propositionum facultati theologie reservaretur. Nos igitur, rector universitatis studii lovaniensis generalis (3) (fol. 20), ex officio nobis specialiter injuncto et generaliter incumbente procedentes, discreto et fideli magistro petro Bode (4), nostri officii causarum et ipsius universitatis sindico et procuratori, *injunximus* (5) ut *super fama* (6) et rumore necnon et propositionibus ipsis tam in genere quam in specie, et earum veris tenoribus, necnon totius veritate facti testes fide dignos nobis ministraret, per quos veritas posset haberi an prefatus magister petrus illas propositiones quas ipse magister henricus eumdem enunciasse, protulisse et publice vel occulte dogmatizasse (fol. 27) asseruit, ullo *unquam tempore* (7) enunciavit, protulit vel dogmatizavit, aliaque fideliter que ad hujusmodi inquisicionis instructionem servirent, faceret et promoveret. Premissis igitur personis coram nobis necnon (8) ex sacre theologie et aliarum facultatum quibusdam magistris deputatis coram nobis vocatis et comparentibus, dictoque instante sindico idem magister henricus vigintiquinque (9) articulos in scriptis exhibuit

---

(1) Le manuscrit 3169, après avoir rayé *in scriptis*, commence par reproduire le passage qu'on va lire plus loin : *libros seu volumina... se dixit disputasse*, en le faisant précéder de la première et suivre de la dernière syllabe du mot *vacat*. Après quoi il reproduit le texte correctement. Dans la marge de gauche, on lit : de quo, quia nichil videtur petitum per rectorem vel sindicum, videtur aperta collusio.

(2) *om.* 3169.

(3) generalis lovaniensis.

(4) petro bode *souligné*.

(5) Doce quando primum hoc facere cepisti. Hoc non creditur factum nisi 3ª die ante sententiam; super quo interrogentur notarii et sindicus per juramentum.

(6) Igitur (!) etiam infideliter egit quia super fama non inquisivit. *i. m. 3169*.

(7) Hoc non est verum quia tantummodo inquisivit de quinque annis.

(8) *om. 3169*.

(9) 25; *souligne jusqu'à* exhibuit.

quos ipse prefatum magistrum petrum publice in actibus scolasticis, ut premittitur, contra catholice doctrine veritatem enunciasse dicebat, in quibus tamen neque denunciatoris, delatoris vel accusatoris partes idem magister henricus (1) contra eumdem magistrum petrum se velle assumere dicebat et protestabatur; dictorum deinde articulorum copia prefato sindico necnon eidem magistro petro exhibita (2) et facta, et ab eodem magistro petro (3) singulariter et ad quamlibet illarum propositionum sibi lectam interrogatione per nos facta *an* (4), sicut jacerent et sub illis tenoribus, eas vel earum quamlibet enunciasset, protulisset vel dogmatizasset publice (5), prestitoque prius per ipsum solempniter *juramento* (6), ad ipsas que per eumdem (7) magistrum henricum propositiones fuerunt exhibite in scriptis respondit. Quarum quidem tam propositionum quam responsionum tenores de verbo ad verbum per ordinem subsequuntur.

Articuli exhibiti per magistrum henricum de zomeren cum responsionibus petri de Rivo (8).

Articuli respicientes veritatem articulorum (9) *fidei* (10) *de futuro contingenti.*

Primus articulus (11). Non est verum dicere quod mortui resurgent, quod christus judicabit mundum, quod finale judicium erit.

Secundus articulus (11). Non est verum quod christus dixit petro : hac nocte ter me negabis (12).

Tertius articulus (13). Quod jam non est verum dicere quod antichristus erit aut judicium erit, quia (14) esset inevitabiliter verum.

Responsio magistri petri de Rivo ad dictos tres articulos (14). Responsurus ad predictos et sequentes articulos inhereo protestacioni solite, omnes meas responsiones ut semper prius submittens correctioni sacrosancte romane ecclesie ac matris mee facultatis theologie; qua protestacione premissa, ad tres primos articulos respondeo me eos

---

(1) idem magister henricus *iter et del. 3169.*

(2) edita.

(3) *om 3169.*

(4) nota formam interrogandi *i. m. 3169.*

(5) vel pernocte *add.*

(6) nota quia non dicitur hic quale juramentum fuit istud, creditur quod fuerit quia deus est. *i. m. 3169.*

(7) dominum *superser. add.*

(8) cum... rivo *om. 3169.*

(9) propositionum.

(10) *om.*

(11) *i. m. codd.*

(12) hac... negabis *souligné.*

(13) *i. m. codd.*

(14) quod 3169.

(14) responsio *i. m. 3169. 1179* répète en marge tout le titre.

numquam in actibus publicis aut eciam locis privatis asseruisse ut jacent; ymmo dixi omnes propositiones fidei de futuro contingenti esse veras tum veritate prima seu increata, tum veritate dicentis seu revelantis, tum veritate fideliter expectata; ymmo eo ipso quo dicuntur vere veritate increata dixi eas *simpliciter* (1) esse veras. Verum est tamen quod dixi tales propositiones : mortui resurgent, mundus judicabitur (2) et similes non esse veras aristotelice, ea scilicet veritate (3) de qua loquitur *aristoteles primo periarmeneias* dicens in futuris contingentibus non esse *similiter* (4) veritatem ut in presentibus et preteritis, quam sententiam *aristotelis* in quodlibetis (5) defendi. Unde dixi quod dicte (6) propositiones non sunt vere veritate formaliter et actu inherente et veritate (20v) que inferret significatum (27v) earum inevitabiliter evenire vel quod non sunt vere ex forma seu modo enunciandi aut ex (7) rigore logice, vel quod, fide et revelacione seclusis, non essent vere, sicut nec ista : navale bellum erit cras, de qua propositione exemplificat *aristoteles*.

Que responsio fundatur in doctoribus sequentibus. Dixi quidem (8) primo omnes propositiones fidei de futuro contingenti esse veras veritate prima seu *increata* (9) quia per eas nobis exprimitur veritas (10) illius noticie quam habet deus de futuris. Quoniam *secundum sanctum thomam* 2a 2e, *questione prima*, articulo primo (11), objectum formale fidei est veritas *prima* (12); nichil autem cadit sub objecto habitus nisi secundum quod participat formalem rationem objecti; ideo dixi propositiones fidei esse veras veritate prima seu increata. Et quod propositiones possunt dici vere veritate prima seu increata patet per sanctum *thomam*, *in questionibus de veritate*, *distinctione prima*, *questione quinta* (13), ubi sic dicit : Aliquid potest denominari verum dupliciter,

---

(1) dic quando primo hoc incepisti dicere *i. m. 3169*.
(2) mortui... judicabitur *souligné*.
(3) ea scilicet *add. et del. 3169*.
(4) nec dicit similiter nec dissimiliter, sed negat in eis esse veritatem *i. m. 3169*.
(5) in quodlibetis *om.*
(6) sunt *add. et del. 3169*.
(7) sufficit *i. m. 3169*.
(8) propositiones *add. et del. 3169*.
(9) tum veritate dicentis seu revelantis *add. et del. 3169*. Error non minor principali quia sicut nichil preter deum est esse divino formaliter, ita nec verum veritate sua. *i. m. 3169*.
(10) vide que contra hoc dixero. *i. m. 3169*. Le ms porte *derixo*.
(11) *S. T.* 2a 2ae q. 1, art. 1, édit. leon. T. VIII, p. 7.
(12) intelligit de objecto partiali, quale in scientiis dicitur subjectum attributionis, in presentibus enim complexis credendis includitur ly deus in recto vel obliquo; non de objecto credito. *i. m. 3169*. *Dans la marge de droite :* non intelligis quid dicis.
(13) *Questiones de veritate*, q. 1, art. 5, éd. Mandonnet. Paris, 1925, p. 14.

uno modo a veritate inherente, alio modo a veritate extrinseca et sic denominantur omnes (1) res vere a prima veritate, etc. (2). *Item dominus petrus aureoli*, ut statim patebit, dicit propositiones propheticas esse veras *quia* dant intelligere quod in divina noticia est quedam veritas ineffabilis. Quibus verbis dicit propositiones propheticas esse veras a veritate divine noticie. *Item nicholaus de lira*, exponens illud *psalmi* 131 (3) *: Juravit dominus david veritatem*, etc., ex quo probatur quod propositiones fidei dicende sunt vere, dicit sic : *Juravit dominus david*, id est (4) ipsi david, *veritatem* (5) quia est veritas prima, etc. Videtur ergo voluisse quod propositio de futuro que ibi subditur fuit vera veritate prima; et par ratio est de aliis propositionibus fidei que sunt de futuro contingenti.

Dixi 2° omnes propositiones fidei de futuro contingenti esse veras veritate dicentis seu revelantis, quia deus, qui veracissimus est et mentiri non potest, per eas nobis revelavit noticiam quam (6) habet de futuris; *quia albertus magnus* (7), *apocalypsis vicesimo* 2° (8), ubi de propositionibus fidei dicitur (9) quod sunt verba vera, dicit : *Vera sunt* quia a deo vero prolata sunt, secundum *haymonem* (10); et *apocalypsis* 21, ubi habentur eadem verba, dicit : *Et vera* quia *non fallunt* (11). Ad quod allegat illud *numerum* 23 : non est deus quasi homo ut mentiatur (12). Et *nicolaus de lira*, eadem veiba exponens, dicit : *Hec verba fidelissima sunt et vera*, quia a prima veritate processerunt (13). Quibus verbis innuere videntur propositiones fidei dici veras veritate dicentis seu proferentis.

Dixi 3° omnes propositiones fidei de futuro contingenti esse

---

(1) *superscr.*

(2) hoc non intelligis : loquitur enim doctor non de veritate propositionis, sed rei. *i. m. 3161.*

(3) *Postilla super psalterium.* Éd. s. l., 1487, fol. E III (1) verso.

(4) id est *superscr.*

(5) Veritatem, Pervertis intellectum expositoris qui ibi exponit veritatem non ut sit quod juratur sed per quod juratur. Et ita nichil ad propositum. *i. m. 3169.*

(6) quoniam.

(7) Éd. Lugduni MDCLI. T. XI, pp. 154 et 144 pour la citation qui va suivre.

(8) 22°.

(9) dicantur.

(10) Haymonis Halberstat. *Expositio in apocalysim.* lib. VII, c. 21. P. L., t. 117, col. 1195.

(11) ergo simpliciter vera; omnis enim credens quod non est verum, ille fallitur. *i. m. 3169.*

(12) XXIII, 19.

(13) *Postilla super Actus Apostolorum, Epistolas canonicas et Apocalypsim.* Mantuae 1480, fol. 02.

veras veritate *fideliter expectata* (1) quia quilibet fidelis absque formidine expectat veritatem per quam hujusmodi propositiones tempore suo perficientur seu complebuntur. Et quod propterea dicantur vere videtur ex *glosa interlineari apocalypsis 21 et 22*. Cum enim ibidem dicitur de propositionibus fidei que sunt de futuro contingenti quod sunt verba vera, *glosa dicit apocalypsis 21*(2) : vera sunt, quia adimplebuntur; et 22 *vera sunt* quia complebuntur. Idem innui videtur *luce primo*, ubi elisabeth sic loquitur virgini marie : Beata que credidisti quoniam perficientur in te (fol. 28) que dicta sunt tibi a domino (3). Hee sunt propositiones de futuro contingenti : Paries filium, hic magnus erit, etc. (4).

Dixi propositiones fidei de futuro contingenti (5) non esse veras aristotelice (6) aut veritate formaliter et actu inherente, etc., quia aristoteles (7) videtur primo periarmeneias evidenter ostendisse, si propositionibus de futuro contingenti insit veritas, quod omnia ex necessitate evenient (8); et sic perirent omnia consilia et providencie humane; frustra eciam fierent (9) deliberaciones, negociaciones, nec oporteret quemquam sollicitum esse de crastino, etc. Sed non est a catholico credendum quod significata propositionum fidei que sunt de futuro contingenti de necessitate (21) et inevitabiliter evenient (10), ut patet de istis : antichristus persequetur ecclesiam; antichristus dampnabitur, que sunt propositiones fidei et tamen earum significata contingenter et evitabiliter evenient.

Dixi eciam propositiones fidei de futuro contingenti non esse veras ex forma seu modo enunciandi, etc. (11), imitatus in hoc *dominum petrum aureoli*, cardinalem, et *dominum petrum de candia* qui, promotus ad culmen dignitatis apostolice dictus est alexander quintus. Unde *dominus petrus aureoli, primo sententiarum distinctione 38*, de propositionibus propheticis dicit quod « aliud significant ex institucione et natura propositionum, et aliud dant intelligere ex intencione

---

(1) si intelligas fidelem expectare veritatem istarum propositionum de futuro quasi non sint modo vere, sed verificande quando res ponitur in esse, quod videris innuere, error est. Potest autem istud intelligi sane ut ideo dicantur vere veritate fideliter expectata, quia, si ideo dicuntur et sunt modo vere quia sue res significate evenient, utique et expectantur. 3169. Cette note commence dans l'intervalle qui sépare ce paragraphe du précédent et finit dans la marge.

(2) *Biblia sacra cum glossa ordinaria*... Duaci MDCXVII, t. 6, fol. 1670 et 1690. P. de Rivo place au c. 21 la glose du c. 22 et vice versa.

(3) I, 45.

(4) souligne les citations.

(5) esse veras aut *add. et del. 3169*.

(6) souligné.

(7) souligné.

(8) sufficit *i. m. 3169*.

(9) plures *add. et del. 3169*.

(10) evenient et inevitabiliter.

(11) *om.*

prophete. Secundum enim propriam naturam et institutionem quam exhibent nec sunt vere nec false (1); secundum autem intencionem prophete vere sunt quia dant intelligere quod in divina noticia est quedam veritas ineffabilis et determinatio illius materie de qua formantur » (2). Et infra, in eadem distinctione, loquens de propositionibus fidei, dicit (3) quod cadunt sub fide quantum ad illud quod exprimunt ex intencione credentis, videlicet quod determinatio quedam est de illa materia in divina notitia ineffabilis et inexpressibilis per quamcumque propositionem; et sic sunt vere; non autem ut rem respiciunt in proprio genere (4).

Item dominus *petrus de candia*, declarans dictam opinionem petri nec eam in aliquo improbans, de propheciis (5) dicit quod tales propositiones possunt dupliciter considerari vel secundum formam propriam vel prout intellectus concipit in deo quamdam veritatem ineffabilem sive propositum divinum. Primo, secundum viam istius, nec sunt vere nec false et sic non capiunt aliquam veritatem a dei noticia que non se habet per modum noticie expectative. Secundo modo per tales propositiones verum intelligitur (6). Et infra, de propositionibus fidei que sunt de futuro contingenti dicit quod hec : omnis propositio fidei est determinate vera negaretur, si intelligatur quantum ad formam propositionis, quia talis propositio de futuro neque est vera (7) neque falsa; sed bene quantum ad id quod exprimunt juxta intentionem credentis, etc., (8).

In scriptis sequacium domini petri aureoli eadem sentencia invenitur.

Sequuntur articuli addicionales de eadem materia exhibiti per magistrum henricum de zomeren cum responsionibus magistri petri de Rivo ad quemlibet articulum.

Quartus articulus (9). Item credo omnes articulos positos in simbolo fidei et in simbolo athanasii non (28v) solum qui sunt de presenti et preterito; sed etiam qui sunt de futuro; sed dico eos non esse veros.

Responsio (10). Primam partem hujus articuli dixi; sed nunquam

(1) sufficit *i. m. 3169.*
(2) dist. 38, art. 3, Romae, 1596-1605. T. I, p. 887, 2 E, F.
(3) *superscr.*
(4) *Loc. cit.*, p. 888, 1C.
(5) prophesiis. Ne souligne pas *petrus de candia.*
(6) *Paris Nat. nouv. acq. lat. 1467*, fol. 118a.
(7) vera est.
(8) *Paris Nat. nouv. acq. lat. 1467*, fol. 118b.
(9) *i. m. codd.*
(10) *i. m. codd.*

dixi secundam, videlicet articulos fidei non esse veros; ymmo dixi eos esse veros, prout in responsione ad tres primos articulos.

Quintus articulus (1). Dicit athanasius : hec est fides catholica quam nisi quisque firmiter fideliterque crediderit salvus esse non poterit. Et ego firmiter et fideliter eam credo. Non tamen dicit athanasius : quam nisi quisque firmiter fideliterque crediderit esse veram.

Responsio (2). Dixi hunc articulum usque ad ultimam partem quam non dixi; quod tamen (fol. 21v) in ea dicitur ab athanasio non esse dictum in ejus simbolo non invenio.

Sextus articulus (3). Iste propositiones : mortui resurgent, christus veniet ad judicium et similes non sunt vere aut false sed neutre, sed verificande et expectantes suam veritatem.

Responsio (4). Non dixi has propositiones fidei simpliciter et crude nec esse veras nec falsas, sed neutras; ymmo cum aliqua additionum positarum in responsione ad tres primos articulos.

Septimus articulus (5). In toto illo quodlibeto neque in sequenti responsione auditus est dicere tales propositiones positas in canone esse veras veritate increata.

Responsio (6). Credo in singulis responsionibus me dixisse propositiones fidei esse veras *veritate increata* (7).

Articuli respicientes veritatem propositionum de futuro contingenti in generali.

Octavus articulus (8). Quod iste propositiones : vere futurum possibile est non fore, rem vere futuram possibile est non evenire, sunt false tam in sensu composito quam diviso.

Nonus articulus (9). Et iste : quod est vere futurum necesse est esse futurum, rem vere futuram non est possibile non fore, vere futurum necessario eveniet, sunt in utroque sensu vere.

Decimus articulus (10). Quod est vere futurum est inevitabile et per nullam potenciam potest impediri (11).

---

(1) *i. m. codd.*
(2) *i. m. codd.*
(3) *i. m. codd.*
(4) *i. m. codd.*
(5) *i. m. codd.*
(6) *i. m. codd.*
(7) dixisti aliquando te nolle loqui de veritate increata. *i. m. 3169.*
(8) *i. m. codd.*
(9) *i. m. codd.*
(10) *i. m. codd.*
(11) hos articulos non negas aut non discredis; ergo male diffinitur false infamatus *i. m. 3169.*

Responsio (1). Non memini me dixisse hos tres articulos; si tamen eos dixi, *credo* (2) me locutum fuisse de eo quod vere est futurum (3) veritate temporaliter et per lineam successionis mediam precedente eventum futurorum contingencium, que scilicet actu inheret alicui nunc existenti. In quo me secutum (4) puto doctrinam *sancti thome*, *parte prima*, *questione decimaquarta* (5), *articulo* 13 in solucione tercii (6) argumenti, ubi ponens instantiam aliquorum dicentium quod distinctio propositionis penes sensum compositum et divisum locum habet in formis separabilibus a subjecto, non autem in formis inseparabilibus, ut si dicam : corvum nigrum possibile est esse album; esse autem scitum a deo est inseparabile a re, etc., subdit : hec instancia locum haberet si hoc quod dico scitum importaret aliquam dispositionem rei subjecte inherentem, etc. (7). Judicio meo similiter dicendum videtur quod dicta instantia locum habet in propositionibus que ponuntur in articulis, si per (fol. 29) vere importetur aliqua dispositio jam actu inherens rei subjecte (8).

11 articulus (9). Quod nulla enunciacio de futuro ante posicionem rei in esse est vera vel falsa, sed neutra, sicut nec catulus ante nonum diem est cecus vel videns.

12 articulus (10). Si propositio de futuro esset vera ante posicionem rei in esse, ipsa esset inevitabiliter vera et per nullam potenciam posset impediri quin esset vera.

13 articulus (11). Aristoteles demonstrat et evidenter ostendit quod hujusmodi propositiones nec sunt vere nec false (12).

Responsio (13). Credo me tres articulos dixisse loquendo de propositionibus de futuro contingenti in generale (14) necnon de veritate et de falsitate propositionum aristotelice, que scilicet actu et formaliter inherens propositioni inferret significatum ipsius inevitabiliter evenire

---

(1) *i. m. codd.*
(2) sit ita; hoc non obstat quin ita dixisses, *interl. 3169.*
(3) est futurum *superscr.*
(4) *sequutum.*
(5) 14.
(6) 3^1.
(7) *S. T.* 1ª pars., q. XIV, art. 13. Éd. cit., t. IV, p. 187.
(8) que ponitur vere eventura *add. et del.*; subjecte *i. m.*
(9) *i. m. codd.*
(10) *i. m. codd.*
(11) *i. m. codd.*
(12) hos tres articulos nec negas nec discredis te dixisse *i. m. 3169.*
(13) *i. m. codd.*
(14) ergo eos plane fateris *i. m. 3169.*

vel non evenire; de propositionibus tamen fidei in speciali semper dixi quod sunt vere veritate increata, etc., ut supra in responsione ad tres primos articulos. *Hec dixi* imitatus *dominum petrum aureoli qui primo sententiarum, distinctione 38*, ponit hanc propositionem : « sententia philosophi est conclusio penitus demonstrata (1) ita quod nulla propositio singularis de futuro contingenti formari potest (2) que sit vera et ejus opposita (fol. 22) falsa vel e converso, sed quelibet est neque vera neque falsa. Unde, quamvis verum sit quod Sortes erit vel non erit, formando propositionem disjunctivam, cathegorice tamen dicendo : Sortes erit, propositio nec est vera (3) nec falsa » (4). Quam propositionem ad longum probat et argumenta in contrarium solvit (5).

Item *dominus petrus de candia*, dictam propositionem exponens nec in aliquo eam improbans, dicit (6) : Positio philosophi de veritate propositionum de futuro contingenti est conclusio demonstrata (7), ut sit sensus quod nulla propositio de futuro contingenti mere affirmativa vel negativa est vera. Unde ad mentem suam, signatis istis propositionibus : sortes dampnabitur (8), sortes non dampnabitur, nulla illarum est vera vel falsa, licet disjunctiva ex talibus propositionibus composita sit vera, ymmo necessaria, et copulativa sit impossibilis (9). Consequenter conclusionem illam probat et instancias solvit.

Dicta eciam sententia videtur posse colligi ex verbis *sancti thome qui, prima parte, questione decimaquarta* (10), *articulo* 13° (11) sic dicit, in corpore questionis : Contingens aliquod potest considerari dupliciter, uno modo in seipso secundum quod jam actu est, et sic non consideratur ut futurum, sed ut presens, neque ut ad utrumlibet, sed ut determinatum ad unum; et propterea sic potest infallibiliter subdi certe cognicioni. Alio modo potest considerari contingens ut est in sua causa; et sic consideratur ut futurum et ut contingens (12) nondum (13) determinatum ad unum, quia causa contingens se habet ad opposita; et sic contingens non subditur per certitudinem alicui

---

(1) ut sit sensus *add. et del. 3169*. Hic aperte fateris articulum XI *i. m.*

(2) formari potest *subscr.*

(3) vera est.

(4) licet disjunctiva ex talibus propositionibus *add. et del. 3169.*

(5) *I Sent.* dist. 38, art. 3, éd. cit., p. 883, 2B.

(6) quod (?) *add. et del. 3169.*

(7) aperte fateris articulum XI *i. m. 3169.*

(8) sortes damnabitur *i. m.*

(9) *Ms. cit.*, fol. 116a.

(10) 14a.

(11) 33°, *3169.*

(12) *iter et del. 3169.*

(13) nundum *3169.*

cognicioni. Unde quicumque cognoscit effectum contingentem in sua causa tantum non habet nisi conjecturalem cognicionem (1). Cum ergo sicut se habet res ad esse et ad cognosci, sic se habet propositio ad veritatem, videtur eciam voluisse quod propositio de futuro contingenti, que significat rem contingentem ut futuram et ut tantummodo est in sua causa, non est determinata ad veritatem. Et istud satis expresse dicit in *scripto primo*, *distinctione* (fol. 29v) *tricesima octava* (2), *questione quinta*, ubi respondendo ad 2um argumentum dicit quod futurum contingens non est determinate verum antequam fiat, quia non habet causam determinatam, etc. (3).

Item *petrus de nongento* (4), imitator scoti, tractans, primo sententiarum, materiam de futuris contingentibus, sic dicit : Intellectus, prius ordine quam voluntas velit, presentat voluntati illas complexiones : antichristum fore et antichristum non fore, sed in illo priori ille duo complexiones neutre sunt et non est determinata veritas; sed voluntas per suum velle, volendo antichristum fore, determinat veritatem istius propositionis : antichristus erit, et tunc illa complexio primo est vera. Et forte circa hoc posset concedi solum recitative illud quod aliqui logici dicunt, quod aliqua complexio disjunctiva est vera, ymmo necessaria et tamen nulla ejus pars est vera, etc. (5). Sicut dictus *petrus de nongento*, dicens deum cognoscere futura contingentia per determinacionem sue voluntatis, dicit propositiones de futuro contingenti ante hujusmodi determinacionem non habere determinatam veritatem, sed pro signo priori esse neutras, nec veras, nec falsas, sic *sanctus thomas* et alii doctores catholici, qui dicunt deum futura cognoscere quia ejus intuitus ab eterno fertur super ea in sua presencialitate, videntur michi velle quod ante actualitatem futurorum contingencium propositiones de futuro contingenti non sunt determinate vere nec false, sicut dicit *aristoteles*.

Gregorius de arriminio, in primo sententiarum, pertractans dictam opinionem aristotelis, dicit, inter cetera, quod non solum philosophi sed etiam magni theologi et moderni aliqui dixerunt eam (fol. 22v) esse verissimam et demonstratam (6).

14 *articulus* (7). Quod omnis propositio que est de presenti vera,

---

(1) *S. T.* 1a pars, q. XIV, a. 13, *éd. cit.*, p. 186.
(2) 38.
(3) *I In Sent.*, dist. 38, q. 1, art. 5, éd. Vivès. T. VII, Paris, 1872, p. 473.
(4) *superscr.*
(5) Il ne m'a pas été possible de consulter les œuvres de cet auteur.
(6) Gregorius de Ariminio. *In I et II Sententiarum*, Venetiis, 1503, f. 130ve.
(7) *i. m.*

est inevitabiliter vera, et quando ista est vera : paries est albus, per nullam potenciam realem et phisicam potest fieri quod paries non sit albus.

Responsio (1). Credo istud me dixisse, sed cum additione sic : propositio que est vera est inevitabiliter vera pro illo instanti quo (2) est vera; et quando hec est vera : paries est albus, per nullam potentiam fieri potest quod non sit albus; potest tamen fieri non albus postea (3). Et ista non solum est sententia *aristotelis primo periarmeneias* (4) dicentis; omne quod est, quando est, necesse est esse, sed eciam *hugonis de sancte victore*, *libro de sacramentis*, *parte quinta*, *capitulo 24* (5), ubi sic dicit (6) : « Liberum arbitrium ad presens tempus non refertur, sed ad ea que futura sunt (7) postea. In contingenti omne quod est determinatum est nec potest aliud esse quam est, dum ipsum est; et si aliud potest esse, potest aliud esse postea et non aliud esse tunc quando est hoc quod est, sed postea, ut desinat hoc esse quod est et incipiat aliud esse quod non est. Quod enim (8) potest in presenti quidem potest, sed de presenti non potest, et si de presenti potest tamen non nisi ad futurum potest » (9).

Articuli respicientes dei prescientiam.

15 articulus (10). Quod prescientia dei de futuris non necessario infert effectum futurum quia non precedit (11) (fol. 30).

16 articulus (12). Quod presciencia dei de futura negatione petri illam negacionem non precessit (13).

Responsio. Credo me dixisse quod scientia qua deus scit futura aut qua prescivit negacionem petri nec precedit nec precessit hujusmodi prescita *temporaliter* et per *lineam* (14) successionis mediam,

---

(1) *i. m.*
(2) quando *ndo exp.*
(3) clare ex hac confessione patet male sententiari eum in hac parte false infamatum *i. m. 3169*.
(4) c. 9 in fine, éd. cit., I, p. 30. Meiser, p. 12.
(5) 1179 ne souligne pas la référence à Aristote mais souligne la référence à Hugues de Saint-Victor. *3169* fait le contraire.
(6) *De sacramentis*, lib. I, p. V, c. 22. P. L., t. 176, col. 256.
(7) post *add. et del. 3169*.
(8) presenti de *add. et del. 3169*.
(9) futurum potest *iter. et del. 3169*.
(10) *i. m.*
(11) non negas nec discredis *i. m. 3189*.
(12) *i. m.*
(13) *i. m.*
(14) ergo non es infamatus; fateris in effectu articulos. Ex hoc loco elicitur quod

aut quod non precedit aut precessit ea tanquam sibi futura, ex quo omnia temporalia sunt deo indistantia. Et quia in hac materia secutus sum, pro magna parte, doctrinam *domini petri aureoli*, de quo jam aliqui famant quod dei prescienciam (1) negavit, idcirco sequuntur verba ipsius que ponit *primo sentenciarum distinctione 38* (2), ubi sic dicit : « Circa primum sciendum quod, licet philosophus et commentator et alii plures philosophi, ut seneca, et quidam alii morales negaverint divinam prescientiam, propter hoc quod non patet qualiter stet cum contingentia rerum, catholice tamen concedere oportet quod omnia futura, quantumcunque sint contingentia, deus determinate prenovit, et hoc demonstrative concludi potest, quia videtur esse communis animi acceptio et facere ad perfectionem divinam; et universaliter que supra inducta sunt ad probandum quod deus singularia cognoscit pari ratione possunt induci quod deus futura contingentia novit et omne cognoscibile, quodcumque sit illud (3). Hoc igitur supposito restat inquirere, quia difficultas est in modo, qualiter futurum, quod in se est indeterminatum et incertum, possit deo certitudinaliter esse notum antequam fiat ». *Hec ille.*

Consequenter ponit opiniones aliorum et deinde suam.

Idem dominus Petrus Aureoli (4), eadem distinctione (5), ponit quatuor propositiones quarum 3ª est quod deus non habet rememorativam noticiam de preterito, nec expectativam de futuro (6). Et infra (7) : « Nulla enim res respectu ejus est preterita aut futura (8) (fol. 23) aut simultanea, sed tota successionis linea est infra eternitatem tanquam quoddam (9) subjectum, nec intercidit in hac linea deitas quasi dividat eam in ante et post. Ergo similiter abstrahit in cognoscendo ut scilicet nichil aspiciat ut futurum, nec ut preteritum, nec ut simultaneum; sed abstrahendo ab omnibus aspicit ut indistans; et ita congnoscit deus sibi invicem succedentia cognoscendo quod unum respectu alterius est preteritum, alterum vero futurum, et tamen

---

vocet succedere per lineam successionis mediam precedere temporaliter *i. m. 3169*. Au-dessus de *temporaliter*, dans le texte, *sufficit*.

(1) non *add. et del. 3169*.

(2) *I Sent.*, dist. 38, art. 1, éd. cit., p. 875, 1B, C.

(3) hoc totum non infert eum non negare dei prescientiam, quia sibi ipsi contradicit, et suus magister aristoteles, et plerique alii, et iste suus discipulus. *i. m. 3169*.

(4) souligné.

(5) art. 2, éd. cit., p. 882, 1 C, D.

(6) etc. *add.*

(7) etc. *add. 3169*.

(8) aut futura *i. m.*

(9) quiddam.

sibi nichil est preteritum aut futurum. Hec est intencio scripture (1) ubi dicit : novit ea que non sunt tanquam ea que sunt (2); et iterum *augustini* (3) cum dicit quod non aliter novit res postquam facte sunt quam antequam fierent. Propter hoc eciam dicit *Boecius* (4) quod non est in deo previdentia sed providentia (5) sive procul *videntia* (6); propter hoc etiam dicit *damascenus* (7) quod solus deus semper ens, magis autem et super semper, non enim sub tempore sed super tempus est. Propter hoc eciam ubique dicunt sancti quod deo nichil preterit nichilque futurum est, sed totum presens accipiendo per persencialitatem non simultaneitatem positivam, sed indistantiam » (8). Hec ille.

Quarta propositio, quam ponit idem dominus petrus, est : « Licet noticia futurorum quam habet deus possit dici intuitiva in ordine ad objectum intuitum et terminans ejus aspectum, in ordine tamen ad objectum denominative cognitum, que sunt existentie futurorum, licet non possit dici proprie expectacio nec simultanea intuicio, dicitur tamen presciencia quia scitum (fol. 30v) subsequitur non quidem scientiam, cum sit omnino indistans (9), sed quia sequitur aliud in suo genere; est enim futurum in ordine ad presens nunc quod est in tempore, non autem in ordine ad intuitum divinum » etc. (10).

Item sanctus thomas, questionibus de veritate, distinctione 2a, questione 12, in corpore questionis sic dicit : Contingens, ut futurum est (11), per nullam cognicionem cui (12) falsitas subesse (13) non possit, scitur. Unde, cum, divine sciencie non subsit falsitas nec subesse possit, impossibile esset quod de contingentibus futuris scientiam haberet deus, si cognosceret ea ut futura sunt. Tunc autem aliquid cognoscitur ut futurum est, quando inter cognicionem cognoscentis et rei eventum invenitur ordo preteriti ad futurum. Hic autem ordo inveniri non potest inter cognicionem divinam et quamcumque rem contingentem (14).

---

(1) *Ad Romanos*, IV, 17 : vocat ea quae non sunt, etc.

(2) tanquam... sunt *om. 3169*.

(3) Peut-être *De civitate Dei*, lib. 10, c. 12. P. L., t. 41, col. 291, où on lit : nec aliter novit facienda quam facta.

(4) *Philosophiae consolationis libri quinque*, lib. 5, éd. R. Peiper, Lipsiae, 1871, p. 141.

(5) sed providentia *om. 3169*.

(6) hoc expresse est contra intencionem tuam quia ponis omnia deo indistantia *i. m. 3169*.

(7) Joh. Damascenus, *De fide orthodoxa*, lib. II, c. 3, P. G. t. 94, col. 867.

(8) *I Sent.*, dist. 38, art. 2, éd. cit., p. 882, 1D, E, F.

(9) contra aristotelem.

(10) *loc. cit.*, p. 882, 2A, B.

(11) quia *add. et del. 3169*.

(12) que.

(13) possit *add. et del. 3169*.

(14) error *i. m. 3169*. *Q. 2, art. 12*, éd. cit, p. 71.

17 articulus (1). Quod deus non habet prescienciam ut pre dicit antecessionem, quia sciencia dei non antecedit res, nec sciencia in eo proprie (2) dicitur presciencia aut previdencia, sed providencia.

Responsio (3). Credo me dixisse quod deus non habet prescienciam ut pre notat dictam antecessionem, eam scilicet que esset per lineam successionis mediam inter dei prescienciam et res prescitas (4).

Credo me etiam, cum anselmo et cum boetio dixisse (5) quod noticia qua deus futura cognoscit non proprie dicitur presciencia aut previdencia. Dixi tamen eam dici prescienciam ut pre notat antecessionem temporalem inter nos et res a deo prescitas, sicut statim patuit *ex verbis domini petri* (6), aut ut dicit superioritatem qua deus, toti cursui temporis presidens, omnia que sibi subsunt in *tempore* eterna noticia cognoscit, quasi ea desuper intueretur, sicut sonant verba *damasceni* statim allegata. *Anselmus autem sic dicit in libro de casu dyaboli* : « Presciencia dei non proprie dicitur presciencia; cum enim omnia sint ei presencia non habet futurorum *prescienciam* (7) sed presencium (fol. 23) scienciam » (8). Et boetius, quinto de consolacione (9), de nocitia qua deus futura cognoscit dicit quod melius dicitur providencia quam previdencia quia non quasi ut (10) futura sed omnia ut presencia uno intuitu porro videt, quasi ab eternitatis specula (11).

18 articulus. Nichil precedit eventum rei quod necessario seu penes consequentiam necessariam (12) illud (13) inferat (14).

Responsio (15). Credo me istud dixisse loquendo de illa precessione qua aliquid precedit eventum futuri contingentis per lineam successionis mediam; et articulum sic intellectum puto esse satis evidentem (16), quia quod dicto modo precedit eventum futuri contingentis

---

(1) *i. m.*
(2) *iter et del. 3169.*
(3) *i. m.*
(4) ecce fateris *i. m. 3169.*
(5) cum *ancelmo* dixisse *et cum boetio.*
(6) ergo in hoc sequeris sententiam illam petri *i. m. 3169.*
(7) ecce distinguit prescienciam contra scienciam *i. m. 3169.*
(8) *De casu diaboli*, c. 21. *Éd. Schmitt* (s. J), I, Seccovii, 1938, p. 267.
(9) Éd. cit., p. 141.
(10) *om.*
(11) et cetera *add.*
(12) *superscr.*
(13) *illum.*
(14) à partir de cet endroit, dans le manuscrit n. a. l. 1179, le numéro de l'article vient en dernier lieu, v. g. : articulus 18.
(15) *i. m.*
(16) ergo fateris *i. m. 3169.*

est inevitabile quin precesserit; sed ex inevitabili penes necessariam (1) consequenciam non sequitur nisi inevitabile, sicut nec (2) ex (3) necessario sequitur nisi necessarium, ut demonstratur primo posteriorum (4). Si ergo aliquid dicto modo precedens eventum futuri contingentis inferret ipsum penes necessariam consequenciam, eventus futuri contingentis esset inevitabilis, quod est impossibile (5); sic enim futurum contingens inevitabiliter eveniret (fol. 31).

Articuli respicientes dei prevolicionem.

19 articulus (6). Quod in deo non est desiderium quia respectu dei nichil est futurum et per consequens in eo non est volicio respectu futuri.

Responsio (7). Credo me dixisse quod in deo proprie non est desiderium (8) nec volicio respectu alicujus quod sibi est futurum (9). Et hec est sententia *sancti thome*, *prime parte*, *questione 20*, *articulo primo in solucione* 2[i] (10) *argumenti*. *Unde inter cetera* dicit quod ex parte ejus quod est formale in aliquibus designatur aliqua imperfectio, sicut in desiderio quod est boni non habiti (11). Et infra : « Illa que imperfectionem important formaliter deo convenire non possunt, nisi metaphorice per similitudinem effectus » (12).

20 articulus (13). Quod in deo non est nisi complacencia, quia omnia alia sunt ei indistancia et presencia.

Responsio (14). Credo me dixisse quod inter omnes actus voluntatis nullus proprie et formaliter est in deo, preter solam complacenciam (15). Istud manifeste dicit dominus *Petrus Aureoli*, *primo sententiarum*, *distinctione 46*[a], *in 2*[o] *articulo questionis* sub hiis verbis : « Restat nunc dicere quod videtur sub triplici propositione; prima quidem quod omnes actus voluntatis ex sua formali ratione imperfectionem includunt, excepto amore complacencie et delectacionis seu voluptuoso amore »(16).

---

(1) *iter et del. 3169.*
(2) *superscr.*
(3) ne *add. et del. 3169.*
(4) c. 2, éd. cit., T. I, p. 90, n. 3. Cf. *Analy. post.*, I, 6, p. 127, n. 8.
(5) mot illisible *add. et del. 3169.*
(6) *i. m.*
(7) *i. m.*
(8) respectu *add. et del.*
(9) ergo fateris.
(10) tertii *add. et del. 3169.*
(11) *Sum. theol.*, I, q. 20, a. 1, *éd. cit.*, T. IV, p. 253.
(12) *Ibid.*
(13) *i. m.*
(14) *i. m.*
(15) ergo fateris.
(16) *I Sent.*, dist. 46, art. 2, éd. cit., p. 1090, 2A, B.

Ex qua conclusione deinde deducit quod nullus alius actus voluntatis quam hujusmodi amor complacentie est in deo (1).

Item *Sanctus Thomas, prima parte, questione 19, articulo primo in solucione 2[i] argumenti* dicit sic : « Voluntas pertinet in nobis ad appetitivam partem; que, licet ab appetendo nominetur, non tamen hunc solum habet actum ut appetat que non habet, sed eciam ut amet quod habet et delectetur; et quantum ad hoc ponitur voluntas in deo » (2). Hec ille.

21 articulus (3). Deus non habet ab eterno aliquem actum productivum alicujus ad extra, sed illum solum (4) tunc habet quando actu producit ad extra.

Responsio (5). Credo me dixisse quod deus non habet in se aliquem actum productivum ad extra (6), sed quod denominacione extrinseca dicitur producere a productione passiva que est in re producta, sequens in hoc *Sanctum Thomam* (7) (fol. 24).

22 articulus (8). Quod ante productionem rei deus est indeterminatus ad producendum, quia in eo non est aliqua volicio precedens productionem, qua ab eterno fuerat determinatus ad próducendum.

Responsio (9). Non credo me dixisse hunc articulum sub hac forma. Credo tamen me dixisse quod, sicut nostra voluntas activa elicit volicionem absque hoc quod predeterminetur per aliquod velle intrinsecum, sic voluntas divina producit res absque hoc quod predeterminetur per volicionem intrinsecam qua concupiscat, optet, aut desideret (10) rem producendam (11). Nec tamen propterea voluntas divina stetit indeterminata usque ad productionem rei (12), quasi tunc primo determinaretur quando contingit rem produci, quia voluntas divina non respicit productionem rei tanquam sibi futuram, ymmo tanquam sibi eternaliter indistantem. Quapropter eterna et determinata volicione complacet sibi in tali productione et in re producta pro quanto participant suam bonitatem (fol. 31[v]).

---

(1) *loc. cit.*, art. 3, pp. 1093-1094.

(2) *Sum. theol.* I, q. 19, a. 1, éd. cit., T. IV, p. 231.

(3) *i. m.*

(4) tunc ac *superscr. 3169*; tunc solum *1179.*

(5) *i. m.*

(6) non negas ergo fateris *i. m. 3169.*

(7) sequebaris, te teste apud augustinenses, in hac materia aureolum, *3169, à la fin de la ligne.*

(8) *i. m.*

(9) *i. m.*

(10) desiderat *3169.*

(11) sufficit *i. m. 3169.*

(12) quia *add. et del. 3169.*

In hac materia *secutus sum dominum petrum aureoli qui distinctione 47 primi* ponit 4[or] propositiones (1), inter quas quarta est quod « Deus producit quidquid producit (2) absque hoc quod predeterminetur per aliquod velle intrinsecum » (3). Quam probat aliquibus rationibus. Quarta (4) est : « Deus est perfectior in agendo quocumque agente creato; sed voluntas creata, ut activa, movet seipsam, ut passivam, absque hoc quod ipsa, ut activa, prius determinetur; unde, ipsa existente indeterminata, ut activa, videmus quod determinat suum passivum quia, si ut activa prius determinaret se, procederetur in infinitum; ergo multo fortius Deus absque hoc quod determinetur intrinsece poterit exterius determinate producere vel non producere » (5). Et in conclusione articuli dicit : « Ex premissis itaque patet qualiter deus dicitur velle creaturas et productionem earum. Dicitur enim eas velle voluntate cujusdam complacencie, in quantum sibi complacet in sua entitate, et per consequens in omni entitate creabili vel creata. Hec autem complacencia est immutabilis et absolute necessaria; nec illa determinatur deus (6) ad producendum vel non producendum, quia equaliter complacet sive fuerint sive non. Non habet autem aliquod velle quo appetat intrinsece aut optet aut concupiscat aut quomodocumque talis volicio tendens in non habitum exprimatur, dum tamen significet motionem voluntatis ad hoc ut habeatur non habitum vel fiat non factum; tale quippe velle est impossibile in deo, ut demonstratum est, et repugnat sue nobilitati (7). Nichilominus tamen deus dicitur libere velle et voluntarie producere » (8). Hec ille.

23 articulus (9). Et si esset aliqua talis volicio precedens productionem rei omnia necessario evenirent, quia illa esset necesse esse et sic insolubilia essent argumenta philosophorum quibus probant omnia de necessitate evenire.

Responsio (10). Non memini me dixisse hunc articulum (11). Nichilominus non video quin concludat, si in deo ponatur volicio precedens rem prevolitam tanquam sibi futuram; saltem si talis volicio esset efficax et penes consequentiam necessariam inferret rem prevolitam.

---

(1) sequitur aureolum *i. m. 3169*.
(2) *superscr.*
(3) *I Sent.*, dist. 47, art. 1, éd. cit., pp. 1100-1101.
(4) 4[a].
(5) *loc. cit.*, p. 1101, 2B.
(6) deus *om. 3169*.
(7) voluntate *3169*.
(8) *loc. cit.*, pp. 1101-1102.
(9) *i. m.*
(10) *i. m.*
(11) non negas nec discredis: sufficit *i. m. 3169*.

Articuli extraordinarii.

24 articulus (1). Quod ista propositio : nullus salvandus est dampnatus, potest esse falsa et quandoque de facto fuit falsa quia trayannus fuit dampnatus et tamen tunc erat salvandus.

Responsio (2). Credo me non dixisse hunc articulum sub hac forma. Dixi tamen solvendo (fol. 24v) argumentum, quod michi propositum fuerat (3), inter ceteras soluciones quod, de majore ipsius hac scilicet : nullus salvandus est dampnatus, non constat omniquoque quod esset vera quia vox quedam legitur gregorio dixisse quod trayannus precibus ejus a penis infernalibus esset liberatus. Ex quibus verbis plane intellectis ut jacent, dixi (4) quod videtur trayannum ad penas infernales fuisse dampnatum et postea salvatum; quo admisso, ante ejus liberationem dicta major fuisset falsa. Adjunxi eciam quod, cum opinio aliquorum fuerit (5) deum posse beatum in infernum detrudere, multo potius credendum est deum per suam misericordiam posse (6) salvare dampnatum; qua potentia ducta ad actum, iterum major esset falsa. (Fol. 32).

25 articulus (7). Quod nulli alteri a papa vel ecclesia licet determinare aliquid esse heresim et si qui alii id facerent, eciam episcopus (8), incurrerent crimen lese majestatis; si enim quilibet episcopus posset hoc facere, solveretur unitas fidei, quia quod unus predicaret alter hereticaret, et eveniret illud verbum *apostoli* : ego quidem sum pauli (9), etc.

Responsio (10). Credo me laudasse sententiam cujusdam notabilis licentiati in jure qui in decisione sui quodlibeti, meo judicio, optime dixit quod in re dubia an sit heretica vel non, casus est papalis et de casibus pape reservatis, quia est jurisdictionis non simplicis sed de maximo gradu imperii meri; quia si hoc liceret prelatis inferioribus forte contingeret quod, uno hereticante aliquem articulum dubium, alius determinaret ipsum non esse hereticum et sic videretur posse solvi unitas fidei.

Quibus quoque responsionibus, protestationibus ac submissionibus prefati magistri Petri, de quibus supra et in actis fit mentio (11), repe-

---

(1) *i. m.*
(2) *i. m.*
(3) argumentum quoddam michi propositum.
(4) *superscr.*
(5) fuit *codd.*
(6) *superscr.*
(7) *i. m.*
(8) eciam episcopus *i. m. 3169.*
(9) souligne la citation.
(10) *i. m.*
(11) mensio.

titis, testibusque eciam numero 36 vel circiter ex insignioribus dicte universitatis viris non suspectis, et de domo vel familia ejusdem magistri petri minime assumptis, et ultra illos sacre theologie quibusdam magistris, juramento ab ipsis solempniter prius prestito, singulatim auditis, premisso eciam publico citacionis edicto ad ecclesiarum valvas, ubi nostra consueverunt edicta affigi et publicari ad accusandum, denunciandum vel coram nobis deferendum personas quascumque, que a quadrienno citra et ultra predictas propositiones in oppido (1) lovaniensi dogmatizassent, vocatis eciam omnibus et singulis quorum interesse potest, ac predicto magistro henrico et omnibus qui ad dictam presentem inquisicionem et indaginem potuerunt facere et debuerunt (2), adhibitis articulis premissis (3) necnon responsionibus ad eosdem, testium dictis et attestationibus eorumdem, necnon *dictis* (4) doctorum catholicorum coram nobis per ipsum magistrum petrum de Rivo exhibitis, videlicet sancti Augustini, sancti Thome, domini Petri de Candia, pape Alexandri quinti, domini Petri Aureoli cardinalis et suorum sequacium, Hugonis de Sancto Victore, glose super Apocalypsim, Boetii in libro de consolacione, Anselmi, Alberti magni super apocalypsim, Nicholai de lira, etc., diligenter inspectis, tam ad sindici premissi quam eciam ad prefati magistri Petri peticionem, matura cum *jurisperitis* (5) dicte universitatis deliberacione precedente, Christi nomine invocato, pro tribunali sedentes, per hanc nostram sententiam dicimus, declaramus et pronunciamus prefatum nostrum et universitatis predicte sindicum minime in toto vel in parte probasse prefatum magistrum petrum de Rivo omnes supra memoratas propositiones vel earum aliquam simul vel successive, locis et temporibus in actis designatis, nudas et crudas seu simpliciter et absque aliorum verborum coherentia et secundum earum *formales* (6) et veros tenores et (fol. 25) secundum quod per predictum

---

(1) opido *3169*.

(2) ex *add. 3169*.

(3) eosdem *add. et del. 3169*.

(4) presumis sicut cecus judicare de coloribus *i. m. 3169*.

(5) debuisses thelogis *i. m. 3169*.

(6) Ergo fateri videris secundum effectuales *i. m. sinistra*. Tacite censes asseruisse illa secundum effectuales tenores vel similes in effectu; et ita propositum, cum nichil aliud ei impositum fuerit. Miror multum de domino meo rectore quod cum ita significanter diffiniat eum non dixisse illas propositiones nudas, crudas et secundum earum formales tenores etc., non eodem modo et cum eisdem clausulis affirmat m. p. ea, que in cedula per eum exhibita fuerunt, publice dogmatizasse nuda, cruda et absque aliorum verborum coherencia et secundum eorum formales tenores; forte oblitus fuit illius clausule in hac particula propter tanti temporis intersticium, aut, ne oratio sua minus rethorica videretur, noluit id 2° repetere. *i. m. d. 3169*.

magistrum henricum de zomeren tradite et in medium exhibite fuerunt, in contrarium responsionum ad dictas propositiones factarum, enunciasse, protulisse vel dogmatizasse, (fol. 32v) sed juxta testium desuper auditorum dicta et attestationes eorumdem necnon illorum de quibus supra fit mentio (1) doctorum *catholicorum* (2) in suis scriptis repertas doctrinas prefatum magistrum petrum dicimus, declaramus et pronunciamus (3) illud vel illa una voce in actibus scolasticis vindicasse, protulisse vel dogmatizasse, quod vel que idem magister Petrus in scripta quadam sedula articulos exhibitos cum suis responsionibus continente exhibuit, quam supra in actibus presentibus de verbo ad verbum ad majorem rei firmitatem duximus incorporandam. Quapropter per hanc nostram sententiam dicimus, declaramus et pronunciamus prefatum magistrum (4) *falso* (5) et minus debite diffamatum, prefato sindico silencium imponentes, eidem (6) nichilominus sindico actionem suam reservantes quam de jure contra eum vel eos cujus vel quorum facto dicta universitas in romana curia vel alibi exstitit diffamata et in honore suo mutilata, ac eciam similem prefato magistro petro contra quemlibet, si quem habeat vel habere potuerit, injuriatorem (7), criminatorem vel diffamatorem, actionem reservantes. Ad cautelam et ex superhabundanti juramentum per eumdem magistrum Petrum oblatum super premissis sibi impositis recipientes prout et recepimus et ab ejusdem sindici petitione penitus absolventes, ac ejusdem magistri Petri, juxta suam oblacionem et submissionem, propositiones supradictas et (8) ad qualificationem earumdem an scilicet sint catholice et approbande vel erronee, aut offensive, aut alias quomodolibet refellende, sacrosancte romane ecclesie ac facultati theologie in dicta universitate discuciendas et judicandas relinquentes. Expensas hinc inde factas, ex certis causis animum nostrum ad hoc moventibus, compensantes.

Lecta, lata et in scriptis pronunciata fuit predicta sentencia per

(1) mensio.

(2) Quid ad te? Unde tu judicas de doctrina catholicorum doctorum in materia fidei?

(3) dicimus et pronunciamus ac declaramus.

(4) petrum *add.*

(5) Quid ineptius et stultius cum id pendeat ex hac negativa : ipse nunquam hoc dixit, que probari non potest nisi probaretur mutus; cum etiam ex 25 articulis sint XVI quos, quia respondendo nec negat nec discredit se dixisse, habendi sunt pro confessatis scilicet : VIII, IX, XII, XIII, XV, XVI, XVII, XIX, XX, XXI, XXII XXIII et XXV, ut patet ex actis et adnotatione.

(6) nil *add. et del. 3169.*

(7) imitatorem *3169.*

(8) *om.*

reverendum dominum rectorem et judicem ordinarium omnium suppositorum et studentium alme universitatis studii lovaniensis, leodiensis diocesis, eo pro tribunali in domo sue inhabitacionis ad jura reddendum et causas audiendum sedente, presentibus dictis magistro Petro Bode, promotore et sindico dicte universitatis ex una, necnon magistro Petro de Rivo ex altera, partibus comparentibus. Super quibus omnibus et singulis idem magister Petrus de Rivo a nobis, notariis subscriptis, sibi fieri atque confici petiit unum vel plura, publicum seu publica, instrumentum vel instrumenta. Acta fuerunt hec lovanii in loco predicto, anno a nativitate domini millesimo quadringentesimo septuagesimo mensis julii die decima, hora vesperum vel circiter, presentibus ibidem venerabilibus viris dominis ac magistris Johanne de (1) Gronselt, legum, Roberto de Lacu, utriusque juris, Johanne de Vellis medicine, doctoribus, johanne Gosseti in jure canonico licentiato (2), johanne de Busco (3), Johanne Nel (4), Matthia Simtere de Gandavo, artium magistris, ac pluribus aliis testibus ac dominis et magistris fide dignis, propter judicium predictum comparentibus et existentibus (fol. 33) ad premissa testificandum vocatis (5) specialiter et rogatis.

---

(1) *om.*
(2) anthonio de thenis (?) *add.*
(3) buscho.
(4) neel.
(5) special. *add. et del. 3169.*

DETERMINATIO FACULTATIS THEOLOGIE COLONIENSIS (1)

Anno a nativitate domini millesimo quadringentesimo septuagesimo, mensis octobris die undecima, indicta et celebrata fuit congregatio facultatis theologie universitatis studii (2) coloniensis in monasterio predicatorum ad horam primam post meridiem, ad deliberandum super certis articulis sequentibus; primo super certis propositis magistris nostris (3) aliquibus, sacre theologie professoribus, et proponendis eidem venerande facultati theologie congregate, concernentibus quamdam ordinationem per magistros nostros, sacre theologie professores, magistros Heymericum de Campo, Andream de Capella, Petrum de Welle, Johannem (4) Wynenighem (5), bone memorie, et Johannem Warenacker (6), in vita superstitem, quondam prius facultatem sacre theologie universitatis studii lovaniensis presentantes, factam, et a facultate artium ejusdem universitatis studii lovaniensis acceptatam et in libro suorum statutorum conscriptam, et nunc per Adrianum Petri dicte universitatis studii lovaniensis notarium copiatam, collationatam et manu sua propria subscriptam, incipientem : *Cupiens juxta, etc.*, et sic prefate venerande facultati theologie universitatis studii coloniensis presentatam. 2º super doctrina et positione (7) Aristotelis de futuris contingentibus in primo libro periarmenias, an stet vel sustineri possit (8) cum sancta fide catholica, sic quod opinio contraria, utpote illa que dicit quod in futuris contingentibus una pars contradictionis est vera determinate et alia determinate falsa, sic quod oppositum ejus non stat cum sancta fide catholica, sit in eadem fide catholica suspecta et periculosa. 3º (9) super tractatu cujusdam magistri Petri de Rivo, in sacra sacra thelogia baccalarii formati,

(1) Ce titre ne figure dans aucun des manuscrits. En tête de *C* on lit : 4ta XI decembris 1470. Dans l'indication des variantes A = 3169; B, 4152 primo loco; C, 4152, 2º loco.

(2) *B souligne* la date et coloniensis.

(3) *i. m. 12.390.*

(4) Wymericum *add. et del. A.*

(5) Winnighen *C*; Wynenighen *A.*

(6) Varnacher *B.*

(7) ar. *add. et del. A.*

(8) posset *add. et del. 12.390.*

(9) tercio *B.*

continente modum defendendi pretactam positionem (1) Aristotelis de futuris contingentibus in primo periarmeneias (2), et materias de negatione petri, de prescientia divina, de prevolitione et de aliis contentis in eodem tractatu, etc. An in hujusmodi tractatu comprehendatur aliquid offensivum vel in fide catholica suspectum, aut saltem omnia inibi contenta cum sancta fide catholica probabiliter defensari possint.

Super quibus deliberavit et unanimiter conclusit prefata veneranda facultas sacre theologie universitatis studii coloniensis : primo quod pretacta ordinatio (3) per prefatos magistros nostros, sacre theologie professores, facultatem theologie universitatis studii lovaniensis pro tunc presentantes, que ordinatio, ut premittitur, per adrianum petri collationata et subsignata tradita fuit prefate venerande facultati sacre theologie universitatis studii coloniensis, est justa, rationabilis, approbanda, et avoanda, atque justificavit, approbavit et (4) avoavit. 2° quod positio (5) Aristotelis de futuris contingentibus in primo libro peryarmeneias stat, et defensari potest et debet cum sancta fide catholica; et quod opinio (101) contraria dicens quod in futuris contingentibus una pars contradictionis est vera determinate et alia falsa determinate, sic quod oppositum ejus non stat cum (6) sancta fide (92v) catholica, est suspecta et in eadem fide catholica periculosa. 3° quod (7) in prenarrato tractatu (8) magistri petri de Rivo diligenter inspecto et visitato non est aliquid offensivum, neque suspectum, sed omnia (9) inibi contenta stant et possunt cum sancta fide catholica probabiliter sustineri et defensari. Sic subscriptum (10).

Ego, *paulus de gehrisheym* (11), sacre theologie professorum minimus (fol. 98v) et pro tempore, licet immerito, rector universitatis coloniensis premisse deliberationi facultatis (12) theologie interfui et ita concludebatur, ut supra scribitur et ita etiam sentio.

Idem ego, *Gerardus de Monte*, sentio.

Sicut premittitur ita factum est et interfui ego, *Johannes de Mechlinea* (13), propria manu.

---

(1) pp *add. et del. A*; propositionem *B*.
(2) peryarmenias *C*.
(3) *B souligne* primo... ordinatio
(4) *om. A*.
(5) propositio *A*, *B*.
(6) fide *add. et del. B*.
(7) quia *del. A; expunct. B*.
(8) *B souligne* 3°... tractatu.
(9) ynibi (?) *add. et del. 12.390*.
(10) sic signatum per professores sacre theologie alme universitatis studii coloniensis *C*.
(11) 12390 et C *ne soulignent pas les noms des signataires*.
(12) sacre *add. C*.
(13) mechlinia *B*.

Et ego frater *Anthonius de Erpel* (1), ordinis fratrum heremitarum sancti Augustini, interfui.

Et ego, *Jacobus de Stralen*, hiis que premittuntur interfui et ita actum esse contestor manu propria (fol. 95).

Et ego, frater *Andreas de Confluentia*, ordinis fratrum beatissime dei genitricis virginis marie de monte carmeli, indignus facultatis prefate (2) decanus, premissis sic factis et conclusis interfui, quod scriptura manus proprie potestor verum.

Et ego, *Johannes peregrini de barba* ejusdem (3) facultatis theologie humilis professor, cum prefatis aliis sacre theologie professoribus eximiis, congregationi dicte facultatis interfui et idem cum predictis sentio atque sensi; protestor manu propria.

Et ego, *Sibertus de* (4) *Dieghen*, ordinis fratrum minorum, prenominatis nostris magistris (5), in sacra theologia doctoribus egregiis, consentio in predictis.

---

(1) herpel *C*.

(2) prefate facultatis *C*, avec des sigles indiquant que l'ordre des mots doit être interverti.

(3) eumdem *del.*; ejusdem *superscr. C*.

(4) *superscr. C*.

(5) magistris nostris *C*.

DETERMINATIO THEOLOGORUM LOVANIENSIUM (1)

Animadvertens illud apotoli Petri verbum : Parati semper ad satisfactionem omni poscenti vos reddere rationem de ea, que in vobis est fide et spe (2), abnuendum non putavi instantissime (3) atque iterate requisitioni venerabilium facultatum utriusque juris, medicine et artium alme universitatis studii generalis lovaniensis sentire meum postulantium super punctis sequentibus, primo super opininonem aristotelis qua tenet quod in futuris contingentibus neutra determinate est vera, an illa possit stare cum (4) sancta fide catholica, 2° super quodam (5) statuto venerande facultatis artium condito quo certe propositiones prohibentur deinceps doctrinari, certe jubentur omnino sileri, 3° super tractatu quodam per quemdam ex eadem artium facultate in favorem aristotelis edito tradente certum modum defendendi prefatam aristotelis opinionem, sub correctione itaque sancte matris ecclesie et judicio saniori semper salvo, videtur michi breviter de primo puncto dicendum quod opinio aristotelis (6) primo periarmenias de futuris contingentibus est vera, videlicet quod in illis neutra contradictoriarum determinate est vera vel falsa, sed quelibet earum expectat sue veritatis vel falsitatis determinationem ex futura positione vel non positione determinata rei in esse. Et hoc probant rationes aristotelis quia scilicet alias omnia de necessitate evenirent et perirent preconsiliationes prudentum et humane providentie (7) frustrarentur. Ex quo enim determinate esset verum quicquid est futurum, et eo modo quo est futurum, nichil per humanam industriam circa rerum eventus futuros posset (8) immutari; unde non oporteret consiliari aut sollicitari de agendis qualiter et quibus auxiliis posset

(1) Le titre ne figure pas dans les ms. A = 3169; B = 4152.

(2) *I Petri*, III, 15.

(3) *i. m. A*; mot illisible dans le texte.

(4) in *A*, *B*.

(5) quondam *A*, *B*.

(6) aristotulis *12.390*.

(7) prudentie *A*, *B*.

(8) possit *A*, *B*.

futuris periculis occurri et sic facile suaderent sibi ipsis homines non sollicitandum esse de sua salute et aliis suis agendis. Verum, etsi (1) in contingentibus futuris secundum se et suas naturas consideratis non sit determinata veritas, tamen propositiones formate de hiis que sunt fidei orthodoxe, etiam que sunt de futuro contingenti, sunt determinate pro quanto veritati prime increate que est fidei objectum innituntur, que certissima est. Unde stat simul in veritate opinio aristotelis (2) cum sancta catholica fide. Nec enim repugat aliquam propositionem de futuro contingenti, ex natura rei et secundum quod dependet ex causis suis propriis, esse indeterminatam, que tamen, ut insinuat nobis divinam prescientiam, determinata est et certa; ymmo contraria opinio, que contra aristotelem (3) ponit determinatam veritatem in futuris contingentibus, ita etiam quod contrarium illius non stat cum fide, videtur periculosa et suspecta, et in illa inconvenientia, quae aritoteles (4) adducit, incidere.

De 2° puncto, videlicet de statuto facultatis artium studii prenominati, illi statuto dum de (5) consilio reverendorum magistrorum heologie professorum pridem conderetur et per universitatem approbaretur, ego cum aliis, licet indignus, etiam interfui, et sicut ipsum tunc michi videbatur conveniens et utile pro scola ad hoc ut solida doctrina conservaretur in hac universitate lovaniensi, ita semper citra visum est (6) et adhuc hodie videtur.

De 3° vero puncto, scilicet de tractatu edito per magistrum petrum de rivo, artium magistrum et in sacra theologia baccalarium formatum, cujus tractatus in parte sententiam, dum propositas sibi materias in disputatione de quolibet in scolis artium (7) (fol. 102ᵛ) resolveret, etiam audivi vive vocis oraculo ab eodem proferri, qui tractatus videtur ex pluribus ejus responsionibus et (8) scriptis conflatus, continens quinque partes quas vidi; quarum una (fol. 94ᵛ) incipit : *An in potestate petri fuerit christum non negare postquam christus ei dixerat : in hac nocte ter me negabis* (9); alia, decem capitulorum, incipit : *Utrum philosophi tres virtutes thelogicas*, etc.; alia : *Sicut tullius testatur*; alia, novem capittulorum incipit : *Finalis particula cujusdam statuti;* et alia incipit : *Ponentes in propositionibus de futuro contingenti* (10), etc., non apparet michi quin tractatus ille et in eo

(1) et si *A*, *B*.
(2) aristotulis *12.390*.
(3) aristotulem *12.390*.
(4) aristotulis *12.390*.
(5) *superscr. B*.
(6) *superscr. 12.390*.
(7) *iter et del. A*.
(8) in. *B*.
(9) *A* souligne seulement : *in hac nocte ter me negabis*.
(10) seul *12.390* souligne les *incipits*.

contenta possint probabiliter agitari et defendi, salva fide catholica, dummodo sane intelligantur et non captiose interpretentur; ymmo plurima continentur ibidem que diligenter inspecta michi utilia videntur. Sic subscriptum (1) et signatum (fol. 96).

Ita ut manu aliena prescribitur michi Johanni Warenachere, artium et theologie humili professori, in facultate sacre theogie universitatis studii lovaniensis (2) legenti et regenti, videtur esse dicendum, et sic sentio, teste manu propria. Warenachere.

Videtur michi, fratri *Johanni Godshebdeel*, ordinis heremitarum sancti augustini, sacre pagine professori immerito in facultate theologie venerabilis studii lovaniensis regenti et legenti, ex iterata quatuor dicti studii facultatum requisitione ac sollicitatione super certis punctis sequentibus, sub correctione sancte matris ecclesie et quorumlibet judicio meliori in hiis semper salvo, sic esse dicendum : primo quod ordinatio illa circa modum determinandi in facultate et scolis artium, per venerabilem facultatem theologie, temporibus retroactis, mature condita et a certis facultatibus prefati studii exinde acceptata et registrata, justa sit et rationabilis et ad evitandum adinventiones novas doctrinasque suspectas et periculosas multum utilis et fructuosa. 2° quod quedam dicta in certis tractatulis per venerabilem magistrum petrum de Rivo editis contenta et comprehensa per me visa qui quidem continent quid idem magister sentiat circa materias de veritate futurorum contingentium, tam secundum philosophiam quam secundum fidem, insuper et de prescientia et prevolitione dei, sine quavis offensione sustineri possunt atque defendi. Summa horum quinque complectitur partes sigillatim quarum una incipit : *An in potestate*, etc., alia decem capitulorum incipit : *Utrum philosophus tres virtutes theologicas*, etc.; alia : *Sicut tullius testatur*, alia novem capitulorum incipit : *Finalis particula cujusdam statuti;* et alia incipit : *Ponentes in propositionibus de futuro contingenti*, etc., apparet michi quod ea sunt et fidei catholice consona et doctorum ecclesie dictis ac scriptis conformia (3). Et ita sentio manu propria teste. Sic subscriptum et signatum. f. j. g. h. d.

Ego, frater *Johannes beetz* (4), ordinis beatissime *dei genitricis* marie de monte carmeli, ac sacre theologie humilis professor in veneranda facultate theologie universitatis studii lovaniensis regens, motus ad scribendum super articulis sequentibus ex requisitione

(1) sub *superscr. A.*
(2) *i. m. 12.390.*
(3) conforma *add. et del. A.*
(4) *12.390* ne souligne pas.

prefate facultatis theologie facta nomine quatuor (fol. 103) facultatum (fol. 93v) ejusdem (fol. 94) universitatis scilicet utriusque juris, medicine et artium, sub correctione sancte sedis apostolice et sine prejudicio (1) melius in hac materia sapientium, sentio de tribus articulis infra scriptis in hunc modum. Et primo quantum ad tractatum per reverendum magistrum petrum de rivo, in sacra theologia baccalarium formatum editum, continentem modum defendendi opinionem aristotelis (2) de futuris contingentibus in suo primo libro periarmeneias et materias de negatione petri, de prescientia divina, de prevolitione, etc., quem etiam cum ea qua potui diligentia perlegi, sentio quod in predicto tractatu non est aliquid offensivum, veritati dissonum, aut in fide suspectum, sed quod omnia in eo contenta possunt cum sana sancta fide catholica defensari velud eidem consona et ex dictis sanctorum doctorum in doctrina famosissimorum et solidissimorum elicita. 2° quantum ad doctrinam aristotelis (3) de futuris contingentibus in suo primo libro preiarmenias, an illa stet vel sustineri possit cum sancta fide catholica, sentio quod sic, ymmo quod opinio contraria dicens quod in futuris contingentibus una pars contradictionis est vera determinate et altera determinate falsa, sic quod oppositum illius non stat cum fide catholica, est suspecta et in eadem fide catholica satis periculosa, quodque incidere videtur in inconvenientia ibidem per aristotelem doctrinaliter adducta. 3° quantum ad constitutionem seu ordinationem factam per sepedictam venerandam facultatem theologie universitatis studii lovaniensis et postmodum a facultate artium ejusdem universitatis aceptatam et registratam circa dogmatizationem aliquarum propositionum et earum (fol. 96v) similium que videntur piarum aurium offensive, ut, scilicet, omnino sileantur nec publice in scolis defendantur, sentio quod illa ordinatio seu constitutio fuit et est justa, rationabilis, approbanda et fideliter practicanda. In quorum omnium testimonium hanc cedulam propria manu (4) scripsi et solito meo manuali signo signavi. Sic subscriptum et signatum. b.

Videtur michi, fratri *Johanni de bomalia* (5), ordinis predicatorum, artium et sacre theologie humili professori in universitate studii lovaniensis et facultate theologie legenti et regenti, primo quantum est de quodam statuto seu ordinatione quondam facta que sic incipit

---

(1) med. *add. et del. A*
(2) aristotulis *12.390*.
(3) aristotulis *12.390*.
(4) *i. m.* 12.390.
(5) *12.390* ne souligne pas.

Cupiens etc. per venerabilem facultatem theologie dicte universitatis ad instantiam aliarum facultatum et precipue facultatis artium et per eamdem universitatem recepta (1), approbata et registrata, quod ipsa ordinatio fuit et est justa, honorabilis et ad evitandum doctrinas suspectas et periculosas, si exacte practicaretur, multum fructuosa, ymmo necessaria; 2° quantum ad ea que magister petrus de Rivo, in dicta universitate in artibus regens, et in theologia baccalarius formatus, in quodam tractatu suo jam pluribus ad examinandum communicato scripsit, qui quidem tractatus quoad primam partem sic incipit : *An in potestate petri*, etc.; et quoad aliam partem (fol. 103v), continentem decem capittula, sic incipit : *Utrum philosophi tres virtutes*, etc.; et quoad aliam partem sic incipit : *Sicut tullius testatur;* et quoad aliam continentem novem capittula sic incipit : *Finalis particula cujusdam statuti*, etc.; et quoad aliam partem sic incipit : *Ponentes in propositionibus*, etc.; etiam quantum ad (2) ea que ab ore ejus audivi, et ex scriptis suis in predicto tractatu contentis bene examinatis et intellectis, tam de veritate futurorum contingentium quam etiam de presciencia et prevolitione dei, videtur michi quod nemo deberet scandalizari vel offendi; ymmo possunt et debent sustineri et defendi, cum sint consona fidei catholice et dictis sanctorum doctorum (fol. 94v) qui sacram scripturam exposuerunt; et ad ita sentiendum inter cetera me movent ea que in suis libris et scriptis reliquerunt sanctus thomas de (3) aquino, ab ecclesia canonisatus, in pluribus libris suis et quamplurimis ultra quam lxxx passibus, dominus petrus de tharentazia (4), summus pontifex, dominus petrus de palude, patriarcha jherosolimitanus (5), dominus albertus magnus, ratisponensis episcopus, dominus Durandus, meldensis episcopus, dominus bernardus de tulia, claremontensis episcopus, magister herveus (6), ordinis predicatorum generalis minister, dominus Egidius de Roma, bituricensis (7) archiepiscopus, qui omnes fuerunt maximi doctores et in ecclesia sancta famosissimi et recommendatissimi, et preter eos adhuc alii quamplurimi litteratissimi et solidissimi doctores. Unde assertiones contrarie videntur presumptuose, temerarie, periculose, suspecte, veritati dissone et nullo modo dogmatizande. Sic subscriptum et signatum in cera.

Ita sentio ego qui supra signeto meo impresso. Frater *Johannes de bomalia* (8).

---

(1) scripta *del.*, recepta *superscr. B.*
(2) ab *A.*
(3) *superscr. 12.390.*
(4) tharentasia *B.*
(5) Jherosolomisanus *A.*
(6) herverus *B.*
(7) buturicensis *A.*
(8) *12,390, 3169* ne soulignent pas.

Et ego frater Johannes haerlevve (1), alias de Namurco, ordinis predicatorum et ejusdem universitatis lovaniensis in sacra theologia humilis professor idem sentio quantum ad omnia suprascripta, teste manu mea et signeto in cera proprio huic cedule impresso. Sic in cera.

Ego, frater *Anthonius de rupe* (2), ordinis predicatorum et ejusdem universitatis lovaniensis in sacra theologia humilis professor legens et regens, idem sentio quantum ad omnia supra dicta. Teste manu mea et signeto proprio huic cedule impresso. Sic in cera.

---

(1) *12.370* ne souligne pas.
(2) *12.390* ne souligne pas.

DETERMINATIO THEOLOGORUM PARISIENSIUM (1)

Videtur michi salvo semper doctiorum (2) ac peritiorum meliori judicio, quod ordinatio facta per venerandam (3) theologie facultatem universitatis studii (4) lovaniensis super quibusdam propositionibus et earum similibus, que videntur piarum aurium offensive, et postmodum per facultatem artium ejusdem universitatis acceptata et per modum statuti in suis registris (5) descripta, quod scilicet tales propositiones omnino sileantur, que quidem ordinatio sic incipit : *Cupiens* (6) *juxta consilium apostoli venerabilis artium facultas* etc. et finitur : *Et similes, hoc est eque offensive vel magis periculose, sileantur omnino*, provide, sapienter ac (7) fructuose fuit (8) edita, facta et instituta ad honorem (9) ipsius universitatis, vitationem errorum et ad falsorum dogmatum perniciosas (10) inventiones supprimendas, ad profectum etiam scolarium seu auditorum, presertim ad veriorem et securiorem eruditionem illorum qui studio theologie intendunt.

Preterea videtur michi quod positio seu doctrina Aristotelis in primo libro periarmenias de futuris contingentibus non repugnat nec adversatur sacre scripture (11) nec revelationibus in eadem contentis, quodque cum veritate sacre scripture et dictis seu expositionibus sanctorum doctorum sustineri potest ac defendi.

Contraria vero assertio michi videtur periculosa, dissona veritati, non dogmatizanda, sed potius silenda, ne, longius (12) divulgata, plurimos a veritatis rectitudine et doctrina sanctorum doctorum deviare (13) faciat.

---

(1) Ce titre ne figure pas dans les manuscrits. Dans l'indication des variantes A = 3169; B, 4152; E, EHRLE. *Op. cit.*

(2) doctorum *E.*

(3) *i. m. B.*

(4) *i. m. A.*

(5) *i. m. A.*

(6) cupiunt *E.*

(7) et *A.*

(8) sunt *E.*

(9) honorum *E.*

(10) pausiosos *add. et del. A*; periculosas *E.*

(11) preterea... scripture souligné *A.*

(12) dis. *add. et del. 12.390.*

(13) dimare *B.*

Insuper michi videtur quod contenta in quodam codice edito (1), ut fertur, per magistrum petrum de rivo quoad primam partem incipiente : *An in potestate petri*, etc., quoad aliam partem : *Sicut tullius testatur libro de fato*, etc., quoad aliam partem incipiente : *Ponentes in propositionibus*, etc., et quoad aliam : *a quolibet catholico*, etc.; et quoad aliam decem capitula (2) continentem : *Utrum philosophi tres virtutes*, etc., et quoad aliam novem capitula (3) continentem incipiente : *Finalis particula* (4), si hujusmodi contenta et scripta diligenter inspiciantur et examinentur, non dissonant veritati, nec suspecta haberi debent in fide et doctrina sancte matris ecclesie, sed magis, ut ex dictis doctorum approbatorum elicita et compylata (5). Sic subscriptum et signatum : De vaucello.

Et michi Guilhelmo burgensi, sacre theologie doctori, actu in predicta facultate regenti, videtur (6) conformiter ad predictam opinionem magistri nostri de vaucello, qui etiam est opinionis (7) Aristotelis (8) in fine primi (9) periarmeneias. Sic subscriptum et signatum. Burgensis (10).

Et michi, Anthonio Ursi, sacre theologie professori, actu regenti parisius in dicta facultate, ita videtur sicut continetur in predicta determinatione magistri nostri de vaucello. Sic subscriptum et signatum. Ursi (fol. 97^{v}, 88^{v}).

Et michi, petro Caros, sacre theologie professori, ita videtur et in predicta determinatione magistri nostri de vaucello sto. Sic subscriptum et signatum. Caros.

Et michi, Stephano Gervasii, sacre theologie professori, ita videtur et in predicta determinatione magistri nostri de vaucello sto. Sic subscriptum et signatum, Gervasii (fol. 92).

Et michi, Rolando Le Cozic (11), ordinis fratrum predicatorum, sacre theologie professori, necnon contra pestem hereticam in toto regno francie inquisitori (12) auctoritate apostolica deputato, videtur in omnibus et per omnia dicendum fore, tenendum et determinandum in predicta materia prout doctor egregius magister noster reverendus magister petrus de vaucello dixit, scripsit ac determinavit. Et conformiter dico, teneo et determino, teste manu propria hic apposita die

(1) *om. E.*
(2) capittula *12.390.*
(3) capittula *12.390.*
(4) perticula *12.390.*
(5) comilata *B.*
(6) *superscr. 12.390.*
(7) opinionem *E.*
(8) aristotulis *12.390.*
(9) *superscr. A.*
(10) Bourgensis *codd.*, o *expunct. 13.390, A.*
(11) rollando lecozic *12.390.*
(12) inquisitor heretice pravitatis *i. m. A.*

XXVIII mensis junii parisius anno domini millesimo CCCCLXXI (1). Sic subscriptum et signatum. Cozic.

Idem michi videtur Johanni Moneti, presbytero, sacre theologie professori immerito. Sic subscriptum et signatum. Moneti.

Predictis assertionibus adherendo ego, Milo Borni, conformiter dico cum honorando magistro nostro petro (2) de Vaucello substantialiter, teste signo meo manuali, anno ut supra apposito. Sic subscriptum et signatum. M. Borni.

Michi, Guilhelmo Ficheto, parisiensi (3) theologo, doctori, eademque doctissimo patri petro de Vaucello de superioribus disputationibus sentienda probandaque videntur. Nam in collegio et confessione (4) patrum doctorum parisiensium, in qua diutissime fuit superius descripta materia disputata, eam doctissimum fere quemque sententiam tulisse audivi. Atque maxime patris de Vaucello opinionem probarunt qui plures doctioresque habebantur. Res etiam michi diutius cogitanti ita se habere visa est. Quapropter testor meam esse sententiam cum ante nominato patre consentaneam. Sic subscriptum et signatum. Fichetus (fol. 98, 89).

Michi Vuilhelmo Bouylle, omnium theologorum minimo, prefate veritatis decalaratio videtur catholica et sanctorum doctorum realium doctrine utcumque consona. Subscriptum et signatum. Bouylle.

Cum nichil (5) inter humana salubrius fore censeatur inquisitione atque manifestatione catholice veritatis, ipsa sapientia divina attestante quc dicit : Qui me elucidant vitam eternam habebunt, et ad hoc tam strenuum atque laudabile et fructuosum opus sacre professores veritatis astringi et teneri maxime videantur, et signanter ubi materia occurit et reddenda ratio exigitur, hinc est quo ego Guilhelmus de Castroforti (6), inter sacre theologie studii et alme universitatis parisiensis clarissimos professores minimus ac regalis collegii campanie, alias navarre, in eodem parisiensi studio fundati indignus magister, a nonnullis egregie litterature ac eruditis viris opinari ac opinionem propriam super quibusdam materiis aut questionibus inferius descriptis signare requisitus, requisitioni michi facte satisfacere cupiens, ad easdem questiones que michi fore dicenda videbuntur (7), quantum dominus suffragari meisque aspirare conatibus (8) dignabitur, edicere atque scribere conabor.

---

(1) millesimo quadringentesimo septuagesimo primo *B*.
(2) *superscr. 12.390.*
(3) do *add. et del. B.*
(4) concessione *E.*
(5) *superscr. A.*
(6) castro forti *A.*
(7) videbantur *A, B.*
(8) conabuntur *add. et del. A.*

Prima questio in ordine : Utrum opinio vel doctrina philosophi *primo periarmeneias* sententialiter dicentis quod in propositionibus de futuro contingenti non est determinata veritas quemadmodum in illis de presenti (1) et preterito, stare possit cum fide catholica, vel utrum sacre fidei adversetur et repugnet, attento quod deus omnia futura evidenter et determinate cognoscit, salva semper peritiorum judicio, michi videtur quod predicta (92v) philosophi opinio veritatem continet, quam insequuntur (2) doctor sanctus et plures alii in sacris litteris famatissimi atque clarissimi doctores, et (3) in fide firmissimi ejusdemque fidei (4) strenuissimi defensores, dictamque philosophi sententiam tenuerunt hucusque parisius omnes illi communiter qui doctrinam realium insequuntur. Unde et prenominatus sanctus thomas de aquino, omni passu in quo de futuris (5) contingentibus loquitur nullam ponit in eis determinatam veritatem, prout futura sunt aut in futuricione considerata. Repugnat enim futuro contingenti, ut tale est, determinatio (6) veritatis aut falsitatis; alias enim contingens non esset; eo enim contingens esse dicitur quia potest evenire et potest non evenire; ergo ad nullum est determinatum. Quapropter ponere propositiones de futuro contingenti esse determinate veras aut determinate falsas, sicut illas de presenti aut de preterito, que sunt inimpedibiliter vere aut false, est favere errori dicentium omnia de necessitate (7) evenire sic quod non possunt impediri; quod repugnat fidei et libertati voluntatis et consilia destruit et merita dissolvit. Obsequitur itaque fidei dicta philosophi opinio (fol. 98v) nec eidem adversatur aut repugnat, si recte intelligatur.

2a questio est de quodam statuto a doctoribus sacre theologie studii ac famose universitatis lovaniensis quondam instituto et ordinato (8) et consequenter per facultatem artium dicte universitatis accepto, ac per modum etiam statuti et ordinationis recepto, et in suis registris seu libris scripto, cujus quidem statuti (89v) vel ordinationis vigore reprimuntur tamquam sub silencio ponende quedam propositiones, que pro tunc eis videbantur nullatenus communi doctrine convenire, sed potius inutiles aut piarum aurium offensive. Cujus etiam statuti vel ordinationis exordium tale est : *Cupiens juxta consilium apostoli*

---

(1) *A souligne* utrum... presenti. *B ne souligne rien.*
(2) sequuntur *B. Del. A.* in *dans* insequuntur.
(3) dictamque sententiam philosophi *add. et del. B.*
(4) mot illisible *add. et del. A.*
(5) conti *add. et del. 12.390.*
(6) est determinatio *add. et del. B.*
(7) mot illisible *add. et del. A.*
(8) *A. B. soulignent* 2a questio... ordinato.

venerabilis artium facultas seipsam deo probabilem et inconfusibilem exhibere, etc., *statuit*, etc. (1). In (2) primis quidem ut disputatio de potentia divina et ceteris theologicalibus venerande facultati theologie relinquatur et sic de aliis; utrum scilicet prefata ordinatio sit justa et tanquam rationabilis tenenda et observanda; in hac autem materia, sicut in precedenti ac etiam sequenti opinionem insequendo (3) clarissimi et famatissimi sacre theologie professoris, magistri petri de Vaucello, ac etiam theologie facultatis alme universitatis parisiensis decani meritissimi atque doctissimi, puto dictam ordinationem perutilem atque fructuosissimam esse, cum et exhortationibus et preceptis apostoli conveniat, quibus Thimoteo scribebat : Stultas autem et (4) sine disciplina questiones devita, sciens quia generant lites (5); et conformiter ad Titum, 3° capittulo : Stultas autem questiones et contentiones et pugnas legis devita (6) : sunt enim subtiles et vane, etc. (7). Unde et propositiones que per statutum prefatum silende precipiuntur non tantum vane et inutiles videntur, quin etiam, ut in pluribus sane doctrine subversive, et nonulle earum de heresi suspecte; proinde ordinatio prefata ad honorem cedit predicte universitatis lovaniensis, ad suppressionem falsi et (8) perniciosi dogmatis et (9) ad commendationem doctrine veritatis (10) catholice profectumque studentium deservit, et alias affert quamplures (11), notabiles commoditates, propter quas amplexanda est predicta ordinatio et jugiter (12) observanda.

3ª (13) questio quemdam tractatum concernit a quodam venerabili et (14) profunde (15) litterature viro, scilicet magistro Petro de Rivo editum atque compositum, signanter et (16) precipue ad elucidationem (17) veritatis dicte sententie seu opinionis philosophi de futuris contingentibus, et ad confutationem opinionis contrarie. Qui quidem tractatus quoad primam partem incipit : *An in potestate petri*, etc.; quoad aliam partem : *Sicut tullius testatur in libro de fato* (18), etc.; quoad aliam partem incipit : *Ponentes in propositionibus*, etc. (fol. 93) et quoad aliam. A quolibet *catholico*, etc.; et quoad aliam, decem

---

(1) *B ne souligne pas.*
(2) priu (?) *add. et del. 12.390.*
(3) car *add. et del. 12.390.*
(4) *om. B*; in se *add. A.*
(5) II, 23.
(6) de vita *B*; *A* = de vita *del.*, devita *i. m.*
(7) III, 9.
(8) pernisiosi *add. et del. A*; periculosi *E.*
(9) per *add. et del. B.*
(10) theolo *add. et del. A.*
(11) quamplurimas *E.*
(12) ingitur *12.390.*
(13) tercia *B.*
(14) *superscr. B.*
(15) *iter. et del. A.*
(16) *i. m. A; B souligne* 3ª.. compositum.
(17) illucidationem *B.*
(18) *i. m. A.*

capitula continentem : *Utrum philosophi tres virtutes*, etc., et quoad aliam, novem capitula continentem, incipit : *Finalis particula*, etc.; utrum prefatus tractatus debeat vel in toto vel in parte de heresi aut falsitate notari, aut possit probabiliter tanquam veritatem continens sustineri (1) et tanquam probabilis saneque doctrine conveniens dogmatizari et defendi. Quamvis autem hec questio non parvi sit ponderis et grandi egeat discussione propter arduas subtilesque difficultates, que in predicto continentur tractatu, attamen pro modulo facultatis mee, probabiliter tantum loquendo ac etiam me submittendo determinationi ecclesie sacrosancte, si quandoque per eam aliter diffiniri contingat, michi pro nunc videtur quod tractatus ille subtiliter, ingeniose et multum scientifice conditus est, nichilque erroris aut falsitatis, fidei contrarie, includit vel continet; sed, si attente et per singula discutiatur et ad sensum quem exprimit capiatur (90), catholicis ac sinceris veritatibus et dictis sacrorum doctorum consonat et conformatur. Non enim, sicut adversarii objiciunt, negat veritatem a propositionibus de futuro contingenti que in simbolo (2) fidei aut canone sacre scripture continentur, quin potius eas verissimas fatetur et ab omni catholico firmiter et usque ad mortem credendas; sed, loquendo de veritate propositionis creata et inherente formaliter et actualiter ex presentia rei significate existente, dicit quod in talibus propositionibus de futuro contingenti non est veritas determinata, sicut in illis de presenti et preterito, ita sicilicet quod, sicut ille de presenti et preterito, que vere sunt (3), sunt inimpedibiliter vere, et que false, inimpedibiliter false, sic se habeant (4) ille de futuro contingenti (5), quoniam, postquam ponuntur esse de futuro contingenti, ponuntur esse impedibiles (6) et per consequens possunt dici neutre, sic quod non (7) sunt vere inimpedibiliter nec false inimpedibiliter eo modo quo vere sunt determinate et inimpedibiliter ille de presenti et de preterito. Et iste sensus exprimitur evidenter in tractatu prelibato; qui quidem sensus sic verus et conformis doctrine communi videtur ut non possit nisi fallaciter calumpniari. Et iste modus dicendi prefatam philosophi sententiam clarissime discutit, eam cum sacra fide concordat atque salvat. Et hic etiam sensus videtur esse de intentione philosophi, si bene et attente verba sua consi-

(1) *B souligne* utrum prefatus... sustineri.
(2) symbolo *B*.
(3) sunt vere *A*, *B*; sunt *superscr*. *A*.
(4) habent *A*, *B*.
(5) ponuntur esse inimpedibiliter et *add. et del. B*.
(6) quoniam postquam... inimpedibiles et *i. m. B*.
(7) *superscr. B*.

derentur, quibus dicit : *In* (1) *hiis ergo que sunt et facta sunt necesse est affirmationem vel negationem esse veram vel falsam*, etc. *In singularibus vero et futuris non similiter est* (2), etc. Manifestum est enim (3) quod per ea que sunt philosophus intelligit presentia que necesse est esse (4), dum sunt, et per ea que facta sunt intelligit preterita ad que non est potentia. Et sic (5), non vult philosophus aliud dicere nisi quod presentia et preterita sunt inimpedibiliter vera aut falsa. Sed non similiter est in singularibus et futuris contingentibus, quia non sunt inimpedibiliter et determinate vera aut inimpedibiliter et determinate falsa, quia sic non essent ad utrumlibet, si essent inimpedibilia sicut presentia et preterita. Et hoc etiam declarat philosophus consequenter dicens (6). Quare quoniam *orationes, similiter vere sunt quemadmodum et res, manifestum est quoniam quecumque sic se habent ut ad utrumlibet sint, et contraria ipsorum contingere queant, necesse est similiter se habere et in contradictione* (7), sicilicet ut altera pars contradictionis in hiis que sunt ad utrumlibet non sit determinate et inimpedibiliter vera, et altera determinate et inimpedibiliter falsa, sicut in contradictoriis de presenti et de preterito. Et sequitur iterum (8) : *Neque enim quemadmodum in hiis que sunt sic se habent et in hiis que non sunt, possibilibus tamen esse vel non esse* (9). Patet enim evidentissime quod philosophi sententia est quod in hiis que non sunt, possibilibus tamen esse vel non esse, et hec sunt futura contingentia ad utrumlibet, non sic est sicut in hiis (93v) que sunt, id est presentibus, quia talia, dum sunt, necesse est ea esse, et sic sunt inimpedibiliter et determinate vera. Et hec michi ita fore dicenda pro nunc videntur cum protestatione addendi vel diminuendi, etiam mutandi et corrigendi, si aliter, ut premisi, per ecclesiam sacrosanctam determinatum extiterit, cui me et omnem scientiam meam (fol. 90v) cum omnibus dictis et scriptis meis humiliter et devote submitto. In testimonium approbationis premissorum, probabiliter tamen et gratia profectus tantum, signum meum huic scripto inserere decrevi, die XVI mensis maii (10) anni domini MCCCC (11) septuagesimi (12) primi. Sic subscriptum et signatum (13). Castroforti (fol. 99).

---

(1) Periharmeneias, c. 9, *éd. cit.*, t. I, p. 28. Meiser, p. 9.
(2) *B ne souligne pas.*
(3) est enim *i. m. 12.390.*
(4) *om. 12.390.*
(5) mot illisible *add. et del. 12.390.*
(6) *Loc. cit.*, p. 30 et p. 12.
(7) *B ne souligne pas.*
(8) *Loc. cit.*
(9) *B ne souligne pas.*
(10) may *B.*
(11) quadragentesimi *add. 12.390.*
(12) millesimi quadringentesimi septuagesimi *B.*
(13) *add. A.*

Michi autem fratri *Johanni Canuti* (1), ordinis fratrum predicatorum, in facultate theologie minimo magistro, ut decanus, videlicet magister petrus, declarat videtur asserendum et tenendum in supra contentis et declaratis, teste signo manuali. Sic subscriptum et signatum. Canuti.

Ego, frater *Johannes patini*, in sacra pagina humilis professor et actu regens parisius, predictis assertionibus cum modificationibus assentio, teste signo meo manuali, anno quo supra. Sic subscriptum et signatum : Patini.

Ego frater, *Johannes Watat*, humilis sacre pagine professor, predictis assentio, teste signo meo manuali hic apposito ix julii anno quo supra. Sic subscriptum et signatum : At. At.

Michi *yvoni porcelli*, in facultate theologie regenti immerito, videtur quod, habito respectu ad causas secundas tantum, non potest dici quod, propositionum de futuro contingenti ad utrumlibet hec pars est determinate vera et illa falsa vel e contra. In aliis autem determinatis circa predictas materias per dissertissimum virum atque honorandum magistrum nostrum, magistrum petrum de vaucello, predicte facultatis decanum dignissimum, sto in ejus determinatione; cujus opinio michi videtur probabilis et probabiliter posse sustineri tanquam dictis (2) et opinionibus doctorum approbatorum consona et innixa veritati, predicanda et dogmatizanda. Sic subscriptum et signatum. Porcelli.

Ego, frater *dyonisius pitas*, humilis professor in sacra pagina (3), ita sentio cum precedentibus (fol. 91) substantialiter, scilicet tam cum domino decano facultatis, magistro petro de vaucello, quam cum honorando magistro nostro guilhelmo de Castroforti. Sic subscriptum et signatum. Pitas.

Et michi, *Egidio de alvetis*, ita videtur et sentio cum precedentibus et sto cum domino decano facultatis, magistro petro de vaucello, necnon cum honorando magistro nostro, magistro guilhelmo de Castroforti. Sic subscriptum et signatum : Egidius de Alvetis (100).

Et michi, *Radulpho* (4) *boyssel*, in primis salvo (5) peritiorum judicio, michi videtur doctrinam aristotelis in primo periarmenias de veritate et falsitate propositionum de contingenti per omnia sanam esse et veram, in nullo catholice veritati repugnantem aut dissonam. Preterea

---

(1) Seul *A* souligne les noms des signataires, et *B*, les signatures.

(2) op *add. et del. 12.390.*

(3) theologia *del.*, pagina *superscr. A.*

(4) rodohoho *B.*

(5) perito *add. et del. A.*

quod rationabile et pernecessarium michi videtur questiones theologales non debere terminari aut disputari in scolis artium, et propositiones illas debere dari silentio que in statuto lovanii edito incipiente : *Cupiens juxta consilium apostoli* (1), signato manu petri notarii dicte universitatis. Insuper michi videtur quod in propositionibus de futuro contingenti non est verum et falsum simile (2) sicut in illis de presenti et preterito. Factum anno domini MCCCCLXXI (3) die X septembris. Sic subscriptum et signatum. Boyssel (94).

Ego, frater *Johannes Munerii*, in sacra pagina humilis magister, ita sentio cum precedentibus magistris nostris, specialiter cum magistro petro de vaucello et magistro guilhelmo de Castroforti stando in determinationibus eorum, teste signo meo manuali hic apposito 2[a] die mensis septembris. Sic subscriptum et signatum. Munerii.

Idem michi videtur cum reverendis magistris nostris de vaucello et Caros et in eisdem sto cum determinatione magistri nostri petri de vaucello et affirmatione ejusdem magistri nostri petri (4) Caros. Factum antepenultima die mensis septembris anno domini MCCCC° LXXI (5). Sic subscriptum et signatum. De Fontenayo.

Adherendo determinationibus magistrorum nostrorum petri de Vaucello (91ᵛ) et Guilhelmi (6) de castroforti conformiter dico ego, frater *Johannes pilory*, in sacra theologia magister, actu regens parisius et prior in conventu fratrum predicatorum, quod luculenter et plane ad verum sensum propositionum prefati magistri determinaverunt. Sic subscriptum et signatum : Pilory.

Ego, frater *Johannes Cossart*, humilis magister, actu regens, ordinis fratrum predicatorum, conformiter dico sicut et optime determinaverunt honorandi magistri nostri (7), petrus de vaucello ac guilhelmus de castroforti. Sic subscriptum et signatum. Cossart.

Michi quoque, *petro martini*, humili sacre pagine doctori, ac regenti actu (8) parisius in eadem facultate, conformiter videtur fore sentiendum de propositionibus propositis (9) secundum quod sentiunt pres- (100ᵛ) tantissimi patres domini et magistri nostri, magister petrus de vaucello et guilhelmus de castroforti, cum qualificationibus, modificationibus et protestationibus (10) ipsorum. Quapropter eisdem adherendo et conformando, huic presenti scripto signum meum manuale apposui in testimonium predictorum, anno quo supra die

(1) *B ne souligne pas.*
(2) simili *A*, 12.390, similiter *E*.
(3) millesimo quadringentesimo primo *B*.
(4) petri de vaucello... petri *i. m. B*.
(5) millesimo quadringentesimo LXXI° *B*.
(6) Guilhelmo *B*.
(7) petri *add. codd.*
(8) *om. B*.
(9) prepositis *B*, *A*.
(10) et protestationibus *i. m.* = *B*.

vero XIII novembris. Sic subscriptum et signatum. Martini.

Videtur michi, *petro de Has*, in theologia magistro, codice magistri petri de Rivo et aliis perlectis, quod ea que circa materiam de futuris contingentibus diffinivit atque in hiis dicenda declaravit et firma fide tenenda colendissimus magister noster Guilhelmus de Castroforti, regalis collegii navarre (1) rector et magister supremus (2), catholice et ingeniose multum diffinita sunt et optime determinata. Et pro hujus mee opinionis assertione signum meum manuale hic apposui, XX mensis septembris anni M quadringentesimi (3) septuagesimi primi. Sic subscriptum et signatum (4) : Pe. Has.

(1) naverre *12.390, A.*
(2) summus *B.*
(3) millesimi CCCC *B*; MCCCC *A.*
(4) et signatum *iter. et del.* 12.390.

HEINRICI DE ZOEMEREN TRACTATUS ADVERSUS SENTENTIAM PETRI DE RIVO DE FUTURIS CONTINGENTIBUS (1)

(Ms. lat. 3169).

Quia intelligo a nonnullis in dubium revocari an eas propositiones que videntur negare veritatem propositionum fidei de futuro, divinam prescienciam aut prevolicionem de futuro, que anno superiore per me delate fuerunt ad sedem apostolicam tanquam publice asserte et dogmatizate in studio lovaniensi per quemdam artistam, magistrum petrum de Rivo, ipse qui et in theologia baccalarius formatus dicitur et magne apud quosdam fame predicatur, in sententia vel effectu asseruerit, quosdamque, consideratis dogmatum absurditatibus et gradu ac fama predictis, id vix credere, quosdamque, tametsi (2), nec hominem noverint, etiam velut exploratum asserere eum delatas de eo premissas propositiones nedum in substantia non dixisse, sed eciam earum oppositum expresse doctrinasse, sicque false eum in hoc a me fuisse delatum, idcirco ad informationem eorum quibus de re gesta non constat, nec presentes audierunt hominem sua dogmata disserentem, opuculum presens scribere aggredior. Quo conabor ostendere ex ipsis tractatibus suis simul et confessione sua judiciali facta coram quodam artista, dudum rectore dicti studii, qui in causa inquisitionis fidei auctoritate sua rectorali nedum cogoscere verum et sententiare presumpsit, eidem ex omnibus propositionibus de eo delatis nullam fuisse calumpniose aut preter veritatem impositam, sed eum in sententia vel effectu rotunde sensisse tam ea de quibus delatus fuit quam etiam alia pleraque non minus offensiva, tametsi (3) certum sit eum in hujusmodi suis tractatibus, quorum creditur nullum conscripsisse ante festum epiphanie anni 1470, in multis resiliisse ac variasse ab hiis que prius publice, rotunde et nude asseruerat ac

---

(1) Le catalogue (T. III, fol. 381) désigne ce traité sous le titre suivant : *Anonymi tractatus adversus sententiam petri de Rivo de futuris contingentibus.*

(2) tam et si.

(3) tam et si.

defenderat in scola artistarum, tempore illo quo ibi pro more de quodlibetis disputatur, scilicet anno 1465, quando primum hec dogmata disseminare cepit; deinde anno 66°, quando ea defendere studuit, et postmodum anno 69 tam in responsione sua de quodlibetis, XVIII scilicet die decembris, quam ipso die beati thome apostoli subsequente, quando assertiones suas priores, quas ego publice de heresi notaveram, ad unguem defendere nitebatur; certumque sit eum multa longe aliter in tractatibus suis scribere quam ea annunciaverit in scolis, eisque que se dixisse fatetur distortis expositionibus, palliacionibus, modificationibus omnino aliam faciem et que primo aspectu minus videntur offendere induere studisse; quod per inquisicionem judicialem ex commissione apostolica faciendam per Reverendum in christo patrem, episcopum Tornacensem, si tamen eam fieri contigerit, quod omnino expedit, haud dubium luce clarius apparebit. Hanc autem provinciam, que nec parvi laboris nec minimi fastidii erit, quippe pro qua necesse sit tot ineptias atque deliramenta infinicies (sic!) quasi magna etiam attentione revisere, que vix posset vel quantumlibet sanus stomachus eciam vel semel perfunctorie sine nausea legere, zelo fidei catholice aggredi statui, auxiliante domino, partim quidem ad ostendendum me nichil eidem per calumpniam imposuisse, potissimum autem et maxime ad hunc colubrum pestilentissimum ex variarum adinventionum latebris, quibus venenum suum frustra tegere et abscondere nititur, in planum apertumque campum pertrahendum. Ibique velaminibus omnibus detractis caput simul et caudam et totam virulenti corporis compagem omnium oculis exponendum, qui ne nuda ejus facies clare in luce videri posset varias in species ac formas se transformat, novorumque quorumdam verborum tenebris ac calligine se involvit, ita existimans horrendum virus dogmatum suorum nullatenus perceptum aut deprehensum iri. Fungorque in ea parte officio minorum canum quod umbros (1) vocant, qui immanem feram sese inter saltus dumosos ac sentes occulere satagentem, cum ipsi sternere non valeant, in apertum tamen campum prodire compellunt majorum fortiorumque canum, quos molossos apellant, dentibus disserpendam (fol. 66^{v}).

Horum autem tractatuum suorum quinque numero extant preter etiam confessionem suam judicialem de qua dictum est; quorum primus incipit : *An in potestate petri;* secundus, qui est decem capitulorum : *Utrum philosophi tres virtutes theologicas;* tertius : *Sicut testatur Tullius libro de fato;* quartus, IX capitulorum : *Finalis particula*

---

(1) blanc entre *umbros* et *vocant.*

cujusdam statuti; et quintus : *Ponens in propositionibus de futuro*, etc. Quos omnes tractatus magna ipse jactancia coram universitate dicti studii lovaniensis solempniter ad hoc congregata, coram etiam subdelegatis Reverendi in Christo patris, episcopi Tornacensis, notario universitatis publice tradidit, petens ut omnibus petentibus copia ederetur (1), quamvis eos tunc non tractatus plures, ut ante illum diem solitus fuerat, tam ipse quam sui, sed tractatum suum singulari numero et in quinque partes juxta numerum et ordinem tractatuum premissorum distinctum certa ratione appellari voluerint, quam qui videre voluerint videbunt rem memoria dignam in eo opusculo quod inscribitur de gestis lovanii inter altercantes circa fidem, talemque nominis commutacionem non fuisse excogitatam nisi subtili callido et reyneriano ingenio et alto misterio. Duos autem ex eis majores, 2um scilicet et 4um negotiorum suorum gestores pro justificatione vel excusatione sua magna etiam confidencia, ne dicam jactancia, apud sanctam sedem apostolicam publicare curaverunt et eo, ut creditur, fine eosdem detulerunt ad manus Reverendissimi domini et patris, michi pre cunctis mortalibus observandissimi domini, B. cardinalis Sabinensis, et patriarche constantinopolitani, Niceni vulgariter appellati (2). Qua in re gratias plurimas debeo auctori et confirmatori fidei, salvatori nostro, cujus clementia factum arbitror ut assertor iste dogmata sua nedum litteris mandari sed apud apostolice sedis tronum ita per suos publicari curaverit, quatenus ita qui me a calumpnie crimine, quod michi ipse et sui impudentissime et iniquissime impingunt, in romana curia existens testibus purgare non valeo, scriptorum suorum armis me tuerer et galeam (3) getheum proprio mucrone confodere possem. Quo enim pacto potuisset in tanta detrahentium impudencia innocentia mea esse nota prius saltem quam inquisicione facta per Reverendum in christo patrem episcopum Tornacensem, delegatum apostolicum, de re plene constitisset, nisi suis ipse scriptis, et quidem per eum ac sua instancia exhibitis, convinci potuisset ? Quid enim non eum puderet asserere pro honore suo quando que publice adeo et in tam solempni auditorio, ubi non creditur fuisse unquam citra quingentos auditores, et cum tanta pompa atque jactancia asseruit negare non erubescat! Quamobrem si vel ulla unquam die de me existimatio vel rectitudinis vel quantecumque prudencie apud illos habita sit, non videtur merito credendum esse

---

(1) Le 19 octobre 1470. Cf. Frédéricq (P.), *op. cit.*, p. 33.

(2) Il s'agit du Cardinal Bessarion avec lequel H. de Zomeren était, on l'a vu ci-dessus, en relation.

(3) galyam.

me de rebus adeo publice et aperte gestis mentiri, et virum adversus quem nihil unquam rancoris habui, quem semper amavi, sine ulla spe commodi mendaciter diffamare voluisse, quando scirem me et facillime (1) cum perpetua etiam ignominia mea mendacii convinci posse et amicum ac virum famosum gratis et sine ullo fructo eo gravissime ledere et plurimorum mihi odia comparare. Si igitur ex confessione sua ac tractatibus suis premissis tanto postea ad excusationem suam editis, quibus enim priorum assertionum suorum crudius longe et nudius enunciatarum offensam prima facie omnium se auribus ingerentem mutatis verbis et excogitatis modificationibus lenire, mitigare ac palliare nititur, convinci possit eum omnia de eo delata adhuc in effectu rotunde tenere et sentire, satis persuasum arbitrabor eum non recte querulari se calumpniose fuisse ad sedem apostolicam delatum. Apparebit autem perspicue eum corde semper herere in eodem luto et, quibuscumque verbis tergiversari, inficiari ac mentis sue errores palliare, tegere et celare contendat, nihil eum a priorum dogmatum suorum absurditate discedere in mente a quibus plurium gravium virorum opinione et ore discedere dedignaretur, si non eum ignis supplicium deterreret (fol. 67).

Particio (2). Dimissis igitur infinitis ineptiis, absurditatibus et deliramentis tractatuum et confessionis predicte et variis contradictionibus quibus sibi ipsi ac Aristoteli et communibus animorum conceptionibus et evidentissimis principiis tam in logica quam physica auctor ipse apertissime et impudentissime contradicit, quod alio tempore, cum ad id otium dabitur, ostendemus, ut proposito satisfaciam premitto errores delatos versari circa tres materias scilicet circa veritatem et falsitatem propositionum fidei de futuro, circa prescienciam futurorum contingentium et circa prevolitionem eorumdem (3). Et de singulis per ordinem ostendam ex ipsis tractatibus et confessione sua nihil ei calumpniose aut contra veritatem fuisse impositum. Et id primo ostendam de singulis illarum trium materiarum singulariter; deinde simul de omnibus generaliter (4).

Ut autem pateat ex tractatibus et confessione sua premissa eum sentire de veritate propositionum fidei de futuro sicut sonant propositiones delate, ostendam ex scriptis ejus colligi quinque propositiones, quas vocabo suppositiones, ex quibus plane concludetur intentum.

Prima supposicio (5). Primo igitur suppono eum fateri omnes propo-

---

(1) etiam *add. et del.*
(2) *i. m.*
(3) futurorum... eorumdem *i. m.*
(4) blanc entre *generaliter* et *ut.*
(5) *i. m.*

sitiones fidei de futuro, cujus adhuc eventus expectatur, esse de futuro contingenti et eas quorum eventus transiit fuisse de futuro contingenti.

Probat. Istud, quamquam sit evidens, tamen ex paucis ejus dictis clarissime et breviter ostenditur, primo ex prima et principali conclusione sua secundi tractatus in principio ubi dicit : Ab omni catholico secundum fidem firmissime credendi sunt articuli fidei, nedum qui sunt de preterito et presenti sed eciam qui sunt de futuro contingenti. Et paulo post : Circa primam partem questionis occurebat dubium quomodo articuli fidei de futuro contingenti firmissime credi possunt, cum secundum Aristotelem in futuris contingentibus non sit determinata veritas. Item capitulo X° ejusdem libri : Quod si inquirent secundum populares de articulis fidei qui sunt de futuro contingenti an sint veri, etc. Et tractatu 4to in fine 3^{i} capituli : Quod ergo aliqui articuli sint necessarii et aliqui contingentes, inter quos sunt aliqui formaliter et actu veri veritate creata et aliqui veritatem hujusmodi expectant, nullam causat diversitatem in ratione formali fidei (1).

2^{a} *suppositio* (2). 2° suppono eum, utendo vocabulis secundum communem hominum intelligenciam, simpliciter et absolute negare propositiones de futuro contingenti esse modo seu ante positionem rerum in esse veras aut falsas et simpliciter asserere eas modo esse neutras, hoc est nec veras nec falsas. Istud patet primo (3) ex eo quod dicit *tractatu primo 2° latere primi folii* opinionem epicuri esse quod omnes propositiones de futuro contingenti sunt neutre, hoc est nec vere nec false et Aristotelem in libro periarmenias in hoc imitari epicurum, addito eo quod ipse dicit *in principio 3^{i} tractatus*, loquens de dicta opinione epicuri, quam etiam ibi dicit sequi Aristotelem : « Quam sententiam dominus petrus Aureoli dixit conclusionem demonstratam; et, post eum, dominus Petrus de Candia, postea Alexander v^{tus}; statim subjungit : Ut autem cum hiis idem sentirem inductus sum rationibus precipue duabus » (4). *Hec ille.* Ex quibus verbis clare apparet eum sentire aperte nedum quod dicta opinio de neutralitate propositionum de futuro contingenti sit vera, sed eciam demonstrata.

---

(1) Le premier des traités auxquels ce passage fait allusion est perdu. Du second on possède seulement deux fragments reproduits ci-dessus. Les passages mentionnés par H. de Zomeren qui ne seront pas munis d'une référence figurent dans des traités qui n'ont pas été retrouvés.

(2) *i. m.*

(3) probat 1° *i. m.*

(4) Cf. p. 79.

2° ex eo quod (1) in *eodem primo tractatu*, solvens primam rationem Tullii factam contra opinionem Epicuri, que fuit quod de quolibet quod jam factum est videtur prius vere dici quod ipsum erit futurum, dicit se hanc solvisse dicendo quod de eo quod jam factum est prius nec fuit verum nec falsum dicere quod erit futurum et subdit : « Quod declaravi per simile de catulo qui, licet die determinato a natura sit videns, diebus tamen prioribus nec fuit cecus nec videns ». *Et addit :* « Et putavi, secundum opinionem Aristotelis, in hoc esse hinc inde similitudinem quod, sicut ante tempus determinatum a natura subjecto susceptibili nec inest habitus nec privatio, sic ante positionem rei in esse propositioni de futuro contingenti non inest veritas aut falsitas » (2). *Hec ibi.* Ex quo patet eum asserere propositionibus de futuro contingenti nedum non inesse actu veritatem aut falsitatem, sed eciam eas nec posse esse veras aut falsas; et, ut videtur, ex defectu capacitatis subjecti, quomodo diceretur lapidem non esse nec videntem nec cecum, potius quam ex itione temporis per privationem importati, qua ratione catulus ante IX diem nec dicitur cecus nec videns (fol. 67v).

3° ex eo quod subdit in *solutione* 2e *rationis* ibi posite : « Prius, inquit, quam res contingens ponatur in esse ejus futura positio est impedibilis, quare veritas, que inde causaretur, esset impedibilis; sed quod jam est non impedibiliter est, ex quo effectus presens est inimpedibilis. Ergo propositioni de futuro contingenti non inest presentialis veritas » (3). Hec ille. Ex quibus verbis videtur ex intencione concludere, nedum tanquam verum sed eciam tanquam demonstratum, nullam propositionem de futuro contingenti esse jam seu modo veram.

Quarto ex eo quod subdit, in *hiis premissis*, dicens : « Qui vult sustinere opinionem Aristotelis necessario ex animo amovere debet opinionem illam qua communiter creditur omnem propositionem esse veram aut falsam; et qui cum Aristotele opinatur in futuris contingentibus non esse determinatam veritatem non cogitur propter hanc veritatem negare contingentiam quia talis veritas non inest propositionibus de futuro contingenti » (4).

Vto ex eo quod dicit in § *ex premissis* : « Intuli conclusionem hanc quod contingentia est de numero per se manifestorum que nec impeditur per veritatem propositionum de futuro contingenti, quia eis non inest veritas » (5).

(1) probat 2o *i. m.*
(2) Cf. p. 71.
(3) Cf. p. 72.
(4) Cf. p. 72-73.
(5) Cf. p. 76.

VI° ex eo quod dicit § *correlarium responsivum*, ubi postquam premisit fuisse in potestate petri non negare postquam dixerat ei christus : hac nocte, antequam gallus cantet, ter me negabis, quia illa propositio non plus abstulit petro potestatem negandi quam illa : morieris et non vives, ezechie potestatem supervivendi; et illa : Ninive subvertetur, potestatem ne subverteretur, subdit : « Dictum est enim quod propositioni de futuro non inest veritas que tollit contingentiam » (1).

VII°. Ex *capitulo 3° secundi tractatus*, ubi ponens rationes quibus motus est Epicurus ponere propositiones neutras et quas in capitulo IX ejusdem tractatus reputat concludentes, in fine prime rationis ibi posite pro opinione Epicuri infert : « Ergo veritas propositionis de futuro contingenti non est aut non fuit. Quo admisso, talis propositio non est vera, ex quo esse verum est effectus formalis veritatis, sicut esse album est effectus formalis albedinis ». *Hec ille.*

VIII. *In fine 2e rationis eodem capitulo* ubi sic concludit : « Veritas ergo propositionis de futuro contingenti non est aut fuit, et per consequens ab ea proposicio nec est nec fuit vera, sicut nec corpus ab albedine que nec est nec fuit dicitur esse album ».

IX. Ex eo quod dicit *in fine 3e rationis* ubi sic concludit : « Ex hiis rationibus patet quod nulla propositio de futuro contingenti est vera veritate presenti quia talis veritas esset inevitabilis, hoc modo apud Aristotelem dicitur propositio vera, ymmo propositionem veram dicit necessariam seu per nullam potenciam quoad ejus veritatem impedibilem ».

X. Ex eo quod *in capitulo VIII in solucione V rationis*, que innititur huic maxime : ab eo quod res est vel non est oratio dicitur vera vel falsa, dicit : « Dico quod veritas qua proposicio presentialiter vera est est inimpedibilis ex quo ad presens non est potencia. Quia ergo veritas propositionis dependet ab esse rei, propositio non potest esse jam vera nisi esse rei sit inimpedibile, alias effectus inimpedibilis dependeret a causa impedibili, ut supra declaratum est. Quia ergo esse rei presentis et preterite est per quamcumque potenciam inimpedibile quin sit aut fuerit, ideo propositiones de contingenti (2) presenti aut preterito jam sunt vere. Esse autem cujuscumque futuri contingentis est impedibile, saltem per divinam potenciam; ergo propositio de futuro contingenti non est vera, sed veritatem ejus expectat ». *Hec ille.*

---

(1) Cf. p. 76.
(2) *superscr.*

XI°. Ex eo quod ibi immediate subjungit : « Nec sufficit ad veritatem propositionis de futuro quod res erit, sicut adversarii eliciunt ex dicta maxima, ymmo requiritur quod inimpedibiliter » erit. *Hec ibi.* Cum ergo ponat nullum futurum contingens inimpedibiliter fore, clare sequitur quod ponat nullam talem de futuro esse modo veram.

XII°. Ex eo quod dicit *capitulo 2° quarti tractatus*, versus finem : « Quia ex precedentibus patet ad presens ac preteritum non esse potentiam, lucide sequi videtur omnem propositionem que jam est aut fuit (fol. 68) vera per nullam potentiam posse impediri quin jam sit aut prius fuerit vera ». *Hec ibi.* Cum ergo ponat propositionem omnem de futuro contingenti impediri posse ne sit vera, clare concluditur quod negat consequenter eam esse jam veram.

XIII°. Ex eo quod dicit *in confessione judiciali, in responsione* ad XI^m^, XII^m^ et XIII^m^ articulos, quorum primus est quod nulla euntiatio de futuro contingenti ante positionem rei in esse est vera vel falsa sed neutra, sicut nec catulus ante nonum diem est cecus aut videns; 2us quod si talis enuntiatio esset vera ipsa esset inevitabiliter vera; 3us quod Aristoteles demonstrat quod hujusmodi propositiones nec sunt vere nec false, ubi sic dicit : « Credo me hos tres articulos dixisse loquendo de propositionibus de futuro contingenti in generali et de veritate ac falsitate propositionum aristotelice ». Et addit : « Hec dixi imitatus Aureolum, qui primo sententiarum ponit hanc propositionem quod sententia philosophi est conclusio penitus demonstrata ita quod nulla propositio singularis de futuro contingenti formari potest que sit vera et ejus opposita falsa, sed quelibet est neque vera neque falsa » (1). *Hec ibi.*

3^a^ *suppositio* (2). Tertio suppono quod hanc conclusionem, scilicet quod propositiones de futuro contingenti ante eventum rerum nec sunt vere nec false, ipse reputat demonstratam. Istud patet primo ex eo quod allegatum est in prima probatione pro 2^a^ suppositione premissa.

2° quia omnes propositiones et motiva quibus innititur distincte seu indefinite negando propositiones de futuro contingenti esse veras aut falsas ipse reputat efficaciter concludentes seu demonstrantes. Istud patet de duabus rationibus precipuis quibus dicit *in principio tercii tractatus* se inniti, quas et reputat demonstrantes, licet in effectu non sint nisi una ratio, quarum unam dicit ostensivam, aliam ad

(1) Cf. p. 226-227.
(2) *i. m.*

impossibile (1). Vis ostensive stat in hoc quod nulla propositio de futuro contingenti est inevitabiliter vera, omnis propositio que nunc est vera vel fuit vera est inevitabiliter vera, quia quicquid est aut fuit inimpedibile est quin sit aut fuerit, quia ad presens et preteritum non est potentia; ergo nulla propositio de futuro contingenti est jam vera. Hanc autem rationem reputat demonstrantem, quia reputat premissas ejus necessarias et consequentiam formalem, ut patet consideranti. Ad impossibile : si propositio de futuro contingenti jam sit vera sequitur quod significatum ejus necessario eveniet et si quelibet talis sit vera vel falsa sequitur quod omnia necessario eveniunt. Consequens dicit esse hereticum et impossibile; ergo antecedens. Consequentiam probat quia, si talis propositio jam sit vera, inimpedibile est quin ipsa sit aut fuerit vera cum, ut dictum est, ad presens non est potentia. Cum ergo ex veritate ejus in bona consequentia inferatur eventus futuri contingentis, sequitur quod eventus ille erit necessarius, cum ex antecedente necessario seu inevitabili non posset sequi conclusio contingens. Et hanc rationem eciam reputat demonstrantem, quia reputat consequens impossibile et consequentiam necessariam. Que ratio majorem etiam videtur habere apparentiam si probando consequentiam primam affirmatur quod, si propositio jam sit vera necesse sit dicere quod fuerit etiam prius vera et ita inevitabile esse quin fuerit vera cum apud omnes videatur concessum non esse potentiam ad preteritum, quomodo eam format in effectu in *quinto tractatulo suo*. Quod autem istis duabus rationibus precipue innitatur patet ex *principio 3ⁱ tractatus* ubi, post verba allegata in prima probatione 2ᵉ suppositionis, quibus explicat opinionem epicuri, aristotelis, aureoli et petri de Candia de neutralitate propositionum de futuro contingenti, subjungit : Ut autem cum his idem sentirem inductus sum rationibus precipue duabus. Prima est ostensiva : nichil quod est aut fuit est impedibile ne sit aut fuerit, alias ad presens aut preteritum esset potentia; sed veritas propositionis de futuro contingenti aut falsitas impedibilis est ne sit aut fuerit, alias significatum necessario eveniret; ergo veritas illius nec est nec fuit et per consequens ab ea non potest dici propositio illa esse aut fuisse vera aut falsa, sicut nec ab albedine (fol. 68ᵛ), que nec est nec fuit, corpus aliquod denominari album. 2ª ratio ducens ad impossibile : omne quod est aut fuit est inimpedibile ne sit aut fuerit, alias ad presens aut preteritum esset potentia; sed, si propositio de futuro contingenti sit aut fuerit formaliter vera aut falsa, veritas ac falsitas ejus est aut fuit; ergo veritas ac

(1) Cf. p. 79-80.

falsitas ejus est inimpedibilis; consequens est absurdum, ergo aliqua premissarum. Non major; ergo minor ubi assumitur aliquam propositionem de futuro contingenti esse formaliter veram aut falsam. Quibus duabus rationibus (1), *3º capitulo 2ⁱ tractatus*, etiam dicit inniti opinioni Epicuri, loco quarum duarum rationum ibi videtur ponere tres, quamvis in effectu non sint nisi una, ut clare patet advertenti. Quod et ipse fatetur in *quinto tractatulo suo*, quem quasi epilogum aliorum superaddit, ubi omnia motiva quibus innititur ad hoc unum reducit : quod ponens in propositionibus de futuro determinatam veritatem incidit in heresim Wiclef dicentis omnia necessario evenire (2).

Quod autem ipse alias rationes reputet concludentes ac demonstrantes pro dicta opinione Epicuri patet *capitulo nono 2ⁱ tractatus* ubi titulus est : « Quod rationes prius, scilicet capitulo 3º, adducte pro opinione Epicuri cogere videntur contradicentes sententie Aristotelis concedere quod omnia de necessitate eveniant vel quod ad preteritum est potentia ». Et infra, in initio capituli : « Sed quanto eas scilicet rationes plus pondero, et ingeniosissimi viri mecum, ad alterum istorum cogere videntur aut quod in propositionibus de futuro contingenti non est aut non fuit presentialiter veritas aut quod omnia de necessitate evenient ». *Hec ibi.* Et infra *in fine capituli* : « Cum ergo non pateat aliqua via evadendi quin ad actualem veritatem propositionum de futuro contingenti sequatur omnia de necessitate evenire, etc., sequitur quod possit sustineri, juxta sententiam Aristotelis, quod in propositionibus hujusmodi de futuro non inest veritas presens et actualis ».

Rationem etiam illam que effectu vim omnium complectitur, quam tangit *quinto tractatulo*, in eodem reputat concludentem et demonstrantem pro eadem opinione, quam, ut premissum est, fatetur se sequi sic dicens : « Ponens in propositionibus de futuro contingenti determinatam veritatem incidere videtur in execrandam quamdam heresim Johannis Wyklef in concilio constantiensi condempnatam, scilicet quod omnia de necessitate absoluta eveniunt. Ad quod alique premittuntur suppositiones. Prima : ex absolute necessario penes necessariam consequentiam non sequitur nisi absolute necessarium. 2ª : si propositioni de futuro jam inest veritas illa semper ei infuit. 3ª : ad preteritum non est potentia. 4ᵗᵃ : veritas propositionis penes necessariam consequentiam infert significatum ipsius. Tunc formatur

(1) Cf. p. 79-80.

(2) Cf. p. 85. Zomeren ne cite pas textuellement, loin de là, le texte de Pierre de Rivo. Aussi est-il bien difficile de reconstituer les traités perdus d'après les passages qu'il en cite.

ratio. Si id quod est absolute necessarium eventum futuri contingentis temporaliter antecedat et ipsum penes necessariam consequentiam inferat, necesse est hujusmodi eventum esse absolute necessarium. Sed si in singularibus contradictoriis de futuro contingenti alteri determinate inest veritas, hujusmodi veritas est absolute necessaria et temporaliter antecedit quemlibet eventum futuri contingentis et ipsum infert penes necessariam consequentiam. Ergo omnia absoluta necessitate eveniunt, etc ». (1). Hec ille. Ex quibus patet eum sentire, juxta suppositionem premissam, quod conclusionem absolute negantem propositiones de futuro contingenti esse veras aut falsas ante eventum rerum ipse reputet conclusionem demonstrantam.

4[ta] *suppositio* (2). Quarto suppono quod pariformiter sentit de propositionibus fidei de futuro contingenti sicut de aliis que non sunt fidei quoad hoc quod est negare ab eis veritatem ac falsitatem et asserere earum neutralitatem, ita scilicet et qualiter indiffinite seu simpliciter negat propositiones de futuro contingenti et etiam propositiones, que non sunt fidei, esse veras aut falsas, et simpliciter asserit eas neutras, taliter et simili modo negat esse veras eas que sunt fidei aut oppositas falsas et simpliciter asserit eas neutras. Istud patet primo ex *prima probatione adducta pro 2[a] suppositione*, ubi clare apparet (fol. 69) eum tenere opinionem Epicuri, quam dicit etiam sequi Aristotelem, petrum Aureoli et petrum de Candia, et quod opinio Aureoli sit omnes propositiones de futuro contingenti esse neutras, hoc est nec veras nec falsas.

2° patet idem specialiter et expresse de omnibus propositionibus fidei ex variis dictis ejus. Primo ex eo quod tractatu *2°*, *capitulo 4°*, loquens de propositionibus fidei et credendis, dicit : « Quia ergo Aristoteles omnes propositiones de futuro contingenti diceret non veras ». *Et infra :* « Omnis propositio qua dicitur rem aliquam esse futuram esset non vera ». *Et infra :* « Et omnis propositio qua (3) juraretur aut annuntiaretur veritas futuri contingentis esset non vera ». Ex quibus verbis clare patet eum negare expresse de propositionibus fidei veritatem, *hoc addito*, eo quod ipse in ista parte sepe fatetur sequi Aristotelem, ut preallegatum est.

2°, ex *titulo quinti capituli sequentis*, ubi dicit quod non apparet quin sequaces Epicuri cum firmissima fide articulorum qui sunt de futuro contingenti sustinere possint sententiam Aristotelis, addito eo,

(1) Cf. p. 85-86.
(2) *i. m.*
(3) *om.*

quod statim preallegatum est, quod Aristoteles omnes propositiones fidei de futuro contingenti diceret non veras et, quod supra allegatum est, ipse in hac materia sequitur Epicurum.

3° Ex eo quod *capitulo quinto circa principium* respondendo argumento illo quod multe sunt firmissime credende et per consequens vere, dicit eas firmissime credendas, primo propter veritatem increatam dei revelantis qui mentiri non potest, 2° propter veritatem creatam qua expectantur verificande; solet enim scriptura dicere aliquod tale non tantum quod est tale in re sed etiam quod est tale in expectacione, ut beati dicuntur viatores quorum remissa sunt peccata. Hec ipse. Ubi aperte innuit propositiones hujusmodi fidei non esse veras in re, sed tantum in expectatione et per consequens non esse simpliciter veras, sed tantum secundum quid seu cum modificatione diminuente, scilicet in expectatione.

4° Ex *eo quod eodem capitulo*, in responsione ad primam auctoritatem, scilicet : juravit dominus david veritatem et non frustrabitur eam, de fructu ventris tui ponam super sedem tuam, dicit : « Sic forte dominus non juravit veritatem presentem, sed futuram pe quam promissum ejus de futuro ibi positum congruo tempore verificaretur ». Et ex eo quod ibi sequitur : « Similiter dicendum videtur ad verbum angeli quo dixit Danieli : annuntiabo tibi veritatem, vel quod voluit illas propositiones esse veras veritate principalis annuntiantis vel veras, id est per veritatem expectatam verificandas ». Hec ipse. Ubi clare innuit eas non esse simpliciter veras sed tantum cum modificatione diminuente vel distrahente. *Et clarius infra* : « Angelus subjungens multas propositiones de futuro non videtur necessario enuntiare veritatem per quam potentialiter ille propositiones erunt verificande, ymmo sufficere videtur quod annuntiaverit veritatem postmodum futuram per quam quelibet propositionum annuntiatarum suo tempore adimpleretur ».

Quinto ex eo quod ibi subdit exponendo *auctoritatem apocalypsis XXI* (1) : « Ecce audivi vocem magnam de throno dicentem : ecce tabernaculum dei cum hominibus et habitabit cum eis et ipsi populus ejus erunt et absterget deus omnem lacrimam ab oculis eorum et mors ultra non erit neque luctus neque dolor, et dixit qui sedebat in throno : ecce nova facio omnia. Et dixit michi : « scribe quia hec verba fidelissima sunt et vera », ubi dicit : « Si tollerabiliter dici potest dicentem in throno per li hec verba intellexisse tantum hoc verbum suum : Ecce nova facio omnia, de quo non esset mirandum, licet

(1) XXI, 3-5.

singulariter dicat verba, cum hoc sit de presenti, non esset auctoritas ipsa contra propositum. Si vero per hec verba scribenda intellexerit tam suum verbum quam verba precedentia, tunc hec propositio : hec verba fidelissima sunt et vera, videtur, secundum veram logicam, distingui penes sensum compositum et divisum sicut ista : hii sunt ceci et videntes, demonstratis duobus cecis et duobus videntibus. Si igitur liceat dictam propositionem accipi in sensu composito per eam non posset hereticari sententia Aristotelis quia sensus (fol. 69v) esset quod verba predicta quedam sunt vera, ut que sunt de presenti et de preterito, et quedam fidelissima firmissima fide credenda tanquam suis temporibus infallanter (1) verificanda, scilicet que sunt de futuro contingenti. Quod si de necessitate salutis oporteat illam propositionem intelligi dictam in sensu diviso sic quod omnia verba sint fidelissima et omnia vera, tunc videtur posse dici, ut prius, quod omnia sunt vera primo veritate increata aut infallibili veritate dicentis, 2° veritate creata a fidelibus indubitanter expectata. Sed quod omnia sint vera more Aristotelis non audeo confiteri, etc.

Sexto apertissime ex hiis que dicit *capitulo quinto* : « Est, inquit, opinio Epicuri multum consona modo loquendi scripture sacre. Nam, luce primo (2), Elizabeth sic loquitur virgini marie : « Beata que credidisti quoniam perficientur in te que dicta sunt tibi a domino », ubi vult illas propositiones (3) ei dictas (4) ab angelo : ecce (5) concipies et paries filium et vocabis nomen ejus ihesum, hic erit magnus, etc. *esse perficiendas*. Sed quod est perficiendum nondum habet suam perfectionem, ymmo eam expectat. Veritas autem est perfectio propositionis. Innuebat ergo (6) illas propositiones nondum habere veritatem, sed eam congruo tempore expectare. Et luce ultimo (7) christus post resurrectionem dixit discipulis : « Hec sunt verba que locutus sum ad vos cum adhuc essem vobiscum quoniam necesse est impleri omnia que scripta sunt in lege moysi et prophetis et psalmis de me »; ubi voluit propositiones de futuro contingenti de se prophetatas necessario esse implendas. Cum ergo id quod est implendum intelligitur esse vacuum ea perfectione qua natum est impleri, perfectio autem qua propositio potest impleri est ejus veritas, videtur innuisse (8) quod tales propositiones vacue erant a veritate et quod eam postmodum expectabant. Sic in ymno canitur : « ysaias

---

(1) infallenter,
(2) I, 45.
(3) esse perficienda *i. m.*
(4) que dicte sunt ei *superscr.*
(5) ut puta *superscr.*
(6) Innuere ergo videtur *i. m.*
(7) XXIV, 44.
(8) *i. m.*

que cecinit completa sunt de virgine », hee scilicet propositiones ab ysaia prophetate (1) : « ecce virgo concipiet et pariet filium », etc., que per positionem rei in esse recipiebant suum complementum. Sed nil aliud quam veritas videtur complementum propositionis. Ergo ut prius. *Et subdit* : « Juxta hanc opinionem videtur logice posse exponi quod scribitur ad hebreos X° : « Umbram habens lex futurorum bonorum et non ipsam ymaginem rerum » (2). Lex quidem futurorum bonorum est lex vetus per propositiones de futuro promittens bona nove legis, que in hujusmodi propositionibus habuit umbram, id est carentiam lucis; sed lux propositionis est ejus veritas. Ibidem ergo innuere videtur quod propositiones veteris legis que erant de futuro veritate carebant quam tamen indubitanter promittebant. Non habebant etiam hujusmodi propositiones ipsam ymaginem rerum. Quid enim aliud importat ymago nisi determinatam conformitatem ad rem? Conformitas autem propositionis ad rem significatam videtur ejus veritas; dicens ergo : non habebant ymaginem, innuere videtur quod nondum habebant determinatam (3) veritatem ». Hec ipse. Quid posset dici expressius?

Septimo ex eo quod dicit *tractatu 4°, capitulo 4°*, ubi loquens expresse de propositionibus revelatis dicit : Sed propositioni per quam facta est revelatio non inest veritas, etc. (4).

Octavo ex eo quod dicit capitulo sequenti, in 2° dicto quod ponit pro solutione prime objectionis, ubi dicit quod scilicet articulus de futuro contingenti verificabitur pro instanti positionis rei esse, non quod tunc erit verus.

Nono ex eo quod dicit in sua confessione *judiciali in responsione ad tres primos articulos* : Dixi propositiones fidei de futuro contingenti non esse veras aristotelice aut veritate formaliter et actu inherente, etc., quia aristoteles videtur primo periarmenias evidenter ostendisse, si propositionibus de futuro contingenti insit veritas, quod omnia de necessitate eveniunt (5).

Decimo ex eo quod *ibidem* subdit : Dixi etiam propositiones fidei de futuro contingenti non esse veras ex forma seu modo enuntiandi aut ex rigore logice, dicens se in hoc imitatum Aureolum, qui de propositionibus proheticis dicit quod, secundum propriam naturam et institutionem quam exhibent, nec sunt vere nec false. Dicit se etiam in hoc (fol. 70) imitatum petrum de Candia, qui, ut ei imponit,

(1) ab ysaia prophetate *superscr.*
(2) X, 1.
(3) *i. m.*
(4) Cf. p. 92.
(5) Cf. p. 223.

dicit quod hec : omnis propositio fidei est determinate vera, negaretur, si intelligatur quoad formam propositionis, quia talis propositio de futuro nec est vera est nec falsa (1).

V suppositio (2). Quinta suppositio est ista : Omnes rationes vel unam que virtualiter omnium vim complectitur superius adductas, in 3ª scilicet suppositione, ad probationem 2ᵉ suppositionis predicte, ipse eque reputat concludere et demonstrare contra veritatem propositionum fidei de futuro ac falsitatem oppositarum, sicut contra veritatem et falsitatem earum que non sunt fidei; ergo de eis quoad hoc sentire videtur pariformiter. Assumptum deducitur primo ex hiis que dicit *tractatu* 2° *capitulo quinto*, ubi, premisso quod omne futurum revelatum a spiritu sancto firmissime est credendum, primo propter veritatem increatam dei revelantis, 2° propter veritatem creatam indubitanter expectatam, dicit : « Sed an hujusmodi revelatum sit (3) verum veritate actuali et presenti et per consequens inimpedibili quomodo dicit Aristoteles propositionem esse veram, non audeo asserere ne cogar admittere tale revelatum de necessitate eventurum ».

2° Ex eo quod *eodem capitulo*, *in solutione* 2ᵉ *objectionis*, loquens de oppositis propositionum fidei dicit : « Sed quod oporteat credi eas falsas falsitate actuali que presentialiter existens nullo modo posset impediri, sicut Aristoteles propositionem falsam dixisset, nec scriptura sacra nec ecclesie decretum coartare videtur ».

3° Ex eo quod, *capitulo eodem*, loquens de verbis illis Apocalysis : absterget deus omnem lacrimam, etc., etc., de quibus postea loqui videtur sedens in throno, dum dicit : Scribe quia hec verba fidelissima sunt et vera, etc., dicit : « Sed quod omnia sint vera more Aristotelis, hoc est veritate presenti quam nulla potentia posset impedire, non audeo confiteri quin evidenti ratione cogerer dicere quod aliqua futura contingentia necessario evenirent ita quod eorum eventum etiam deus non posset (4) impedire ».

4° Ex eo quod infra *capitulo X°*, dicit : « Si queratur de articulis fidei de futuro an sint veri nedum in expectatione sed presenti et actuali veritate eis inherente (5), ostendetur quod necesse est alterum duorum dicere aut quod in illis articulis non est presens et actualis veritas aut quod significatum eorum etiam per divinam potentiam non posset impediri. Et opinor quod, priusquam 2° assentirent, quod primum admitterent ».

(1) Cf. p. 224
(2) *i. m.*
(3) *superscr.*
(4) audire *add. et del.*
(5) *om.*

Quinto ex eo quod dicit in fine 3[1] tractatus : « Hiis, inquit, suppositis, dicendum videtur ad 2[um] articulum quod propositiones de futuro contingenti in biblia contente sunt indubitanter vere tum veritate increata, tum veritate fideliter expectata ad modum predictum. Sed non sum ausus eas confiteri esse veras veritate eis formaliter inherente, ne cogerer propter rationes prius positas concedere significata earum (1) ex necessitate evenire, aut ad presens aut ad preteritum esse potentiam » (2).

Sexto ex eo quod dicit *tractatu 4° capitulo 4°* circa medium : « Sed propositioni per quam facta est revelatio non inest veritas. Si enim inesset veritas, illa per nullam potentiam posset impediri quin jam esset et semper postea fuisset, ut supra patuit. Quare res per hujusmodi propositionem significata esset etiam inimpedibilis; quod non est admittendum a catholico » (3).

Septimo ex eo quod dicit in *responsione judiciali ad tres primos articulos :* « Dixi propositiones fidei de futuro contingenti non esse veras aristotelice aut veritate formaliter et actu inherente etc., quia Aristoteles primo periarmenias videtur evidenter ostendisse quod, si propositionibus de futuro insit veritas, quod omnia ex necessitate evenirent. Sed non est a catholico credendum quod significata propositionum fidei que sunt de futuro contingenti de necessitate et inevitabiliter evenirent » (4). *Hec ipse.*

Corollarium (5). Ex quibus omnibus clarissime videtur fuisse de mente sua simpliciter negare propositiones, etiam fidei, de futuro esse veras aut falsas ante positionem rerum in esse et asserere simpliciter eas esse neutras, sicut certum est hoc eum sentire de aliis; quod plene perpendi potest (fol. 70[v]) et ex verbis ejus allegatis in *4[a] suppositione*, quibus expresse negare videtur veritatem propositionum fidei, et plenius ex motivis quibus in hoc innititur tanquam demonstrantibus.

Deinde ostendo eum negare propositiones fidei de futuro esse veras, etiam dum res ponitur vel posita est in esse. Et primo ex eo quod dicit *tractatu primo* § dictas rationes solvi, ubi dicit quod ante positionem rei in esse propositioni de futuro contingenti non inest veritas aut falsitas, sed re posita in esse inest veritas propositioni, non quidem illi que est de futuro, sed illi de presenti cujus veritas succedit (6).

2° ex eo quod dicit *tractatu 4°*, capitulo quinto, ubi dicit, in 2° dicto ad primam objectionem, quod pro instanti positionis rei in esse

(1) eorum.
(2) Cf. p. 44.
(3) Cf. p. 92.
(4) Cf. p. 223.
(5) *i. m.*
(6) Cf. p. 71.

articulus de futuro verificabitur, non quod tunc erit verus, sed quia tunc ei succedet veritas propositionis de presenti.

Corollarium (1). Ex omnibus igitur premissis videtur concludi eum simpliciter negare articulos fidei de futuro unquam esse veros quia nec videtur eos admittere veros nec ante eventum rerum, nec in ipso eventu, vel etiam post earum eventum. Ergo nunquam.

Sed forte dicet aliquis, opusculorum suorum vel superficialis et perfunctorius lector vel protervus ac temerarius defensor, non fuisse de mente ipsius Rivo simpliciter negare propositiones fidei de futuro contingenti esse veras, sed tantum negare eas aristotelice veras, vel veras ex forma, vel vi enuntiationis, vel ex rigore logice, vel veras veritate (2) eis formaliter inherente. Dicet forte alter non fuisse mentis sue simpliciter negare eas veras aut oppositas falsas, sed tantum negare eas simpliciter veras sicut illas de presenti et preterito.

Quia autem hec sunt illa protervi ingenii diverticula, exquisita diffugia et callide excogitata verborum palliamenta, sub quorum caligine tortuosus iste coluber letale virus suum contegere sperat, quibus verbis, quia nec ipse ea intelligit, nec ab aliis intelligi putat, sibi persuadet eorum verborum offensam evadere quibus rotunde negari videtur veritas propositionum fidei, que prima facie christiane aures audire perhorrescunt, idcirco horum vocabulorum calliginem et obscuritatem discutere et quid intra se preferant detegere conabor. Unde clarissime apparebit eum mente in eodem luto semper consistere et, quibuscumque se verbis palliet, rotunde tamen in sententia simpliciter negare veritatem a propositionibus fidei de futuro.

Quamquam autem iste Rivus de sententia Aristotelis qua negat propositiones de futuro contingenti esse veras aut falsas non satis constet sibipsi, sed fere per singula momenta mutet et variet, nunc dicendo quod Aristoteles sentiat nullam propositionem de futuro contingenti esse veram aut falsam, appellando etiam verum et falsum tantum id quod est inevitabiliter seu necessario tale, nunc tantum id quod est formaliter tale a veritate aut falsitate formaliter inherente, quasi per oppositum ad id quod diceretur tale per denominationem extrinsecam, nunc quod est tale ex vi enunciationis aut ex rigore logice, nunc dicendo non fuisse de mente Aristotelis negare propositiones de futuro contingenti esse veras aut falsas, sed tantum negare ab eis veritatem ac falsitatem similem illi que est in presentibus et preteritis, tamen ex ipsis suis scriptis videntur de mente ejus circa

(1) *i. m.*
(2) *om.*

sententiam Aristotelis colligi quatuor propositiones ex quibus propositum plane apparebit. Quas, quia sunt de significatione vocabulorum et usu eorum apud Aristotelem, demonstrare non contendo, sed, quantum satis videtur apud non nimis impudenter protervientem, efficaciter persuadere.

Prima propositio (1) : Non est, secundum Aristotelem, de ratione veri aut falsi, secundum quod dicantur de enuntiationibus, esse inevitabiliter seu inimpedibiliter tale. Ista patet per eum expresse tractatu 4° capitulo 2° in fine ubi sic dicit (2) : « Cum querunt adversarii an ergo inimpedibilitas sit de ratione veri », ubi respondens dicit quod non (fol. 71) sicut non est de ratione albi.

2° patet eadem propositio quia alias stulte et in vanum tanto studio laboraret aristoteles primo periarmenias ad demonstrandum nullam propositionem singularem contingentem de futuro esse veram aut falsam (3), cum secundum eum hec propositio : nulla propositio contingens est vera, equivaleat isti : nulla propositio contingens de futuro est inevitabiliter seu necessario vera. Illa autem cum sit per se nota, cum in ea negetur contradictorium de contradictorio, scilicet necessario seu inevitabiliter verum de contingenter vero, cum contingens per negationem necessarii diffiniatur, sequitur quod sit omnino indemonstrabilis. Sicut ergo ridendus esset qui demonstrare niteretur quod nullus equus est non equus, nullus homo est non homo, etc., tanquam nesciens discernere inter per se notum et non per se notum, ita ridendus esset qui in proposito ad datum intellectum demonstrare niteretur nullam propositionem de futuro esse necessario vel inevitabiliter veram. Et, cum juxta sententiam aristotelis 2° *phisicorum* (4), ridendus qui quod naturaliter sit demonstrare temptaret, videretur in proposito suo ipse judicio longe magis irridendus, cum sit cuilibet habenti intellectum longe evidentius nichil contingenter tale esse necessario tale, quod constat ex rationibus terminorum, quam aliquid esse naturam, quod tantum constare videtur per experientiam.

3° quia, secundum aristotelem, 2° periarmenias, 2° de celo, quinto et nono methaphysice, verum et necessarium ex una parte se habent secundum magis et minus commune et non convertuntur (5) ita quod omne necessarium est verum, sed non omne verum est necessarium; similiter ex alia parte falsum et impossibile quia omne impos-

(1) *iter. i. m.*
(2) quod non sicut non est de ratione albi *add. et del.*
(3) solvitur in 3° capitulo, *i. m.*
(4) II, c. 1, éd. cit. T. II, p. 261.
(5) convertantur.

sibile, falsum, sed non omne falsum, impossibile. Ergo omnino videtur contra intentionem aristotelis ponere nichil esse verum nisi quod necessario seu inevitabiliter verum (1).

Nec valet quod allegat aristotelem dicere primo periarmenias (2) : Nam si est verum dicere quoniam est album vel non est album necesse est esse album vel non album, cum certum sit Aristotelem ibi, sicut et ubique in libro priorum ubi agit de combinationibus sillogisticis, dum simili modo loquendi utitur, loqui de necessitate consequentie non consequentis, prout etiam omnes expositores concorditer intelligunt et exponunt, quo etiam loquendi modo communiter dicitur : si azinus volat necessario habet pennas, ubi certum est non importari nisi necessitatem consequentie.

2° propositio (3). Ad hoc quod aliqua enuntiatio dicatur simpliciter vera aut falsa per hanc copulam est presentis temporis, secundum quod aristoteles utitur hiis terminis, non requiritur quod ipsa sit inimpedibiliter vel necessario vera aut falsa. Istud patet primo ex 2ª ratione adducta ad propositionem precedentem (4). 2° patet quia ipse, exponens sententiam aristotelis primo periarmenias, ponit aliquarum propositionum veritatem esse impedibilem. Quod patet ex eo quod dicit *tractatu 4°, capitulo 1°*, ubi sic dicit : « Quod autem non sit talis veritas in futuris contingentibus qualis est in presentibus et preteritis, sic ostenditur quoniam veritas propositionum de futuro contingenti est impedibilis, veritas autem illarum de preterito et presenti est inimpedibilis. Non est ergo similis veritas hincinde ». *Hec ibi.* Ubi absolute et cathegorice dicens quod veritas propositionum de futuro contingenti sit impedibilis manifeste innuit aliquam esse veritatem propositionum de futuro et eam esse impedibilem. *Et infra*, post sex lineas : « Veritas, inquit, hujus : antichristus peccabit, est per antichristum impedibilis ». *Et infra :* « Ex hiis liquide patet quod significatum hujus propositionis : judas peccavit, nec per judam nec per deum potest impediri; ergo veritas ejus est inimpedibilis simpliciter, sed, ut patuit, non tantum per deum ymmo etiam per antichristum (5) impediri potest significatum hujus : antichristus peccabit. Unde et veritas ejus est impedibilis. Non est ergo in dictis propositionibus similis veritas ». *Et infra*, in prima ratione ostensiva quam facit ad probandum non esse similem veritatem in illis de

(1) solvitur in 3° capitulo, *i. m.*
(2) c. 9, éd. cit. T. I., p. 28, Meiser, p. 9.
(3) *iter. i. m.*
(4) solvitur in tertio capitulo, *i. m.*
(5) significatum hujus *add. et del.*

futuro contingenti cum illis de presenti et de preterito : « Esse, inquit, presentiale rei aut preteritum est inimpedibile ne sit aut fuerit; ergo veritas propositionis (fol. 71^{v}) de presenti et preterito que ab hujusmodi esse causatur est inimpedibilis. Esse vero futuri cujuscumque contingentis est impedibile, saltem per deum; ergo veritas cujuslibet propositionis de futuro contingenti est impedibilis ». Ex quo paulo post concludit : « Non est ergo similis veritas in futuris sicut in presentibus et preteritis ». Ex quibus omnibus evidenter concluditur eum fateri esse aliquam veritatem que est impedibilis, scilicet propositionum de futuro contingenti. Quod autem ipse etiam hoc fateatur sentire aristotelem evidenter patet ex eo quod dicit postea *eodem capitulo*, improbans quamdam evasionem : « Quod hec evasio in nullo proficiat ostendam, quia ex quo constat assertores dicte propositionis silende voluisse contradicere aristoteli consequens est ut loquantur de illa similitudine quam aristoteles improbavit; sed ipse ostendens in futuris contingentibus alteram partem contradictionis non esse similiter veram sicut in presentibus et preteritis, probat hinc inde non esse similem veritatem, quia ex utraque parte veritas non est impedibilis ». *Et infra :* « Manifestum est quod aristoteles intendebat impugnare illam similitudinem qua propositio de futuro diceretur inimpedibiliter sicut propositio de presenti, hoc est quia utrisque similiter conveniret inimpedibilis veritas ». Hec ille.

Objectio (1). Sed contra hanc propositionem obicitur primo per id quod dicit *tractatu 2°, capitulo 3°, in fine 3ᵉ rationis*, ubi sic concluditur : « Ex hiis rationibus patet quod nulla propositio de futuro contingenti est vera veritate presenti quia talis veritas esset inevitabilis ». Ubi subdit : « Apud aristotelem dicitur propositio vera; ymmo propositionem veram dicit necessariam seu per nullam potentiam quoad ejus veritatem impedibilem ». Ubi clare dicit aristotelem sentire omnem propositionem veram esse inimpedibilem quoad ejus veritatem.

2° per id quod dicit *tractatu predicto, capitulo 8°* (2) *in solutione quinte rationis :* « Nec sufficit ad veritatem propositionis de futuro quod res erit, sicut adversarii eliciunt ex dicta maxima, ymmo requiritur quod inimpedibiliter erit ». Ex quibus apparet eum sentire, et secum, ut pretendit, aristotelem, omnem propositionem veram esse necessario seu inimpedibiliter veram.

Solutio (3). Ad has objectiones respondendo concedo eum ita dicere

(1) *i. m.*
(2) 6° *add. et del.*
(3) *i. m.*, avec cette note : vide 3um capitulum.

sicut allegatur in argumentis, ex quo tamen nichil sequitur contra propositum, sed bene sequitur quod in hiis auctor contradicit sibi ipsi; quod non est mirum, cum in aliis innumeris passibus sibi ipsi apertissime contradicat, imitatus in hoc magistros suos qui etiam sibi ipsis in hac materia turpissime contradicunt, ut alias ostendetur.

Si forte dicat hic quispiam quod non contradicit sibiipsi quia, licet dicat, secundum aristotelem, quod veritas propositionum de futuro contingenti sit impedibilis, non tamen sequitur ex hoc quod fateatur eas esse veras, sed tantum quod, si esset in eis aliqua veritas, quod illa esset impedibilis. Hoc nichil valet, primo quia, ut patet ex verbis pre allegatis ad probationem propositionis, non condicionaliter sed cathegorice et absolute dicit quod veritas propositionum de futuro contingenti est impedibilis; veritas autem illarum de preterito et presenti est inimpedibilis. Similiter cathegorice dicit quod veritas hujus : antichristus peccabit, est per ipsum antichristum impedibilis; veritas autem hujus : antichristus peccavit, nec per deum; ubi manifeste dicit (1) propositiones de futuro contingenti esse veras. Quod confirmatur quia ponit in hoc differentiam inter propositiones de preterito et presenti ex una parte ad illas de futuro ex alia quod harum veritas est impedibilis; illarum, inimpedibilis; quod esset ineptissimum et ridiculum dicere, si negaret ab illis de futuro veritatem, sicut ineptissime et ridicule diceret qui vellet ponere differentiam inter corvum et sindonem mundam quod non esset hincinde in eis similis nigredo, quia nigredo corvi est inseparabilis, cum in ea omnino nulla est nigredo sed albedo intensa (2).

Tertia propositio (3). Ad hoc quod aliqua enuntiatio dicatur, secundum aristotelem, vera vel falsa (fol. 72) per copulam est de presenti non requiritur veritatem et falsitatem esse aliquid formaliter inherens enuntiationi a qua ipsa enuntiatio dicatur vera vel falsa, sicut album dicitur album ex albedine formaliter inherente. Istud suadetur primo quia videtur expresse sententia Aristotelis in predicamentis (4) quod veritas et falsitas non sunt aliquid formaliter inherens orationi, ubi ex intentione determinat quod oratio non (5) est susceptibilis veri et falsi tanquam aliquorum eidem quasi subjecto inherentium; quod est intentum (6). Patet evidenter quia, si sic, non posset oratio fieri

---

(1) *om.*
(2) nota *i. m.*
(3) *iter. i. m.*
(4) Categ. c. 3 de substantia, éd. cit. T. I. p. 6.
(5) *om.*
(6) *om.*

ex vera falsa nec e converso sine sui mutatione, cujus oppositum ex intentione determinat (1).

2° quia certum est apud omnes quod aristoteles communes animorum conceptiones reputaret veras, ymmo verissimas et opposita falssissima. Sed non est certum eum sentire ad hoc quod aliquid dicatur verum aut falsum requiri quod veritas aut falsitas sint aliquod inherens enuntiationi, cum fere omnium communis opinio sit, quam et pro indubitato habent, verum et falsum non dicere aliquas formas inherentes orationi et id expresse sentire aristotelem in predicamentis. Comunior etiam opinio, ut fatetur iste *tractatu 4° capitulo 4°*, est quod propositio dicitur vera non a veritate que sibi inheret, sed intellectui; quam etiam *tractatu 3° prope finem III* § : 2[us] enim modus (2), fatetur esse opinionem doctoris sancti in prima parte; ergo non videtur ulla ratione probabile dicere quod de ratione veri aut falsi, prout hiis utitur aristoteles, sit quod veritas et falsitas dicunt aliqua formaliter ipsis enuntiationibus inherentia.

Tertio quia certum est quod aristoteles noticiam, judicium seu assensum quo deus seipsum intelligit esse substantiam immaterialem, intelligentem, volentem, beatam, nobilissimam, infinitam reputaret esse vera et tamen certum est quod non poneret illi assensui seu judicio aliquid formaliter inherere a quo ipsum diceretur verum, cum ponat intellectionem dei qua se cognoscit esse idem omnino cum essentia sua, cui certum est quod ponat nichil omnino inherere (3).

Quarto per te hec esset, secundum aristotelem, formaliter vera : chimera non est, et hec falsa : chimera est, et tamen non videtur ymaginabile aliquid formaliter inherens illis propositionibus a quo ille dicerentur formaliter vere aut false. Et confirmatur primo quia, omni ymaginabili detracto et propositione ipsa eadem permanente in significatione, est hec vera et illa falsa, secundum Aristotelem, ut videtur; ergo vanum est dicere de isto formaliter inherente. Confirmatur 2° quia tale inherens, si ponatur, cum sit posterius ipsis quibus inheret, videtur divina virtute tolli posse manentibus omnibus que priora sunt et sic, manentibus propositionibus et ut nunc significantibus, staret nec hanc propositionem esse veram nec illam falsam; quod videtur absurdum.

Ex quibus videtur efficaciter persuaderi non esse de mente aristotelis ut ad hoc quod aliquid apud eum dicatur verum aut falsum

(1) hee rationes solvuntur in 6to capitulo, *i. m.*
(2) Cf. p. 83-84.
(3) quartum *add. et del.*

requiratur veritatem aut falsitatem esse aliquas formas ipsi enuntiationi, sicut subjecto, formaliter inherentes. Notanter dixi persuasum quia cum hic solum est disputatio de vocabulis que sunt ad placitum et de usu eorum apud aristotelem, sicut non videtur hic (1) urgentes demonstrationes admittere, ita nec eas exigere turpe videtur et insulsum.

Corollarium (2). Ex quibus ultra videtur elici corollarie quod, quamvis iste Rivus aliquando videatur loqui de formaliter vero et falso quasi dicantur ab aliquo formaliter inherente et per oppositum ad id quod diceretur tale per denominationem extrinsecam a veritate dicentis, ut patet *tractatu 4° capitulo 3°* ubi titulus est : « quod non oportet omnem propositionem qualitercumque credendam dici veram veritate actuali sibi formaliter inherente »; et *capitulo 4°* ubi titulus est « quod non est mirandum si propositio credenda dicatur vera (72v) veritate eam dicentis » (3), tamen in effectu non aliud intendit per formaliter verum nisi verum in re seu verum pro nunc seu pro presenti seu verum proprie dictum, et ut distinguitur contra verum in expectatione sive improprie (4) dictum, quo modo diceremus deum esse formaliter sapientem et beatum, non autem formaliter penitentem aut dolentem quia primum dicitur proprie, licet non ab aliquo ei inherente; secundum, methaforice et improprie. Et ita negando propositiones fidei esse veras formaliter a veritate actuali sibi formaliter inherente non aliud intendit nisi negare eas jam modo seu pro presenti seu proprie veras. Istud patet primo ex *tractatu 3° circa principium in prima* ratione ubi, supposito eo, quod putat demonstrasse, quod veritas de futuro nec est nec fuit, ultra concludit quod propositio de futuro contingenti non denominatur formaliter esse aut fuisse vera eo quod nichil formaliter denominatur esse aut fuisse tale a forma que nec est nec fuit, ut ab albedine que nec est nec fuit impossibile est corpus denominari esse aut fuisse album (5).

Item clarius in 2a *ratione* ubi sic dicit : « Si propositio de futuro contingenti sit aut fuerit formaliter vera aut falsa, veritas aut falsitas a qua denominatur est aut fuit; ergo est inimpedibilis » (6). Ubi clare apparet eum ideo non concedere formaliter veras aut falsas ne concedere habeat jam veras aut falsas.

Idem etiam patet *ex capitulo 3° 4i tractatus* ubi, contra quamdam solutionem quam dedit sic replicans, quia, si aliquod fide credendum

(1) hec.
(2) *i. m.*
(3) Cf. p. 90-91.
(4) proprie.
(5) Cf. p. 80.
(6) Cf. p. 80.

non oporteat credere formaliter et actu verum, sequeretur quod ex fide non oporteret hanc : deus est trinus credi a catholico tanquam actu veram. Idem clare colligitur ex eo quod dicit *capitulo quinto 4[i] tractatus* in principio ubi sic dicit : « Nemo mirari debet si aliquid credendum dicatur verum veritate expectata, quia scilicet expectatur verificandum, quia quorum remisse sunt iniquitates et quorum tecta sunt peccata a psalmista dicuntur beati non quasi formaliter in re sint beati, sed quia per spem secure futuram beatitudinem expectant et per consequens sunt beati in expectatione ». Et subdit : « Quid igitur mirandum si aliquod credendum de futuro contingenti dicatur verum non formaliter et in re sed in fideli expectacione ». Hec ille. Ex quibus verbis clare apparet eum pro eodem habere esse beatum ac verum formaliter et esse beatum ac verum in re, quod non est nisi esse jam vel presentialiter beatum et verum et utrumque dici per oppositum ad id quod est esse beatum ac verum in expectacione. Et idem etiam apparet per id quod dicit *tractatu 4º capitulo 4º in principio* ubi dicit : « Nullus mirari debet si propositio de futuro, que ex rigore logice et ex vi enunciationis non est formaliter vera, dicatur vera a veritate dicentis cum propositionem, que ex natura sua et ex rigore logice videtur formaliter falsa, contingat dici veram veritate dicentis » etc. (1). Ubi certum est eum pro eodem accipere verum ex rigore logice, verum ex vi enuntiacionis et verum formaliter et similiter falsum ex rigore logice et falsum formaliter. Et confirmatur quia sive aliquod denominetur tale formaliter a forma inherente sive tantum ab aliquo extrinseco, hoc nichil variat ad (2) hoc quod est dici vel non dici simpliciter aut presentialiter tale, quia secundum ymaginationem istorum de istis diversis denominationibus ita bene dicitur color simpliciter videri quando est in oculo presens visio sicut nix dicitur simpliciter alba ab albedine inherente. Cum ergo tota ratio, ut videtur, propter quam negat propositionem de futuro dici formaliter veram non sit alia quam ne cogatur eam admittere actu aut presentialiter veram, videtur quod intentio sua sit uti utraque pro eodem, quamvis, nesciens quid dicat, aliquando videatur eis uti quasi distinctis, et nunc uno tanquam antecedente et alio tanquam consequente, nunc e converso; in quo ad intentionem suam certum est eum petere quod est in principio et nescire quid loquatur (3) (fol. 73).

4º propositio (4). Quarta propositio : juxta mentem aristotelis, ad

(1) Cf. p. 90-91.
(2) tamen *add. et del.*
(3) nota *i. m.*
(4) iter. *i. m.*

hoc quod aliqua enunciatio dicatur vera per hanc copulam est presentis temporis requiritur et sufficit quod ipsa sit jam vel modo vel actu vera vel presentialiter vera, ita quod aristoteles pro eodem reputat dicere : hec enuntiatio est vera, et hec enuntiatio est modo vera vel jam vera vel presentialiter vera. Istud patet primo per id quod dicit *tractatu 2° capitulo 3°* ubi ponens rationes pro opinione Epicuri, quas 9° capitulo reputat concludentes, in 3ª ratione ad probandum quod nulla propositio de futuro contingenti sit vera aut falsa, ubi utique utitur illis terminis aristotelice, sic assumit : « Quia si quelibet propositio de futuro contingenti dicens rem que futura est fore jam est vera omnia necessario evenirent ». Hec ibi. Ubi clare innuit se pro eodem habere propositionem de futuro esse veram aristotelice et eam esse jam veram. Et infra in fine capituli : « Ex hiis rationibus patet quod nulla propositio de futuro est vera veritate presenti, quia talis veritas esset inevitabilis, hoc modo apud aristotelem dicitur propositio vera. Ecce ibi quod pro eodem habeat aristoteles veritatem et veritatem presentem.

Patet idem ex eo quod dicit infra, *capitulo quinto :* « Sed an hujusmodi revelatum sit verum veritate actuali et presenti et per consequens inimpedibili, quo modo dicit aristoteles propositionem esse veram, non audeo asserere », etc. Ubi constat eum pro eodem habere esse verum veritate aristotelica et esse verum veritate actuali et presenti.

Patet idem expressius ex eo quod dicit in fine ejusdem capituli : « Sed quod omnia sint vera more aristotelis, hoc est veritate presenti ». Quid posset dici expressius ?

Patet idem *capitulo 8° in responsione* ad quintam rationem : « Quia, inquit, esse cujuscumque futuri contingentis est impedibile, saltem per deum, ergo propositio de futuro contingenti non est jam vera ». Hec ille. Quid clarius ?

Patet idem *in fine 9ⁱ capituli :* « Videtur quod possit sustineri quod in propositionibus de futuro contingenti non inest presens et actualis veritas. » Et in 4° : « Ostendetur quod necesse est alterum duorum dicere aut quod in articulis illis non est presens et actualis veritas aut quod eorum (1) significata non possint impediri ». Confirmatur idem clarissime per id quod dicit *capitulo septimo 4ⁱ tractatus* ubi dicit se ex verbis quibusdam meis concepisse hanc distinctionem quod duplex est veritas, una philosophica qua aristoteles solam propositionem veram judicasset, que est vera veritate sibi presentialiter inherente

(1) earum.

et per consequens inimpedibili, alia est popularis qua populus judicat propositionem veram, sive presentialiter sit vera sive in expectacione, quomodo nominat divem nedum actu habentem divicias sed etiam ejus filium vel heredem, quoniam divitias ejus expectat.

Ex quibus omnibus eliciuntur correlaria.

Correlarium primum (1). Primum quod iste pro eodem habet dicere propositionem esse veram aristotelice et eam esse jam veram vel modo veram vel presentialiter vel actu veram. Istud patet luculentissime ex premissis. Et proportionaliter de falso.

2[um] *correlarium* (2). Quod pro eodem habet dicere propositionem esse veram aut falsam aristotelice et esse eam veram aut falsam ex vi enunciationis seu ex rigore logice. Istud patet quia orationem esse veram aristotelice non videtur aliud quam eam in significando conformari rei significate, ita ut qualiter ipsa significat taliter sit a parte rei. Sed hoc est orationem esse veram ex vi enuntiationis vel ex forma enuntiandi et ex rigore logice, cum tota vis enuntiationis consistat et veritas ejus in conformiter significando ad esse rei significate. Primum assumptum patet per id quod dicit iste *tractatu 2°*, *capitulo septimo*, ubi exponit verbum illud : Umbram habens lex futurorum bonorum et non ipsam ymaginem rerum, ubi premisso : « Quid enim aliud importat ymago quam determinatam (3) conformitatem ad rem », subdit : « Conformitas autem propositionis ad rem significatam videtur ejus veritas ». Ex quo verbo simul cum eo quod immediate sequitur vel subjungitur : dicens ergo quod non habebant ymaginem rerum innuere videtur quod nondum habebant veritatem, ubi negat (fol. 73[v]) a propositionibus de futuro veteris legis veritatem, clare concluditur eum appellare veritatem aristotelicam illam que est conformitas signi ad significatum, cum nullam aliam veritatem quam aristotelicam ab hujusmodi propositionibus neget. 2° patet idem assumptum quia, secundum eum, *tractatu* 1° § subjunxi duas alias rationes, aristoteles et epicurus voluerunt quod enuntiatio de futuro contingenti non est formaliter vera aut falsa (4). Exprimens autem quid sit dictum formaliter vera vel falsa *tractatu 2° capitulo 8°*, circa principium dicit : « Id est conformis (5) rei significate vel difformis ». 3° patet idem assumptum ex eo quod dicit *tractatu 3°* parum ante medium ubi, mota questione : an ne propositio de futuro contingenti dicens aliquod esse futurum sit formaliter vera si illud eveniat, et

(1) *i. m.*
(2) *iter. i. m.*
(3) veritatem *add. et del.*
(4) Cf. p. 72.
(5) conformitas.

facto argumento quod sic, quia, inquit, tunc est conformitas rei, sed propositionem esse veram non est aliud quam eam esse conformem rei, determinans dicit propositiones hujusmodi de futuro non esse simpliciter veras aut falsas veritate eis actu inherente; possunt tamen esse vere ex suppositione, si causa scilicet non impediatur. Ad argumentum tactum respondendo subjungit : « Cum arguitur quod talis propositio : hic morietur est conformis rei si, non impedita causa, talis moriatur, dicitur quod, sicut est conformis rei ex suppositione sic est ex supositione vera ». Et subdit : « Quod autem non sit simpliciter et ex natura rei conformis patet quia conformitas est quedam relatio que, si insit, est inimpedibilis ne insit aut infuerit et per consequens requirit terminum inimpedibilem ». Et concludit : « Non ergo inest propositioni de futuro contingenti conformitas qua simpliciter dicitur conformis rei » (1). *Hec ille*. Ubi manifestum est (2) eum ideo negare propositiones de futuro simpliciter veras, et utique non nisi aristotelice loquendo de vero, quia non sunt simpliciter conformes rei significate in essendo. Ex quibus clare concluditur esse de mente sua quod enuntiationem esse veram aristotelice non sit aliud quam eam, ut premittitur, in significando ita conformari ipsi rei significate ut qualiter ipsa significat taliter sit a parte rei significate. Et falsum opposito modo.

Et istud confirmatur duplici testimonio ejus in *capitulo 1º 4ⁱ tractatus* in duabus rationibus ostensivis quas ibi facit pro conclusione sua principali. Primum est ubi sic dicit in prima ratione : « Ut habetur ab aristotele in predicamentis, ab eo quod res est vel non est propositio dicitur vera vel falsa. Unde colligitur quod esse rei est causa adequata et convertibilis veritatis propositionis sic quod esse presentiale est causa veritatis propositionis de presenti et esse preteritum, causa veritatis propositionis de preterito et sic de aliis ». Hec ille. Ubi in illa particula, et sic de aliis, que non potest referri nisi ad futura, clare innuit quod esse futurum vel rem fore est causa veritatis propositionis de futuro. 2um est ubi sic dicit in *2ª ratione :* « Sicut habetur in predicamentis, esse rei et veritas propositionis convertuntur secundum essendi consequentiam ita quod, si esse rei presentialiter est, veritas propositionis de presenti est et e converso. Et si esse rei est in preteritione veritas propositionis est de preterito et e contra; et sic de aliis ». *Hec ille*. Ubi similiter in illa particula : et ita de aliis, clare innuit quod si esse rei est in futuritione aut, quod magis proprie

(1) Cf. p. . 82
(2) *iter. et del.*

dicitur, quod si esse rei sit futurum veritas propositionis de futuro est, vel propositio de futuro est vera et e converso. Ex quibus clarissime apparet eum sentire quod ad hoc quod aliqua enuntiatio dicatur vera, secundum aristotelem seu loquendo de vero secundum quod accipitur ab aristotele, sit quod qualiter ipsa significat taliter sit a parte rei et proportionaliter de falso. Et ita idem est propositionem esse veram aut falsam aristotelice, intelligendo per aristotelice veram aut falsam non quam ipse aristoteles opinatur esse veram aut falsam sed eo modo utendo illis terminis verum et falsum sicut eis utitur aristoteles, quod esse eam veram aut falsam ex forma enuntiationis vel ex rigore logice.

Et istud persuadetur quia, cum logica sit ars discernendi verum a falso et in eo principaliter versetur, quam aristoteles pre omnibus aliis scienciis se putat invenisse ac plenius tradidisse, videtur probabiliter quod ipse non aliud appellaverit verum aut falsum nisi quod ex arte logice per eum tradita videatur censendum esse tale (74).

Et istud confirmatur ex eo quod dicit (1), *tractatu 4°*, formando 2um, 3um et 4um argumenta, que dicit facta ad inmpugationem statuti. Quorum 2um sic format : hic est bonus sillogismus, nullus dampnandus est beatus, michael est beatus, ergo michael non est dampnandus, et premisse sunt vere, ergo necesse est conclusionem esse veram, que est de futuro contingenti. Et 3um sic : hec est vera et ab aristotele concessa : navale bellum erit cras vel navale bellum non erit cras, ergo aliqua ejus pars est vera, sed utraque est de futuro contingenti. Et 4um sic : hec est vera et ab aristotele concessa : altera istarum est vera, demonstratis duabus contradictoriis predictis, ergo necesse est, juxta aristotelem primo priorum in materia conversionum, aliquam ejus singularem esse veram. Post singula illorum argumentorum sic concludit : « Ergo in futuris contingentibus est de rigore logice determinata veritas ». Et, quamvis ego, qui hec argumenta feci, nunquam usus sum concludendo illis clausulis quod scilicet in futuris sit determinata veritas vel de rigore logice, sed simpliciter quod propositio de futuro contingenti sit vera, quia tamen ipse resumendo sic concludit, videtur ipse sentire et fateri quod illa argumenta concluderent illas propositiones esse determinate veras et ex rigore logice veras, quia procedunt ex regulis logice. Unde clare elicitur eum appellare verum aristotelicum vel verum de rigore logice quod arguendo juxta regulas consequentiarum, quas tradit ars logice, concluditur vel convincitur esse verum. Sed certum est hoc modo non

(1) *om.*

alia ratione dici enuntiationem veram nisi quia qualiter ipsa significat taliter est a parte rei; quo modo apud vulgus accipitur verum.

3um *correlarium* (1). Quod isti termini verum et falsum in communi usu popularium seu vulgarium non taliter accipiuntur ut usitato sermone absolute concedantur ab eis per copulam est de presenti de hiis que jam non sunt talia, quamquam in posterum expectantur esse talia seu futura sunt talia et nondum sunt talia, sed tantum de hiis que jam seu pro nunc sunt talia (2). Istud demonstrari non potest; sed patere videtur ad experientiam interrogando singulos de communi usu horum terminorum. Si quis enim aristotelicus vel philosophicus alicui de plebe vel populo dicat (3) : amice, si te aliquis nunc de aliquo quod adhuc non est verum sed in posterum fiet verum vel quod verificabitur interrogaret, an tu hoc nunc absolute et simpliciter concederes esse verum, responderet utique quod non plus illud concederet modo esse verum quam concederet pannum denigrandum, qui adhuc est albus, esse nigrum, vel ferrum candens modo esse frigidum, vel animal vivum modo esse mortuum, vel solem, dum oritur, occidere. Et credo indubie quod, ubi esset unus qui aliter responderet, mille millia prefato modo responderent; de quo me refero judicio cujuscumque intelligentis.

Et suadetur (4) istud quia alias catholicus popularis usitato sermone haberet concedere modo esse verum quod mortui resurgunt, quod judicium est, quod mundus conflagratur etc., quodque mortui resurrexerunt, quod judicium factum est, quod mundus conflagratus est; quod patet quia certissima fide debet credere catholicus omnia illa esse verificanda.

Objectio (5). Et si forte dicas proterviendo quod ideo illa non concederet esse vera usitato sermone, quia sunt falsa, et ita vulgariter appellari verum quod, non existens falsum, vel est modo verum aut in posterum verificandum, et proportionaliter de falso.

Solutio (6). Hoc non valet primo quia concedit propositum quod scilicet non sit ea ratio veri aut falsi vulgaris que ponitur ab isto novo impositore; 2° quia, si etiam ei concedatur illa suppletio rationis sue, sequeretur quod quisque catholicus popularis usitato sermone concedere debeat istas esse modo veras : mortui non resurgent, judicium non erit, non ibunt justi in vitam eternam, mundus non

(1) *iter. i. m.*
(2) rationes solvuntur in 8° capitulo *i. m.*
(3) nota *i. m.*
(4) nota *i. m.*
(5) *i. m.*
(6) *i. m.*

conflagrabitur, etc., cum omnia illa, secundum eum, sint talia que non sunt modo falsa et tamen certissima fide expectantur verificanda, cum omnia illa post judicium erunt vera, cum autem omnia illa sint hereses manifeste; quod videtur absurdum (1).

3° Et (2) confirmatur quia si interrogarentur omnes de populo an ipsi reputarent secundum usitatam loquendi inter eos consuetudinem pro sinonimis ista vocabula, scilicet verum simpliciter dictum ex una parte et hoc totum scilicet verum vel verificandum ex alia, et credo quod, ubi unus esset (fol. 74v) qui illa teneret pro sinonimis, essent mille qui aliter sentirent. Unde clarissime videtur patere propositum.

Nec eum juvat argumentum quod facit de filio divitis et beato in spe, cum falsum sit filium (3) divitis, usitato sermone vulgarium, dici divitem sine addito per copulam de presenti, sed communiter dicitur quod erit dives vel bene dispositus sit ut sit aliquando dives, aut quod expectat divicias; de quo me refero communi usui loquentium. Et puto esse certum (4) quod ubi esset unus qui talem simpliciter et sine addito diceret esse divitem essent mille qui absolute negarent esse divitem, nec eum nisi vel fore divitem vel expectantem divitias vel cum aliqua simili determinatione diminuente divitem admitterent. Et ubi etiam illo vocabulo dives taliter uterentur, non ex hoc sequeretur idem de li vero et falso, cum ex significatione unius vocabuli ad significationem alterius omnino diversi non valeat consequentia, et multominus ex significatione hujus vocabuli dives aut beatus ad significationem istorum, scilicet verum et falsum, quibus in omnium hominum et linguarum (5) usu vix sunt ulla communiora. Et ita qualis sit horum usitata significatio ex usu, usus autem ex utentium testimoniis accipiendum videtur, non ex usu aliorum vocabulorum omnino diversorum et impertinentium.

4tum correlarium (6). Penitus eodem modo capiuntur verum et falsum in usu vulgari sicut capiuntur ab aristotele. Patet quia, si diversimode caperentur, hoc videtur esse secundum illum modum differentie quem tradit iste *capitulo 1° quarti tractatus*, ubi distinguit inter verum populare et philosophicum. Sed, ut patet ex premissis, non sic differunt quia, ut patet ex 3° correlario, ita bene accipiuntur in usu vulgari tantum pro eo quod est modo jam vel presentialiter tale, sicut eodem modo et taliter accipiuntur ab aristotele, ut patet ex 2° correlario. Ergo, etc.

---

(1) nota *i. m.*
(2) *i. m.*
(3) falsum *del.*; filium *i. m.*
(4) certus.
(5) linguorum.
(6) *iter. i. m.*

Et istud adhuc suadetur dupliciter primo quia, secundum aristotelem, veritas propositionis in hoc consistit quod qualiter propositio significat taliter sit a parte rei significate, et per opositum de falsitate, ut etiam fatetur iste in duabus rationibus ostensivis positis capitulo 1° 4[i] tractatus, ut etiam supra allegatum est. Sed penitus eadem ratione dicitur propositio vera vel falsa juxta usitatam acceptionem popularium, ut patet ad experientiam.

2° idem suadetur quia, cum aristoteles principiat nominibus utendum esse ut plures, non videtur verisimile quod in usu horum tam communium inter homines vocabulorum contra proprium preceptum a communi consuetudine recederet.

Ex quibus redeundo ad propositum principale evidenter colligitur quod iste in effectu et sententia simpliciter et rotunde neget propositiones fidei de futuro esse veras, et oppositas, falsas, eo etiam modo utendo terminis illis quomodo quisque catholicus credit eas esse veras (1). Istud patet primo quia negat eas esse jam seu modo seu presentialiter vel pro tempore presenti veras, ut patet ex adductis ad probationem *3e suppositionis*. Sed hoc est simpliciter negare eas esse veras et eo modo quo quisque catholicus credit eas esse veras, cum sit negare eas esse veras absolute et nullo etiam addito, sicut negare hominem nunc esse album, nigrum, currentem, stantem, justum, injustum, etc., est simpliciter negare eum esse talem. Cum bene sequatur : id non est modo verum, album, calidum, stans etc., ergo non est verum, album etc., et e converso; sequitur etiam ex opposito : id est verum, album etc., ergo est modo verum, licet in terminis preteriti aut futuri temporis similis forma arguendi non valeret; ut non sequitur : fui albus, vel Rome, vel puer, ergo fui modo albus vel Rome vel puer.

2° quia negat eas veras ex vi et forma enuntiationis et modo significandi et ex rigore logice, ut patet ex preallegatis circa 2um correlarium; sed hoc est simpliciter negare eas esse veras, et quomodo quisque catholicus credit eas veras, cum propositio (75) non ex alio dicatur simpliciter vera, nec communiter etiam a vulgaribus reputetur vera, nisi propter conformitatem propositionis significantis ad esse rei significate. Et proportionaliter de falsitate, ut patet ex allegatis ad quartum correlarium.

3° quia negat eas veras eo modo quo eas negat aristoteles veras, quem in hoc fatetur se insequi, ut patet ex preallegatis ad 2am suppo-

(1) solvitur in 9° capitulo.

sitionem. Sed aristoteles, secundum eum, universaliter (1) de omnibus propositionibus de futuro contingenti simpliciter negat eas esse veras ac falsas, ut patet ex preallegatis.

Nec juvat hic dicere quod aristoteles hoc dicendo utitur li vero et falso suo singulari more pro vero philosophico, non usitato more vulgi quo communiter utuntur catholici, tum quia id satis improbatum videtur supra *4° correlario*; tum quia, etiam illo admisso, nichilominus habetur intentum, quod patet quia iste eodem etiam modo negat propositiones fidei esse veras quomodo id negat Epicurus, quem etiam se fatetur in hac parte insequi, ut patet ex preallegatis in 2ª suppositione. Sed Epicurus universaliter omnes propositiones de futuro contingenti dicit esse neutras, et simpliciter ac sine addito negat ullas earum esse veras, qui tamen secundum istum non utitur illis terminis verum et falsum singulari illo more aristotelis, sed usitato more populi. Quod patet per id quod dicit *4°*, *capitulo 5°*, circa principium, quod duplex est veritas : « Una philosophica qua solus philosophorum aristoteles solam illam propositionem judicasset veram que est vera veritate sibi presentialiter inherente et per consequens inimpedibili; alia est veritas popularis qua populus judicat propositionem veram, sive sit presentialiter vera, sive in expectatione ». Hec ille. Ubi manifeste dicit solum aristotelem inter philosophos loqui de vero philosophico quod ibi ex opposito distinguit contra vulgare. Et ita per consequens innuit Epicurum et alios philosophos loqui non de illo vero, sed de vulgari. Et potest hec ratio confirmari : eo modo negat eas veras quomodo eas asserit veras vel falsas Crisippus, Gregorius de Arimino et petrus de Aliaco, quibus in hoc ex intentione contradicit, ut patet. Sed illi asserunt omnes esse simpliciter veras vel falsas et nullo addito de vero non more aristotelis, sed vulgato; ergo etc.

4° apparet idem ex dictis et sententia eorum quibus ipse ex intentione studuit contradicere et ex occasione qua alii ei contradicere ceperunt, quia ipse ex intentione contradixit michi in eo quod, in arenga habita XIIII novembris anno 1469, in scola theologie asserueram propositiones fidei de futuro ut : mortui resurgent, judicium erit etc., esse modo veras, et quod oppositum (2) dicere esset heresis et in eo reputabat me prioribus dictis suis, scilicet anno 65 et 66, ad unguem contradicere. Sed hoc palam constat omnibus in lovanio me nichil aliud tunc contra eum intendisse nisi simpliciter et sine

---

(1) iunversale.
(2) dxv *add. et del.*

glosa asserere propositiones fidei (1) esse veras et oppositas falsas, et quod oppositum dicere esset heresis. Ergo, cum ipse michi, 16 decembris anni 69, in hoc intenderit contradicere, clare videtur eum simpliciter veritatem illarum negare. 2um hic assumptum quod palam constat etc. (2) persuadetur ex eo quod, in omnibus argumentis per me factis pro sententia mea tam ex auctoritatibus scripture canonice quam ex auctoritatibus augustini et rationibus, non alia conclusio invenitur per me illata nisi quod propositiones fidei de futuro propositiones etiam firmiter credende, sint vere et opposite false, nec sufficere ut sint verificande, ut patet ex forma argumentorum meorum, prout ipsemet ea recitat *tractatu 2°, capitulo 3° et 4° et tractatu 4° et quinto.* Cum ergo argumenta illa et eorum conclusiones ipse reputet procedere contra intentionem suam, sequitur quod ipse intenderit simpliciter negare eas ac propositiones credendas esse veras. Quod est intentum.

Et confirmatur quia, si aliquod ex argumentis contra eum per me adductis intulisset hanc conclusionem quod propositio fidei vel scripture fuisset vera aristotelice et ipse sibi fuisset conscius non simpliciter et absolute negasse illas propositiones vel credenda esse vera sed tantum cum illo addito veras aristotelice, ipse facillime et magna apparentia respondere potuisset ad omnia argumenta contra se facta nullum illorum procedere contra eum, dicendo quia ipse non negaret propositiones fidei esse veras vel simpliciter veras sed tantum aristotelice veras, nullam autem vel auctoritatum vel rationum (75^{v}) per me adductarum dicere aut concludere propositiones, de quibus fiebant, esse veras aristotelice. Cum ergo numquam ad talem responsionem, que prima facie omnium animos quietatura videretur, nec verbis nec etiam scriptis suis reperiatur declinasse, qui ad respondendum plerisque argumentis ad mille ineptias exagitandas et vim apertam tam scripture sacre quam sancto aristoteli suo, cui se juratum dicit, faciendam compulsus est, videtur indubitanter presumendum eum simpliciter et rotunde negasse propositiones fidei esse veras, sicque reputasse argumenta, per me facta contra suam intentionem vel saltem contra id quod videbatur esse intentio sua, procedere.

Et confirmatur 2° quia in toto discursu tractatuum suorum non invenitur unquam conari respondere ad aliquod argumentum factum contra veritatem propositionum fidei aut pro opinione Epicuri. Invenitur etiam nullum omnino argumentum, quod ipse facit vel

(1) *i. m.*
(2) pro sua *add. et del.*

quod aliis factum recitat ad probandum propositiones fidei de futuro esse veras et oppositas falsas transiisse quin ad illud nitatur respondere, quod efficacissimum videtur signum quod ipse argumenta facta pro opinione Epicuri reputavit procedere pro sententia sua (1), opposita autem contra sententiam et opinionem suam.

Quinto apparet idem expresse ex eo quod dicit *tractatu 3°*, in illo dubio quod ibi tractat : « an ne propositio de futuro contingenti, dicens aliquod esse futurum, sit formaliter vera si illud eveniat », ubi postquam arguit ad partem affirmativam « quia tunc est conformis rei, sed propositionem esse veram non est aliud quam esse conformem rei », respondendo dicit quod propositiones « de futuro contingenti non sunt simpliciter vere, possunt tamen esse vere ex suppositione ». Ecce propositum manifeste. *Et infra*, cum arguit de hac propositione : aliquis morietur, posito quod laboret egretudine mortali, talis propositio est conformis rei ex suppositione, sic est ex suppositione vera. Quod autem non sit simpliciter et ex natura rei conformis patet. *Et infra* concludendo : « non inest ergo propositioni de futuro contingenti conformitas qua simpliciter dicitur conformis rei (2) ». Hec ille. Ex quibus, cum ipse ponat veritatem propositionis non aliud esse quam conformitatem ad rem significatam, patet quod, negando propositionem de futuro contingenti esse simpliciter conformem rei, consequenter aperte neget eam simpliciter veram. Quod est intentum.

Objectio (3). Sed hic videtur posse objici quia *tractatu 4°*, *capitulo 1°*, in principio, dicit in propriis terminis quod omnes propositiones revelate, in quantum hujusmodi, qualitercumque significentur, sunt dicende simpliciter vere. Et *eodem tractatu in titulo 8ⁱ capituli* dicit quod omnes propositiones, in scriptura sacra contente, que divinam nobis noticiam insinuant de futuris contingentibus simpliciter dicende sunt vere. Et *capitulo 8°*, in fine, dicit quod omnes propositiones in scriptura sacra contente, qualitercumque designentur, in quantum tales, dicende sunt simpliciter vere. Unde manifeste videtur haberi quod concesserit eas simpliciter veras et per consequens non recte ei imponitur quod ipse simpliciter negaverit eas esse veras.

Quamvis hec objectio nichil omnino concludat nisi quod ipse tractator sibiipsi in hoc passu contradicat, sicut certum est eum in plerisque aliis passibus sibi turpissime contradicere, tamen, quia

(1) contra sententiam suam. On a restitué ce passage d'après les exigences du contexte.

(2) Cf. p. 82.

(3) *i. m.*

arbitror ex hoc loco sumere fundamentum eos qui, dicta ejus perfunctorie legentes presumunt asserere eum non simpliciter negasse veritatem propositionum fidei de futuro, idcirco pro clariori dissolutione hujus objectionis et informatione eorum qui in hac re forte varios varie loquentes audiunt, expedit hic referri quedam que sunt in facto et seriem rerum gestarum ab initio.

Narratio casus (1). Ubi advertendum quod res hec cepit initium anno domini 1465, quando inter festum lucie et thome apostoli magister petrus de Rivo, respondens in scola artium tempore quodlibetorum ad hanc questionem : an postquam dixerat christus petro : hac nocte ter me negabis poterat petrus non negare, et ex intentione introducens materiam de contingentia futurorum, quam contingentiam esse in rebus dixit supponendam tanquam per se manifestam, induxit tria ex quibus videri posset nichil fieri contingenter : unum quod appellavit logicale, scilicet veritatem propositionum de futuro que ipsum futurorum eventum videtur precedere; de quolibet enim, priusquam sit, videtur verum dicere quoniam hoc erit; 2um methaphisicale, scilicet scientiam dei de futuro eventu rerum; prius enim quam res eveniat videtur quod deus eam sciat esse venturam; 3um naturale, scilicet inclinationem causarum naturalium ad effectum producendum (2). Quicquid autem postea scripserit, ipse tunc rotunde dixit nichil horum trium impedire contingentiam futurorum. Non primum, quia, inquit, propositio de futuro non est vera; nec secundum, quia scientia dei eventum futurorum non precedit; nec 3um, quia cause naturales possunt impediri; et ita consequenter (76) descendendo ad propositam questionem dixit petrum in casu questionis potuisse non negare, quia nec obstaret veritas propositionis ei dicte : hac nocte ter me negabis, quia illa non erat vera; nec scientia dei de futura negatione petri quia scientia dei negationem illam non precessit; nec cause inclinantes, ut temptatio sathane et infirmitas petri, quia poterat non consentire. Et sicut tunc dixit de veritate hujus propositionis : hac nocte ter me negabis, et de scientia dei respectu future negationis, ita pariformiter tunc sentire videbatur de aliis propositionibus fidei de futuro et de prescientia dei respectu aliorum futurorum. Testabaturque se sequi Aureolum (3). Et fundamentum suum quoad omnia tunc stabat in hoc principio quod nichil precedit (4)

(1) *i. m.*
(2) Cf. p. 70 ss.
(3) Aureolus dicit propositiones fidei esse veras ex intentione dicentis. *i. m.*
(4) Per lineam successionis mediam. Ex isto patet quod locutus sum de veritate temporali antecedente eventum futuri contingentis. *i. m.*

eventum futuri contingentis ex quo potest per bonam consequentiam eventus illius inferri; alias enim, cum ad preteritum, ut dicit, non sit potentia, illud futurum non contingenter sed necessario eveniret (1). Anno autem sequente, scilicet 66, cum quidam notabilis baccallarius in theologia, respondens lovanii tempore quodlibetorum, in scola artistarum, assertionem predictam magistri petri, qua anno superiore absolute negaverat aliquam propositionem de futuro contingenti esse veram, omnes eas asserens neutras, catholice fidei dissonam concluderet, ad id adductis auctoritatibus, una apocalipsis (2), ubi, postquam angelus dixerat johanni : « Et absterget deus omnem lacrimam ab oculis eorum et jam non erit amplius neque luctus neque clamor » etc. subjecit : « Scribe quia hec verba fidelissima sunt et vera »; altera augustini, libro de predestinatione divina ubi expresse dicit etiam scripturis propheticis nunquam deesse veritatem (3), idem magister petrus biduo aut triduo post, in eisdem scolis respondens, defendere conebatur quod anno superiore asseruerat dicens scilicet nullam propositionem de futuro contingenti esse veram aut falsam. Et respondens ad auctoritatem apocalipsis eam distinxit penes sensum compositum et divisum dicens (4) li vera referri ad illam unam propositionem que ibi subjungitur de presenti, scilicet : Ecce nova facio omnia; fidelissima autem ad alia que sunt ibi de futuro. 2° dixit quod si li vera etiam referatur ad futura quod tunc debet exponi : vera, id est verificanda. 3° quia sunt vera veritate increata, non creata. Ex tunc autem res quasi quievit usque ad diem XIIII^{am} novembris anni 69[i]. Qua die, cum essent licentiandi in theologia duo scolares mei et ego pro more facturus essem arengam in scola theologie, ratus advenisse opportunitatem qua pro frequentia et solemnitate auditorii id quod semper animo habui oportune exequi possem, quatenus tam pestiferis dogmatibus pro virili mea in aperto contradicerem, inter alia, cum describerem qualitatem cathedre theologice ad quam vocandi erant, dixi : « Hec est cathedra catholice fidei et veritatis, hec cathedra detestatur presumptionem eorum qui audent asserere non esse modo veras has propositiones : mortui resurgent, judicium erit, ibunt justi in vitam eternam, non fuisse verum quod dixit christus petro : hac nocte ter me negabis, deus non est prescius futurorum; illorum assertionem diffinit esse heresim nedum (!) manifestissimam »; Quod

(1) Cf. p. 70.
(2) XXI, 4-5.
(3) *De praedestinatione et gratia*, lib. I, c. 1. P. L. T. 45, col. 1665.
(4) distinxi ut in 2° tractatu, capitulo 5°, *i. m.*

probavi tunc triplici auctoritate scripture canonice, duplici beati augustini et duplici ratione. Auctoritas prima fuit danielis XI, ubi dicit angelus danieli : « Et nunc veritatem annuntiabo tibi : ecce tres reges stabunt in perside et quartus ditabitur opibus nimiis » (1); ubi in toto capitulo quod continet bene tres columpnas (2), nulla est propositio nisi de futuro contingenti : 2ª fuit Apocalipsis 20 : « Et absterget deus omnem lacrimam » etc. ut preallaegatum est (3). 3ª psalmiste : « Juravit dominus david veritatem et non frustrabitur eum; de fructu ventris tui ponam super sedem tuam » (4). Prima ratio. Omnis propositio fidei de futuro de necessitate salutis est firmiter credenda; ergo omnis talis est simpliciter vera, quia nichil de necessitate salutis firmiter credendum est nisi verum. 2ª ratio. Hec nunc est vera : henricus sedet, ergo hec heri fuit vera : henricus sedebit; antecedens est notum et consequentia est evidens quia est conformitas signi ad significatum. Hac autem occasione magister petrus, videns assertiones suas publice notatas per me de heresi, XVIII die decembris sequentis, in scola artium eas defensurus, supponens articulos de futuro esse firmiter credendos, movit dubium juxta primum argumentum meum quomodo articuli illi sint firmiter credendi, cum tamen (fol. 76ᵛ), juxta aristotelem, in futuris contingentibus non sit determinata veritas.

Pro cujus solutione premisit se firmiter credere omnes articulos qui sunt in capitulo firmiter et in symbolo athanasii, nedum eos qui sunt de preterito et presenti sed etiam de futuro contingenti, scilicet quod inde venturus judicare vivos et mortuos, ad cujus eventum omnes homines, etc., et qui bona egerunt etc. in ignem eternum ». Dico eos ad mortem credendos »; subjiciens in propriis terminis : « dico tamen eos non esse veros ». Pro cujus colore adjecit : « In signum cujus non dicit Athanasius : hec est fides catholica quam nisi quisque firmiter fideliterque crediderit esse veram, sed quam nisi quisque firmiter fideliterque crediderit », innuens ad hoc quod aliquid sit credendum non requiri ipsum esse verum, ut pretendebat meum argumentum. Et ad ostendendum articulos illos non esse veros induxit opinionem aristotelis in libro periarmenias, quam dixit esse aureoli, et suam, et esse demonstratam. Deinde respondens ad auctoritates per me inductas et primo ad illam : Juravit dominus, etc., ubi veritas jurata fuit de futuro contingenti, dixit quod, licet in juramento assertorio requiratur veritas, non tamen in promissorio

(1) XI, 2.
(2) calumpnas.
(3) XXI, 4 ss.
(4) *Ps.* 131, 11.

quale fuit illud, in quo sufficit expectata veritas; et ita juravit dominus david veritatem, non que est, sed que expectatur, quia illa propositio : de fructu ventris tui, erat verificanda. Ad auctoritatem danielis dixit illas propositiones annunciatas per angelum fuisse veras et verificandas. Ad auctoritem Apocalipsis dixit primo hanc propositionem : hec verba fidelissima sunt et vera, falsam esse in sensu diviso, veram autem in sensu composito; secundum quem sensum dixit li vera referri tantum ad illam de presenti : Ecce nova facio omnia, dicens ibi poni numerum pluralem pro singulari; fidelissima autem, ad alias de futuro, dans exemplum ut si essent 4^{or} quorum duo essent ceci et duo videntes et de eis diceretur : isti sunt ceci et videntes, illa propositio simili modo distingui posset penes sensum compositum et divisum. 2° dixit quod posset dicere poni ibi numerum pluralem pro singulari propter illud unum verum quod est de presenti : Ecce nova facio omnia, sicut ibi : Isti sunt dii tui israel, quod dicitur de uno vitulo. Distinxit etiam de veritate dicti et dicentis et de veritate actuali et expectata, innuens propositiones illas esse veras veritate dicentis vel expectata, quomodo bene dicebat se concedere propositiones fidei de futuro esse veras non veritate (1) dicti aut actuali, sicut filius divitis dicitur dives vulgariter, etiam vivente patre, cum nondum sit dives, sed expectat divicias post mortem patris. Et adjecit hanc opinionem suam conformem esse modo loquendi scripture sacre, hoc lacius deducens, prout ipse hoc explicat capitulo quinto 2^{i} tractatus. Dixit etiam hoc modo ysaiam et jonam excusari nedum a mendacio sed etiam a falso, quia propositiones ab eis dicte, licet non ita evenient sicut predixerant, non erant false. Ubi etiam acriter invectus est in eos qui dixerant quod sit heresis dicere non esse modo veras has propositiones : mortui resurgent, judicium erit etc., notans eos de parjurio, quia contradicunt aristoteli quem juraverint tenere et qui oppositum tenet, et demonstravit, prout hoc lacius haberetur in collectis illius anni per socios collegii theologie studii lovaniensis, que idem magister petrus coram deputatis facultatis theologie dicti studii fideliter fuisse recollecta confessus est. Die igitur XX decembris sequenti ego, publice respondens in scolis artium, volens pestiferas assertiones magistri petri refellere, ad convincendum quod necesse sit simpliciter confiteri omnes propositiones fidei de futuro esse simpliciter veras, deduxi principaliter contradictorias omnium talium esse simpliciter falsas, innixus huic principio quod omnis heresis est enunciatio simpliciter falsa, sicut ostendi per diffinitionem heresis datam

(1) *om.*

a sanctis. Sed omne quod contradicit propositionibus fidei est heresis. Ergo omne tale est simpliciter falsum et per consequens omnis propositio fidei de futuro est simpliciter vera. Et consequenter intuli quod sit heresis dicere nullam propositionem de futuro contingenti, ante positionem rei in esse, esse veram aut falsam, sed tantum esse verificandam. Et quia tunc uno verbo dixi me velle loqui de vero et falso populariter, sicut communiter consuetum est loqui (1) in scola et alibi, ipse magister petrus die sequenti, forte videns se pressum argumentis meis, in scola artium publice determinans, dixit me concordari posse cum aristotele per distinctionem de vero philosophico scilicet et vulgari, vulgare appellans sicut una vetula et vulgares qui sepe dicunt aliquid esse tale quod nondum est tale sed expectat ut tale fiat, sicut de filio divitis dicunt quod sit dives; et sic dicitur verum quod nondum est verum sed expectat veritatem; verum autem philosophicum quod actu seu de presenti est verum, non expectans ut fiat verum. Addebatque quod de tali vero loquendo non posset concipere propositionem de futuro contingenti ante positionem rei in esse esse veram aut falsam; me quoque, licet argumenta mea potisissime fundarem in auctoritatibus sanctorum, stetisse in vero vulgari, se vero loquutum de vero philosophico (fol. 77).

Ut itaque hos errores cum omnibus suis palliamentis funditus everterem et argumenta dissolverem feci, in hebdomada statim sequente epiphaniam domini, quatuor lectiones in scola theologie, in quibus per auctoritates scripture sacre ac doctorum conabar ostendere omnes propositiones fidei de futuro esse simpliciter veras et oppositas simpliciter falsas; et ad confutandum distortissimas expositiones et frivolas distinctiones quibus ille vim facere atque eludere videbatur auctoritates scripture, quibus expresse dicitur aliquas propositiones scripture esse veras ut : Annuntiabo tibi veritatem etc., danielis XI° (2) : Juravit dominus david veritatem (3), quas exponendo dixit eas intelligendas de veritate non que est, sed que expectatur, et similiter quod dixit angelus in apocalipsi de variis propositionibus de futuro : hec verba fidelissima sunt et vera, li vera referri non ad propositiones de futuro ibi positas sed ad unam de presenti aut, si referatur ad illas de futuro, per vera intelligi verificanda, ad hec, inquam, confutanda ex intentione ostendere (4) conabar absurdissime dici illas propositiones verificandas, sed eas dicendas simpliciter veras; deinde absurdissime dici tunc eas verificari quando res ponitur

(1) de vero et falso *add. et del.*
(2) XI, 2.
(3) *Ps.* 131, 11.
(4) *om.*

in esse. 3° quia dixit ipse ad hoc ut aliquid firmiter fideliterque credendum sit non requiri quod ipsum sit verum, sed sufficere quod sit neutrum et verificandum et veritas ejus fideliter expectetur, ostendere conabar (1) quod ad hoc quod aliquid sit firmiter et fideliter credendum necesse sit illud esse verum, nec sufficere ut sit verificandum, et quod dicens se firmiter credere aliquid et tamen dicens hoc non esse verum simpliciter mentiatur. Reprehendi etiam adversarium quod non potius glossaret verba aristotelis, ea, pro reverentia scripture, trahens ad sensum scripture ejusque verbis inherens, et quod maluit verba aperta scripture violenter distrahere ad sensum omnino eis repugnantem ut ea ad sensum aristotelis traheret et verbis ejus in plena eorum libertate inhereret. Et quia Rivo assertionum suarum patrocinium precipue sumere videbatur ex quodam statuto facultatis artium, edito, ut pretenditur, ex consilio theologorum, quo hec propositio : In contradictoriis de futuris contingentibus est determinate altera pars contradictionis vera et altera falsa sicut in presentibus et preteritis et oppositum hujus non stat cum fide, statuitur eciam silenda (2), in prefacione, quam prime lectioni premisi, ostendere nitabar quod, quamvis illud statutum rationabiliter condi potuerit, ut jacet, attento quod illa propositio non diffiniebatur esse falsa, sed tantum silenda utique in scolis artium, propter id quod in ea ponitur oppositum non stare cum fide, de qua disceptari non convenit in scholis artistarum, tamen attento quod ex eo ipse Rivo offensivis assertionibus patrocinium sumpsit, rationabiliter et consulte id tolli posse ac debere exemplo serpentis erei, quem, licet jussu moysi positus esset in archa ad memoriam miraculi perpetuam, ezechias tamen, videns postea populum ex eo occasionem ydolatrandi sumere, laudabiliter et religiose contrivit. Dominica igitur immediate sequenti magister petrus in scola artium, quatenus videri posset mihi in aliquo contradicere et refellere aliquid eorum que per me dicta erant in leccionibus, cum nihil omnino invenisset in quod impingere auderet, convertit omnem disputationem suam ad defensionem dicti statuti (3) artistarum, innuens, quamvis falso, omnibus illis argumentis quibus clare demontrasse puto eum in hoc quod assereret omnes propositiones de futuro contingenti esse neutras, habere necessario concedere in bono sillogismo conclusionem esse falsam, nulla premissarum existente falsa, premissas esse veras conclusione

(1) conabor.

(2) non allegat integre *i. m.*

(3) puto eum in hoc quod assereret omnes propositiones de futuro contingenti esse *add. et del.*

non existente vera, particularem veram cujus nulla singularis sit vera, universalem falsam cujus nulla singularis sit falsa, vel duas contradictorias simul falsas, disjunctivam veram cujus nulla pars sit vera, copulativam falsam cujus nulla pars sit falsa, me non aliud quam statutum illud facultatis oppugnare voluisse, cum statutum illud nunquam in aliquo reprehenderim, verum etiam, quantum meo judicio juste fieri poterat, etiam velut prudenter et recte suo tempore factum collaudare curaverim (fol. 77^v) (1).

Taceo quod ex omnibus argumentis, quibus ipse a me statutum illud oppugnatum commemorat, in ea etiam forma qua ipse ea recitat, nullum omnino sit quod procedat ad inferendum propositionem illam, de qua in statuto, non esse silendam, prout decrevit statuum, sed omnia contra neutralitatem propositionum de futuro contingenti evidenter concludant (2). Unde digitis palpari posse videtur adversarium falso hanc suam decerptacionem ac determinacionem, defensionem dicti statuti intitulari studuisse et optasse et quidem, ut creditur, consilio ac misterio, quatenus ita artistarum invidiam michi tanquam legum suarum oppugnatori conflare posset, sibique ex adverso tanquam unico ejus patrono ac defensori eorumdem nedum benevolentiam verum etiam, prout res evenit, effectualem assistentiam comparare, quando omnia, que ipse ageret, et pro honore aristotelis ac reverentia et interesse facultatis artium et contra ejus hostes agere videretur. In hac tamen defensione aut potius propugnatione statuti, sicut fere in omnibus que et tunc et postea auditus est in publico dicere, territus, ut creditur a plerisque, et convictus argumentis meis, visus est aperte a prioribus suis assertionibus resilire et omnia palliamenta excogitare quibus que prius rotunde dixerat quovis colore honestare posset, infitiando se dixisse prout eum dixisse omnibus constiterat, dicendo se dixisse cum tali modificatione, sic accipiendo vocabula. Unde ad probandum, ut falso pretendebat, propositionem illam, de qua in statuto, recte per statutum dampnatam tanquam falsam et hoc pretextu illius similitudinis que importaretur per li sicut, non ausus fuit in hoc dare dissimilitudinem propositionum de preterito et presenti ex una parte ad illas de futuro ex altera, quod ille de preterito et presenti vel sint vere vel false, non autem ille de futuro sicut semper antea consueverat, ymmo expresse, contra ea que semper asseruit utrobique, veritatem admittens illarum veritatem posuit inimpedibilem. Tunc quoque, consilio, ut creditur,

(1) in illa lectione argumenta ejus solvi *i. m.*
(2) videatur quartus tractatus et reperietur (?) oppositum *i. m.*

quorumdam amicorum suorum, sentientium communi hominum opinione dogmata sua quibus negaverat veritatem propositionum fidei de futuro efficaciter confutata, cepit, resiliendo a preassertis, fateri propositiones fidei de futuro contingenti esse veras veritate dicentis ac revelantis et tandem quod, si eas sic esse veras sit eas esse simpliciter veras, quod usque ad illum diem nedum nunquam auditus est in publico dicere, verum etiam ejus oppositum semper visus fuit pertinatissime defendere; cepitque ex eo die per suos disseminari rumor quod propositiones fidei concederet simpliciter veras, tuncque justificare nitebatur an verba scripture nonnisi cum glosa, verba autem Aristoteles simpliciter reciperet, prout habetur in *tractatu suo 4° capitulo quinto*. Videns autem per hec verba quibus confessus est propositiones fidei esse simpliciter veras magna ex parte placatum animum audientium, qui ex negatione veritatis videbantur offensi, eorumdem amicorum consilio, sed, ut creditur, contra mentem suam, in congregatione proxima universitatis (1) publice de me conquestus est quod ei imposuissem quod negasset simpliciter propositiones fidei de futuro esse veras; quod me dixit ei falso imponere, asserens se semper posuisse eas veras veritate increata et revelantis et quod sic eas esse veras simpliciter (2). Et quod si aliter dixisset, quod heretícaliter dixisset, putans, ut creditur, sic cessaturos magistros de facultate theologie ab inquisitione facienda de assertis ab eo, attento quod jam quasi publice se revocasse videretur.

Ex quibus aperte colligitur eum quidquid scribat in tractatibus suis, quos diu post omnes determinationes suas et prout voluit edidit ab inicio quo res agi cepit, scilicet sub anno 65° usque ad illum diem qui fuit, ut credo, dies sexta vel septima post epiphaniam anno lxx°, et hoc mutando annum a die nativitatis, numquam auditum publice determinando quod admitteret propositiones illas simpliciter veras (3). Et (4) istud plenissime deprehendetur si sanctissimus dominus noster committat reverendissimo in christo patri Episcopo Tornacensi ut ad inquisicionem judicialem debito juris ordine procedat (fol. 78), quia distinguendo tempora apparebit scriptura concordia scripturarum.

Nec moveat quemquam quod ipse in passibus preallegatis dicit se fateri eas esse veras simpliciter quia in hoc ei nullatenus credendum videtur, cum ipse sibi in hoc videatur non credere, quoniam in fine

(1) Dans les procès-verbaux publiés par Frédéricq, on ne trouve pas trace des faits auxquels il est fait allusion ici.

(2) hec querela alias contingit *i. m.*

(3) hujusque narratio rei geste *i. m.*

(4) est.

septimi capituli 4[ti] tractatus inquiens : « Ymmo cum dixi eas esse veras veritate increata seu dicentis visus (1) sum michi dixisse eas simpliciter veras », aperte fateri et innuere videtur se sic dicendo, sicut ibi recitat, nec vere dixisse nec voluisse dicere eas esse simpliciter veras, sed tantum se quod ita dixerit sompniasse aut ymaginatum fuisse, cum ille loquendi modus negare videatur veritatem ejus cui adhibetur.

2° Quia, etsi ita abinicio et frequentur dixisset etiam in aperto, non esset tamen (2) credendum ei ita corde sentire, sed id tantum ore dicere metu pene, attento quod omnia, que ex intentione sustinere videtur et tanquam demonstrativa reputare, expresse videantur huic ejus dicto contraria, ut patet ex premissis juxta *3[am] et quintam suppositionem*. Sicut si aliquis diceret : ego sum certus quod impossibile est aliquod subtantialiter corruptum idem numero reparari etiam virtute divina, quodque impossibile est produci hominem sine patre et matre etiam divina virtute, et motivis suis quibus ad hec credendum moveretur irrevocabiliter inhereret eaque demonstrativa reputaret, et tamen postea diceret quod fateretur se credere resurrectionem mortuorum in unitate numerali et christum natum de virgine, illi non esset in hoc credendum, sed presumendus esset ad evadendum ignem verba illa contra sententiam mentis sue ore fingere et in hereticali sententia corde persistere.

Tertio quia, etsi verum esset eum sic dixisse ut preferunt passus allegati in tractatibus, non tamen sequitur eum numquam contrarium dixisse in suis determinationibus publicis, quarum certum est enim ad minus quinque solemnes fecisse de hiis materiis, antequam ullum istorum tractatuum conscriberet, unam scilicet anno 65, aliam 66, 3[am] XVIII decembris anni 69[1], 4[am] in die sancti thome apostoli eodem anno, et quintam post festum epiphanie anni septuagesimi.

Quod autem, admittendo propositiones fidei de futuro esse veras veritate increata dicentis vel expectata, non intendit eas admittere simpliciter veras (3), suaderi videtur ex multis. Primo quia et quando et quociens eas dixit aut admisit veras veritate increata dicentis aut revelantis aut expectata, hoc fecit non tanquam conclusionem ab eo ex intentione deductam, sed solum necessitate respondendi argumentis factis contra conclusionem ab eo intentam, quia videbatur

(1) nota visus *i. m.*

(2) nedum ne *i. m.*

(3) quod autem dixit ad propositiones fidei esse veras veritate increata vel dicentis vel expectata non intenderit per hoc simpliciter admittere illas propositiones esse veras suaderi *in textu. La version adoptée se trouve en marge.*

absolute sustinere nullam propositionem de futuro contingenti esse veram aut falsam (1). Cum ergo nullus respondens argumento, cujus argumenti conclusionem putat contra sententiam suam procedere, illius argumenti conclusionem simpliciter concedere et admittere intendat, sed ne illam simpliciter admittat alios exitus excogitat ne aperte convictus videatur, omnium autem argumentorum, ad que respondere nititur, etiam prout ipsemet ea recitat, conclusio non sit alia in effectu quam quod aliqua propositio fidei de futuro sit vera, sequitur manifeste quod illam conclusionem non intendit admittere; et per consequens, quidquid ore dicat vel scribat, censendus est simpliciter negare propositiones fidei de futuro esse veras et oppositas falsas; quod est propositum. Assumptum primum hujus rationis colligitur primo ex *tractatu 1° in 2° dicto*, quod ponit ad tollendum scandalum pusillorum (2) ubi dicit quod hujusmodi propositiones non sunt vere veritate propria et ex rigore logica, nichilominus sunt vere veritate divine noticie, hoc est veritate increata, et, ut videtur (3), sufficit eas sic esse veras ut credantur (4).

Item *eodem tractatu* in fine ubi sic dicit : « Illo premisso subjunxi quod auctoritates dicentes aliquas propositiones de futuro esse veras volunt eas esse veras (5) veritate increata quam exprimunt aut veritate dicentis aut veritate fideliter expectata » (6) (fol. 78^{v}).

Item *tractatu 2°*, *capitulo quinto*, ubi respondens ad hoc argumentum quod facit capitulo 4° : quidquid revelatum est a spiritu sancto est verum, dicit quod quidquid est sic revelatum est verum veritate revelantis quem nulla veritas latet, insuper veritate creata per quam sine formidine expectatur verificandum. Et post pauca ad probationem majoris, cum dicitur : nisi esset verum non esset firmissime credendum : « dico, inquit, quod non esset firmissime credendum nisi esset verum veritate revelantis veracissimi et veritate certissime expectata ». Et *eodem capitulo* infra ad auctoritatem Augustini dicendum (7) quod pronunciatis a spiritu sancto non deest verissima veritas revelantis veracissimi nec veritas expectationis.

Item *eodem capitulo* infra, respondendo ad illam auctoritatem : Juravit dominus david veritatem, etc... et illam : Et nunc veritatem

(1) solvuntur in 4° capitulo 1° *i. m.*

(2) argumentum quod tacite fateatur verba sua esse scandalisativa pusillorum *i. m.*

(3) vid. *add. et del.*

(4) Cf. p. 77.

(5) volunt... veras *om.*

(6) Cf. p. 78.

(7) dicendis.

annuntiabo tibi, ubi dicit eas intelligi de veritate revelantis vel expectata; quod si de necessitate salutis. Ex hoc facile est intelligere quam invite et quod contra intentionem suam fatetur et confessus fuit propositiones fidei esse veras veritate increata (1), veritate dicentis et veritate expectata etc, cum plane videatur nihil horum fuisse admissurus nisi prius diffinitum fuerit de necessitate salutis oportere illam propositionem accipi in sensu diviso; quod modo quis asserere audeat, quod, cum et ipse videatur expresse non credere cum eam dicat distingui posse secundum sensum compositum et divisum, videtur eum ore tantum contra mentem ita dicere. Item eodem capitulo ubi (2), respondendo ad auctoritatem apocalypsis, dicit quod si de necessitate salutis oporteat hanc propositionem : Hec verba fidelissima sunt et vera, intelligi in sensu diviso ita ut omnia sint fidelissima et omnia vera, tunc videtur posse dici, ut prius, quod omnia sunt vera veritate increata et veritate dicentis et veritate creata indubitanter expectata.

Item *tractatu 3°*, *in solutione 2ᵃ argumenti*, quod contra se facit de propositionibus de futuro que sunt in biblia, ubi dicit omnes tales esse veras veritate increata et veritate creata fideliter expectata, ubi, quia videt tales modos prima facie communi hominum judicio esse alienos, nititur ibi declarare eos non esse extraneos (3).

Item *tractatu quarto*, *capitulo 3°*, in principio ubi sic dicit : Contra predicta quidem fuerunt adducte rationes et auctoritates ad probandum propositiones credendas de futuro esse formaliter et actu veras. Sed responsum fuit quod hoc non oportet, ymmo sufficit eas esse veras veritate increata divine noticie, aut dei dicentis, aut veritate creata fideliter expectata. Et, quia videt illos modos dicendi communi hominum opinioni reputari extraneos ac extortos, nititur eos colorare et ostendere quod a communi loquendi modo non abhorreant; quod facere conatur *capitulis 4°* (4) et 5°. Et, quia in fine 2ⁱ *capituli*, ubi dicit quod, cum dixit propositiones fidei esse veras veritate increata seu dicentis, visus fuerit sibi dixisse eas simpliciter veras, ideo sciens se hoc non dixisse ante dominicam predictam post epiphaniam que fuit quinta sua determinatio et tunc non satis illud declarasse, *capitulo 8°*, *4ᵗⁱ tractatus* modum suum declarare nititur. Et ita credo quod in omnibus tractatibus suis non reperietur bis facere mentionem de

(1) ex hoc nota quam coacte et invite veniat ad fatendum verba illa fidei esse vera veritate increata dicentis et expectata *i. m.*

(2) ex *add. et exp.*

(3) Cf. p. 83.

(4) Cf. p. 90.

veritate increata revelantis vel expectata, nisi respondendo argumentis contra se factis. Quare satis videtur persuasum intentum.

2° suaderi videtur idem, quia quociens propositiones fidei admisit esse veras veritate increata vel revelantis fecit illud, reputans illa addita tanquam determinationes diminuentes vel distrahentes, ex quibus additis non posset inferri veritas illarum simpliciter; ergo ex hoc quod admittebat eas sic veras non fuit ejus intentio admittere eas simpliciter veras. Consequentia patet quia, si sic, non habuisset ad argumentum respondere tanquam faciens contra se, sed eidem acquiescere, dicendo quod non procederet contra se (fol. 79), quia non concluderet nisi propositiones illas esse absolute et simpliciter veras, quod ipse concedebat in eo quod diceret eas esse veras veritate revelantis etc...

Et confirmatur quia certum videtur quod ipse, cum admittit eas esse veras veritate fideliter et indubitanter expectata, non reputet se illas fateri veras nisi cum determinatione diminuente vel distrahente; ergo similiter videtur eum sentire de aliis veritatibus, quia semper pari forma et modo de eis loqui videtur.

3° videtur idem manifeste colligi ex dictis suis *tractatu 4°*, *capitulo 7°*, ubi sic dicit : « Tertio de hoc ab adversariis arguor quod simpliciter asserui sententiam Aristotelis de futuris contingentibus, cum tamen verba scripture sacre que contrarium sonare videntur tantum admiserim cum glosa, cum pocius pro reverencia scripture sacre verba ejus simpliciter asseruissem et glosassem verba Aristotelis. Sed nonne in aliis materiis, ubi aliter secundum fidem aliter secundum philosophiam sentiendum videtur, solemus in scolis artium id quod secundum philosophiam sentiendum est simpliciter asserere ? Solemus quidem in scolis artium simpliciter defendere quod commune est omni substantie per se esse; cum arguitur de humanitate christi quod non est per se sed suppositatur in verbo divino, respondetur quod hoc est preter naturam humanitatis. Item solitum est in eisdem scolis simpliciter dici quod accidens est inseparabile a subjecto, quod impossibile est dimensiones se penetrare, aut idem corpus esse in diversis locis et ita de aliis. Cum autem objicitur de accidentibus, que in sacramento altaris sunt sine subjecto, de hoc quod christus intravit ad discipulos clausis januis, quod idem corpus christi est in diversis, respondetur (1) communiter hic glossando quod omnia illa contingunt per potentiam supernaturalem ». Et subdit : « Cum ego in scolis artium sententiam Aristotelis de futuris contingentibus

(1) respondendo.

defensare conarem (1), cur eam michi non liceret simpliciter enuntiare; propositiones autem de futuro contingenti que vel in symbolo vel in canone sacre scripture continentur reverenter et sub correctione sedis apostolice et facultatis theologie glossare dicendo (2) eas esse veras veritate increata divine noticie et veritate revelantis, seu dicentis, et veritate fideliter expectata? » Hec ille. Cum ergo allegationes scripture sacre contra eum adducte non aliud preferant nisi propositiones aliquas scripture esse veras, ut autem patet ex confessione propria, ipse eas non admisit sine glosa, sequitur evidentissime quod ipse non admisit nec admittere intenderit eas simpliciter veras, quicquid etiam dicat aut postea scribat.

4to suadetur idem quia, si hoc visum fuisset auditorio quod ipse intendisset simpliciter asserere et admittere propositiones fidei de futuro esse veras, toti auditorio clare constitisset nullum ex omnibus argumentis contra ejus intentionem procedere, attento quod omnium argumentorum conclusiones non aliud preferunt nisi quod propositiones fidei de futuro sunt vere. Videtur igitur quod ab omni auditorio reputatus fuisset delirus et ignarus temptando respondere ad argumenta per me facta, que omnium judicio non contra eum sed pro ejus intentione militarent. Sicque omnibus certum fuisset eum, mutata opinione, transisse ad meam. Ex quibus colligitur primo quod non fuerit mentis sue, dicendo propositiones fidei de futuro esse veras veritate increata dicentis vel expectata, fateri eas simpliciter veras. 2° quod, quidquid ipse scribat, numquam fuit visum auditorio quod ita senserit, sed directe oppositum. Et id clare constaret si ulterior inquisitio fieret.

Ex quibus omnibus clarissime constare arbitror eum, quidquid dicat, quidquid scribat, consequenter eundo fundamentis suis que reputat demonstrativa, corde et mente nedum simpliciter negare propositiones fidei de futuris contingentibus ante positionem rerum in esse esse veras aut oppositas falsas, sed etiam ut indubitatum tenere (fol. 79v) quod dicere oppositum sit heresis manifesta, inferens scilicet significata earum inevitabiliter evenire; quod reputat heresim et non admitendum a catholico.

2a particula (3). 2° autem loco ostendere conabor ex scriptis et confessatis suis eum, quacumque verborum arte se palliet, in sententia rotunde et simpliciter negare deum esse prescium futurorum, et hoc

(1) conaret.
(2) esse *add. et del.*
(3) *i. m.*

in eo sensu quo totus mundus et quisque catholicus eum credit esse prescium futurorum, hoc est dictu quod ipse negat deum de futuro, priusquam ipsum eveniat, scire quod ipsum eveniet vel quod sit futurum; verbi gratia quod negat deum modo, scilicet priusquam fiat judicium, scire quod judicium erit, quod mortui resurgent, quod antichristus persequetur ecclesiam, quod antichristus dampnabitur.

Ad cujus clariorem deductionem suppono ex scriptis et confessis suis colligi posse quinque propositiones de mente sua, ex quibus satis apparebit intentum.

Prima propositio (1) : Scientia dei de eventu futurorum eorundem eventum duratione non precedit. Istud patet primo per id quod dicit tractatu primo, § *ultimo conatus*, ubi dicit : « Ex quo ergo divina prescientia non est intelligenda tanquam eventum futurorum per lineam successionis mediam antecedens » (2), etc. Et *infra* : « Quod si scientia dei intelligatur precedere rem scitam tunc major vera est, scilicet illa : omne prescitum de necessitate eveniet, quia sic eam respicit ut eventuram » (3). *Hec ille.* Cum ergo ibi expresse neget quod scientia dei respiciat rem ipsam ut eventuram, patet quod negat scientiam dei precedere eventum futurorum.

Item ex eo quod dicet *in confessione judiciali* respondendo articulos 15 et 16 : « Credo me dixisse quod sciencia qua deus scit futura aut qua prescivit negationem petri nec precedit nec precessit hujusmodi prescita temporaliter et per lineam successionis mediam, aut quod non precedit aut precessit tanquam sibi futura » (4).

Item ibidem in *responsione* ad decimum octavum articulum : « Credo me dixisse quod deus non habet prescentiam ut pre notat dictam antecessionem, eam scilicet que esset per lineam successionis mediam inter dei prescienciam et res prescitas » (5).

2° *propositio* (6). Eventus futuri, secundum quod illud cognoscitur a deo, non potest proprie explicari per propositionem de futuro. Istud patet ex *tractatu primo*, § hactenus loquutus, ubi dicit se duo declarasse, sic inquiens : « Primum fuit quod noticia dei quam habet de futuris contingentibus non proprie exprimitur per aliquam propositionem de futuro; quod tamen proprie per eam non exprimatur patet », etc. (7). Ubi habetur propositum clarissime.

Item ex eo quod dicit *tractatu* 2°, *capitulo* 5°, respondendo ad 3um

(1) *iter. i. m.*
(2) Cf. p. 74.
(3) Cf. p. 75.
(4) Cf. p. 229.
(5) Cf. p. 232 art. 17.
(6) *iter. i. m.*
(7) Cf. p. 76.

argumentum, quod propositiones de futuro respiciunt noticiam expectativam rei future (1), sed deus nihil cognoscit noticia expectativa. Et paulo post ibidem : « Si de vero futuro secundum quod a deo cognoscitur formabilis esset enuntiatio, illa non esset de futuro, quia deo nihil est futurum, sed potius de presenti ». Et paulo post : « Deus cognoscit existentiam antichristi, que noticia proprie non exprimitur per hanc : antichristus erit ».

Item ex eo quod dicit *tractatu 3o in solutione 2i argumenti* : « Noticia quam habet deus de futuris proprie per nullam propositionem exprimi potest » (2). Et infra : « Maxime exprimeretur (3) per propositionem de futuro; sed quod per illam proprie exprimi non posset patet, quia illa ex sua impositione tantum nata est exprimere noticiam expectativam, sicut illa de preterito memorativam; sed noticia dei non est expectativa » (4). *Hec ille.*

Item ex eo quod dicit *tractatu* 4o, *capitulo* 4o : « Nec mirandum si non erit omnimoda correspondentia, quia noticia dei de futuris, quam nobis dignatus est revelare, non potest proprie per aliquam propositionem explicari » (5).

Item ex eo quod ibi dicit *capitulo 8o* : « Cum ergo deus nichil cognoscat noticia expectativa, consequens est ut noticia qua futura cognoscit non est exprimibilis (sic) per propositionem (fol. 80) de futuro ex quo illa significat rem ut cognoscitur expectata ». Et subdit : « Et quia manifestum est eam precipue exprimi non posse per propositionem de presenti vel preterito, quia hujusmodi propositiones essent false ex quo significarent rem que futura est jam esse aut fuisse, patet quod veritas futuri contingentis, prout est in noticia dei, per nullam propositionem proprie exprimi possit ».

Tertia propositio (6) : In deo non est noticia expectativa de futuris, vocando etiam illam noticiam expectativam qua cognoscitur aliquid postea esse futurum quod nunc non est. Istud patet primo ex eo quod dicit *tractatu primo ubi* (7) *in* § *ultimo conatus*, dicit : « Dicitur deus omnes res cognoscere etiam illas que in cursu temporis sunt future, non quidem noticia expectativa quia respectu dei nulla sunt futura nec aliqua expectantur ut veniant » (8). *Et infra :* « Et quia res future quoad suas actualitates seu existentias conspectui divino sunt indistantes et ejus noticia respectu talium non est expectiva » etc. (9).

---

(1) seu *add. et del.*
(2) Cf. p. 82.
(3) exprimentur.
(4) Cf. p. 82-83.
(5) Cf. p. 92.
(6) *iter. i. m.*
(7) ibi.
(8) Cf. p. 74.
(9) Cf. p. 74.

Item ex eo quod dicit *tractatu* 2° *capitulo* V in responsione ad tertiam rationem : « Deus nihil cognocit noticia expectativa quasi ei aliquid sit futurum ». Item ex eo quod dicit *tractatu quarto capitulo VIII :* « Cum ergo deus nihil cognoscit ut a se distans per lineam successionis mediam, patet quod in deo nec est noticia memorativa, nec expectativa». Ex quo etiam relinquitur (1) probata quinta proposicio que infra subjungetur.

Quarta propositio (2) : Scientia dei de futuris non proprie dicitur prescientia. Istud patet primo ex eo quod dicit *tractatu primo* § *ultimo conatus*, ubi dicit quod, quia noticia dei respectu futurorum non est expectativa, ideo non proprie dicitur prescientia (3). Item ex eo quod *dicit in confessione judiciali*, ad articulum 17, ubi dicit : « Credo me dixisse cum Anselmo et Boetio quod noticia dei qua deus futura cognoscit non proprie dicitur prescentia aut previdentia » (4). Hec ibi.

Quinta propositio (5) : In deo non est ponenda noticia memorativa de preteritis, vocando noticiam memorativam qua cognoscitur aliquid prius fuisse quod nunc non est. Patet ex allegatis pro 3[a] propositione, persertim in ultimo loco.

Ex quibus omnibus clare habetur eum eo modo negare deum prescire futura quo modo totus mundus credit eum prescire futura. Quod patet quia totus mundus sic eum credit prescire futura, etiam quecumque, eo modo quod silicet prius ordine durationis quam res eveniant ipse evidentissime et certissime sciat eas venturas; ita quod hec scientia dei de eventu futurorum duratione precedat eventum rerum, sic quod vere dici possit ista copulativa : deus nunc seu isto tempore scit quod judicium veniet, quod tamen ipsum judicium non est nunc, sed erit post hoc nunc; vel deus scit nunc quod judicium non est et quod ipsum erit post tot annos et non ante. Sed hoc modo ipse negat deum illa prescire. Quod apparet primo quia negat scientiam vel scire dei duratione precedere eventum rerum, ut patet ex prima propositione.

2° quia negat id quod cognoscit deus de eventu futuri contingentis seu eventum futuri, secundum quod cognoscitur a deo, proprie exprimi posse per propositionem de futuro. Ex quo sequitur quod eventus judicii a deo cognitus vel id quod deus cognoscit de venturo judicio non proprie exprimatur per hanc propositionem ; judicium

(1) py (?) *add. et del.*
(2) *iter. i. m.*
(3) Cf. p. 74.
(4) Cf. p. 232.
(5) *iter i. m.*

erit. Et per consequens id quod proprie exprimitur per hanc propositionem : judicium erit, non est notum deo. Sequitur enim bene per legem conversionum : nihil notum deo de futuro judicio proprie exprimitur per hanc propositionem : judicium erit; ergo nihil quod proprie exprimitur per hanc propositionem : judicium erit, est notum deo de futuro judicio (1).

3° quia negat in deo noticiam expectativam non quidem tantum ad illum sensum quo appellatur noticia expectativa noticia que nondum est sed in posterum expectatur, sed etiam appellando noticiam expectativam objecti cujus eventus nondum est sed expectatur in futurum; sed prescientia, quo totus mundus eam concedit, est rei cujus eventus nondum est sed in posterum eveniet (fol. 80^{v}).

4to quia dicit scientiam dei de futuris non proprie dici (2) prescientiam et hoc ex defectu precessionis ejus ad rem scitam. Sed totus mundus credit scientiam dei de futuro judicio et aliis ita duratione precedere omnes res ab illo creatas, cum scientia dei sit idem quod ejus essentia, que precedit duratione omnia creata sicut eternum precedit temporalia.

V. quia negat a deo noticiam memorativam, vocando etiam eam noticiam qua cognoscitur aliquid fuisse quod non est. Ergo in hoc proportionabiliter negat ab eo prescientiam qua cognoscitur quod aliquid erit quod nondum est; sed hoc modo ab omnibus creditur deus prescius futurorum.

Objectio (3). Sed dicet aliquis Rivista : Non recte imponis ipsi Rivo in hac parte. Non negat deum scire aliquid simpliciter esse futurum aut esse futurum aliis; sed negat eum cognoscere aliquid esse futurum sibi, quippe cui omnia sunt presentia.

Solutio (4). Sed nec in hac causa quitquam juvant horum verborum umbracula; nichil hujus caliginis obscuritas suffragatur. Excogitet quoslibet sermones, quibus quod corde sentit celare confidat, clara et patens est venenata mentis sue sententia, quia rotunde et absolute sentit deum non cognoscere aliquid esse futurum. Hec ab ocultatis viris ex aliis suis scriptis facile deprehenditur, aperte convincitur; quod inde apparet, quia secundum eum non stant simul quod deus cognoscat aliquid esse futurum et quod illud non sit deo futurum; et per consequens, secundum eum, hec est bona consequentia : deus cognoscit hoc esse futurum, ergo hoc est deo futurum. Cum ergo simpliciter neget consequens, scilicet deo aliquid esse futurum, ut

(1) argumentum *i. m.*
(2) propriedici.
(3) *i. m.*
(4) *i. m.*

fatetur evasio, sequitur quod simpliciter neget antecedens, scilicet quod deus cognoscit aliquid esse futurum. Assumptum primum probatur primo ex eo quod dicit *tractatu 2°*, *capitulo quinto*, respondendo ad 3am rationem ubi sic dicit : « Si vero de futuro secundum quod a deo cognoscitur formabilis esset enunciatio illa non esset de futuro, quia deo nihil est futurum ». *Hec ille*. In quibus verbis clarum est eum inniti isti consequentie : nichil est futurum deo, ergo nichil notum deo de futuro contingenti proprie exprimitur per enunciationem de futuro, ut patet advertenti. Et per consequens ex conversione simplici consequens, quod est universalis negativa, sequitur : nichil proprie expressum per propositionem de futuro contingenti est notum deo de illo futuro. Cum ergo per propositiones de futuro contingenti proprie exprimatur res esse futuras ut per hanc : antichristus erit, proprie exprimitur quod antichristus erit et ita de aliis, sequitur per consequentiam quod mens sua sit simpliciter negare quod deus sciat de aliquo futuro quod ipsum sit eventurum.

2° probatur idem assumptum ex eo quod dicit paulo ante in *eodem capitulo*, ubi loquens de propositionibus de futuro, dicit : « Representant etiam noticiam expectativam rei future, sed deus nichil cognoscit noticia expectativa qua (1) aliquid sit ei futurum ». *Hec ille*. In quibus verbis etiam videtur inniti predicte consequentie, scilicet : si deus cognosceret significatum propositionis de futuro ipse cognosceret expectative et sic aliquid esset ei futurum, vel veritatem propositionis de futuro et quod illud non sit deo futurum.

3° probatur idem clarius ex eo quod dicit in *eodem capitulo* sic inquiens : « Verbi gratia deus cognoscit existentiam antichristi, que noticia proprie non exprimitur per hanc : antichristus erit, quia sic antichristus denotaretur deo futurus ». *Hec ille*. Ubi clare innuit hanc condicionalem seu consequentiam quod si deus cognosceret id quod exprimitur (2) proprie vel ex proprietate sermonis per hanc : antichristus erit, quod tunc antichristus denotaretur deo futurus. Cum ergo clarum sit eum negare consequens, illud clarum est eum ex intentione eciam negare antecedens, quitquid ore dicere videatur.

4to patet idem ex eo quod dicit *tractatu primo in* § *hactenus locutus sum ad primum dictum*, ubi ad ostendendum quod noticia dei de futuris contingentibus non proprie exprimatur per propositionem de futuro : « Patet quia talis propositio ex natura sua et ex rigore logice exprimit noticiam expectativam; cum ergo in deo non sit noticia

(1) quia.
(2) *om.* On a rétabli ce mot appelé par le sens.

expectativa sequi videtur quod ejus noticia non est proprie exprimibilis per propositionem de futuro » (fol. 81) (1). Ubi certum est eum inniti isti consequentie scilicet : si (2) quod deus cognoscit de futuris contingentibus proprie exprimitur per propositionem de futuro, deus cognoscit noticia expectativa. Cum igitur ipse neget ubique consequens, certum est eum etiam negare antecedens illud quod equivalet huic : notum deo de futuris contingentibus proprie exprimitur per propositionem de futuro; sequitur per conversionem simplicem : quod proprie exprimitur per propositionem de futuro contingenti est notum deo de futuro contingenti : ergo sequitur quod ipse hoc simpliciter neget. Cum ergo per propositionem de futuro contingenti proprie exprimatur quod ipsum erit vel eveniet, sequitur quod simpliciter et rotunde neget deum prescire quod antichristus vel judicium erit.

Objectio (3). Sed hic forte iterum dicet Rivista : Non dicit quod (4) id quod deus cognoscit de eventu futuri contingentis non possit proprie exprimi per propositionem de futuro, sed quod ipsa noticia dei de futuris non proprie sic exprimatur. Omnia autem argumenta facta procedunt ac si diceret id quod deus cognoscit de eventu futurorum non posse proprie exprimi per propositionem de futuro.

Solutio (5). Sed istud non valet quia, licet sepe illo modo loquendi utatur Rivo ut videatur loqui de noticia dei quod scilicet illa non proprie exprimitur per propositiones de futuro, quod facit vel nesciens vel non attendens quod nulla propositio exprimat vel significet noticiam eam dicentis, nisi que ad hoc exprimendum instituta est, sicut esset ista : deus cognoscit quod antichristus erit, vel : noticia dei certa est de futuris et similes, cum nulla propositio exprimat nisi id ad quod significandum imposita est, quamvis in significando illud subordinetur conceptui mentis idem naturaliter significanti quod ipsa ad placitum significat, sicut nec propositio scripta exprimit aut significat voces quibus subordinatur, sed res ipsas ad quas significandum ipse etiam voces imposite sunt, nec aliud intendit Aristoteles libro periarmeneias, ubi dicit quod ea, que sunt in voce, sunt earum que sunt in anima passionum note, et ea que scribuntur, eorum que proferuntur (6). Propter quod veritas propositionum vocalium non in conformitate earum ad conceptum mentis, nec scriptarum in conformitate earum

---

(1) Cf. p 76-77.
(2) *om.*
(3) *i. m.*
(4) deus *add. et del.*
(5) *i. m.*
(6) c. 1, *éd. cit.*, p. 1.

ad voces, sed (1) ad esse rei significate consistit; propter quod dicit Aristoteles in predicamentis quod ab eo quod res est oratio dicitur vera vel falsa (2), quod de omni genere orationis intelligendum est tam scilicet de mentali quam vocali, quam de scripta que, sicut omnes precise idem significant, ita precise ex eadem causa verificantur aut falsificantur, ut habet dici in logica. Quantumcumque igitur iste quandoque loqui videatur de noticia dei, dicens quod illa proprie non potest exprimi per propositionem de futuro, in quo ad instar Cayphe nesciens verum dixit loquendo de propositionibus que significant eventum futuri contingentis, de quibus loqui intendit, quia certum est per illam propositionem aut similes divinam noticiam nec proprie nec improprie exprimi, tamen hoc dicens non aliud intendit nisi illud : quod cognoscitur a deo de eventu futuri non potest proprie exprimi per propositionem de futuro et habet illa ambo pro eodem, quamvis per ineptiam et errorem.

Quod autem utatur illis duobus modis dicendi in eodem sensu, suadetur primo quia alias omnia essent ineptissima que dicit de propositionibus significantibus divinam noticiam, cum certum sit nullam propositionem illarum de futuro exprimere vel proprie vel improprie divinam noticiam plus quam exprimant edificationem turris babylone vel historie Troye, nisi appellando, ut dictum est, noticiam divinam objectum cognitum a deo, quod est propositum, cum ad hoc non sit aliqua illarum instituta, sicut nec omnino scripta instituta est ad significandum orationem vocalem, sed ad significandum id ad quod significandum instituta est oratio vocalis; et ideo ex eodem precise verificantur et falsificantur omnes.

2° apparet idem ex eo quod *dicit tractatu 2°, capitulo V*, ut preallegatum est, ubi sic dicit : « Si vero de futuro contingenti, secundum quod a deo cognoscitur, formabilis esset enuntiacio, illa non esset de futuro quia deo nichil est futurum », *Hec ille*. Ubi clare apparet quod id, quod alibi frequenter dicit, noticiam dei non proprie exprimi per propositionem de futuro quia illa significat rem expectative vel quia nihil est futurum deo, hoc ipsum hic dicere intendit hiis verbis quibus dicit : Si de futuro, secundum quod a deo cognoscitur, formabilis esset enuntiacio, illa non esset (fol. 81^{v}) de futuro quia deo nihil est futurum. Ubi certum est eum illis modis loquendi uti pro eodem.

Tertio apparet idem ex eo quod dicit infra eodem *capitulo* : « Verbi

(1) le manuscrit omet les mots *ad voces... sed*. On s'est arrêté à cette restitution conjecturale appelée par le sens, par la phrase suivante et par la fin de l'alinéa qui suit.

(2) Categ. c. 9 de priori in fine. P. L. , t. 64, col. 285; éd. cit. T. I, p. 22.

gratia : Deus cognoscit existentiam antichristi, que noticia proprie non exprimitur per hanc : antichristus erit, quia sic antichristus denotaretur deo futurus ». *Hec ille.* Ubi per hoc quod dicit : que noticia proprie non exprimitur, non aliud videtur intendere nisi : que existentia antichristi cognita proprie non exprimitur, etc... Et ad veritatem videtur potius debuisse dicere : que existentia antichristi non proprie exprimitur, non que noticia. Sed videtur ista variatio argumentum vel incerti et fluctantis intellectus nescientis quid velit dicere vel callidi ingenii cupientis hoc variacione celare quod sentit.

4to apparet idem ex eo quod dicit *tractatu quarto*, *capitulo* 4to, in solutione (1) primi argumenti, ubi premittens veritatem capi dupliciter, uno modo secundum quod a veritate id quod intelligitur dicitur verum, alio modo secundum quod a veritate ipse dicens dicitur verus seu verax, subdit : « Utroque modo reperitur in deo ». Et declarans hoc de primo dicit : « Noticia enim quam deus habet est vera, sicut dictum est propositiones fidei esse veras veritate divine noticie » (2). Ubi pro eodem habet divinam noticiam dici veram et id quod intelligitur esse verum. Patet idem ex eo quod dicit *eodem tractatu*, *capitulo 8 :* « Et quia manifestum est eam, scilicet noticiam dei de futuris, non proprie exprimi per propositionem de preterito aut presenti, ex quo significarent rem que futura est jam esse aut preteriisse, patet quod veritas futuri contingentis, prout est in noticia divina, per nullam propositionem proprie exprimi potest ». *Hec ille.* Ubi clare videtur indistincte et quasi pro eodem habere, scilicet quod noticia dei proprie non exprimitur per propositionem de futuro et quod veritas futuri contingentis, prout est in noticia dei, non potest exprimi proprie per propositionem de futuro.

Corollarium (3). Ex quibus clare colligitur eum, cum dicit quod noticia dei non potest exprimi proprie per propositionem de futuro contingenti, non aliud dicere intendere nisi quod non potest proprie exprimi per propositionem de futuro id quod deus cognoscit de futuro contingenti. Ex quo consequenter videtur satis ostensum eum simpliciter et rotunde negare deum prescire eventum futurorum eo modo quo totus mundus deum credit ea prescire.

Nunc tertio loco restat ostendere eumdem rotunde et simpliciter negare deum, priusquam faciat A habere aliquod velle seu aliquam

(1) blanc dans le manuscrit après le mot *solutione*. On a restitué *primi* en confondant la citation faite par Zomeren avec le texte de Pierre de Rivo.

(3) Cf. p. 91.

(3) *i. m.*

volicionem qua determinetur ad A in posterum faciendum, seu qua velit ipsum in posterum facere, sicut communiter omnes credunt deum, priusquam creet animam antichristi aut fiat judicium, velle et ab eterno voluisse animam illam et judicium in posterum, suis ad hoc electis ab eterno temporibus, facere.

Istud colligitur primo per id quod dicit *tractatu primo circa finem :* « Sicut, inquit, in deo non admisi aliquam prescientiam expectativam, sic in alia determinatione dixi in deo non esse prevolicionem loquendo de prevolicione expectativa, verbi gratia, in deo non est actus desiderii quo quis vult aliquid sub ratione futuri expectans illud. Nichil enim expectat deus ut futurum, ymno omnia sunt ei indistancia » (1).

2° per hoc quod dicit in *confessione sua judiciali*, facta coram dicto Artista, ad articulum XXII : « Credo, inquit, me dixisse quod sicut nostra voluntas activa elicit volicionem absque hoc quod predeterminetur per aliquod velle intrinsecum, sic voluntas divina producit res absque hoc quod predeterminetur per aliquam volicionem intrinsecam qua concupiscat, optet aut desideret rem producendam » (2).

Tertio ex eo quod ibi dicit *in responsione sua ad articulum XXIII* qui est talis in forma : Si esset in deo aliqua talis prevolicio precedens productionem rei, omnia necessario evenirent, quia illa esset necesse esse, et sic insolubilia essent argumenta philosophorum quibus probant (fol. 82) omnia necessario evenire. Ubi respondendo dicit : « Non memini me dixisse hunc articulum. Nihilominus non video quin concludat, si in deo ponatur volicio precedens rem prevolitam tanquam sibi futuram, saltem si talis volicio sit efficax et penes necessariam consequentiam inferret rem prevolitam » (3). *Hec ille.*

Corollarium (4). Unde patet propositum expresse. Nec juvat hic dicere quod non intendit in deo, priusquam creet animam antichristi, negare prevolicionem seu velle quo eam suo tempore creare velit, sed quod non habeat prevolicionem de anima illa creanda tanquam sibi futura, ut patere posset ex hiis que supra dicta sunt proportionabiliter de scientia dei.

Ex quibus omnibus discurrendo per singulas illorum trium materiarum, de quibus facta est mentio in principio, constat dictum Rivo rotunde et simpliciter negasse nunc et ante eventum veritatem propositionum fidei de futuris, prescientiam dei de futuris et prevolicionem dei de futuris, et eo modo quo totus mundus illa concedit et fatetur.

Et, licet illud, discurrendo per singula dicta sua, prout ea singulatim

(1) Cf. p. 77.
(2) Cf. p. 234.
(3) Cf. p. 235.
(4) *i. m.*

allegata sunt, putem satis esse ostensum cuilibet advertenti, tamen, ut ab inicio premisi illud, ostendam clarissime ex triplici medio omnes has materias communiter, ut plane appareat horum pestiferorum dogmatum, licet facies diverse appareant, caudas tamen esse colligatas et omnes ex una eademque virulenta radice pullulare.

Primum medium commune (1). Quorum motivorum primum est. Certum est iste in hiis tribus assertionibus suis principaliter inniti huic principio veluti fundamento : nichil precedit eventum futuri contingentis quod possit illum per bonam consequentiam inferre. Hoc est omnium assertionum suarum cardo et fundamentum cui innititur, ut patet *tractatu primo*, ubi sic dicit : « In tota hac deductione ad hoc procedebat intencio quod nihil precedit per lineam successionis mediam eventum futuri contingentis quod hujusmodi eventum inferre possit penes necessariam consequentiam » (2). *Hec ille.* Ubi certum est eum per precedere per lineam succesionis mediam nil aliud intendere nisi precedere ordine durationis vel tempore. Patet eciam idem ex confessione judiciali in responsione ad articulum 18 (3). Ex quo fundamento constat eum ante eventum futuri contingentis ex intentione negare omne illud antecedens ex quo potest per bonam consequentiam eventus illius inferri. Et ita, verbi gratia, constat eum ex intentione negare omne illud antecedens quod duratione vel tempore eventum illius precedat, et ex quo nunc et ante eventum judicii potest per bonam consequentiam inferri judicium fore vel quod judicium erit. Cum ergo certum sit quod hoc consequens, scilicet judicium erit, est vera vel est simpliciter vera, ergo judicium erit; deus scit (4) aut vult quod judicium erit; vel hec propositio : deus scit quod judicium erit, est vera, ergo judicium erit; hec propositio : deus vult quod judicium erit est vera, ergo judicium erit, et hoc, loquendo de volicione efficaci. Cum oppositum contingentis nusquam stet cum antecedente, sequitur evidenter quod ipse, quidquid ore dicat, corde negat, et habet ex intentione negare omnia illa tria antecedentia. Quod est propositum (5). Ex hoc ultra evidenter concluditur eum negare, nedum quod deus sciat aut velit aliquid esse sibi futurum, sed etiam quod aliquid sit futurum simpliciter aut futurum alteri, verbi gratia, evidenter concluditur eum ex intencione negare quod

(1) *i. m.*

(2) Cf. p. 70.

(3) Cf. p. 232.

(4) *iter. et del.* Ce passage est assez obscur. On l'a reproduit tel qu'il est dans le ms. La suite en éclaire le sens.

(5) argumentum *i. m.*

deus sciat antichristo futurum, quod ipse peccabit, quod persequetur ecclesiam, quod damnabitur. Quod patet quia negare habet omne illud antecedens precedens adventum antichristi, ex quo per bonam consequentiam sequitur hoc consequens : futurum est antichristo quod peccabit, quod damnabitur, etc... Sed ex hoc antecedente, deus scit antichristo futurum esse quod peccabit, quod dampnabitur, deus vult antichristo propter sua peccata futuram dampnationem, ergo bene sequitur quod antichristus dampnabitur; ergo omnia illa antecedentia habet ex intencione negare, et ea negat quitquid ore dicat.

2um *medium* (1). 2° patet idem ex alio fundamento, licet effectualiter in idem redeat cum premisso. Ipse ex intentione consequenter dicendo dictis suis, habet negare omne illud antecedens, verbi gratia judicium (fol. 82^v^) futurum, quod per bonam consequentiam infert necessitatem hujus consequentis : judicium erit. Istud patet quia, cum ipse reputet hoc falsum et hereticum, necessario habet negare antecedens et reputare illud etiam hereticum. Sed hujus consequentis : judicium eveniet, necessitas infertur, secundum eum, in bona consequentia ex singulis dictorum trium antecedentium. Quod est propositum. Hoc 2um assumptum patet quia, cum singulum illorum trium antecedentium sit propositio de presenti et infert illud consequens, ut patet ex ratione precedenti, et consequens, si aliquod eorum concedat aut reputet verum, habet illud fateri inevitabiliter verum, ita quod nulla potencia fieri possit illud non esse aut fuisse verum. Et per consequens etiam habebit fateri consequens illatum inevitabiliter verum, cum, si antecedens sit necessarium, etiam oportet consequens esse necessarium, et concedens antecedens in bona consequentia esse necessarium habeat fateri etiam consequens esse necessarium. Et per consequens habebit fateri hanc esse necessariam et inevitabilem : judicium erit. Ex quo consequenter sequitur quod judicium inevitabiliter seu necessario eveniet, ut clarum est cuilibet advertenti. Sequela prior scilicet : si aliquod eorum antecedentium ipse concedat verum, ipse fateri habeat illud necessario seu inevitabiliter verum, patet expresse ex multis locis tractatuum suorum in quibus ex intentione innititur huic principio quod quitquid est jam vel pro presenti tale est inevitabiliter pro tunc tale, nec ulla potentia fieri possit ne illud sit aut fuerit tale; et expressius in *capitulo primo 4^ti^ tractatus*, ubi ex intencione deducit quod veritas propositionum de preterito et presenti est inimpedibilis, dans per hoc differentiam propositionum de presenti et preterito (2)

---

(1) *i. m.*
(2) futuro.

ab illis de futuro contingenti, quarum veritatem dicit esse impedibilem (1). Et ex eo quod dicit in principio *3e rationis* que est ad impossibile, sic inquiens in forma : « Veritas propositionis de presenti infert rem per eam significatam ex necessitate esse ». Et clarissime ex eo quod dicit ibidem *in fine 2i capituli* ubi sic dicit : « Quia ergo ex precedentibus apparet ad presens et preteritum non esse potenciam, lucide sequi videtur omnem propositionem, que jam est aut fuit vera, per nullam potenciam impediri posse ne sit aut prius fuerit vera ».

Ex quibus duobus fundamentis clarissime convincitur eum, quitquid ore dicat, corde simpliciter negare propositiones illas quibus dicitur propositiones fidei de futuro esse veras, quibus dicitur deum scire de aliquo quod ipsum erit aut sit futurum, aut velle de aliquo quod ipsum sit aut fiat in futurum. Ex quibus etiam ultra elicitur eum nedum negare propositiones fidei de futuro esse simpliciter et absolute seu jam veras, sed eciam quod negat aut negare habeat eas esse veras veritate expectata, aut esse verificandas (2). Quod patet quia bene sequitur : hec propositio : judicium erit, est vera veritate fideliter expectata aut est verificanda, ergo judicium erit. Cum ergo, ut dictum est, ipse neget ex intencione omne illud antecedens ex quo infertur hoc consequens : judicium erit, sequitur, quitquid ore nesciens dicat, quod (3) ex intencione tamen corde negat aut per bonam consequentiam negare habeat illud antecedens. Et eodem modo argui posset quod negat eas esse veras veritate revelantis quia, bene sequitur : deus revelavit ecclesie judicium esse venturum, ergo judicium erit, etc. (4).

Ultra elicitur (5) quod iste Rivus, consequenter dicendo principiis suis, habet negare singula illorum trium antecedentium, nedum tanquam falsa, sed etiam heretica. Quod patet quia concedere habet, juxta principia sua, ex singulis illorum sequi quod eventus judicii sit inevitabilis et nulla potencia possit impediri, etiam nec per deum, ut patet ex preallegatis ad V suppositionem. Sed hoc ipse reputat heresim manifestam et a catholico non admittendum, ut patet ex ibi (6) deductis; ergo et antecedens.

Tertio patet idem ex intentione doctoris, scilicet *petri Aureoli* quem se dicit sequi in hiis tribus materiis, quem constat rotunde' et simpliciter negare veritatem propositionum fidei de futuro, saltem singularium, negare eciam prescienciam aut prevolicionem dei de futuris,

(1) Cf. p. 79.
(2) argumentum *i. m.*
(3) *om.*
(4) argumentum *i. m.*
(5) argumentum *i. m.*
(6) ubi.

ut latius apparebit ex dicendis. Quod autem eum sequatur in materia de veritate propositionum patet in confessione sua judiciali, ubi, respondendo *ad XI, XII et XIII articulos* qui loquuntur de veritate propositionum de futuro, quorum articulorum primus est : quod nulla ennunciatio de futuro contingenti ante posicionem rei in esse est vera vel falsa sed neutra, sicut nec catulus ante nonum diem (fol. 83) est cecus vel videns; 2us : si propositio de futuro contingenti esset vera ante positionem rei in esse ipsa esset inevitabiliter vera, 3us : Aristoteles demonstrat et evidenter ostendit quod hujusmodi propositiones nec sunt vere nec false. Ad hos, inquam, respondendo sic dicit : « Credo me hos tres articulos dixisse loquendo de propositionibus de futuro contingenti in generali, necnon de veritate et falsitate propositionum aristotelice. De propositionibus tamen fidei semper dixi quod sunt vere veritate increata », etc... Et statim, de primo hoc dicto suo loquens, dicit : « Hec dixi imitatus dominum petrum Aureoli (1) qui, primo sententiarum di. 38, ponit hanc propositionem : Sententia philosophi est conclusio penitus demonstrata ita quod nulla propositio singularis de futuro contingenti formari potest que sit vera, et ejus opposita, falsa; vel e converso. Sed quelibet est neque vera neque falsa » (2). *Hec ille.* Ex quibus patet et eum in hac materia de veritate propositionum de futuro contingenti imitatum Aureolum, et Aureolum dicere quod nulla propositio singularis de futuro contingenti formari possit que sit vera aut falsa. Quod et infra plenius ex aliis ejus dictis apparebit.

Quod etiam eum sequatur in materia de prescientia patet per id quod dicit in *responsione ad articulos XV et XVI*, ubi, postquam premisit : « Credo me dixisse quod scientia, qua deus scit futura aut qua prescrivit negationem petri, nec precedit nec precessit hujusmodi prescita temporaliter et per lineam successionis mediam, aut quod non precedit aut precessit ea tanquam sibi futura ». Et subdit : « Et quia in hac materia secutus sum pro magna parte doctrinam domini petri (3) Aureoli, etc... (4). *Hec ille.* Ex quibus verbis apparet eum, ex magna saltem parte, secutum doctrinam Aureoli in hac materia. Aureolus autem primo suo sententiarum III, q. 1 : An immutabilitas divine presciencie excludat (5) contingentiam rerum, arti-

(1) *I Sent.*, dist. 38, a. 3, éd. cit. p. 883, 2D.
(2) Cf. p. 226-227.
(3) etc. *add. et del.*
(4) Cf. p. 229-230.
(5) excludit.

culo 4to post multa sic concludit (1) « Ergo in deo non est prescientia fiendorum sic quod deus sciat aliqua esse fienda et aliqua non fienda. Unde non est verum quod hec propositio : tale quid est est futurum (2), sit magis vera quam sua opposita. Patet enim quod omnia contingentia in hoc sunt similia quod quodlibet est fiendum vel non fiendum, nec est bona distinctio futurorum quod quedam sunt fienda et quedam non sunt fienda, ymno sunt ad utrumlibet ut futura ». *Et post pauca :* « Non enim scit quod ista sunt futura non illa, quia tunc esset in deo presciencia proprie dicta » (3). *Hec ille.* In articulo autem precedenti ejusdem questionis sic dicit : « Si enim dicatur : deus scit aliquid esse futurum aut quod aliquid erit, ergo de necessitate illud erit, oportet negare antecedens. Ista enim est impropria : deus scit quod antichristus erit, et in sua proprietate falsa; hec enim propositio non est scibilis ab aliquo intellectu ex quo non est vera neque falsa. Scientia autem verorum est. Non scit ergo deus si antichristus erit secundum proprietatem hujus sermonis » (4). *Hec Aureolus.*

Quod autem eumdem Aureolum sequatur in materia prevolicionis dei de futuris et quod eam Aureolus rotunde neget, patet per id quod dixit in responsione sua judiciali *ad articulum XXII*, qui erat : quod ante productionem rei deus est indeterminatus ad producendum, quia in eo non est aliqua volicio precedens productionem qua ab eterno fuerit determinatus ad producendum, ubi sic dicit : « Non credo me dixisse hunc articulum sub hac forma. Credo tamen me dixisse quod sicut voluntas nostra activa elicit volicionem absque hoc quod predeterminetur per aliquod velle intrinsecum sic voluntas divina producit res (5) absque hoc quod predeterminetur per aliquam volicionem intrinsecam qua concupiscat, optet aut desideret res producendas; nec tamen propterea voluntas divina stetit indeterminata usque ad productionem rei quasi tunc primum determinetur quando contingit rem produci, quia voluntas divina non respicit productionem rei tanquam sibi futuram, ymno tanquam sibi eternaliter indistantem; quapropter eterna et determinata volicione complacet sibi in tali productione et in re producta, in quantum participat suam bonitatem ». Et statim subjungit : « In hac materia secutus dominum *petrum Aureoli* qui, distinctione 47 primi, ponit

(1) verba Aureoli *i. m.*
(2) est *add. et del.*
(3) *I Sent.*, dist. 39, a. 4, éd. cit. p. 903, 2D, F.
(4) *I Sent.*, a. 3, éd. cit. p. 901, 1D.
(5) absque hoc quod... res *om.* On a restitué ces mots d'après le texte de Pierre de Rivo cité ici par Zomeren.

quatuor propositiones, quarum 4ta est quod deus producit quitquid producit absque hoc quod predeterminetur per aliquod velle intrinsecum; quam probat aliquibus rationibus ». Et post pauca continuans verba aureoli : « Ex premissis, inquit, itaque patet qualiter deus dicitur velle creaturas et productionem earum. Dicitur enim eas velle voluntate cujusdam complacentie in quantum sibi complacet in sua (fol. 83[v]) entitate et per consequens in omni entitate creabili vel creata. Hec autem complacencia est immutabilis et absolute necessaria. Nec illa determinatur deus ad producendum vel non producendum quia equaliter complacet sive fuerit sive non. Non habet autem aliquod velle quo appetat intrinsece aut optet aut concupiscat aut quomodocumque talis volicio tendens in non habitum exprimatur, dum tamen significet motionem ad hoc ut habeatur non habitum, vel fiat non factum. Tale velle (1) quippe est impossibile esse in deo, ut demonstratum est, et repugnat sue nobilitati. Nihilominus tamen dicitur libere et voluntarie producere ». *Hec ille* (2). Ex quibus verbis aureoli, prout ea recitat et allegat iste Rivus, clare habetur intentum quia non admittit in deo nisi voluntatem complacentie, que non est plus ad facere aliquid quam ad non facere illud; et ita per illam (3) non determinatur deus ad producendum; et omnem alium actum voluntatis quomodocumque significaretur, dum tamen importaret motionem voluntatis ad habendum non habitum, faciendum non factum, in deo simpilciter negat. Quod est propositum.

Quod etiam amplius apparet ex tribus aliis propositionibus quas, loco preallegato, ponit Aureolus (4). Quarum prima est : Impossibile est velle divinum habere habitudinem contingentem ad objecta secundaria, ipso existente necessario. Probatio principalis videtur quia tunc possibile esset aliquid esse deum quod non esset deus (5).

2[a] propositio : Stare non potest quod velle divinum feratur per unam partem contradictionis sic quod magis super unam partem quam super aliam; patet quia quitquid est in deo, necessitate absoluta est in deo nec potest non esse (6).

3[a] propositio : Inevitabile est quin deus de necessitate absoluta producat (7) creaturas, si ponatur aliquod velle intrinsecum participans

---

(1) *om.*
(2) *I Sent.*, dist. 47, a. 1, éd. cit. pp. 1100-1101, cf. p. 234-235.
(3) illum.
(4) verba Aureoli *i. m.*
(5) *I Sent.*, dist. 47, a. 1, *éd. cit.*, p. 1099, 1A.
(6) *Loc. cit.* 2C.
(7) producit.

formalem rationem volicionis qua se determinat ad producendum; patet quia quitquid convenit illi volicioni est in se necessarium et ex necessario non sequitur nisi necessarium (1). Et dis. 39 questione : Utrum immutabilitas divine presciencie excludat contingentiam rerum, articulo 2°, propositione 3ª dicit : « Quod actus intrinsecus divine voluntatis simul fertur in utramque partem contradictionis et non magis in unam quam in aliam. Complacet enim deus necessitate nature in creatione mundi sicut in non creatione et eque vult actu intrinseco illam sicut e converso. Quod patet quia quitquid est possibile (2) esse in deo est de necessitate in eo, nam in necesse esse (3) necessario est quitquid ei possibile est inesse. Constat autem quod deus potest complacere et velle non entitatem mundi; saltem potuit; alioquin de necessitate fecisset; ergo si potuit ab eterno velle non entitatem mundi actu intrinseco beneplaciti et hodie de necessitate vult eam; alias posset aliquid esse deus quod non est deus. Et secundum hoc necesse est dicere quod deus non magis vult de re aliqua quod fiat quam quod non fiat; sed placet sibi quodcumque fiat nec plus desiderat unum quam aliud » (4). *Hec ipse.*

Ex quibus omnibus puto clarissime constare dictum Rivo, quibuscumque verborum palliamentis mentis sue sententiam occultare et velare conetur, ex intentione, rotunde et simpliciter negare veritatem propositionum fidei de futuro ac falsitatem oppositarum, prescientiam ac prevolicionem futurorum in deo, ad illum sensum in quo totus mundus hoc de eo credit et confitetur.

---

(1) *Loc. cit.*, p. 1100, 1A, B.
(2) impossibile.
(3) est.
(4) *I Sent.*, dist. 39, a. 2, éd. cit., p. 896, 2C, D.

PROPOSITIONES PETRI DE RIVO PER HENRICUM ZOEMEREN COLLECTAE (1)

(Ms lat. 3169).

Prima propositio (2). Nulla propositio fidei de futuro contingenti est proprie vera et ex modo enunciandi seu (3) rigore logice. Ista habetur *tractatu primo* § *secundum fuit;* ubi dicit se 2° (4) declarasse quod hujusmodi propositiones que ex sola intencione auctorum scripture (5) sacre et non ex natura sua seu (6) modo significandi significant divinam noticiam de futuris contingentibus non sunt vere veritate propria et ex rigore logice (7). Item ex (8) *confessione judiciali ad tres primos articulos* dicit : Dixi eciam propositiones fidei de futuro contingenti non esse veras ex forma seu modo enunciandi. Item dixi eas non esse veras aristotelice (9).

2ª *propositio*. Propositiones fidei de futuris contingentibus quorum adhuc eventus expectatur sunt verificande, nunquam tamen erunt vere. Ista habentur *tractatu primo* § *dictas rationes;* ubi dicit quod ante positionem rei in esse (10) propositioni de futuro contingenti non inest veritas aut falsitas, sed re posita in esse inest veritas propositioni, non quidem illi que est de futuro, sed illi de presenti cujus veritas succedit illi de futuro (11). Item *tractatu* 4to (12) capitulo V (13)

---

(1) Ce titre ne figure pas dans le manuscrit où on lit : *Sequuntur deinceps propositiones alie ex tractatibus predictis collecte*. Les propositions qu'on va lire sont également reproduites dans un traité de Pierre de Rivo. Nous possédons deux rédactions de ce traité. L'une se trouve dans le ms 3169, fol. 86-94; l'autre dans le ms 4152, fol. 62-69. Dans l'indication des variantes la lettre B renvoie à la première de ces rédactions, la lettre C à la deuxième. A désigne la version adaptée comme texte de base.

(2) La numérotation des propositions figure en marge dans le manuscrit.

(3) ex *add. C.*

(4) secundo *B.*

(5) sacre scripture *B C*

(6) ex *add. B.*

(7) p. 77.

(8) in *B.*

(9) p. 223.

(10) inesse *A.*

(11) p. 71-72.

(12) *quarto B C.*

(13) quinto *C.*

in responsione ad primam objectionem (1) dicit quod pro (2) instanti vel pro (3) tempore positionis rei in esse, articulus de futuro verificabitur, non quod tunc erit verus, sed quod (4) ei succedet (5) veritas propositionis de presenti per quem perficietur, sicut fides per visionem succedentem.

3a propositio. Omnis propositio que jam est aut fuit vera est omnino inimpedibilis per quamcumque potentiam ne sit aut fuerit vera. Hanc dicit *tractatu* 4to (6) *in fine* 2i (7) *capituli* sic dicens : Quia ergo ex precedentibus apparet ad presens et (8) preteritum non esse potentiam, lucide sequi videtur omnem propositionem que jam est aut fuit vera per nullam potenciam impediri posse quin jam sit aut prius (9) fuerit vera et per consequens omnis talis est inimpedibiliter vera. Et ex eo quod ibi postea subjungit quod, licet non sit de ratione veri inimpedibilitas, verum tamen presens ac (10) preteritum est inimpedibiliter non tamen in eo quod verum, sed in eo quod presens vel (11) preteritum.

4ta Propositio. Veritas propositionis de presenti infert rem per eam significatam ex necessitate esse. Hanc (12) dicit in propriis terminis *tractatu quarto capitulo primo in principio* 3e (13) rationis que est ad impossibile.

V propositio. Si propositio aliqua (14) de futuro contingenti dicens rem que futura est fore jam est vera, significatum illius necessario eveniet. Istud sentit in eo quod dicit *tractatu* 2o (15), *capitulo* 3o (16) *in principio* 3e (17) *rationis* quam ipse, cum aliis rationibus ibi positis, reputat concludentes. Dicit (18) : Si quelibet propositio dicens rem que futura est fore jam est vera, omnia de necessitate evenient. *Hec ille.* Unde elicitur (19) (fol. 63v) clarissime quod cum ipse ex hoc antecedente : quelibet propositio de futuro jam est vera, sentiat sequi omnia de necessitate evenire, certum est eum etiam sentire ex hoc

---

(1) Traité non retrouvé. Toutes les fois que le passage auquel H. de Zomeren fait allusion ne sera pas indiqué en note, il figure dans l'un des traités qui ne nous sont pas parvenus.
(2) *om.* *C.*
(3) *om.* *C.*
(4) quia *B C.*
(5) succedat *A*; succedit *B.*
(6) quarto *B.*
(7) secundi *B.*
(8) aut *B C.*
(9) primo *A.*
(10) aut *B.*
(11) aut *B C.*
(12) hoc *B.*
(13) tercie *B.*
(14) *superser.* *C.*
(15) secundo *B.*
(16) tertio *B.*
(17) tercie *B C.*
(18) *om.* *B.*
(19) quod *add. et del.* *C.*

antecedente : hec propositio de futuro (1) jam est vera, sequi significatum hujus ex necessitate evenire.

VI propositio. Id quod est vere (2) eventurum per nullam potentiam impediri potest ne eveniat. Istud sentit *tractatu 2*^{o} (3) capitulo IX (4), sic dicens : Forte ad hec inconvenientia evitanda nonnulli conabuntur dicere quod veritatem (5) propositionum fidei de futuro contingenti (6) preexistentem ex qua infertur omnia de necessitate evenire deus potest impedire ut non prefuerit; et ita potest facere ut res que vere enunciabantur eventure non eveniant. Et subdit : Hec evasio destruit communem animi acceptionem tam a philosophis quam a summis theologis approbatam.

VII. Admittere propositiones fidei de futuro ante eventum rerum esse veras infert significata earum inevitabiliter evenire.

VIII. Contradictorie propositionum fidei de futuro non sunt false. Istud patet ex variis passibus quibus dicit omnes propositiones de (7) futuro contingenti esse neutras. Item *tractatu 2*^{o} (8) *capitulo VII* (9), ubi dicit Jonam et Ysaiam excusari a falso, licet non evenerint que illi predixerant, quia propositiones ab eis dicte, cum essent de futuro, non erant false.

9^{a} Jonas non fuit contristatus propter falsitatem sue prophetie, hoc dicit tractatu 2° (10) capitulo VII (11) in propriis terminis, sed quia non vidit eam impletam (fol. 84^{v}).

10^{a} propositio. Hec propositio : hac nocte ter me negabis, dum dicebatur petro a christo non fuit magis vera in sensu quem facit, quam hec, dum dicebantur a jona : adhuc XL (12) dies et Ninive subvertetur, et hec : morieris et non vives, dicta ab ysaia. Quod hanc (13) sentiat colligitur ex eo quod dicitur *tractatu primo* in correlario responsivo (14); ubi dicit quod propositio dicta petro : hac nocte ter me negabis non plus abstulit ei potestatem non negandi quam abstulerit Ninivitis potestatem non pereundi (15) verbum illud jone (16), aut Ezechie potestatem non moriendi verbum illud ysaie. Sed non potest alio modo intelligere, si debet loqui ad propositum, nisi innuendo

---

(1) de futuro *om. C.*
(2) vere est *B C.*
(3) secundo *B.*
(4) nono *B*, 9° *C.*
(5) fidei de vi *add. et del. C.*
(6) *om. B C.*
(7) fide, *fi del. A.*
(8) secundo *B.*
(9) septimo *B*; 7° *C.*
(10) secundo *B.*
(11) septimo *B*; 7° *C.*
(12) 40 *B C.*
(13) sentit *B C.*
(14) Cf. p. 76.
(15) potestatem non pereundi *om B*; *i. m. C.*
(16) potestatem non pereundi *add. B.*

illam non fuisse magis veram quam duas alias. Quod patet quia ipse paulo ante et in *principio tractatus* (1) dicit non alia ratione quod contingentia futurorum videtur impediri per propositiones de futuro quam propter earum veritates. Cum ergo dicat non magis abstulisse petro potestatem non negandi propositionem ei dictam a christo quam aliis potestatem non pereundi ac non moriendi propositiones de futuro eis (2) dictas a prophetis, clare videtur innuere non magis fuisse veram illam : hac nocte ter me negabis, quam alias duas.

XI propositio. Omnes propositiones revelate, in quantum hujusmodi, qualitercumque significentur, sunt dicende simpliciter vere. Hanc dicit in propriis terminis *tractatu 4°* (3) *capitulo primo in principio* (4) *et capitulo 8* (5) in fine ad longum.

XII propositio. Ysaias hanc propositionem : parvulus natus est nobis, in sensu etiam quem facit, credidit veram veritate dicentis. Hanc dicit *tractatu 4to* (6) *capitulo 4to* (7) ubi ad ostendendum quod non sit mirandum ut propositio de futuro, que non est formaliter vera, dicatur vera veritate dicentis, arguit per locum a minori quia, inquit, propositionem que ex sua natura (8) et ex rigore logice videtur formaliter falsa contingat (9) dici (10) veram veritate dicentis (11), ut hec propositiones : parvulus natus est nobis et filius datus est nobis, dum dicerentur ab ysaia, ex vi enunciationis apparebant false, nichilominus credebantur ab ysaia tanquam vere veritate dei revelantis (12). *Hec ille.* Cum ergo certum sit illas propositiones ex rigore logice non esse falsas nisi in sensu quem faciunt de vi sermonis, sequitur eum sentire quod ysaias eas in sensu quem faciunt de vi sermonis credidit eas esse veras veritate dicentis.

XIII propositio. Omnis propositio fidei de futuro est vera veritate increata et hoc sufficit ut (13) fideliter credatur.

XIIII propositio. Stat cum fide nullam propositionem de futuro contingenti esse veram aut falsam, ponendo etiam propositiones fidei de futuro esse de futuro contingenti, sicut certum est istum tenere, ut patet ex allegatis ad primam suppositionem. Hanc tenet

(1) Cf. p. 70.
(2) *om. C.*
(3) quarto *B C.*
(4) in principio *om. B C.*
(5) octavo *B*; VIIIo *C.*
(6) quarto *B.*
(7) quarto *B.*
(8) natura sua *B.*
(9) contingit *B.*
(10) simili *add. et del. C.*
(11) verbi gratia *B C.*
(12) Cf. p. 90-91.
(13) firmiter *add. et del. C.* Le mot *firmiter* a été reporté après *credatur*, accompagné d'un signe indiquant qu'il doit prendre la place de *firmiter*.

tractatu 2° (1) capitulo VI° (2) in fine et in titulo VII (3) capituli sequentis ubi dicit opinionem Epicuri stare cum fide et esse consonam sententiis catholicorum et modo loquendi scripture. Sed ille simpliciter dicebat nullam propositionem de futuro contingenti esse veram aut falsam, ut patet secundum istum in prima probatione adducta ad probationem prime et secunde suppositionis. Patet etiam idem quia dicit sententiam Aristotelis et Aureoli stare cum fide. Certum est autem Aureolum simpliciter asserere nullam omnino propositionem de futuro contingenti esse veram aut falsam, ut patet ex dictis ejus preallegatis. Certum est etiam id Aristotelem asserere ad minus (4) de propositionibus singularibus. Et, secundum istum Rivo, etiam id ipse universaliter sentit et efficaciter etiam demonstravit de omnibus.

XV propositio. Propositio dicens sententiam Aristotelis de futuris contingentibus non stare cum fide maxime absona est in fide, et hoc ponendo etiam sententiam Aristotelis esse quod propositio de futuro sit vera ex forma enuntiacionis seu quod sit (5) jam aut modo aut presentialiter (6) vera, quo modo certum est eum accipere sententiam Aristotelis. Istud dicit expresse tractatu 4to (7) capitulo 1° (8).

XVI propositio. Ad hoc quod aliquid sit fideliter credendum non requiritur ipsum esse aut credi verum sed sufficit ipsum esse aut credi verificandum. Hoc dicit *tractatu 4to* (9) *capitulo 3°* (10) *in principio*, ubi, respondendo ad hoc argumentum quod fit ad probandum omne creditum esse verum : credere est assentire credito, sed non asseritur nisi vero, ergo omne (11) creditum est verum, hic dicit (12) : admissa prima parte antecedentis dicitur ad secundam quod non assentitur (13) tantum vero, sed etiam illi quod nondum est verum, si expectetur verificandum; quod ibi declarat exemplo platonis et Aristotelis. Et *tractatu 2°* (14) *capitulo V* (15) in responsione ad primam rationem : Non apparet ergo quod oporteat id quod firmissime creditur esse verum, quo modo Aristoteles locutus est de vero (fol. 85).

XVII propositio. Hec propositio est necessaria seu inevitabiliter vera : hoc est prescitum, et similiter quod est (16) prescitum est inevi-

(1) secundo *B.*
(2) sexto *B.*
(3) septimi *B.*
(4) ad minus *om B C..*
(5) *om. B; superscr. C.*
(6) sit *add. B*; est *add. et del. C.*
(7) quarto *B.*
(8) Primo *B C.*
(9) quarto *B.*
(10) tertio *B.*
(11) esse *add. et del. B.*
(12) quod *add. B C.*
(13) assentitur non *B C.*
(14) secundo *B.*
(15) quinto *B*; 5to*C*.
(16) inevitabiliter *add. et del. C*

tabiliter prescitum. Has ponit *tractatu primo* § *2ª* (1) *etiam solutio*, ubi, postquam premisit quod si major (2) rationis ab eo prius facte, scilicet : omne prescitum necessario eveniet, sit vera, tunc hec consequentia est necessaria : hoc est prescitum, ergo (3) eveniet, subdit : antecedens est inevitabile : illud enim quod est prescitum est inevitabiliter prescitum quia per nullam potenciam (4) est evitabile quin preteritum sit preteritum (5).

XVIII propositio. Negat hanc consequentiam : deus prescit antechristum aut judicium esse futurum, ergo antechristus vel judicium erit. Patet *tractatu I°* (6) § *ultimo conatus* (7), ubi sic dicit : Ex quo ergo divina prescientia non est intelligenda tanquam eventum futurorum per lineam successionis mediam precedens (8), idcirco, licet hujusmodi eventum inferat penes necesariam consequentiam (9) tanquam indistantem, non infert tamen (10) ipsum tanquam futurum (11). *Hec ille.* 2° (12) patet idem ex verbis paulo post subjunctis ubi impugnat 2ᵃᵐ (13) solutionem dari solitam ad argumentum quod ipse parum ante fecit : omne prescitum de necessitate eveniet, omne futurum est prescitum, ergo omne futurum necessario (14) eveniet, dicens quod, si major esset vera, loquendo de necessitate consequentie, tunc hec consequentia esset necessaria : hoc est prescitum, ergo eveniet (15). Sed certum est quod hoc ibi reputat falsum, et putat hoc demonstrasse per hoc quod sic ex necessario sequeretur contingens, cum ponat antecedens, quod est propositio de presenti vel (16) de preterito, esse necessarium et inevitabile et consequens, evitabile ac (17) contingens, et per consequens reputat consequentiam non valere.

XIX propositio. Hec propositio : prescitum (18) potest non (19) evenire, si est in sensu composito falsa, non potest esse in sensu diviso vera; et ista : prescitum necessario eveniet, si est in sensu composito vera, non potest esse in sensu diviso falsa. Istud dicit tractatu *primo* § *sunt qui* predictum, ubi improbans solutionem dari solitam ad hoc argumentum : omne prescitum necessario eveniet, distinguendoque

---

(1) secunda *B.*
(2) alicujus; major *i. m. B.*
(3) m *add. et del. C.*
(4) potest impediri *add. et del. C.*
(5) Cf. p. 75.
(6) primo *B.*
(7) sum *add. B C.*
(8) aprecedens, *a del. C.*
(9) consequentiam necessariam *B C.*
(10) tamen infert *B, C.*
(11) Cf. p. 74.
(12) secundo *B.*
(13) secundam *B.*
(14) de necessitate *B C.*
(15) *Ibid.*
(16) aut *B C.*
(17) et *B.*
(18) non *add. et del. C.*
(19) *superscr. C.*

majorem (1) penes sensum compositum ac (2) divisum, dicendoque majorem esse falsam in sensu diviso (3), dicit (4) quod propositio in qua subjicitur accidens concretum inseparabile, licet possit (5) distingui penes sensum compositum et divisum, nunquam tamen est vera in uno sensu (6) et falsa in alio. Quia ergo esse prescitum est accidens inseparabile ab ea re que ponitur prescita, videtur quod dicta major non erit in sensu composito vera et in sensu diviso falsa, nisi aliud addatur (7). *Hec ille.*

XX propositio. Nec cognoscit deus aliquid preteriise et fuisse quod non sit, nec futurum esse seu fore quod non sit. Istud ponit in effectu in eo quod negat a deo noticiam memorativam de preteritis et expectativam de futuris.

XXI propositio. Prophete, cupientes exprimere quod eis de eventu futurorum divinitus revelabatur, ideo aliquando id exprimunt per propositiones de futuro, ut Ysaias futuram incarnationem christi : *ecce virgo concipiet*, aliquando autem per propositiones de presenti ut idem : *parvulus natus est nobis* quia illud per nullam propositionem proprie exprimi potest. Istud dicit *tractatu 4*° (8) *capitulo 8* (9), ubi dicit : Patet quod veritas futuri contingentis, prout est in noticia divina, per nullam propositionem proprie exprimi potest. Hinc est quod scriptores sacri canonis nescientes exprimere hujusmodi veritatem quia non invenerunt aliquam (10) propositionem ex sua forma et modo enunciandi ad hoc ydoneam, jam expresserunt eam (11) per propositionem de futuro, jam per unam de preterito. Et ibi deducit de Ysaia et de psalmista. Unde patet propositum (fol. 67) addito illo quod ipse per notitiam dei de futuris (12) vel per veritatem futuri contingentis, prout est in noticia divina, non aliud intelligit quam cognitum a deo de eventu futuri contingentis, ut ostensum est superius.

XXII propositio. Id quod fideles credunt exprimi et prophete intendunt exprimere per propositiones propheticas est ineffabile et inexpressibile per quascumque propositiones (13). Istud sentire videtur expresse in *responsione sua judiciali* respondendo ad tres primos articulos § *penultimo* ubi, recitans verba Aureoli, quem se dicit ibi (14)

(1) *i. m. C.*
(2) et *B. C*
(3) dicendoque... diviso *om. C.*
(4) dicendo *C.*
(5) posset *B*; propositio in qua... possit *om. C.*
(6) in uno sensu est vera *B.*
(7) Cf. p. 75.
(8) quarto *B.*
(9) VIII° *B.*
(10) ad hoc *add. et del. C.*
(11) *superscr. A.*
(12) futuro *B.*
(13) quamcumque propositionem *B C.*
(14) ibi dicit *B*; se. *om. C.*

sequi, dicit (1) : Et infra in eadem distinctione, loquens de propositionibus fidei, dicit (2) quod cadunt sub fide quantum ad id quod exprimunt ex intencione credentis, videlicet quod determinatio quedam est de illa materia in noticia divina (3) ineffabilis et inexpressibilis per quamcumque propositionem, et sic sunt vere; non autem ut rem respiciunt in proprio genere (4).

XXIII propositio. Stant (5) simul quod non (6) sit determinata veritas propositionum de futuro contingenti et quod tamen deus determinate presciat futura. Istud dicit *tractatu 2º* (7) *capitulo* Vto(8), ubi negat istam : si veritas propositionum de futuro contingenti non est determinata, dei prescientia non est determinata. Hic inserantur propositiones de prevolicione (9) (fol. 85v).

XXIIII propositio. In deo non est prevolicio respectu alicujus futuri tanquam futuri. Istud patet eum sentire in *responsione judiciali ad articulum 19* : Credo me dixisse quod in deo proprie non est desiderium nec volicio respectu alicujus quod est sibi (10) futurum (11).

XXV propositio. In deo non est aliqua volicio precedens productionem rei qua ab eterno fuit determinatus ad producendum. Istud expresse dicit in dicta *responsione judiciali*, *respondendo ad articulum XXII* (12), ubi sic dicit (13) : Credo tamen me dixisse quod, sicut nostra voluntas activa elicit volicionem absque hoc quod predeterminetur per aliquod velle intrinsecum, sic voluntas divina producit res absque hoc quod predeterminetur (14) per aliquam (15) volicionem intrinsecam, qua concupiscat (16), optet aut desideret rem producendam. Et in eo quod, sequendo Aureolum, statim subdit : Quarta propositio, scilicet Aureoli, est : Deus producit quitquid producit absque hoc quod predeterminetur per (17) aliquod velle intrinsecum (18).

XXVI propositio. Et si esset aliqua volicio talis precedens productionem rei, omnia necessario evenirent, quia illa esset necesse esse; et sic insolubilia essent argumenta philosophorum quibus probant omnia de necessitate evenire. Hoc dicit in *responsione judiciali* respon-

---

(1) *om. B C.*
(2) dicens *A.*
(3) divina notitia *B.*
(4) Cf. p. 224.
(5) stat *B.*
(6) *om. C.*
(7) secundo *B.*
(8) quinto *B.*
(9) *B C omettent cette incise.*
(10) sibi est *B C.*
(11) Cf. p. 233.
(12) 22 *C.*
(13) dicit sic *B.*
(14) per aliquod... predeterminetur *om. A.*
(15) *om. B. C.*
(16) concupiscet *A.*
(17) ad *A.*
(18) Cf. p. 234.

dendo (1) ad articulum XXIII (2), ubi dixit : Non memini me dixisse hunc articulum; nichilominus non video quin concludat, si ponatur in deo volicio precedens rem prevolitam tanquam sibi futuram, saltem si talis volicio esset efficax (3).

XXVII propositio. Quod licet non sine gravi scandalo posset (4) dici in populo quod non sit (5) simpliciter concedendum quod filius dei factus est homo, id tamen posset inter doctos doctrinari. Istud videtur sentire *capitulo ultimo* 2[1] (6) *tractatus*, dum sic dicit : Est (7) insuper hic advertendum quod multa inter doctos doctrinari possunt que sine gravi scandalo populo non dicerentur, verbi gratia ex adversariis dicte sententie Aristotelis unus dicitur doctrinasse non esse simpliciter concedendum quod filius dei factus sit (8) homo, alius quod existentem in caritate deus possit (9) dampnare, etc.; que propositiones, si publicarentur populo plurimum scandalizarent, prima quia audit (10) populus ecclesiam publice et simpliciter cantantem de filio dei (11) : Et factus est homo (12). *Hec ille.* Ex quo apparet eum intendere quod dicta propositio, licet sine scandalo populo (13) dici non posset, licite tamen posset doctrinari inter doctos; alias nullo modo esset (14) exemplum illud et alia que ibi adducit (15) ad propositum suum, ut patet consideranti.

XXVIII propositio. Quod non sit in schola artium simpliciter concedendum et sine glosa : Christus intravit ad discipulos januis clausis, quod accidentia sint in eucharistia sine subjecto, quod idem corpus christi est in diversis locis. Hoc ex intencione sentire videtur ex eo quod dicit *tractatu* 4to (16) *capitulo* 7 (17), quia ibi ad justificandum quod in scolis (18) artium simpliciter enunciavit sententiam Aristotelis quod nulla propositio de futuro contingenti (19) sit (20) vera, propositiones autem sacre scripture (21) enunciantes aliquas tales esse veras non admiserit simpliciter sed tantum (22) cum glosa, innititur consuetudini, quia dicit ita fieri consuevisse (23) ut ibi (24) aliter sentiendum

(1) *om. B C.*
(2) 23 *C.*
(3) Cf. p. 235.
(4) possit *B C.*
(5) est *B.*
(6) secundi *B.*
(7) et *A.*
(8) est *B C.*
(9) posset *B C.*
(10) populus audit *C.*
(11) de filio dei, *om. C.*
(12) homo factus est *B C.*
(13) *om. A C.*
(14) essent *C*, *om. B.*
(15) essent *add. B.*
(16) quarto *B.*
(17) septimo *B*; 7° *C.*
(18) scola *B.*
(19) contingenti futuro *B.*
(20) de futuro est *C.*
(21) sacre scripture *C.*
(22) et sine *C.*
(23) consuetum *B.*
(24) ubi *A C.*

videtur secundum philosophiam aliter secundum fidem (2), ibi in scolis artium (1) (fol. 68[v]) simpliciter enuntiari quod secundum philosophiam sentiendum est, et, ut ibi videtur colligi ex aliis (3) dictis suis, id quod secundum fidem, cum glosa. Et declarans hoc exemplo dicit solitum esse in eisdem scolis dici quod accidens est inseparabile (4) a subjecto, quod impossibile sit dimensiones se penetrare, aut idem corpus esse in diversis locis, et ita de aliis. Et cum objicitur de accidentibus que sunt in sacramento altaris sine subjecto, quod christus intravit ad discipulos januis clausis, quod idem corpus christi est in diversis locis, respondetur hic glosando quod omnia illa contingunt per potentiam supernaturalem. *Hec ille.* Ubi clare patet eum ex intencione dicere illas propositiones de quibus in illis objectionibus facta est mentio (5) non esse simpliciter admitendas in scolis artium, sed tantum cum illa glosa, scilicet (?) : per potentiam supernaturalem.

XXIX propositio. Non sunt censende (6) extranee (7) aut extorte expositiones quibus (8) auctoritates (9) sacre scripture quibus dicitur : Et nunc veritatem anunciabo tibi, et juravit dominus david veritatem, de fructu ventris tui ponam super sedem tuam, exposuit accipi et intelligi non de veritate que est, sed que expectatur. Et illam (10) apocalipsis : « Scribe quia hec verba fidelissima sunt et vera », dicendo li vera referri tantum ad illam de presenti : Ecce nova facio omnia; fidelissima autem, ad reliquas.

(1) secundum fidem aliter secundum philosophiam *C.*
(2) ibi in scolis *add. et del. C.*
(3) *om. B.*
(4) inseparabile esset *C.*
(5) facta est mentio *om. B C.*
(6) *om. C.*
(7) expositiones *add. et del. C.*
(8) et *add. et del. B.*
(9) illas *add. B.*
(10) illud *C.*

TRACTATUS PETRI DE RIVO RESPONSALIS AD OPUSCULUM QUODDAM MAGISTRI HEYNRICI DE ZOEMEREN (1)

(Ms lat. 3169-4152)

(U)t ex opusculis que magister noster, magister heynricus de zoemeren, in materia de futuris contingentibus confecit, aliquo potiri valerem summa vigilantia conatus sum, si sic forsan possem illarum rationum que ejus me non sinunt adherere sententie solutiones invenire, unicum tandem in manus meas incidit opusculum ab eo, ut ayunt (2), in urbe confectum (3), acerrimis profecto conviciis ac injuriis multo pluribus quam pregnantibus argumentis refertum. Ipsum tamen pacienter et quanta potui mansuetudine legi relegique, neque eidem respondendum duxi per talia, qualibus me provocare videtur, convitia; mordacissimas ejus injurias silentio preterire malui, illi potius qui dixit : michi vindictam et ego (4) retribuam (5), ultionem relinquens. Non quod ab optimo deo illi quitquam aliud in penam exigere velim, nisi ut ei omnium que in me male gessit penitudinem dignetur quamtocius impertiri. Equanimus fero quitquid injuriarum in me profert, cum eum intemperantissime noverim in viros, eciam maximos, prolocutum; et, ut minores preteream, in doctorem sanctum invectus non erubuit in libello quem ex illius summa dudum collegit (6) talia in marginibus (7) annotare verba, que virum gravem etiam in servum proferre puderet. Dirigens quidem sermonem ad virum sanctum, prima parte, questione XII, circa materiam tercii articuli : ambigua est, inquit, locutio qua sepe uteris in azinino sensu. En quam impudenter

(1) Ce titre manque dans *3169*.

(2) aiunt.

(3) Voir les déclarations de H. de Zomeren dans le traité reproduit ci-dessus.

(4) tibi *add.*

(5) Rom. XII, 19.

(6) On n'a pas retrouvé cet écrit, dont, à ma connaissance, P. de Rivo est seul à signaler l'existence.

(7) merginibus *codd.*

non verbo tantum, sed scripto, virum sanctum sensus arguit azinini. Rursus in tercia (1) parte, questione XVII, circa materiam tercii articuli inter cetera dicit : Ut michi videtur, ratio quare incidisti in hanc absurditatem, que non videtur minor quam Apollinaris error, est quia pro eodem uteris, etc. En opinionem ejus hic absurditatem appellat, et de heresi suspectam notat. Quociens eum contradictionis arguerit, quia narratu longissimum foret, silentio preterire malui.

Preterea doctrinam domini (2) petri Aureoli, theologi clarissimi, quem maximi viri inter doctores catholicos numerarunt, iste non veritus est palam asserere heresis labe contaminatam (3). Qui in tantos viros adeo impudenter loquitur, quid mirum si me, qui ut eorum corrigiam calciamentorum dissolvam vix dignus sum, quantiscumque contumeliis insectetur. Verum, priusquam dictorum doctorum sententiam, in hiis passibus in quibus eos imitatus sum, per sanctam sedem apostolicam dampnari contigerit, omnes ejus contumelias uti ventum levem floccipendo. Tam solempnium equidem virorum auctoritati, ubi potissimum rationibus insolubilibus communita videtur, plus fidei tribuendum reor quam sue, qui, ut venia ipsius dixero, nec adversas rationes dissolvere nititur, nec in medium rationes profert que etiam a mediocriter doctis non facile solvi posse videantur. Neque ad id in opusculo quod nactus sum anniti videtur, sed, oratoris potius officio functus, ex scriptis et per me confessatis, quasi genus constitutionis conjecturalis pertractans, suadere nititur me simpliciter negasse veritatem propositionum fidei de futuro contingenti, ac prescienciam et prevolitionem futurorum in deo. Ut hujuscemodi suas suasiones confutarem, confirmaremque dogmata, non modo mea, sed et virorum catholicorum ex quorum scriptis ea collegi, presentis tractatuli laborem aggressus sum, in quo quitquid conscriptum reperietur submissum velim determinationi sancte sedis apostolice, juxta morem hactenus semper a me servatum.

Quoniam autem ex doctrina tam sanctorum quam philosophorum pro fundamento suscepi : ad preteritum non esse potentiam, ac ea propter velut evidens existimavi nichil per lineam successionis mediam eventum futuri contingentis antecedens illum inferre posse per consequentiam necessariam, enitar in primis utrumque predictorum pro viribus perspicuum efficere. Unde cuilibet facile constabit nec veritatem qualiscumque propositionis de futuro contingenti nec

(1) 3ª.
(2) *superscr.*
(3) Cf. p. 317 ss.

infaillibilem quamcumque prescienciam aut prevolitionem futurorum contingentium posse per dictam sucessionis lineam precedere eventus hujusmodi futurorum. Quibus tamen non obstantibus ostendere temptabo qualiter, absque omni contradictione, salvari possit propositiones de futuro (fol. 36ᵛ; fol. 40ᵛ) contingenti simpliciter esse veras, ac deum omnia futura contingentia eternaliter prescire et prevelle ad eum sensum quo id doctores catholici crediderunt. Que omnia ut legentibus clarius possint eluscescere, ac ex omnibus ea que legere maluerint (1) mox inveniri, presentem tractatulum per XIIIJ (2) capittula partitus sum.

Primum (3) quod ad preteritum non est potentia.

2um quod ad preteritum, etiam dependens a futuro, non est potentia. Et solvuntur rationes quibus probari videtur ad preteritum esse potentiam.

3um quod ad presens non est potentia. Et solvuntur rationes quibus oppositum probari videtur.

4um quod nichil per lineam successionis mediam eventum futuri contingentis antecedens ipsum inferre potest per consequentiam necessariam. Et solvuntur rationes quibus eadem veritas a quibusdam impugnatur.

5um. Qualiter futurum et fide creditur et a deo cognoscitur ut futurum, et qualiter non.

6um. Quod nulli propositioni de futuro contingenti convenit veritas que eventum futuri contingentis per lineam successionis mediam antecedat, ubicumque etiam ponatur hujusmodi veritas. Et solvuntur rationes quibus magister noster probat veritatem formaliter non inesse propositioni.

7um. Quod, licet eventum futuri contingentis non precedat (4) per lineam successionis mediam veritas prositionis significantis illum eventum fore, propositiones tamen fidei de futuro contingenti simpliciter dicende sunt vere. Et subjunguntur ibi preambula ex quibus magister (5) noster suadere nititur illud mentetenus me non sentire.

8um. Quod, vulgato more populi, propositio potest dici simpliciter vera que tamen actu non est vera veritate presenti, licet Aristoteles

---

(1) maluit *codd.*
(2) quatuordecim.
(3) Les numéros des chapitres sont en marge dans les deux manuscrits.
(4) procedat *codd.*
(5) *om. 3169.*

solam illam que actu est vera voluerit simpliciter dici veram. Et solvuntur rationes quas magister noster affert (1) in oppositum.

9um. Qualiter solvende sunt rationes quibus magister noster suadet me simpliciter negasse propositiones fidei esse veras et oppositas earum esse falsas.

10um. Qualiter (2) solvende sunt rationes quibus magister noster suadet me non intendisse propositiones fidei de futuro contingenti admittere simpliciter esse veras, licet eas veras dixerim veritate increata aut fideliter expectata.

11um. Quod, licet nulla presciencia precedat per lineam successionis mediam rem prescitam, firmiter tamen credendum est deum habere prescienciam futurorum. Et solvuntur rationes quibus magister noster suadet me sensisse contrarium.

12um. Quod, licet nulla prevolitio (3), saltem efficax, per dictam lineam antecedat rem prevolitam, catholice tamen credendum est deum prevelle res futuras. Et ostenditur magistrum nostrum non veraciter imposuisse domino petro Aureoli quod simpliciter negat divinam prescienciam et prevolitionem ac veritatem propositionum fidei de futuro.

13um. Quod magister noster ex scriptis meis inferens certas propositiones jam verba mea mutavit, jam addidit, jam subtraxit, et jam non recte intulit.

14um. Quod nunquam credidi propositionem que dicit non esse simpliciter concedendum quod deus factus est homo cum aliis similibus inter doctos posse doctrinari. Ubi consequenter ostenditur cur magister noster, ut presumitur, aliquas propositiones offensivas ad sedem apostolicam detulit, et cur novum id opusculum contra me confecit.

CAPITULUM PRIMUM (4)

Velut fundamento solido semper innisus sum tute illi tam sanctorum quam philosophorum sententie qua aiunt (5) nullam ad preteritum

---

(1) auffert *codd.*

(2) quod aliter.

(3) prevolutio *3169*.

(4) L'indication des chapitres fait défaut dans les deux manuscrits. On l'a rétablie par souci de clarté, mais sans reproduire les titres de chapitres à cause de leur longueur. Dans les deux manuscrits la première lettre du premier mot de chaque chapitre fait défaut; le copiste s'est réservé la place nécessaire pour la tracer en grande capitale et peut-être l'enluminer.

(5) ayunt.

esse potentiam. Cum autem hanc lucidissimam veritatem nullius, meo judicio, probationis egentem, a nonnullis audiam in dubium versari, dignum duxi, si forte factu (1) possibile sit, eam aliquot rationibus efficere lucidiorem (fol. 41).

Prima ratio (2). Quarum una elicitur ex vulgatissima illa divisione qua ens dividitur per actum et potentiam. Omnis enim effectus qui actu est vel fuit, positus est (3) in seipso extra suam causam; qui non nondum actu est, sed tantum in potentia, est in potestate cause (fol. 37), patet quia effectuum alius positus est in seipso, alius est in potestate cause. Quo premisso formatur ratio sic. Nichil positum in seipso est in potestate cause. Omne preteritum positum est in seipso. Ergo nullum preteritum est in potestate cause. Nulla igitur causa potentiam habet ad preteritum. Consequentia tenet in 2° prime. Et minor est evidens ex terminis. Nisi enim preteritum positum esset in seipso non esset (4) preteritum. Et major videtur esse propositio immediata, quoniam in ea alterum membrorum dividentium negatur ab altero, quomodo hec (5) : nullum corporeum est incorporeum in analeticis posterioribus dici consuevit immediata. Contra hanc majorem forte quis feret instantiam. Nam adam positus est in seipso extra suam causam. Nichilominus adhuc (6) est in potestate cause. Potest enim deus ipsum eumdem numero resuscitare.

Hic advertendum quod membra que aliquid dividunt ex opposito necesse est esse opposita, et ita incompossibilia in eodem, servatis saltem hiis condicionibus (7) que sunt, ad idem, secundum idem, similiter, et in eodem tempore. Aliqua autem earum pretermissa, contingit ipsa coincidere. Cum enim differentia dividatur per constitutivum et divisivum, contingit eamdem differentiam esse divisivam et constitutivam, si omittatur illa condicio ad idem, utpote divisivam generis et constitutivam speciei. Impossibile tamen est eamdem differentiam unius et ejusdem esse divisivam et constitutivam, ymmo hec : nullum divisivum alicujus est constitutivum ejusdem, videtur esse immediata, sicut ista : nullum corporeum est incorporeum. Sic in proposito : idem contingit esse positum in seipso et esse adhuc in potestate cause secundum diversa. Nam adam, secundum suum fuisse, positus est in seipso, et est in potestate cause secundum suum fore. Impossibile tamen est id quod positum est in seipso secundum suum

---

(1) facta *codd.*
(2) *om. i. m. 3169.*
(3) *superscr.*
(4) esse *3169.*
(5) hic *3169.*
(6) *i. m.*
(7) conditionibus.

fuisse esse in potestate cause secundum idem fuisse; et, sic intelligendo majorem, ipsa est immediata. Et ex ea (1) concluditur evidenter quod preteritum secundum suum fuisse non est in potestate cause.

2ª ratio (2). 2ª ratio sumitur ex divisione mutacionis (3) per se quam ponit Aristoteles 5to phisicorum (4). Est enim aliqua mutatio per se ex subjecto in subjectum, aliqua ex non subjecto in subjectum et aliqua ex (5) subjecto in non subjectum. Sed nulla est ex non subjecto in non subjectum. Pariformiter triplex est factio : quedam entis ex ente, quedam entis ex non ente et quedam non entis ex ente. Nec est aliqua non entis ex non ente. Quod confirmatur aliunde; quia omnis factio est vel acquisitiva et deperditiva simul, et hec est entis ex ente, vel acquisitiva tantum et hec est entis ex (6) non ente, vel deperditiva tantum, et hec est non entis ex ente. Quare ex divisione suficienti non videtur possibilis ille modus factionis quo non ens fieret ex non ente. Quo premisso arguitur sic. Omne preteritum est non ens. Sed in nullius potestate est id facere qualitercumque non esse quod est non ens. Ergo in nullius potestate est id facere qualitercumque non esse quod est preteritum. Quare nulla causa facere potest preteritum non esse preteritum. Consequentia tenet in 2º 2ᵉ. Et major est evidens ex terminis. Si enim preteritum esset ens, preteritum non esset preteritum, sed presens. Et minor patet quia, sicut ostensum est, nullus est modus factionis quo non ens fiat ex non ente.

Instabit forsan aliquis contra hanc minorem quia in potestate cause est id quod contingenter est futurum facere non esse futurum, et tamen quod est futurum est non ens.

Hic advertendum quod, velut habetur 2º de anima (7), non tantum audimus sonum sed etiam silentium; silentium autem audimus nichil audiendo. Similiter in potestate cause est id quod contingenter est futurum facere vel esse vel non esse, sed faciet ipsum non esse nichil faciendo. Dicitur ergo quod in potestate nullius cause est id positiva factione facere non esse quod est non ens et sic intelligenda est minor. Nichilominus aliqua causa facere potest non ens non esse, nichil faciendo seu (fol. 41ᵛ) factionem suspendendo, sicut declaratum est de eo quod contingenter est futurum. Nullum autem agens nichil

(1) *superscr.*
(2) *om.; i. m. 3169.*
(3) mutationis.
(4) V Physic. c. 1, éd. cit. T. II, pp. 308-309.
(5) non *add. et exp. 3169.*
(6) *superscr,*
(7) II, 10; éd. cit. T. III, p. 458.

faciendo facere potest preteritum non esse (1) preteritum. Nam, si nichil faciat circa preteritum, relinquit ipsum esse preteritum. (Fol. 37v) Dictam rationem innuit franciscus de (2) maronis et dicit eam esse sui doctoris, notans, ut existimo, doctorem subtilem. Et videtur tracta ex verbis augustini contra faustum ubi, de deo loquens, dicit : Potest enim facere ut aliquid non sit quod erat; tunc enim facit ut id quod erat non sit quando illud esse invenerit de quo fiat (3). In quibus verbis innuit deum non posse aliud facere non esse nisi ipsum invenerit (4) esse.

3a ratio (5). 3a ratio elicitur ex verbis Aristotelis circa finem primi de celo (6). Postquam enim probaverat nullum genitum esse incorruptibile quoniam omne genitum gratia materie potest non esse, ad excludendum cavillationem qua quis diceret genitum habere potentiam ad non esse respectu preteriti, non respectu futuri, ostendit non esse potentiam ad preteritum. Nam, dato quod sic, verum erit dicere quoniam nunc est annus prior, etc. Ex qua ratione, cum ducat ad impossibile, formari potest hujusmodi ratio ostensiva. Quitquid est in potentia cause, de ejus mensura temporali aliquando vere poterit dici quoniam nunc est. Sed de nullius preteriti mensura temporali unquam vere poterit dici quoniam nunc est. Ergo nullum preteritum est in potentia cause. Quare, ut prius, ad preteritum non est potentia. Consequentia tenet in 2o 2e. Et major patet, quia, dum continget potentiam duci ad actum, tunc erit verum dicere de tempore quod est mensura illius rei que ponetur in esse, quoniam nunc est, ut quoniam in potestate mea est sessio pro die crastino, ideo, potestate illa ducta ad actum, verum erit dicere quoniam ille dies nunc est. Quod si de eo nunquam vere posset dici quoniam nunc est, non possem pro die crastino sedere. Et minor patet, quia quelibet res preterita mensuratur tempore preterito, de quo nunquam vere dici poterit quoniam nunc est, ex quo tempus non potest idem numero reparari, saltem secundum doctrinam communiorem. Hiis rationibus evidenter convinci videtur nullam esse potentiam ad preteritum, sicut tam doctores sancti quam philosophi voluerunt.

---

(1) est.
(2) *superscr.*
(3) Lib. XXVI, c. 5. P. L., t. 42, col. 481. Le renvoi à F. de Meysronnes est probablement à *I Sent.*, d. 43 et 44, q. 1; éd. Venetiis, 1507. fol. 134ra.
(4) evenerit *3169*.
(5) *om.; i. m. 3169*.
(6) I, c. 12; éd. cit. T. II, pp. 388-389.

CAPITULUM SECUNDUM

Horum qui predicte veritati non consentiunt quidam opinantur simpliciter ad omne preteritum esse potentiam; et quidam ad solum preteritum dependens a futuro. Sed si dicte rationes debite pensentur eque efficaciter reperientur concludere de preterito, sive simpliciter preterierit, sive fuerit dependens a futuro. Si enim respectus dependentis (1) a futuro sit preteritus, in nullius potestate est ipsum facere non esse preteritum. Quod primo patet ex prima ratione, quoniam nicbil quod positum est in seipso secundum suum fuisse, est in potestate cause secundum idem fuisse. Sed dictus respectus, si ponatur preteritus, positus est in se ipso secundum suum fuisse. Ergo secundum idem fuisse non est in potestate cause.

Preterea ex 2ª ratione quia omnis respectus, quantumcumque dependens a futuro, si sit preteritus, est non ens; sed in nullius potestate est id facere qualitercumque non esse quod est non ens. Ergo in nullius potestate est facere talem respectum non esse preteritum.

Preterea ex 3ª ratione quia qitquid est in potentia cause, de ejus mensura temporali aliquando vere poterit dici quoniam nunc est. Sed de nullius respectus preteriti mensura temporali, quantumcumque dependeat a futuro, aliquando vere poterit dici quoniam nunc est. Ergo nullus (2) talis respectus est in potentia cause.

Hiis forte rationibus inducti quidam dixerunt potentiam esse ad preteritum dependens a futuro, intelligentes per hujusmodi preteritum non quod habet respectum dependentie ad futurum, sed quod ex preterito et futuro copulatum. Cum itaque totum copulatum interimatur ad interremptionem partis, opinantur tale preteritum posse esse non preteritum, si futurum quod connotat non ponatur in esse. Sed qualiter, queso, hujusmodi copulatum potest esse preteritum, cum impossibile sit totum copulatum preteriisse nisi utraque pars ejus preterierit? Constat autem de altera parte hujusmodi copulati, puta de futuro, (fol. 42) quod nondum preteriit. Ymmo, cum totum copulatum semper sequatur conditionem (fol. 38) partis debilioris, verbi gratia copulatum ex necessario et contingenti simpliciter est contingens, et copulatum ex vero et falso simpliciter falsum, apparet quod copulatum ex preterito et futuro simpliciter judicandum est futurum. Forte quispiam mirabitur, si rationes predicte adeo sint,

(1) dependentia *3169*.
(2) *i. m.*

ut dicitur, evidentes, unde quibusdam evenisse potuerit ut ad preteritum existiment esse potentiam. Qua de re nemini mirandum erit, si quosdam animadverterit circa primum principium ac ea que ad sensum manifesta sunt desipuisse. Eos quidem a via veritatis abduxerunt (1) ratiuncule quedam, quas solvere nequeverunt. Idipsum illis contigisse reor qui putant ad preteritum esse potentiam. Quapropter congruum erit hic rationes subjungere per quas forte seducti sunt.

Harum rationum una est. Nam, secundum doctrinam communiorem, possibile est mundum fuisse ab eterno. Ergo ad hoc quod est mundum ab eterno fuisse est potentia, sed (2) hoc non esset nisi ad preteritum esset potentia.

Preterea deus potest quicquid non implicat contradictionem; sed adam non fuisse non implicat contradictionem; ergo deus potest facere adam non fuisse; quare habet potentiam ad preteritum.

Preterea deus aliquando prius habuit potentiam respectu hujus objecti quod est mundum nunquam fuisse. Cum ergo ejus potentia non sit mutata, videtur quod adhuc habeat eamdem potentiam respectu ejusdem objecti quod est mundum nunquam fuisse. Quare jam facere potest quod mundus nunquam fuerit.

Preterea ad salvandum futurorum contingentiam oportet concedere deum ab eterno aliqua scivisse que potest nunquam scivisse, et ita in eo est potentia ad preteritum.

Preterea Gilbertus porretanus ac nonulli doctores antiqui dixerunt deum habere potentiam ad preteritum (3). Quare non videtur quin idipsum possit probabiliter sustineri.

Hee rationes et consimiles, quamquam superficietenus apparentiam habeant, si tamen perspiciantur, nullius invenientur momenti. Sciendum ergo quod aliquid dicitur dupliciter possibile : uno modo realiter a potencia activa aut passiva, sic ignem possibile est calefacere a potencia sua calefactiva et aquam possibile est calefieri a potencia passiva qua est calefactibilis. Alio modo aliquid dicitur possibile logice non ab aliqua potencia sed a sola non repugnantia terminorum. Cum in prima ratione assumitur quod mundum possibile est fuisse ab eterno, conceditur loquendo de possibili logico, quia mundo ex

(1) adduxerunt *3169*.

(2) homo *add. et del. 3169*.

(3) GILBERTI PORRETAE. *Commentaria in lib. I Boethii de Trinitate*, Basilae 1570. fol. 1157. Cf. GUILLERMUS ALTISSIODORENSIS. *Summa aurea in libros Sententiarum*, I, 13, Parisiis 1500, fol. 25v. GREG. DE ARIMINIO, *op. cit.*, d. 42, q. 1, a. 2, éd. cit. fol. 145v-147v. Grégoire rapporte longuement les raisons pour et contre; il ne prend pas parti.

sua formali ratione non repugnat fuisse ab eterno. Sed cum infertur : ergo ad preteritum est potencia, negatur consequentia, quia quod est logice possibile non est possibile a potencia, nisi forte a tali potencia qua (1) aliquid potuit, potest aut poterit fieri.

2° Sciendum quod, sicut, secundum doctores, aliquid est impossibile vel simpliciter vel per accidens, sic aliquid implicat contradictionem dupliciter, aut simpliciter quia ex formalibus rationibus terminorum subjecto repugnat predicatum, ut hominem esse azinum; aut per accidens quia predicatum repugnat subjecto, non simpliciter accepto, sed gratia alicujus quod sibi jam inseparabiliter accidit. Cum ergo assumitur in 2ª ratione quod adam non fuisse non implicat contradictionem, conceditur quod non implicat simpliciter ex terminis, nam ade, simpliciter accepto, non repugnat non fuisse; implicat tamen per accidens, nam ade jam inseparabiliter convenit fuisse, gratia cujus sibi repugnat non fuisse. Deus autem potest quicquid non implicat contradictionem nec per se nec per accidens.

Tertio sciendum quod, licet aliquando verum fuerit mundum non fuisse, ipsum tamen non fuisse jam est impossibile per accidens; inseparabiliter enim jam mundo convenit fuisse; cui contradictorie repugnat non fuisse. Nec id quod est mundum non fuisse hincinde est penitus idem, quoniam cum, pro instanti creationis mundi, ultimo verum fuit mundum non fuisse, hoc verbum fuisse connotabat solum tempus ymaginarium eamdem creationem precedens; cum vero jam dicitur mundum non fuisse connotat etiam totum tempus reale quod interea fluxit usque nunc presens. Negatur ergo id quod in 3ª ratione supponitur, utpote quod mundum nunquam (fol. 42ᵛ) fuisse, quod aliquando fuit objectum (fol. 38ᵛ) divine potentie, permansit idem, quoniam, ut patuit, gratia diverse connotationis temporis est variatum.

Quarto sciendum quod scire divinum mensuratur eternitate, que nec habet preteritum nec futurum ex quo est tota simul. Unde liquit quod, licet hujusmodi scire aliquando significetur preterite, ipsum tamen a parte rei impossibile est esse preteritum. Non valet ergo consequentia 3ᵉ rationis qua infertur deum habere potentiam ad preteritum, quia aliqua que scivit potest non scivisse, quoniam suum scivisse non transit in preteritum, sed semper est stans ac presens. An autem ad presens sit potentia videbitur in capitulo (2) sequenti.

Quinto sciendum quod potentia dei potest considerari vel secundum se vel ut nata est exire in actum. Si consideretur secundum se equaliter

(1) liq *add. et del. 3169.*
(2) capittulo.

respicit preterita, presentia et futura. Eadem enim est potentia qua deus potuit facere preteritum, potest facere presens, et poterit facere futurum. Sic existimo aliquos vere opinatos deum habere potentiam ad preteritum qua scilicet potuit facere preteritum; eadem enim potentia dei qua prius aliquid potuit manebit semper penitus invariata. Sed, si divina potentia consideretur ut nata est exire in actum, sic evidens puto ipsam non esse ad preteritum, sed tantum ad presens aut futurum. Nata est enim potentia productiva dei exire in actum quo fiat ut res vel nunc vel postea ponatur in esse. Sed omnino apparet inintelligibile quod exeat in actum quo res preterita fiat non preterita, aut non preterita, preterita, utpote quod fiat ut adam non fuerit, aut antichristus ante presens instans fuerit. Et ad hunc sensum evidens est, meo judicio, non esse potentiam ad preteritum, etiam qualecumque.

CAPITULUM TERTIUM (1)

Consequenter scrutandum est an ad presens sit potentia. Qua in re nullum apparet dubium quin ad presens sit potentia qua postea potest esse aut non esse. Potest enim deus rem presentem facere ut cras sit, eam ad (2) crastinum reservando, aut ut non sit, eam interea vel corrumpendo vel annichilando. Insuper ad presens est potentia conjuncta actui qua jam actu est ut presentis mee visionis est potentia visiva qua presentialiter video. Sed an hujusmodi potentia possit esse oppositorum ita quod res presens que jam est possit per aliquam potentiam jam non esse, plus continet difficultatis. Nichilominus de potentiis rationibus dicendum videtur quod actum quem in instanti libere producunt possunt pro eodem instanti non producere, licet gratia diversorum signorum. Potentia enim rationalis signo nature prior est actu quem producit. Quare pro illo signo priori libera est et indeterminata. Pro signo autem posteriori quo actus productus est est determinata ut non possit ipsum non produxisse. Hoc 2° modo ad effectum presentem non est potentia. Quod probari potest ea ratione qua prius probatum est ad preteritum non esse potentiam. Nam nichil quod positum est in seipso secundum suum esse est secundum idem esse in potestate cause. Sed effectus presens positus est in seipso secundum suum esse. Ergo secundum idem esse non est in potestate cause, sic scilicet quod possit ipsum facere nunc non esse.

---

(1) *i. m. codd.*
(2) *superscr.*

Contra hanc veritatem quis forte instabit. Nam deus potuit non scire quod scit; scire autem divinum semper est presens; ergo saltem deus habet potentiam ad presens. Et hec videtur fuisse intentio Aristotelis 6to ethicorum (1). « Hoc solo, inquit, privatur deus ingenita facere que genita sunt ». Vult ergo deum privari sola potentia ad preteritum et non ea que est ad presens aut futurum. Quod consonat illi quod habetur circa finem primi de celo ubi ait : « Neque una virtus ejus quod est factum esse est, sed ejus quod est esse aut futurum esse (2) ». In quibus verbis innuere videtur non esse potentiam ad preteritum, sed solum ad presens et futurum.

Preterea enuntiationem que est vera non oportet esse inimpedibiliter veram. Ergo id quod presentialiter (fol. 39) est potest impediri ne jam sit; quare ad presens est potentia. Antecedens nititur deducere magister noster in prima parte opusculi sui (3) (fol. 43) circa declarationem prime propositionis et 2^e. Primo nam, si ad propositionem esse (4) veram requireretur (5) eam inimpedibiliter et necessario esse veram, ridiculus esset labor Aristotelis quo primo periarmeneias conatur demonstrare (6) nullam propositionem singularem contingentem de futuro esse veram. Consequentia tenet. Nam tunc hec : nulla proposicio contingens de futuro est vera, equivalet isti : nulla propositio contingens de futuro est inimpedibiliter et necessario vera. Sed hec est per se nota cum in ea negetur contradictorium de contradictorio, videlicet necessario et inimpedibiliter verum de contingenter vero, cum contingens diffiniatur per negationem necessarii. Est autem ridiculum ea velle demonstrare que sunt per se nota. 2° quia necessarium et verum se habent sicut (7) plus et minus ita quod omne necessarium est verum et non e contra. Contingit autem aliquid esse verum quod non necessario et inimpedibiliter est verum. 3° (8) quia, ut ex sciptis meis colligitur, veritas aliquarum propositionum, puta illarum que sunt de futuro contingenti, est impedibilis. Ergo datur enuntiatio nunc vera que tamen non est inimpedibiliter vera.

Ut ostendatur has instantias non obviare premissis expediet in instanti eternitatis notare tria signa, et intelligere in primo voluntatem qua deus libere producit res ad extra, in 2° ipsam eternitatem gratia cujus deo est indistans totus cursus temporis et quicquid in tempore produci contingit, et in 3° intellectum quo deus intuitive

(1) Lib. VI, c. 2, éd. cit. II, p. 67.
(2) I, c. 12; éd. cit. II, pp. 388-389.
(3) Cf. p. 276-279.
(4) *superscr.*
(5) requereretur *3169*.
(6) determinare *3169*.
(7) secundum.
(8) tercio.

scit que sibi sunt indistantia. Que deus scit pro hoc tercio signo non potest ea pro eodem signo non scire. Potest tamen ea non scire pro signo priori, utpote pro primo signo in quo deus habet libertatem producendi vel non producendi ea quorum determinatas productiones intuetur in 3° (1) signo. Cum ergo in prima ratione ex hoc quod est possibile (2) deum posse non scire quod scit infertur quod deus habet potentiam ad presens, conceditur consequens ad hunc sensum quod ad presens quod est pro posteriori signo instantis potest pro priori signo ejusdem instantis esse potentia ut non sit. Et ad hunc sensum admissum fuit quod ad presens est potentia, sicut prius de actu voluntatis ostensum est. Quod auctoritates Aristotelis hiis que dicta sunt nullatenus obviant facile poterit declarari. Esse enim genitum dicitur non tantum de eo quod prius incepit esse, sed et quod nunc incipit esse per generationem. Nam, sicut habetur 6to phisicorum (3), primo genitum esse mensuratur instanti. Aristoteles ergo, dicens deum non posse facere ingenitum quod genitum est, plane negat a deo potentiam, non solum que est ad preteritum, sed eam etiam que est ad presens. Cum autem dicit primo celi quod ejus quod est esse est virtus, loqui videtur de virtute seu potencia que conjuncta est actui, de quali potentia declaratum est quod ad presens est potentia.

Pro solutione 2^e^ instantie advertendum quod, licet omnem enuntiationem que est vera veritate presenti et actuali oporteat inimpedibiliter esse veram, hoc tamen contingit differenter. Nam enuntiatio vera de materia naturali est inimpedibiliter vera, quia per nullam potentiam impediri potuit, potest aut poterit ejus veritas. Enuntiatio vero de materia contingenti, si significet id fuisse quod fuit, est inimpedibiliter vera, quia per nullam potentiam potest aut poterit ejus veritas impediri, licet aliquando prius impediri potuerit. Si autem significet id esse quod est, est inimpedibiliter vera, quia ejus veritas non potest aut poterit impediri quin jam sit et semper postea fuerit; impediri tamen potest ne postea sit. Si antecedens 2^e^ rationis velit hujusmodi enuntiationes significantes id quod est esse, que indubitanter vere sunt, non esse inimpedibiliter veras, quoniam impediri potest ne postea vere sint, plane concedendum est (fol. 39^v^); sed concessum fuerat ad presens sic esse potentiam, quoniam fieri potest ut id quod est postea non sit. Sed si antecedens velit hujusmodi propositiones veras non oportere inimpedibiliter esse veras, quasi

(1) tercio.
(2) *om. codd.*
(3) VI Phys. V, éd. cit., II, p. 324.

earum veritas posset impediri ne jam sit et semper postea fuerit, omnino negandum est. Et rationes quibus ad id probandum magister noster innititur, si. ut ad carpendum, sic veritatem ad indagandum scripta mea legisset, quam enerves sint facile perpendisset. Distinxi quidem duplex necessarium. Aliquod est necessarium necessitate logica ex sola habitudine terminorum quia subjectum necessario coexigit predicatum aut e contra, quo modo(1) hominem necessarium est esse animal aut risibile. Aliud est necessarium necessitate reali et phisica quod per nullam potentiam potest impediri, quo modo id quod fuit necesse est fuisse, et id quod est necesse est esse, quando est, licet possit non esse postea. Ex qua distinctione difficile non erit solvere primam ejus rationem. Nam cum assumit quod per se notum est nullam propositionem contingentem esse necessario veram, licet id concedi possit loquendo de necessitate logica, loquendo tamen de necessitate reali negandum est. Per nullam enim potentiam impediri potest quin propositio que jam est vera veritate presenti jam sit et semper postea fuerit vera. Cum subdit in confirmationem assumpti quod contingens diffinitur per negationem necessarii, verum est loquendo de eo quod est necessarium necessitate logicali, non reali. Poterit etiam ex eadem distinctione solvi 2ª ratio. Nam cum assumit quod verum se habet in plus quam necessarium, conceditur, si loquatur de eo quod est necessarium necessitate logica. Nulle enim propositiones de materia contingenti hoc modo sunt necessarie, quarum tamen multas constat esse veras. Si autem loquatur de eo quod est necessarium necessitate reali, intelligibile videtur quod quicquid est verum veritate presenti sit necessarium, quoniam omne tale est per omnem potentiam inimpedibile quin jam sit verum et semper postea fuerit, si saltem ad nullum preteritum aut presens, eo modo quo dictum est, sit potentia. Tertiam rationem qua suspicatur demonstrasse me michimet contradixisse non una tantum sed duabus viis dissolvere facillimum est. Una quia arguens in disputatione obviativa non iis tantum utitur que sibi vera videntur, sed frequenter etiam confessatis ab adversario, quamquam opinione sua falsa sint. Cum itaque dixerim veritatem propositionum de futuro contingenti esse impedibilem, illorum obviando positioni qui hujusmodi propositionibus dicunt non tantum inesse (2) veritatem sed et determinatam veritatem, qualis inest illis de presenti et de preterito, utique michi licuit de veritate quam non ego, sed illi dicunt inesse propositionibus

(1) quomodo *codd.* et toujours ainsi.

(2) in esse *3169*.

de futuro contingenti, ostendere quod non est determinata sicut illarum de presenti et preterito quoniam istarum veritas est inimpedibilis, et illarum, impedibilis. Nec ex hiis contra me concludi poterit quod ego simpliciter asseruerim aliquas enuntiationes esse veras impedibili veritate. Alia via est. Dato quod in disputatione determinativa simpliciter asseruissem veritatem propositionum de futuro contingenti esse impedibilem, non tamen ex hoc convinci potero quod dixerim eas esse veras veritate presenti que possit impediri; velut enim ex scriptis meis passim reperitur, hujusmodi propositiones, si a veracibus predicantur, sunt vere veritate expectata que, quia contingenter est futura, indubitanter potest impediri. Nec ex hoc quod propositio sic est impedibiliter vera concludi poterit quod ad presens est potentia, quoniam veritas qua talis propositio dicitur vera non est presens sed futura. Cum laqueum hunc quo contra (1) me magister noster contradictionem concludisse speraverat, duplici michi via dirumpere liceat, eo minus magistris meis formidandum existimo, licet eos se polliceatur alias ostensurum, sibi ipsis in hac materia turpissime contradixisse. Polliceri quippe facilius est quam effecisse.

CAPITULUM QUARTUM (2)

Quoniam ex premissis constat ad nullum preteritum esse potentiam ambigendum non apparet (3) de illa veritate cui in materia futurorum contingentium velut fundamento et cardini semper innisus sum, utpote quod nichil per lineam successionis mediam eventum futuri contingentis antecedens illum inferre potest penes consequentiam necessariam. Quam veritatem, quoniam reperio a nonnullis oppugnatam, eam hic annitor pro mea virili unica ratione confirmare. Que est. Nichil quod contingit eventum futuri contingentis temporaliter antecessisse (fol. 44) potest eumdem eventum inferre penes consequentiam necessariam. Sed quicquid per lineam successionis mediam eventum futuri contingentis antecedit contingit eumdem eventum temporaliter antecessisse. Ergo nichil sic (4) eventum futuri contingentis antecedens potest ipsum inferre penes consequentiam necessariam. Et hec est veritas probanda. Consequentia tenet in 2° prime. Et minor apparet evidens de se. Nam post instans quo

(1) autre encre *3169*.
(2) *i. m. 3169; om. 4152*.
(3) *i. m.* et *a. m. 3169*.
(4) sit *3169*.

aliquid per lineam successionis mediam eventum futuri contingentis antecedit verum est quod eumdem eventum antecessit. Et major patet. Nam nichil quod est inimpedibile potest penes consequentiam necessariam inferre id quod est impedibile. Sed quitquid contingit eventum futuri contingentis temporaliter antecessisse est, ante hujusmodi eventum, inimpedibile. Ergo nichil tale potest penes consequentiam necessariam inferre id quod est impedibile et per consequens nec eventum futuri contingentis, quoniam omnis talis potest per aliquam potentiam impediri. Consequentia iterum tenet in 2° prime. Et major patet. Nam si ex inimpedibili sequeretur impedibile contingeret ex vero sequi falsum. Antecedens enim inimpedibile numquam poterit non esse verum, consequens autem impedibile poterit esse falsum. Et minor patet, quia quitquid contingit eventum futuri contingentis temporaliter antecessisse, ante hujusmodi eventum est preteritum; sed omne preteritum est per omnem potentiam inimpedibile, quoniam, ut patuit, ad nullum preteritum est potentia. Neque apparet adversariis via qua dictam argumentationem possint dissolvere, nisi forte negando aliquam istarum trium ypothesium, vel hanc : non contingit ex vero sequi falsum, vel hanc : omnis eventus futuri contingentis per aliquam potentiam est impedibilis, vel hanc : ad nullum preteritum est potentia. Primam negare non possunt. Nam est conclusio ab Aristotele demonstrata. Nec 2^{am} quoniam hereticum est dicere aliquem eventum futuri contingentis per divinam potentiam impediri non posse. Nec 3^{am}, nam quilibet, spero, rectus arbiter, eam censebit ex superioribus evidentem.

Dicta veritas a nonnullis oppugnatur hujuscemodi mediis (1). Sequitur penes consequentiam necessariam : deus revelavit ecclesie futuram resurrectionem mortuorum, ergo mortui resurgent. Dato enim quod nunquam resurgant, deus, qui veracissimus est, non revelasset ecclesie eorum resurrectionem. Preterea sequitur : ecclesia certissima fide credit resurrectionem mortuorum futuram, ergo mortui resurgent. Nisi enim aliquando resurgerent fides qua ecclesia credit eorum resurrectionem non esset certissima. Preterea sequitur : ecclesia fideliter expectat futuram resurrectionem mortuorum, ergo mortui resurgent. Nam, nisi mortui tandem resurgerent, ecclesia eorum resurrectionem non expectaret fideliter. Cum ergo eventum future resurrectionis per lineam successionis mediam antecedat revelatio qua deus eam ecclesie revelavit et certissima fides et fidelis expectatio qua ecclesia eam credit et expectat, apparet quod aliquid precedat per

(1) *om.*

hujusmodi lineam mediam eventum futuri contingentis, quod tamen ipsum infert penes consequentiam necessariam, nisi diceretur quod futura resurrectio mortuorum necessario non contingenter eveniret, quod sapit heresim.

Hanc instantiam tangit magister noster non longe a fine sui opusculi (1), ubi, quia dicte veritati innisus sum, contra me (2) concludere molitur quod propositiones fidei de futuro contingenti (fol. 40ᵛ) negem simpliciter esse veras. Ut id eum ostendam frustra moliri, utque simul dissolvam dictam instantiam, sciendum quod eventus futuri contingentis aliter a deo cognoscitur et aliter ab intellectu nostro, si saltem excludatur revelatio. Nam a deo, qui ratione sue eternitatis ambit totum cursum temporis, cognoscitur tanquam conspectui suo non minus indistans quam si jam presentialiter existeret, et ideo ab ipso cognoscitur notitia tam certa (3) sicut a quocumque cognoscente cognosci potest quod ejus conspectui presentialiter offertur. Sed ab intellectu nostro non cognoscitur nisi ut est futurus et preest in causa sua, que quia est oppositorum, impossibile est quod ut sic a quocumque intellectu cognoscatur nisi sola noticia conjecturali. Cum ergo voces (fol. 44ᵛ) significent res ut ab intellectu nostro cognoscuntur, patet quod, licet hec propositio : mortui resurgent, ex sua impositione non significet eventum future resurrectionis nisi ut adhuc futurum et ut preest in causa, voces enim imposite sunt ad significandum res ut a nobis cognoscuntur; nichilominus ex intentione illorum qui cum doctoribus antiquis credunt omnia deo esse presentia seu indistantia, significare potest hujusmodi eventum ut divino conspectui indistantem.

Quo premisso conceditur quod divina revelatio, certissima fides ecclesie, et fidelis ejus expectatio inferunt penes consequentiam necessariam hoc consequens : mortui resurgent, ut significat eventum future resurrectionis tanquam divino conspectui indistantem, non autem ut significat ipsum tanquam futurum et ut preest in sua causa. Primum patet. Nam ex opposito consequentis sequitur oppositum antecedentis. Nisi enim ipsa resurrectio mortuorum esset deo indistans, et sic de ea tanquam re sibi indistante haberet certam et infallibilem noticiam, si doctorem sanctum sequi velimus, deus non revelasset eam nobis tanquam certissima fide credendam et fideliter expectandam. 2ᵘᵐ patet quia, quantumcumque clara revelatio, certa fides aut fidelis expectatio

(1) Cf. 315 ss.
(2). contrame.
(3) certe *3169*.

fuerit de futuro contingenti, causa tamen, in cujus potentia preest hujusmodi contingens, simpliciter manet indeterminata ad ipsum producendum vel non producendum; quare nichil predictorum necessario infert eventum contingentis, ut preest in sua causa, magis ut futurum quam ut non futurum.

Cum dicitur quod ex opposito consequentis sequitur oppositum antecedentis, nam dato quod mortui nunquam resurgerent, deus non revelasset ipsorum resurrectionem nec eam ecclesia certissime crederet aut fideliter expectaret, hic advertendum quod quicumque dederit seu admiserit hanc : mortui nunquam resurgent tanquam veram, is cogitur consequenter dicere vel quod deus non revelavit resurrectionem mortuorum ut fide credendam vel quod fuit mendax. Nam, hoc dato, futura resurrectio mortuorum non subesset notitie divine; quare non posset (1) a deo, nisi esset mendax, revelari. Sed si quis dixerit eamdem propositionem nec determinate veram nec determinate falsam sed neutram, qualis secundum Aristotelem est omnis propositio de futuro contingenti, ille utique sustinere possit quod deus veraciter revelavit futuram resurrectionem mortuorum tamquam sibi indistantem; verumtamen (2) dicere cogitur quod deus eam non revelavit ut futuram et ut preest in potentia cause, quo modo eam significat propositio de futuro ex sua primaria institucione. Nec mirum. Nam ut sic a nullo est determinate revelabilis, cum ut sic est penitus indeterminata nec alicui certe noticie nata subesse. Liquet igitur quod ex hoc quod deus revelavit eventum resurrectionis tanquam sibi indistantem non necessario sequitur hoc consequens : mortui resurgent, ut significat eumdem eventum tanquam adhuc futurum (3) et ut preest in causa. Cum tam istud consequens quam suum oppositum est nec determinate verum nec falsum, et neutrum ipsorum magis repugnat antecedenti quam alterum, sicut dictum est de revelatione divinitus facta sic dicendum est tam de certissima fide quam fideli expectatione. Sed pro ampliori premissorum intelligentia sciendum quod, quamquam tria predicta penes necessariam consequentiam inferant eventum futurorum contingentium ut divino conpectui indistantem, hoc tamen non convenit eis ut vel ipsa vel illa, gratia quorum ipsum inferunt, per lineam successionis mediam hujusmodi eventum antecedunt, sed tantum gratia alicujus a quo talis eventus est indistans. Verbi gratia quoniam deus nobis revelat se de aliquibus futuris habere noticiam (fol. 41) a qua

(1) possit.
(2) verum tamen *codd.*
(3) futuram.

eventus hujusmodi futurorum est indistans, idcirco talis revelatio infert eumdem eventum sibi esse indistantem sic est et de fide et fideli expectatione quibus futura revelata certissime credimus et fideliter expectamus, quia scilicet innituntur veritati prime a qua omnium futurorum contingentium eventus est indistans. Nichil itaque eventum futurum contingentis per lineam successionis mediam antecedens eumdem inferre potest per consequentiam necessariam, aut saltem, si ullo modo possit inferre, hoc non est gratia (fol. 45) alicujus quod ipsum per hujusmodi lineam antecedit.

CAPITULUM V (1)

Existimatum est a quibusdam fidem nostram illudi vimque fieri sacris litteris ab iis qui dicunt eam fidem quam habemus de finali judicio, de generali resurrectione et sic de aliis, inferre eventum hujusmodi futurorum ut deo indistantem, non autem ut futurum. Nam, si ipsum inferat ut deo indistantem, cum non inferat ipsum nec ut preteritum nec ut presentem, a sufficienti divisione videtur quod infert ipsum ut futurum. Non enim sunt plures differentie temporis. Preterea fides est de resurrectione mortuorum ut futura. Ergo infert ejus eventum non solum ut deo indistantem, sed etiam ut futurum (2). Antecedens patet tum quia que ponuntur in simbolo fide credenda sunt ut ibi ponuntur; sed articulus de resurrectione mortuorum ponitur ibi sub ratione futuri; tum quia, secundum apostolum, fides est substantia rerum sperandarum (3); sed nichil speratur nisi sub ratione futuri; tum quia resurrectionem christi fide credimus ut preteritam (4); ergo, pari ratione, nostram fide credimus ut futuram.

Hic advertendum quod, ex quo fides est impressio quedam divine noticie, idcirco sic aliquid fide creditur sicut a deo cognoscitur. Ad scrutandum ergo an futurum fide credatur ut futurum prius expedit scire an futurum a deo cognoscatur ut futurum. Pro cujus evidentia sciendum quod aliquid dupliciter dicitur futurum; aut quia preest in potentia cause rem postea producture, aut quia est posterius presenti nunc. Inter quas acceptiones futuri plurima est differentia. Nam futurum 2° modo importat respectum posterioritatis habentem

(1) *i. m. 3169; om. 4152.*
(2) futuram.
(3) Ad Haebreos, XI, 1.
(4) preteritum.

eventum rei pro fundamento et presens nunc pro termino. Sed futurum primo modo importat respectum prioritatis habentem pro fundamento rem ut preest in potentia cause et pro termino eventum ejusdem rei postea producende. Qua distinctione premissa, dicendum videtur quod nullum contingens certitudinaliter cognoscitur a deo ut (1) futurum primo modo, quia pro quanto contingens preest in potentia cause, a nullo intellectu potest per certitudinem cognosci. Et hec est sententia doctoris sancti prima parte, questione XIIII, articulo XIIII inter cetera dicentis : « Alio modo potest considerari contingens ut est in sua causa, et sic consideratur ut futurum et ut contingens nondum determinatum ad unum quia causa contingens se habet ad opposita; et sic contingens non subditur per certitudinem alicui cognitioni. Unde quicumque cognoscit contingens in sua causa tantum, non habet de eo nisi conjecturalem (2) cognitionem » (3). Hec ille. Sed quitquam contingit esse in tempore futuro cognoscitur a deo certitudinaliter ut futurum primo modo, hoc est, ut posterius presenti nunc; quoniam enim deo ratione sue eternitatis totus temporis cursus et quicquid in tempore fuit, est, aut erit, est indistans, patet quod deo est indistans et nunc presens, et eventus cujuslibet futuri contingentis, et linea successionis media, et ita per certitudinem cognoscit eventum futuri contingentis (4) ut futurum, id est ut posteriorem, ymo quanto tempore posterior est, presenti nunc. Hanc sententiam innuit Dominus petrus Aureoli super sententiarum distinctione XXXVIII, questione prima, articulo 2°, in declaratione tercie (5) propositionis : « Tota, inquit, successionis linea est infra deitatem tanquam quoddam subjectum; nec intercidit in hac linea deitas quasi dividat eam in ante et post; ergo similiter abstrahit in cognoscendo, ut scilicet nichil aspiciat ut preteritum nec ut futurum nec ut simultaneum, sed abstrahendo ab (fol. 41[v]) omnibus aspiciat ut indistans, et ita cognoscit deus sibi invicem succedentia cognoscendo quod unum respectu alterius est preteritum, alterum vero futurum, et tamen sibi nichil (6) est preteritum aut futurum » (7). Hec ille. Cum ergo, sicut deus aliquid per certitudinem cognoscit, sic, si nobis id (8) revelet, firmis-

(1) prout.
(2) notitiam *add. et exp.*
(3) I, q. XIV, a. 13, *éd. cit.*, IV, p. 186.
(4) et linea... contingentis *iteret del.*
(5) tercie.
(6) michi d *codd.*
(7) *I Sent.*, d. 38, a. 2, éd. cit. p. 882, 1D.
(8) illud *ill. exp. 3169.*

sima fide credimus, liquet (fol. 45ᵛ) quod nichil fide credimus nec ut deo futurum, cum nichil ut sibi futurum cognoscat, nec ut futurum, id est ut preest in potentia cause, cum futurum ut sic a nullo intellectu sit per certitudinem cognoscibile. Nichilominus futura contingentia, que nobis a deo revelata sunt, fide credimus ut futura, id est ut in divino conspectu posteriora presenti nunc. Nam deus ea cognoscit ut sic futura. Cum ergo per rationes allatas concluditur quod revelatio futurorum divinitus facta et fides, seu fidelis eorum expectatio, inferunt eventum futuri contingentis tanquam futurum, conceditur, accipiendo futurum 2° modo pro eo quod in (1) conspectu dei posterius est presenti nunc; accipiendo autem futurum primo modo non magis necessaria consequentia inferunt ipsum esse futurum quam non futurum. Nam, non obstante hujusmodi revelatione, fide, aut fideli expectatione, id quod est in potentia cause contingenter agentis postea potest esse vel non esse. Nec valet consequentia : aliquid pro certo instanti est futurum 2° modo, quia scilicet pro illo instanti in conspectu dei est posterius presenti nunc; ergo ante illud instans, dum adhuc preest in potentia cause, est futurum primo modo, sicut nec apud aristotelicum valet consequentia : verum est me pro hoc instanti scribere, ergo ante hoc instans verum fuit me scripturum esse.

Et, ne quis forte putet per dictas rationes concludi posse quod aliquid necessario inferat eventum futuri contingentis primo modo, expediet eas solvi sigillatim. Ad primam ergo dicitur negando hanc consequentiam : fides futurorum necessario infert eorum eventum ut deo indistantem, ergo ut futurum, cum ipsum non inferat nec ut preteritum nec ut presentem. Negatur, inquam, hec consequentia accipiendo futurum 2° modo. Nam eventus futuri contingentis est deo indistans secundum quod ipsum contingit esse in aliqua parte temporis. Sed dicitur futurus 2° modo priusquam actu est. Ut autem alias est (2) ostensum, hec consequentia non valet : hoc actu est, ergo prius fuit verum dicere quod est futurum. Et ad probationem qua dicitur quod non sunt plures differentie temporis quam presens, preteritum et futurum, conceditur accipiendo futurum 2° modo. Si autem accipiatur primo modo non est differentia temporis, sed modus quidam essendi quo (3) res dicitur preesse in sua causa.

Ad 2ᵃᵐ rationem dicitur negando hoc antecedens : fides est de

---

(1) *superscr.; om. 3169.*
(2) *superscr.; i. m. 3169.*
(3) ad *add.*

resurrectione mortuorum ut est futura, si saltem accipiatur futurum primo modo; fides enim non est de resurrectione ut precise preest in sua causa, sicut declaratum est. Ad primam probationem dicitur quod, cum homo ex se non cognoscat futura contingentia nisi prout preconcipiuntur in suis causis, idcirco cum propositiones principaliter imposite sint ad significandum conceptus humanos, patet quod propositiones de futuro contingenti ex sua impositione non significant res futuras, nisi ut preconceptibiles in suis causis. Propositiones tamen fidei de futuro accipiuntur a fidelibus non ut significantes res futuras sic modo humano preconceptas, sed ut significantes eas a deo per certitudinem cognitas. Et ut sic ponuntur in symbolo fidei. Quod etiam innuere videtur Apostolus sic scribens ad thessalonicenses de verbo auditus sive fidei : « Accepistis illud non ut verbum hominum (1) sed, ut est vere, verbum dei (2). Cum ergo deus per certitudinem non cognoscat futura ut presunt in suis causis, sed ut sibi sunt indistantia atque in suo conspectu posteriora presenti nunc, credens fideliter articulum de resurrectione mortuorum, ut in symbolo ponitur, eum (3) credit sub ratione futuri 2° modo, non primo. Ad 2am probationem dicitur quod ex hoc quod fides est substantia rerum sperandarum nequaquam concludi potest quod futurum fide creditur sub ratione futuri. Eque enim concluderetur quod trinitas personarum, quam fide credimus, crederetur sub ratione futuri. Nec Apostolus per res sperandas intelligit res nunc non existentes que (4) postmodum sperantur fore, sed res non (fol. 42) visas quas in patria videre speramus, ac precipue veritatem primam cui fides principaliter innititur (5).

Ad 3am dicitur quod tam resurrectionem christi quam nostram fide credimus ut deo indistantem, illam tamen ut in conspectu (fol. 46) suo priorem presenti nunc, nostram vero ut eodem nunc posteriorem. Dicitur etiam quod non est simile de preteritis et futuris. Nam futura ut presunt in suis causis, a nullo intellectu possunt certitudinalite, cognosci. Sed preterita, ut relicta in suis effectibus, possunt cognosci per certitudinem, etiam ab intellectu humano, quoniam quiilbet effectus infert causam prefuisse. Sic dicentes quod fides, qua credimus articulum de futuro contingenti, necessario infert ejus eventum ut deo indistantem, non autem ut futurum et ut preest in sua causa, ut spero, nec fidem ullatenus illudunt, nec vim ullam inferunt scripture sacre. De qua tamen re, ut semper, melius sentientium arbitrio me (6) submitto.

(1) hujusmodi *codd.*
(2) II, 13.
(3) cum *codd.*
(4) quo.
(5) in nititur.
(6) meo *codd.*

CAPITULUM VI (1)

Si, velut reor, liquidum effecerim nichil, eventum futuri contingentis per lineam successionis mediam antecedens, ipsum per consequentiam necessariam inferre posse, consequens est ut nulla veritas propositionis de futuro contingenti eventum rei per eam significate mediante hujusmodi linea antecedat, quoniam veritas propositionis necessario infert esse rei per ipsam significate. Convertuntur enim adinvicem, sicut habetur ex predicamentis Aristotelis (2). Est preterea consequens, ut nulla prescientia aut prevolitio (3) futurorum contingentium ipsorum eventum precédat per hujusmodi lineam, loquendo saltem de prevolitione efficaci, quoniam presciencia et prevolitio efficax necessario inferunt eventum rei prescite ac efficaciter prevolite. Quibus tamen non obstantibus, propositiones fidei de futuro contingenti simpliciter sunt vere ac simpliciter verum est deum prescire ac prevelle futura contingentia, eo modo quo id doctores catholici crediderunt. Hec omnia in residuo hujus operis pro mea virili demonstrare temptabo. Et primo de veritate propositionum, quam quidam ponunt sujective in intellectu, ut doctor sanctus (4); quidam, in ipsa propositione ut dominus petrus Aureoli (5), quidam nullibi subjective, sed tantum objective in intellectu, ut dominus Durandus (6). Sed quicquid istorum (7) dicatur, impossibile est veritatem propositionis de futuro contingenti precedere, mediante linea successionis media, eventum ejusdem contingentis.

Quamobrem opus non esset hic solvere rationes quibus magister noster in tercia propositione prime partis sui opusculi (8) persuasisse putat propositioni, secundum Aristotelem, non inherere veritatem aut falsitatem. Nichilominus, quia dominus petrus Aureoli, quem in aliis secutus sum, ita michi visus est sentire, non omnino supervacaneum erit easdem rationes hic dissolvi. Quod enim, secundum Aristotelem, propositioni formaliter non inest veritas, probat primo : quia si oratio esset susceptibilis veritatis et falsitatis tanquam sibi

---

(1) *om.; i. m. 3169.*

(2) c. 9 de priori, éd. cit. I, p. 22.

(3) prevolutio *3169.*

(4) *S. T.* I, 9. XVI, a. 1, éd. cit., IV, p. 206.

(5) d. XIX, 3ª pars, art. 2.

(6) Durandi a S. Portiano, *in sententias... libri quatuor*, I, dis. 19, q. 5, Lugduni MDLXIX, fol. 56ᵛ, n. 9, 10 et surtout q. 6, fol. 57, n. 9, 10, 11.

(7) *i. m. 3169.*

(8) Cf. 279-281.

formaliter inherentium, ipsa non posset ex vera fieri falsa aut e contra sine sui mutatione, quod directe est contra intentionem Aristotelis. 2° quia apud omnes certum est Aristotelem reputasse communes animi conceptiones esse veras, ymmo verissimas (1), sed non est apud omnes certum eum sensisse propositiones non esse veras nisi a veritate eis formaliter inherente, ex quo doctor sanctus dicit veritatem esse in intellectu; ergo de ratione veri, ut de eo loquitur Aristoteles, non est quod veritas dicat aliquid formaliter inherens propositioni. 3° (2) quia, secundum Aristotelem, judicium quo deus se intelligit esse substantiam immaterialem est verum, et tamen illi judicio non poneret aliquid formaliter inherere a quo diceretur verum, cum, secundum eum, intellectio dei sit eadem sue essentie. 4to (3) quia, secundum Aristotelem, hec est vera : chymera non est, et tamen non videtur ymaginabile aliquid formaliter inherens illi propositioni a quo dicatur vera. Et istud confirmatur (4) dupliciter (fol. 46^{v}). Primo quia, omni ymaginabili detracto et (5) dicta propositione manente eadem in significando, ipsa est vera secundum Aristotelem; ergo vanum est ponere illud formaliter inherens. 2° quia, cum tale inherens, si ponatur, esset posterius propositioni, videtur virtute (6) (fol. 42^{v}) divina tolli posse, propositione remanente; quare staret eamdem propositionem, que prius fuit vera, fieri non veram absque mutatione rei, quod videtur absurdum.

Hiis non obstantibus, sustineri potest Aristotelem sensisse propositionem esse veram a veritate sibi formaliter inherente. Dicetur quidem ad primam negando consequentiam. Et quod non valeat patet quia contingit, secundum Aristotelem, aliquid de novo suscipere formam sibi formaliter inherentem absque sui mutacione ut, si, sorte existente albo, plato etiam fiat albus, sortes fit similis platoni absque sui mutatione, ut patet quinto phisicorum (7). Sed, secundum communiorem opinionem, aliquid est alteri simile a similitudine sibi formaliter inherente. Et cum dicit Aristoteles orationem non esse susceptibilem veri aut falsi, loquitur de ea susceptione que fit cum motu suscipientis; alias consequentia non valeret quam fecit Aristoteles sub hiis verbis : « simpliciter autem a nullo oratio aut opinio movetur, qua propter non erunt susceptibilia contrariorum », etc., (8) velut alias declaravi.

Ad secundam dicitur negando consequentiam. Quod enim eadem

(1) veracissimas.
(2) tercio.
(3) quarto.
(4) confirmat.
(5) in *3169*.
(6) veritate *3169*.
(7) *Peut être V Plys.*, c. 2, édit. cit., p. 309.
(8) *Categ.* c. 3, de substantia, éd. cit., I, p. 6. P. L. t. 64, col. 200.

forma arguendi alibi non teneat ostenditur sic. Si enim albertista (1), qui opinatur elementa formaliter manere in mixto, sic arguatur : certum est apud omnes Aristotelem reputasse hominem esse mixtum ex elementis; sed non est apud omnes certum eum sensisse hominem non esse mixtum nisi ex elementis in eo formaliter remanentibus, ex quo doctor sanctus opinatur elementa non remanere formaliter in mixto (2), ergo de ratione mixti, ut de eo loquitur Aristoteles, non est quod elementa formaliter maneant in mixto; hanc enim consequentiam indubitanter negaret albertista, et est omnino similis illi consequentie qua magister noster utitur in 2ª ratione. Ymmo quod ex duabus propositionibus quas assumit nichil necessario sequatur, saltem gratia forme, patet; nam equivalent hiis duabus : omnes certe credunt Aristotelem reputasse communiores animi conceptiones esse veras, et non omnes certe credunt eum sensisse propositiones esse veras a veritate sibi formaliter inherente; que, cum sint disposite in tertia figura, minore existente negativa, cuilibet exercitato in logica perspicuum est quod nichil necessario inferunt gratia forme. Si autem premisse transponantur, tunc ex eis sequitur in bocardo quod reputasse communiores animi acceptiones (3) esse veras non est sensisse propositiones esse veras veritate formaliter inherente; que conclusio conceditur. Sed longe est alia ab ea que fuerat inferenda.

Ad 3ªᵐ, in qua assumit duas propositiones et nichil infert, dicitur quod ex eis inferenda est hec conclusio; judicium quo deus se intelligit substantiam immaterialem, secundum Aristotelem, non est verum a veritate sibi formaliter inherente, que conclusio (4) conceditur. Si ulterius arguatur : hoc judicium non est verum veritate sibi formaliter inherente, ergo nec nostrum judicium aut propositio per nos formata, negatur consequentia, sicut ista omnino neganda est : intellectus divinus non est sciens scientia sibi formaliter inherente, ergo nec noster.

Ad quartam dicitur, negando antecedens, quod, quia non probatur, non mirum est si equa facilitate negetur. Ymmo falsitas ejus videtur manifesta; nam ab eis qui dicunt propositionem esse veram quia est conformis rei facile est intelligere in propositione relationem conformitatis a qua tanquam a sibi formaliter inherente dicatur conformis seu vera.

Ad confirmationes quas adducit dicitur quod, si virtute divina

(1) albertiste *codd.*
(2) immixta *codd.*
(3) conceptiones.
(4) judicium... conclusio *i. m. 3169.*

tollatur id quo tanquam formaliter inherente propositio dicitur vera proposicio remanens dicetur vera non formaliter sed fundamentaliter, quomodo secundum eos qui dicunt quod, duobus existentibus albis, deus possit ab eis tollere similitudinem, eadem alba, ablata similitudine, essent non formaliter similia, sed fundamentaliter. Quod confirmationes iste non convincunt Aristotelem voluisse quod veritas non inest formaliter propositioni, evidens videtur. Aristoteles enim non admisisset hanc ypothesim que in eis supponitur, puta quod omne posterius formaliter inherens subjecto potest, eodem subjecto remanente, divina virtute separari; verbi gratia motum qui est accidens formaliter (fol. 49) inherens celo Aristoteles opinatus est (1) a celo nulla posse virtute separari. In solvendis hiis rationibus amplius morarer nisi vererer nos ambos illis irrisioni futuros a quibus deprehenderemur in etate grandeva plus debito circa tam pueriles ratiunculas occupari.

Ad propositum itaque regrediendo, constanter credendum existimo nullam propositionem de futuro contingenti esse veram ea veritate que eventum ejusdem (fol. 43) contingentis per lineam successionis mediam precedat, ubicumque quis reponat hujusmodi veritatem. Nichilominus propositiones fidei de futuro contingenti simpliciter dicende sunt vere. Quod qualiter, absque contradictione, sustineri possit deinceps ostendam, premisso tamen quod simpliciter aliquando accipitur pro universaliter et aliquando pro incontracte, quomodo in thopicis habetur, simpliciter dico quod sine addito dico.

CAPITULUM VII (2)

Quisquis articulos fidei de futuro contingenti simpliciter, hoc est universaliter, negaret esse veros (3), mea sententia, censendus esset hereticus. Is enim irrefragabiliter convinceretur dicere primo tales articulos non esse fide credendos, 2° fidem eorumdem articulorum non esse virtutem. Primum patet quoniam nichil est fide credendum nisi subsit objecto formali fidei, quod est veritas prima. Sed quod universaliter et omni modo non est verum non subest veritati prime. Si ergo articuli fidei de futuro (4) contingenti universaliter non essent veri non essent fide credendi. 2um patet quia virtus intellectualis non versatur nisi

(1) *superscr.*
(2) *om. i. m. 3169.*
(3) veras *3169.*
(4) simpliciter a nullo essent *add. et del. 3169.*

circa verum, ut patet sexto (1) ethicorum (2). Si ergo articuli fidei de futuro simpliciter a nullo essent veri, fides ipsorum non esset virtus intellectualis, quare, cum fides communiter non ponatur nisi virtus perficiens intellectum, sequitur quod hujusmodi fides nullo modo esset virtus. Ea propter, licet sustinuerim opinionem Aristotelis dicentis propositiones de futuro contingenti nec esse veras nec falsas, nunquam tamen articulos de futuro contingenti simpliciter, id est universaliter, negavi esse veros, ymmo eos asserui pluribus modis veros, utpote veritate increata divine noticie ac veracissimi revelantis qui mentiri non potest. Insuper et veritate creata fideliter expectata. Sed an ab asserente eos hiis modis esse veros dicantur esse simpliciter veri, jam inter magistrum nostrum et me versari videtur controversis.

Ad quam, si fieri possit, dissolvendam, sciendum quod articuli fidei de futuro contingenti aliud significant ex sua prima impositione et aliud ex intentione fideliter credentis. Primo quidem impositi sunt ad significandum res futuras et ut presunt in potentia cause. Ex intentione autem fideliter credentis significant hujsmodi res, ut sunt secundum suam actualitatem deo indistantes ac ut sunt in ejus conspectu posteriores presenti nunc. In hac 2ª (3) significatione dixi eos esse veros veritate increata divine noticie. In prima autem dixi eos esse veros veritate creata, non presenti et actuali, sed expectata. Si ergo michi queratur an hujsmodi articulos dixerim esse simpliciter veros, confiteor me eos non dixisse simpliciter, id est universaliter et omni modo, esse veros. Dixi enim, si accipiantur secundum propriam formam et primariam eorum impositionem, quod actu nec veri sunt, nec falsi (4), sed neutri. Nichilominus ostendam me dixisse quod quoad utramque significationem dicendi sunt simpliciter veri et absque omni addito contrahente.

Quod enim dixi eos esse simpliciter veros in 2ª significatione patet. Nam dixi quod sic sunt veri inimpedibili veritate, utpote veritate increata divine noticie, que (5) impediri non potest. Sed quod est verum inimpedibili veritate est simpliciter verum. Ob id (6) enim propositiones de presenti et de preterito, si sint conformes rei, dicuntur simpliciter vere, quia scilicet inimpedibili veritate sunt vere. Liquet ergo me eos in hac significatione dixisse simpliciter veros.

Preterea quod eos (fol. 47v) dixi in prima significatione esse simpliciter et incontracte veros, patet. Nam ostendi multa dici simpliciter

(1) 6to.
(2) c. 2, éd. cit. T. II, p. 67.
(3) secunda.
(4) false *3169*.
(5) qua *codd.*
(6) *superscr.*

et sine addito esse talia que tantummodo sunt talia in firma expectatione, verbi gratia viator cui remissa sunt peccata simpliciter et sine addito dicitur beatus, quia firma spe beatitudinem expectat et sic de aliis. Quia ergo dixi fideles firmissima spe expectare veritatem per quam articuli fidei (43v) de futuro contingenti, accepti (1) in prima significatione, suis temporibus adimplebuntur, liquet me non tantum dixisse sed etiam (2) nisum fuisse ad ostendendum hujusmodi articulos in prima significatione (3) posse dici veros simpliciter et incontracte.

Videatur deinceps an, per deductionem quam fecit magister noster in ejus opusculo, ex scriptis meis convincar simpliciter negasse articulos fidei de futuro contingenti esse veros. Ad quod ostendendum premittit quinque suppositiones ex scriptis, ut autumat, et a me confessatis (4) excerptas (5). Prima est quod dixi omnes propositiones fidei de futuro cujus adhuc eventus expectatur esse de futuro contingenti. 2a est quod, utendo vocabulis secundum communem hominum intelligentiam, simpliciter et absolute negavi propositiones de futuro contingenti esse modo seu ante positionem rerum in esse veras aut falsas, et simpliciter asserui eas esse modo neutras, hoc est nec veras nec falsas. Tertia est quod hanc conclusionem quod propositiones de futuro contingenti ante eventum rerum nec sunt vere nec false reputavi demonstratam. Quarta est quod pariformiter sentio de propositionibus fidei de futuro contingenti sicut de aliis que non sunt fidei quoad hoc quod est negare ab eis veritatem et falsitatem et asserere earum neutralitatem. Quinta est quod rationem unam quam adduxi eque reputo concludere et demonstrare contra veritatem propositionum fidei de futuro ac falsitatem oppositarum (6) sicut contra veritatem et falsitatem earum que non sunt fidei, et quod quoad hoc de eis sentio pariformiter.

Subjungit deinde quatuor propositiones quas vel suadere nititur vel demonstrare (7). Prima est quod, secundum Aristotelem, de ratione veri aut falsi non est, secundum quod dicuntur de enuntiationibus, esse inevitabiliter seu inimpedibiliter tale. 2a est quod ad hoc quod enuntiatio dicatur simpliciter vera aut falsa per copulam est presentis temporis, secundum quod Aristoteles (8) utitur hiis terminis, non requiritur quod ipsa sit inimpedibiliter vel necessario vera aut falsa. Tertia (9) quod ad hoc quod aliqua enuntiatio dicatur,

(1) accepta.
(2) ut *codd.*
(3) esse *add. et del.*
(4) confessatas *codd.*
(5) Cf. p. 262-276.
(6) opp *add. et del. 1639.*
(7) Cf. p. 276-284.
(8) secundum Aristotelem.
(9) 3a.

secundum Aristotelem, vera aut falsa per copulam est de presenti non requiritur veritatem aut falsitatem esse aliquid formaliter inherens enuntiationi a qua enuntiatio dicatur vera vel falsa. Quarta est quod, juxta mentem Aristotelis, ad hoc quod aliqua enuntiatio dicatur vera per hanc copulam est presentis temporis requiritur et (1) sufficit quod ipsa sit jam, vel modo, vel actu, vel presentialiter vera.

Ex quibus omnibus elicit quatuor correlaria (2). Quorum primum est quod pro eodem habeo dicere propositionem esse veram aristotelice et eam esse jam vel modo vel presentialiter vel actu esse veram. 2um est quod pro eodem habeo dicere propositionem esse veram vel falsam aristotelice et illam esse veram ex vi enuntiationis seu ex rigore logice. 3um est quod isti termini verum et falsum in communi usu popularium non taliter accipiuntur ut usitato sermone absolute concedantur ab eis dici per copulam est de presenti et de hiis que jam non sunt talia, quamquam in posterum expectantur esse talia. Quartum (3) est quod penitus eodem modo capiuntur verum et falsum in usu vulgari sicut capiuntur ab Aristotele.

Hec omnia prolixius declarare temptavit. Sed pluraque, meo judicio, per frustra. Primam quidem suppositionem plane confiteor; similiter 2^{am} et 3^{am}, si intelligantur de propositionibus de futuro contingenti acceptis secundum propriam et primariam earum impositionem, utpote pro quanto significant res futuras ut presunt in sua causa. Quartam etiam et quintam suppositionem admitto, si intelligantur de propositionibus fidei de futuro secundum propriam et primam earum impositionem, ac de veritate creata, presenti et actuali. Insuper admitto primam ejus propositionem (fol. 48) et quartam. 2^{am} sufficienter arbitror improbatam in tertio capitulo (4) ubi solute sunt rationes quibus eam fulcire conatus est. Et de tercia (5) ostensum est in 6to capitulo (6) qualiter solvi possint rationes quibus eam putavit efficaciter persuasisse. Duo prima correlaria, meo judicio, possunt admitti, si per ea intelligatur quod Aristoteles nullam propositionem voluit esse veram nisi quam putavit jam seu modo esse veram presenti et actuali (fol. 44) veritate, et quod eam, que sic est vera (7), dixisset ex vi enuntiationis et ex rigore logice esse veram. De duobus aliis correlariis perpendere nequeo qualiter ex precedentibus correlarie deduci possint. An autem veritatem contineant (8) attentius consideretur.

(1) ut *3169*.
(2) Cf. p. 284-288.
(3) 4.
(4) 3° capittulo.
(5) 3^{a}.
(6) 6° capittulo.
(7) est vera *om. 3169*.
(8) contineat *3169*.

CAPITULUM VIII (1)

Tertium ejus correlarium admitti videtur si id tantum dicatur absolute concedi esse tale quod absque omni habitudine ad alterum est tale. Quod enim est tale in expectatione non conceditur esse tale nisi ex habitudine ad aliquod futurum per quod efficietur tale. Sed si omne illud dicatur absolute concedi quod simpliciter (2) et sine addito concedi potest, sic correlarium non videtur efficaciter probari per rationes quas adducit magister noster. Innuere quidem videtur pro hoc correlario tres rationes (3). Prima est quia quicumque (4) ex plebe de eo quod nunc non est verum, sed in posterum verificandum, interrogaretur : an tu hoc nunc simpliciter et absolute concedis esse verum, responderet utique : non plus illud concedo nunc esse verum quam pannum qui est albus et postea denigrabitur nunc esse nigrum, aut ferrum candens modo esse frigidum. 2ª est quia alias catholicus popularis usitato sermone haberet concedere modo esse verum quod mortui resurgent, aut quod resurrexerunt, item quod mortui non resurgent, quoniam omnia talia certissima fide expectantur tandem verificanda. 3ª quia si interrogarentur omnes de populo an reputent secundum usitatam inter eos consuetudinem hec duo pro synonimis verum simpliciter dictum et verum futurum seu verificandum, si unus teneret illa pro synonimis (5), mille aliter sentirent. Ergo.

Pro solutione istarum rationum sciendum quod non solum illud dicitur simpliciter tale quod actu et in re est tale, sed etiam quod est tale in spe seu expectatione; verbi gratia, juvenis quem constat adhuc actu non esse felicem, sed ejus indoles ipsum polliceatur fore felicem, dicitur simpliciter et sine addito felix, ut patet ex primo ethicorum (6), qui etiam nondum adeptus est fortunam, si sit prope habere ipsam, dicitur simpliciter et sine addito fortunatus, ut habetur 2º physicorum (7). Cum ergo aliquid dicatur (8) simpliciter esse tale quia firma spe exptectatur fore tale, anne potius credendum est quod propositio fidei de futuro, quam populus christianus firmissima fide expectat verificandam, ab eo dicatur simpliciter et absque omni addito vera ? Et quantum suspicari possum populus propositiones de presenti aut de preterito, si correspondeant rei, concedit (9) absolute esse veras.

(1) *om. i. m. 3169.*
(2) est *add. et del.*
(3) Cf. p. 287-288.
(4) quecumque.
(5) verum simpliciter... Synonimis *i. m., a. m.*
(6) Locum non inveni.
(7) Locum non inveni.
(8) dicatur aliquid.
(9) *i. m. 3169.*

Eas autem que sunt de futuro contingenti, saltem si non sunt fidei, credit veras tantum ex suppositione; verbi gratia, si popularis aliquis interrogetur an hec sit vera : sol cras orietur, respondebit utique quod sic. Si ei objectatur (1) forsan : deus posset solem die crastino sub orizonte detinere, dicet : eam volui esse veram, si cursui nature nullum prestetur impedimentum. Et sic michi responsurum credo quemlibet de populo. Cum ergo hujusmodi propositiones de futuro a populo concedantur esse vere tantum ex suppositione dependente a futuro, apparet quod populus concedit eas esse veras, non quia actu sunt vere, sed quia, si nullum obsit impedimentum, expectantur verificande.

Ad primam ergo rationem dicitur quod, si aliquis ex plebe de eo quod actu non est verum sed postea verificandum interrogaretur an id concedat simpliciter esse verum, si id sit de presenti aut de preterito, respondebit quod non, sicut nec ferrum candens, (fol. 48^v^) quod postea frigefiet, concedendum est nunc esse frigidum. Si vero sit de futuro contingenti, quia id conceditur simpliciter verum quia creditur verificandum, tunc, si id certe credat verificandum, concedet simpliciter esse verum, quamvis actu non sit verum.

Ad 2^rm^ rationem dicitur quod, licet has propositiones : mortui resurgent et mortui resurrexerunt, aliquando continget esse veras, non tamen pro illo eodem in numero quod jam significant. Jam enim prima propositio significat mortuos resurgere pro hoc instanti; sed pro (fol. 44^v^) eodem instanti impossibile est unquam postea resurrectionem mortuorum esse presentem, quoniam idem instans defluit nec unquam idem numero redibit, quare patet eamdem propositionem pro eodem significato in numero nunquam postea posse verificari. Similiter 2^a^ jam significat mortuos ad hoc instans resurrexisse; sed nunquam verum erit ante hoc idem instans mortuos resurrexisse loquendo de generali resurrectione mortuorum, quare a nullo, qui mentis est compos, eadem propositio expectatur verificanda. Hec autem : mortui non resurgent, pro illo quod jam significat, expectatur non ut verificanda, sed ut falsificanda; patet quia jam significat pro nullo tempore post hoc instans quod nunc est sequente mortuos esse resurrecturos; quod quisque fidelis expectat falsificandum, quoniam firmissima fide credit aliquando mortuos esse resurrecturos. Cum autem dictum est propositiones de futuro dici simpliciter veras, quia certe creduntur verificande, intelligendum est de illis que creduntur verificande pro eodem significato in numero.

Ad 3^am^ dicitur concedendo hec non esse synonima (2) verum

(1) objiciatur. (2) sinonoma *codd.*

simpliciter dictum et verificandum. Nam quod actu est verum simpliciter est verum, non tamen est verificandum. Et multa que tandem verificabuntur, a nemine conceduntur esse simpliciter vera, quia non expectantur verificanda; neque ad hoc quod aliquid concedatur simpliciter esse verum quia expectatur verificandum, oportet duo predicta esse synonima (1), sicut pretendit argumentum.

Quartum correlarium non videtur veritatem continere. Nam populus illas propositiones de futuro contingenti concedit simpliciter esse veras quas absque hesitatione credit verificandas. Aristoteles autem nullam propositionem de futuro contingenti admisit veram, quoniam ex ejus veritate putavit deduci posse quod ejus significatum ex necessitate et inimpedibiliter eveniret. Ad hoc ergo ut aliquid dicatur aristotelice verum exigitur ut sit inimpedibile; sed ut dicatur populariter verum sufficit ut firmiter credatur eventurum, sive impediri possit sive non. Suadet tamen veritatem hujus correlarii magister noster dupliciter (2). Primo quia, secundum Aristotelem, veritas propositionis in hoc consistit quod qualiter propositio significat taliter est a parte rei, et per oppositum de falsitate. Sed penitus eadem ratione dicitur propositio vera vel falsa secundum usitatam acceptionem popularium. 2° quia, cum Aristoteles precipiat nominibus utendum esse ut plures, non videtur verisimile quod in usu horum tam communium inter homines vocabulorum, contra proprium preceptum a communi consuetudine recederet.

Ad primam harum suasionum dicitur quod, licet populo (3) placuerit propositionem concedere simpliciter veram, sive actu sive in firma expectatione sit vera, Aristoteles tamen nullam appellat veram nisi quam credidit actu esse veram. Quare non est mirum si aliquid a populo concedatur simpliciter (4) verum quod Aristoteles verum esse negat. Conceduntur enim a populo multe propositiones de futuro contingenti simpliciter vere quarum nullam veram esse dixisset Aristoteles. Cum assumitur quod, secundum Aristotelem, veritas propositionis in hoc consistit quod qualiter significat propositio taliter est a (5) parte rei, conceditur quod secundum aristotelem (6) significatum propositionis de futuro contingenti indeterminatum est a parte rei ad essendum vel non essendum, ideo hujusmodi propositionem dixit non esse determinatam ad veritatem; secundum popularium autem consuetudinem, veritas qua ipsam propositionem con-

---

(1) sinonoma *codd.*
(2) Cf. p. 289.
(3) populosus 3169; populos *s del. 4152.*
(4) simpliciter concedatur.
(5) ea *codd.*
(6) *om. codd.*

cedunt simpliciter veram consistit in hoc quod qualiter significat taliter est a parte rei vel firmiter expectatur taliter fore.

Ad 2^{am} dicitur quod, cum secundum Aristotelem propositio (fol. 49) tantum denominetur vera a veritate presenti et actuali, secundum autem consuetudinem populi aliquando etiam denominetur vera a veritate expectata, patet quod Aristoteles aliter utitur hoc nomine verum quam populares, quoad denominationem, non autem quoad significationem, sicut si viator dicatur beatus a beatitudine sperata et comprehensor a beatitudine habita, variatur modus denominandi, non autem significatum hujus vocabuli : beatus. Nec mirum si philosophus discrepet a populo in modo denominandi; dummodo cum eo conveniat quo nomine res ipsa, a quo fit denominatio, nuncupetur. Et hoc voluit Aristoteles in thopicis dicens (1) : nominationibus quidem res nuncupande sunt ut plures; que (fol. 45) autem rerum sunt hujusmodi vel non hujusmodi non jam attendendum pluribus. Et tanta dicta sint de preambulis que magister noster premittit ad principalem suam conclusionem inferendam.

CAPITULUM IX (2)

In conclusione principali quam ex dictis preambulis colligit me ait in effectu et sententia simpliciter et rotunde negare propositiones fidei de futuro contingenti esse veras, et oppositas earum, falsas, eo etiam modo utendo terminis illis quo quisquis catholicus eas credit esse veras. Quam conclusionem probare nititur quinque rationibus (3). Prima est. Quicumque negat propositiones fidei de futuro jam, seu modo, seu presentialiter, seu pro tempore presenti veras, negat eas simpliciter veras, et eo modo quo quisque catholicus credit eas esse veras. Sed, ut ait, negavi easdem propositiones dictis modis esse veras; ergo, etc. Majorem probat. Nam qui dictis modis negat (4) aliquam propositionem esse veram eam negat absolute et sine addito esse veram, sicut negans hominem nunc esse album negat eum simpliciter esse album, cum bene sequatur : non est modo albus, ergo non est albus (5). Et ex opposito consequentis; est albus, ergo modo est albus. 2^a est. Quicumque negat propositiones fidei de futuro ex vi et forma enuntiationis, ex modo significandi ac ex rigore logice esse veras negat eas simpliciter esse veras. Sed, ut ait, negavi easdem propositiones hiis

(1) Locum non inveni.
(2) *om. i. m. 3169.*
(3) Cf. p. 289-293.
(4) negatur.
(5) ex *add. et del. 3169.*

modis esse veras; ergo, etc. Majorem probat. Nam propositio non ex alio dicitur vera nec communiter a popularibus (1) reputatur vera nisi propter conformitatem propositionis ad esse rei significate. 3[a] est quia Aristoteles omnes propositiones de futuro contingenti simpliciter negat esse veras. Sed, ut ait, in hoc secutus sum Aristotelem. Quare sibi visus sum universaliter negasse propositiones de futuro contingenti, etiam eas que sunt fidei, simpliciter esse (2) veras. Quarta est. Quicumque conatur illi ex intentione contradicere qui asserit propositiones fidei de futuro simpliciter esse veras, et oppositum dicere esse heresim, negat easdem propositiones simpliciter esse veras. Sed magistro nostro talia asserenti conatus sum, ut ait, in hoc contradicere. Ergo, etc. Majorem probat. Nam tam ex auctoritatibus quam rationibus se dicit nullam aliam conclusionem intulisse quam quod propositiones fidei de futuro sunt vere, et opposite false, quodque non sufficit eas esse verificandas. Et hec, ut ait, postea reputavi contra intentionem meam processisse. Quinta est quia reperior, ut ait (3), dixisse propositiones de futuro contingenti non simpliciter esse veras aut esse conformes rei, quod est eas esse veras, licet vere dici possint ex suppositione. Unde sequi dicit quod propositiones fidei de futuro contingenti negavi simpliciter esse veras.

Hec est vis rationum suarum, prout brevius atque fidelius potui, reducta ad formam argumentationis planiorem. Sed nec hiis rationibus, nec aliis quibuscumque, convinci posse spero me verbo aut mente negasse propositiones fidei de futuro simpliciter esse veras. Unde ad primam dico, confitendo me negasse hujusmodi propositiones, acceptas secundum suam impositionem et secundum suam propriam formam, nunc (4) esse veras veritate presenti actuali. Nichilominus suasi eas, ut sic, posse dici veras simpliciter et sine omni addito, sicut juvenem quem (fol. 49[v]) constat nunc non esse felicem, si ex suo indole firmiter expectetur fore felix, simpliciter et sine addito felix dici solet. Insuper easdem propositiones, acceptas ut per eas fidelis intelligit deum habere certam noticiam de futuris, dixi nunc esse veras veritate increata divine noticie. Negatur ergo major, quoniam contra eam dupliciter instatur. Primo quia stat aliquem negare propositiones de futuro, acceptas secundum propriam formam nunc esse veras veritate presenti, qui tamen easdem, eodem modo acceptas, affirmat simpliciter esse veras quia firmiter expectantur verificande. 2° quia stat aliquem negare propositiones fidei de futuro, secundum

(1) autre encre et autre main *3169*.
(2) *superscr.* *3169*.
(3) *om.* 3169.
(4) non *add, codd.*

propriam formam acceptas, nunc esse veras veritate creata, qui tamen easdem, acceptas ut per ipsas fidelibus revelatur noticia quam deus habet de futuris, affirmat eas nunc esse veras veritate increata (fol. 45ᵛ) et per consequens simpliciter veras. Ad probationem majoris dicitur quod negans propositionem nunc esse veram utique negat ipsam absolute et sine addito esse veram, si illa propositio non accipiatur differenter, nec diversificetur modus denominandi.

Ad secundam dico similiter, confitendo me negasse propositiones fidei de futuro ex sua vi et forma ac ex suo modo significandi esse veras; hiis verbis innuens quod non sunt vere secundum suam propriam (1) impositionem et formam, nec secundum suum modum significandi quem ex impositione consequuntur, quo modo merus logicus, omni fide seclusa, diceret propositionem esse veram. Nichilominus salvavi eas esse simpliciter veras, tum veritate increata divine noticie, tum veritate creata fideliter expectata. Unde iterum (2) negatur major nisi tantummodo intelligatur de veritate creata qua aliquid actu dicitur esse verum et non ex firma expectatione.

Ad 3^am^ dicitur quod, quia Aristoteles articulos fidei de futuro potius putavit falsificandos quam verificandos, ut ex 2° de generatione manifestum est de illo articulo : mortui resurgent, quia etiam, ut plerique putant, negavit deum habere noticiam de futuris, satis (3) apparet quod Aristoteles husmodi articulos nullo modo tanquam veros admisisset. Eum autem in hiis imitari est heresis manifesta. Sed cum in libro periarmenias loquatur de propositionibus de futuro secundum propriam formam et ut significant res futuras modo humano preconceptibiles, ut scilicet presunt in suis causis, ac loquatur de veritate creata ut ab ea (4) propositio dicitur actu vera et non in fideli expectatione, non apparet quin sic catholicus cum eo possit opinari propositiones de futuro contingenti nec esse veras nec falsas, ymmo maximorum virorum judicio (5), hec ejus opinio non tantum potest sed et debet cum fide catholica sustineri, quoniam rationibus suis evidenter (6) putant concludi quod alias omnia (7) evenirent ex necessitate. Que rationes eque stringere videntur de propositionibus fidei acceptis secundum propriam formam, fide et revelatione seclusis, maxime si proposicio dicatur vera que veritate creata presenti et actuali est vera.

Ad quartam dico quod nunquam, nisi provocatus, nisus sum

(1) propositionem.
(2) *superscr.*
(3) patet *add. et del.*
(4) eo 3169.
(5) judicium *3169*.
(6) videntur *3169*.
(7) invenient *add. et del. 3169*.

magistro nostro contradicere et, si in aliquo sibi contradixi, non tamen in iis in quibus ait me sibi contradixisse. Anno quidem LXV, imitatus precipue doctrinam (1) domini petri Aureoli, declaravi in scolis artium opinionem Aristotelis, quam ponit in primo periarmenias, de futuris contingentibus, ostendens qualiter una cum fide posset (2) sustineri. Anno proximo sequenti unus ex discipulis magistri nostri michi contradicere cepit, proferens sex rationes quibus probasse credidit dictam opinionem Aristotelis a catholico nemine posse una cum fide sustineri; tandemque subjunxit : solvat qui solvere possit. Cum nostri artiste doctrinam Aristotelis a magistro nostro advena, cum tanta temeritate, contra statutum facultatis audissent in scolis suis male tractari, a pluribus eorum multa instantia flagitatus sum quatenus illius rationes solverem. Eorum autem votis annuens biduo post, cum aliam decidissem (3) questionem, rationes easdem pro viribus dissolvi. Hinc, cum biennio hec disputacio siluisset, magister noster, nactus, ut sibi visum est, occasionem, eam denuo cepit in scolis (fol. 50) theologie (4) refutare notans de heresi tam predictam opinionem Aristotelis quam modum quo nisus sum eamdem defensare; non tantummodo in favorem propositionum (5) fidei, nam hanc : heynricus sedebit, fidei (6) nequaquam attinentem (7), veram fuisse ante hoc tempus in quo eum sedisse manifestum erat, multa demonstrare diligentia conatus est. Cum famam meam ex verbis ipsius apud plerosque denigratam metuerem (8), paululum eam resarcire cupiens, in proxima responsione mea quodlibetica, quanta poteram (9) mansuetudine, declaravi rationes magistri nostri efficaciter concludere apud sequaces Crisippi, qui opinatus est verum et falsum circa enuntiationem opponi immediate, non autem apud sequaces Epicuri qui aliquas enuntiationes dixit esse neutras. Hoc modo totam nostram differentiam arbitratus sum ad unum problema logicum resolvisse ac parumper fame mee, absque honoris magistri nostri (fol. 46) detrimento, fuisse prospectum. Quam autem opinionem Epicuri, in eadem responsione, opinioni Crisippi pretuleram. Biduo post magister noster, ad questionem suam quodlibeticam responsurus, cathedram ascendit, quod hactenus nemini nisi rectori licuit (10), ac ex rotulis, quod illic invisum fuerat, responsionem suam pronunciavit, existimans sic, ut plerisque visum est, a singulis posse verba sua clarius ac

(1) *superscr.*
(2) possit.
(3) dicidissem *3169.*
(4) refutavit *add. et del. 3169.*
(5) non tantumdem propositionem *3169.*
(6) fide *codd.*
(7) attenetem *3169.*
(8) me tuerem *3169.*
(9) potui.
(10) liquit *3169.*

distinctius intelligi, quibus tam dictam Aristotelis opinionem quam meam multa cum acrimonia velud (1) hereticam execrabatur (2) seque (3) tunc pollicebatur ostensurum aliquando Aristotelem sibimet in hac materia contradixisse. Cum ea tempestate unicam michi rationem velut tormentum obtulisset, postero die eamdem in scolis artium pro viribus dissolvi, adjiciens ex verbis magistri nostri me concepisse modum quemdam concordie (4). Dixerat quidem se loqui velle de vero quo modo de eo mater sua, aut vetula, aut quivis (5) ex plebe loqui solet; cum autem constat Aristotelem loqui philosophice, distinxi duplex verum, philosophicum et populare; ac magistrum nostrum loqui dixeram, ut etiam confessus fuerat, de vero populari; aristotelem autem, de vero philozophico. Dehinc, diebus aliquot elapsis, magister noster in scolis theologie legens, in quatuor lectionibus magistralibus occupatus est circa solutionem unice rationis quam pridem ab hiis solvi postulaveram, qui dictam Aristotelis opinionem asserunt (6) cum fide non sustinendam; sed solutionem ejus, licet attentissimus semper adessem, nec meminisse potui, nec alii quidem acutissimi profecto viri. Quapropter eumdem postea ut dictas lectiones michi commodari dignaretur, primo per alium, deinde in propria petii (7). Sed id, quamquam michi prius addixerit, nescio qua ratione penitus recusavit. Facultas autem artium sentiens (8) tam doctrinam suam quam statutum quoddam, quod a facultate theologie susceperat, per (9) responsiones et lectiones ipsius oppugnari, voluit eamdem doctrinam atque statutum per me tam (10) roborari quam defendi. Cujus mandato, cum michi nephas fuisset non obtemperasse, proxima ex tunc die dominica, utcumque (11) potui, jussibus ipsius satisfeci. Cum res (12) ita se habeant, anne potius defensoris quam contradictoris officio functus sum, aut ejus qui (13) concordiam adinvenire studuit quam dissensionem suscitare? Si quando (14) magistro nostro contradixi, non in eo tamen quod asseruit propositiones fidei de futuro esse veras et oppositas earum falsas, quodque non sufficit eas esse verificandas, sed quod contra sententiam Aristotelis, omnes propositiones de futuro contingenti, sive sint fidei sive non, opinatus est esse veras aut falsas, eo modo quo Aristoteles

(1) velut.
(2) execrebatur *3169*.
(3) sequi *3169*.
(4) cumcordie *3169*.
(5) quibusuis *3139*.
(6) asserens *3169*; asserent *4152*.
(7) pecii.
(8) sensians.
(9) les *add. et del. 3169*.
(10) metam *3169*.
(11) ut cum que.
(12) *om. codd.*
(13) aut qui ejusque 3169; aut quod ejus qui *4152*.
(14) quid.

locutus est de hujusmodi propositionibus et quomodo voluit propositiones veras denominari.

Ad quintam rationem dico, velut plane confessus sum (1), quod propositiones de futuro contingenti, in genere loquendo (2) et omni revelatione (3) seclusa, actu nec vere sunt nec false; postquam (4) tamen per eas deus nobis revelavit se de futuris certam habere noticiam simpliciter dicende sunt vere, tum quia firmissima fide expectantur verificande, tum quia sunt vere veritate divine noticie que per eas nobis revelatur, sicut supra latius est declaratum.

CAPITULUM X (5)

Denuo dicit ex multis suaderi posse, licet dixerim propositiones fidei esse veras veritate increata vel expectata, per hoc tamen me non intendisse eas admittere simpliciter veras. Quod suadet (6) quadrupliciter (7). Primo quia nullus respondens (8) argumento cujus conclusionem putat contra suam sententiam procedere, concedit simpliciter eamdem conclusionem. Sed, ut colligit ex dictis meis, quando et quotiens admisi propositiones fidei esse veras veritate increata et expectata, hoc feci respondens argumentis quorum conclusiones putavi procedere contra meam sententiam. Cum ergo hujusmodi conclusiones (fol. 46^{v}) dicant propositiones fidei de futuro esse simpliciter veras, videtur quod eas non admiserim simpliciter esse veras. Secundo quia quicumque concedit aliquid esse tale cum determinationibus diminuentibus aut distrahentibus non concedit ipsum esse simpliciter tale. Sed, ut ait, cum dixi propositiones de futuro esse veras veritate increata aut expectata, adjeci hujusmodi determinationes ut diminuentes aut distrahentes. Ergo sic dicendo non admisi eas esse simpliciter veras. 3° (9) quia quicumque sustinet aliquam positionem simpliciter et solvit auctoritates in contrarium adductas, eas glosando, admittit hujusmodi auctoritates cum glosa tantum et non simpliciter. Sed, ut ait, confessus sum me sustinuisse simpliciter opinionem Aristotelis de veritate propositionum de futuro contingenti. Et solvi auctoritates sacri canonis que contrarium sonari videntur glosando, utpote dicendo quod sunt vere veritate increata aut expectata. Quare

(1) *om. 3169.*
(2) *superscr. 3169.*
(3) secul *add. et del. 3169.*
(4) vero *add. et del. 3169.*
(5) *om. i. m. 3169.*
(6) dupliciter *add. et del.*
(7) Cf. p. 300-305.
(8) respondet *3169.*
(9) tertio.

videtur quod sic dicendo non admiserim easdem auctoritates tanquam simpliciter veras. Quarto quia quicumque reputatur ab auditorio asserere aliquam propositionem esse simpliciter veram, si temptat solvere argumenta probantia eamdem propositionem simpliciter esse veram, reputabitur delirus ac ignarus. Sed omnia argumenta sua, ut ait, concludunt propositiones fidei de futuro esse simpliciter veras. Ergo, cum temptaverim ea solvere, apparet quod vel non asserui hujusmodi propositiones simpliciter esse veras aut quod ab auditorio reputatus fuissem delirus et ignarus.

Ad primam istarum suasionum dicitur quod, si quis solvat argumentum distinguendo conclusionem (1) contra se illatam et putet eam in uno sensu sue positioni contrariam et non in alio, ille non concedit conclusionem simpliciter, id est universaliter, sive in omni sensu; nichilominus potest eam in altero sensuum concedere simpliciter, id est incontracte. In hoc ergo casu major rationis est vera, si simpliciter accipiatur pro universaliter, non si capiatur incontracte. Cum autem, defendens opinionem Aristotelis, asseruissem propositiones de futuro contingenti nec esse veras nec falsas, magister noster ex auctoritatibus sacri (2) canonis aliquas hujusmodi propositiones probavit esse veras; respondi distinguendo suam conclusionem; nam (3) alique propositiones de futuro contingenti, puta que sunt fidei, possunt dici vere vel ex sua forma, seu ex rigore logice, vel ex intentione fideliter credentis, quo modo dicuntur vere veritate increata. Licet ergo suam conclusionem non concesserim simpliciter id est universaliter (4) seu in omni sensu, in 2° tamen sensu concessi eam simpliciter et incontracte. Iterum dixi quod propositiones fidei de futuro, accepte secundum suam formam, possunt dici vere vel quia actu sunt vere, vel quia sunt vere in fideli expectatione. Et, licet suam conclusionem non concesserim simpliciter, id est universaliter, quoniam in primo sensu eam non concessi, in 2° tamen sensu eam concessi simpliciter, et incontracte. Quod enim fideliter expectatur verificandum potest sine omni addito dici verum quomodo viator, qui a jugo peccatorum absolutus est, sine addito beatus dicitur quia firma spe beatitudinem expectat.

Ad secundam dicitur negando minorem. Cum enim dixi propositiones fidei esse veras veritate increata aut expectata non adjeci has

(1) simpliciter id est universaliter sive in omni sensu *add. et del. 3169.*
(2) sacre *3169.*
(3) non *3169.*
(4) id est *add. et del.*

determinationes tanquam (fol. 51) distrahentes aut diminuentes. Quod si cuiquam videantur diminuentes, non tamen sic diminuunt quod impediant bonam consequentiam a dicto secundum quid ad dictum simpliciter.

Ad 3um dicitur quod admittens auctoritates aliquas cum tali glosa que continet determinationes impedientes bonam consequentiam a dicto secundum quid ad dictum simpliciter non potest easdem auctoritates admittere simpliciter. Confiteor autem me admisisse auctoritates cum glosa que nullatenus impedit eamdem consequentiam. Unde eque eas absque glosa et simpliciter admittendas esse putavi.

Ad quartam dicitur quod, licet confitear (1) propositiones fidei de futuro simpliciter esse veras, et id ipsum magister noster in suis argumentis concludat sicque vocetenus conveniamus, auditorium tamen, in cujus conspectu nostras assertiones declaravimus, plane dinovit nos plurimum in sententiis discrepare; velut quidem ex precedentibus perspicuum est, propositionem contingit quatuor modis dici simpliciter veram (fol. 47), aut quia universaliter et omni modo est vera, aut quia, secundum propriam formam accepta, est sine addito vera veritate actuali, aut quia sic accepta sine addito est vera veritate fideliter expectata, aut quia accepta ut insinuans divinam noticiam, quam ex sua forma non significat, est vera veritate increata, qua quitquid est verum simpliciter et sine addito est verum. Confessus sum et confiteor propositiones fidei de futuro simpliciter esse veras duobus ultimis modis. Sed magister noster ad id operam impendit ut ostenderet id non sufficere, ymmo quod necesse esset hujusmodi propositiones a catholico dici simpliciter veras duobus primis modis aut saltem 2° modo, ut secundum propriam formam dicantur vere veritate actuali, quomodo Aristoteles negavit propositiones de futuro contingenti esse veras. Qua in re ne sibi assentiam zelus fidei catholice me retrahit. Quippe quia videre nequeo qualiter qui in hac parte secum sentiunt evadere possint quin per consequentias necessarias dicere cogantur significata articulorum de futuro contingenti ex necessitate et inimpedibiliter evenire. Quod nephandissimum est in fide.

Cum itaque in hac re diversissime sentiamus, eo dicente huic opinioni sue, etiam si angelus de celo aut papa ipse contrarium evangelizaverit, immobiliter adherendum esse, me ex adverso pro captu ingenii mei suadente eidem sue opinioni absque periculo heresis adherere non posse, non debui profecto a perspicacissimo illo auditorio, hanc sententiarum nostrarum diversitatem perpendente, ob id

(1) confiteor *codd.*

delirus reputari quod conatus sum solvere suas rationes, quibus probavit propositiones fidei de futuro simpliciter esse veras, cum id ipsum confitear, sed ad sensum quam longissime ab intentione sua discrepantem (1).

Per premissa satisfactum reor argumentis magistri nostri quibus ex scriptis meis suadere temptavit me negasse propositiones fidei de futuro simpliciter esse veras; illis, inquam, argumentis que pondus aliquod continere videntur; nam que (2) parvi sunt momenti satius est pro ejus reverentia silentio preteriisse. Quale est hoc argumentum. Usus sum, ut ait, hoc genere loquendi, cum dixi propositiones fidei de futuro esse veras veritate increata aut dicentis : visus sum michi dixisse eas simpliciter esse veras. Ex quibus verbis meis infert quod aperte fateri et innuere videor me sic dicendo nec vere dixisse nec voluisse dicere eas esse simpliciter veras, sed tantum quod ita dixerim sompniasse aut ymaginatum fuisse. Nam ille loquendi modus negare videtur veritatem ejus cui adhibetur. Quem, queso, hujus argumenti, si argumentum tamen censendum (3) est, solutio latere poterit? Nonne hoc genere locutionis utimur non (4) solum de hiis rebus loquentes que, cum non sint, nobis ad instar sompniorum apparent, sed etiam cum de illis loquimur de quorum veritate non dubitamus? Non equidem dubito quin argumentis magistri nostri satisfacerim (5). Quis tamen me dicet inepte locutum, si id hujuscemodi verbis edixero : visus sum michi argumentis magistri nostri satisfecisse? Immorari etiam non libuit alteri cuidam argumento quo probat Epicurum non usum fuisse hiis terminis (fol 51^{v}) verum et falsum philosophice, sed tantum usitato more populi. Nam in scriptis meis se dicit hec verba reperiisse (6) : Duplex est veritas, una phisica qua solus philosophorum, Aristoteles solam illam propositionem indicasset esse veram, etc. Si enim non mendose scriptus fuisset codex in quo hec se scripta reperiisse (7) dicit, reperiiset (8) profecto non hec verba : solus philosophorum, sed summus philosophorum, aristoteles. Illis itaque, que non digna repetitu visa sunt, pretermissis, hec dicta sufficiant de veritate propositionum fidei que sunt de futuro contingenti.

(1) discrepante *codd.*
(2) qui *codd.*
(3) sensendum *codd.*
(4) *om. 3169.*
(5) satisfacerim *3169.*
(6) repperisset *codd.*
(7) repperisset *codd.*
(8) repperisset *codd.*

CAPITULUM XI (1)

Sicut ostensum est veritatem nullius propositionis de futuro contingenti precedere eventum ejusdem futuri per lineam successionis mediam, sic dicendum est (fol. 47^{v}) nec prescienciam nec prevolitionem futurorum contingentium, loquendo saltem de prevolitione efficaci, mediante simili linea, precedere eventum hujusmodi futurorum. Nichil enim per dictam lineam precedit eventum futurorum contingentium quod ipsum inferre possit per consequentium necessariam, ut supra capitulo 4° ostensum est. Sed omnis presciencia necessario infert rem prescitam; et prevolitio efficax, rem prevolitam; ergo, etc. Quibus non obstantibus, a quolibet catholico firmissime credendum est et simpliciter confitendum deum habere claram notitiam omnium que fuerunt, sunt et erunt, nec eum limpidius cognoscere presentia quam preterita aut futura. Que enim fuerunt vel erunt non minus sunt divino conspectui indistantia quam que presentialiter existunt. Dicere enim deum quicquam (2) nescire quod quovismodo participat rationem entis est in deo ponere ignorantiam et imperfectionem; quod constat esse manifestam heresim. Cum ergo noticia futurorum vulgato nomine vocetur presciencia, patet quod absque heresi negari non potest deum esse prescium futurorum. Quod tamen me simpliciter negasse, magister noster ex scriptis meis deducere conatus est. Ex eis quidem primo colligit quinque propositiones (3), quarum prima est : Scientia dei de eventu futurorum eorumdem eventum duratione non precedit. 2^{a} est : Eventus futuri, secundum quod a deo cognoscitur, non potest proprie exprimi per propositionem de futuro. 3^{a} est : In deo non est noticia expectativa de futuris vocando etiam illam noticiam expectativam qua cognoscitur aliquid postea esse futurum quod nunc non est. 4^{a} (4) est. Scientia dei de futuris non proprie dicitur presciencia. Quinta est. In deo non est ponenda noticia memorativa de preteritis vocando notitiam memorativam qua cognoscitur aliquid prius fuisse quod nunc non est. Harum propositionum duo (5) admitto : 2^{am} scilicet et quartam. Duas non admitto nisi usque ad interpretationem quam ipse adjicit (6), puta 3^{am} et quintam usque hoc verbum, vocando. Si in prima propositione per precedere durationem intelligatur modus (7) ille precessionis temporalis quo aliquid temporaliter

(1) *i. m. om. 4152.*
(2) quitquid.
(3) Cf. p. 305-308.
(4) quarta.
(5) duas.
(6) adicit *codd.*
(7) ipse *add. et del.*

alterum precedit et per lineam successionis mediam, sic eam admitto. Si vero per ipsum intelligatur modus precessionis quo eternum precedit temporale, quoniam enim eternum, totum simul existens, amplectitur totum cursum temporis, idcirco duratione dicitur precedere rem temporalem non quia intercidit linea successionis, sed quia inter quamlibet rem temporalem et omnia que ipsam temporaliter antecedunt mediat hujusmodi linea, sic prima propositio est neganda; et in 2° sensu eam spero ex scriptis meis deduci non posse. Ex dictis propositionibus clare dicit haberi me negare deum prescire futura eo modo quo totus mundus credit eum prescire futura. Quod probat quinque rationibus, correspondentibus ad quinque propositiones preassumptas (1). Prima est. Totus mundus sic credit deum prescire futura quod prius ordine durationis quam res eveniant ipse certissime sciat eas esse venturas, verbi gratia sic prescit futurum judicium quod vere dici (fol. 52) potest hec copulativa : deus nunc scit quod judicium non est et quod ipsum erit post tot annos et non ante. Sed hoc modo dicit me negare deum prescire futura, quoniam, ut apparet ex prima propositione, scientia dei duratione non precedit eventum rerum. Ergo, etc. 2ª ratio est quia totus mundus sic credit deum habere noticiam futurorum quod sibi notum est id quod proprie exprimitur per hanc propositionem : judicium erit. Sed hoc modo dicit me negare deum esse prescium futurorum, quoniam, ut videtur ex 2ª propositione, eventum futuri, secundum quod a deo cognoscitur, dico proprie non posse exprimi per propositionem de futuro. Unde sequi videtur quod nichil notum deo de futuro judicio proprie exprimitur per hanc propositionem : judicium erit, et per legem conversionum quod nichil quod proprie exprimitur per hanc propositionem : judicium erit, est notum deo de futuro judicio. Tertia est. Totus mundus credit quod divina presciencia est rei cujus eventus nondum est et in posterum eveniet. Sed, ut ait, hoc modo nego a deo prescienciam, quoniam, ut videtur ex tertia (2) propositione, nego a deo notitiam expectativam, etiam eam que est expectativa objecti cujus eventus nondum est sed expectatur in futurum. 4ª (3) est quia totus mundus credit scientiam dei de futuro judicio ac aliis ita duratione (fol. 48) precedere eventum hujusmodi futurorum sicut deus creditur duratione precedere res ab ipso creatas. Sed hoc modo sibi videor negare scientiam dei de futuris quoniam, ut apparet

(1) Cf. p. 308-309.
(2) 3ª.
(3) quarta.

ex 4ª propositione, eamdem scientiam nego proprie dici prescientiam et hoc ex defectu precessionis ejus ad rem scitam. Quinta est quia, ut videtur ex quinta propositione, nego a deo noticiam memorativam qua cognoscitur aliquid fuisse quod non est. Ergo, ut ait, proportionabiliter nego a deo prescientiam qua cognoscitur quod aliquid erit quod nondum est. Sed hoc modo deus ab omnibus creditur prescius futurorum. Ergo, etc.

Pro harum rationum (1) dissolutione sciendum quod, licet a catholicis firmissima fide credendum sit deum habere certam noticiam futurorum, modus tamen quo ea cognoscit non videtur cadere sub fide. Sunt enim quidam doctorum catholicorum qui hunc modum existimant a nobis esse incomprehensibilem (2). Qui vero hunc se investigasse putant varie sentiunt, quibusdam dicentibus quod deus determinate congnoscit futura tanquam determinata volitione ab ipso prevolita, ut doctor subtilis cum suis sequacibus (3); aliis dicentibus quod ea determinate cognoscit tanquam secundum suas actualitates sibi presentia aut indistantia, ut doctor sanctus (4), Boecius (5) Anselmus (6), dominus petrus Aureoli (7) ac alii quamplurimi. Si eo modo quo ab hiis doctoribus deus credatur prescire futura salvare possim divinam prescientiam, confido eam opinionem, quam secutus sum, ab equis arbitris irreprehensibilem judicandam, neque de me recte dici posse quod eo modo deum futura prescire negaverim quo modo totus mundus eum credit prescire futura, quippe cum hos doctores atque eorum sequaces constat non parvam esse partem hujus mundi. Videatur ergo an, rationibus magistri nostri non obstantibus, una cum scriptis meis sustineri possit modus quo doctores isti salvant divinam prescientiam.

Quod prima ratio non obstet patet. Nam cum dicti doctores dicant deum scire futura quoniam illa sibi sunt presentia seu indistantia, consequens est ut negent scientiam dei precedere eventus rerum ordine durationis temporalis quo modo (8) nichil alterum precedit nisi per lineam successionis mediam. Inter ea enim, quorum unum est presens seu indistans alteri, inintelligibilis (9) est hujusmodi linea

(1) solutione *add. et del. 3169*.
(2) Vg. G. Occam, *I Sent.*, dist. 38, q. 1. Lugduni 1495, L. M. Greg. de Ariminio.
(3) *I Sent.*, dist. 39, q. 26. Antwerpiae MDCXX. T. I, p. 420.
(4) *S. T.* I, q. XIV, a. 13, éd. cit., IV, p. 186.
(5) *De consolatione philosophiae*, lib. 5, éd. Peifer, p. 141.
(6) *De casu diaboli*, c. 21. P. L. t. 158, col. 353.
(7) *I Sent.*, d. 36, a. 1 et 3, éd. cit. pp. 830-834; 837 et ss.
(8) quomodo *3169*.
(9) in intelligibilis *codd.*

successionis. Nichilominus scientia dei precedit eventus rerum, sicut eternum temporale, modo prius declarato. Insuper, cum dicant tam nunc presens quam futurum judicium cum tota linea successionis media deo esse indistantia, utique concedunt deum certissime scire quod judicium nunc non (fol. 52v) est et post quot annos est futurum, non sibi, sed presenti nunc. Nec obstat 2a ratio. Nam, cum dicti doctores dicant futurum contingens, ut preest in potentia cause, a nullo intellectu posse per certitudinem cognosci et propositio de futuro ex sua impositione significet rem ut preconceptibilem in potentia cause, consequens est ut dicant nichil quod a deo per certitudinem cognoscitur exprimi proprie per propositionem de futuro; et e contra nichil quod proprie exprimitur per propositionem de futuro contingenti esse a deo cognitum per certitudinem. Nichilominus concedunt quod deus certissime cognoscit eventum cujuslibet futuri, ut futurum, non sibi, sed presenti nunc; nam in conspectu suo posterior est presenti nunc, ut supra declaravi. Nec obstat 3a (1) ratio. Nam, secundum dictos doctores, nichil est deo futurum. Noticia autem expectativa est qua (2) quis prescit aliquid tanquam sibi futurum; patet ergo quod negant a deo hujusmodi noticiam expectativam. Concedunt tamen quod deus cognoscit eventum cujuslibet futuri, non quidem sibi futuri, sed nobis. Nec obstat quarta quia, cum hoc nomen prescientia proprie significet scientiam qua quis scit rem sibi futuram, deo autem, secundum dictos (3) doctores, nichil est futurum, consequens est ut scientiam qua deus scit futura dicant non proprie dici prescientiam. Nichilominus non inepte potest dici prescientia quia futura que prescit, licet non sibi, nobis tamen sunt posteriora, vel quia deus toti cursui temporis presidens omnia futura, cum sibi subsint in tempore, cognoscit ut sibi indistantia ac nobis posteriora. Non etiam quinta. Nam noticia memorativa est qua quis memoratur que sibi sunt preterita; nichil autem est deo preteritum, ut volunt dicti (fol. 48v) doctores; quare a deo negant noticiam memorativam. Dicunt tamen deum certissime scire preterita, non quidem ut sibi preterita, sed nobis, cum opinentur omnes res temporales, sive preteritas, sive presentes, sive futuras, ratione sue eternitatis esse deo indistantes.

Contra id quod jam repetitim dixi deum cognoscere aliquid esse futurum non sibi, sed nobis aut presenti nunc, replicat magister noster (4). Nam apud me sequitur penes bonam consequentiam :

---

(1) tercia.

(2) quo.

(3) doctos *3169*.

(4) Cf. p. 315-317.

deus cognoscit hoc esse futurum, ergo hoc est deo futurum. Cum ergo simpliciter negem consequens, necesse est ut simpliciter negem antecedens. Quare videtur quod dicere non possum deum cognoscere aliquid cuiquam esse futurum. Assumptum probat quoniam reperior hec et similia verba dixisse : « Noticia qua deus expectat existentiam antichristi non proprie exprimitur per hanc : antichristus erit, quia sic antichristus denotaretur deo futurus ». In quibus verbis inniti videor huic consequentie : si antichristus a deo cognosceretur ut futurus denotaretur esse deo futurus (1). Preterea cum dico noticiam qua deus cognoscit existentiam antichristi non proprie exprimi per hanc : antichristus erit, asserit me ad instar cayphe verum dicere. Nam nichil proprie per propositionem exprimitur nisi id ad quod significandum ipsa est imposita. Sed dicta propositio non est imposita ad significandum noticiam, nec divinam, nec humanam. Ergo per eam nulla noticia proprie exprimitur, cum tamen putem per eam proprie exprimi noticiam expectativam, quam habemus de futura existentia antichristi.

Ad primam istarum cavillationum dico, sicut prius, quod deus nullum contingens determinate cognoscit ut futurum et ut preest in sua causa, cognoscit tamen determinate aliquid ut futurum, id est ut posterius presenti nunc, quoniam in conspectu suo est posterius presenti nunc. Neque ex hoc sequitur quod illud sic a deo cognitum, ut futurum, sit deo futurum. Et ad probationem dicitur quod propositio de futuro proprie exprimit noticiam expectativam qua quis expectat aliquid ut sibi futurum; quare, si noticia dei proprie exprimeretur per propositionem de futuro, per eam denotaretur aliquid esse deo futurum et sic concedo valere consequentiam cui me dicit inniti. Noticia autem qua deus cognoscit aliquid esse futurum seu posterius presenti nunc non exprimitur per propositionem de (2) (fol. 53) futuro proprie et (3) ex ejus forma, sed tantum ex intentione fideliter credentis qui per eam intelligit deum habere noticiam de re futura, tanquam sibi indistante ac ut in conspectu suo posteriore presenti nunc. Nec valet consequentia : hoc cognoscitur a deo ut posterius presenti nunc, ergo est posterius deo, cum deus mensuretur non presenti nunc, sed eternitate.

Ad 2^am^ dicitur quod propositio non tantum significat rem ad quam significandum est imposita, sed etiam noticiam qua hujusmodi res

(1) esse deo futurus *i. m. 3169*; *4152 om.* esse.
(2) de *iter. et del.*
(3) *superscr.*

cognoscitur. Dicens enim : cras pluet exprimit audientibus non tantum pluviam cras esse futuram, sed etiam noticiam qua concipit pluviam die crastino futuram, differenter tamen. Exprimit enim rem significatam tanquam significatum quod, et ipsam noticiam, tanquam significatum quo. Voces enim significant res non absolute, sed ut a nobis cognoscuntur. Insuper quelibet vox significat non tantum rem ad quam significandum primo (1) est imposita, sed etiam ejus ymaginem seu similitudinem, ut patet de hoc nomine homo, quod significat tam hominem verum quam pictum. Conceptus autem seu noticia rei est quedam ymago seu similitudo. Consequens est ergo ut propositio etiam significet conceptum seu noticiam ilius rei ad quam significandum est imposita. Si in arena disputationis logicalis hic descendere liceret, diutius hujuscemodi argumentis immorarer (2). Quod magister noster Cayphe me comparet ob id minus me conturbat, cum similem non erubuerit (3) inferre contumeliam domino suo rectori (4), cui jurejurando fuit ad reverentiam obligatus. Cum alia non occurant argumenta magistri nostri de dei prescientia, que solvi necesse sit, quod residuum est deinceps discutiatur (fol. 49ᵛ).

CAPITULUM XII (5)

Velut dixi de dei prescientia sic de ejus prevolitione qua vult futura dicendum est, utpote quod, licet per lineam successionis mediam res prevolitas non antecedat, a catholico tamen firmissima fide confitendum est deum velle res priusquam eveniant. Non quod eas desideret, optet aut concupiscat tanquam sibi futuras, sed, cum sibi sint eternaliter presentes aut indistantes, ab eterno in eis complacet et delectatur quoniam in eis videt suam bonitatem relucere. Licet autem plerique putent deum res futuras prevelle velut eas desiderantem et concupiscentem, id tamen nec doctori sancto visum est, nec domino petro Aureoli, quem in hac materia et precedentibus imitatus sum. Verum quia doctoris (6) istius solempnissimi me sequacem confiteor, magister noster circa finem opusculi sui (7), cum eumdem dicat rotunde et simpliciter negare veritatem propositionum fidei de futuro ac prescientiam et prevolitionem dei de futuris, me etiam concludit hec tria negasse simpliciter et rotunde. Sed, quis, queso, dominum

(1) *superscr.*
(2) immoraret.
(3) eribuerit.
(4) Cf. p. 216, n. 6.
(5) *om. codd.*
(6) doctores *codd.*
(7) Cf. p. 317-320.

petrum Aureoli accusare poterit quasi simpliciter negasset dei prescientiam, cum circa distinctionem 38 primi sententiarum, pertractans hanc questionem : utrum deus sit prescius omnium futurorum contingentium, in exordio articuli primi hiis verbis utatur : « Catholice concedere oportet quod omnia futura, quantumcumque sint contingentia, deus determinate prenovit et quod hoc demonstrative potest concludi, quia videtur esse communis animi conceptio et facere ad perfectionem divinam » (1), etc. An, optime deus, talibus utens verbis, tuam neget prescientiam? Quis insuper ei poterit impingere quod simpliciter neget veritatem propositionum fidei de futuro, cum in eadem questione, articulo 3°, loquens de hujusmodi propositionibus, dicat quod « cadunt sub fide quantum ad id quod exprimunt ex intentione credentis, videlicet quod est determinatio quedam de illa materia in divina noticia ineffabilis et inexpressibilis per propositionem et sic sunt vere, non autem (fol. 53v) ut rem respiciunt in proprio genere » (2). Hec ille. Qui etiam paulo ante, loquens de propositionibus propheticis, dicit quod « secundum propriam naturam et significationem quam exhibent nec vere sunt nec false; secundum autem intentionem prophete vere sunt quia dant intelligere quod in divina noticia est quedam veritas ineffabilis et quedam determinatio illius materie de qua formantur » (3). Quis demum poterit eum reprehendere quod simpliciter negat a deo omnem prevolitionem, cum distinctione 47 primi, in conclusione primi articuli, dicat sic : « Ex premissis patet qualiter deus dicitur velle creaturas et earum productionem. Dicitur enim eas velle voluntate cujusdam complacentie in quantum complacet in sua entitate et per consequens in omni entitate creabili aut creata. Hec complacentia est necessaria et immutabilis » (4), etc. In quibus verbis clare innuit deum habere complacentiam in entitatibus rerum non tantum presentium sed etiam futurarum. Cum autem complacentia sit actus voluntatis et per consequens quedam volitio, manifestum (5) est eum posuisse in deo volitionem respectu futurorum que, cum eque possit dici prevolitio sicut scientia qua deus scit futura dicitur prescientia, liquet quod non simpliciter negavit a deo prevolitionem futurorum, quamquam illam negaverit que dicitur desiderium aut concupiscentia. Si dictis verbis domini petri in scriptis suis reperiantur aliqua superficietenus adversantia, poterunt, ut spero, facile ex hiis que prius

(1) *I Sent.*, d. 38, a. 1, éd. cit., p. 875, 1 B, C.
(2) a. 3, éd. cit. p. 888, 1 C.
(3) *Ibid.*, p. 887, 2 F.
(4) d. 47, a. 1, éd. cit., p. 1101, 2 F.
(5) manifeste *codd.*

declarata sunt ad planam reduci concordiam. Tante (1) quidem perspicacitatis hunc doctorem existimo ut nec eum sibi ipsi unquam contradixisse putem, nec ejus doctrinam orthodoxe fidei ullatenus repugnare. Quam opinionem auxit michi quam vehementissime tractatus quidam (2) quem, si recte intitulatus sit, edidit Reverendissimus dominus franciscus, sacre theologie professor ordinisque minorum, cardinalis sancti petri ad vincula, qui miseratione divina ad culmen jam dignitatis apostolice (3) quam (4) dignissime sublimatus, dicitur Sixtus quartus, in quo tractatu inter cetera summo cum gaudio reperii auctorem ipsius erga dominum petrum Aureoli singularem gerere caritatem ob quam, inquit, « opto ut ab omni labe heresis semotus judicetur » (5). Cujus consequenter opinionem de futuris contingentibus lucidissime declarat. Quod et prius (fol. 49v) factum fuisse constat per dominum (6) petrum de Candia qui, etiam ex ordine minorum ad cathedram petri assumptus (7), dictus est Alexander quintus. Pudeat itaque magistrum nostrum necesse est, si quis tamen in eo pudor est, cum manifesta calumpnia nephandos articulos imposuisse tam glorioso theologo, cujus doctrinam non modo non contempnere, sed nobis illucidare dignati sunt duo viri tales, quibus ex uno ordine ob virtutis atque scientie preeminentiam contigit ad universalis ecclesie regimen assumi. Qui tam nephas in virum talem ausus est, quid, queso, in quemlibet suorum sequacium non auderet? Ex hiis perspicuum est quam frustra ex intentione doctoris, quem insecutum me fateor, conetur ostendere me simpliciter negasse veritatem propositionum fidei ac dei prescientiam et prevolitionem. Quod etiam id frustra conetur ex illo fundamento cui semper in hiis materiis innisus sum nec inniti desino, puta : quod nichil precedit eventum (8) futuri contingentis per lineam successionis mediam quod possit illum per consequentiam necessariam inferre, id satis manifestum reor ex quarto (9) capitulo ubi veritas ejusdem fundamenti videtur evidenter fuisse demonstrata (10). Quamobrem hic finem imposuissem tractatulo, cum opusculum magistri nostri satis enervatum existimem, nisi certas propositiones ex scriptis meis, ut ait, collectas eidem opusculo reperiisem annotatas, de quibus an absque calumpnia collecte sint videndum restat (fol. 54).

(1) caute.
(2) quidem *codd.*
(3) apostolica *3169*.
(4) *om.*
(5) Cf. p. 122.
(6) *iter, et del.*
(7) est *add. et del.*
(8) *iter. et del.*
(9) quarta *3169*; 4to *4152*.
(10) demonstratum.

CAPITULUM XIII (1)

Placuit magistro nostro nonullas opusculo suo propositiones annectere, quas ex tractatibus meis collectas innuit. Id profecto optime (1) michi forte contigisse spero atque auspice begnignissimo deo qui innocentum causas tueri solet. Si equidem ostendere possim (3), ut plane confido, propositiones illas non absque gravi calumpnia ex scriptis meis collectas (4) esse, quis prorsus non mox conjiciet eum ex responsionibus meis memoriter factis (5) frustra machinatione, illas excerpisse propositiones quas ad sanctum sedem apostolicam detulit, atque in universum orbem velut a me dogmatizatas scriptitationibus suis divulgavit, velut quidem declarare facillimum erit.

Has propositiones colligens jam verba mea mutavit, jam addidit, jam subtraxit, jam non recte intulit. Manifeste quidem verba mea mutavit, ex scriptis meis eliciendo primam conclusionem que est : Nulla propositio fidei de futuro contingenti est proprie vera ex modo enuntiandi seu ex rigore logice. Quoniam enim dixi, velut confiteor, quod propositiones, que ex sola intentione auctorum sacre scripture et non ex natura sua, seu modo enunciandi, significant divinam noticiam de futuris contingentibus, non sunt vere veritate propria, infert me dixisse quod nulla earum est proprie vera, mutans id quod est esse verum veritate propria in id quod est esse proprie verum, non aliter quam si dicam : sonus non auditur auditione propria sed audientis, et alius propterea me pretendat dixisse quod sonus proprie non auditur. Me quidem confiteor asseruisse propositiones fidei de futuro contingenti non esse veras veritate propria, hoc est veritate eis inherente. Que nichilominus, velut ex scriptis meis patet, proprie dicende sunt vere. Dixi quidem eas esse veras veritate increata dei revelantis, sicut opus ab homine dicitur humanum ab humanitate non sua propria, sed ipsum facientis. Cum igitur hujusmodi opus proprie dicatur humanum, propositio fidei de futuro contingenti simpliciter diceretur proprie vera (6). Iterum dixi hujusmodi propositionem esse veram veritate increata divine noticie, quo modo, secundum communem doctrinam, propositio dicitur vera a veritate que est in intellectu nostro (7), sed secundum camdem doctrinam propositio a tali veritate dicitur proprie vera. Ergo, etc. Advertendum est hic

(1) *i. m. 3169; om. 4152.*
(2) optima *codd.*
(3) passum.
(4) recollectas.
(5) illum *add., codd.*
(6) Cf. p. 77.
(7) Cf. *ibid.*

quod non absque magna calliditate (1), cum allegat hic verba que fateor per me conscripta, pretermittit verba que mox subjunxi. Cum quidem dixissem propositiones fidei non esse veras veritate propria et ex rigore logice addidi continue : « Nichilominus sunt vere veritate divine noticie quam per eas prophete et auctores (fol. 50) intendebant exprimere, hoc est veritate increata » (2). Cur, queso, hanc additionem silentio preteriit ? Ob id sane ut iis qui scripta mea non vidissent conjecturam faceret quod easdem propositiones negassem simpliciter esse veras. Preterea longe preter intentionem meam aliquid addidit scriptis meis. Quod manifestum est ex XVI propositione que est : Ad hoc quod aliquid fideliter sit credendum non requiritur ipsum esse aut credi verum, sed sufficit ipsum esse aut credi verificandum. Hanc quidem propositionem ostendit me dixisse. Nam, cum sic fuisset argumentatum : Credere est assentire credito, sed non assentitur nisi vero, ergo omne creditum est verum, respondendo fateor me dixisse : « Non tantum assentitur vero, sed etiam illi quod nondum est verum, si expectetur verificandum. Verbi gratia, Aristoteles nullam propositionem de futuro contingenti dixit veram; illis tamen propositionibus assensisset quas homines veraces ei (3) enunciassent » (4), etc. Ex quibus verbis elici potest quod ad hoc quod aliquid sit credendum non requiritur ipsum esse aut credi verum, etc. Sed magistro nostro libuit in dicta propositione addere (fol. 54v) illam determinationem adverbialem fideliter. Longe quidem aliud est credere, aliud fide credere. Id quidem quod fide creditur necessario est verum, cum objectum formale fidei sit veritas prima, velut in scriptis meis me memini declarasse (5). Multa tamen sunt que, ut humano modo credantur, non oportet esse vera; ymmo ea sufficit esse verificanda, sicut, aristotelice (6) loquendo, de illis manifestum est que nobis ab illis predicantur quos veraces existimamus.

Preterea scriptis meis subtrahit verba que nequaquam omittenda (7) sunt, ut liquide patet ex propositione XXIIIJ que est : In deo non est prevolitio respectu alicujus futuri tanquam futuri, quam infert ex eo quod dixi : « Credo me dixisse quod in deo proprie non est desiderium aut volitio respectu alicujus quod sit sibi futurum ». Cum quidem locutus sum de futuro cum hac additione sibi (8), eamdem additionem penitus omittit in propositione quam elicit.

---

(1) caliditate *codd.*
(2) Cf. p. 77.
(3) an *add. et del. 3169.*
(4) Cf. p. 326.
(5) Cf. p. 77.
(6) aristoteles *3169.*
(7) obmittenda *3169.*
(8) Cf. p. 233.

Quod si addatur, credo propositionem simpliciter admittendam : in deo non est prevolicio respectu alicujus futuri tanquam sibi futuri (1) ; est tamen in deo prevolitio futuri quod est sibi, non futurum, sed ratione sue eternitatis indistans, attamen futurum seu posterius presenti nunc. velut supra proportionabiliter declaratum est de divina prescientia,

Preterea non recte infert, ut deberet. Qui enim ex alicujus doctrina ad eam hereticandam inferre nititur propositiones hereticas, sicuti magister noster temptare videtur, opus est ut consequentiis necessariis innitatur. Postulat namque hujuscemodi causa probationes (2) luce clariores. Sed eliciendo propositiones non (3) semper innititur consequentiis necessariis. Quod, licet ex precedentibus satis appareat (4), id tamen specialiter declaro de X propositione que est : hec propositio, hac nocte ter me negabis, dum petro diceretur a christo, non fuit magis vera in sensu quem facit quam hec dum dicebatur a iona : adhuc quadraginta dies et ninive subvertetur. Quam ob id me sentire dicit, nam, ut verum est, dixi quod hec propositio dicta petro : hac nocte ter me negabis non plus ei abstulit potestatem non negandi quam ninivitis potestatem non pereundi illud verbum ione, etc. Quod ex hiis verbis non sequatur dicta propositio penes consequentiam necessariam patet quoniam dicta consequentia innititur huic propositioni non necessarie : nulla propositio que non plus abstulit potestatem aliter eveniendi non magis fuit vera. Quam ex hoc constat non esse necessariam, ymmo falsam, nam si heri dicta fuisset hec : petrus sedebit, et iterum ista : deus intuetur hanc sessionem (5), demonstrando hanc meam sessionem (6) qua (7) nunc sedeo, neutra harum propositionum michi plus abstulisset potestatem nunc sedendi quam altera; attamen (8), mea opinione, 2ª fuit vera, non prima. Quod si ambe ponantur vere, non tamen similiter sunt vere. Nam 2ª inimpedibiliter est vera et prima impedibiliter. Videtur tamen magister noster velle probare dictam consequentiam, nam paulo ante et in principio tractatus dixi, ut ait, quod non alia ratione contingentia futurorum videtur impediri per propositiones de futuro quam propter earum veritatem (fol. 50ᵛ) (9). Quare videtur quod propositio que non plus abstulit potestatem aliter eveniendi non magis fuit vera.

Ad hanc probationem dico primo quod nusquam in scriptis meis reperio verba que hic allegat. Et dato quod ea dixissem manifestum

(1) futuro *codd.*
(2) probaciones.
(3) nam.
(4) apparet *3169*.
(5) cessionem *codd.*
(6) cessionem *codd.*
(7) *om. 3169*.
(8) propositionum *add. et del. 3169*.
(9) Cf. p. 70, 324.

est in toto processu illo me locutum fuisse de sola veritate, que poneretur ab adversariis inesse (1) propositionibus de futuro contingenti et que eventum futurorum per lineam successionis mediam antecederet et per consequens que per omnem potentiam esset inimpedibilis. Loquendo autem precise de hujusmodi veritate dicta propositio, meo judicio, videtur admittenda. Sed ex hoc non convenienter infertur simpliciter quod illa propositio, dicta petro, non fuit magis vera quam alia, dicta ninivitis. Nam prima earum fuit vera veritate divine noticie qua deus novit futuram negationem tanquam sibi presentem aut indistantem; alia vero non fuit hoc modo vera, quoniam deus non sic novit subversionem ninive post XL dies mox futuram, ymmo si alteri prophete fuisset propositio opposita divinitus revelata, ipsa fuisset vera veritate divine noticie qua (2) novit, XL diebus effluxis, (fol. 55) salvationem ninive qua a (3) subversione comminata fuit preservanda. Liquet ex hiis magistrum nostrum in propositionibus colligendis jam verba mea mutasse, jam addidisse, jam subtraxisse ac jam, ut non debuit, intulisse. Quod, si de singulis aliis declarare perexero, vereor ne legentibus fastidio sim. Ea propter de eis supersedendum (4) duxi, arbitratus a veris oculatis quam facillime prospectum iri quam inepte, quamque longe ab intentione mea ex scriptis meis, si ea saltem perlegerint, collecte sunt.

CAPITULUM XIV (5)

Una tamen est propositio quam non preteriisse satius est, que scilicet est in ordine XXVII, hec in forma : licet non sine gravi scandalo posset dici in populo quod non sit simpliciter concedendum quod filius dei factus est homo, id tamen posset inter doctos doctrinari. Per quam propositionem magister noster me cogit palam dicere quod prius, pro sua reverentia, non nisi clam ac nomine ejus sublato dicere volui. Est quippe fama in nostra universitate lovaniensi non mediocrorum theologorum qui presentes aderant (6) relatione vulgata (7), magistrum nostrum magistrum heynricum de zoemeren dixisse publice in scolis theologie non esse simpliciter concedendum quod filius dei factus est homo, atque eum, si recte memini, adjecisse pro causa quia filius dei humanitatem assumpsit, non hominem. Unus

(1) in esse *codd.*
(2) quia.
(3) *om.*
(4) supercedendum *codd.*
(5) *i. m. om. 4152.*
(6) adhereant *codd.*
(7) fugata.

etiam ex discipulis suis in publicis scolis asseruit quod, si cui revelata esset sua dampnatio, ille deobligatus esset a precepto orandi pro se. Item quod existentem in caritate, ymmo beatum, deus posset dampnare et in infernum detrudere. Cui doctrine, ut plures notarunt, quoad potui (1) semper adversatus sum. Et si ne ob id magistro nostro minus acceptus fuerim ipse dinovit. Hanc equidem doctrinam velut christianarum aurium offensivam non modo (2) doctrinandam, sed penitus abhominandam semper arbitratus sum. Suadere tamen nititur magister noster quod in eam visus sum consensisse (3), quoniam ubi premiseram quod multa inter doctos doctrinari possunt que sine gravi scandalo populo non dicerentur, vice exempli subjunxi : verbi gratia ex adversariis doctrine aristotelis unus dicitur doctrinasse non esse simpliciter concedendum quod filius dei factus est homo, alius quod existentem in caritate deus posset dampnare. Et iterum quod si cui revelata esset sua dampnatio is pro sua salute non oraret. Non apparet, inquit, hec exempla congruere proposito nisi intenderem dictas assertiones inter doctos doctrinari posse. Sed longe malo illius argui criminis quia ineptis exemplis usus fuerim quam quod dictas assertiones senserim ullatenus a viro bono posse doctrinari. Intendi autem in hiis verbis hoc argumentum : que si plebi dicerentur : adversarii doctrine Aristotelis potuerunt, non quidem jure, sed superiorum tollerantia, inter doctos doctrinare dictas assertiones que, si plebi dicerentur, eam indubitanter offenderent; ergo multo amplius michi licuit inter doctos doctrinare sententiam aristotelis de futuris contingentibus; de qua nondum constat quod, divulgata populo, ipsum scandalizaret. Nec michi videor inepte usus exemplis, ymmo forsan michi licuisset loco dictarum assertionum posuisse hereses (4) arii (5) aut sabellii que utique non sine gravi scandalo plebi dici possent. Nichilominus absque omni scandalo possent inter tales doctos doctrinari qui plane sciunt hujuscemodi heresibus assentiendum non esse. Potuisset quidem arius (6) coram Augustino et aliis augustino similibus absque omni scandalo heresim suam doctrinasse, neminem quidem eorum scandalizasset (7), ymmo rationibus convictus vel heresi resiliisset vel dignam (fol. 55v) pro demeritis suis pertulisset confusionem. Cogis me, proh dolor, magister noster, dicere cujus existimationis apud nos tua sit doctrina. Cogis etiam me causam enarrare

(1) adpotui *4132* : quod ad *3169*.
(2) tamen nititur magister noster quod in eam visus sum *add. et del.*
(3) consessisse.
(4) erraii *add. et del.*
(5) errii *codd.*
(6) errius *codd.*
(7) scandalizassent.

quam plerique suspicantur, cur propositiones illas offensivas, velut a me dogmatizatas, ad sedem apostolicam detuleris. Cogis denique me proloqui cur laboriosam, ut ais, provintiam novi illius opusculi conficiendi a multis assumpsisse credaris. Hec omnia, nisi cogeres, satius fuisset subticuisse. Dicere soles te scandalosas illas (1) propositiones zelo fidei ad sanctam sedem apostolicam detulisse. Sed, si te fidei zelus impulisset, utique, juxta salvatoris doctrinam, scelere cooperto, me primo clam, deinde testibus adhibitis corripuisses; demum, si pertinax restitissem, detulisses ecclesie. Neque mox inquietari oportuisset sanctam sedem apostolicam; congruisset potius causam, prout moris est, ad venerandam facultatem theologie delatam esse ac illius expectasse sententiam. Eum etiam quem et amicum et virum famosum apellas non adeo facile credidisses, paucorum relatu qui doctrine tue vel consortes sunt vel discipuli, tam nephanda disseruisse dogmata; quin ymmo eum qui accersitus (2) ad te venire nunquam rennuit advocasses, presentem audisses, ex eo ipso de qualitate doctrine atque ejus intentione sollicitus (3) explorasses; investigasses etiam a singulis, tam sacre theologie professoribus quam aliis viris gravibus, qui me sepius in eadem materia publice loquentem audierant, quam (4) de dogmatibus meis opinionem habuissent. Illos credidisses non minus quam te fidei zelosos. Fateor enim, cum quinquies hanc materiam in scolis tractaverim, te semel affuisse, sed adeo obtenebrata mente ut. cum toti scole constet iteratis vicibus me dixisse articulos fidei esse veros veritate incretata divine noticie ac dei revelantis, postea non memineris me locutum fuisse de veritate increata. Non profecto te tunc obcecavit zelus fidei. Non te postmodum in deferendis propositionibus egit precipitem zelus fidei. Non te omnem, quem vir bonus preteriise nollet, debiti (5) processus ordinem relinquere coegit zelus fidei. Sed alius, ut autumant, zelus. Quis igitur ? Zelus, aiunt, cujusdam antique tue doctrine rursus in hac universitate ressuscitande, quam pridem veneranda facultas theologie velut offensivam penitus in antea (6) silendam judicavit. Et id eam rationabiliter judicasse testata est veneranda facultas theologie coloniensis. Eam doctrinam noto qua, dum in artibus legeres ante annos XXII, publice doctrinasti in futuris contingentibus esse determinatam veritatem sicut in presentibus et preteritis atque oppositum illius non stare cum fide. Hanc doctrinam, magistralem nactus auctoritatem in theologia, tam per teipsum quam

(1) *superscr. 3169.*
(2) ac certitus *3169*; ac certius *4152.*
(3) solicitus.
(4) quomodo *3169.*
(5) debi.
(6) mantea *3169.*

per tuos discipulos renovare molitus es, ac doctrinam contrariam auctoritatibus et rationibus velut hereticam confutare. Magistros autem theologie, qui illam tuam doctrinam silendam decreverant, magistros (fol. 51ᵛ) quippe nostros ad quorum pedes nos ambo pariter prima elementa theologie didicimus, publice in conspectu universitatis errasse dixisti, adjiciens ab eadem tua doctrina resiliendum non esse, si angelus de celo contrarium evangelizaret. Suasisti etiam facultati artium quatenus statutum, qua tua doctrina illa sileri jubetur, ex libro suorum statutorum eraderetur. Pro causa subdens : nam nunquam id statutum, ut aiebas, conditum fuisset, si magistris nostris ipsum (1) condentibus doctor de palea restitisset (2). Cum autem nec suasionibus tuis obtemperatum iri, nec te in arena disputationis rationibus et auctoritatibus prevalere cerneres, aliam aggressus viam cepisti scriptationibus tuis foris omniquaque terrarum divulgare certas erroneas propositiones de futuris contingentibus in universitate lovaniensi dogmatizari, quatenus victoria (3), que tibi a presentibus tributa non est, ab exteris, ut tibi placuit informatis, deferretur. Cujus rei non mediocrem conjecturam facit quod copiam earum propositionum, quas ultro foris publicaveris, universitati, licet peteret, primo denegasti et postea, sub pena parjurii exactus ut infra triduum traderes, vix tandem tradidisti (4). Ex hiis suspicatum est non zelo fidei, sed carnalis tue doctrine in tantum te precipitium pervenisse ex quo ut te ipsum evolvas, in novo illo opusculo totis viribus coneris me tam (5) ex scriptis quam confessatis meis simpliciter et rotunde dixisse eas propositiones quas ad sanctam sedem apostolicam detulisti ac, quidquid verba postmodum, ut ais, ad palliandum excogitata sonent, adhuc (6) mentetenus eisdem propositionibus consentire. Quod an persuasum effeceris, illorum submitto judicio qui presentem tractatum lecturi sunt. Causam cur hanc provintiam non utique modici laboris, licet exigui fructus, assumpseris, autumant plerique. Nam cum in Urbe a peritissimis viris intelligas deprehensurum esse (7) te dictas propositiones non veraciter detulisse, summam tibi futuram horrescis ignominiam; nec injuria, nam si, machinatione tua detecta, fama succreverit te vana delatione sedem apostolicam inquietasse, orbem totum

---

(1) id *del*; ipsum *superscr*.
(2) Peut-être s'agit-il ici de Jean Pallacs, docteur originaire d'Utrecht. cf. *Auctar. chart.* univ. paris. III, col. 480, n, 6.
(3) Le manuscrit *4152* s'arrête à cet endroit.
(4) Cf. Frédéricq, P., *op. cit.*, p. 24.
(5) tamen.
(6) ad hec.
(7) quam (?) *add. et del.*

falsis scriptitationibus conturbasse,ac matrem tuam universitatem lovaniensem gravissimis injuriis mendaciter affecisse, ubi pre summo pudore caput erigere presumis, qui ex latebris me producturus eras, latebras petas necesse est. Ne in tantum te dedecus ex imprudenti et falsa tua delatione prolabaris, utcumque potes delationem tuam, quasi justa esset, niteris palliare. Et cum ex neutra inquisitionum factarum satis tibi speres suffragii, nec ex illa trimestri quam fecit dominus noster rector non propria auctoritate sed jussu universitatis, non solus sed semper ad minus adjunctos habens duos magistros sacre theologie, nec ex ea quam, summa cum sollicitudine, fecerunt commissarii Reverendi in Christo patris episcopi Tornacensis, argumentando jam conaris id planum efficere quod aliorum testimonio probari posse diffidis. Licet enim in hac materia palam disserens nunquam, ut ais, citra quingintos auditores habuerim, inquisitionem tamen nullam pertimesco. Confido quidem ex tam celebri concursu, si paucissimi quidem, quos veteris illius tue doctrine constat esse complices quique (1) te in hunc labirintum (2) impulisse creduntur, seclusi sint, superesse neminem qui ex meis se fatebitur dogmatibus scandalizatum. Si autem novo huic conatui tuo me per presentem tractatulum restitisse senseres, certus sum, nam ingenium tuum novi, te quoad vires contra me, nisi prohibitus fueris, alia atque iterum alia via machinaturum. Et, ut finem faciam, en, magister noster, en eum ipsum quem ex latibulis in publicum campum te producturum pollicebaris ad instar, ut aiebas, minorum canum, quos umbros vocant, recte quidem nam hoc genus canum latratu magis quam morsu valet, jam in conspectu sto potentissimorum illorum molosorum qui a luporum incursitationibus ovile dominicum pervigili custodia tuentur; ab hiis non a te cujus, ut vereor, adhuc oculi livore caligant, dijudicari velim. An coluber censendus sim, ut ais, pestilentissimus ab eis discrepandus, an ne potius ovis mansueta de grege (fol. 52) christi ab impiorum morsibus eorum presidio defendenda. Ut autem illius qui gregis dominici divina clementia constitutus est pastor presidium michi non defecturum (3) sperem, tractatus ille cujus supra memini, nisi ejus me titulus fefellit, fidutiam prestat. In hoc quippe tractatu, cum quesitum fuisset an asserens nec propositiones fidei de futuro esse veras, nec deum precognoscere futura priusquam eveniant, si publice voluerit (4) errorem suum retractare seque determinationi ecclesie submittere sit absolvendus, an, hiis non obstantibus, tanquam

(1) quemque.
(2) laborintum.
(3) defuturum.
(4) fuerit.

hereticus presumendus, auctor respondet quod, si talis non recidivavit (1) in illam abjuratam heresim et correctus resipiscat et revocet humiliter male dicta, non est condempnandus, sed magis absolvendus. Deinde subdit argumentum quo tu, magister noster, probare soles quod, si asserens predicta in sacra scriptura doctus sit, absolvi non debeat quoniam videtur auctoritatem ecclesie plurifacere quam auctoritatem sacre scripture. Ad quod respondendo dicit in hunc modum : « Argumentum istud infert satis duram et impiam, meo judicio, conclusionem. Et forte is qui primo argumentum istud adinvenit pro tunc replebatur non minori passione contra quemdam quam subtilitate ingenii. Idcirco solvam argumentum istud quo melius potero » (2). Hec ille. Perpendisne, magister noster, ex verbis suis quid de te suspicetur ? Perpendisne et ipsius erga me begnitatem qui, etsi propositiones per te ad sanctam sedem apostolicam sinistre delatas asseruissem, me tamen humiliter resispicentem ad gremium ecclesie clementer recipiendum decrevit ? Qua enim erga me begnitate tunc usurum existimas, cum innocentem me censerit quem, licet ex perversa tua delatione perfidum putaverit, tanta tamen clementia contrectavit. O virum utique dignum qui petro succedat, qui ovibus christi dignissime presit, quem nobis longevum conservare atque eidem ut salubriter sue presit ecclesie assistere dignetur deus optimus in secula seculorum. Amen.

Explicit tractatus petri de rivo responsalis ad opusculum quoddam magistri nostri magistri heynrici de zoemeren, sacre theologie professoris, in materia de veritate propositionum fidei de futuro ac divina presciencia et prevolitione futurorum contingentium.

(1) residivavit.
(2) Cf. p. 120-121.

PETRI DE RIVO RESPONSIONES ADDITIONNALES AD PROPOSITIONES PER HENRICUM DE ZOMEREN COLLECTAS (1)

(Ms. lat. 4152)

Propositiones per magistrum henricum de zomeren ex tractatibus petri de rivo et ex confessatis ab eodem collecte.

I[a] Nulla propositio fidei...

Divino michi suffragante presidio liquidum spero efficere hanc propositionum collectionem ex livore potius quam ex zelo fidei excogitatam (2). Colligens quidem hanc primam propositionem manifeste verba mea mutavit. Pro eo enim quod dixi propositiones fidei non esse veras veritate propria innuit me dixisse quod non sunt proprie vere; que duo adeo differunt ut nec unum sequitur ad alterum. Quod patet in simili. Sonus enim auditur, non auditione propria, sed audientis; nichilominus dicitur proprie audiri. Et propositio, secundum doctrinam communem, non dicitur vera veritate propria, sed ea veritate que est in intellectu, et (3) tamen proprie dicitur vera. Sic propositio fidei de futuro (4) per quam nobis insinuatur notitia (5) quam deus habet de hujusmodi futuro, licet (6) non sit vera veritate propria et sibi formaliter inherente (7), sed veritate divine notitie, ipsa tamen potest eadem veritate dici proprie vera.

Preterea verba per me industriose apposita callide subticuit. Cum enim dixissem propositiones fidei non esse veras veritate propria et ex rigore logice statim subjunxi : Nichilominus sunt vere veritate divine notitie (8) quam per eas prophete et auctores intendebant expri-

---

(1) Ce titre ne figure pas dans le manuscrit, mais il est suggéré par la dernière phrase de la deuxième rédaction.

(2) esse *add. et del.*

(3) que *del;* et *superscr.*

(4) de futuro *superscr.*

(5) de *add. et del.*

(6) *i. m.*

(7) est tamen vera *add. et del.*

(8) per *add. et del.*

mere, hoc est veritate increata (1). Et ad tres primos articulos respondens dixi omnes propositiones fidei (2) de futuro contingenti esse veras tum veritate prima seu increata, tum veritate dicentis seu revelantis, tum veritate fideliter expectata; ymmo eo ipso quod dicuntur vere veritate increata dixi eas esse simpliciter veras. Quibus premissis subjunxi : Verum tamen est quod dixi (3) tales propositiones non esse veras aristotelice, ea scilicet veritate de qua loquitur aristoteles primo periarmeneias, dicens in futuris contingentibus non esse similiter veritatem ut in presentibus et preteritis, etc. (4). Cur, queso, has additiones silentio preterierit, nisi ut animis legentium inculcaret me simpliciter negasse propositiones fidei esse veras? Et non mediocriter (5) calumpniosum est sic carptim allegare verba per que simpliciores offendi possent, qui tamen (6), hiis que addita sunt expressis, nullatenus offenderentur.

Preterea, cum, doctores catholicos imitatus, dixerim propositiones fidei de futuro aliud significare ex sua natura seu ex rigore logice, puta notitiam expectativam, et aliud ex intentione auctorum sacri canonis, puta notitiam dei intuitivam de futuris, qui propositionem collegit, de hujsmodi alteritate nullam mentionem faciens, simpliciter loquitur de dictis propositionibus, dicens : Nulla propositio fidei de futuro contingenti est, etc.; quod non videtur ob aliud fecisse quam ut ab hiis qui dictos doctores non viderunt eadem propositio magis judicaretur offensiva.

Idcirco duxi hic subjungere verba doctorum. *Petrus aureoli 38 distinctione primi in 3° articulo questionis*, solvens argumentum de propositionibus propheticis, dicit quod « hujusmodi propositiones aliud significant ex institutione et natura, et aliud dant intelligere ex intentione prophete. Secundum enim naturam propriam et significationem quam exhibent nec sunt vere nec false; secundum autem intentionem prophete sunt vere, quia dant intelligere quod in divina notitia est quedam veritas ineffabilis et quedam determinatio illius materie de qua formantur; que quidem determinatio non plus dat propositioni future quod sit vera quam illi de presenti, cum abstrahit ab omni tali; et hoc est quod nititur gestiendo ubique exprimere propheta » (7).

(1) Cf. p. 77. Quand l'écrit auquel Pierre de Rivo fait allusion n'est pas indiqué en note, il s'agit d'un des traités qui n'ont pas été retrouvés.

(2) *superscr.*

(3) *superscr.*

(4) Cf. p. 221.

(5) non mediocriter *i. m.*

(6) *superscr.*

(7) dist. 38, art. 3, éd. cit., fol. 887, 2 F.

Et in solutione argumenti de propositionibus fidei dicit quod alique propositiones future cadunt sub fide quantum ad id quod exprimunt ex intentione credentis, videlicet quod est determinatio quedam de illa materia in divina notitia ineffabilis et inexpressibilis per quamcumque propositionem, et sic sunt vere; non autem ut rem respiciunt in proprio genere; vel dicendum quod carnis resurrectio et generale judicium non sunt futura contingentia ad utrumlibet, quia deus determinavit omnino quod sic fiat. Et sic forte fuit de multis propositionibus propheticis ad quas determinat se deus. Melius tamen dicitur primo modo, si tamen debeat salvari contingentia ad utrumlibet et eventus necessarius evitari (1).

Petrus de candia, dictas solutiones pertractans dicit : « Ad rationem ergo, cum dicitur de prophetiis quod sunt vere, dico quod tales propositiones possunt dupliciter considerari, vel secundum formam propriam vel prout intellectus concipit in deo quamdam veritatem (2) ineffabilem sive propositum divinum. Primo modo, secundum viam istius, nec sunt vere nec false et sic non capiunt aliquam veritatem a dei notitia que non se habet per modum notitie expectative. 2° modo per tales propositiones intelligitur verum. Diceret ergo quod prophete intellexerunt secundo modo; sed ex hoc non sequitur quod talis propositio sit vera vel falsa secundum propriam significationem, sicut patet de duabus prophetiis de Christo dictis, quarum una est de preterito et altera de futuro, et hoc ante ipsius adventum, utputa de illa : Parvulus natus est nobis, que est de preterito; et de illa : Ecce virgo concipiet, que est de futuro; quas, si intellexisset secundum formam propriam, falsum intellexisset, quia intellexisset incarnationem ut preteritam et similiter ut futuram, quod falsum est. Ergo solum intellexit divinum propositum circa nostram salutem et hoc sufficit ad mentem sacre scripture » (3). Et ad rationem de propositionibus fidei dicit quod hoc (4) assumptum (5) : « omnis propositio fidei est determinate vera, si intelligatur quantum ad formam propositionis negaretur, quia talis propositio de futuro neque est vera neque falsa. Unde per istum modum non cadunt sub fide, sed bene quantum ad illud quod exprimunt in intentione credentis, videlicet quod est quedam determinatio de illa materia (fol. 62ᵛ) in notitia divina ineffabilis et inexpressibilis per quamcumque propositionem. Et sic sunt vere ille propositiones fidei, non autem ut rem respiciunt (6) in proprio

(1) *loc. cit.*, fol. 888, 1 C.
(2) inf *add. et del.*
(3) *Paris nat. ms. lat.* 1467, fol. 118ᵃ.
(4) *i. m.*
(5) *om.*
(6) *superscr.*

genere. Cum ergo dicitur : proposita tali propositione : resurrectio mortuorum erit, qualiter esset respondendum, dico quod, si attendatur divina notitia circa eam, concedenda esset; si vero inspiciatur forma propositionis non aliter esset ad illas respondendum quam ad illas : utinam essem bonus clericus, que nec sunt vere nec false. Et per hoc apparet quod non sequitur : propositio non est concedenda nec neganda, ergo dubitanda » (1).

Sixtus, misericordia divina papa quartus, in quodam tractatu (2), quem tempore cardinalatus sui edidit de veritate propositionum fidei que sunt de futuro contingenti, premittens se erga dominum petrum aureoli caritatem gerere ob quam, inquit, opto ut ab omni labe heresis semotus judicetur, pro declaratione opinionis ejusdem doctoris subjungit tria notabilia. Unde inter cetera dicit : « 2° notari potest ex opinione illius doctoris et suorum sequacium quod notitia qua deus cognoscit existentiam futurorum modo quo dictum est non reddit propositiones de futuro determinate veras aut determinate falsas, sed relinquit eas indeterminatas et indifferentes. Patet istud quia cognitio illa non est expectativa, ut dictum est. 3° notari potest ex eadem opinione quod propositiones de futuro contente in sacra scriptura possunt dupliciter considerari, uno modo secundum propriam formam seu proprium significatum, et ut sic sunt neutre; alio modo et secundo, ut intellectus per eas intelligat in deo quamdam infallibilem veritatem seu divinum propositum et ita per eas intelligitur verum » (3).

Sanctus thomas, si ejus doctrina studiose perlegatur, reperietur in eamdem cum predictis sententiam convenire. Unde in *questionibus de veritate, distinctione 2ª, questione 12 in corpore* questionis, inter cetera dicit : « Difficultas autem in hoc accidit, eo quod divinam cognitionem significare non possumus nisi per modum nostre cognitionis significando differentias temporum. Si enim significaretur, ut est, dei scientia, magis deberet dici quod deus scit hoc esse quam sciat futurum, quia sibi (4) numquam sunt futura sed semper presentia » (5). In quibus verbis innuit quod notitia divina, que abstrahit a differentiis temporum, non potest proprie exprimi per propositiones de futuro acceptas secundum suum modum enunciandi. Vult insuper quod notitia qua deus futura cognoscit magis deberet exprimi per propositionem de presenti quam de futuro. Sed constat quod non proprie exprimitur

(1) *ms. cit.*, fol. 118b, ad. 3um.
(2) *i. m.*
(3) Cf. p. 124.
(4) sicut *del;* sibi *superscr.*
(5) *Questiones de veritate*, éd. Mandonnet, Paris, 1925, q. II, art. 12, p. 72.

per propositionem de presenti. Licet enim deus cognoscat existentiam antichristi ut sibi presentem, hec tamen propositio : antichristus existit, secundum suam formam et naturam accepta, non exprimit hujusmodi notitiam, cum ipsa, ut sic, sit falsa. Preterea, eodem *libro dist. 6*^a^, *questione 3*^a^ *in solutione 6*^ti^ *argumenti*, ponit hanc differentiam inter propositionem de futuro et veritatem predestinationis ac prescientie quod propositio de futuro respicit futurum ut futurum, et ideo non potest habere certitudinem, sed veritas predestinationis et prescientie respicit futurum ut presens et ideo certitudinem habet (1). Unde colligitur quod futurum contingens ut subest divine prescientie non proprie exprimitur per propositionem de futuro. Subest enim divine prescientie ut est presens et habens certitudinem; sed per propositionem de futuro ex sua natura et institutione exprimitur ut futurum et nullam habens certitudinem. Ex eodem apparet quod, secundum eumdem doctorem (2) futurum contingens, ut cadit sub fide, non proprie exprimitur per propositionem de futuro, quia secundum ipsum sic cadit sub fide sicut cadit sub divina prescientia. Unde 2^a^ 2^e^, *questione 1*^a^, *articulo 3*^o^, *in solutione 2*^i^ *argumenti* dicit quod « deum non incarnari, secundum se consideratum, fuit possibile etiam post tempus abrahe; sed secundum quod cadit sub divina prescientia habet necessitatem infallibilem. Et hoc modo cadit sub fide » (3). *Hec ille.* Cum ergo futurum contingens, ut subest divine prescientie (4), non proprie exprimatur per propositionem de futuro, ut ex verbis doctoris sancti deductum est, consequens est quod non per eam proprie potest exprimi ut cadit sub fide.

2^a^ *Propositiones fidei de futuris contingentibus..., nunquam tamen erunt vere...*

In hac propositione non recte addit *fidei*. Nam, predictorum doctorum doctrinam sequendo, aliud est dictum : propositio de futuro contingenti, et aliud (5) : propositio fidei de futuro contingenti (6). Propositio enim (7) de futuro contingenti, simpliciter sumpta (8), accipienda (9) est precise secundum suam naturam et impositionem

(1) *Op. cit.*, q. IV, art. 3, éd. cit., pp. 160-161.
(2) quod *add. et del.*
(3) *S. T.* 2^a^ 2^ae^, q. 1, art. 3, éd. cit., t. VIII, p. 12.
(4) ut... prescientie *i. m.*
(5) *superscr.*
(6) dum enim accipimus simpliciter *add. et del.*
(7) *superscr.*
(8) ipsa *del.*; simpliciter sumpta *i. m.*
(9) secundum *add. et del.*

et ut sic nec est vera nec falsa (1); si tamen (2) a verace proferatur expectatur ut verificanda. Sed propositio (3) fidei de futuro contingenti, in quantum hujusmodi (4), potius accipienda est secundum quod per eam fidelis intelligit deum habere certam notitiam de futuro, quoniam futurum non aliter cadit sub fide nisi secundum quod subest divine notitie; et ut sic non est verificanda, ymmo ipsa est vera veritate divine notitie. Ex hoc ergo quod dixi propositioni de futuro contingenti non inesse veritatem nec ante positionem rei (5) nec etiam re in esse posita, non infert debite quod propositiones fidei de futuris contingentibus nunquam erunt vere, tum (6) quia, licet propositio de futuro contingenti (7) (fol. 63), simpliciter accepta et nullam faciendo mentionem de fide aut revelatione, dicatur nunquam esse vera, de propositione tamen fidei dicendum est quod est vera saltem veritate prima; tum quia, licet propositioni fidei de futuro non insit veritas, ipsa tamen dicitur vera denominatione extrinseca a veritate prima que est objectum formale fidei. Preterea, licet dixerim quod articulus de futuro verificabitur pro instanti positionis rei in esse et quod pro eodem instanti non erit verus, ex hoc non sequitur quod nunquam erit verus, ymmo, sicut passim habetur in scriptis meis, hujusmodi articulus cum positione rei in esse est verus veritate creata fideliter expectata, et hoc si accipiatur secundum suam formam enunciandi. Insuper est verus veritate increata divine notitie, si accipiatur secundum quod per ipsum fidelis intelligit deum habere infallibilem notitiam de futuro.

3[a]. *Omnis propositio que jam est aut fuit vera...*

Si ad preteritum non sit potentia, sicut clare volunt auctoritates tam doctorum sanctorum quam philosophorum, non video quin evidenter sequatur quod propositio que fuit vera veritate preterita per nullam potentiam impediri possit quin fuerit vera. Et si in contingenti omne quod est determinatum est nec potest aliud esse dum est (8), sicut dicit h. de sancto victore (9), manifeste sequi videtur quod omnis propositio que est vera pro aliquo instanti (10) est inimpedibilis quin pro eodem instant (11) sit vera et semper postea fuerit vera. Conformiter ad hanc sententiam dicit *sanctus thomas 2[a] 2[e], q. 89 articulo 9[o]* quod

(1) sed *add. et del.*
(2) *i. m.*
(3) vere *add. et del.*
(4) in quantum hujusmodi *i. m.*
(5) inesse *add. et del.*
(6) *subscr.*
(7) nunquam dicatur *add. et del.*
(8) *De sacramentis christianae fidei,* lib. III, pars 5, c. 22. P. L. T. 176, col. 256.
(9) sicut... victore *i. m.*
(10) veritate presenti *del.* pro aliquo instanti *superscr.*
(11) pro... instanti *i. m.*

materia juramenti assertorii quod est de preterito aut presenti in quamdam necessitatem jam transiit et immutabilis facta est (1). Si autem propositio aliqua dicatur esse aut fuisse vera veritate expectata, quo modo aliquas propositiones de futuro dico esse veras (2), veritas talium propositionum ex quo contingenter est eventura impediri potest ne eveniat. Mirandum etiam apparet cur, cum dixerim : Et per consequens omnis talis propositio est inimpedibiliter vera modo predicto, ipse, verba mea allegans (3), omiserit hanc particulam : modo predicto, per quam volui quod omnis propositio, que pro aliquo instanti fuit (4) aut est vera, est aut fuit (5) inimpedibiliter vera (6) pro eodem instanti. Et cum dixerim quod inimpedibilitas non est de ratione veri sicut nec de ratione albi (7), sicut enim (8) album presens aut preteritum est inimpedibile quin sit aut fuerit, sic verum presens aut preteritum est similiter inimpedibile, etc., mirandum videtur cur, hac similitudine pretermissa et verbis meis mutatis, dicit : licet non sit de ratione veri inimpedibilitas, verum tamen presens aut futurum est inimpedibiliter, etc.

4ª Veritas propositionis de presenti...

Callide pretermittit de quali necessitate dixi hanc propositionem intelligendam esse. Sicut enim ex capitulo quod allegat et ex sequente lucide apparet, dixi ipsam intelligendam esse (9) non de necessitati logica qua aliquid est necessarium ex habitudine terminorum, sed de necessitate reali qua aliquid dicitur necessarium quia per nullam realem potentiam potest impediri. Et sic hujusmodi propositionem credidi manifestam. Veritas enim propositionis de presenti infert rem significatam sic esse ex necessitate quod per nullam potentiam potest impediri quin jam sit, sicut patet ex verbis aristotelis et hugonis. Sed dicere quod hujusmodi veritas inferat rem (10) ex necessitate esse, loquendo de necessitate logica, est manifeste erroneum. Quis ergo non intelliget ipsum omnem declarationem quam apposui ideo preteriisse ut crederer in hoc sensu dictam (11) enunciasse propositionem ? Non profecto (12) in exordiis perturbandus est dicens, ut dicit *Johannes crysostomus*, sed finis proposite orationis est expectandus.

---

(1) *S. T.* 2ª 2ªᵉ, q. 89, art. 9, éd. cit. T. IX, p. 288.
(2) tales utique propositiones impediri possint *add. et del.*
(3) verba... allegans *i. m.*
(4) est *add. et del.*
(5) pro; aut fuit *superscr.*
(6) *superscr.*
(7) quod inimpedibiltas... albi *i. m.*
(8) *superscr.*
(9) de *add. et del.*
(10) esse *add. et del.*
(11) propositionem *add. et del.*
(12) *i. m.*

5[a]. *Si propositio aliqua* (1) *de futuro contingenti...*

Dicit me reputare quod tercia ratio cum duabus aliis in 3° capitulo 2[1] tractatus concludant, sed non sine causa omisit allegare (2) quo modo et qualiter eas reputem concludentes. De eisdem propositionibus dico in principio noni capituli : Forte dicetur quod rationes que prius pro epicuro adducte sunt similiter ab adversariis solvi possunt, sed quanto eas plus pondero et ingeniosissimi viri mecum, ad alterum istorum cogere videntur : aut quod in propositionibus de futuro contingenti non est aut fuit presentialiter veritas aut quod omnia (fol. 63[v]) de necessitate evenient. Potuisset igitur ex scriptis meis colligisse hanc propositionem : si propositio aliqua de futuro contingenti dicens rem, que futura est, fore est vera veritate que sibi presentialiter inest aut infuit, significatum illius ex necessitate eveniet; quam propositionem *petrus aureoli*, cum suis sequacibus, credidit evidentem. Nichilominus propositio de futuro contingenti potest dici vera veritate expectata non obstante quod ejus significatum non eveniat de necessitate (3). Potest etiam propositio fidei de futuro contingenti dici (4) vera denominatione extrinseca a veritate notitie divine quam per eam fidelis intelligit, nec tamen propterea oportet quod significatum ejus ex necessitate eveniat, sicut conatus sum in scriptis meis declarare. Sed passum illum sub silentio preteriit, et callide quidem, ut existimarer dicere propositiones fidei de futuro non esse veras aut compelli posse ad dicendum significata earum de necessitate evenire.

6[a]. *Id quod vere est eventurum per nullam potentiam impediri potest ne eveniat...*

Si hec propositio vere elici debeat ex dictis meis, ipsa tantummodo intelligenda est de eo quod est vere eventurum veritate precedente eventum rei ac transeunte in preteritum. Primum patet quia in evasione quam hic allegat supponitur quod deus impedire posset veritatem propriam de futuro preexistentem ut non prefuerit et ita posset facere ut res que vere enunciabatur eventura non eveniat; quare loqendum est de re que enunciabatur vere eventura veritate preexistente seu eventum rei precedente. 2[um] patet quia communis animi acceptio quam dico destrui per talem evasionem est quod ad preteritum non est potentia; manifestum est ergo quod veritas (5) que in evasione supponitur posse per deum impediri est veritas preterita; et intelligendo propositionem modo predicto, si saltem ad nullum preteritum

(1) *superscr.*
(2) ubi *add. et del.*
(3) Et *add. et del.*
(4) veritate noticie *add. et del.*
(5) quod veritas *iter. et del.*

sit potentia, ut innunt auctoritates non tantum philosophorum sed etiam sanctorum, evidens apparet quod id quod est vere eventurum per nullam potentiam impediri potest ne eveniat. Nichilominus eventus illius impediri potest quod est vere eventurum vel veritate indubitanter expectata que adhuc est contingenter eventura, vel veritate divine notitie que non transit in preteritum, sicut manifeste habetur (1) in pluribus passibus scriptorum meorum.

7ª. Admittere propositiones fidei de futuro ante eventum rerum esse veras infert significata earum inevitabiliter evenire.

Non allegat (2) passum ex quo hanc propositionem collegit. Scio tamen in quodam loco codicis mei quintipartiti me ad longum declarasse quod contra admittentes propositiones fidei de futuro esse veras veritate precedente eventum rerum per lineam successionis mediam irreffragabiliter concluditur quod res de necessitate evenient; non autem contra eos qui hujusmodi propositiones admittunt esse veras veritate (3) increata divine notitie que respicit actualitates rerum ut a se indistantes (4). Neque videtur immunis ab omni calumpnia qui tam crudam elicit propositionem ex scriptis que sic (5) distracta sunt et modificata.

8ʳ. Contradictorie propositionum fidei de futuro non sunt false...

Sicut circa 2ªᵐ propositionem dictum est, propositio de futuro contingenti simpliciter sumpta, fide et revelatione seclusis, accipienda est secundum propriam naturam quam ex sua impositione sortita est, et ut sic omnis talis propositio (6) est neutra. Sed propositio fidei de futuro contingenti, in quantum est fidei, accipienda est secundum quod per eam notatur deum habere notitiam de futuris, que ut sic est vera; et ejus contradictoria, falsa. Ex hoc ergo quod dico simpliciter omnes propositiones de futuro contingenti esse neutras non necesse infertur (7) quod propositiones fidei de futuro aut earum contradictorie (8) sunt neutre, maxime si sumantur ut tales. Nichilominus ipse (9) sunt neutre, si precise sumantur secundum propriam formam seu propositum significatum, ut patet ex verbis doctoris preallegati (fol. 64). Preterea mirandum videtur qualiter ex hoc quod dico propositiones a jona ac ysaia dictas non fuisse falsas inferri possit quod contradictorie propositionum fidei de futuro non sunt false,

(1) dico *del.*; habetur *superscr.*
(2) hunc *add. et del.*
(3) noticie *add. et del.*
(4) non autem ut eventuras *add. et del.*
(5) adeo sic *del.*; sic *i. m.*
(6) falsa *add. et del.*
(7) secundum *add. et del.*
(8) secundum *add. et del.*
(9) *subscr.*

quoniam ad formandum dictam consequentiam oporteret probari propositiones ab hujusmodi prophetis dictas fuisse contradictorias aliquarum propositionum fidei; quod non apparet.

9ª. Jonas non fuit constristatus propter falsitatem sue prophetie...

Dicentes propositiones de futuro contingenti esse neutras, id est nec veras nec falsas, coguntur negare (1) jonam (2) fuisse contristatum propter falsitatem sue prophetie, quasi ipsa, dum eam prophetavit, fuisset falsa (3); fuit enim (4) propositio de futuro utpote hec (5) : ninive subvertetur. Nichilominus contristatus est proter falsitatem quia vidit prophetiam suam in sensu quo eam intellexit esse falsificatam, que quidem falsitas non inerat sue prophetie sed (6) propositioni de presenti aut preterito sibi succedente.

10ª. *Hec propositio : hac nocte ter me negabis...*

Sicut volunt doctores preallegati, propositiones prophetice alium sensum faciunt ex sua natura seu impositione et alium ex intentione prophete. Et in primo sensu sunt neutre et in 2°, vere. Secundum eos ergo concedendum est quod inter tales propositiones propheticas de quibus fit mentio in propositione, si accipiantur in sensu quem faciunt ex sua natura, nulla est verior alia quoniam, ut sic, omnes sunt neutre, nec vere nec false. Sed si accipiantur in sensu quem faciunt ex intentione prophete, sic omnes sunt vere veritate divine notitie, differenter tamen. Pro cujus intellectum sciendum quod, sicut vult *sanctus thomas 2ª 2ᵉ* q. 171, « divina prescientia respicit futura contingentia dupliciter, vel secundum quod sunt in seipsis in quantum ipsa presentialiter intuetur vel secundum quod sunt (7) in suis causis in quantum cognoscit ordinem causarum ad effectus. Et subdit quod hec duplex cognitio, licet in divino intellectu semper coincidantur, non tamen in revelatione prophetica » (8). Quod declarari potest in proposito. Nam propositio prophetica qua christus predixit petro : ter me negabis, fuit vera veritate divine notitie qua deus cognovit (9) futuram negationem petri in seipsa et tanquam a se indistantem. Sed prophetie jone et ysaie erant vere veritate divine notitie qua cognovit res futuras tantummodo (10) in suis causis, utpote quod dispositio causarum erat talis quod hujusmodi res evenirent nisi aliunde presta-

(1) confiteri *del.*; negare *i. m.*
(2) non *add. et del.*
(3) nichil quia *add. et del.*
(4) *superscr.*
(5) *superscr.*
(6) prophetie *add. et del.*
(7) *i. m.*
(8) *S. T.* 2ª 2ᵉᵃ, q. 171, art. 6, éd. cit. T. X, p. 375.
(9) negationem *add. et del.*
(10) tantummodo *add. et del.*

retur impedimentum. Unde patet quod prophetia christi verior erat (1) prophetiis (2) jone et ysaie quoniam ipsa erat vera simpliciter, alie autem erant vere ex suppositione. Quare etiam (3) contigit eas per non eventum rerum postmodum falsificari. Nec videre possum qualiter ex scriptis meis oppositum inferri possit per consequentiam necessariam. Confiteor quidem me dixisse quod hec propositio dicta petro : ter me negabis, non plus abstulit ei potestatem non negandi quam abstulerit ninivitis potestatem non pereundi verbum jone, vel ezchie potestatem non moriendi verbum ysaie. Sed qualiter, queso, ex hiis sequitur per consequentiam necessariam quod propositio dicta petro non fuit magis vera (4) quam propositiones ille dicte ninivitis et ezechie? Innititur enim hujsmodi consequentia huic propositioni : nulla propositio que non magis abstulit (5) potestatem aliter eveniendi (6) fuit magis vera. Que propositio patitur instantiam. Si enim heri dicta fuisset hec propositio : petrus sedebit, et hec : deus cognoscit a intelligendo per a sessionem illam qua jam sedeo, neutra harum michi magis abstulit potestatem nunc non sedendi quam altera. Attamen secunda fuit magis vera quam prima, quoniam secunda ab omnibus conceditur fuisse vera, sed prima ab aristotelico diceretur fuisse nec vera nec falsa. Ymmo, ut arbitror, adversarii (fol. 64v) dicerent (7) secundam fuisse veram veritate inimpedibili; et prima, veritate tantum impedibili. Ad probandum tamen dictam consequentiam subdit me dixisse : non alia ratione quod contingentia (8) futurorum videretur impediri per propositiones de futuro quam propter earum veritatem. Dato quod hec per me dicta fuerit, manifestum tamen est quod hoc dicere non intendebam nisi (9) accipiendo propositiones de futuro secundum proprium earum significatum et naturam, et loquendo de veritate creata quam adversarii dicunt inesse hujsmodi propositionibus, sicut inest illis de presenti et preterito (10). Sed hoc modo, secundum doctores preallegatos, omnes propositiones prophetice de quibus fit mentio sunt neutre, nec vere nec false et per consequens una non est magis vera quam alia.

11a. *Omnes propositiones revelate, in quantum hujusmodi, qualitercumque significentur, sunt dicende simpliciter vere...*

In passibus quos ad eliciendum hanc propositionem allegat locutus

(1) aliis *add. et del.*
(2) aliorum *add. et del.*
(3) *i. m.*
(4) quod *add. et del.*
(5) *i. m.*
(6) non *add. et del.*
(7) primam *add. et del.*
(8) rerum *add. et del.*
(9) loquendo de propositionibus *add. et del.*
(10) et *add. et del.*

sum de propositionibus nobis divinitus ac (1) a deo revelatis et per quas nobis revelare dignatus est notitiam quam habet de rebus. Et has, in quantum hujusmodi, dixi esse veras veritate increata divine notitie et per consequens inimpedibili veritate; arbitratus etiam sum omne illud simpliciter dicendum esse verum quod (2) inimpedibili veritate est verum. Sed cur predictas additiones omiserit et simpliciter locutus est de propositionibus revelatis, arbitrio legentium committo.

12[a]. *Ysaias hanc propositionem : parvulus natus est nobis, in sensu etiam quem facit, credidit veram veritate dicentis...*

Postquam in loco quem allegat dixeram quod hec propositiones : parvulus natus est nobis et filius datus est nobis, dum prohetabantur ab ysaia, ex vi enunciationis apparebant false, pro causa subjunxi : Quia significabant id esse preteritum quod adhuc erat futurum. Et postquam dixeram : Nichilominus credebantur ab ysaia tanquam vere veritate revelantis, pro causa adjeci quia per eas intellexit deum qui veracissimus est sibi revelasse notitiam quam habebat de (3) nativitate christi tanquam posita in conspectu (4) suo, licet in cursu temporis esset futura. Si placuisset collectori has causas apposuisse, cuilibet palam constitisset quam inepte propositionem ex scriptis meis collegisset. Sicut enim patet ex precedentibus, imitando doctores predictos, propositiones prophetice alium sensum faciunt ex sua natura seu ex rigore logice, et alium ex intentione prophete. Hanc ergo propositionem : parvulus natus est nobis ysaias credidit esse veram in eo sensu quem ipse intendebat, puta quod deus habebat certissimam notitiam de futura nativitate christi tanquam sibi indistante; ipsam tamen non credidit esse veram in eo sensu quem facit ex sua natura quasi tunc credidisset nativitatem christi esse vel (5) preteriisse. Cujus tamen oppositum ex scriptis meis inferre molitus est; sed, cum exercitatissimus sit locus, alleget, queso, locum aut aliud fundamentum in quo opinetur hanc consequentiam posse stabiliri. Confiteor consequentiam suam fuisse necessariam, si dixissem quod yasaias credidit suam propositionem esse veram in eo sensu quem facit ex sua natura seu ex vi enunciationis; sed scripta mea perlegenti facile apparebit me dixisse contrarium.

13. *Omnis propositio fidei de futuro est vera veritate increata et hoc sufficit ut* (6) *fideliter credatur.*

---

(1) aut *del.*; ac *superscr.*
(2) imp *add. et del.*
(3) futura *add. et del.*
(4) dei *add. et del.*
(5) esse vel *superscr.*
(6) firmiter *del.*; *fideliter* renvoyé après *credatur*, un signe indique qu'il doit prendre la place de *firmiter*.

Non allegat passum ex quo hanc propositionem colligit. Confiteor tamen me dixisse in prima parte operis mei quintipartiti de propositionibus propheticis, que sunt de futuro contingenti, quod sunt vere veritate divine notitie quam per eas prophete (fol. 65) et auctores intendebant exprimere, hoc est veritate increata; et, ut videtur, sufficit eas hoc modo esse veras ut fide credantur, quia veritas increata est objectum formale fidei. Propositiones ergo fide credendas tanquam objecta ejus materialia sufficit esse veras veritate increata seu revelatas ab eadem veritate. De veritate autem creata loquendo non apparet quod oporteat eas, si sunt de futuro contingenti, aristotelice et ex modo suo enunciandi esse actu et formaliter veras; oportet tamen quod a quolibet catholico (1) absque omni hesitatione credantur verificande et quod res per eas significate tandem ponantur in esse (2). Et in quarta parte cujusdam operis, capitulo 3° dixi, quod propositiones fide credendas que sunt de futuro contingenti non oportet esse formaliter veras, ymmo sufficit eas esse veras veritate increata divine notitie aut dei dicentis vel veritate creata fideliter. Ex quibus verbis, si aliquid offensivum elici possit, melius sentientium (3) dictamini submitto.

14. *Stat cum fide nullam propositionem de futuro contingenti esse veram aut falsam...*

Confiteor has propositiones fidei : antichristus nascetur, mortui resurgent et similes, esse de futuro contingenti. Aliter tamen loquendum est de eis secundum quod sunt propositiones fidei et aliter secundum quod sunt propositiones de futuro contingenti. Secundum enim quod precise sunt propositiones de futuro contingenti, accipiende sunt secundum proprium earum significatum quod sortite sunt ex impositione et ut sic, secundum doctores predictos, nec vere sunt nec false. Sed, secundum quod sunt propositiones fidei, accipiende sunt (4) pro eo quod exprimunt ex intentione fideliter credentis, utpote quod deus habet certam notitiam de futuris; sic sunt vere veritate increata (5) divine notitie ac etiam veritate creata fideliter expectata. Per hanc distinctionem crediderunt doctores predicti una cum fide sustineri posse positionem que dicit in genere quod nulla propositio de futuro contingenti est vera aut falsa. Epicurus etiam et aristoteles, qui in eamdem opinionem consenserunt, locuti sunt de hujusmodi propositionibus, ut precise sunt propositiones de futuro contingenti et ut accipiuntur secundum proprium suum significatum, non autem ut sunt proposi-

(1) quod *add. et del.*
(2) cf. p. 77.
(3) mot illisible *add. et del.*
(4) quod *add. et del.*
(5) *superscr.*

tiones fidei, quia fidem ignoraverunt. Est insuper advertendum quod dicte propositiones fidei, in quantum tales, non sic sunt de futuro contingenti sicut alie propositiones prophane, quia propositiones fidei sunt de re contingenti que, licet sit futura respectu presentis nunc, tamen intellectui divino secundum suam actualitatem presens seu indistans, et ideo sunt determinate vere sicut ille de presenti. Sed propositiones prophane sunt de re contingenti ut sunt in potentia (1) cause eam contingenter producente; et quia hujsmodi res nec determinata est ad esse nec ad non esse, ideo tales propositiones nec determinate sunt ad verum nec ad falsum. Qui dictas distinctiones, que passim in scriptis meis reperiuntur, perpenderit facile videbit qualiter valeat et qualiter non valeat hec consequentia : nulla propositio de futuro contingenti est vera, ergo propositio fidei de futuro contingenti non est vera. Sed collector propositionis omnem voluit distinctionem silentio preterire, ut legentibus conjecturare faceret (2) per dictam consequentiam quod simpliciter asseruissem propositionem fidei de futuro contingenti non esse veram.

15. *Positio dicens sententiam Aristotelis de futuris contingentibus non stare cum fide maxime absona est in fide...*

Si, ut plerique maximi viri astruunt, aristoteles efficaciter probaverit sententiam suam de futuris contingentibus ex hoc quod alias omnia de necessitate evenirent, cum constet hanc esse pessimam heresim, videre (3) nequeo quin positio illa que dicit quod in futuris contingentibus est determinata veritas sicut in presentibus et preteritis etc, sit (4) in fide absona et plurimum periculosa ac inductiva illius nephandissime heresis johannis wiklef. (fol. 65v).

16a. *Ad hoc quod aliquid sit fideliter credendum non requiritur ipsum esse aut credi verum, sed sufficit ipsum esse aut credi verificandum...*

Longe aliud est credere et aliud fideliter seu fide credere. Nichil enim fide creditur nisi sit verum, saltem veritate prima que est objectum formale fidei, sicut crebro reperitur in scriptis meis. Sed ad hoc ut aliquid credatur modo humano non oportet ipsum esse verum, ymmo sufficit ipsum esse verificandum. Aristoteles enim credidisset illa que sibi predixissent viri veraces; nichil tamen eorum credidisset fuisse verum. Potuisset ergo ex scriptis meis colligi quod ad hoc ut aliquid sit credendum non requiritur ipsum esse verum, sed sufficit ipsum esse vererificandum; sed placuit isti collectori calumpniose

---

(1) p *add. et del.*
(2) quod simpliciter *add. et del.*
(3) video, o *del.*
(4) est *del.*; sit *superscr.*

addere hanc determinationem adverbialem *fideliter*. Si autem ea que antecedunt verba per ipsum allegata rectus arbitrer consideraverit, ex eis profecto colliget propositionem contrariam. Nam paulo ante verba que hic primo allegantur sic habetur : Responsum fuit quod propositiones fide credendas que sunt de futuro contingenti non oportet esse formaliter veras, ymmo sufficit eas esse veras veritate increata divine notitie, etc. Et ante verba hic 2° allegata sic premittitur : Et ad probationem aliorum cum dicitur : nisi revelatum a deo esset verum non esset firmissime credendum, pro solutione sequitur : Utique non esset firmissime credendum nisi esset verum veritate revelantis veracissimi et verum veritate certissime expectata (1). Ex quibus verbis clare habetur quod ad hoc ut aliquid fide seu fideliter credatur non sufficit ipsum esse verificandum, ymmo requiritur ipsum esse verum veritate prima seu increata.

17. *Hec propositio est necessaria seu inevitabiliter vera : hoc est prescitum, et similiter quod est* (2) *prescitum est inevitabiliter prescitum*...

Non respugno quin hec propositio ex scriptis meis colligi possit. Nec mirum, cum ipsa manifeste sit de intentione doctoris sancti. Nam *in questionibus de veritate q. 12*, solvendo 7um argumentum, dicit : « Ideo aliter dicendum est quod hoc antecedens, utpote *hoc est scitum* a deo, est simpliciter necessarium et consequens, puta *hoc erit*, est necessarium absolute eo modo quo ad antecedens sequitur » etc. (3). Et *parte prima q. 13^a, articulo 13* in solutione 2^i argumenti dicit : « Si dicam : si deus scivit aliquid, illud erit, consequens intelligendum est prout est in sua presentialitate, et sic est necessarium sicut et antecedens, quia omne quod est, quando est, necesse est esse, ut dicitur in primo periarmeneias » (4). Et *2^a 2^e q. 171*, articulo 6to, in solutione tercii argumenti dicit : « Quia est eadem veritas prophetie et divine prescientie, ut dictum est, ideo ista conditionalis est vera : si aliquid est prophetatum, erit, sicut ista : si aliquid est prescitum, erit; in utraque enim antecedens est impossibile non esse. Unde et consequens est necessarium non secundum quod est futurum respectu nostri, sed ut consideratum in suo presenti prout subditur divine prescientie » (5). Ex his verbis doctoris sancti manifestius infertur propositio quam ex scriptis meis (6). Dicit enim propositio hanc esse

---

(1)
(2) inevitabiliter *add. et del.*
(3) *Questiones de veritate*, q. 2, art. 12, éd. cit., p. 73.
(4) Recte *S. T.* 1, q. 14, art. 13, éd. cit., p. 187.
(5) *S. T.* 2^a 2^ae, q. 171, art,. 6 éd. cit. T. X, p. 376.
(6) *superscr.*

necessariam : hoc est prescitum; et doctor dicit eam esse simpliciter necessariam; ego vero dico eam tantum esse inevitabilem.

18. *Negat hanc consequentiam : deus prescit antichristum aut judicium esse futurum, ergo antichristus vel judicium erit...*

De hac consequentia, quam simpliciter dicit me negasse, advertendum quod tam hoc dictum : antichristum esse futurum quam hec propositio : antichristus erit, accipiuntur dupliciter : uno modo secundum proprium significatum ut scilicet significat antichristum esse in potentia cause que ipsum contingenter est productura. Alio modo secundum significatum quod per ea fideliter credens nititur exprimere, quod scilicet antichristus, licet in cursu temporis sit posterior presenti nunc (1), ejus tamen actualitas est conspectui divino presens et indistans (fol. 66). Si ambo predicta accipiuntur primo modo, secundum sententiam domini *petri aureoli*, negandum est antecedens. Unde ipse pretractans hanc consequentiam : si deus scivit aliquid esse futurum, ergo illud eveniet, circa *distinctionem 39 primi* (2) dicit quod negandum est antecedens in sua proprietate, et, causam subdens, dicit : « Non est enim hec propria : deus scit determinate aliquid esse futurum (3), nec in sua proprietate vera quia propositio de futuro contingenti, determinate et precise sumpta, impossibilis est ad sciendum, cum nec sit vera nec falsa, scientia vero non sit nisi verorum. Si ambo acipiuntur 2° modo sic tam (4) antecedens quam (5) consequens (6) est inevitabiliter verum et consequentia est necessaria ». Et istud manifeste colligitur ex verbis *doctoris sancti* paulo ante allegatis. Si autem hoc dictum : antichristum esse futurum accipiatur 2° modo, et hoc consequens : antichristus erit, primo modo, sic puto consequentiam non valere cum antecedens sit inevitabile et consequens evitabile (7); penes autem (8) bonam consequentiam non contingit ex inevitabili sequi evitabile. Et, ut patet scripta mea legenti oculis rectis (9), ex eis colligi potest quod ad hunc sensum neganda est hec consequentia : deus prescit antichristum esse futurum, ergo antichristus erit.

19. *Hec propositio : prescitum* (10) *potest non* (11) *evenire...*

Hoc argumentum : omne prescitum necessario eveniet; omne

---

(1) *i. m.*
(2) *Dis.* 39, art. 3, éd. cit., p. 901, 1 D.
(3) ergo *add. et del.*
(4) *superscr.*
(5) inevitabiliter verum et consequentia est necessaria ac ipsum *add. et del.*
(6) etiam *add. et del.*
(7) sed *add. et del.*
(8) *superscr.*
(9) ad *add. et del.*
(10) non *add. et del.*
(11) *superscr.*

futurum est prescitum; ergo etc., ab aliquibus solvitur per distinctionem majoris, quia ipsa in sensu composito est vera et in sensu diviso falsa. Que solutio non videtur domino *petro aureoli* evacuare difficultatem. Unde *39 d. primi*, *articulo 3°*, de ea dicit quod non evadit quia semper stat suppositio et sensus compositus. Immuabile enim est hodie quin deus sit prescius futuri et per consequens immutabile est quin eveniat. Et qui vult conari ad oppositum oportet conari ad immutandam divinam prescientiam et ejus intuitum de quo consiliari vanum est et superfluum (1). In quibus verbis innuere videtur quod dicta solutio non est sufficiens quia rei, que ponitur prescita, immutabiliter et inseparabiliter convenit esse prescitum. Similiter doctor sanctus *parte prima q. IX*, *articulo 13*, postquam posuit dictam solutionem subjungit replicam quia in formis inseparabilibus a subjecto non habet locum dicta distinctio, ut, si dicam corvum nigrum possibile est esse album, quia in utroque sensu est falsa. Esse autem scitum a deo est inseparabile a re quia quod est scitum a deo non potest esse non scitum. De qua replica subdit doctor quod locum haberet si hoc quod dico scitum importaret aliquam dispositionem rei subjecte inherentem; sed, cum importet actum scientis, ipsi (2) rei scite, licet semper sciatur, potest aliquid attribui secundum se quod non attribuitur ei in quantum stat sub actu scientis (3). Hos doctores imitatus dixi quod dicta solutio non videtur contentare ex quo (4) esse prescitum est inseparabile a re que ponitur prescita, nisi aliquid aliud addatur. Si michi queratur an putem aliquid addi posse per quod predictum articulum evacuaretur, dico quod sic, utpote quod dicta major non solum distingui potest penes sensum compositum et divisum, ymmo in ea est quedam alia multiplicitas. Rei enim que ponitur presciri contingit duplex esse, videlicet : actuale secundum quod cadit sub prescientia, et possibile secundum quod est in potentia cause ipsam contingenter producture et sic non subest divine prescientie nec alicui certitudinali cognitioni. Si accipiatur res que ponitur presciri secundum ejus esse (5) actuale, sic hec propositio : res prescita potest non evenire, tam in sensu composito quam diviso est falsa. Et hec : res prescita necessario eveniet aut potius necessario est (6) non pro isto instanti sed in divino conspectu, in utroque sensu

(1) *Dis.* 39, art. 3, éd. cit., p. 900, 1 F.
(2) ipsum *del.;* ipsi *i. m.*
(3) Recte q. XIV, art. 13, éd. cit., t. IV, p. 187.
(4) quia; ex quo *superscr.*
(5) *superscr.*
(6) in di *add. et del.*

est vera. Si autem res ipsa que ponitur (1) presciri secundum suum esse possibile accipiatur (2), secundum quod tamen (3) presciri non potest, sic (4) hec propositio : res prescita potest non evenire, in sensu diviso est vera ut sit sensus res que secundum esse actuale est prescita (fol. 66ᵛ) potest non (5) evenire, accipiendo eam non secundum illud idem esse, quia omne quod est necesse est esse, sed secundum alium esse, secundum scilicet quod est in potentia cause que eam potest producere in esse vel non producere. Patet ex hiis quod inconvenienter intulit hanc propositionem ex hoc quod dixi predictam solutionem, que est per distinctionem sensus compositi et divisi, non contentare, nisi aliquid aliud addatur, quia addito eo quod jam additum est, clare habetur oppositum propositionis, puta quod hec propositio : prescitum potest non evenire, licet in sensu composito est vera, in sensu tamen diviso est falsa, accipiendo scilicet rem prescitam secundum aliud esse quam secundum quod cadit sub divina prescientia.

20ª. *Nec cognoscit deus aliquid preteriisse et fuisse quod non sit nec futurum esse seu fore quod non sit...*

Dominus petrus aureoli manifeste negat a deo notitiam tam memorativam quam expectativam. Unde *38 d. primi in 2° articulo* questionis hec est sua 3ª propositio : « Deus non habet notitiam rememorativam de preteritis nec expectativam de futuris » (6). Et hec videtur veritas satis evidens, quia tam in notitia memorativa quam expectativa intervenit linea successionis media inter cognoscentem et rem cognitam (7). Sed nulla est linea successionis media inter deum et rem ab ipso cognitam (8), cum omnia temporalia, presentia preterita et futura sint deo presentia seu potius indistantia. Et ubi dominus *petrus* de candia explanat opinionem aureoli de notitia futurorum contingentium pro decima conclusione quod deus non habet rememorativam de preterito nec expectativam notitiam de futuro (9). Idem videtur sensisse *doctor sanctus qui in questionibus de veritate d. 2ª q. 12* dicit inter cetera : « Tunc aliquid cognoscitur ut futurum quando inter cognitionem cognoscentis (10) et rei eventum invenitur ordo preteriti ad futurum; hic autem ordo non potest inveniri inter cognitionem divinam et quamcumque rem contingentem, sed semper ordo divine cognitionis ad rem quamcumque est sicut ordo presentis ad pre-

---

(1) sciri *add. et del.*
(2) *i. m.*
(3) *superscr.*
(4) res prescita *add. et del.*
(5) esse *add. et del.*
(6) dis. 38, art. 2, p. 882, 1 C.
(7) inter... cognitam *superscr.*
(8) ergo *add. et del.*
(9) *ms. cit.* fol. 115ᶜ.
(10) est ordo preteriti ad futurum *add. et del.*

sens » (1). Cum ergo in notitia tam memorativa quam expectativa non est ordo ad rem cognitam sicut presentis ad presens patet quod neutra dictarum notitiarum, secundum doctorem sanctum, est in deo. Ex hac sententia doctorum, in qua eos imitatus sum, collecta est presens (2) propositio (3), in virtute, ut apparet (4), hujus propositionis : quicquid cognoscitur nec notitia expectativa, nec memorativa, hoc necessario est, in qua hoc verbum est potest connotare tempus vel quod nobis est presens vel quod est presens seu indistans conspectui divino. Jam quicquid a deo cognoscitur seu preteritum seu futurum, licet nec memorative nec (5) expectative cognoscatur, hoc est non quasi sit pro tempore nobis presenti sed pro tempore quod est presens deo; est enim (6) in (7) aliqua particularum temporis que omnes sunt deo presentes. Sic intelligendum arbitror quod dicit *doctor sanctus* non longe post verba allegata. « Difficultas, inquit, in hoc accidit eo quod divinam cognitionem significare non possumus nisi per modum nostre cognitionis significando (8) differentias (9). Si enim significaretur ut est dei scientia, magis deberet dici : deus scit hoc esse quam quod sciat hoc futurum » (10). Et *eadem questione in solutione* 7[mi] *argumenti :* magis est dicendum, si deus scit aliquid : illud est quam : hoc erit (11). Si sub hoc moderamine intelligatur propositio, forte non inepte videretur ex scriptis meis collecta.

21. *Prophete cupientes exprimere quod eis de eventu futurorum divinitus revelabatur...*

Quia quod divinitus est revelatum de eventu futuri contingentis per nullam propositionem proprie potest exprimi, velut senserunt aliqui doctores catholici, sicut ostendetur circa (12) propositionem sequentem (13), omnino rationabile videtur ut hujusmodi revelatum exprimatur non semper per propositionem de futuro, sed aliquando per propositiones de presenti aut preterito, quatenus per hoc innuatur nullam propositionem ex sua natura esse magis appropriatam ad exprimendum tale revelatum quam aliam solo tempore ab ea differentem (14). Idem patet aliunde quia notitia, quam deus revelavit prophetis de eventu futuri contingentis, respicit hujusmodi eventum ut in pro-

(1) *Questiones de veritate*, q. 2, art. 12, éd. cit., p. 71.
(2) hec *del.*, presens *i. m.*
(3) sed *add. et del.*
(4« ut apparet *i. m.*
(5) cognoscatur *add. et del.*
(5) *i. m.*
(7) qua *add. et del.*
(8) *i. m.*
(9) *i. m.*
(10) *loc. cit.*, p. 72.
(11) *loc. cit.*, p. 74.
(12) jam *add. et deel.*
(13) *i. m.*
(14) solo... differentem *i. m.*

spectu suo nobis posteriorem et ut a se penitus indistantem, sicut evidens est ex intellectione doctorum preallegatorum. Licet ergo dicta notitia prophetis revelata per nullam propositionem proprie possit exprimi contingit tamen ut differenter exprimatur. Ut enim respicit dictum eventum tanquam nobis posteriorem, magis videtur exprimibilis per propositionem de futuro; ut vero respicit ipsum (1) tanquam a se indistantem (fol. 67) sic magis videtur exprimibilis per propositionem de presenti. Quod subdit me per notitiam dei de futuris (2) nil aliud intellexisse quam cognitum a deo de eventu futuri contingentis, diffiteor plane; ymmo per ipsam intelligo non tantum rem futuram prout subest notitie divine, ymmo etiam ipsam notitiam qua hujusmodi rem cognoscit.

22ª. *Id quod fideles credunt exprimi et prophete intendunt exprimere per propositiones propheticas est ineffabile...*

Id quod de (3) eventu futuri contingentis divinitus est prophetis revelatum, quidquid de ipso (4) prophete intendunt per propositiones propheticas exprimere, sive id sit prescientia divina, sive res secundum quod subest divine prescientie (5), non est proprie effabile aut expressibile per quamcumque propositionem. Istud manifeste sentit *dominus petrus aureoli. Unde 38 d. primi 3º articulo* questionis inter cetera dicit : « Sciendum est ergo quod, cum voces sint note earum passionum que sunt in anima, ut dicitur primo periarmeneias, significant enim res ut conceptas, impossibile est quod aliqua propositio exprimat veritatem futuri contingentis, prout est in divina notitia. Omnis enim propositio est de presenti, preterito vel futuro. Illa vero abstrahit a quolibet istorum (6). Et statim post dicit de propositionibus propheticis quod, secundum intentionem prophete, vere sunt, « quia dant intelligere quod in divina notitia est quedam veritas ineffabilis et quedam determinatio illius materie de qua formantur » (7). Deinde de propositionibus fidei que sunt de futuro contingenti dicit quod « cadunt sub fide quantum ad id quod exprimunt ex intentione credentis, videlicet quod quedam determinatio est de illa materia in divina notitia ineffabilis et inexpressibilis per quamcumque propositionem » (8). Idem sentit *dominus petrus de candia qui, eadem d. primi*, ad argumentum quo dicitur : omnis veritas posita in aliqua notitia potest exprimi per aliquam propositionem, respondendo dicit : « Hec est

(1) *subsrc.*
(2) michi *add. et del.*
(3) *superscr.*
(4) de ipso *superscr.*
(5) est *add. et del.*
(6) dis. 38, art. 3, p. 887, 2 E.
(7) *ibid.*
(8) *loc. cit.*, p. 888, 1 C.

falsa de actualitate futuri contingentis in dei cognitione », subdens rationem qua probatur quod hujusmodi actualitas non proprie exprimitur per propositionem de futuro, quia, ut dicit, « talis propositio non potest cognosci nisi notitia expectativa, sicut propositio de preterito cognoscitur notitia rememorativa; que due cognitiones deo repugnant, quia denotant distantiam a suis objectis, ideo deo nullo modo competunt quia se indistanter habet a talibus et ideo tales notitias oportet habere illum qui cognosceret preteritum ut preteritum et futurum ut futurum. Et ad istum sensum forte loquebatur apostolus, dum dicebat se audivisse archana que non licet homini loqui, quia vidit dei cognitionem quam non potuit exprimere nec per propositionem de presenti nec de futuro et hoc respectu certe revelationis » (1). Ejusdem sententie videtur fuisse doctor sanctus dum dicit quod, si deus scit aliquid futurum, magis dicendum est quod illud est quam quod erit (2). In quibus verbis manifeste innuit quod prescientia dei de eventu futuri contingentis magis exprimeretur per propositionem de presenti quam de futuro. Sed constat ipsam non posse proprie exprimi per propositionem de presenti; notitia enim quam habet deus de futura existentia antichristi non proprie exprimitur per hanc propositionem : antichristus est, cum ipsa, secundum suam proprietatem, sit falsa. Cum ergo ex dictis tantorum virorum eque colligi possit presens propositio, nunquam renutar quin eam (3) ex meis scriptis debite fatear recollectam.

23ª. *Stant simul quod non sit* (4) *determinata veritas propositionum de futuro contingenti et quod tamen deus determinate presciat futura...* Hec propositio non minus colligi potest ex dictis doctorum predictorum quam ex meis scriptis. Salvant enim (5) quod deus determinate prescit futura et tamen propositiones de futuro contingenti negant esse determinate veras. Nam (6) *dominus petrus aureoli, 38 d. primi articulo 3º* questionis, sententiam aristotelis que negat a propositionibus de futuro determinatam veritatem dicit (7) esse conclusionem demonstratam (8). Et sanctus *thomas 2ª 2ᵉ questione 171, articulo 3º*, ponens tres gradus eorum que procul sunt a nostra cognitione, dicit

(1) *ms. cit.* fol. 118 c-d.
(2) *Questiones de veritate*, q. 2, art. 12, éd. cit., p. 74.
(3) *superscr.*
(4) *om.*
(5) deus *add. et del.*
(6) dicit enim; nam *superscr.*
(7) veritatem dicit, *i. m.*
(8) dist. 38, art. 3, fol. 883, 2 C.

quod ultimus gradus est illorum qui in seipsis non sunt cognoscibilia, ut futura contingentia quorum veritas non est determinata (1). Et in *primo scripto, d. 38, questione 5ª*, solvendo 2um argumentum dicit quod futurum contingens non est determinate verum antequam fiat, quia non habet causam determinatam, etc. (2) (fol. 67v).

24ª. *In deo non est prevolitio respectu alicujus futuri tanquam futuri...* Cum deo nichil sit preteritum aut futurum, catholice dicendum videtur quod in deo non est desiderium aut volitio respectu alicujus quod sibi est futurum; sed tamen inter ea que deo sunt indistantia quedam ab eo cognoscuntur tanquam nobis futura que etiam (3) in quantum talia cognoscit. Male infertur ex confessatis a me quod in deo non est prevolitio respectu alicujus (4) futuri tanquam futuri, licet inferri possit quod in deo non est prevoliti alicujus futuri tanquam sibi futuri. Unde hoc inferendo omittit illud dativum : sibi? (5) Quod autem in deo non sit desiderium aut volitio respectu alicujus quod sibi est futurum est manifeste de intentione domini petri aureoli. *Unde 46 d. primi, articulo* 2o questionis, postquam declaravit quod omnes actus voluntatis ex sua formali ratione includunt imperfectionem excepto amore complacentie (6), tandem infert : « possumus ergo evidenter concludere ex predictis quod amor complacentie ultimate qui non excitat desiderium, sed est rei presentis, secundum suam (7) rationem includit perfectionem et omnis alius imperfectionem (8). Nichil autem ponendum est in deo quod imperfectionem includit » (9). Et *d. 47 articulo primo* dicit inter cetera « quod deus non habet aliud velle quo appetat intrinsece aut optet aut concupiscat aut quocumque modo talis volitio tendens in non habitum exprimatur, dum tamen significet motionem aliquam voluntatis ad hoc ut habeatur non habitum vel fiat non factum; tale quippe velle impossibile est in deo, etc. » (10) Idem videtur sentire *doctor sanctus* qui, parte prima q. 20 articulo primo in solutione 2i argumenti, loquens de passionibus appetitus sensitivi dicit : « Sed rursus ex parte formalis quod est in eis in quibusdam horum designatur aliqua imperfectio sicut in desiderio quod

(1) q. 171, art. 3, éd. cit. T. X, p. 371.
(2) *I Sent.*, d. 38, q. 1, art. 5, éd. Vivès. T. VII, p. 473.
(3) *superscr.*
(4) tanquam *add. et del.*
(5) unde... sibi *i. m.*
(6) dis. 46, art. 2, p. 1090, 2 A.
(7) *iter.*
(8) *loc. cit.*, p. 1091, 2 C.
(9) nichil... includit *i. m.*
10) dis. 47, art. 1, éd. cit. p. 1102, 1 A.

est boni non habiti ». Et paulo post : Illa que imperfectionem important formaliter deo convenire non possunt, nisi mathaphorice per similitudinem effectus (1).

25. *In deo non est aliqua volitio precedens productionem rei qua ab eterno fuit determinatus ad producendum...*

Quoniam doctores predicti non ponunt in deo volitionem qua concupiscat aut desideret rem producendam, non apparet quod catholicus ad hoc astringatur ut ponat deum ab eterno intrinsece (2) esse determinatum ad producendum res per hujsmodi volitionem. Non apparet etiam quin catholico liceat (3) in hac materia sequi opinionem *domini petri aureoli*, donec per sedem apostolicam aut per ecclesiam fuerit tanquam heretica condempnata; quod si aliquando fieri contingerit vel in hac materia vel quacumque alia in qua eumdem insecutus sum, paratissimus sum non tantum ad resiliendum a sua doctrina, sed ad eamdem quantum vires suppetent oppugnandum (4). Priusquam autem doctrina ejus ultime judicata fuerit heresim ullam continere, magne videtur temeritatis tanto theologo macula tam feda impegisse.

26. *Et si esset aliqua volitio talis precedens productionem rei, omnia necessario evenirent...*

Dominus *petrus aureoli*, d. 47 primi, articulo primo questionis, in 3ª conclusione, dicit quod est inevitabile quin deus producat absoluta necessitate quicquid producit, si ponatur quod se determinet ad producendum per aliquod velle intrinsecum, participans formalem rationem volitionis (5). Et subjungit rationes quas, quanto attentius (6) considero tanto michi videntur minus solubiles, precipue si tale velle esset efficax et precedens rem prevolitam tanquam deo (7) futuram; quas additiones collectori placuit in propositione collecta preterire. Dato etiam quod dicta sententia *domini petri aureoli* non esset consona fidei, de quo nondum constat (8), per quam, queso, consequentiam sequitur, si non videam quin rationes sue (9) concludant, quod ejus adheserim opinioni, cum rationibus suis non obstantibus potuerim

---

(1) *S. T.* I, q. XX, art. 1, éd. cit. T. IV, p. 253.
(2) *i. m.*
(3) *iter. et del.*
(4) sed quam dixi autem *add. et del.*
(5) dis. 47, ad. 1, éd. cit., fol. 1100, 1 A.
(6) profundius *del.*; attentius *superscr.*
(7) sibi *del*; deo *superscr.*
(8) de... constat *i. m.*
(9) ejus *del.*; sue *superscr.*

captivare intellectum, sicut in multis materiis michi occurerunt argumenta (1) que, licet dissolvere nequeam, eis tamen non statim assentio, sed judicium (2) plerumque, etiam ad multum tempus, suspendo (fol. 68).

27. *Quod, licet non sine gravi scandalo possit dici in populo quod non sit simpliciter concedendum quod filius dei factus est homo...*

Inter propositiones offensivas super quibus inquisitio facta est per commissarios reverendi in christo patris domini tornacensis verissimile est fuisse tres sequentes : quod hec non est simpliciter admittenda : deus factus est homo; quod deus absque injuria detrudere posset in infernum existentem in caritate, ymmo quemlibet beatum; quod, si cui revelata esset sua dampnatio, ille non oraret pro salute sua, ymmo (3) deobligatus esset a precepto orandi pro se. Hee enim propositiones famantur asserte in publicis scolis theologie non longe ante dictam inquisitionem. Prima quidem per magistrum nostrum magistrum henricum de zomeren et alie due per quemdam suorum discipulorum. Cum igitur hujuscemodi dogmata (4) famentur asserta in presentia plurium doctorum sacre theologie nec assertores desuper correcti sunt, apparet quod talia inter doctos doctrinari potuerunt et ut reor sine reali scandalo (5), quia ex omnibus qui aderant neminem credo fuisse qui hujusmodi assertionibus assenserit, que tamen, si in populo fuissent publicate, maximum profecto scandalum generassent. Dicta dogmata semper abbhoratus sum tanquam in fide periculosa et piarum aurium offensiva et illud suspicior collectorem ipsum non latere. Quare mirari non sufficio quomodo, malum suum atque suorum in humeros meos traducere cupiens, ex scriptis meis inferre potuit quod intenderim aliquam trium dictarum propositionum licite posse inter doctos (6) doctrinari. Potuerunt forte inter doctos doctrinari quia publica fama est eas inter doctos doctrinatas esse; quod enim factum est fieri potuit. Sed unde, queso, sequitur quod propterea licite potuerunt doctrinari, cum multa facta fuerunt que fieri non licuit? Alibi plura dixi de hac propositione (7).

---

(1) *i. m.*
(2) *add. et del.*
(3) ille *add. et del.*
(4) dicantur *add. et del.*
(5) omni scandalo *del.*; reali scandalo *superscr.*
(6) *iter. et del.*
(7) Pierre de Rivo fait sans doute allusion à la fin de son *Tractatus responsalis* Cf. p. 384 ss.

28. *Quod non sit in scola artium simpliciter concedendum et sine glosa : Christus intravit ad discipulos januis clausis...*

Omnes promoti in facultate artium studii lovaniensis, vigore juramenti prestiti, obligantur sustinere doctrinam Aristotelis ubi fidei non contradicit. Cum ergo in disputationibus scolasticis in scolis suis simpliciter sustinent hujsmodi doctrinam, si forte contra eam proferatur argumentum ex hiis que sunt fidei nostre catholice, si hujusmodi argumentum in forma non deficiat (1), solvendum est non (2) per interremptionem, quia fidei non subest falsum, sed per distinctionem. Applicando autem (3) distinctionem proposito, doctrina aristotelis sustinetur in uno sensu et id quod est fidei sub altero. Unde cum in scolis artium disputandum est an possibile sit accidens separari a subjecto, an possibile sit plura corpora se penetrare, an possibile sit idem corpus esse in diversis locis, ex quo constat aristotelem sensisse nullum horum esse possibile, hec ejus doctrina simpliciter sustinenda est in scolis artium, attento maxime quod juxta ordinationem (4) facultatis theologie per universitatem nostram approbatam et per facultatem artium in statutum redactam (5) in scolis artium judicandum est possibile, impossibile, necessarium et contingens secundum causas propinquas (6). Quod si proferatur argumentum de accidentibus in sacramento altaris (7), que sunt sine subjecto, et de corpore christi (8) quod alia corpora penetravit et quod est in diversis locis, distinguendum est de possibili, quia aliquid est possibile naturali potentia, de quo locutus est aristoteles, et aliud est possibile potentia supernaturali, quo modo (9) ea que dicta sunt sunt (10) possibilia (fol. 68v). Et licet sic solventes admittant ea que sunt fidei cum glosa, que est : *per potentiam naturalem*, non tamen sequitur quin ea possint simpliciter admittere, quia glose apposite non semper impediunt consequentiam a (11) dicto secundum quid ad dictum simpliciter (12), sed tunc tantum quando includunt determinationes diminuentes aut distrahentes. Et si collector advertisset ad ea que sequuntur passum quem allegat, plane vidisset glosam (13) non semper impedire hujsmodi

(1) non est *add. et del.*
(2) est non *superscr.*
(3) *superscr.*
(4) predictam *add. et del.*
(5) facultatis... redactam *i. m.*
(6) allusion au statut de 1447, cf. p. 000.
(7) de corpore christi *del.*; altaris *superscr.*
(8) *om.*; on a rétabli ce mot qui paraît exigé par le contexte.
(9) tria *add. et del.*
(10) *iter. et del.*
(11) ad, d *del.*
(12) *om.*
(13) *i. m.*

consequentiam. Nam cum sustinerem sententiam aristotelis de veritate propositionum (1) que sunt de futuro contingenti et asserebam aliquas propositiones fidei de futuro que indubitanter dicende sunt vere, dixi quod sunt vere veritate increata divine notitie ac dei revelantis (2), qua glosa non obstante consequenter declavari quod, ut sic, sunt simpliciter vere. Patet ergo quod non debite intulit ex scriptis meis presentem conclusionem, nam multa que cum glosa admittuntur etiam possunt simpliciter admitti.

29. *Non sunt extranee* (3) *aut extorte expositiones...*

Nullum allegat passum ex quo colligi possit hec propositio. Scio tamen me primo dixisse, juxta doctrinam domini *petri aureoli*, quod propositiones de futuro que ex sola intentione credentis et non ex sua natura seu modo enunciandi significant notitiam divinam de futuris sunt vere veritate (4) ejusdem notitie, hoc est, veritate increata. Et tamen id adversariis videtur non sufficere. Postea dixi eas etiam esse veras veritate increata dei revelantis propter verbum *Haymonis*, qui exponens illud apocalypsis : Hec verba fidelissima sunt et vera, « vera, inquit, sunt quia a deo vero prolata sunt » (5). Insuper dixi eas esse veras veritate creata non presenti sed fideliter expectata quia glosa interlinearis super verba apocalypsis preallegata dicit : « Vera sunt quia complebuntur » etc. Dixi ergo auctoritates illas : Annunciabo tibi veritatem, et juravit dominus david veritatem, intelligendas vel de veritate increata vel de veritate creata fideliter expectata et suasi quod possint intelligi de veritate expectata, quia multa que expectantur ut futura annunciari solent ac jurari, maxime juramento promissorio (6). Cum quidam dictas expositiones extortas et extraneas judicarent, nisus sum istud declarare in 2[a] parte opusculi mei quinti partiti *capitulo ultimo* sub hiis verbis : « Nonne domus (7) dicitur opus (8) humanum (9) non ab humanitate sibi inherente sed ab humanitate hominis qui fecit eam ? Quare non similiter propositio vera dici posset a veritate dei qui eam dixit ? Nonne ab apostolo spes dicitur beata non a beatitudine jam habita sed ab expectata ? Quare non similiter propositio credenda posset dici vera a veritate quam fidelis firmiter expectat » ? Et parte tercia, postquam dixi omnes propositiones in

(1) de *add. et del.*
(2) igitur *add. et del.*
(3) expositiones *add. et del.*
(4) increata *add. et del.*
(5) Haymonis Halberstatensis, *Expositio in Apocalypsim*, lib. VII, c. 21, P. L., t. 117, col. 1195.
(6) Cf. pp. 295-296.
(7) opus *del.*; domus *superscr.*
(8) *superscr.*
(9) ab. *add. et del.*

biblia (1) contentas, per quas nobis deus dignatus est per ora prophetarum notitiam suam de futuris revelare, esse veras tum veritate increata divine notitie, tum veritate creata absque omni hesitatione fideliter expectata, subjunxi : « Nec sunt isti duo modi denominandi apud theologicos aut philosophos extranei. Non primus quia non semper res denominatur a forma sibi inherente : deus enim dicitur creans a creatione que est in creatura, et color visus a visione que est in vidente. Et secundum doctorem sanctum propositio dicitur vera (2) non a veritate que est in se, sed in intellectu. Non videtur ergo mirandum si propositio, accepta ut significans divinam notitiam de futuris, dicatur vera non a veritate sibi inherente, sed a veritate illius notitie que est in intellectu divino. 2[us] etiam modus denominandi non videtur extraneus. Res enim frequenter denominatur a forma non que habetur in re, sed in sola expectatione. Sic a psalmista viatores quibus remissa sunt peccata dicuntur beati non a beatitudine quam habent in re, sed in fideli expectatione. Quid ergo mirandum si propositio de futuro in biblia (3) posita dicatur vera a veritate fideliter expectata, per quam suo tempore perficitur » (4).

Ex hiis patet quam calumpniose collecta est ex scriptis meis presens propositio. Dixi enim predictas auctoritates intelligendas esse de veritate increata ac veritate creata fideliter expectata. Cum ergo veritas increata semper sit, per malam consequentiam infert me exposuisse easdem auctoritates non de veritate que est, sed que expectatur. Loquendo autem de sola veritate creata recte forsitan intulisset (fol. 69). Pertractans etiam verba illa *apocalypsis* : Et ecce audivi vocem magnam de throno dicentem : Ecce tabernaculum dei cum hominibus et habitabit cum eis et ipsi populus ejus erunt; et infra : Et dixit qui sedebat in throno : ecce nova facio omnia; et dixit michi : scribe quia hec verba fidelissima sunt et vera, sic adjeci : « Quia johannes videtur hic duplicia verba audivisse, aliqua a voce quadam egrediente de throno, et unum prolatum a sedente in throno, dubitabile videri posset alicui an sedens in throno per verba que scribi jussit dicens ea esse (5) fidelissima et vera intellexerit tam verba precedentia quam sua, an solum verbum suum. Si 2[um] tolerabiliter dici possit, auctoritas non servit proposito, quia hoc verbum fuit propositio de presenti. Si per verba scribenda intellexerit tam verba sua quam precedentia, tunc hec propositio : hec verba fidelissima sunt et vera, videtur secundum

(1) biblea.
(2) veritate *add. et del.*
(3) contenta *add. et del.*
(4) Cf. p. 83.
(5) *superscr.*

veram logicam posse distingui penes sensum compositum et divisum sicut ista : hii sunt ceci et videntes, demonstratis duobus cecis et duobus videntibus, que in sensu diviso est falsa quia sensus est : hii quatuor sunt ceci et hii 4 sunt videntes. In sensu autem composito est vera quia sensus est quod hii quatuor sunt aliqui ceci et aliqui videntes. Si liceat dictam propositionem accipi (1) in sensu composito, per eam non posset hereticari sententiam aristotelis de futuris contingentibus, quia sensus esset quod verba predicta sunt quedam vera, ut que sunt de presenti et preterito, et quedam fidelissima, id est firmissima fide credenda tanquam suis temporibus infallanter verificanda, que scilicet sunt de futuro. Quod si de necessitate salutis oporteat illam propositionem intelligi dictam esse in sensu diviso sic quod omnia verba predicta sunt fidelissima et omnia vera, tunc videtur posse dici sicut prius quod omnia sunt vera primo (2) veritate increata et infallibili veritate ea dicentis, 2° veritate creata a fidelibus indubitanter expectata. Sed quod omnia sunt vera more aristotelis, hoc est in veritate presenti quam nulla potentia posset impedire, non audeo confiteri, quoniam evidenti ratione cogerer ad confitendum quod aliqua futura contingentia de necessitate evenirent, ita quod eorum eventum deus ipse non posset impedire. Nichilominus paratus sum, juxta doctrinam apostoli, ad captivandum intellectum, si proferatur auctoritas scripture canonice vel decretum sancte sedis apostolice quod ad id credendum sim obligatus ». Hec omnia dixi in 2ª parte opusculi *mei capitulo* 5°. Cum sub predictarum conditionum temperamento dederim tres solutiones, nullam earum constanter affirmans, quis non facile perpendet eum livore vacuum non esse qui ex dictis meis secundam partem propositionis (3) colligit, quasi constanter asseruissem in predicta auctoritate apocalypsis li vera tantum referri ad illam de presenti : Ecce nova facio omnia, fidelissima autem ad reliquas ? Declaravi quidem omnem multiplicitatem quam in dicta auctoritate reperire potui; declaravi etiam in quibus sensibus ei non adversatur sententia aristotelis de (4) veritate propositionum de futuro contingenti. Sed quid sit sensus quem spiritus sanctus efflagitat, aliorum judicio reliqui, nil de hoc asserere presumens.

(1) accepi.
(2) *superscr.*
(3) secundam partem propositionis *i. m.*
(4) futuris *add. et del.*

EDITIO ALTERA (1)

(Ms. lat. 3169)

Propositiones per magistum H. de Zomeren ex tractatibus P. de Rivo et confessatis ab eodem collecte.

1ª (2) *Nulla propositio fidei...*

Divino michi suffragante presidio spero luculenter ostendere magistrum henricum de zomeren, qui ex scriptis meis se credidit collegisse propositiones presentes, jam verba mea mutasse, jam non omittenda omisisse, jam non addenda addidisse, jam penes ineptas consequentias propositiones intulisse.

Primam namque propositionem colligendo verba mea mutavit quoniam, cum dixi propositiones fidei de futuro non esse veras veritate propria, asserit me dixisse quod non sunt proprie vere; que duo multum ab invicem differunt, ut patebit.

Secundo non recte intulit, quia non sequitur : hee propositiones non sunt vere veritate propria, ergo non sunt proprie vere, sicut a simili non sequitur : sonus non auditur auditione propria sed audientis, ergo sonus proprie non auditur. Consimiliter, licet propositiones fidei de futuro non sint vere veritate propria, id est veritate eis et non aliis inherente, vel veritate propria, id est veritate que eis convenit secundum suam naturam acceptis, possunt tamen dici proprie vere veritate increata divine notitie vel veritate veracissimi revelantis vel veritate fideliter expectata.

Tertio callide subticuit verba per me apposita. Nam, postquam dixi in primo tractatu dictas propositiones non esse veras ex rigore logyce, statim subjunxi : « Nichilominus sunt vere veritate divine noticie quam per eas prophete et auctores sacre scripture intendebant exprimere, hoc est, veritate increata » (3). Et priusquam in confessione judiciali dixeram dictas propositiones non esse veras ex forma sua seu modo enuntiandi premisi quod omnes propositiones fidei de futuro

(1) Ce titre n'est pas dans le manuscrit.

(2) *i. m.*

(3) Cf. p. 77.

contingenti sunt vere tum veritate prima seu increata, tum veritate dicentis seu revelantis, tum veritate creata fideliter expectata, addens, eo ipso quo dicuntur vere veritate increata eas dici (1) esse simpliciter veras. Et postquam ibidem dixi propositiones predictas non esse veras aristotelice addidi : ea scilicet veritate de qua loquitur Aristoteles primo periermenias dicens in futuris contingentibus non esse similiter veritatem ut in presentibus et preteritis (2). Sed hec omnia calumpniose sub (fol. 86v) ticuit ut ab eis qui lecturi sunt presens collectorium existimarer dixisse propositiones fidei de futuro nullo modo esse veras.

2a *Proposiciones fidei de futuris...*

Hanc secundam propositionem colligendo non recte intulit quia non sequitur : propositioni fidei (3) de futuro non inest veritas nec ante positionem rei in esse (4) nec re posita in esse; ergo ipsa nunquam erit vera. Admisso enim antecedente, dico hujsmodi propositiones nunc esse veras veritate increata divine notitie, veritate veracissimi revelantis ac veritate increata fideliter expectata.

Secundo addidit non addenda quia, cum in illo passu, quem primo allegat, locutus sim de propositionibus que sunt de futuro contingenti simpliciter, nullam faciendo mencionem de fide, colligens hanc proposicionem loquitur de proposicionibus fidei. Loquens enim de proposicionibus que sunt de futuro contingenti simpliciter et in genere dixi eas nec esse veras nec falsas; sed de propositionibus fidei que sunt de futuro contingenti dixi quod sunt vere tribus modis predictis (5).

Tertio allegans verba mea secundo loco subticuit quod in principio capituli proxime precedentis premittebatur, ubi sic habetur : « Ex hiis videtur sufficere ad hoc quod propositio de futuro contingenti sit fide credenda ipsam esse veram veritate increata divine notitie et dei dicentis seu revelantis, necnon veritate creata fideliter expectata ». Que verba, si expressisset, nullatenus inferre potuisset quod propositiones fidei de futuro nunquam erunt vere.

3a. *Omnis propositio que jam est...*

Colligens hanc tertiam proposicionem aliquid omittit. Nam pro eo quod dixi omnem proposicionem que jam est aut fuit vera per nullam potentiam impediri posse quin jam sit aut (fol. 87) prius fuerit vera, ipse infert hujusmodi propositionem omnino esse inimpedibilem per quamcumque potentiam ne sit aut fuerit vera, omittendo illas determinationes adverbiales : jam et prius.

---

(1) dicin. *n exponet.*
(2) Cf. p. 221.
(3) *i. m.*
(4) inesse.
(5) Cf. p. 221.

Secundo male infert (1) quia non sequitur : hoc est inimpedibile ne jam sit, ergo est inimpedibile ne sit. Nam de hac sessione mea verum est dicere quod est impedibilis ne sit quia pro tempore futuro potest non esse; est tamen inimpedibilis ne jam sit, dum silicet jam actu sedeo, quia omne quod est, quando est, necesse est esse.

Tertio verba mea allegando aliquid omittit. Nam, cum dixerim : « Et per consequens omnis talis est inimpedibiliter vera modo predicto », ipse omittit hanc particulam *modo predicto* per quam volui quod omnis propositio, que pro aliquo instanti est aut fuit vera, est vel fuit inimpedibiliter vera pro eodem instanti. Et hoc credidi manifestum de tali propositione que est aut fuit vera veritate creata presenti aut preterita, supposito quod ad presens et preteritum non est potentia.

4ª. *Veritas propositionis de presenti...*

Hanc quartam proposicionem colligendo omittit dicere de quali necessitate dixi eam esse intelligendam. Sicut enim ex capitulo quem allegat et proxime sequenti lucide apparet, dixi eam intelligendam esse non de necessitate logyca sed reali qua aliquid dicitur necessarium quia per nullam potentiam potest impediri. Et sic evidens putavi quod veritas proposicionis de presenti infert rem per eam significatam ex necesitate esse, sic quod per nullam potentiam potest impediri quin jam sit et postea semper fuerit.

5ª. *Si propositio aliqua de futuro...*

Si propositio de futuro contingenti ponatur esse vera veritate presenti ac per lineam successionis mediam eventum futuri contingentis antecedente, sic credidi hanc quintam conclusionem esse evidenter demonstratam. Et quod eam sic intellexi patet ex quinto capitulo tractatus quem allegat et ex (fol. 87ᵛ) nono capitulo quarti (2) tractatus. Sed illos passus non sine ratione subticuit, utpote ut existimarer credere vel proposiciones fidei de futuro contingenti jam non esse veras aliqua veritate vel significata earum ex necessitate evenire.

Secundo ex industria non allegat passum in quo rationes, de quibus facit mentionem, ego reputo concludentes. Dixi autem de hujusmodi rationibus in secundo tractatu capitulo nono : « Forte dicetur quod rationes que prius pro Epicuro adducte sunt similiter ab adversariis solvi possunt; sed, quanto eas plus pondero et ingeniosissimi viri mecum, ad alterum istorum cogere videntur aut quod in propositionibus de futuro contingenti non est aut non fuit presentialiter

(1) infertur ur *del.*
(2) quinti; quarti *superscr.*

veritas aut quod omnia de necessitate evenirent ». Ex quibus verbis non potest inferri hec quinta propositio, quia non est idem proposicionem jam esse veram et propositioni presentialiter inesse veritatem, cum propositionem putem etiam posse dici jam veram a veritate que sibi presentialiter non inest.

6. *Id quod vere est eventurum...*

Si hec sexta propositio intelligatur tantum de eo quod est verum veritate precedente eventum rei ac transeunte in preteritum, eam credidi manifestam. Quod eam sic intellexi patet ex verbis per me appositis in passu quem allegat; dixi enim quod nonnulli conabuntur dicere veritatem proposicionum de futuro contingenti *preexistentem*, etc., ubi notanter dixi preexistentem. Et consequenter dico quod hec evasio destruit communem animi acceptionem, quam non exprimit, sed est hec, quod ad preteritum non est potentia. Unde constat me loqui de veritate in preteritum transeunte. Item allegando verba mea apposuit illud genitivum fidei (1); tamen in passu quem allegat tantummodo loquor de propositionibus que sunt de futuro contingenti simpliciter et in genere, nullam faciendo mentionem de fide. Sequitur propositio septima (fol. 88).

7r *Admittere propositiones fidei...*

Non allegat passus ex quo hanc septimam proposicionem colligit. Confiteor tamen me credidisse quod contra eos, qui dicunt proposiciones fidei de futuro esse veras veritate creata ac eventum rerum per lineam successionis mediam antecedente, irrefragabiliter concludi posse quod res per eas significate de necessitate evenirent; quod tamen credidi contra eos concludi non posse qui hujsmodi proposiciones admittunt esse veras veritate increata divine notitie, que respicit actualitates rerum futurarum ut a se indistantes; et de hoc videri poterit nonum capitulum quarti tractatus. Sed ex verbis sic modificatis inepte colligitur propositio tam cruda.

8. *Contradictorie proposicionum fidei...*

Hanc octavam propositionem non recte infert. Quod patet quia, quandocumque dixi omnes propositiones de futuro contingenti esse neutras, locutus sum de eis simpliciter et precise secundum suas naturas, secludendo revelacionem et fidem, quomodo Aristoteles de eis locutus est. Et ex verbis meis sic intellectis non sequitur propositio collecta. Si enim sequeretur, hoc esset in virtute hujus syllogismi :

(1) mot illisible *add. et del.*

omnes propositiones de futuro contingenti sunt neutre; sed contradictorie aliquarum propositionum fidei sunt de futuro contingenti; ergo sunt neutre et per consequens non sunt false. Sed iste syllogismus peccat penes fallaciam figure dictionis, sicut iste paralogismus : quitquit emisti comedisti; carnes crudas emisti; ergo carnes crudas comedisti. Sicut enim esse crudum accidit carni, sic esse fidei vel esse contradictorium propositioni fidei accidit propositioni. Quod patet quia hec : navale bellum erit cras jam non est propositio fidei, sed, si per eam divinitus revelaretur fidelibus deum habere certam notitiam de navali bello crastino, efficeretur propositio fidei. Similiter contradictoria dicte propositionis non contradicit jam alicui propositioni fidei, quod tamen faceret si fieret dicta revelatio. Secundo inepte et absque omni apparentia infert hanc propositionem ex hoc quod, secundum me, propositiones dicte a Jona et ysaia non erant false, quia, ut constat, propositiones eis dicte utpote : ninive subvertetur, cras morieris, non erant contradictorie propositionum fidei; quod tamen ad validandam consequentiam suam requireretur.

9. *Jonas non fuit contristatus...*

Secundum ponentes propositiones de futuro contingenti esse neutras Ionas non fuit contristatus propter falsitatem sue prophetie, quasi eidem prophetie actu infuisset (fol. 88v) falsitas quando eam prophetizavit. Et quod hoc intenderim clare patet ex passu allegato. Nichilominus contristatus fuit propter falsitatem qua vidit prophetiam suam falsificatam.

10. *Hec propositio : hac nocte...*

Hec decima propositio non recte infertur ex scriptis meis quia non sequitur : hec propositio non aufert magis potestatem aliter eveniendi quam illa; ergo non est magis vera. Quod patet quia, si heri dicta fuisset hec propositio : petrus sedebit, et similiter hec : deus cognoscit a (1) intelligendo per a sessionem illam qua nunc sedeo, neutra earum magis michi abstulisset potestatem sedendi quam altera. Attamen secunda fuit magis vera quia fuit vera veritate inimpedibili et prima; aristotelice loquendo non fuit vera. Et si ponatur fuisse vera, certum est quod non potuit esse vera nisi veritate impedibili.

Secundo addit in propositione hanc particulam : in sensu quem facit, que in scriptis meis per ipsum allegatis non habetur (2). Et cum doctores, quos secutus sum, innuant propositiones propheticas facere

(1) cog, *add. et exp.*
(2) Cf. p. 324; 76; 70.

alium sensum ex sua natura et alium ex intentione prophete, hanc distinctionem nescio quo spiritu pretermisit. Dicerent autem dicti doctores quod, si tres prophetice propositiones de quibus fit mentio in propositione collecta, accipiantur in sensu quem faciunt ex sua natura, sic omnes sunt neutre et una non est magis vera quam alia. Sed, si accipiantur in eo sensu quem faciunt ex intencione prophete, sic sunt vere veritate illius notitie quam apprehenditur deus habere de futuris. Non tamen tres dicte prophetie hoc modo accepte sunt equaliter vere, quia prophetia christi fuit vera veritate divine notitie qua deus cognovit futuram negacionem petri in se ipsa et velut a se indistantem; sed alie due erant vere veritate divine notitie qua deus cognovit res futuras tantummodo in suis causis, utpote quod dispositio causarum (fol. 89) erat talis quod res hujusmodi evenirent, nisi cause impedirentur. Unde apparet quod prophetia christi fuit magis vera; nam fuit simpliciter vera, sed alie due erant vere ex suppositione, si causis non prestaretur impedimentum. Tertio scripta mea non recte recitat. Nam in eis nusquam reperio verba illa que me dicit paulo ante dixisse et in principio tractatus (1).

XI. *Omnes propositiones revelate...*

In passibus, quos allegat ad colligendum hanc XI[am] propositionem, locutus sum de propositionibus per quas nobis deus revelare dignatus est notitiam quam habet de futuris, et has, in quantum hujusmodi, dixi esse veras veritate divine notitie et per consequens inimpedibili veritate. Et subjunxi omnem illam proposicionem dicendam esse simpliciter veram que inimpedibili veritate est vera. Sed has addiciones placuit ei silentio preterire; quare integre videndum est precipue octavum capitulum quod allegat.

XII. *Ysaias hanc propositionem : parvulus...*

Allegando verba mea, ex quibus nisus est collegisse hanc XII[am] propositionem, omittit illa que continue sequuntur; quibus expressis manifeste constaret quod inepte eam collegit. Nam, postquam dixi « Nichilominus ab ysaia credebantur vere veritate dei revelantis », statim adjeci pro causa (2) : « Quia per eas intellexit deum qui veracissimus est sibi revelasse notitiam quam habebat de nativitate christi tanquam posita in conspectu suo, licet in cursu temporis erat futura ». Ex quibus verbis evidenter concluditur oppositum hujus propositionis XII[e], puta quod ysaias non credidit hanc propositionem : parvulus natus est nobis esse veram veritate dicentis in eo sensu quem

---

(1) Cf. *loc. cit.*

(2) Cf. p. 91; 325.

facit ex vi sermonis, quoniam hujusmodi propositio de vi sermonis significabat nativitatem christi ut in cursu temporis preteritam. Ysaias vero credidit eam esse veram veritate dicentis non in illo sensu, sed quia per eam intellexit nativitatem christi a deo cognosci tanquam positam in suo conspectu. Non ergo credidit dictam propositionem esse veram veritate (fol. 89v) dicentis in sensu illo quem facit de vi sermonis, quod est oppositum propositionis collecte.

Secundo ex hiis que hic allegat non infertur hec propositio XII. Si enim inferretur hoc esset in virtute istarum duarum propositionum quarum una est : hee propositiones ex vi enuntiacionis apparent fuisse false; nichilominus ab ysaia credebantur vere veritate dicentis, quam confiteor me dixisse. Altera est, quam assumit, quod hee propositiones non sunt false nisi in sensu quem faciunt de vi sermonis, et hanc admitto. Sed videre nequeo penes quam formam argumentacionis ex hiis duabus propositionibus sequatur propositio quam ex eis putat se collegisse.

13. *Omnis propositio fidei...*

Nullum allegat passum ex quo collegit hanc propositionem XIIIam. Confiteor tamen me dixisse de propositionibus fidei que sunt de futuro contingenti quod sunt vere veritate divine notitie quam, per eas prophete et auctores sacri canonis intendebant exprimere, hoc est, veritate increata. Et, ut videtur, sufficit eas hoc modo esse veras ut fide credantur, quia veritas increata est objectum formale fidei, etc (1). Sed cum ex hiis verbis elicuit propositionem, omisit illam particulam : *divine notitie* que non sine ratione fuit addenda, utpote ad tollendam quamdam equivocacionem. Potest enim propositio dici vera veritate increata dupliciter. Uno modo quia ejus veritas per veritatem increatam exemplatur. Alio modo quia per eam veritas increata divine notitie nobis insinuatur. Et ad hoc quod propositio aliqua fide credatur non sufficit eam esse veram veritate increata primo modo. Alioquin omnis propositio vera fide crederetur. Sed ad propositionem fide credendam videtur sufficere quod sit vera veritate increata secundo modo, hoc est, veritate increata divine notitie, que per illam propositionem nobis insinuatur, quoniam, secundum doctrinam communem, eo modo aliquid cadit sub fide quomodo cadat sub divina prescientia.

14. *Stat cum fide nullam proposicionem...*

Universaliter credidi nullam propositionem de futuro contingenti, acceptam secundum propriam naturam, esse veram veritate presente

(1) Cf. p. 77.

ac temporaliter antecedente eventum futuri contingentis. Et id voluerunt Epicurus, Aristoteles et Aureolus, quos in ea parte me insecutum confiteor. Sed ex hiis non sequitur, ut pretendere videtur in propositione, quod propositiones fidei de futuro contingenti non sunt vere, quoniam propter negationem ibi positam significari videtur eas nulla veritate esse veras, quod non est a catholico admittendum. Videtur etiam, colligendo propositionem, inniti huic sillogismo : nulla propositio de futuro contingenti (fol. 90) est vera; sed alique propositiones fidei sunt propositiones de futuro contingenti; ergo ipse non sunt vere. Cum ergo admiserim ambas premissas, putat me necessario convinci posse ad admittendum conclusionem. Sed iste syllogismus primo peccat penes fallatiam figure dictionis sicut ille paralogismus quitquit emisti, etc. Sicut enim esse crudum accidit carni, sic esse fidei accidit propositioni, quemadmodum declaratum est supra, in annotatis circa propositionem octavam. Iterum deficit quia in eo diversimode accipitur futurum contingens. Nam, cum dixi nullam propositionem de futuro contingenti esse veram, locutus sum de futuro contingenti ut futurum est et adhuc preest in potentia cause (1). Sed cum aliqua propositio fidei dicitur esse de futuro contingenti, futurum contingens accipitur secundum quod est in seipso et secundum suam actualitatem divino conspectui indistans. Nam (2), ut sic futurum, contingens subest divine prescientie, non autem subditur fidei nisi eo modo quo subest divine prescientie.

Tertio deficit dictus syllogismus. Nam, cum dixi nullam propositionem de futuro contingenti esse veram, intendebam negare ab hujusmodi propositionibus veritatem que precederet eventum futuri contingentis per lineam successionis mediam. Et cum infertur propositiones fidei non esse veras, significari videtur eas non esse veras aliqua veritate. Si autem in conclusione intelligatur eas non esse veras veritate temporaliter antecedente eventum rei significate, salvo judicio sedis apostolice, conclusio videtur admittenda.

15. *Positio dicens sententiam Aristotelis...*

Constat Aristotelem negasse a propositionibus de futuro contingenti veritatem inimpedibilem, tum quia negat ab eis talem veritatem qualis convenit propositionibus de presenti aut preterito; sed veritas illorum impediri non potest quin jam sit et semper postea fuerit; tum quia negat ab eis talem veritatem ex qua, si eis conveniret, sequeretur omnia necessario et inimpedibiliter evenire. Sed hoc non sequeretur

---

(1) esse.
(2) *i. m.*

penes consequentiam necessariam nisi ponerentur vere inimpedibili veritate. De eo qui negat sententiam aristotelis de futuris contingentibus, hoc modo intellectam, omnino credidi quod cogeretur dicere omnia de necessitate evenire; quod maxime absonum est in fide (fol. 90v).

16. *Ab hoc quod aliquid...*

Colligendo hanc propositionem XVI non sine calumpnia addidit illam determinacionem adverbialem : *fideliter*, quam in scriptis meis additam non reperit. Longe quidem aliud est credere, et aliud fide vel fideliter credere. Fide quidem nichil creditur nisi fuerit verum veritate increata divine notitie vel ab ea revelatum. Sed multa creduntur modo humano, si expectentur verificanda, quia, scilicet, a viris veracibus predicta sunt, vel quia previdentur in suis causis et sic de aliis (1).

Secundo allegando verba mea aliqua omittit que immediate proposui, ex quibus evidenter sequitur oppositum propositionis collecte. Nam, ante verba que primo loco allegat, premisi quod propositiones fide credendas non oportet formaliter esse veras; ymo sufficit eas esse veras veritate divine notitie aut dei revelantis vel veritate creata (2) fideliter expectata. Et, paulo ante verba mea que secundo loco allegat, premisi quod id quod est revelatum non esset firmissime credendum nisi esset verum veritate veracissimi revelantis et verum veritate certissime expectata. Ex quibus verbis evidenter concluditur quod ad hoc ut aliquid fide aut fideliter credatur non sufficit ipsum esse verificandum, ymo requiritur ipsum esse verum modis predictis.

17. *Hec propositio est necessaria...*

Cum hec propositio 17a manifeste sit de intencione doctoris sancti, non repugno quin ex dictis meis colligi possit (3). Quia tamen a theologis admitti consuevit quod deus potest non scire que scit, expediens erit notari tria signa in eternitate. In quorum primo intelligitur voluntas ut libere productiva rerum ad extra; in secundo eternitas, gratia cujus quecumque contingit in tempore produci sunt deo eternaliter indistantia; et in tertio intellectus divinus qui per ymagines omnium rerum temporalium sic a se indistantium in se relucentes eternaliter cognovit non solum presentia et preterita sed etiam (fol. 91) futura. In hoc ergo tertio signo futurum est a deo prescitum nec pro eodem signo potest non esse prescitum. Potest tamen non esse prescitum pro primo signo, quia pro illi signo est in potestate voluntatis divine res futuras producere vel non producere.

(1) singulis *del.*, aliis *i. m.*
(2) increata.
(3) Cf. p. 75.

18. *Negat hanc consequentiam...*

Velut haberi potest ex hiis que dixi non longe post verba que allegat (1), hec propositio fidei : antichristus erit, aliud significat ex sua natura seu modo enuntiandi et aliud intencione fideliter credentis. Primo modo significat existentiam antichristi ut futuram et expectative cognitam. Secundo modo significat eam ut a deo cognitam intuitive et velut a se indistantem. Si accipiatur secundo modo, sic penes consequentiam necessariam sequitur ad hanc propositionem deus scit antichristum esse futurum; ad quam tamen propositionem non sequitur, si accipiatur primo modo, sicut bene colligit ex scriptis meis. Ad hoc enim innuendum dixi quod, licet divina prescientia inferat eventum futurorum penes consequentiam necessariam tanquam indistantem, non tamen ut futurum. Et infra declaro hanc consequentiam non valere : hoc est prescitum, ergo eveniet, si saltem (2) consequens istud significet eventum futuri contingentis ut futurum et expectative cognitum. Sed dictam distinctionem, que in scriptis meis frequenter habetur, industriose voluit, non absque gravi calumpnia, silentio preterire.

19. *Hec propositio : prescitum...*

De solucione illa cujus hic meminit, que scilicet est per distinctionem sensus compositi et divisi, dixi quod non videtur contentare, subdens tandem : Nisi aliquid aliud addatur (3). Ex quibus verbis non recte potest inferri hec propositio in contrarium. Forte enim aliquid addi poterit ad (fol. 91v) dictam solutionem, quo addito contentaret, utpote si dicatur quod futurum contingens potest accipi dupliciter; vel ut futurum est ac preest in potentia cause, vel ut actu est et in seipso. Quia ergo futurum non prescitur a deo, nisi ut subest divino conspectui secundum ejus esse actuale, idcirco de re prescita potest dupliciter dici quod necessario eveniet : uno modo quoad id esse actuale secundum quod subest divine prescientie; alio modo quoad esse potentiale et prout consideratur in proprio genere. Primo modo hec propositio : prescitum necessario eveniet habet sensum compositum et verum (4), quia sensus est quod eventus rei a deo prescitus necessario est in divino conspectu secundum esse ejus actuale. Sed secundo modo eadem propositio habet sensum divisum et falsum quia sensus est quod futurum contingens, quod ponitur prescitum, necessario eveniet ut adhuc preest in potentia cause et est futurum. Proportionabiliter

(1) Cf. p. 75; 327.
(2) autem; saltem *i. m.*
(3) Cf. p. 75; 328.
(4) et verum *superscr.*

dicendum est de hac : prescitum potest non evenire. Dictam solucionem percompendiose innuit doctor sanctus dum dicit quod aliquid potest attribui rei scite secundum se, quod non attribuitur ei (1) secundum quod subest actui scientis (2).

20. *Nec cognoscit deus aliquid...*

Confiteor me negasse a deo noticiam memorativam et expectativam et dixisse deum cognoscere omnia preterita et futura tanquam sibi presentia seu indistantia. Et cum idem senserint doctor sanctus et dominus petrus aureoli, non credo ex dicta negatione mea posse elici hanc propositionem XX, nisi forte intelligatur sic quod deus nichil cognoscit fuisse aut fore quod non est secundum suum esse actuale in conspectu dei, quamquam jam non sit in cursu temporis.

21. *Prophete cupientes exprimere...*

Declarans qualiter hec propositio XXI sequatur ex dictis meis, dicit me, cum dico quod veritas futuri contingentis, prout est in notitia divina, per nullam propositionem potest exprimi, per notitiam dei de futuris vel per veritatem futuri contingentis, prout est in divina notitia, non aliud intellexisse quam cognitum a deo de eventu futuri contingentis, velut se dicit in tractatu suo declarasse (3). Qua in re (fol. 92) ei non assentio, ymmo, sicut per propositionem a nobis enuntiatam non tantum significatur res ut a nobis est cognita, sed etiam notitia qua rem cognoscimus, sic per propositiones divinitus revelatas exprimitur non tantum res ut a deo est cognita, sed etiam notitia ipsa qua deus rem cognoscit, velut declaravi in uno meorum tractatuum (4). Non videtur etiam irrationabile quod prophete, non invenientes propositionem per quam divinam notitiam de futuris proprie poterant exprimere, ad eam exprimendam usi sunt (5) jam proposicionibus de presenti, jam propositionibus de futuro. Cognoscit enim deus futura ut a se penitus indistantia et ut in cursu temporis nobis sunt posteriora. Quia ergo hujusmodi notitia per nullam propositionem proprie est exprimibilis, congruebat ut exprimeretur aliquando per propositionem de presenti, quia respicit futura ut sibi presentia seu indistantia, et aliquando per proposicionem de futuro quia ea respicit ut nobis in cursu temporis posteriora.

---

(1) emm *del.*

(2) *I Sent.*, d. 38, q. 1, art. 5. Éd. Vivès, t. 7, p. 474. *Summa theologica, pars prima.* q. XIV, art. 13. Ed. leon., t. IV, fol. 187.

(3) Cf. p. 328.

(4) Cf. p. 91.

(5) *i. m.*

22. *Id quod fideles...*

Ex scriptis meis aliud elici non potest nisi quod notitia qua deus futura cognoscit, aut determinatio que est in divina notitia est ineffabilis et inexprimibilis per quamcumque proposicionem. Et cum idem senserint doctor sanctus et dominus petrus aureoli, michi renitendum non videtur quin hec sententia colligi possit ex hiis que scripsi (fol. 92[u]).

23. *Stat simul quod non sit...*

Cum ergo non magis ex scriptis meis colligi possit hec propositio XXII quam ex scriptis doctoris sancti et domini petri aureoli qui cum divina prescientia sustinent propositiones de futuro contingenti non esse determinate veras, confiteor hanc proposicionem ex scriptis meis recte extractam, ad eum sensum quo ex dictis doctorum scriptorum extrahi potest.

24. *In deo non est prevolitio...*

Colligendo hanc propositionem XXIIIJ ex scriptis meis omittit illum dativum *sibi* (1), qui si addatur, credo propositionem esse veram ac de mente non tantum petri aureoli sed etiam doctoris sancti. Male etiam intulit hanc propositionem ex scriptis meis quia non sequitur : in deo non est prevolitio respectu alicujus quod sibi est futurum, ergo in deo non est prevolitio respectu alicujus futuri (2). Prevult enim deus ea que nobis sunt futura, nulla tamen vult (3) que sibi sunt futura.

25. *In deo non est aliqua volitio...*

Dum hanc propositionem XXV[tam] colligit ex scriptis meis omittit determinaciones quas apposui. Ex hoc enim quod dixi deum non esse predeterminatum ad producendum res per volitionem intrinsecam qua optet, concupiscat aut desideret, non recte potest inferri quod deus non fuit ab eterno determinatus ad producendum aliqua volicione precedente, omissa hac additione *qua optet, desideret aut concupiscat* (4); ymmo in hoc modo arguendi comittitur fallacia contingentis, arguendo a parte in modo ad suum totum destructive. Secundo non (5) elicit recte hanc propositionem, saltem ut in fide suspectam, ex hoc quod confessus sum me in hac materia insecutum dominum petrum Aureoli quia nondum constat ex determinatione ecclesie vel sedis apostolice in hac parte opinionem ipsius aureoli esse dampnatam velut hereticam aut offensivam (6) (fol. 93).

(1) Cf. p. 233.
(2) *superscr.*
(3) cognoscit, vult *i. m.*
(4) Cf. p. 234.
(5) mo, le premier jambage de m *del.*
(6) Cf. p. 235; 329.

26. *Et si esset aliqua volitio...*

Iterum hanc propositionem XXVI^{tam} inferens ex scriptis meis omittit determinationem quam apposui. Loquitur enim in propositione de prevolicione precedente productionem rei, nullam addens ulteriorem determinationem, cum tamen in scriptis meis locutus sim de prevolicione precedente rem prevolitam tanquam sibi futuram, addendo scilicet hanc clausulam *tanquam sibi futuram* (1). Secundo non recte concludit ex hiis que me dixisse confiteor quia, licet michi non videatur de ratione aliqua quin concludat (2), non tamen sequitur quod eam credam insolubiliter concludentem. Occurrunt enim frequenter rationes de quibus prima facie non videtur quin concludant, de quibus tamen, suspenso judicio rationis, investigamus an efficaciter concludant nec ne; et, facta inquisicione sufficienti, sepe reperimus eas non concludentes.

27. *Quod licet non sine gravi scandalo...*

De illis (3) tribus assercionibus de quibus mentionem facio in passu illo quem allegat, puta, quod hec non est simpliciter admittenda : Deus factus est homo, quod deus absque injuria detrudere posset in infernum existentem in caritate, ymmo beatum; et quod, si cui revelata est sua dampnatio, desobligatus esset a precepto orandi pro se, nunquam sensi quod licite possent inter doctos doctrinari velut tandem inferre videtur, ymmo eas pro viribus oppugnavi, constanter credens quod in fide sunt periculose et piarum aurium non mediocriter offensive. Eas tamen in scolis theologie ipsemet magister henricus de zomeren et sui complices, ut publica fama est, dogmatizaverunt. Et cum id impune fecerunt nec tam nepharia dogmata revocare complusi sunt, patet quod, licet non jure superiorum tamen tolerantur, potuerunt inter doctos hujusmodi dogmata doctrinari, quoniam quod factum est (fol. 93^{v}) fieri potuit. Nec aliud habetur ex scriptis meis quam (4) quod multa inter doctos doctrinari possunt, etc. Et hoc probo quia talia, ut, dicitur, sunt inter doctos ab adversariis sententie Aristotelis doctrinata. Et licet id dixerim non tamen sequitur me sensisse quod hujusmodi dogmata inter doctos licite possent doctrinari. Ad validendam tamen hanc consequentiam tandem subjungit quod alias nullo modo esset illud exemplum et alia que adduxi ad propositum. Sed longe malo illius argui criminis quod ineptis usus sum exemplis quam quod senserim dicta dogmata inter doctos posse licite doctrinari. Mirari etiam non sufficio cur magister henricus has

(1) Cf. p. 235.

(2) concludatur ur *del.*

(3) istis *del.*; illis *superscr.*

(4) quia.

ineptias dogmatum suorum in me in molitus est impingere, quasi eis assensum prebuerim, cum tamen certissimus fuerit me illis nunquam assensisse (1).

28. *Quod non sit in scola artium...*

Ex ordinatione Venerande facultatis theologie universitatis lovaniensis in scolis philosophie judicandum est aliquod possibile, impossibile, necessarium vel contingens secundum causas propinquas (2). Virtute cujus ordinacionis, dum disputandum occurrit in scolis artium an possibile sit accidens esse sine subjecto, aut corpora se penetrare, aut idem corpus esse in diversis locis, in eisdem scolis simpliciter asserendum est quod nichil predictorum est possibile. Cum arguitur de accidentibus que in eucaristia sunt sine subjecto, de christo qui intravit ad discipulos januis clausis et de corpore christi quod est in diversis locis, hec assumpta sunt simpliciter concedenda. Sed, cum ex eis infertur quod tria (3) predicta verba (4) que dicebantur non esse possibilia sunt possibilia, hec conclusio est distinguenda quia aliquod est possibile vel respectu causarum propinquarum vel respectu cause prime. Deinde dicetur quod tria predicta sunt possibilia secundo modo, non primo, quomodo in scolis artium aliquod judicandum est possibile, etc. (fol. 94). Ex hiis apparet quod ex scriptis meis non recte infert quod ex intentione senserim tres dictas propositiones fidei in scolis artium non esse simpliciter et sine glosa concedendas. Ex eis enim tantummodo sequitur quod modales de possibili que ad dictas propositiones fidei consequuntur non sunt in eisdem scolis simpliciter concedende. Et istud patet ex verbis quibus dico quod omnia illa contingunt per potentiam supernaturalem. Hoc enim non est aliud quam quod sunt possibilia respectu cause prime, quia contingens et possibile equipollent. Item hec consequentia non valet, velut tamen magister henricus pretendit : hoc admittitur cum glosa, ergo non admittitur simpliciter, quia multe sunt glosse que non impediunt consequentiam a dicto secundum quid ad dictum simpliciter. Quod facile advertere potuisset ex verbis meis que sequuntur paulo post verba que allegat. Cum enim dixerim propositiones fidei esse veras veritate increata divine notitie ac dei revelantis, statim post declaravi quod hac glosa non obstante eedem propositiones sunt simpliciter vere, etc.

---

(1) Voir des remarques analogues dans le traité publié ci-dessus p. 385.
(2) Allusion au statut de 1447, cf. p. 67.
(3) *i. m.*
(4) *superscr.*

29. *Non sunt censende extranee...*

Nec passum allegat ex quo hanc propositionem collegit; nec integre (1), sed carptim verba illa recitat quibus sub correctione sancte sedis apostolice ac omnium melius sentientium ostendi in quo sensu auctoritates sacre scripture, quibus ostendit propositiones fidei de futuro esse veras, non repugnant doctrine Aristotelis dicentis in contradictoriis de futuro contingenti neutram esse veram vel falsam. Quod si quis scire desideret qualiter (fol. 94^{v}) auctoritates sacre scripture tractaverim legat, queso, quintum capitulum secundi tractatus operis mei quintipartiti ac deinde judicet. Has responsione meas additionales, velut omnia dogmata mea prius, submitto correctioni sancte sedis apostolice ac omnium melius sentientium.

(1) illa recitat *add. et del.*

ANONYMI DEFENSIO SENTENTIAE UNIVERSITATIS (1)

(Ms, lat, 3169).

Brevis informatio pro defensione sententie privationis per universitatem studii lovaniensis late contra magistrum henricum de zoemeren, ex qua consiliarii et advocati ipsius universitatis in curia facile poterunt concipere motiva ipsius universitatis et pro eorum subtilitate et industria causam ipsam defensare.

Origo hujus rei processit ex eo quod in disputationibus et exercitiis publicis scolasticis aliqui ex discipulis ipsius magistri henrici de zoemeren suscitaverunt illam materiam inter cetera : An opinio aristotelis de futuris contingentibus possit stare cum fide (2), et nitebantur astruere quod non. Ex alia parte magister petrus de rivo nisus fuit, defendendo aristotelem, contrarium asserere, ita quod ea occasione quamplurime ceperant oriri controversie, ipso magistro henrico (3) assistentiam faciente suis discipulis ac etiam publice in scolis contra aristotelem determinante, ac ex alia parte magistro petro aristotelem defensante, cujus dictis etiam plures videbantur adherere.

Et quia sentiit universitas ex hujusmodi disputationibus et altercationibus, nisi in tempore desuper provideretur, magnos posse suscitari partialitates inter scolares universitatis, quorum plurimi, juvenes precipue calido sanguine agitati, faciles sunt ad discordias et contrarias opiniones, ita quod ex inde verisimiliter consequi posset vehemens scandalum et dissipatio universitatis; attendens etiam quod dudum, cum ipse magister henricus adhuc in minoribus fuisset constitutus, tempore sue scolaritatis, antequam parisius se diverteret, eamdem materiam ipse magister henricus cum suis nitebatur introducere, que tunc per venerabilem facultatem theologie (4) fuit decisa et, accedente aucto-

(1) Ce titre ne figure pas dans le ms.
(2) *superscr.*
(3) assess. *add. et del.*
(4) *i. m.*

ritate universitatis, extitit inhibitum talia deinceps dogmatizari (1), ipsa universitas, provida deliberatione, ne veniretur ad ampliores contentiones et forsan ad arma, imposuit tam ipsi magistro henrico cum suis quam etiam ipsi petro silencium, donec aliud per facultatem theologie et universitatem contingeret ordinari, usa providentia jurisconsilii de qua in l. *equissimum de usufructu* (2).

Et licet silentium, ut prescitur, fuisset impositum et preceptum ne hincinde publice hec materia disputaretur, tamen universitas percepit quod per ipsum magistrum henricum et suos certe missive transmisse tam ad curiam romanam quam etiam curiam domini ducis burgondie et ad alia loca, quibus asserebatur per unum magistrum artium in studio lovaniensi certas fuisse enunciatas propositiones in fide supectas, turpes et erroneas. Quapropter, cum universitas ex inde plurimum fuisset diffamata, fecit fieri inquisitionem de propositionibus enunciatis per m. petrum, ut comperta veritate, juxta posse, desuper valeret providere; pro qua inquisitione facienda ipse m. henricus, qui semper protestatus fuit se non velle facere partem nec esse accusatorem, dedit in scriptis certas propositiones quas per magistrum petrum dixit enunciatas; super quibus an hujusmodi propositiones in ea forma seu eo modo enunciate essent vel non, instante ad hoc sindico seu procuratore fiscali, fuerunt solemniter recepti et auditi quamplures testes in presentia domini rectoris, quamplurium magistrorum theologie et aliorum ad hoc deputatorum ex aliis facultatibus; tandem omnibus auditis et diligenter masticatis compertum fuit propositiones eo modo quo dicebatur non fuisse per m. petrum enunciatas; itaque in hujusmodi questione ipse magister petrus extitit absolutus et materia fidei reservata extitit ecclesie prout in sententia. Que questio facti potuit spectare ad cognitionem universitatis sicut eciam judex ecclesiasticus cognoscit de possessorio in causa scandali, *c. ex patre de fo. compe.* (fol. 106^{v}) (3). Ita sententia lata fuit antequam dominus tornacensis misisset inhibitionem et ipso m. henrico absente.

Postquam autem henricus rediit et postquam littere inhibitorie per dominum tornacensem fuissent in universitate execute, dum pro nunc rector universitatis, cujus officium durat sex mensibus, fuerat dimissurus ejus officium et more solito supplicasset acta per eum approbari, ipse m. henricus se opposuit illi approbationi (4); licet prius per-

(1) Allusion aux discussions de 1446-1447.
(2) *Dig.* I, 13, § 3.
(3) *Decret. Greg.* IX, de foro competenti, II, 2, 15.
(4) Frédéricq, *op. cit.*, pp. 28, 29, 30. Les faits auxquels il est fait allusion se produisirent entre le 7 et le 10 septembre 1470.

expressim sepius protestatus fuisset se non velle facere partem aut officium accusatoris seu eciam denunciatoris suscipere. Et tandem propterea, dilata approbatione, quamplura in scriptis legit, ex quibus apparet ipsum innuere quod sententia supradicta sit lata per solum Rectorem nulliter et inique et in diffamiam et emulationem honoris ipsius henrici. Ex quo multa injuriosa et irreverentialia ibidem contra Rectorem et ejus personam deducit, licet impertinenter ex pluribus causis, primo quia non voluit esse pars aut accusator; 2° quia, cum tunc causa principalis fuit a sede apostolica commissa domino tornacensi, potuisset juridice petere coram eo judice sententiam retractari, 3° quia eciam, licet eciam fecisset se partem coram universitate, tamen, attentis juramentis per eum et singula supposita in eorum incorporatione prestitis, prout habentur in processu, debuit reverenter loqui erga personam Rectoris, contra cujus tamen personam irreverentissime et injuriose plurimum locutus fuit, prout patet ex hujusmodi deductis, qui Rector et superior universitatis, tam ex statuto quam ex jure, ab omni debet defendi injuria, *l. 1. c. ut omnes* (1) *tam civiles quam militares* (2) *judices*, ibi, *ab omni defensus injuria*, et in *aut. ut. judices sine quoquo suffragio* § *ex diverso* (3). In cujus etiam rectoris reverentia et veneratione dependet tota salus ipsius universitatis et suppositorum. Itaque, cum ipse magister henricus impertinenter se ingesserit et irreverenter, precedente eciam inquisitione rectoris predicti, syndicus petivit ipsum magistrum henricum privari ab universitate.

Est etiam veritas quod, licet pridem per universitatem (4) fuisset impositum silentium ipsis magistro henrico et magistro petro sub pena privationis, tamen postea ipse m. henricus in quibusdam vesperiis solemnibus, multis etiam ibidem extraneis comparentibus, etiam in lectionibus suis iterato resuscitavit prefatam materiam futurorum contingentium (5).

Item cum alias impetrasset universitas a sede apostolica renovari et ampliari conservatoriam suam, ipse magister henricus ex sua propria temeritate, ipsa universitate irrequisita, tacite et fraudulenter sollicitavit ipsam conservatoriam quoad personas aliqualiter immutari contra voluntatem universitatis, et quia universitas, hoc postea videns, ex causis male de hoc fuisset contenta, impetravit reformationem et antiquas personas in eadem conservatoria deputari, propter quod

(1) *Cod. just.* I, 49, 1.
(2) quam militares, *om.*
(3) *Auth.* II, t. II, c. 10.
(4) per universitatem *biffé d'un trait de plume.*
(5) Frédéricq, *op. cit.*, pp. 21, 25.

expensas subire habuit. Quare sindicus universitatis hac de causa instituit actionem contra magistrum henricum pro recuperatione hujusmodi expensarum et etiam petiit eum puniri (1). In qua causa ipse magister henricus se defendendo impertinentissime introduxit causam concernentem materiam de futuris contingentibus et prosiluit ad injurias et opprobria quarumdam personarum universitatis, cum tamen illa materia fuit omnino impertinens, nichil penitus faciens ad causam. Itaque ex hys constat de animo injuriandi et malignandi.

Attendens ergo universitas se et sua supposita plurimum perturbari et injuste molestari ab ipso m. henrico aperuit viam justitie. Et, audito sindico super articulis privationis per eum petite occasione injuriarum et irreverentie illatarum dudum rectori occasione ejus officii, audito etiam ipso henrico in suis discussionibus (2), rejectis frustratoriis recusationibus, more solito summarie processit ad conclusionem et diffinitionem prout (fol. 107) in ipsa conclusione continetur, per quam non pure et simpliciter privavit m. henricum, sed in eventum quo non peteret veniam, etc. Et quia illam non petiit extitit privatus; quam privationis penam etiam de jure licet imponere, *c. ex litteris de consuetu* (3); de qua privatione ipse appellavit; cujus appellationi in effectum non fuit delatum.

Et licet ipse henricus valde fundet se in hoc quod sententia talis sit nulla quia lata post recusationem propositam contra facultatem artium et certas alias personas, ipsis tamen propterea non repulsis nec etiam arbitris propterea super recusationem assumptis, tamen veritas est quod universitas, attendens ad injurias impertinenter et malo animo objectas et notorie dictas et pronunciatas, attendens etiam sententiam pridem super absolutionem magistri petri latam fuisse de mente et consensu universitatis, hujusmodi causas recusationis evidenter frustratorias tacite rejecit, prout potuit, *c. 1 extra de of. judi*, *c. irrefra gabili* § *1 de of. ordi.* (4). Cum etiam in notoriis non admittatur recusatio, *c. proposuit*, *extra de ap.* (5), precipue quando pena est determinata a jure seu statuto, fuisset etiam incivile totam facultatem artium in qua sunt quamplurimi doctissimi et prudentissimi viri et in numero plures quam in omnibus aliis facultatibus, propter vagam recusationem repellere. Veritas etiam est et ita comperietur quod etiam, non numerata seu attenta deliberatione facultatis artium, sententia privationis

(1) *Op. cit.*, pp. 34-42.
(2) descusionibus.
(3) *Decret. Greg. IX*, de consuetud. I, 4, 2.
(4) *Ibid.* de officio jud. ordin., I, 31, 13.
(5) *Ibid.* de appell., II, 28, 24.

adhuc fuit lata per majorem partem universitatis, juxta statuta ejusdem, quibus conclusum a majori parte quinque facultatum exstitit conclusio universitatis; et sic, secundum eadem statuta, illa que concluduntur per tres facultates, etiam (1) aliis duabus non consentientibus, dicitur conclusio universitatis et omnes facultates illam habent defensare et tenere.

Preterea appellationi ipsius Henrici non fuit deferendum nec tenebatur universitas deferre, ut videtur, propter injurias et impertinentias publice dictas et confessatas coram universitate, *c. romana § si autem* (2) et ibi *jo[hannis] a[ndreae] de app. libro VI no[ta] glossam in c. cum speciali* super verbo : *confessione de ap.* (3); fuitque delictum notorium in conspectu judicum illatum, quod dicitur notorium *II, q. 1 c. deus omnipotens § quando cum multis si* (4).

Etiam est attendendum quod universitas semper diversis mediis nisa fuit et laboravit concordiam inter sua supposita et unitatem conservare et propellere discordias et partialitates, et propterea imposuit silentium de quo supra. Postea tamen non destitit, juxta posse, capere informationes de eo quod deinceps foret dogmatizandum. Unde, gravibus expensis, postea misit ad facultatem theologie studii coloniensis statuta prius edita lovanii super hujusmodi materia, necnon tractatus magistri Petri de Rivo pro salvatione statuti et doctrine Aristotelis editos; similiter parisius et ad quamplures alios sacre theologie professores; et a pluribus presertim a facultate theologie studii coloniensis recepit approbationem et commendationem statuti et tractatuum predictorum. Etiam sic omnes doctores sacre pagine nostre universitatis lovaniensis consimiliter approbarunt et commendaverunt (5).

---

(1) *superscr.*

(2) *Sext. decret.* de appell., II, 15, 3.

(3) Johannis Andreae, *in secundum Decretalium librum novella commentaria*, Venetiis, 1581, fol. 282v.

(4) c. 20, C II, q. 1.

(5) Au bas du fol. on lit : *prima appellatio zomeren fol. CII; 2a appellatio folio CIX 3a est in carta.*

DEFENSIO SENTENTIE PRIVATIONIS LATE CONTRA HENRICUM DE ZOEMEREN (1)

(Ms. lat. 3139).

Primum dubium (2). Videtur michi quod principalis materia cause seu litis pendentis per viam apellationis in romana curia inter magistrum henricum de zoemeren appellantem et universitatem studii generalis lovaniensis appellatam in eo consistit : an illa responsio quam idem magister henricus fecit ad quemdam libellum contra eumdem in quadam causa pecuniaria per promotorem dicte universitatis coram rectore judicialiter exhibitum, similiter et in quibusdam aliis suis scriptis publice per eum in conspectu universitatis simul congregate lectis, sit censenda ex forma et tenore verborum in eadem responsione positorum injuriosa, sic quod ex ea causa competat illi vel illis, quos tangit illa responsio, accusatio injuriarum.

2um dubium (3). Item si sic revocari tunc (4) poterit in dubium an processus habitus circa negotium privationis et resecationis a dicta universitate, occasione predictarum injuriarum, quem eadem universitas privando dictum henricum servarit, sit jure factus an sit ipso jure nullus.

3um dubium (5). Item, si processus premissus viribus subsistat, an nichilominus potuit idem magister henricus appellare et an appellationi sui fuerat per ipsam universitatem deferendum.

Istis tribus articulis discussis, puto quod alia dubia non exurgent in presenti negocio.

Et primo videtur quod illa responsio non sit injuriosa. Nam injuria convintienda est maxime ex duobus, si sit verbalis tantum vel in scriptis qualis ita pretenditur, scilicet ex forma verborum et ex intentione proferentis, sic quod verba non sufficiant sine animo et intentione.

(1) Ce titre ne figure pas dans le manuscrit.

(2) *i. m.*

(3) *i. m.*

(4) sic; tunc *superscr.*

(5) *i. m.*

nec intentio sine prolatione, ut est textus in. *l. III ff. de injuriis*, ubi dicitur : injuria ex affectu injuriantis constat (1). Nam ex solis verbis non metitur quis injuriam ut ideo potest admitti ad probandum quod non habuit animum injuriandi, quoniam verbum de sua connaturali significatione injuriosum accusatur protulisse in *l. si non convicii* (2) *c. de injuriis*, quod non fieret si sola verborum forma attenderetur. Unde cum non constat de animo, affectu et intentione injurian di alicui et maxime quia non constat etiam ex tenore vel forma aut significatione verborum quod m. henricus voluerat injuriari ipsi universitati, nam ex verbis ipsius responsionis prefati m. henrici constat de contrario, quia quitquid ibi dixit hoc dixit se dixisse pro honore dicte universitatis et ad precavenda pericula et scandala que eadem universitas, occasione illius sententie, quam m. Nicholaus de Mera, rector universitatis, enunciasse dicitur, pateri potest et poterit; si ergo aliqua sint in responsione dicti m. henrici que tangant dictum m. nicholaum, tunc rectorem, vel quod juris ordinem non servavit, aut alias eum de ignorantia juris vel theologie redarguit ad majora pericula evitanda, hoc non debet reputari injuriosum, licet verborum accredo dirigatur ad personam magistri Nicholai; et de isto est bonus textus, immo casus, in l. *quod rei publice ff. de injuriis* (3), ubi dicitur quod illud quod ad vindictam majestatis publice et gratia venerandi rem publicam fit, licet contineat alterius contumeliam, quia tamen non in ea mente fit ut injuria fiat, non reputatur injuria nec tenetur injuriarum actione. Unde quia m. henricus dicit omnia in sua responsione posita et in dictum m. Nicholaum dicta esse vera, et expediat rei publice universitatis talia sciri, non tenetur injuriarum, maxime quia idem m. henricus offert et obtulit omnia alia probare et justificare, pro quo *l. eum qui ff. de injuriis* (4), peccata enim nocentium nota esse debent; per quam l. Bartho (5) et alii doctores tenent eum non teneri injuriarum qui alium appellat filium meretricis, si verum dicat, licet etiam hoc faciat animo injuriandi, quia interest rei publice hoc sciri ut a dignitate et testimonio tales tanquam infames repellantur. Et ita videtur sentire cynus *l. si non convicii* preallegata in VIII questione (6).

---

(1) Dig. 47, 10, c. 3. Le ms ne souligne aucune des références au droit.

(2) Cod. just. IX, 35, 5.

(3) Dig. XLVII, 10, 33.

(4) Dig. XLVII, 10, 18.

(5) Barthélémy de Pistoie ou plutôt Bartolo a saxo ferrato in primam digeste novi partem commentaria liv. 47, titr. 10, l. 18, Augustæ Taurinorum MDLXXIV, fol. 144 recto et verso. Renvoie à Cyrus, cod. eod. tit. l. si non convicii, q. 8.

(6) Cyni pistoriensis, *Super codice et digesto veteri lectura*, Lugduni 1547, fol. 384 verso, 2e col.

Forma enim injurie (1) non reperit ibi materiam peractam ad recipiendam injuriam. Et facit ad hoc quia si quis vocat alium debitorem suum, defamat eum, quia sic detegitur inverecunde paupertas sua *c. quando et quibus, quarta pars* (2) *l. II* § *mobiles libro decimo* (3); debitor etiam dicitur quodammodo servus debitoris *c. de non l. III* (4); et tamen si verum sit illum excusat ab injuria, ff. de injuriis l. item apud § si quis debitorem (5) et facit *l. si quid c. e* (6). Unde cum magister henricus omnia, que de illa sententia dixit vel de prefato magistro Nicholao, icit esse vera (fol. 108v) obtulitque illa esse vera deducere, quinymo et pro suo ingenio deduxit esse vera, cessat injurie materia, sicut etiam e contra, si materia injurie adesset et forma deficeret, non haberet locum (7) actio injuriarum, ut *ff. de injuriis l. item apud, si quis astrologus* (8). Per quem textum licitum erit omni theologo sententiam super aliqua materia fidei latam (9) redarguere absque hoc quod teneatur judici qui eam tulit injuriarum, si forte ex cessatione redargutionis scandalum vel periculum posset imminere. Et sic in hoc casu videtur ponderandum quod idem magister voluit errorem illum magistraliter deducere, que deductio loco probationis habetur sicut videri potest in eo quod verbo cucurbite vel similis injurie alteri dicto de jure lombardorum fit duellum; si tamen talia dicens paratus sit probare et deducere illud esse verum, nullus diceret quod cogeretur subire duellum, et illo probato vel deducto habet cessare injuria, sicut etiam in simili colligitur in *libro feudorum de pace tuenda et ejus violatoribus* § *si quis hominem* (10). Cum igitur istud licuit prefato magistro henrico, tam ex (11) professione qua theologus est, tam etiam ex debito juramenti quo procurare tenetur omne bonum, omnem honorem et utilitatem ipsius universitatis, quid peccavit si (12) virum errantem reprehendit et errorem detexit ? Dolo enim caret qui utitur jure suo *l. nullus ff. de regulis juris* (13) et facit *ff. de injuriis l. injuriarum* § *1 et l. penultima* (14). Nam in initio suorum scriptorum et alibi inter sua scripta semper salvat honorem universitatis, sicut et judicibus honor semper salvandus est, licet coram eis ferotia (15) aliquando et ad rem facientia verba proferuntur, ar. *ff. quibus modis pignus vel hypotheca solvitur l. si debitor* § *1* (16) et *c. quando*

(1) injure; injurie *superscr.*
(2) deux mots illisibles *add. et del.*
(3) *cod. just.* X, 34, 2.
(4) *cod. just.* IV, 30, 3 (?).
(5) *Dig.* XLVII, 10, 15, § 33.
(6) *Ibid.* § 43.
(7) capitulo *add. et del.*
(8) *Dig.* XLVII, 10, 15, § 13.
(9) lata.
(10) *Consuet. feud.* II, 27.
(11) post (?) *add. et del.*
(12) vere (.?) *add. et del.*
(13) *Dig.* L, 17, 55.
(14) *Dig.* XLVII, 10, 13, § 1; et 44.
(15) facetia *del.*, ferotia *superscr.*
(16) *Dig.* XX, 6, 4.

provocare non est necesse, l. si (1). Ubbi enim imminet scandalum seu periculum tunc inferiori licitum est superiorem redarguere. Sic paulus apostolus petrum, principem apostolorum, commendabiliter reprehendit *l. q. VII c. paulus petrum* (2) et *e. q. c. sequenti* (3) et *c. queritur pater* (4), et aliis textibus ibidem. Non igitur secundum materiam subjectam, necnon modum faciendi ac etiam intentionem facientis qui ex bono zelo processit debet pro injuria reprobari. Nec potest ipsa universitas dignitatem rectorialem in persona predicti magistri Nicholai fuisse injuriatam dicere, quia jam pridem predictus magister Nicholaus rectoris officium deposuerat; ymmo et ipso magistratum gerente potuit de premissis accusari et conveniri (5), ut est textus cum sua glosa *l. nec magistratibus ff. de injuriis* (6). Et ideo cum potissima causa quare predictus m. henricus sit privatus per eamdem universitatem in hoc per universitatem ipsam proponatur quia ipse magistro Nicholao sit injuriatus propter per eum gesta in officio rectoriali, videtur ex premissis mediis et juribus predictum m. henricum nullam injuriam commisisse et per consequens indebite privatum. Et quantum ad negocium principale istud videtur m. henricus prefatus pro suo jure quasi principium deducere et in eo suam intentionem fundare.

Ad primum dubium (7). Sed, licet premissa prolixius deducta videantur servire aliquo colore ad justificationem predicti magistri henrici, in veritate tamen (8) sibi nichil subfragantur et brevi verbo omnia predicta media et jura solvi possunt. Nam ex forma ipsorum verborum patet quod non solum manifesta sed etiam atrocissima injuria est commissa, ymmo tanta quanta fore homini mortali dici potest. Ex propria enim significatione verborum totum est atrox et cruentum quod ibi profertur. Etiam conclusio patet quod injuriari voluit ex affectu et intentione, quia, impertinenti cuidam libro in materia pecuniaria sibi porrecto, has respondendo immiscuit injurias. Ideo intentio universitatis super (9) ista materia injuriarum est plene et notorie fundata, de quo est rotundus textus in *l. item § si quis libello principi dato alterius famam insectatus fuerit injuriarum erit agendum, ff. de injuriis* (10). Et quod animum habuit injuriandi convinci potest idem injuriator ex verbis sue prime appellationis in principio suo, ubi per modum gravaminis sibi illati queritur quamdam sententiam

(1) *Cod. just.* VII, 64, 3.
(2) c. 33c, II; q. 7.
(3) c. 34.
(4) c. 36.
(5) conveneri.
(6) *Dig.* XLVII, 10, 32.
(7) *i. m.*
(8) *superscr.*
(9) semper - super. *superscr.*
(10) *Dig.* XLVII, 10, 15, § 29.

iniquam et injustam contra suum honorem et ad maximam suam infamiam prolatam per predictum magistrum Nicholaum, allegando etiam pro gravamine quod universitas approbavit illam sententiam. Ex cujus sui gravaminis allegatione duo eliciuntur : primo quod non fuit incognitum dicto magistro henrico illam sententiam processisse de mente ipsius universitatis. 2° quod ipse magister henricus non propter bonum et honorem ipsius universitatis, ut subdole asserit, sed animo se vendicandi contra prefatum Nicolaum per illa sua scripta et verba injuriosa (1) se erexit in contumeliam et persone et officii ac etiam totius universitatis, de cujus mente processit illius sententie ac processus precedentis pronunciatio, cum tamen illa sententia non tangat in aliquo (fol. 109) prefatum injuriatorem, ut patet intuenti, nisi fortasse quia ex hoc sibi livor quidam et invidia intus ardens cor suum exagitans advenit, quia vidit per illam sententiam innocentem absolutum, in cujus (2) casu et ruina idem magister henricus se sperabat deliciari. Quia in illa sententia nichil est actum de jure predicti magistri henrici, non ergo decuit neque licuit prefato magistro henrico tam tetras injurias enormes in alterum occasione sui officii; quia, etiam si sententia fuisset iniqua vel revocanda, non tamen decuit in personam proferentem eam exarcerbare, ut est textus in *l. judici ab apellatoribus ff. de injuriis* (3). Nec prestat aliquid magistro henrico quod nichil dixit in vel contra personam dicti magistri Nicholai, cum esset rector universitatis, sed deposito jam officio, quia totum videtur rectori vel universitati factum quidem precipue propter officium quod prius gessit irrogari, ar. ea (4) que leguntur *in c. adversus, in* § *si de immunitatibus ecclesiarum* (5). Talis enim injuria non dicitur privata, sed publica, et ideo publice vindicanda fuit, quia in eum qui gessit magistratum fuit commissa fuit et occasione magistratus, *ff. de justitia et jure, l. prima* § *jus publicum* (6). Si enim illa sententia fidei catholice prejudicium facit, ut asserit idem injuriator, ipse potuit coram judice apostolico, scilicet tornacensi episcopo, quem ipse a sede apostolica impetraverat, dictum magistrum Nicholaum vel universitatem vocare super illius sententie retractationem; nec erat probris vel conviciis contentendum, *l. quiquis c. de postulando* (7). Et quidem predictum

(1) et *add. et del.*
(2) causa *add. et del.*
(3) *Dig.* XLVII, 10, 42.
(4) eo.
(5) *Decret. Greg.* IX *de immunit. eccl.* III, 49. 7.
(6) *Dig.* I, 1, 1, § 2.
(7) *Cod.* II, 6, 6, § 1.

est quod ex criminatione prefate sententie procuratur bonum ipsius universitatis et interest universitatis talia detegi. Respondetur quod in hoc mos universitatis gerendus erat; non enim ad rem faciebat magistrum Nicolaum appellare collusorem, concitatorem, sediciosum, de heresi suspectum, subtilem defraudatorem, cayphe equiparandum et similia, tam ex se injuriosa quam etiam ex yroneya (1), per quam etiam committitur injuria c. de postula. in dicta l. quiquis, in verbo : sub dole. Talibus enim verbis non redarguit paulus petrum; nec sancti viri inferioris (2) gradus suos prelatos et superiores. Quibus bene intellectis, manifestum est dictum magistrum henricum in atrocissimum injuriarum excessum cecidisse; et sic universitatem, juxta statuta sua, debite dictum magistrum henricum privasse a suo consorcio pro tanto excessu.

Quantum ad articulum secundum, an scilicet teneat processus per universitatem habitus in dicta privatione, dubitatum fuit. Et videtur quod non. Nam facultas artium, que est quinta facultas in dicta universitate, fuit admissa ad deliberandum in prefate privationis materia post publicam recusationem in scriptis factam contra prefatam facultatem et per (3) eumdem magistrum henricum (4), similiter quedam alie persone, per eumdem recusate, admisse fuerant et earumdem vota ipsa universitas sequuta est. Unde sententia, per tales lata, etiam ratione adjuncti illarum recusatarum personarum est nulla, prout traditur in c. cum (5) super abbatia, ubi de hoc per glo. et doc. *de of. et pot. jud. dele.* (6) *et. III q. V c. quia* (7). Modica enim causa, dummodo sit vera et probabilis, removet judicem, ut in dicto c. quia, cum minor causa repellat judicem quam testem, quia facilius mille judices quem unus testis reperiantur. Si enim cause recusationis ipsius facultatis artium erant notorie, quia per conclusiones suas, quas non poterat ignorare, disposuerat se facere partem formalem coram quocumque judice contra prefatum recusatorem, iniquum fuit ejus votum admitti in prejudicium magistri henrici. Ista argumenta cudit magister henricus, pretendens nullitatem processus ex isto capite.

Ad secundum dubium (8). Sed ad hec et similia jura sua dicendum

(1) Yhonia *add. et del.*
(2) status *add. et del.*
(3) eodem *add. et del.*
(4) Frédéricq, *op. cit.*, p. 37, séance du 19 novembre 1470.
(5) *iter.*
(6) *Decret. Greg.* IX, de offic. et potest. jud. deleg. I, 29, 23.
(7) c. 15c, III, q. 5.
(8) *i. m.*

quod, sicut clarius clario repellitur, ita facta factis sunt retundenda. In facti enim veritate hoc non reperitur quod facultas artium se fecerit vel decreverit, comminata fuerit aut concluserit se unquam facere partem formalem contra prefatum m. henricum. Unde ipsum et alios, hoc allegando, decipit et fallit quoniam hoc non reperietur. Odium enim vehemens quod habet ad dictam facultatem facit eum hoc sompniare, sicut inordinata affectio sepe superat rationem, *c. accusatores III q. V* (1). Et, licet in recusatione proposita per eumdem contra facultatem predictam proposuit in generali quod ipsa fuisset molita contra et in prejudicium suum pro quodam petro de Rivo, non tamen in specie declaravit que illa fuissent et qualia, ut patet per nota doc. *in c. legittima de appellare l. V* (2). Unde manifeste patebat suam recusationem esse frustatoriam, frivolam et debite correctionis fugitivam. Agebat enim universitas in illa congregatione de modo correctionis sibi imponende pro injuriis premissis, que erant notorie ex sua confessione (3). Unde, sicut a correctione (fol. 109v) non apellatur (4), ita nec occasione correctionis admittitur recusatio, *ut in c. super eo quod* (5) *V in causis de appella.*; de quo est etiam rotundus casus cum sua glosa in *c. proposuit de appellationibus* (6), quem passum intelligunt doctores in gravibus excessibus, sicut est hic in proposito hoc, hic maxime ponderato quod istas contumelias commisit et intulit in conspectu universitatis ac eas procaci spiritu et repetitim ac impertinenter eas resumpsit et approbavit. Unde excessus suus factus est notorius, sic quod ordo juris non erat cum eo servandus, nisi ordo juris naturalis, scilicet ut solum audiatur sua defensio; ita notat anthonius in *c. vestra de cohabi. cler. columna XVII* (7), quia iste excessus constabat judici ut judici, coram quo perstitit, iterato legens et approbans easdem injurias, exultans in suis rebus pessimis ac faciens et gignens cum ipso facto ipsam qualitatem notorietatis, quam statim potuit judex absque alia solempnitate juris vindicare, ut preclare notat innocens in *c. ex parte de verborum sig...* (8). Maxime cum predicta universitas non habeat superiorem nisi dominum nostrum papam, remote distantem, qui non possit in tempore tam atrocia vindicare; ita

(1) c. 12c, III, q. 5.
(2) *Sex. decret.* de appell. II, 15, 2.
(3) Fredericq, *op. cit.*, pp. 30-42.
(4) sicut *add. et del.*
(5) *Decret. Greg.* IX, de appell. II, 28, 10.
(6) *Ibid.* c. 24.
(7) Antonii a Butrio in librum tertium decretalium commentarii, Venetiis, 1578, t. V, f. 14 recto, col. 2.
(8) *Decret. Greg.* IX, de verbor. signif. V, 40, 23.

notat innocens *in c. de cle. male* (1), licet ipsa contumelia secundario, ymmo primo ipsam eamdem universitatem judicem in hac materia respiciat. Judex enim injuriam dignitatis lese ulcisci potest, *ff. de re milita. l. milites § irreverens* (2). Et ita legitur per cynum *in l. e.* (3); et *ne quis sibi* (4), et per glosam *II q. VII c. si quis erga* (5). Cum ergo agebatur de crimine notorio corrigendo per judicem ordinarium pena juris, non autem arbitraria, sed pena statutatoria scilicet privationis a consortio magistrorum, si ordinationi universitatis per delinquentem non staretur, sicut *in c. ex litteris de consti.* (6), non habet locum appellatio vel recusatio. Et per istud non potest processus universitatis argui de nullitate. Et in isto se resolvit anthonius de butrio dicto *c. proposuit de app.* (7) et *c. vestra de coha. cle. et mulierum* (8), et ex dictis innocentis in dicto *c. ex parte de verbo. sig.* (9).

---

(1) c. 5, d. XLVI.

(2) *Dig.* XLIX, 16, 13, § 4.

(3) L'édition des œuvres de Cino de Pistoie que j'ai eue entre les mains s'arrête au début du livre 12.

(4) Je n'ai donc pas pu identifier ces passages.

(5) c. 16 c, II, q. 7.

(6) *Decret. Greg.* IX, de constitut. I, 2, 11.

(7) *Decret. Greg.* IX, *de appell.* II, 28, 24.

(8) *Decret. Greg.* IX, *de cohabit. cler. et mul.*, III, 2, 7.

(9) *Decret. Greg.* IX, de verbor. signif. V, 40, 23.

EPISTOLA UNIVERSITATIS LOVANIENSIS AD PAPAM SIXTUM IV (1)

(Ms. lat. 3169)

AD SANCTISSIUM DOMINUM NOSTRUM PAPAM

Sanctissime pietati vestre, ad pedum oscula beatorum submissi, devota cum humilitate curamus innotescere nos in nostra super hoc congregatione publice et specialiter indicta, juxta breve pro sanctitatis vestre parte nobis directum venerabilem virum magistrum georgium burgensem, officialem leodiensis in lovanio, cum omni reverentia qua decuit audivisse, tenoremque alterius cujusdam brevis eidem officiali ab eadem sanctitate vestra transmissi plenius intellexisse (1); super quo eumdem officialem sedulo requisivimus quatenus hanc nostram responsionem sub suo sigillo firmatam ad sanctitatis vestre sinum destinaret. In primis siquidem, sanctissime domine, non tam admirari quam perturbari debemus ex eidem officiali transmisso brevi; quod, cum omni honore et sanctitati vestre pace loquentes, nobis videtur multisque etiam gravissimis viris auctoritate et litteratura preditis, amicis nostris, aut omnino preter vestre sanctitatis conscientiam emanasse aut si ea sciente (2), quod perdifficile creditur, emanarit, eamdem sanctitatem vestram improba suggerentis henrici de zomeren, adversarii nostri, importunitate circumscriptam; cujus temeritate et audacia fingendi que vera non sunt, contra nos non vocatos, non auditos, non eciam defensos, pro voto et libidine sua facile tam dura et ab omni juris ordine preregrina potuit obtinere precepta.

Nam nec aliqua minima ejusdem brevis particula narrativa veritate subsistit; in quo summo vivorum et mortuorum equissimo judici gratias pendimus speque non modica conterendi adversarium potimur quod a falsis et mendaciis contra nos querele sue presidium sumit; qui, si justicie locus non percludatur, falsa sua refellere cum publica veritate non formidabimus.

---

(1) Ce titre ne figure pas dans le manuscrit.

(1) Séance du 23 mai 1472. FREDERICQ, *op. cit.*, p. 63.

(2) conscia *del.*, scienter *superscr.*

Sparsit nempe adversarius in auribus sanctitatis vestre collectam viritim solvendam obtentu defensionis privilegiorum nostrorum a nobis impositam fuisse; quod, quia nunquam antea aut rarissime, ut asseruit, contigisset, ob sententiam privationis sue in eum per nos latam defendendam factum fuisse dicit presumendum. Quod nulla veritate suffragatur, nam ante quamlibet ipsius privationis litem apud nos inchoatam ac eciam cogitatam, adversario nobiscum permanente, quem privilegiorum nostrorum tuitionis tunc non modica necessitas latere non potuit; qui eciam, ut pecunie comparande modus aliquis attingeretur nobiscum deliberans, opem prestitit et consensum (1).

Qua de re non per magistrum Robertum de lacu, sua vice rectorem ac ejus successorem, quemlibetve alium privatum, sed in publica super hoc specialiter intimata congregatione, nemine adversante, sed nec in contrarium quovis modo murmurante, premisse collecte modus omnibus acceptus fuit ac ab omnibus institutus (2). Non eciam ignoravit adversarius nostram communitatem alieno ere graviter pressam prius in impetratione nove conservatorie, veteri deficiente cuncto et expenso. Non ignoravit preterea, suis apud nos existens diebus, eumdem magistrum Robertum de lacu ad illustrissimum principem nostrum, burgundie ducem, diversis vicibus ac locis destinatum ad privilegium obtinendum quo extranei, eciam legittimi atque naturales, nostri studentes libere de bonis suis testamentum conderent veluti longo tempore de jure retro apud nos fecerunt, sed postmodum facto impediti, quo in obtinendo magne pecuniarum summe monstrantur effuse. Non rursus ignoravit illustrem comitem de marka gravissimum litem super vectigalium libertate contra nos intentasse; quem iterum non latuit omnes hollandie et zelandie patriarum communitates pluresque alias seculares justicias rigidissime nobis oppugnantes ne vigore privilegiorum tam a sancta sede apostolica quam a nostris principibus concessorum extra illas (fol. 110ᵛ) patrias personas nobis obnoxias lovanii in causam traheremus; quarum potentie cum jure resistendum fuerat, non solum es alienum contrahere necesse fuit sed et capitationem instituere, qua in imponenda tanta servata reperitur temperies ut nec aliquis eciam de modico se gravatum conqueratur.

Hec omnia, adversario apud nos morante, sunt iniciata et effectui partim mancipata, veluti hec et alia, idem adversarius in dicti principis curia per nostros ad hoc missos oratores paulo ante suum a lovanio

(1) Frédéricq, *op. cit.*, p. 34.

(2) Les documents publiés par Frédéricq ne font pas connaître la séance où cette mesure fut prise.

recessum scivit et ac vidit agitari (1). Verum, quia dum hec ita multis impendiis tractarentur, necdum tamen ipso adhuc nobiscum agente perficerentur, culpis suis interim exigentibus, pro gravibus injuriis ac atrocibus convitiis in magistrum nicholaum de mera, nostrum tunc rectorem, illatis, de quibus monitus ut veniam tanti piaculi deposceret aut saltem aliquo humilitatis signo eumdem rectorem ac nos omnes offensos placaret, quorum in conspectu sue professionis oblitus ac juramenti temerator tam irreverentes verbositates expresserat, se non velle penitere respondit ac potius sibi dolendum superesse dicebat quod majora in eumdem rectorem majoribus dignum contumeliis excogitare non poterat, sententiam privationis digne reportavit (2). Verum quia fato contigit ut mox, ipso a lovanio recedente, hujusmodi preconcepta, licet nondum indicta, capitatio promulgaretur, ne ea que jam multis impendiis incepta fuerant perdite desererentur imperfecta, esque alienum solveretur, hoc adversarius ad sue privationis defensionem patratum fuisse suggessit, illius non ignarus quod ex erario nostro cotidiano, cujus anno integro sua vice raciones dispensavit, sufficientes prodirent copie pro lite contra eumdem jura nostra perturbantem dirigenda, que tantum in graviores necessitates veluti premissas suppetere non valerent.

Hanc capitationem unanimis omnium consensus comprobavit, nullis super ea protestationibus, tam ipsius conclusionis tempore quam insinuationis publice in scolis singulis facte, a quoquam emissis, nullis conditionibus adjectis, nullis appellationibus interjectis. Verum tribus mensibus ab ipsius impositione decursis quidam, sed numero paucissisimi, discordiarum patroni, cum ad solvendum exigerentur, quod prius absolute consenserant ad conditionem trahere conati sunt, ne videlicet contra prefatum adversarium henricum pecunia uteretur (3); tunc primum super hoc protestando ac, cum per juris et statutorum remedia solvere cogerentur, apellationem interponendo; quas conditionem, protestationem ac apellationem contra prius conclusa et que dudum in rem transiverant judicatam, jure recipere non tenebamur, cum, etsi expresse in adversarium pro nostre cause deductione capitatio fuisset instituta, contribuere debuissent. Qui non, ut falso sanctitas vestra recepit, appellationibus coacti sunt renuntiare, nam apud nos vis nulla metusque nullus, sed libertas est summa,

(1) Le 7 septembre 1470 l'université chargea Robert du Lac et Adrien de Condewne de se rendre à la cour de Bourgogne (*op. cit.*, p. 28). C'est sans doute d'eux qu'il s'agit ici.

(2) *op. cit.*, p. 42.

(3) *op. cit.*, pp. 50-51 en date du 1er octobre 1471.

utpote sub religiosissimo principe nostro ac duce burgundie, justitie quodam specimine et cultore venerandissimo constitutos, sed ultro in nostra congregatione generali, ipsis de quodam edoctis statuto quod usque ad id tempus ipsos latuerat, ut asseruerunt, publica et intelligibili voce suis appellationibus renuntiaverunt et se paucissimos parti majori velle conformes efficere responderunt, portionesque eos contingentes offerentes (1). Sed eos a premeditata calumpnia non dubitamus exsortes qui se adversarii nostri nequitiis adjunxerunt, et per extraordinarias justitie semitas (fol. 111) fugitantes utpote per brevia, nullius conquerentis expresso nomine, parte etiam non audita, obtenta nos molestare contendunt, cum et nobis et ipsis ordinaria vestre sanctissime sedis justicia, quam nemo fugere debet, fuerit omni tempore parata. Cetera vero que in vestre sanctitatis premisso brevi, statutum privationis adversarii contingentia, comprehenduntur, non nisi per subdolam ejusdem obreptionem asserta et suggesta fuisse suo tempore pandentur, cum et super ejusdem privationis materia lis in romana curia pendeat indecisa, cujus in calculo lucebit si jure, ut credimus, injuriave, ut asserit adversarius, privationis illa sententia fuerit promulgata.

Porro, sanctissime pietati vestre, omni qua possumus humilitate, filialem indicamus querelam : nos summo cordium nostrorum merore percussos quod tam duram tamque severam patris vocem audimus, tam rigida precepta suscepimus et tam terribili ac formidabili censura quatiamur, que nisi perturbato spiritu ac timoratis conscientiis audire et intelligere non valemus. Sancta quidem pietas vestra jubet nichil omnino, tuendorum privilegiorum gratia, a quoquam nostri studii homine exigendum donec dicte privationis causa in romana curia fuerit decisa. Quid hoc, pater sanctissime, preceptum continet aliud quam tocius nostre rei publice excidium ? Si tuendorum privilegiorum gratia nichil exigendum erit, unde subsistemus ? Unde invicem ut membra unius corporis coherere poterimus ? Unde que nostra sunt retinebimus et que a nobis detinentur repetemus ? Que esse potest nostri aut cujuslibet rite instituti corporis tutela quam privilegiorum suorum defensio, que non nisi communi ere collecto servantur ? Utriusque juris pagina profitetur omnem in singulos universitatem moderatam indicere posse collectam in eam rem maxime conferendam que publicam respicit utilitatem.

Hanc nobis facultatem tollere est juris naturalis, quod defensionis presidia nemini tollit, officium perturbare, nec impar ab eo si manibus

(1) *op. cit.*, pp. 57-60.

imperetur ne cibus ad os deferant et pedibus ne ex incendio currant. Jubet preterea sanctissima pietas vestra recepta ex dicta collecta infra 4 dies certis personis restitui sub pena excommunicationis, cui ipso facto subjacemus, si que jussa sunt non adimplemus, a quo non poterimus preterquam in mortis articulo, facta prius restitutione, nisi a vestra sanctitate vel ejus successoribus absolvi. O preceptum durissimum et a seculo non auditum! Quid enim fili promeruerunt ut prius a patre judicentur quam audiantur, prius accipiant ictum ferientis quam vocem audiant patris comminatoris?

Hiis in preceptis concutimur et in nostris conscientiis perplectimur. Nam non obedire nepharium, obedire gravissimum. Verum hec precepta, non conscia sanctitate vestra, omnis humana ratio prima fronte conjectat extorta; nec in mentes nostras ascendere potest hoc a sanctitatis vestre sinu delapsum ut in re tam prophana uniusque hominis peculiare jus civile privatamque rationem concernente et ad partis alterius assertionem, nostro jure minime discusso, soli romano pontifici preterquam in mortis articulo beneficium absolutionis sit reservatum; quod nonnisi in gravissimis ac atrocissimis facinoribus canonice sanxiones a romanis pontificibus aliquando factum fuisse demonstrant. Nam prima sedes omnibus defensionem permittit; jus suum nemini tollit, audiri quemque statuit et, si precepta sua qualibet ex rationabili causa adimpleri retardentur, non dedignatur. Hoc innocencii III, pie recordationis, predecessoris vestri, nobis formula ad archiepiscopum ravennatensem demonstrat ». Si quando, inquit, tue fraternitati scripta aliqua dirigimus que animum tuum exasperare videntur, turbari non debes; qualitatem negocii pro tibi scribimus diligenter considerans (fol. 111v) aut mandatum nostrum reverenter adimpleas, aut per litteras quare adimplere non possis rationabilem causam pretendas; quia patienter sustinebimus, si non feceris quod prava insinuatione fuerit nobis suggestum » (1). Cum itaque premissum breve adversarii nos dubitemus astutia procuratum, per quod non modicum sancte sedi apostolice scandalum apud aliquos accrescere videtur (2) cum in eo nulla judicialis indago certa restituenda committatur. Sumusque et semper erimus super jure nostro quibuslibet respondere ac quare precepta premissa adimplere non possimus docere parati; in promptu etiam efficere clarissimum omnia in ipso brevi narrata zelo pessimo suggesta et ab omni veritate remota. Idque coram eodem magistro georgio, officiali premisso, promptissime et

(1) *Decret. Greg.* IX, lib. I, t. 3, c. 5.
(2) apud... videtur, *i. m.*; *a. m.* Dans le texte accressit biffé d'un trait de plume.

luculentissime constare fecissemus, si saltem clausulam de facti veritate informatoriam ipsum breve comprehendisset. Et ne aliquid de obedientie prompitudine nobis deesse videatur eos qui aliquando indictam capitationem subire recusaverunt, sed tandem urgentibus nostris statutis solverunt, interrogavimus palam si quod prestiterant repetere vellent, inter quos nemo qui id facere vellet apparuit; sed ex eis quamplurimi publica voce professi sunt nichil se ex prestitis repetituros.

Supplicamur igitur sepedicte sanctissime pietati vestre quatenus rejectis adversarii cujuslibetve alterius suggestionibus pravis ad justicie tramites perducamur, preceptis tam gravibus preoccupemur ac tam acerbis acrimoniis distringamur. Nobiscum etenim, qui ecclesie romane semper obsequentissimi fuimus et, gratia dei hoc dante, semper erimus non tam aspere fuit agendum ut eo, quo nullo duriori potest sanctissima sedes uti, mucrone percellamur, priusquam per debitam, ordine juris servato, sententiam exsuperati contumaces, quod deus avertat, reperiamur. Nam prothoparens noster, priusquam judicaretur, hanc domini vocem audivit : Adam ubi es; iniquitatis ille villicus, de mala villicatione diffamatus, non prius exactus sed prius vocatus et sue villicationis rationem reddere jussus est; gens zodomorum, teterrimo criminis clamore repersa, priusquam perderetur domini praeviam interlocutoriam audivit vocem : Descendam et videbo si clamorem que venit ad me opere compleverint. Petimus idcirco cum prothoplasto vocari, cum villico iniquitatis diffamato rationem reddere, cum gente zodomorum inquiri, ut vocati respondeamus, diffamati purgemur et exacti, si fas sit, rationem reddamus, offerentes nos contra quemlibet coram sanctissima pietate vestra quibuslibet juri statuturos. Quare vestre sanctissime pietati placeat rigorem premisse censure, que prava non presumitur existere (1) ad nostras filiales preces, relaxare, si opus fuerit, quod tamen non putamus (2), aut quod de mente pietatis vestre non processit, ut pie et indubie credimus (3), declarare. In domino confidimus hoc a sanctitate vestra nos obtenturos, quam altissimus feliciter conservet. Ex lovannio anno LXXII 2[a] junii.

Humiles et devoti filii ac sanctitatis vestre oratores Rector et universitas studii lovaniensis.

---

(1) que prava... existere *rayés d'un trait de plume.*
(2) si opus... putamus, *interl., a. m.*
(3) ut pie... credimus, *interl., a. m.*

SUPERSCRIPTIO BREVIS MISSI UNIVERSITATI LOVANIENSI IN COMMENDATIONEM MAGISTRI PETRI DE RIVO

(Ms. lat. 12390).

Dilectis filiis Rectori et universitati studii generalis lovaniensis leodiensis dyocesis Sixtus papa IIII.

Dilecti fili, salutem et apostolicam benedictionem. Fuerat delatus ad hanc sanctam sedem apostolicam dilectus filius petrus de Rivo, in artibus magister et in theologia licentiatus, in universitate vestra regens, super doctrina minus sana et animi pertinacia. Ipse sue innocentie fidens personnaliter comparuit et, facta diligenti inquisitione, insons repertus est. Quare, cum nunc istic cum nostra benedictione revertatur, eum vobis in Domino commendamus.

Datum Rome apud sanctum Petrum sub annulo piscatoris, die nona aprilis m° quadringentesimo LXXIII° pontificatus nostri anno secundo. Griffus.

Presentatum fuit hoc breve per venerabilem virum dominum Stephanum de Bronwere, decretorum doctorem, decanum haltanensem in generali congregatione universitatis studii lovaniensis apud predicatores celebrata, et ibidem publice lectum et cum reverentia qua decuit receptum, ultima mensis maii, anno predicto.

APPENDICE I

PETRI DE RIVO SOLUTIONES AD QUEDAM OBJECTA DE FUTURIS CONTINGENTIBUS. (1)

(ms. lat. 3169)

Per nonnullos veritatis zelatores, ad quorum manus tractatuli quidam quos de futuris contingentibus ego, petrus de Rivo (2), confeci pervenerunt, oblata michi (3) sunt argumenta sequentia quorum solutiones, salvo judicio melius sentientium, hic subjeci.

Primum. Apparet quod alique propositiones de futuro contingenti ex rigore logice sint vere. Nam bene sequitur : antichristus nascetur, ergo antichristum possibile est nasci; sed consequens est verum; ergo, ut videtur, antecedens etiam est verum. Sed illud est de futuro contingenti, ergo, etc.

Hic sciendum quod hec propositio : antichristus nascetur, ut est fide credenda, indubitanter est vera tum veritate (4) increata divine noticie quam deus habet de futura nativitate antichristi, tum veritate increata dicentis seu revelantis, quia deus, qui veracissimus est, per eam nobis revelavit noticiam quam habet de nativitate antichristi futura; tum veritate creata fideliter expectata quia quisque fidelis absque omni hesitatione eam expectat verificandam. Fide autem et revelatione seclusis, eadem propositio ex rigore logice non videtur esse vera veritate creata presentialiter existente, qualem veritatem Aristoteles negavit convenire propositionibus de futuro contingenti.

Hiis suppositis pro solutione argumenti dicuntur tria. Primum est quod quia contingit consequens verum inferri ex antecedente falso, ut patet ex potestate sillogismorum que est ex falsis verum sillogizare, non apparet mirandum, si dabiles sint propositiones neutre nec vere nec false, quod ex antecedente nec vero nec falso sequatur consequens verum, sicut ex hac : petrus salvabitur, que ante determinationem divine voluntatis, secundum Scotum, nec vera est nec falsa, sequitur hec modalis vera : petrum possibile est salvari.

2um quod hec : antichristus nascetur, non probatur efficaciter esse vera ex hoc quod ad eam sequitur hec modalis vera : antichristum possibile est nasci, quia similiter probaretur de omnibus propositionibus que sunt de futuro contingenti, ymmo de contradictoriis, quod essent vere, quia bene sequitur : Sortes erit episcopus, ergo (5) Sortem possibile est esse episcopum;

---

(1) Ce titre ne figure pas dans le ms.

(2) ego... rivo *i. m.*

(3) *superscr.*

(4) divine *add. et del.*

(5) sortes... ergo *i. m.*

Sortes non erit episcopus, ergo Sortem possibile est non esse episcopum, ubi antecedentia sunt contradictoria, (56v) que non contingit simul (1) esse vera et tamen ambo consequentia sunt modales vere.

3um est quod, si hoc consequens : antichristum possibile est nasci, intelligatur de possibilitate ad utrumlibet, tunc ex veritate consequentis probatur antecedens non esse determinate verum : Patet quia, si antichristus (2) contingenter ad utrumlibet nascetur vel non nascetur, tunc hec : antichristus nascetur ex natura rei non magis est determinata ad veritatem creatam presentialiter existentem quam sua oposita; ymmo, si jam esset determinata ad hujusmodi veritatem, per nullam potestatem posset impediri quin ita esset et semper postea fuisset (3) ad eam determinata, ex quo ad preteritum non est potentia; et sic antichristus inimpedibiliter nasceretur et non contingenter ad utrumlibet. Hanc solutionem tangit *dominus petrus Aureoli* (4).

2um *argumentum.* Apparet quod inepte aliquid dicatur precedere eventum futuri contingentis per lineam successionis mediam, quia pari ratione aliquid diceretur ipsum precedere per certas ulnas. Linea enim non minus est nomen quantitatis permanentis quam ulna.

Advertendum quod, cum dominus *Petrus Aureoli*, qui etiam ab emulis suis appellatur doctor facundus, distensionem temporalem vocet lineam successionis, non apparet modus ille loquendi esse impertinens aut ineptus. Si objiciatur : talis distensio est successiva; linea autem est quantitas permanens non minus quam ulna; sicut ergo inepte diceretur ulna (5) successionis ita videtur inepte dici linea successionis.

Hic duo dicuntur. Primum quod, sicut cadaver hominis, cum sit mortuum, dicitur homo non simpliciter, sed cum determinatione distrahente, utpote homo mortuus, sic distensio temporalis, cum sit successiva, dicitur linea non simpliciter sed cum determinatione distrahente, videlicet linea successionis. Sicut etiam homo innocens propter similitudinem methaphorice dicitur agnus, sic distensio temporalis propter similitudinem quam habet cum linea videtur ejus ratione methaphorice appellari posse. Est enim hujusmodi distensio quedam longitudo que ad instar linee caret la (fol. 57) titudine et profunditate. Unde et mathematici lineam ymaginantur creari ex fluxu puncti in longum sicut tempus creatur ex fluxu ipsius nunc.

Secundum est quod non est simile de linea et ulna. Nam linea dicit longitudinem indeterminatam; ulna vero longitudinem determinatam. Sicut ergo nomine spatii, quod importat locum (6) indeterminatum, utimur aliquando pro distensione temporali, non autem nomine leuce aut stadii, que sunt nomina locorum determinatorum, verbi gratia, dicimus : studui (7) spatio tot annorum, non autem tot leucis aut stadiis, sic, quamvis distensionem temporalem appellemus lineam successionis, non

---

(1) *superscr.*
(2) sortes *del;* antichristus *i. m.*
(3) fuerit *del;* fuisset *i. m.*
(4) *I Sent.*, dist. 38, art. 3, éd. cit. fol 885, 2 F.
(5) linea, *del;* ulna *superscr.*
(6) de *add et del.*
(7) studii *del;* studui *i. m.*

tamen appellanda est ulna successionis. Et ratio diversitatis est quia nomina importantia quantitates permanentes (1) determinatas connotant certum modum mensure qui repugnat quantitatibus successivis.

3um *argumentum*. Apparet quod aliquid per lineam successionis mediam antecedens eventum futuri contingentis possit hujusmodi eventum inferre penes consequentiam necessariam, quia necessario sequitur : fideliter expecto resurrectionem mortuorum, ergo mortui resurgent; ubi fidelis expectatio, que temporaliter antecedit resurrectionem mortuorum, infert ejus eventum penes necessariam consequentiam; quod patet quia oppositum consequentis repugnat antecedenti; dato enim quod mortui non resurgant, expectatio qua resurrectionem ipsorum expecto non est fidelis.

Advertendum quod evidenter videtur posse demonstrari quod nichil temporaliter antecedens eventum futuri contingentis possit ipsum inferre penes consequentiam necessariam; quia quod contingit eventum futuri contingentis temporaliter antecessisse illud ex tunc per omnem potentiam est inimpedibile, ex quo ad preteritum non est potentia. Sed ex inimpedibili penes consequentiam necessariam non sequitur nisi inimpedibile, alias ex vero contingeret sequi falsum; ergo, si eventus futuri contingentis penes consequentiam necessariam sequeretur ad aliquid ipsum temporaliter antecedens, ipse esset inimpedibilis; quod tendit ad heresim *Johannis Wiklef* (2) dicentis omnia ex necessitate evenire.

Pro solutione dicte instantie duo sunt (3) declaranda. (fol. 57v). Primum est quod per istud consequens : mortui resurgent, potest significari resurrectio (4) mortuorum dupliciter, vel ut in cursu temporis nobis est futura vel ut noticie divine, que mensuratur eternitate omnem cursum temporis amplectente, est indistans. Primo modo accipitur resurrectio mortuorum ut futurum contingens adhuc existens in potestate cause; 2o modo accipitur ut contingens quod in seipso et secundum suam presentialitatem conspectui divino nunc est indistans.

2um est quod fidelis expectatio, que nichil aliud est quam expectatio qua quis per (5) fidem expectat aliquid quod sibi est futurum, respicit duo objecta, videlicet objectum formale fidei quod est veritas prima, utpote veritas notitie divine, et objectum aliquod (6) materiale quod, licet respectu nostri sit futurum, est tamen indistans divino conspectui.

Hiis suppositis dicitur quod, quia fidelis expectatio habet necessariam habitudinem ad objectum suum formale, non autem ad objectum materiale nisi pro quanto subest objecto formali, idcirco ad hanc : fideliter expecto resurrectionem mortuorum, penes necessariam consequentiam sequitur primo quod in divina noticia est quedam veritas de hujusmodi resurrectione; ac deinde sequitur quod resurrectio, secundum suam presentialitatem, est divino conspectui indistans, quoniam sic a deo certa et infallibili veritate cognoscitur. Conceditur ergo quod ad dictam propositionem sequitur hoc consequens : mortui resurgent, ut significat resurrectionem ipsorum esse divino conspectui indistantem; et sic, sicut antecedens est inimpedibile, ita et consequens. Sed ad ipsam non necessario

(1) *i. m.*
(2) Wüklef.
(3) dicenda *add. et del.*
(4) *superscr.*
(5) *superscr.*
(6) aliquid.

sequitur dictum consequens ut significat resurrectionem mortuorum tanquam nobis futuram. Alias, sicut expectatio, qua per fidem resurrectionem expecto, est etiam per deum inimpedibilis ne sit vera et semper postea fuerit, sic (1) resurrectio esset inimpedibiliter futura sic quod deus ipsam non posset impedire. Quod a catholico non videtur admittendum.

4um argumentum. Apparet quod ad preteritum sit potentia, saltem ad tale quod ex futuro dependet, quia eclipsim que jam est ab astronomo prescita deus potest facere non prescitam, impediendo scilicet ne talis eclipsis eveniat; nichil enim est prescitum nisi quod tandem est eventurum.

(fol. 58). Advertendum quod videtur esse unum principium per se notum quod ad preteritum non est potentia, cum in ipso videamus consentire tam gentiles quam summos theologos. Et, licet vix possit per aliquid notius demonstrari, suadetur tamen hoc modo. Nichil quod ponitur esse in seipso extra suam causam ammodo est in potentia cause, quia effectum esse in seipso extra suam causam et esse in potentia cause sunt modi essendi oppositi. Sed quicquid est preteritum est positum in seipso extra suam causam, quia alias non esset preteritum; ergo nichil quod est preteritum ammodo est in potentia cause; et per consequens ad pereteritum non est potentia (2). Consequentia tenet in 2° prime et premisse videntur ex terminis evidentes.

Pro solutione autem dicte instantie notatur quod, quia scientia est necessariorum, idcirco, sicut duplex est necessarium, videlicet simpliciter et ex suppositione, sic duplex est scientia, una qua scitur aliquid esse simpliciter necessarium, alia qua aliquid scitur esse necessarium ex suppositione, verbi gratia, geometer scit hanc : dyameter est assimeter, esse simpliciter necessariam, nulla omnino suppositione extrinsecus allata. Sed astronomus scit hanc : luna tali tempore eclipsabitur, non esse simpliciter necessariam sed (3) cum hac suppositione, si solitus (4) motus lunarum non immutetur. Dicitur ergo quod eclipsim ab astronomo prescitam, eo modo quo ab ipso prescita est, deus non potest facere non fuisse prescitam, quia fuit ab eo prescita tantum cum (5) hac suppositione : si naturales (6) cursus lunarum non impediatur, sed ipsa remanet sic prescita sive eclipsis (7) evenerit sive non. Neque video quomodo in potestate dei sit talem prescientiam, si preteriit, facere non preteriisse quantumcumque dependeat a futuro. Et similiter dicendum est de aliis.

Vum argumentum. Non apparet quod ad hoc quod articulus iste : mortui resurgent, sit fide credendus (8) sufficiat ipsum esse verum veritate fideliter expectata, hoc est quod (9) fideliter expectetur tandem verificandus, quia pari ratione oppositum ipsius, puta : mortui non resurgent, etiam esset articulus fide credendus. Consequentia tenet, quia fideliter expectamus nullos mortuos (10) post diem judicii resurrecturos, quare hec propositio :

---

(1) futura *add. et del.*
(2) et per... potentia *i. m.*
(3) ex *add. et del.*
(4) *superscr.*
(5) ex *del*, cum *superscr.*
(6) necessarii (?) *add. et del.*
(7) *superscr.*
(8) sit... credendus, *i. m.*
(9) to *add. et del.*
(10) prius *add. et del.*

mortui (1) non resurgent etiam videtur esse vera veritate fideliter expectata et per consequens fide credenda.

(fol. 58v). Sciendum quod ad articulum fide credendum utique non sufficit quod sit verus veritate fideliter expectata, quia nichil fide creditur nisi secundum quod participat objectum formale fidei, quod est veritas prima seu increata. Quare ad hoc quod articulus fide credatur presenter requiritur quod sit verus hujusmodi veritate. Ultra hoc tamen articuli fidei de futuro contingenti sunt veri veritate creata fideliter expectata.

Neque est par ratio de istis duabus : mortui resurgent et mortui non resurgent. Nam prima expectatur a fidelibus ut (2) verificanda et secunda, ut falsificanda. Pro cujus declaratione sciendum quod, ut noverunt logici, in propositionibus negativis de futuro tempus importatum per verbum distribuitur propter negationem precedentem; (3) unde hec : mortui non resurgent significat mortuos pro nullo tempore futuro resurrecturos; fideles ergo qui mortuos expectant aliquando resurrecturos eamdem propositionem expectant aliquando falsificandam. Si tamen tempus importatum per hoc verbum resurgent restringatur ad tempus sequens diem judicii, non apparet inconveniens quod propositio sic restricta a fidelibus expectetur verificanda; sicut enim nullos credimus post judicium morituros, quia mors ultra non erit, sic credimus nullos post judicium a morte resuscitandos. Sed propositio sic restricta non opponitur huic articulo credendo : mortui resurgent, (4) in quo verbum non sic restringitur.

Sextum argumentum. Videtur quod dicens propositionem de futuro contingenti non esse nec veram nec falsam divisim non (5) possit eam (6) dicere esse veram vel falsam conjunctim, quoniam si duo predicata divisim removeantur ab aliquo impossibile est illa de eodem dici conjunctim; verbi gratia, si catulus divisim nec sit (7) cecus nec sit videns, de eo non dicitur vere conjunctim quod est cecus vel videns.

Hic advertendum est quod aliquando contingit duo predicata divisim removeri ab aliquo, de quo tamen vere dicuntur conjunctim, verbi gratia, nec omnis homo est sanus, nec omnis homo est eger, tamen hec est vera : omnis homo (fol. 59) est sanus vel eger. Similiter de scuto mediatim albo et mediatim nigro nec vere dicitur quod est totum album nec quod est totum nigrum, (8) vere tamen dicitur conjunctim quod est totum album vel nigrum.

Est insuper advertendum quod, cum dicitur quod neutra contradictoriarum de futuro contingenti est vera vel falsa conjunctim, sed bene divisim, hic potest notari conjunctio et divisio vel inter ipsas contradictorias vel inter hec duo predicata : verum et falsum. Primus sensus est quod conjunctim hec vel illa contradictoria est vera vel falsa, sed neutra earum divisim. Et iste est verus sensus quem intendit aristoteles; nec enim hec contradictoria (9) : navale bellum erit cras est vera, nec hec : navale bellum erit non erit cras,; sed hec : navale bellum erit cras vel non erit

---

(1) res *add. et del.*
(2) *superscr.*
(3) propter... precedentem *i. m.*
(4) mortui resurgent *i. m.*
(5) *superscr.*
(6) esse *add. et del.*
(7) cras (?) *add. et d*
(8) vel *add. et del.*
(9) est *add. et del.*

cras est vera, ymmo necessaria. Secundus sensus est quod contradictorie de futuro contingenti non sunt divisim nec vere nec false, sed sunt conjunctim vere vel false. Et iste sensus est falsus; et recte videtur per argumentum reprobari. Non verum est enim dicere de hac : navale bellum erit cras, quod conjunctim (1) est vera vel falsa, sicut nec vere dicitur de (2) catulo ante nonum diem dicere quod conjunctim est cecus vel videns.

Septimum argumentum. Non apparet quod omnis propositio cui jam inest veritas est inimpedibiliter vera, quia sic veritas hujus propositionis : petrus scribit per nullam potentiam posset impediri. Quare petrus jam scribens non posset non scribere, quod est manifeste falsum et contra intentionem Ancelmi dicentis : quod res presens fieri potest non presens, etc. (3).

Advertendum quod licet omnes propositiones quibus jam inest veritas sint inimpedibiliter vere, hoc tamen est differenter. Nam propositiones de materia naturali sunt inimpedibiliter vere, quia per nullam potentiam earum veritas potuit, potest aut poterit impediri, ex quod, sunt perpetue veritatis. Propositiones de contingenti preterito sunt inimpedibiliter vere quia per nullam potentiam potest, aut poterit earum veritas impediri, licet ante positionem rei in esse potuit impediri ne esset. Propositiones vero de contingenti presenti pro tanto sunt inimpedibiliter vere quia per nullam potentiam impediri (59^{v}) potest, aut poterit earum veritas quin jam sit et semper postea fuerit; potuit tamen prius impediri ne esset et adhuc impediri potest ne postea sit. Licet ergo propositiones de contingenti presenti sint hoc modo inimpedibiliter vere, potest tamen earum veritas impediri non ut jam non sit, sed ut non sit postea. Et sic, non obstante quod hec : petrus scribit, sit dicto modo inimpedibiliter vera, est tamen in potestate petri ut non scribat postea, quia quod presens est fieri potest ut postea non sit presens, sicut vult *Ancelmus*.

Octavum argumentum. Apparet quod frustra probetur veritatem non inesse formaliter propositionibus de futuro contingenti, quia nulli propositioni formaliter inest veritas; ymmo veritas formaliter inest intellectui et est in propositione tantum sicut in signo quomodo sanitas est in urina.

Sciendum quod inter doctores est problema de veritate : an formaliter insit intellectui, an (4) propositioni. Que controversia (5) videtur posse concordari dicendo quod veritas est in propositione exterius prolata ut in signo; sed est in propositione per intellectum concepta formaliter ut in subjecto, ita quod conceptus intellectus componentis aut dividentis est propositio concepta, et illi formaliter inest veritas aut falsitas, si sit de presenti aut de preterito. Si vero sit de futuro contingenti, sic *aristoteles* et *epicurus* sensisse videntur quod nec vera est nec falsa, sed tantum verificanda aut falsificanda per positionem aut non positionem rei in esse. Aliqui tamen, qui dudum, contra sententiam aristotelis, putaverunt in futuris

---

(1) *superscr.*

(2) mot illisible *add. et del.*

(3) Cf. *De concordia prescientiae Dei cum libero arbitrio*... q. I, c. 2. P. L. t. 158, col. 510.

(4) voluntati *del* propositioni *superscr.*

(5) veritas *del.* controversia *i. m.*

contingentibus esse determinatam veritatem, auditi sunt asserere urinam animalis esse sanam non tantum denominatione (1) extrinseca a sanitate animalis, sed a quadam sanitate sibi inherente. Ea propter visi sunt etiam sensisse quod propositio (2) exterius prolata etiam est formaliter vera a veritate que sibi formaliter inest. Et contra hos congruum fuit ostendere quod propositionibus de futuro contingenti non inest formaliter veritas. Nichilominus eisdem rationibus quibus probatum est hujusmodi propositionibus non inesse veritatem eque convinceretur quod propositionibus interius conceptis (fol. 60), aut intellectui formanti conceptum de futuro contingenti, formaliter non inest veritas.

Est preterea mihi exhibita quedam auctoritas *Augustini ex libro contra faustum* ubi sic scribitur : *Unde tam non possunt futura non fieri quam non fuisse facta preterita* (3). Cum ergo futura possint non fieri, videtur quod preterita possunt non fuisse facta; quare apparet non tantum ad futurum sed etiam ad preteritum esse potentiam.

Pro intellectu hujus auctoritatis sciendum quod propositio, in qua subjicitur accidens concretum, generaliter distinguitur a logicis penes sensum compositum et divisum. Inter accidens autem separabile et inseparabile hoc interest quod propositionem in qua subjicitur accidens concretum separabile contingit in uno sensu esse veram et in alio falsam. Illa vero in qua subjicitur accidens inseparabile in utroque sensu est vera, vel in utroque falsa. Quia ergo preteritum et futurum sunt accidentia concreta et esse preteritum inseparabiliter convenit ei quod est preteritum, ideo hec propositio : preteritum potest non fuisse factum (4), est falsa non tantum in sensu composito, (5) sed etiam diviso. Et quia ei quod est futurum separabiliter convenit esse futurum, alias esset inimpedibiliter futurum, ideo hec : futurum potest non fieri, licet in sensu composito sit falsa, in sensu tamen diviso est vera.

Unde ad auctoritatem dicitur quod *Augustinus*, dicens quod tam non possunt (6) futura non fieri quam non fuisse facta preterita, nichil aliud intendit quam quod dicte due propositiones in sensu composito similiter sunt false; in sensu autem diviso non sic; ymmo prima dictarum propositionum est falsa et 2ª vera. Et quod in sensu diviso ea que sunt futura possunt non fieri patet, quia, (7) nisi sic, inimpedibiliter et ex necessitate fierent, quod dicere de futuris contingentibus est erroneum. Quod autem in sensu diviso ea que sunt preterita non possunt non fuisse facta, *Augustinus* non longe post verba allegata ex intentione videtur probare cum subdit : « Quis autem dicat ut id quod jam non est faciat non esse? quidquid preteritum est jam (fol 60ᵛ) non est » (8). Unde sequi videtur (9) id quod est preteritum non posse fieri ut non sit preteritum. Et iterum subdit : « Sententia quippe qua dicimus aliquid fuisse ideo vera est quia illud de quo dicimus jam non est. Hanc sententiam falsam facere non potest

---

(1) intrinseca *add. et del.*

(2) de futuro contingenti del. *i. m.*

(3) Lib. XXVI, c. 4. P. L. t. 42, col. 481.

(4) non *add. et del.*

(5) inseparabiliter in *del.*

(6) fieri *add. et del.*

(7) *i. m.*

(8) *Loc. cit.*, c. 5, col. 481.

(9) quod *add. et del.*

deus (1) quia non est contrarius veritati » (2). Ex premissis apparet quod sicut ad preteritum, stante preteritione, non est potentia (3) ut non sit preteritum, sic ad futurum, stante futuritione, non est potentia ut non sit futurum; et hoc voluit *Augustinus*. Nichilominus ad rem que est futura (4) est potentia ut non sit futura (5), quamvis ad rem que est preterita nulla sit potentia ut non sit preterita. Hec dicta sint judicio majoris semper salvo.

APPENDICE II

UN PLAN PROBABLE DE QUODLIBET

Le manuscrit 3169 contient un court fragment qui mérite peut-être qu'on s'y arrête. Commençons par le reproduire.

Utrum cum certissima et infallibili veritate propositionum fidei de futuro contingentis a catholico sustineri possit (6) sententia aristotelis qua dixit in contradictoriis de futuro contingenti neutram determinate esse veram sicut in aliis de preterito aut presenti ?

Conclusio (7). Quoniam omnes res temporales, quantumcumque distent ab invicem in tempore, deo sunt eternaliter indistantes, idcirco ab eterno singulas res contingenter futuras infallibiliter prescivit et in iis que sue bonitatis erunt (8) participes eternaliter complacuit, non minus priusquam sint quam postea producte erunt.

Corrollarium (9). Propositiones per quas deus fidelibus (10) revelavit res futuras sibi per certitudinem cognitas sunt vere tum veritate increata divine noticie ac veracissimi revelantis, tum veritate creata a (11) fidelibus absque omni formidine expectata, deo tamen presenti et actuali, tum veritate presentialiter et actu inherente intellectui fideliter credentis.

Corrolarium (12). Nec elizabet dicens virgini : perficientur in te que dicta sunt tibi (13) : nec christus dicens discipulis : necesse est impleri omnia que scripta sunt in lege, prophetis et psalmis de me; nec apostolus dicens : umbram habens lex futurorum bonorum, visus est innuisse propositiones de futuro divinitus revelatas nondum habuisse veritatem aut fuisse vacuas veritate.

---

(1) *superscr.*
(2) *Loc. cit.*, c. 5, col. 482.
(3) sic ad *add. et del.*
(4) *superscr.*
(5) quidem *add. et del.*
(6) *superscr.*
(7) *i. m.*
(8) sunt; erunt *superscr.*
(9) *i. m.*
(10) suis *add. et del.*
(11) fidelibus... formidine *superscr. In textu :* nobis.
(12) *i. m.*
(13) a domino *add. et del.*

Corrolarium (1). Non requitur ad veritatem propositionis fidei de futuro (2) quod res per eam significata inimpedibiliter erit, ymmo sufficit eam fore impedibiliter, neque necesse est dicere alterum duorum : aut quod articulis fidei de futuro non inest presens aut actualis veritas, aut quod significatum eorum per potentiam divinam non poterit impediri (3).

Conclusio. Quoniam ad nullam rem que jam est aut in preteritum transiit est potentia ut ipsa jam non sit aut postmodum non preterierit, impossibile est ut veritas creata que formaliter inest propositioni sive vocali sive mentali per quamcumque potentiam (4) postea possit ei (5) non infuisse.

Corrolarium responsivum (6). Sicut hereticum est dicere quod omnia de necessitate evenirent, sic videtur ab heresi non immunis illorum assertio qui pertinaciter (7) asseruerunt (8) sententiam illam aristotelis cum fide non stare, que dixit in contradictoriis de futuro contingenti neutram determinate esse veram tali veritate qualis convenit illis de preterito aut presenti.

Une première chose nous frappe. Ce document comprend une conclusion, trois corollaires, puis une deuxième conclusion et un corollaire responsif. Or nous savons par Valère André (op. cit., p. 249-250) que le professeur qui répondait à une question quodlibétique divisait sa réponse en trois conclusions et trois corollaires. Nous savons d'autre part par Pierre de Rivo que le professeur ne devait pas lire sa réponse, mais la donner sans avoir de feuilles en main. Il est vraisemblable que dans ces conditions le maître rédigeait un plan. Nous aurions donc ici un plan de quodlibet.

De qui est le quodlibet dont le document trace l'ordonnance. Le contenu est manifestement conforme à la pensée de Pierre de Rivo. D'autre part la dernière phrase du deuxième document, reproduit sur ce folio du manuscrit 3169, donne clairement à entendre que nous sommes en présence de textes émanant de Pierre de Rivo. La paternité semble donc établie.

Revenons maintenant au premier de ces textes. Parmi les propositions qui le constituent la troisième figurait certainement dans le quodlibet soutenu par Pierre de Rivo en 1469. Cela résulte du témoignage de Henri de Zomeren. Enfin le feuillet où ces propo-

---

(1) *i. m.* (2) non *add. et del.*

(3) En marge de ces deux corrollaires on lit, munie d'une parenthèse indiquant qu'elle concerne l'un et l'autre cette remarque : *Contradictorio propositionum per me revocatarum.* Ces mots sont de la même main que le texte.

(4) possit ei *add. et del.*

(5) possit ei *superscr.*

(6) *i. m.*

(7) dicunt *add. et del.*

(8) asseverunt.

sitions sont reproduites est un feuillet indépendant : il est d'un autre grain que les feuillets précédents; il n'a pas même format que les suivants. D'un autre côté document, notes marginales et corrections en surcharge, tout semble de la même main, et nous l'avons fait remarquer ci-dessus, cette main parait la même que celle qui a annoté les traités de Henri de Zomeren et de Fernand de Cordoue. On est dès lors amené à se demander si le feuillet 112 du manuscrit 3169 ne serait pas un autographe de Pierre de Rivo. Pierre de Rivo aurait utilisé plus tard la partie inutilisée du feuillet pour y transcrire, sous le titre *impertinentia*, les propositions concernant la date de la Pâque et la proposition finale que nous avons reproduite en décrivant le manuscrit, et il aurait ajouté en marge l'annotation : *contradictorie propositionum per me revocatarum.*

APPENDICE III

NOTE SUR LE TRAITÉ DE SIXTE IV

Le traité de Sixte IV se trouve également dans le manuscrit vat. lat. 1056. D'après la description donnée par Monseigneur Pelzer, l'envoi au cardinal Bessarion est remplacé par un prologue dont on trouvera l'*incipit* et l'*explicit* dans les catalogues de la Bibliothèque vaticane. Dans son *Liber singularis de optimorum scriptorum editionibus quae Romae primum prodierunt* (1), Quirini reproduit une dédicace de ce traité au pape Paul II. Cette dédicace, qui parait être de l'imprimeur et non de François de la Rovère ne se rencontre pas dans l'édition de 1473 que j'ai eue entre les mains. Le traité de Sixte IV aurait donc fait l'objet de deux éditions. C'est du reste ce que Fabricius donne à penser : il mentionne une édition du *De futuris contingentibus* en date de 1470 (2).

(1) Lindaugiae 1671, pp. 257-258.

(2) *Biblioth. med. et infim. latinitatis*, Patavii, 1754, VI, p. 197. HAIN ne fait pas mention de cette édition.

APPENDICE IV

SUR UN TRAITÉ DES FUTURS CONTINGENTS SELON SAINT THOMAS

Le manuscrit 4152 renferme trois fragments concernant les futurs contingents. Ces trois fragments semblent bien faire partie d'un même ouvrage. Dans chacun d'eux chaque alinéa débute par une formule analogue : *Ibidem ad septimum argumentum*, *Item in sequenti articulo eadem distinctione*, *item ad aliud argumentum*, etc. L'auteur de ces fragments s'inspire manifestement d'un auteur antérieur dont il s'efforce de reproduire la pensée. Quel est cet auteur ? Divers passages permettent de l'identifier. Nous rencontrons d'abord l'*incipit* du troisième fragment qui suggère le nom de Saint Thomas : *Sanctus Thomas, prima parte (fol. 61^{r})*. Un peu plus loin nous apprenons que ce penseur a composé des *Questiones de veritate*, qu'il a composé une *Somme contre les Gentils* (fol. 61^{v}). Toutes les citations contenues dans ce fragment sont bien extraites des œuvres du docteur angélique. Saint Thomas est donc le penseur en question. Il en est de même pour les deux autres fragments. Nous y trouvons des renvois soit à la *Somme théologique* soit au *Commentaire des sentences* (fol. 57^{v}, 58^{v}), soit à la *Somme contre les Gentils* (fol. 57^{v}). Saint Thomas est de nouveau expressément désigné dans le deuxième fragment : *Sanctus Thomas, prima parte* (fol. 58^{v}). Les trois fragments sont donc sans aucun doute d'inspiration thomiste.

Reportons nous maintenant au manuscrit 3169. Nous y trouvons un fragment d'ouvrage intitulé : *De prescientia Dei respectu futurorum contingentium secundum sanctum Thomam de Aquino*. Ce titre a une certaine parenté avec celui du troisième fragment reproduit par le manuscrit 4152 : *De voluntate Dei in respectu ad creaturas producendas*. D'autre part, nous retrouvons dans le manuscrit 3169 le même mode de composition, les mêmes formules introductrices au début de chaque alinéa, les mêmes renvois à la *Somme Théologique*, à la *Somme contre les Gentils*, aux *Questiones de veritate*. Il semble donc que les fragments apportés par les deux manuscrits fassent partie d'un même ouvrage. Malheureusement le premier fragment du manuscrit 3169 est tronqué. Enfin rien ne permet d'assigner à ces divers fragments la place qu'ils occupaient dans l'ensemble de l'ouvrage. Une publication rationnelle était donc impossible. Au reste elle ne présentait guère d'intérêt puisque ces fragments, à part quelques lignes, sont constitués par des citations de Saint Thomas. Ces fragments méritent cependant qu'on les signale. Ils nous montrent qu'à la fin du XVe siècle un auteur avait assez de sens historique pour comprendre que si l'on veut, sur un point de doctrine, retrouver la pensée de Saint Thomas il ne suffit pas de s'en tenir à quelques passages; il faut les rassembler tous.

APPENDICE V

FRAGMENT DE PIERRE DE RIVO

Le passage qu'on va lire ne figure dans aucun des manuscrits utilisés pour cette publication. On a cru bon de le reproduire parce qu'il indique quelle était la position prise par Pierre de Rivo et par Henri de Zomeren. Ce passage a été écrit en réponse à Paul de Middelbourgh. Pierre de Rivo avait discuté les opinions de Paul sur la date de la Pâque. Ce dernier le prit de haut et rappela à son adversaire qu'il avait jadis professé des opinions peu orthodoxes (1). Pierre de Rivo répondit dans un nouvel ouvrage par ce qui suit.

Palam dic, quaeso, quo zelo quove spiritu reminisci volueris duplicis illius veritatis ex qua me lapsum autumas in errorem. Deum judicem opto tuamque conscientiam, si ne notaveris ea que pridem acta sunt in concertatione illa que michi dudum fuit, cum adhuc in scolis artium legerem, cum celeberrimo viro magistro nostro, magistro Henrico de Zomeren, circa sententiam Aristotelis de veritate propositionum de futuro contingenti. Ipse quidem, opinionem Gregorii secutus, asseruit eamdem sententiam esse hereticam. At contra nisus sum, cum domino Petro Aureoli, eamdem tueri sententiam, dicens eam demonstratam esse et oppositum illius heresim continere.

Cum autem objiceretur michi de propositionibus fidei que sunt de futuro contingenti cujusmodi sunt hec : mortui resurgent, antichristus persequetur ecclesiam ac similes, quas catholico nephas esset dicere veras non esse, ad id respondens dixi tales propositiones veras esse duplici veritate. Primo veritate increata, puta veritate Dei eas revelantis, qua tam

(1) *Paulina de recta paschae celebratione et de die passionis domini nostri Jesu Christi.* Forosempronii 1513, pars II, lib. 6 in principio. L'édition n'a pas de pagination.

verax creditur quod mentiri non possit, cum omnia futura cognoscat tanquam sibi presentia vel indistantia. Est autem hic modus denominandi similis illi quo opus aliquod dicitur humanum ab humanitate non que inest operi, sed operantis.

Secundo dixi propositiones easdem esse veras veritate creata fideliter et indubitanter expectata, qua scilicet expectantur verificande, quo modo juvenis bone indolis, secundum Aristotelem, felix dicitur non a felicitate que sibi presentialiter inest; sed qua probabiliter expectatur felix esse futurus.

Non autem ausus eram dicere dictas propositiones esse veras veritate creata actualiter illis inherente, de qua veritate Aristotelem locutum arbitrabar. Non enim videre poteram qualiter admittens eas tali veritate veras esse posset evadere nephandissimam illam heresim dicentium omnia de necessitate evenire. Quod ex ratione probavi, qua soluta, semper paratissimus fuissem ab Aristotelis sententia resilire.

Predicta tunc temporis dixeram de duplici veritate propositionum fidei de futuro contingenti. Dicas, si ne propositiones easdem reapse veras esse credas dicta duplici veritate, tanquam scilicet revelatas a Deo verace ac a fidelibus expectatas tanquam suis temporibus verificandas? Veruntamen aliquos tunc tractatus de dicta materia confeceram in quibus immiscui nonnulla que, doctiorum sententias audiens, plane confiteor retractasse. Quod non me pudet nec pudebit. Cum quidem Aurelium Augustinum noverim suas priores retractare sententias, cur me meas retractare puderet?

Confiteor insuper quod tunc me decuit parumper humiliari qui, cum adhuc in gimnasio nostro theologico discipulus essem et in artibus regens, limites illius facultatis egrediens, duellum subire presumpseram in materia propositionum fidei, cum eo quem jam noveram in dicto gimnasio pro dignissimis ejus meritis lauream adeptum esse. Agens quoque tunc etatem, in qua te nunc esse conjicio, eram forte procacior quam oportuerat ad scribendum (1).

(1) *Tractatus tercius de anno, die et feria dominice passionis atque resurrectionis per magistrum Petrum de Rivo editus*. Lovanii, J. de Westfalia, 1492, fol. c. 1, fol. A 4r-v.

BIBLIOGRAPHIE

Aimon d'Halberstat, *Expositio in Apocalypsim*, P. L., t. iii.

Albert le Grand (Saint), *In Apocalypsim*, Lugduni, 1651, t. xi.

Alexandre de Halès, *Summa theologica*, Quaracchi, 1924.

Ambroise (Saint), *De fide ad Gratianum*, P. L., t. 16.

Analectes pour servir à l'histoire ecclésiastique de la Belgique, XXVI, Louvain, 1896.

Anselme (Saint).
Monologium, P. L., t. 158.
Proslogion, P. L., t. 158.
De casu diaboli, P. L., t. 158; éd. Schmitt (J. S.) *Opera omnia*, I, Seccovii, 1938.
De veritate, éd. Schmitt (J. S.) *Opera omnia*, t. i, Seccovii, 1938.
Cur Deus homo, P. L., t. 158.
De concordia præsciencicæ dei... cum libero arbitrio, P. L., t. 158.

Antonio da Budrio, *In librum sextum Decretalium commentaria*, Venetiis, 1578.

Aristote, *De praedicamentis*, éd. Didot, t. I. Boetii *translatio*. P. L., t. 64.
Perihermeneias, Didot, t. I, Boetii *translatio*, éd. Meiser, Lipsiae, 1878.
Analytiques, Didot, t. i. Boetii interpretatio. P. L., t. 64.
Physique, Didot, t. ii.
De anima, Didot, t. iii.
De coelo, Didot, t. ii.
Métaphysique, Didot, t. ii.
Éthique à Nicomaque, Didot, t. ii.
Grande Éthique, Didot, t. ii.

Augustin (Saint).
De civitate Dei, P. L., t. 41.
De praedestinatione, P. L.
De libero arbitrio, P. L., t. 32.
De Trinitate, P. L., t. 42.
Contra epistolam Manichaei, P. L., t. 42.
Contra Faustum, P. L., t. 42.
De utilitate credendi, P. L., t. 42.
De praedestinatione et gratia, P. L., t. 45.
Sermo XXVI, P. L., t. 38.
Enarratio in psalmum XLIX, P. L., t. 36.
Super Genesim ad litteram, P. L., t. 34.

Authenticae.

AVERROÈS, *Aristotelis metaphysicorum... cum Averrois in eodem commentariis*, Venetiis, 1572.

BALUZE-MANSI, *Miscellanea*, Luccae, 1761.

BARTHOLO A SASSOFERRATO, *In primam digesti novi partem commentaria*, Augustae Taurinorum, 1574.

BAUDRY (L.), *Le tractatus de principiis theologiae, attribué à G. d'Occam*. Paris, Vrin, 1936.

BAX, *Historia universitatis lovaniensis*, Bibliothèque royale de Belgique, ms. 22.172.

Biblia sacra cum glossa ordinaria, Duaci, 1617.

BOÈCE, *Philosophiae consolationis libri quinque*, éd. R. PEIPER, Lipsiae, 1871.
Commentarii in librum Aristotelis Περί Ερμηνείας, MEISER, Lipsiae, 1877.

BONAVENTURE (Saint), *Comment. in libros Sententiarum*, Quaracchi, 1882.

BRÉHIER (E.), *Chrysippe*, Paris, Alcan, 1910.

Catalogus manuscriptorum latinorum bibliothecae regiae, Parisiis, 1744.

CHEVALIER (J.), *La notion du nécessaire chez Aristote et ses prédécesseurs*, Lyon, Rey, 1914.

CICÉRON, *De fato*.

CINO DE PISTOIE, *Super codice et digesto veteri lectura*, Lugduni, 1547.

Codex Justinianus.

COMBES (A.), *Jean de Ripa* dans *Archives d'histoire doctrinale et littéraire du moyen âge*, t. XII, Paris, Vrin, 1939.
Jean Gerson, commentateur dyonisien, Paris, Vrin, 1940.

DELISLE (LÉOPOLD). *Inventaire des manuscrits latins de S. Germain des Prés*, Paris, 1868.
Inventaire des manuscrits latins insérés au fond des nouvelles acquisitions latines du 1er août 1871 au 1er mars 1874.
Cabinet des manuscrits de la bibliothèque nationale, II, Paris, 1874.

Décrétales Grégoire IX.

DE LUGO, *De incarnatione Christi*, Lugduni, 1659.

DENIFLE (H.), *Die Universitäten des Mittelalters bis 1400*, Berlin, 1885.

DENIFLE-CHATELAIN, *Chartularium universitatis parisiensis*, Paris, 1889-1897.

Digeste.

DUNS SCOT (JEAN). *Opus oxoniense*, Venetiis, 1521.
Reportatio major, d'après citation de Schwam, *op. cit.*, p. 25.
In IV libros sententiarum, Antverpiae, 1620.
Summa theologiae, Venetiis, 1576.

DU PLESSIS D'ARGENTRÉ (C.). *Collectio judiciorum*, Lutetiae parisiorum, 1736.

DURAND DE SAINT-POURÇAIN, *In Sententias Petri Lombardi commentariorum libri quatuor*, Lugduni, 1562.

EHRLE (FR.), *Der Sentenzenhommentar Peters von Candia des Pisaner Papstes Alexander V...* Munster i. Westf., 1925.

FONSEGRIVE (G.), *Essai sur le libre arbitre*, Paris, Alcan, 1887.

FOPPENS (J. F.). *Fasti doctorales universitatis lovaniensis*. Paris Nat. ms. lat. 10.172.
Bibliotheca belgica, Bruxelles, 1739.

FRANÇOIS DE MEYRONNES, *Sent*. Venetiis, 1504-1507.

FRÉDERICQ (P.), *L'hérésie à Louvain vers 1470* dans *Bulletin de l'Académie royale de Belgique*. Classe des lettres, 1905.

GARRIGOU-LAGRANGE (F. R.), *La prédestination des saints et la grâce*, Paris, s. d.

GILBERT DE LA PORRÉE, *Commentaria in librum I Boetii de Trinitate*, Basileae, 1570.

GILSON (ET.), *Le Thomisme*, Paris, Vrin, 1942.

GOBLICHI (J.), *L'origine thomiste de la doctrine des décrets prédéterminants et un récent ouvrage du Dr H. Schwamm* dans GARRIGOU-LAGRANGE, *op. cit.*, appendice 17.

GRÉGOIRE DE RIMINI, *Lectura in primo Sententiarum*, Venetiis, 1503.

GUILLAUME D'AUXERRE, *Summa aurea in libros Sententiarum*, Paris, 1500.

GUILLAUME D'OCCAM. *Dialogus*, éd. M. GOLDAST. *Monarchia sancti romani imperii.*
Expositio aurea, Bononiae, 1496.
De praedestinatione dans *Expositio aurea.*
Questiones in libros Sententiarum, Lugduni, 1495.

HAMELIN (O.), *Le système d'Aristote*, Paris, Alcan, 1931.

HAVET (G.), *Maître Fernand de Cordoue et l'université de Paris au XVe siècle*, Paris, 1883.

HENRI DE GAND, *Quodlibeta*, Paris, 1518.

HUGUES DE SAINT-VICTOR, *De sacramentis christianae fidei*, P. L., t. 176.

IRSAY (STEPHEN D'), *Histoire des universités françaises et étrangères des origines à nos jours*, I, Paris, 1933.

ISIDORE DE SÉVILLE, *Etymologiarum libri XX*. P. L., t. 82.

JEAN DAMASCÈNE (Saint), *De fide orthodoxa*, P. L., t. 94.

JÉRÔME (Saint). *Commentarium in Isaiam prophetam*, P. L., t. 24.
Commentarium in epistolam ad Titum, P. L., t. 26.
Translatio homiliarum Origenis in Lucam, P. L., t. 26.

JOHANNES ANDREAE, *In secundum Decretalium librum novella commentaria*, Venetiis, 1581.

JONGH (H. DE), *L'ancienne faculté de théologie de Louvain au premier siècle de son existence*. Louvain, 1911.

LAMINNE (J.), *La controverse des futurs contingents à l'université de Louvain au XVe siècle*, dans *Bulletin de l'Académie royale de Belgique*. Classe des lettres, 1906.

MANDONNET (PIERRE), voir éd. SAINT-THOMAS, *Questiones de veritate.*

MICHALSKI (C.), *Le problème de la volonté à Oxford et à Paris au XIVe siècle*. Léopoldi, 1937.

MOLANUS, *Historiae rerum lovaniensium libri XIV*, éd. P. F. X. de RAM (Collection des chroniques belges inédites, t. IX), Bruxelles, 1861.

MOREL FATIO (A.), *Fernand de Cordoue et les humanistes italiens* dans *Mélanges* JULIEN HAVET, Paris, 1895.

NICOLAS DE LIRE. *Postilla super actus apostolorum*, Mantuoe, 1480.
Postilla super psalterium, 1487.

NICOLAUS ANTONIUS (ou ANTONIO NICOLAS), *Biblioteca hispana vetus*, Matriti, 1788.

ORIGÈNE, *Commentarium in epistolam ad Romanos*, P. L., t. 14.

PASTOR (L.), *Histoire des papes*, traduit de l'allemand par F. RAJNAUD, t. IV, Paris, 1892.

PAUL DE MIDDELBOURGH. *Compendium correctionis calendarii pro recta paschae celebratione*, Romae, 1516.
Parabola Christi de correctione calendarii, dans l'édition précédente.
Paulina de recta paschae celebratione et de die passionis d. n. J. C., Forosempronii, 1513.

PELZER (A.), *Bibliotheca apost. vatic...* cod. lat., t. II, pars prior, Romae, 1931.

PIERRE D'AILLY, *Questiones in I Sententiarum*, éd. JEAN PETIT, s. d.

PIERRE AURIOL, *Commentarium in primum librum Sententiarum*, Romae, 1596.

PIERRE DE CANDIE, *In Sententias*, Paris Nat. nouv. acq. lat. ms., 1467.

PIERRE D'ESPAGNE (JEAN XXI), *Summulae*.

PIERRE LOMBARD, *Libri IV Sententiarum*, Quaracchi, 1916.

PIERRE DE POITIERS, *Sententiarum libri quinque*, P. L., t. 211.

PIERRE DE RIVO. *Tractatus tertius de anno, die et feria dominicae passionis*, Lovanii, 1492.
Opus responsivum ad epistolam apologeticam m. Pauli de Middelburgo... Lovanii, 1487.

PIERRE DE TARENTAISE, *In IV libros Sententiarum commentaria*, Tolosae, 1652.

QUÉTIF et ÉCHARD, *Scriptores ordinis praedicatorum*, Lutetiae parisiorum, 1719.

QUIRINI, *Liber singularis de optimorum scriptorum editionibus quae Romae prodierunt*, Lindaugioe, 1671.

REUSENS (E.). *Matricules de l'université de Louvain*, Bruxelles, 1903.
Promotions de la faculté des arts de l'université de Louvain, Louvain, 1869.

SAMARAN et VAN MOÉ, *Auctarium chartularii universitatis parisiensis*, III, Paris, 1935.

SCHWAMM (H.). *Magistri Petri de Ripa o. f. m. doctrina de praescientia divina*, Anal. greg. I, Romae, 1930.
Das göttliche Vorherwissen bei Duns Scot und seiner ersten Anhängern, Innsbruch, 1934.

Sext. Decret.

SERTILLANGES (A. D.), *Saint Thomas d'Aquin*, Paris, Alcan, 1910.

SIXTE IV, voir FRANÇOIS DE LA ROVÈRE.

THOMAS (Saint). *In librum Perihermeneias*, éd. LÉON., Rome, 1872.
Summa theologica, éd. LÉON., t. IV-XII.
Questiones de veritate, éd. MANDONNET, Paris, 1935.
Sent, éd. VIVES, t. VII.

THOMAS BRADWARDINE, *De causa Dei*, Londini, 1618.

VALÈRE ANDRÉ, *Fasti academici studii generalis lovaniensis*, Lovanii, 1650.

VAN DER ESSEN (L.), *Une institution d'enseignement supérieur sous l'ancien régime*, Bruxelles, Paris, 1921.

VAN DEN GHEYN (J.), *Catalogue des manuscrits de la bibliothèque royale de Belgique*, III, Bruxelles, 1903.

VAN HOVE (A.), *Actes ou procès-verbaux des séances tenues par le conseil de l'université de Louvain*, II, (Académie royale de Belgique, Commission royale d'histoire), Bruxelles, 1919.

VILIERS (C.), *Bibliotheca carmelitana vetus*, Aurelianis, 1762.

VINCENT DE BEAUVAIS, *Speculum historiale*, Argentinae, 1476.

WILLEMS (L.), *Rivo (Petrus de)*. Bibliographie nationale de Belgique, t. XIX, Bruxelles, 1907.

YON (A.), CICERON, *Le destin*, éd. G. BUDÉ, Paris, 1933.

ZIGLIARA (T. M.). Édition de *In librum primum Perihermeneias* de Saint Thomas d'Aquin, éd. LÉON., I, Rome, 1872.

MANUSCRITS CITÉS

CITATIONS DE L'ÉCRITURE

INDEX DES NOMS DE PERSONNES

TABLE ALPHABÉTIQUE DES MATIÈRES

TABLE DES MATIÈRES

Imprimé par les Établis. Casterman, Tournai (Belgique). D 8
Printed in Belgium.